기독교문서선교회 (Christian Literature Center: 약칭 CLC)는 1941년 영국 콜체스터에서 켄 아담스에 의해 시작되었으며 국제 본부는 미국 필라델피아에 있습니다. 국제 CLC는 59개 나라에서 180개의 본부를 두고, 약 650여 명의 선교사들이 이동 도서차량 40대를 이용하여 문서 보급에 힘쓰고 있으며 이메일 주문을 통해 130여 국으로 책을 공급하고 있습니다. 한국 CLC는 청교도적 복음주의 신학과 신앙 서적을 출판하는 문서선교기관으로서, 한 영혼이라도 구원되길 소망하면서 주님이 오시는 그날까지 최선을 다할 것입니다.

깊은 곳에서 VIII

From a Deep Place VIII
Written by Chang Hee Kang
All rights reserved.
Korean Edition Copyright ⓒ 2020 by Christian Literature Center, Seoul, Korea

깊은 곳에서 VIII

2020년 11월 27일 초판 발행

지 은 이 | 강창희

편　　집 | 구부회, 정희연
디 자 인 | 서보원, 김현진
펴 낸 곳 | (사)기독교문서선교회
등　　록 | 제16-25호(1980.1.18.)
주　　소 | 서울특별시 서초구 방배로 68
전　　화 | 02-586-8761~3(본사) 031-942-8761(영업부)
팩　　스 | 02-523-0131(본사) 031-942-8763(영업부)
이 메 일 | clckor@gmail.com
홈페이지 | www.clcbook.com
송금계좌 | 기업은행 073-000308-04-020 (사)기독교문서선교회

ISBN 978-89-341-2186-2(03230)

이 도서의 국립중앙도서관 출판예정도서목록(CIP)은 서지정보유통지원시스템 홈페이지 (http://seoji.nl.go.kr)와 국가자료공동목록시스템(http://www.nl.go.kr/kolisnet)에서 이용하실 수 있습니다. (CIP제어번호: CIP2020032669)

이 책의 저작권은 저자와 (사)기독교문서선교회가 소유합니다. 신저작권법에 의하여 한국 내에서 보호받는 저작물이므로 무단 전재와 무단 복제를 금합니다.

깊은 곳에서 VIII

강창희 지음

CLC

차례

들어가는 말	8
1. 성령의 감동 vs. 심리적 충동	24
2. 신앙인의 특권 의식	26
3. 바리새인들의 죄	28
4. 성경 말씀: 믿음의 근거	29
5. 하나님의 예정과 인간의 책임	41
6. 피조 세계의 회복	50
7. 여호와의 아름다우심	53
8. 현재의 고난 vs. 장래의 영광	55
9. 상대주의 vs. 절대주의	58
10. 하나님, 선의 근원 vs. 사탄, 악의 근원	61
11. 축복 받는 비결: 하나님께 대한 갈망	64
12. 지혜의 근본: 하나님 신앙	75
13. 성경의 역사와 문학: 믿음의 실재성(實在性)	78
14. 김석준(金錫俊) 목사님을 추모하며	84
15. 이해하는 믿음 vs. 순종하는 믿음	91
16. 진정한 신앙	94
17. 십자가를 바라보라	96
18. 좌절하지 않는 믿음	98
19. 성령이 이끄는 삶(I)	100
20. "서로 사랑하라"	110
21. 창조 신앙과 구원 신앙	114
22. 성령이 이끄는 삶(II)	118
23. 사복음서의 정경성이 주는 교훈	128
24. "빛의 아들들"의 책임	132
25. 예수의 영의 실재성과 진실성	134
26. 가장 큰 계명: "하나님을 사랑하라"	138
27. 믿음의 기도: 위기 대처 방법	142
28. 예수, 인생의 기쁨	144
29. 복음의 목적: 영혼 구원	146
30. 미혹하는 영	153
31. 인생의 가치와 존재 이유	157
32. 인간 지혜의 한계	159

33. 율법에 대한 복음의 탁월성	163
34. "두려워하지 말라"	168
35. 절대적 복음 신앙	174
36. 하나님 나라를 기다리며	176
37. 욥기와 복음	179
38. 성경과 신화	191
39. 그리스도인의 통전적 정체성	196
40. 신앙적 계보 vs. 불신적 계보	197
41. 복음 신앙: 궁극적 지혜	199
42. "자기 십자가": 남을 위한 희생적 결단	201
43. 현재적 죽음 vs. 현재적 부활	204
44. 고난의 유익	206
45. 욥기의 교훈: "하나님은 선하시다"	208
46. 영적 세계의 실재(I)	209
47. 이드로의 제안	214
48. 영혼과 영적 세계의 실재(II)	216
49. 자살	221
50. 복음의 절대성	224
51. 예수님의 승천의 역사적 증거	226
52. 믿음: 절대 의존적 자세	233
53. 하나님의 말씀의 절대성	235
54. 향수병	238
55. 신앙의 계보	241
56. 천국 지향적 삶	247
57. 선하신 하나님	256
58. 죄의 미혹	262
59. 진정한 종교	267
60. 세상의 염려	270
61. 예정론 vs. 운명론	274
62. 말씀의 구원 능력	286
63. 영혼 구원	288
64. "네 믿음이 너를 구원하였다"	291
65. 세례와 성만찬	296

66. 사망의 음침한 골짜기를 지나면서 … 300
67. 소명 의식 … 305
68. 반복적 회개 … 309
69. 종교의 내면성과 외면성 … 312
70. 복음: 3차원적 종교 … 315
71. 영생의 약속의 실체성 … 318
72. 그리스도인의 자아 이해와 삶의 원칙 … 322
73. 영적 해석 … 324
74. 율법과 복음 … 328
75. 확실한 믿음 … 331
76. 복음의 구원 능력 … 343
77. 복음 신앙의 절대성: 성령의 증거 … 345
78. 사랑의 하나님 … 349
79. 자기 십자가 … 351
80. 고난을 이기는 믿음 … 354
81. 룻기의 교훈 … 356
82. 불행한 인생 vs. 행복한 인생 … 362
83. 하나님 사랑, 이웃 사랑, 자아 사랑 … 364
84. 나태한 그리스도인 … 369
85. 그리스도의 마음 … 372
86. 지혜와 복음 … 376
87. 소명감 … 385
88. 영적 투쟁: 성화 … 388
89. 예정하신 사랑과 은혜 … 392
90. 로마서 장: 그리스도인의 영적 투쟁 … 394
91. 예정의 증거 … 399
92. 주님을 위해 최선을 다하는 삶 … 403
93. 죄의 증후와 대처 … 405
94. 7일 창조의 이해와 적용 … 410
95. 인내: 믿음과 사랑의 공통점 … 413
96. 천국의 아이들 … 416
97. 존재 가치, 이유, 목적 … 421
98. 고난의 축복 … 425

99. 사랑의 우선성   427
100. 교회 부흥을 위하여   430
101. 하나님 중심적 낙관적 세계관   435
102. 믿음, 소망, 사랑   439
103. 고요한 시간(Quiet Time)   443
104. 영적 전쟁   447
105. 제자도: 인내와 고난   452
106. 시간의 주인 vs. 시간의 종   455
107. 예수님을 믿음으로 구원 얻는 진리   461
108. 주님과의 동행   467
109. "주만 바라볼지라"   469
110. 마리아의 향유: 사랑의 헌신   473
111. 의미 있는 인생 vs. 의미 없는 인생   476
112. 인간의 영원성   480
113. 두 길   482
114. 최고의 달란트: 믿음   484
115. 생명의 주님의 권능   486
116. 원수 사랑   488
117. "비판하지 말라"   490
118. 코로나19의 교훈(I)   493
119. 수리된 난파선(難破船)   498
120. 화해의 범위   502
121. 겸손과 평안   504
122. 적극적 사고   506
123. 은혜 중심적 사고   508
124. 겸손한 완전주의자   511
125. 고난을 이기는 비결   514
126. 코로나19의 교훈(II)   517
127. 사랑: 선행의 동기   521
128. 고난과 믿음   526
129. 그리스도인의 무소유   530
130. 우리의 구원을 예비하시는 하나님   539

들어가는 말

강 창 희 박사
아세아연합신학대학교 명예교수

사람은 자신의 육체적, 사회적, 경제적, 정서적, 존재론적 한계를 극복하기 위해 애쓴다. 그러나 사람은 그 본질적 유한성 때문에 자신의 한계를 스스로 극복할 수 없다.

도덕주의자들은 인간은 도덕적 능력으로 인간의 도덕적 한계를 스스로 극복할 수 있다고 한다. 그러나 그들의 현실은 대개 위선과 외식일 뿐이다. 자연주의자들은 인간의 한계와 한계 상황을 그대로 담담히 받아들이는 것이 성숙한 인간의 자세라고 한다. 그러나 인간의 한계와 절박한 현실을 무시한 채 인간의 고상한 능력을 요구하는 것은 오만한 압제일 뿐이다. 인간은 연약한 본질상 스스로 인생의 문제를 피하거나 극복할 수 없다. 인간의 한계를 타개하기 위해 인간이 개발한 모든 자체적 구원 방안들은 대개 부작용과 폐해를 유발하기 때문에 불완전하고 위험하다.

우리 믿는 사람들이라고 해서 이런 한계 상황에서 완전히 자유로운 것은 아니다. 더구나 우리는 안팎의 불신 세력과 싸워야 한다. 믿음이 약하거나 강하거나 우리는 거의 매순간 믿음의 도전과 시험을 받는다.

우리는 하나님의 말씀으로 시험을 이겨야 하지만, 실제로는 필요한 하나님의 말씀을 직접 읽기보다는 대개 나름대로 적당히 생각할 때가 더 많다. 또한, 하나님의 말씀에 대한 우리의 생각이 올바를 때도 있으나, 틀릴 때도 있다. 하나님의 뜻과 말씀에 대한 왜곡된 생각은 상한 음식을 먹는 것과 같이 위험한 것이다.

영적 전쟁의 실패는 자주 하나님의 말씀을 나름대로 생각하는 데서 기인하는 것이다. 영적 전쟁에서 승리하는 비결은 하나님의 말씀에 대해서 생각만 하지 말고, 직접 읽는 것이다. 성경의 어떤 특별히 이해하기 어려운 말씀이나 문제가 있을 때, 지나치게 집착하지 말고, 일단 떠나서 전체 성경을 고르게 읽는 일에 전념하는 것이 좋다. 성경은 성경이 해석하기 때문에 전체 성경을 고르게 읽다 보면, 언젠가 그 어려운 부분에 대한 해답을 얻을 수가 있다. 성경의 어떤 부분을 성경 전체에 비추어 이해해야 한다. 물론 성경의 바른 이해를 위해 교회가 인정하는 성경 교사들의 도움도 필요하다.

성경의 주제는 인간 구원을 위한 하나님의 구원 약속과 성취다. 성경은 세상과 인간을 지으신 창조주 하나님만이 인간을 가장 잘 아시고 그에게 가장 좋은 생명의 길을 제시하셨으므로 인간은 마땅히 그를 지으신 창조주 하나님을 믿고 그의 말씀을 따라야 할 것을 가르친다.

사람이 하나님의 말씀 대신 세상의 보이는 가치나 자신의 생각과 감정을 따라 살면, 결국 피조물의 본질적 한계로 말미암아 혼란에 빠지고 좌절하게 된다. 혹 사람이 스스로 만족하며 산다고 하더라도, 하나님의 말씀을 떠난 일체의 생각과 감정은 죄와 탐심이며, 우상 숭배가 되기 때문에 결국 하나님의 진노와 심판을 받아 존재론적 불안과 절망에 빠지게 된다.

인간은 자신과 세상의 한계를 인정하고 자신과 세상을 지으신 창조주 하나님을 인격적으로 사랑하고 순종할 때 자신과 세상에서 얻을 수 없는 "본질적이고 항구적인 평안"을 누리게 된다.

> 평안을 너희에게 끼치노니 곧 나의 평안을 너희에게 주노라 내가 너희에게 주는 것은 세상이 주는 것과 같지 아니하니라 너희는 마음에 근심하지도 말고 두려워하지도 말라(요 14:27).

성경은 사람이 자신의 신념이나 세상의 어떤 원리 대신 다만 인간과 세상을 지으신 창조주 하나님과 그의 말씀을 믿고 따라야 제대로 살 수 있다고 가르친다.

> 여호와를 경외하는 것이 지식의 근본이거늘 미련한 자는 지혜와 훈계를 멸시하느니라(잠 1:7).
>
> 사람이 떡으로만 살 것이 아니요, 하나님의 입으로부터 나오는 모든 말씀으로 살 것이라(신 8:3; 마 4:4b).

사람은 세상과 자신을 지으시고 다스리시는 사랑의 하나님께 죄를 회개하고 그를 믿고 사랑하는 것이 가장 중요한 인생의 본분임을 알아야 한다.

이스라엘아, 들으라 우리 하나님 여호와는 오직 유일한 여호와이시니, 너는 마음을 다하고 뜻을 다하고 힘을 다하여 네 하나님 여호와를 사랑하라(신 6:4-5).

사람은 자신이 하나님의 사랑의 대상이란 것을 인식할 때 자신의 존재 이유와 가치와 목적을 분명히 알 수 있다. 하나님의 자녀는 보이는 세상의 가치와 자신의 지혜와 능력이 아니라, 하나님의 말씀과 약속에 집중함으로써 자신의 존재 이유와 가치와 목적을 찾아야 한다.

여호와를 경외하는 것이 지혜의 근본이요, 거룩하신 자를 아는 것이 명철이니라(잠 9:10).

그러나 성경은 인간은 하나님을 온전히 믿지도 않고 그의 말씀을 온전히 지킬 수 없는 연약한 존재임을 보여 준다. 신약은 물론 구약도 결국 인간의 실패의 역사를 통해 이방인이든지, 선택받은 이스라엘 백성이든지, 우상 종교를 믿든지, 유대교를 믿든지, 율법주의자든지, 도덕주의자든지, 모든 인간은 하나님의 말씀을 제대로 지킬 수 없는 연약한 존재임을 보여 준다.

의인은 없나니 하나도 없으며 … 선을 행하는 자는 없나니 하나도 없도다(시 14:1-3; 롬 3:10-12).

그러므로 하나님께서는 인간 구원을 위한 새롭고 완전한 대안을 제시하셨다. 즉 자신의 아들을 세상에 보내시어 그를 믿음으로 구원을 얻는 도리다(요 3:16; 롬 3:21 이하). 예수님은 하나님의 아들로서 이 세상에 오셔서 그 한계가 들어난 유대인들의 율법주의적 구원이나 선행을 가르치는 도덕주의적 구원 대신 하나님의 구원의 은혜를 믿음으로 구원을 얻는 복음을 제시하셨다.

예수님은 그의 말씀뿐만 아니라, 죽으심과 부활로 하나님의 구z원의 은혜와 능력을 몸소 친히 증거하셨다. 사도 바울을 비롯한 모든 사도도 율법의 한계와 인간의 한계를 지적하며 예수님을 믿음으로 구원을 얻는 복음을 하나님의 최종적 유일한 구원의 도리로 가르치며 또한 실제로 그 구원의 능력을 증거했다(요 3:16; 롬 3-8장; 고전 1:18).

예수님을 믿는 사람 속에는 예수의 영이 들어와 계시고, 사람이 그의 영을 따라 살면 영생을 포함한 모든 선한 것으로 충만한 인생을 살 수 있다. 풀같이 연약한 우리 인생은 구원의 중보자(仲保者)이신 예수님을 믿고 그와의 교제를 통해 영원하신 하나님과 연결되어 그의 자녀가 되고 영생의 축복을 얻게 된다. 신구약성경 전체가 사람이 구원을 받는 길은 오직 생명의 주 예수 그리스도를 믿는 것임을 증거한다.[1]

하나님의 말씀은 구원의 능력이지만, 사람들은 여전히 하나님의 말씀을 불신하고 무시함으로써 구원의 능력을 보지 못하는 것이 문제다. 하나님의 말씀은 자주, 하나님의 행적과 같이 기이하고 오묘하여 연약한 인간이 제대로 이해할 수 없는 것도 문제다.[2]

한편, 사탄도 사람들이 하나님의 말씀을 듣고 믿지도 못하고 이해하지도 못하게 방해한다(마 9:34; 12:24; 13:25; 16:21-23; 고후 4:4). 그러므로 우리는 다만 은혜로운 하나님의 도우심을 받아야 하나님의 말씀을 제대로 믿고 이해할 수 있다(마 10:20; 16:16; 눅 24:32; 요 14:26; 16:23; 고전 2:10-16; 고후 3:16).

하나님께서는 약한 자를 강하게, 강한 자를 약하게, 부자를 가난하게 만드시고, 죄인과 의인을 함께 고난 받게 하시고(창 18:23), 때로는 악인을 형통하게 하신다.[3] 또한, 부활 생명의 은혜를 십자가의 고난의 은혜와 함께 주시며(마 7:13-14; 16:25; 행 14:22), 우리가 원치 않는 은혜(unwanted grace)를 우리가 원하는 은혜(wanted grace)와 함께 주시면서, "내 은혜가 네게 족하도다"라고 하신다(고후 12:9; 참조, 신 3:26).

이런 하나님의 말씀은 믿음이 연약한 우리들에게는 넓고 깊은 바다와 같고, 그 말씀에 대한 우리의 믿음과 이해력은 작은 배와 같다. 우리의 믿음을 시험하는 일들이 거센 파도와 같이 끊임없이 우리의 믿음을 치고 흔든다(시 78:22, 32, 37, 40-41, 56).

> 내가 보니 모든 완전한 것이 다 끝이 있어도 주의 계명들은 심히 넓으니이다 (시 119:96).

---

1 창 15:6; 22:1-18; 사 53장; 마 19:29; 요 3:14-16; 14:6; 롬 1:2; 3:21-26; 5:12-21; 16:25-26; 고전 10:1-4 등.
2 욥 5:9; 9:10; 38:2; 42:3; 시 107:8, 15, 21, 31; 114:4; 119:18, 129; 사 29:14; 139:6; 마 21:42; 막 11:18; 롬 11:33-36.
3 욥 12:6; 21:7; 시 73:3; 잠 24:1, 19; 렘 12:1.

> 이 지식이 내게 너무 기이하니 높아서 내가 능히 미치지 못하나이다(시 139:6).
> 이 말씀은 어렵도다 누가 들을 수 있느냐(요 6:60).
> 이는 하늘이 땅보다 높음같이 내 길은 너희의 길보다 높으며, 내 생각은 너희의 생각 보다 높음이니라(사 55:9).

기이하고 놀라운 하나님의 말씀을 듣기 위해서는 우선 믿음이 필요하다. 하나님의 존재와 말씀은 초월적 특성이 있으므로 믿음이 없이는 제대로 알 수 없다.

> 주께서 하신 말씀이 반드시 이루어지리라고 믿은 그 여자에게 복이 있도다(눅 1:45).
> 내 말이 네가 믿으면 하나님의 영광을 보리라 하지 아니하였느냐(요 11:40).

사리를 분명히 판단하는 인간 이성은 하나님의 은사이면서도, 그 이성 또한 인간의 죄로 오염되어서 제대로 작동하지 않을 때가 많고, 때로는 반동적 불신의 도구로 변질되기도 한다(『기독교 강요』 II.2.24-27).

제한적인 인간 이성에 근거한 논리나 원칙만으로는 광대무변하신 하나님의 말씀을 제대로 이해할 수 없다. 인간은 위대하신 하나님과 그의 말씀에 대하여 이성보다는 믿음으로 접근해야 한다. 하나님의 높으신 신분과 놀라운 역사(役事)와 말씀은 인간이 이해하기에 너무 크고 위대하기 때문에 제한적인 인간 이성만으로는 이해하기 어렵다. 그러므로 결국 하나님의 선하심을 믿는 믿음만이 우리 연약한 인간이 위대하신 하나님께로 나아가는 바르고 안전한 길이다.

> 믿음이 없이는 하나님을 기쁘시게 하지 못하나니, 하나님께 나아가는 자는 반드시 그가 계신 것과 또한 그가 자기를 찾는 자들에게 상 주시는 이심을 믿어야 할지니라(히 11:6).

물론 성경 말씀의 분명한 이해를 위해 이성적 연구도 필요하다. 우리의 이성이 제한적이고 부패했으나, 이성의 도움 없이 성경을 읽는다면 우리는 더 큰 혼란에 빠질 수 있기 때문이다(롬 2:14-15; 고전 11:14; 벧후 3:16). 그러므로 우리는 논리와 언어 문법 같은 우리의 제한적인 이성적 도구들로 나마 하나님의 말씀을 읽을 수밖에 없다.

다만, 우리의 이성은 성령의 조명을 받음으로써 하나님의 뜻을 제대로 알 수 있다 (『기독교 강요』 II.2.25).

이성적 합리적 사고는 거의 모든 진리에 대한 철저한 반론적 사고를 수반한다. 반론적 사고와의 논쟁을 겪지 않은 주장은 지적 인정을 받을 수 없다. 마찬가지로 믿음도 합리적 논쟁과 다양한 경험, 그리고 영적 시험의 과정을 거쳐서 강화된다. 아브라함, 욥, 모세, 다윗, 하박국, 니고데모, 베드로, 바울도 모두 나름대로의 반론적인 시험의 과정을 거치면서 믿음에 서게 되었다.

> 여호와여, 어느 때까지 니이까 나를 영원히 잊으시나이까 주의 얼굴을 나에게서 어느 때까지 숨기시겠나이까 (시 13:1).
>
> 어찌 그러한 일이 있을 수 있나이까 (요 3:9).

반론은 시험이나 환난과 같이 우리의 믿음을 약화시킬 수도 있으나, 오히려 강화시킬 수도 있다. 그러므로 우리는 모든 신앙의 도전과 반론에 직면할 때마다 우리의 이성의 한계를 인정하고, 하나님의 절대적 권능과 무한하신 지혜를 믿어야 한다. 때로 하나님의 말씀에 대한 합리적 증거를 찾을 수 없더라도, 우리의 이성의 한계를 인정하고 "전능하신 하나님의 은밀하신 뜻"을 믿고 순복해야 한다.

우리는 하나님 신앙을 지키기 위하여, 하나님과 관련된 모든 모순과 불합리를 오히려 우리가 알 수 없는 하나님의 깊으신 지혜와 기이한 섭리로 알고 하나님의 선하심과 은혜를 굳게 믿어야 한다. 불신은 결국 하나님의 선하심을 믿음으로써 극복될 수 있다. 이것이 모든 시험을 이긴 믿음의 선진들의 모본이다.[4]

> 트집 잡는 자가 전능자와 다투겠느냐 하나님을 탓하는 자는 대답할지니라 욥이 여호와께 대답하여 이르되, 보소서, 나는 비천하오니 무엇이라 주께 대답하리이까 손으로 내 입을 가릴 뿐이로소이다 (욥 40:2-4).
>
> 대저 하나님의 모든 말씀은 능하지 못하심이 없느니라 마리아가 이르되 주의 여종이오니 말씀대로 내게 이루어지이다 하매 천사가 떠나 가니라 (눅 1:37-38).

---

[4] 욥 35:7; 38:2; 40:2; 41:11; 42:1-3; 시 139:6; 사 55:8-11; 롬 11:33-34.

> 깊도다 하나님의 지혜와 지식의 풍성함이여, 그의 판단은 헤아리지 못할 것이며 그의 길은 찾지 못할 것이로다 누가 주의 마음을 알았느냐 누가 그의 모사가 되었느냐 누가 주께 먼저 드려서 갚으심을 받겠느냐 이는 만물이 주에게서 나오고 주로 말미암고 주에게로 돌아감이라 그에게 영광이 세세에 있을지어다 아멘 (롬 11:33-36).

성경이 가르치는 하나님은 전능하신 하늘 아버지이시며, 결코 오만한 폭군은 아니시다. 하나님은 힘의 원천이시지만 비인격적 에너지가 아니라, 선하시며 인자하신 분이시다(출 34:6). 하나님은 세상을 그의 예정하신 뜻대로 다스리시지만, 결코 냉정한 운명의 신이 아니시고, 그가 지으신 세상을 깊이 사랑하시는 인격적 신이시다(창 8:21-22; 요 3:16).

> 여호와께 감사하라 그는 선하시며 그의 인자하심이 영원함이로다(시 118:1).

특별히 하나님은 그가 택하신 백성에게 자비로우신 아버지와 같으신 분이시며, 그를 사랑하는 이들과 교제하고 소통하기를 기뻐하시는 분이시다(출 2:24; 시 78:38, 72; 81:7; 89:26-37; 90:14-16; 롬 8:28). 하나님께서 우리 인간에게 그의 뜻을 계시하시는 방법은 다양하다. 하나님께서는 특별히 부르신 사람들, 즉 성경의 저자들을 통해 말씀하셨고, 성령을 통해 오늘 우리에게도 말씀하시고, 과거와 현재의 자연 재난, 전쟁 같은 사건들과 사람들의 여러 경험을 통해서도 말씀하신다.

또한, 하나님께서는 성경에서 보듯이, 법, 격언, 시, 비유, 이야기, 훈계와 같은 다양한 문학적 장르를 통해 말씀하신다. 그러므로 성경의 바른 이해를 위해 성경의 역사적, 문학적 연구가 필요하다. 무엇보다 예수 그리스도 자신이 가장 분명하고 총체적인 하나님의 말씀이시다(요 1:1, 14; 14:6; 롬 10:4). 하나님께서는 예수 그리스도를 통해 우리를 향하신 그의 사랑과 은혜를 가장 분명히 나타내셨다(요 3:16; 롬 5:8).

우리는 우리 가운데 내주하시는 성령께서 우리에게 하나님의 말씀을 간절히 사모하는 마음과 말씀의 진의를 제대로 파악하는 지혜를 주시도록 기도해야 한다. 물론 특별히 어려운 성경 말씀의 해석과 더 깊은 성경 지식을 얻기 위해 교회가 인정하는 성경 교사들의 도움도 받아야 한다.

성경 말씀을 모르는 사람들이라도 적어도 인간 존재와 세상의 신비로움을 인정할 수는 있다. 그들도 우주 만물의 신비로움과 아름다움 그리고 인간 육체의 놀라운 기능과 지혜와 재능을 단순히 우연한 현상으로 돌리기가 어려움을 인정할 것이다 (시 8편; 롬 1:19-20).

특별히 우리가 사는 지구는 특별한 행성이다. 자전과 공전에 의한 밤과 낮, 일 년의 주기(週期), 그리고 23.5도로 기울어짐에 의한 사계절의 변화, 지구의 밤과 낮을 비추는 해와 달, 그들과 지구와의 적절한 거리와 위치로 말미암는 기후와 조류(潮流), 물로 가득 찬 지표와 마그마로 뜨거운 지구의 내부, 지구에 번성하는 수많은 생명체, 그리고 보이지 않는 자기장(磁氣場)의 역할 등 우리가 사는 이 지구는 아름답고 신비로운 행성이다.

이런 놀라운 세계를 지으시고 우리들을 이 지구에 태어나게 하신 창조주 하나님을 믿고 그의 말씀을 듣고 따라 사는 것이 인간의 본분이며 도리다.

> 땅과 거기에 충만한 것과 세계와 그 가운데에 사는 자들은 다 여호와의 것이로다 (시 24:1).
> 내가 주의 법을 어찌 그리 사랑하는지요 내가 그것을 종일 작은 소리로 읊조리나이다 (시 119:97).

물론 창조주 하나님을 반대하는 저 "어둠의 아들들"의 반론(우연론, 자연 발생론)은 계속될 것이다. 그러나 그들의 반론도 태초에 빛과 함께 "암흑"을 지으신 하나님께서 "빛의 아들들"의 진정한 신앙 훈련을 위해, 자신의 영광을 위해 허락하시는 것이다.

> 나는 빛도 짓고 어둠도 창조하며, 나는 평안도 짓고 환난도 창조하나니, 나는 여호와라 이 모든 일들을 행하는 자니라(사 45:7).

하나님께서는 궁극적이고 완전한 평화와 질서를 향해 일하시지만, 그 과정에서 어둠과 혼란을 허락하시는 것이다(사 45:18). 보이는 가치를 절대시하는 많은 현대인은 종교적 믿음의 심리적, 사회적, 자연적 발생 요인들을 지적하며 초월적 하나님의 존재와 말씀을 무시한다. 그러나 대부분의 종교는 이런 자연 발생적 요인들과 함께 영적, 초월적 특성이 있다. 특별히 성경이 가르치는 종교는 사람의 마음이나 자연적, 사회적, 환경적 요인에서 기인한 것이 아니라, 창조주 하나님께서 인간을 구원하기 위해 직접 말씀하신 계시에서 비롯된 것이다.

> 나 여호와가 말하노라(삼상 2:30)[5]

인본주의와 자연주의, 상대주의와 다원주의, 물질주의와 과학주의 등이 하나님 신앙을 무시하는 이 혼란한 시대에서 성경 말씀은 우리가 인간 존재의 의미와 가치에 대한 우리 자신의 이해의 한계를 철저히 깨닫고 하나님의 말씀을 인간 존재의 의미와 가치에 대한 유일한 진리로 받을 것을 명한다.

> 오직 여호와는 그 성전에 계시니 온 땅은 그 앞에서 잠잠할지니라 하시니라(합 2:20).
> 귀 있는 자는 들으라(마 13:9).
> 하나님을 믿는 사람은 하나님 말씀이 아닌 모든 소리에는 귀를 막고 오직 하나님의 말씀만을 들어야 한다 내 양은 내 음성을 들으며 나는 그들을 알며 그들은 나를 따르느니라(요 10:27).
> 귀 있는 자는 성령이 교회들에게 하시는 말씀을 들을 지어다(계 2:7, 11, 17, 29; 3:6, 13, 22).

성경은 하나님의 영감을 받은 사람들이 쓴 하나님의 구원의 말씀이다. 그러므로 비록 오랜 세월 동안 여러 저자들이 성경을 썼으나 성경은 하나님의 인간 구원을 위한 하나의 주제로 일관하는 것이다. 하나님의 약속과 축복, 예언 같은 구약의 말씀과 하나님의 구원 사건들은 신약의 그리스도를 통한 완전한 구원을 위한 예비적이고 예언적인 것들이며 신약의 복음의 진정성을 확증하는 것이다.

이런 성경적 관점은 성경의 권위와 성경이 증거 하는 하나님의 구원 역사에 대한 확실성을 강화한다. 이에 대하여, 많은 현대 성경학자는 신약 저자들이 복음에 비

---

[5] 왕하 22:19; 렘 1:15; 2:3, 9, 12, 19, 22, 29; 3:1 등; 겔 5:11; 11:8, 21; 12:25, 28 등.

추어서 구약 사건들을 자의로 해석했다고 제안하나, 그것은 성경이 가르치는 하나님의 지혜와 능력을 부인하고, 성경 자체가 밝히는 성경의 영감성과 진정성을 무시하며, 성경을 단순히 고대 인간의 "종교적 문학"으로 취급하는 인간의 불신적 편견과 오만함을 나타내는 것이다.

성경은 인간 역사란 우연이나 자연 원칙을 따라 진행되는 것이 아니라, 처음부터 끝까지 세상과 인간의 창조주이시며 구원주이신 하나님의 창조와 구원의 계획을 따라서 진행되고 있음을 보여 준다. 성경 전체가 하나님께서 약속하신 구원의 언약이 실제로 성취되었다는 사실을 확증한다(히 11:1 이하).

> 나는 너를 애굽 땅 종 되었던 집에서 인도하여 낸 네 하나님 여호와니라(출 20:2).
> 이 모든 일이 된 것은 주께서 선지자로 하신 말씀을 이루려 하심이니(마 1:22).
> 그러나 이렇게 된 것은 다 선지자들의 글을 이루려 함이니라(마 26:56).
> 이 복음은 하나님이 선지자들을 통하여 그의 아들에 관하여 성경에 미리 약속하신 것이라(롬 1:2).

다수의 현대인들은 육체적, 물질적 가치의 한계를 극복하는 일에는 집중하면서도 자신들의 본질적인 한계, 즉 죄와 구원 문제에 대해서는 거의 관심이 없다. 그 결과 많은 현대인이 혼란과 불안 가운데 살고 있다. 성경은 인간의 죄악이 모든 인간 문제의 근본적인 원인이기 때문에 이것을 우선적으로 해결하지 않으면 다른 모든 인간 문제가 해결될 수 없음을 단언한다. 현대인은 마땅히 세상을 지으신 창조주 하나님의 말씀을 들어야 한다.

하나님의 말씀은 창조와 구원의 능력이다. 하나님께서는 말씀으로 세상을 창조하셨고, 말씀으로 세상을 다스리시고, 말씀으로 세상을 구원하신다. 태초의 세계는 하나님의 말씀으로 말미암아 빛과 생명으로 충만한 아름다운 세상이었으나 태초의 인간이 하나님의 말씀을 거역함으로써 혼돈과 공포의 세상이 되었다.

하나님께서는 노아, 아브라함, 모세, 다윗 등 하나님의 말씀을 듣고 순종하는 이들을 통해 자신이 지으신 세상을 구원하고 회복하려고 애쓰셨으나, 세상은 점점 하나님을 떠났다. 하나님께서는 결국 그의 아들 예수 그리스도를 세상을 구원하시기 위해 보내셨다.

예수님은 하나님의 창조와 구원의 말씀이시며, 빛이시며, 생명이시다(요 1:1-4, 9; 14:6). 말씀이시며 빛이신 예수님은 하나님의 말씀을 거역하며 죄에 빠져 어둡고 혼란한 세상을 구원하시기 위해 애쓰셨다. 그러나 어리석은 세상은 그를 알지 못했고, 그를 영접하지 않았다(마 12:24; 13:57; 요 1:10-11). 예수님은 3년 동안 하나님의 구원의 능력을 나타내시면서 하나님 나라의 도리를 가르쳤으나, 어리석은 세상은 도리어 그를 죽였다.

그러나 지혜와 권능의 하나님께서는 예수님의 죽으심을 부활 생명으로 바꾸셨다. 그리고 하나님께서는 예수로 말미암은 놀라운 하나님의 구원의 능력을 믿는 모든 사람을 하나님의 자녀와 하나님 나라의 상속자로 삼으실 것을 선언하셨다. 사도들은 이 놀라운 구원의 기쁜 소식이 사람들이 만든 것이 아니라, 오래 전부터 하나님께서 계획하시고, 약속의 말씀과 구원 사건들로 계시하셨음을 밝히면서 복음을 증거했다.[6]

그 후 그리스도의 교회는 많은 시련과 도전을 거치면서 중세에 이르러서는 서방 세계 전체를 아우르는 기독교국을 세우게 되었다. 그러나 중세교회는 그 세력이 비대해지면서 점차 비복음적인 세속적 탐욕과 종교적 제도와 의식 만능주의 등으로 말미암아 변질되기 시작했다.

15세기 보헤미야의 존 후스(John Huss, 1372?-1415), 16세기 독일의 마틴 루터(Martin Luther, 1483-1546), 스위스의 츠빙글리(Ulrich Zwingli, 1484-1531), 프랑스의 존 칼빈(John Calvin, 1509-1564) 등에 의해 종교개혁 운동이 일어났다. 이들의 종교개혁 운동은 당시에 일어난 르네상스 운동의 복고주의적 영향을 받아서 성경 말씀으로 돌아가서 중세교회의 신앙과 제도를 성경적으로 개혁하는 일에 힘썼다.

종교개혁 운동은 재세례파 운동과 같은 부작용도 일으켰으나, 가톨릭 내에서의 반동개혁 운동에도 적극적인 영향을 주었다. 종교개혁 운동은 유럽 전역으로 퍼져 나갔고, 18세기 모리비안-루터 신앙 운동과 독일 경건주의 운동,[7] 이에 영향 받은 영국의 존 웨슬리(John Wesley, 1703-1791)의 감리교 운동, 그 후 19세기의 미국의 대각성 운동, 20세기 부흥 운동과 오순절 운동 등으로 이어졌다. 종교개혁 사상은 서

---

6 창 22:11-18; 삼하 7:12-17; 사 7:14; 9:1-2; 11:1-9; 35장; 42:1-9; 53:1-12; 61:1 이하; 65:17 등; 마 1:21-23; 4:13-17; 26:54; 요 1:21; 롬 1:2; 3:21; 16:25-26; 히 1:1-2 등.
7 독일의 헤른후트(Hernhuth)의 경건주의 지도자 진젠도르프 백작(Nicholas Ludwig von Zinzendorf, 1700-1760)의 모라비안 신앙 공동체 결성.

양인들의 합리주의, 개인주의, 자유주의적 사고와 이상에도 영향을 주어 오늘날 유럽과 미국을 비롯한 현대 문명의 성장과 발전에도 공헌했다.

그러나 모든 신앙 운동은 믿는 사람들의 연약함과 불신자들의 방해로 말미암아 그 열기가 속히 일어났듯이 속히 시들어 버렸다. 현대 기술 문명 사회에서 기독교는 병들어 쓰러진 공룡과 같이 약화되었다. 물론 지금도 각처에서 여러 형태로 복음 전도 운동이 계속되고 있지만, 선교 지역의 타종교와 함께 현대의 인본주의 사상과 과학 기술 문명이 복음 전도에 큰 도전이 되고 있다.

복음의 능력을 믿는 우리는 복음에 대한 이 세상의 장애와 비난, 우리 자신의 연약함과 무능함, 교회의 부끄러운 현실 등으로 낙담할 것이 아니라, 하나님께서 자신의 구원의 약속을 잊지 않으시고, 그가 정하신 때에 그의 영을 남종과 여종에게 부어주심으로써 영적 부흥 운동을 다시 일으키실 것을 준비하고 계심을 믿어야 한다.

비록 세상의 종말이 가까왔다고 해도, 자비로우신 하나님께서는 여전히 한 영혼이라도 더 구하기 위한 구원 운동을 계속하기를 원하시는 것이다(욘 4:11; 벧후 3:9). 구원을 약속하신 분은 전능하신 하나님이시며, 복음 전도의 주체는 연약한 우리가 아닌 능력의 성령님이시다. 하나님께서는 자주 사람들이 하나님을 잊고 살 때, 하나님의 교회가 어지럽고 약할 때에 개입하신다는 것을 기억하자.[8]

그리스도의 몸 된 교회의 성장을 위해 실천적, 행동적 신앙이 필수적이지만, 개인의 믿음의 훈련과 영적 성장을 위한 묵상, 말씀 읽기, 기도 등이 수반되어야 한다. 믿음의 훈련과 영적 성장을 등한히 하는 행동이나 성과 위주의 신앙 생활은 자칫 외식주의로 흐를 수 있다. 바른 행동은 바른 마음에서 나온다. 예수님은 바른 행동에 앞서서 바른 마음 자세가 선행되어야 할 것을 가르치셨다.[9] 예수님의 하나님 나라 운동은 의식화, 제도화, 규례화 된 율법주의적 유대교를 소탈하고 진실한 마음의 종교로 개혁하는 운동이었다. 어거스틴, 버나드, 루터, 웨슬리, 칼빈, 조나단 에드워드, 무디 등 모든 고금의 신앙 지도자는 모두 하나님의 말씀에 근거한 내적 경건에 힘쓴 이들이었다.

주로 재물, 건강, 지식, 정보, 외양 등 외적, 물량적 가치를 중시하기 쉬운 현대 그

---

8   창 15:1-21; 28:10-22; 출 2:24-25; 삿 6:1, 13-15; 삼상 3:1; 왕상 19:1-18; 고후 12:9-10.
9   마 5:3, 8, 28; 6:1 이하; 막 7:16-23.

리스도인들은 영적 훈련과 내적 성장에 더 깊은 관심을 가져야 한다. 신앙의 내면성 또는 영성은 단순히 신앙적 지식이나 가치를 중시할 뿐만 아니라, 의식적(意識的)으로나, 의도적으로나, 영원하신 하나님과 그의 말씀을 열심히 사랑하고, 묵상하고, 실행하는 데서 비롯되는 것이다.

> [복 있는 사람은] 오직 여호와의 율법을 즐거워하여 그의 율법을 주야로 묵상하는도다(시 1:2).

무엇보다 그리스도의 십자가를 통해 우리 자신이 구원받은 하나님의 자녀가 되었다는 사실을 깨달을 때 우리는 가장 분명하게 우리의 존재 가치, 이유, 목적을 발견하게 된다.

> 우리가 아직 죄인 되었을 때에 그리스도께서 우리를 위하여 죽으심으로 하나님께서 우리에 대한 자기의 사랑을 확증하셨느니라(롬 5:8).
> 그러나 무엇이든지 내게 유익하던 것을 내가 그리스도를 위하여 다 해로 여길뿐더러 또한 모든 것을 해로 여김은 내 주 그리스도 예수님을 아는 지식이 가장 고상하기 때문이라(빌 3:7-8a).

그러나 우리는 이미 몇 번씩 듣고 읽은 말씀도 자주 잊어버린다. 그러므로 이 책은 이미 앞에서 논한 같은 문제들을 자주 반복한다. 반복을 통한 학습 효과를 기대하는 것이다.

> 그러므로 우리는 들은 것에 더욱 유념함으로 우리가 흘러 떠내려가지 않도록 함이 마땅하니라(히 2:1).
> 내가 나의 침상에서 주를 기억하며 새벽에 주의 말씀을 작은 소리로 읊조릴 때에 하오리니, 주는 나의 도움이 되셨음이라 내가 주의 날개 그늘에서 즐겁게 부르리이다 (시 63:6-7).
> 내가 주의 법을 어찌 그리 사랑하는지요 내가 그것을 종일 작은 소리로 읊조리나이다 (시 119:97).

우리는 이 책에서 주제와 관련하여 여러 성경 구절을 열거한다. 우리가 성경 전체를 읽을 때 성경의 어떤 모호한 의미나 표현들이 좀 더 분명하게 들어나기 때문이다. 성경은 "스스로 해석한다"(*sacra scriptura sui ipsus interpres*)는 개혁신학적 성경 해석학의 원칙을 우리 스스로 확증하게 되는 것이다(『기독교 강요』 I.13.21).

또한, 여러 성경 전체의 말씀을 교차적으로 읽음으로써 성경 말씀을 오해하고, 잘못 해석하는 것을 피할 수 있다. 우리가 하나님을 사랑하고 하나님의 구원의 약속을 믿는다고 하나, 얼마나 진심으로 간절하게 하나님을 사랑하고 그의 구원의 능력과 약속을 믿느냐가 문제다. 하나님의 말씀을 제대로 깨닫고 믿는 것도 어렵지만, 제대로 실행하는 것은 더 어렵다.

이 백성이 입술로는 나를 공경하되 마음은 내게서 멀도다(사 29:13; 마 15:8).

그러므로 하나님의 백성은 언제나 성령의 감화를 받고, 하나님의 말씀과 기도로 믿음을 굳게 다지는 일을 계속해야 한다.

내가 주의 율례들을 영원히 행하려고 내 마음을 기울였나이다(시 119:112).

이 글은 누구보다 제 자신의 신앙 문제들을 위해 쓴 것이다.
제가 모르는데 어떻게 남을 가르치겠는가?
제 믿음이 약한데 어떻게 남의 믿음을 도울 수 있겠는가?
실제로 제 자신의 연약함과 거듭되는 실패를 생각할 때 제 생전에 하나님의 온전하심에 이르는 일은 불가능하게 보인다. 진부한 변명 같지만, 제가 부족하기 때문에 오히려 진정한 믿음이 무엇인지 그리고 그 믿음을 지키기 위해 주의할 점이 무엇인지를 말할 수 있다고 생각한다.

시몬아, 시몬아, 보라 사탄이 너희를 밀 까부르듯 하려고 요구하였으나 그러나 내가 너를 위하여 네 믿음이 떨어지지 않기를 기도하였노니 너는 돌이킨 후에 네 형제를 굳게 하라(눅 22:31-32).

나는 반복적 학습의 효과를 믿기 때문에 이 글에서도 이미 앞 글에서도 논한 믿음, 사랑, 말씀, 예정, 성령, 영생, 천국 같은 성경의 단어들을 반복하고 있다. 또한, 앞에서도 그랬듯이, 현대인의 자연주의와 상대주의를 경계하는 한편, 신앙인들의 배타주의적 자세도 염려 한다. 그러나 이 글에서는 특별히 "여호와 이레"의 우리 하나님께서 우리의 믿음을 확실하게 세우시기 위해 오래전부터 최종적인 구원의 도리인 복음을 위해 미리 준비해 오셨다는 점을 반복적으로 지적하고 있다.

　그러나 십자가의 복음은 결코 죽은 전통과 제도의 답습이 아니라, 우리의 마음을 그리스도의 사랑과 은혜로 변화시키고 그리스도 중심적 존재 이유와 목적을 갖게 하는 하나님의 능력이다. 그러므로 오늘도 우리 가운데 역사하시는 성령께서 이 글을 쓴 저와 읽는 여러분의 마음을 감동시키시어 하나님의 말씀을 깨닫고, 열심히 실행하는 은혜와 능력을 주실 것을 간구한다.

2020년 7월 10일

깊은 곳에서 VIII

1. 성령의 감동 vs. 심리적 충동

> 시몬이 대답하여 이르되 선생님 우리들이 밤이 새도록 수고하였으되 잡은 것이 없지마는 말씀에 의지하여 내가 그물을 내리리이다(눅 5:5).

하나님께서는 자주 먼저 우리를 약하게 하신 후에 그의 능력을 나타내신다. 성령님께서 연약한 우리에게 필요한 지혜와 능력을 주심으로 하나님의 일을 능히 감당하게 하신다.

성령의 지시와 감동이 우리의 생각과 마음을 움직이게 하지만, 자칫 성령의 역사를 우리 자신의 지혜나 능력이나 즉흥적 충동, 심지어, 악한 영의 미혹과 혼동해서는 안 된다(요일 4:1-6). 성령의 지시와 감동은 우리 자신의 자랑이나 유익이 아니라, 하나님의 말씀과 우리의 소명 의식에 비추어 확증되어야 한다(요 14:26; 16:13-16; 행 20:22; 21:4).

베드로가 처음 예수님을 만났을 때, "깊은 데로 가서 그물을 내려 고기를 잡으라"(눅5:4)는 주님의 "말씀에 의지하여" 많은 고기를 잡은 후에 주님의 제자가 되기로 결심했다. 베드로는 단순한 충동적 감정에서가 아니라, 주님의 말씀을 듣고 또한 그 말씀을 순종했을 때 나타나는 놀라운 표적을 보고 주님을 따르기로 결단한 것이다. 성령의 감동은 언제나 하나님의 말씀과 일치하기 때문에 우리는 우리 자신의 생각과 판단을 따라서는 안 되고, 언제나 성령의 생각을 성경 말씀에 비추어 확증해야 한다(요 14:26; 16:13-16; 딤후 3:15-16).

우리가 하나님의 말씀과 성령을 따라 산다고 하나, 우리의 복잡한 삶의 정황 가운데서 실제로 어떤 말씀을 따라야 할지, 성령의 뜻이 무엇인지를 몰라서 혼란스러울 때가 있다. 그럴 때에는 하나님께서 우리에게 맡겨 주신 일생의 사명에 비추어 판단하는 것이 제일이다.

사도 바울이 제3차 전도 여행을 마치고 예루살렘으로 가는 여행 중에 만난 어떤 믿음의 형제들이 성령의 감동으로 바울에게 고난이 기다리는 예루살렘으로 가지 말 것을 권면했으나, 바울은 복음 전파자로서의 소명 의식이 자신의 생명보다 더 귀한 것으로 알고, 예루살렘으로 갈 것을 결행했다(행 9:15-16; 20:22-24; 21:4-14).

또한, 바울은 로마 감옥에서 빌립보서를 쓰면서 자신을 위해 차라리 힘든 세상을 떠나기를 원하면서도, 빌립보 교인들을 위한 자신의 사명을 중시하며 결국 그들의 유익을 위해 더 사는 것이 옳다고 판단한다(빌 1:21-25).

예수님께서는 이 세상에서의 사역을 마치시면서 하나님께서 우리 각자에게 맡겨 주신 사명에 충실할 것을 당부하셨다. 주님께서는 마태복음 25장에서 "열 처녀 비유," "달란트 비유," "양과 염소의 비유" 등으로 하나님께서 우리 각자에게 맡기신 사명을 충성스럽게 수행할 것을 당부하셨다.

> 잘하였도다 착하고 충성(피스토스)된 종아, 네가 적은 일에 충성하였으매 내가 많은 것을 네게 맡기리니 네 주인의 즐거움에 참여할지어다(마 25:21, 23).

마찬가지로 사도 바울도 맡은 일에 충성할 것을 가르쳤다.

> 맡은 자들에게 구할 것은 충성(피스토스)이니라(고전 4:2).

우리 주님께서는 마지막 날 밤 겟세마네 동산에서, 큰 고민 가운데서, 자신의 인간 구원을 위한 메시아적 사명을 재확인하시고 고난의 십자가를 지시기로 결단하셨다.

> 나의 원대로 마시옵고 아버지의 원대로 하옵소서(막 14:36).

하나님께서 우리 각자에게 맡겨 주신 사명을 귀하게 여기고 흔들림 없이 수행하는 것이 성령의 뜻이다.

2018년 5월 25일

2. 신앙인의 특권 의식

> 야곱아 너를 창조하신 여호와께서 지금 말씀하시느니라 이스라엘아, 너를 지으신 이가 말씀하시느니라 너는 두려워하지 말라 내가 너를 구속하였고 내가 너를 지명하여 불렀나니 너는 내 것이라(사 43:1).

모든 개체는 자신만의 특별한 존재감이나 존재 가치를 갖는다. 개인은 물론 집단이나 사회나 국가도 다른 집단이나 사회나 국가와 구별되는 특별한 존재론적 의식이 없다면 그 존재 가치가 약화될 것이다. 이스라엘 민족은 자신들이 세상의 많은 민족 가운데 하나님께서 특별히 선택하신 백성이라는 믿음이 있었기 때문에 그 오랜 고난의 역사 가운데서도 지금까지 생존할 수 있었던 것이다. 그러나 이런 개체의 존재론적 의식이 지나치게 강해지면 오히려 그 개체가 속한 집단 전체에 유해할 수도 있다.

믿음과 사랑도 개인적 특권 의식이 없이는 성립되거나 유지되기 어렵다. 나를 믿고 사랑하는 상대방이 다른 사람들이 아니라, 특별히 나를 믿고 사랑한다는 것을 알 때 신뢰하고 사랑하는 관계가 성립되고 유지되는 것이다.

> 내가 너를 구속하였고 내가 너를 지명하여 불렀나니 너는 내 것이라(사 43:1).

하나님께서 모든 사람을 사랑하시지만, 많은 사람 가운데 특별히 우리를 부르시고 구원의 은혜를 베풀어 주셨음을 믿어야 한다. 복음은 만민의 구원을 위한 것이지만, 하나님께서 특별히 우리를 부르신 것은 하나님의 사랑의 비밀인 것이다(마 13:11; 롬 11:25; 16:26; 엡 3:9; 골 1:26).

다만 하나님의 특별하신 사랑을 믿는 믿음이 지나쳐서 개인적, 집단적 이기심으로 변질되지 않도록 주의해야 한다. 유대인들은 오랫동안 하나님의 선민 의식을 굳게 가지고 생존해 왔으나 때로는 민족주의적 배타주의에 빠져서 다른 민족들을 무시하고 멸시하기도 했다(신 7:7; 시 132:13-14; 욘 4:1 이하). 예수님 당시 바리새인들은 하나님을 열

심히 믿었으나, 하나님의 은혜와 긍휼하심을 잊은 채, 남을 정죄하는 일에 몰두했다.[1]

그리스도의 십자가는 완전한 사랑의 모델이다. 십자가의 주님은 만민을 사랑하시고 또한 우리 각자를 사랑하신다. 그리고 우리도 주님처럼 서로 사랑할 것을 명하신다.

> 네 이웃을 네 자신과 같이 사랑하라(마 19:19; 참조, 레 19:18).

우리를 향한 십자가의 그리스도의 은혜와 넘치는 사랑을 믿을 때 원수에 대한 우리의 시시비비는 별 의미가 없다.

하나님 나라는 서로 사랑으로 섬기는 곳이다.[2] 우리가 하나님의 특별한 사랑을 받는 자녀라는 특권 의식은 남을 나처럼 사랑하고, 원수조차 사랑하는 하나님 나라 시민이라는 또 다른 특권 의식과 함께 조화와 균형을 이루어야 한다.

우리가 성령을 따라 우리의 깊은 이기적 본성을 다스리면, 십자가의 참사랑을 나타낼 수 있다.

> 너희는 성령을 따라 행하라 그리하면 육체의 욕심을 이루지 아니하리라(갈 5:16).
>
> 오직 성령의 열매는 사랑과 희락과 화평과 오래 참음과 자비와 양선과 충성과 온유와 절제니 이같은 것을 금지할 법이 없느니라(갈 5:22-23).

2018년 5월 25일

---

1 마 12:24; 16:5-12; 22:34-40; 23:23; 롬 10:2-3.
2 조나단 에드워즈, 『사랑』, 서문강 역 (서울: 도서출판 솔로몬, 2016), 409.

3. 바리새인들의 죄

> 그러나 내가 하나님의 성령을 힘입어 귀신을 쫓아내는 것이면, 하나님의 나라가 이미 너희에게 임하였느니라(마 12:28).

　자비하신 하나님께서는 그의 아들을 세상에 보내시어 인간의 죄를 용서하시고 완전한 세상을 이루시기를 힘쓰신다. 하나님께서는 죄인을 위해 죽으신 그리스도의 사랑을 깨닫고 죄를 회개하면 하나님의 자녀가 되고 하나님 나라의 상속자가 된다고 약속하셨다. 그리스도의 십자가는 죄악의 무질서를 완전하고 선한 질서로 변화시키는 선하신 하나님의 구원 능력이다.

　그러나 본문의 바리새인들과 같이 예나 지금이나 죄인을 향하신 하나님의 사랑과 은혜를 거역하는 것이 인간의 고질적인 병폐다. 하나님을 모르는 불신자들도 문제지만 하나님을 잘못 믿는 신자들도 문제다. 우리 믿는 사람들도 바리새인들처럼 자주 외식과 위선과 독선에 빠져서 남을 정죄하면서도 정작 자신의 죄에 대해서는 무지할 수 있다. 그러므로 우리의 믿음이 위선과 독선으로 변질되거나 부작용을 일으키지 않도록 주의해야 한다.

　특별히 선택 사상, 예정론 같은 신학 사상이 자아집착적인 이질적 신앙으로 변질되고 왜곡되지 않도록 경계해야 한다. 그러므로 사도 바울은 믿음과 소망은 언제나 사랑으로 조절되어야 한다고 가르쳤다(고전 13:13).

　그리스도는 남의 죄를 지적하기보다 먼저 자신의 죄를 회개하고 남의 잘못을 용서하고 사랑하는 것이 하나님 나라 시민의 도리라고 자주 말씀하셨다(마 5:43 이하; 18:21-36; 22:34-40; 23:23). 십자가의 사랑은 유대인들을 포함한 모든 독실한 신앙인에게 나타나기 쉬운 "믿음의 부작용," 즉 독선적 자세를 막아주는 가장 좋은 해독제다.

　가장 큰 죄는 역시 예수님을 믿지 않는 죄다. 예수님의 놀라운 구원의 사역을 듣고서도 끝까지 반대하는 사람은 이미 버림받은 자다. 성령님께서는 모든 하나님의 자녀의 마음의 문을 열어 복음을 기쁘게 듣고, 주님을 영접하게 하신다. 이런 이들은 성령님을 따라 살면서 성령의 아름다운 열매들을 맺게 되는 것이다(갈 5:16-22).

2018년 5월 26일

4. 성경 말씀: 믿음의 근거

> 믿음은 바라는 것들의 실상이요, 보이지 않는 것들의 증거니, 선진들이 이로써 증거를 얻었느니라 믿음으로 모든 세계가 하나님의 말씀으로 지어진 줄을 우리가 아나니, 보이는 것은 나타난 것으로 말미암아 된 것이 아니니라(히 11:1-3).

믿음은 거의 언제나 안팎의 여러 가지 불확실한 요소들로 말미암아 도전을 받는다. 모든 믿음은 본질상 그 믿음을 반대하는 온갖 불신적 도전들을 받을 수밖에 없다. 본문이 밝히듯이 믿음이란 아직 이루어지거나 증명된 것이 아니기 때문이다. 그러나 믿음이란 확실한 증거 때문에 믿는 것이 아니라, 오히려 불확실성 가운데서도 믿는 것이다.

이는 우리가 믿음으로 행하고 보는 것으로 행하지 아니함이로라(고후 5:7).

모든 믿음의 선진이 모든 불확실한 가운데서도 하나님을 온전히 믿음으로써 그들의 믿음의 진정성을 증명했고 또한 하나님의 인정하심을 받았다. 복음 신앙도 실패처럼 보이는 그리스도의 십자가 구원의 능력을 믿는 것이다.

그러나 믿음의 "불확실한 요소들"을 제거하지 않고 그대로 방치하면 우리의 믿음이 흔들리고 약화될 수도 있으므로 우리는 성경 말씀을 통해 우리의 믿음을 강화함으로써 "불확실성"을 최소화하기를 힘써야 한다.

무엇보다 우리의 믿음의 대상이신 하나님은 본질상 보이지 않으시는 분이시고, 인자하신 본성으로 말미암아 자주 천천히 행동하시므로 우리의 믿음이 흔들릴 수 있다(출 34:6; 시 10:1; 13:1). 세상 종교들은 자주 보이는 우상이나 제도를 만들어 자신들의 믿음을 유지하려고 하지만, 바벨탑 사건이 가르치듯이, 사람이 섬겨야할 신을 사람 자신의 손으로 만드는 것은 어리석고 거짓된 것이다. 우리는 우리의 믿음의 대상이신 하나님의 말씀을 따라 우리의 믿음을 든든히 지켜야 한다.

성경의 하나님은 보이지 않으시지만, 보이는 세상을 지으신 분이다. 본문은 이 세상이 실재하듯이 이 세상을 만드신 하나님도 실재하시는 분이시라고 말한다(창 1:1

이하; 히 11:3). 성경의 하나님은 스스로 계시는 분이시고, 세계를 창조하신 분이시며, 혼란한 세상을 구원하시는 분이시다. 하나님께서는 창조와 구원의 역사를 통해 자신을 계시하셨다. 우리는 하나님께서 창조하신 세계와 구원의 역사를 통해 그의 실재와 권능을 믿어야 한다.

믿음에 대한 우리의 성경적 논증은 불신적 자연주의자들의 도전을 받는다. 그들은 이 세상은 누가 지은 것이 아니라, 스스로 존재하는 것이라고 주장한다. 고대의 물활론(物活論, animism)으로부터 현대의 물질주의, 과학주의, 유물론 등은 보이지 않으시는 하나님 대신 보이는 물질 세계를 절대적, 궁극적인 가치로 본다.[1]

많은 고대인도 자연을 신격화하여 숭배했다. 비록 과학적 현대인은 초자연적 신의 존재를 부정하지만, 자연과 물질을 절대적, 궁극적 가치로 보는 데서는 고대인들과 다를바 없다. 자연이든, 물질이든, 과학이든, 어떤 이념 사상이든, 어떤 절대적 가치를 신봉하는 것은 근본적으로 종교적 신앙과 같은 것이다. 다만 그것이 종교적으로 제도화, 형식화되지 않았을 뿐이다.

그러나 자연 세계의 질서와 조화는 자연의 배후에 있는 인격적 존재를 가리킨다. 비인격적인 자연이 스스로 자연세계의 질서와 지혜를 만들었다고 보기 어렵다. 특별히 자연의 아름다움은 자연의 배후에 심미적 안목을 가진 위대한 인격적 존재가 있음을 가리킨다.

그러므로 믿음이 없는 자연인 중에서도 막연하나마 세상의 조물주(造物主)를 믿는 이들이 있다. 더구나 하나님 자신도 세상 만물을 지으신 후에 "보시기에 좋았더라"고 말씀하셨다.[2]

불신적 자연주의자들은 자연의 신비로움과 아름다움도 자연의 발전과정에서 나타난 우연한 결과일 뿐이며, 단순히 사람들의 주관적 가치 판단일 뿐이라고 폄하할 것이다. 그러나 이런 비난도 어떤 객관적 가치 판단에 의한 것이 아니라, 그들의 불신적인 주관적 가치 판단을 따르는 것이다. 모든 자연주의적 가치관(자연발생론, 순환론, 우연론 등)은 결국 인간의 주관주의적 세계관이다. 그러나 성경 말씀은 인간과 세상을 지으신 하나님의 말씀이다.

---

1 참조, 출 3:14a: "나는 스스로 있는 자이니라."
2 창 1:4, 10, 12, 18, 21, 25, 31; 참조, 시 8:1-9; 19:1-6; 전 3:11; 마 6:26.

성경 말씀이 하나님의 말씀이란 증거는 무엇인가?

첫째, 성경은 하나님께서 하신 말씀과 일들을 하나님의 영감을 받은 사람들이 기록한 것이다.[3]

성경에는 "하나님이 이르시되," "여호와께서 이같이 말씀하셨느니라," "여호와의 말씀이 임하니라"라는 어귀들이 자주 나온다.[4] 성경 말씀이 1500년 동안 40여 명의 저자에 의해 써졌지만, 그리스도로 말미암은 하나님의 구원 역사라는 한 가지 주제로 일관한다는 사실도 그들 모두가 한 분 성령의 영감을 받았다는 중요한 사실을 가리킨다.[5]

둘째, 성경의 일관된 주제는 창세기부터 요한계시록까지 세상을 지으신 하나님께서 세상을 구원하신다는 것이다.

하나님의 인간 구원이 성경의 일관된 주제다. 성경은 하나님께서 구원의 경륜을 따라서 인간의 생사화복과 세상의 흥망성쇠를 주관하신다는 것을 보여 준다(신 30:15). 인간 세상이 많은 혼란 가운데서도, 선과 악의 혼재 가운데서도, 그나마 질서를 유지하는 것은 인간의 이성적 판단 능력이 아니고, 하나님의 구원 의지와 능력 때문이다.

> 여호와께서 온갖 것을 그 쓰임에 적당하게 지으셨나니 악인도 악한 날에 적당하게 하셨느니라(잠 16:4).

셋째, 성경은 신실하신 하나님께서 자신을 믿는 사람들의 구원을 약속하시고 또한 그 약속을 반드시 성취하신다는 것을 증거한다(예언과 성취).

---

3 롬 16:26; 고후 12:7; 갈 1:12; 엡 3:3-4; 딤후 3:16; 딛 1:2-3; 벧전 1:12; 벧후 1:21; 히 1:1-2.
4 창 15:4; 출 24:4; 민 11:24; 신 5:5; 34:5; 렘 1:2; 4, 11, 13; 2:1; 13:3; 14:1; 16:1; 18:5; 23:1, 5, 7, 16, 23, 24, 28-32, 38; 24:4, 8; 25:1; 26:1; 28:2, 4, 12, 16; 29:10, 14, 16, 19, 23, 32; 30:1, 12, 21; 31:1 등; 겔 1:3; 3:16; 6:1; 7:1; 11:14; 12:1 13:1; 14:2 등; 호 1:1; 욜 1:1; 욘 1:1; 습 1:1; 학 1:1; 슥 1:1; 말 1:1 등.
5 마 1:22; 4:14; 8:17; 12:17-21 등; 요 1:45; 5:39; 행 26:22-23; 롬 1:2; 3:21; 16:26; 고전 10:4; 고후 4:16; 갈 3:16; 히 1:1 이하; 7:11 이하; 8:5-6; 9:11 이하; 10:1 이하; 11:16, 40.

창세기부터 요한계시록까지 성경 전체가 하나님께서 그의 구원의 약속을 하시고, 기억하시고, 이루시는 것을 보여 준다. 반대로 하나님의 백성은 자주 그 약속을 잊어버리고 깨뜨린다. 구약과 신약이란 말 자체가 하나님의 언약이 성경 전체의 주제임을 보여 준다.

신구약성경 전체에서 "언약을 세우셨다," "조상들과의 언약을 기억하셨다," "언약을 지키셨다," "언약을 이루셨다," 또는 "[예언]을 이루려 함이라"와 같은 어귀들이 자주 나타난다.[6]

특별히 그리스도의 복음은 하나님께서 태초부터 준비하신 원초적 구원의 도리이면서도, 완전하고 최종적인 구원의 약속이다. 그러므로 마태복음은 "기록된 바 … 을 이루려 하심이라"는 양식구와 함께 구약에서 그리스도와 관련된 예언의 말씀들이 성취되었음을 자주 밝힌다(41번).

특별히 마태복음 13:35은 시편 78:2을 인용해 그리스도의 복음의 원초성과 최종성(완전성)을 밝힌다.

> 이는 선지자를 통하여 말씀하신바 '내가 입을 열어 비유로 말하고 창세부터 감추인 것을 드러내리라' 함을 이루려 하심이라(마 13:35).

마찬가지로 로마서는 초두와 끝에 복음은 예언자들로 말미암아 이미 예언된 것으로서 그 동안 비밀이던 것이 구원의 새 시대에 나타난 것임을 밝힌다(롬 1:2; 3:21; 16:26; 참조, 엡 3:9; 골 1:26).

> 그리스도는 모든 믿는 자에게 의를 이루기 위하여 율법의 마침이 되시니라(롬 10:4).

이런 복음의 원초성과 최종성(완전성)과 함께, 성경 역사에서 과거 하나님의 모든 약속이 성취된 사실은 그리스도를 통한 장래의 구원 약속도 성취될 것을 보여 주며, 동

---

6 창 26:1; 신 8:18; 9:5; 대하 7:11; 느 9:8; 단 9:12; 마 1:22; 2:15; 23, 1314; 35; 21:4; 요 19:28, 36; 행 3:18; 13:33; 롬 1:2; 10:4; 16:26 등.

시에 그 약속을 믿는 우리의 믿음의 타당성과 확실성을 강화한다. 믿음의 대상인 하나님의 약속이 실제로 성취된 사실은 그 약속을 믿는 믿음이 단순히 사람의 주관적 판단이 아니라, 하나의 객관적 실재(실상, "호포스타시스")임을 나타내기 때문이다.

히브리서 본문(히 11:1-3)이 제시하는 믿음의 대상은 하나님께서 그를 믿는 모든 사람을 위해 예비하신 천국의 약속이다. 천국은 보이지 않는 완전한 세계이므로 보이는 경험 세계에 익숙한 우리들이 믿기가 어렵지만, 믿음의 조상들이 온갖 시험과 불확실성 가운데서도 "약속의 땅"에 대한 믿음을 굳게 지킴으로써 결국 약속의 땅에 들어갔듯이, 우리도 현재의 모든 불확실성 가운데서도 하나님께서 약속하신 "영원한 세계"를 굳게 믿어야 한다. 모든 불확실성 가운데서도 하나님의 약속을 믿는 믿음이 진정한 믿음이기 때문이다.

그렇다고 하나님의 약속이 아무런 증거도 없이 불확실한 것만은 아니다. 히브리서 11장이 논증하듯이 우리의 눈에 보이는 창조된 세계의 현존과 조상들이 믿었던 약속들이 실제로 성취된 역사적 사실들이 하나님의 약속과 우리의 믿음의 확실성을 지지한다.

> 믿음은 바라는 것들의 실상이요, 보이지 않는 것들의 증거니, 선진들이 이로써 증거를 얻었느니라 믿음으로 모든 세계가 하나님의 말씀으로 지어진 줄을 우리가 아나니, 보이는 것은 나타난 것으로 말미암아 된 것이 아니니라(히 11:1-3).

성경 전체가 사람이 행복하게 살 영원하고 완전한 평화의 나라의 약속을 가르친다는 것을 주목해야 한다. 창세기는 아담이 에덴에서 추방된 이후에 이 고난의 땅에서 유리 방황하는 죄인들의 고달픈 삶과 하나님의 구원 역사를 보여 준다. 출애굽, 레위기, 민수기, 신명기는 하나님께서 애굽 땅에서 종살이하던 이스라엘 백성을 그들의 조상들에게 약속하신 "젖과 꿀이 흐르는 약속의 땅"으로 인도하시는 역사를 보여 준다.

특별히 신명기는 거의 매장에서 땅의 약속을 언급한다. 에스라, 느헤미야, 에스더, 예레미야, 예레미야애가, 다니엘, 학개, 스가랴 등은 이스라엘 백성의 불신과 죄로 말미암아 바벨론의 포로가 되어 고통당한 것과 하나님의 자비하심으로 이스라엘 백성이 바벨론 포로에서 약속의 땅으로 다시 귀환하게 되는 것을 보여 준다.

사사기, 사무엘상하, 열왕기상하, 역대상하도 결국 바벨론 포로 이후 이스라엘의 불신과 반역의 역사를 재조명한 것이다(대하 26:22-23; 스 1:1-2).

이 책들이 역대 이스라엘 왕들과 백성의 불신적 죄를 반복해 기록한 사실을 주목해야 한다. 예언서들도 마찬가지로 이스라엘 백성의 불신을 지적하며 하나님께로 돌아올 것을 가르친다. 욥, 시편, 잠언, 전도서도 인간의 일상적 삶의 도전 가운데서 하나님 신앙을 지킬 것을 가르친다. 아가서도 남녀의 사랑을 통해 하나님 사랑과 인간의 궁극적 존재 가치와 의미를 가르친다.[7] 사도 요한이 이를 재확인한다.

> 사랑하지 아니하는 자는 하나님을 알지 못하나니 이는 하나님은 사랑이심이라 (요일 4:8).

조나단 에드워즈는 천국은 하나님과 그를 사랑하는 사람들이 완전한 사랑을 영원히 나누는 지고의 세계라고 했다.[8]

신약의 복음서, 서신서, 계시록은 모두 예수 그리스도로 말미암는 완전한 하나님 나라의 도래와 완성을 가르킨다. 복음은 천국을 하나님께서 믿음의 조상들에게 약속하신 "땅의 약속"의 연장과 완성으로 제시한다.

> 믿음이 없이는 하나님을 기쁘시게 하지 못하나니 하나님께 나아가는 자는 반드시 그가 계신 것과 또한 그가 자기를 찾는 자들에게 상 주시는 이심을 믿어야 할지니라(히 11:6).

완전한 천국에서의 영생은 하나님의 구원 역사의 최종적 완성이며 믿음의 목표다.[9]

---

[7] 아가서가 아무리 열렬한 남녀의 사랑 이야기라고 해도, 그것이 인간 사랑의 한계를 무시한다고 볼 수는 없다. 저자 솔로몬 자신이 전도서에서 철저히 사랑을 포함한 인간의 모든 한계를 지적하기 때문이다(전 3:8; 9:6). 참조, 강창희, "아가서의 사랑," 『깊은 곳에서』 VII, pp. 580-585.

[8] 조나단 에드워즈, 『고린도전서 13장 사랑』(Charity and its Fruits), 서문 강 역 (서울: 청교도신앙사, 2016), 395.

[9] 요 14:2-3; 롬 8:17-24; 고전 15:48; 고후 5:1; 빌 3:20-21; 살전 4:17; 딤전 6:12; 딤후 4:8; 딛 1:2; 3:7; 벧전 4:10; 벧후 3:13; 계 21:1 이하; 참조, 히 11:10, 16, 40;『기독교 강요』III.2.28.

주께서 나를 모든 악한 일에서 건져내시고 또 그의 천국에 들어가도록 구원하시리니 그에게 영광이 세세무궁토록 있을 지어다 아멘(딤후 4:18).

성경에 천국에 대한 자세한 설명이나 도래의 정확한 날짜는 없지만, 성경에 나타난 과거의 수많은 하나님의 약속이 성취된 사실에 비추어 볼 때, 특별히 그리스도의 죽으심과 부활 사건을 통해 천국과 재림 약속의 신빙성과 확실성은 충분히 입증되었다.

우리는 그의 약속대로 의가 있는 곳인 새 하늘과 새 땅을 바라보도다(벧후 3:13)
그러므로 깨어 있으라 어느 날에 너희 주가 임할는지 너희가 알지 못함이니라 (마 24:42).

사실 우리는 내일 일도 분명히 모르지만, 오직 하나님의 신실하심을 굳게 믿는다(잠 27:1; 약 4:14).

성경은 처음부터 끝까지 그리스도로 말미암은 하나님의 구원의 약속의 성취를 보여 준다(롬 1:2; 10:4; 16:25-26). 아담의 범죄로 흙으로 돌아가게 된 인생이 그리스도 안에서 하나님의 형상을 회복하고 영생을 얻게 되는 하나님의 구원 역사를 보여 준다.[10] 하나님께서 아브라함에게 약속하신 축복도 결국은 그리스도로 말미암는 영생을 가리키는 것이다(갈 3:6-29; 히 11:10-16, 40).

아브라함에게 이삭을 후사로 주신 것은 아브라함의 생물학적 계보를 통해 "믿음으로 영생하는 구원의 도리"를 따라 번성할 하나님의 백성의 믿음의 계보를 가리키는 것이다. 실제로, 아브라함의 존재와 믿음은 그의 후손들의 번성과 믿음으로 이어졌고, 결국에는 만민이 그리스도를 믿음으로 영생하는 축복으로 이어졌다.

아담의 범죄로 죽게 된 인생은 선택받은 이스라엘의 조상 아브라함의 믿음과 축복에서 그들도 회복할 수 있다는 가능성을 보았고, 최종적으로 그리스도를 믿는 믿음으로 말미암는 영생의 구원을 얻게 된 것이다. 이것이 성경 전체가 가르치는 하나님의 인간 구원 시나리오다.

---

10 요 3:5; 롬 5:17-21; 8:23, 29; 고전 15:49; 고후 3:18; 5:17; 갈 4:19; 6:15; 엡 2:10; 4:22-24; 골 3:10.

이렇게 성경은 하나님께서 계속해서 인간 구원을 약속하시고 그 약속을 실제로 모두 성취하셨음을 보여 주면서 하나님의 최종적 구원 약속인 복음을 믿어야 할 것을 가르친다(롬 3:21; 10:4; 16:25-26; 히 10:1). 하나님의 구원 약속과 성취로 진행되는 성경의 일관된 주제가 성경의 권위와 진정성을 가리킨다.

신실하신 하나님께서는 언제나 그의 백성에게 하신 구원의 언약을 기억하시고 반드시 지키시기 위해 애쓰시지만, 그의 백성은 그 언약을 자주 잊고 무시하는 것이 문제다. 그러나 성경은 하나님의 구원 언약이 사람의 허황된 꿈이나 이상이 아니라, 세상을 지으신 거룩하신 하나님의 인간 구원을 위한 오랜 약속이며 계획이란 사실을 반복적으로 가르친다. 더구나 성경은 하나님께서는 그 약속과 계획들을 모두 성취하셨음을 보여 준다. 그러므로 히브리서 기자는 장래에 대한 하나님의 약속도 그 약속에 대한 우리의 믿음도 결국 성취될 "실재"라고 논증하는 것이다.

> 믿음은 바라는 것들의 실상이요 보이지 않는 것들의 증거니 선진들이 이로써 증거를 얻었느니라(히 11:1-2).

넷째, 성경은 성부, 성자, 성령, 삼위 하나님께서 믿는 사람들과 언제나 가까이 계시면서 그들을 지키시고 보호하실 것을 약속한다.[11]

> 우리가 알거니와 하나님을 사랑하는 자 곧 그의 뜻대로 부르심을 입은 자들에게는 모든 것이 합력하여 선을 이루느니라(롬 8:28).

예수님 자신이 우리를 살리시는 하나님의 말씀이시다(요 1:1-4; 14:6; 요일 1:1-2).

> 너희는 마음에 근심하지 말라 하나님을 믿으니 또 나를 믿으라(요 14:1).
> 그러나 이 모든 일에 우리를 사랑하시는 이로 말미암아 우리가 넉넉히 이기느니라(롬 8:37).

---

11 창 28:15; 시 23:3; 사 43:1; 단 6:16-28; 마 28:20; 행 23:11; 27:23-24; 롬 8:26, 28, 31-39.

믿는 우리에게 성령님께서 내주하시며(고후 1:22), 우리를 위해 간구하시고(롬 8:26), 우리가 적절하게 말하게 하시고(막 13:11), 바른길로 인도하시고(고후 1:22; 참조, 마 28:20), 생명과 소망과 기쁨을 주신다.[12] 그러나 우리의 믿음과 소망은 자칫 육체의 소욕과 악한 영의 미혹을 받아, 이기주의, 독선주의 등으로 변질될 수 있으므로 진정한 믿음과 소망의 원천인 십자가의 사랑으로 순화되고 조절되어야 한다(요 13:34; 15:12; 고전 13:13).

너희가 서로 사랑하면 이로써 모든 사람이 너희가 내 제자인 줄 알리라(요 13:35).

믿음과 소망과 함께 사랑이 그리스도인의 인격의 핵심적 요소다.
다섯째, 성경은 일반 자연 현상이나 자연 원리와 상반되는 기적들과 기사(奇事)들로써 하나님의 실재와 권능을 증거하며 동시에 우리의 믿음을 강화시킨다.[13]

내가 여호와인 줄 알리라[14] 네 믿음이 너를 구원하였다(마 9:22; 막 5:34; 눅 7:50; 17:19).

무엇보다 예수님의 부활이야 말로 우리의 믿음과 소망의 가장 확실한 역사적 객관적 근거다. 다만, 거짓 선지자들도 기적을 행함으로써 사람들을 미혹하기 때문에 지나친 기적 의존적 믿음을 지양해야 한다.

이는 우리가 믿음으로 행하고 보는 것으로 행하지 아니함이로라(고후 5:7).

기적뿐만 아니라, 하나님께서는 자주 인간의 예상과 기대를 넘어서 특이하게 역사하심으로써 자신의 존재와 영광을 나타내신다(삼상 2:4-8; 사 55:8-9; 눅 1:51-53; 롬 11:33).
여섯째, 복음서의 차이에서 보듯이 성경 기록의 차이가 있으나, 대개 어떤 주제를 더 깊고 완전하게 설명하려는 성령과 저자의 의도와 인간 언어와 표현 능력의 한

---

12 롬 8:26-27; 막 13:11; 행 4:8, 13; 5:3, 9; 6:10; 7:51; 10:19; 11:12; 13:9; 27:23-25 등.
13 출 15:11; 욥 5:9; 시 107:8; 111:4; 118:23; 사 29:14; 요 10:38; 14:11 등. 참조, 요 20:29.
14 출 6:7; 10:2; 14:4; 31:13; 왕상 20:13, 28; 왕하 19:19; 대하 33:13; 시 100:3; 사 45:3; 렘 24:7; 겔 22:16; 23:49; 24:27; 25:5, 7, 11, 17; 26:6; 28:22-26 등 34회; 호 2:20; 욜 3:17.

계에서 비롯된 것이다. 부분적으로 연대나 지명의 차이가 있으나, 말씀의 주제와 의미에 주는 영향은 없다.

성경 기록의 차이에 관한 연구는 필요하나, 그 차이에 집착해서 성경의 권위를 의심하는 것은 마귀의 미혹에 빠지는 것이다. 성경의 일치와 차이를 성경의 다양한 문학적 역사적 요인들에서 기인한 것으로만 볼 것이 아니라, 근본적으로 성령의 역동적 능력에서 기인한 것으로 봐야 한다. 복음서의 조화는 한 분 성령의 영감이란 사실을 잘 보여 준다. 복음서의 차이도 같은 성령이 그 자유로운 역동성 가운데(고후 3:17), 복음서 기자들의 형편과 처지를 고려해 적절하게 말씀하셨기 때문이다.[15]

일곱째, 난해한 성경 말씀들을 억지로 설명할 것이 아니라, 더 분명한 증거가 나올 때까지 기다려야 한다.

여덟째, 아울러 성경 말씀 가운데 서로 모순되고 불확실하게 보이는 주제들(하나님의 예정과 인간의 책임, 하나님의 진노와 사랑, 악한 자의 형통과 의로운 자의 고난, 이 세상과 영원한 나라 등)은 근본적으로 하나님의 무한하신 지혜와 능력을 제대로 이해할 수 없는 인간의 언어와 경험의 한계로 말미암은 것이다.

연약한 인생에게는 위대하신 하나님께서 하시는 일들이 모두 크고 기이한 것이다.[16] 우리는 성경 말씀의 "모순이나 불합리하게 보이는 것들"에 집중하지 말고 오히려 그것들이 우리가 알 수 없는 하나님의 깊은 지혜와 능력과 신비로운 경륜을 가리키는 것임을 알아야 한다. 시편 기자는 한동안 악한 자의 형통함으로 하나님의 의로우심에 고민했으나 그들의 갑작스런 패망을 본 후에는 자신의 우매함과 불신을 회개했다(시 73:3, 19, 22).

욥기는 하나님의 "불공정하게 보이는 처사"도 하나님의 깊으신 지혜와 경륜으로 알고 완전히 순복해야 할 것을 가르친다(욥 38:1 이하; 40:1 이하; 42:1 이하). 바울도 유사하게 "하나님께서 행하시는 이해하기 어려운 일들"이 결국 하나님의 지혜와 권능과 영광을 가리키는 것이라고 보았다.

깊도다 하나님의 지혜와 지식의 풍성함이여, 그의 판단은 헤아리지 못할 것이며, 그의 길은 찾지 못할 것이로다 누가 주의 마음을 알았느냐 누가 그의 모사가

15　막 13:11; 요 14:26; 16:13-15; 고전 12:4-11.
16　욥 5:9; 9:10; 시 107:8, 15, 21, 31; 111:4; 139:14.

되었느냐 누가 주께 먼저 드려서 갚으심을 받겠느냐 이는 만물이 주에게서 나오고 주로 말미암고 주에게로 돌아감이라 그에게 영광이 세세에 있을지어다 아멘(롬 11:33-36).

이렇게 모순이나 불합리하게 보이는 하나님의 말씀과 일들이 오히려 성경 말씀이 인간의 창작이 아니라, 위대하신 하나님의 계시의 말씀임을 입증하는 것이다.

아홉째, 성령께서 성경학자들을 감동케 하시어 그들이 창세기부터 요한계시록까지 모든 성경의 순서와 배열을 결정할 때도 우리의 믿음의 확증을 위해 적절히 결정하도록 도와주셨다.

열째, 성경 저자들을 감동케 해 성경 말씀을 기록하게 하신 같은 성령께서 우리가 성경 말씀을 읽을 때 우리를 감동시키신다. 결국 성령이 성경 말씀을 통해 우리를 의의 길로, 영원한 생명의 길로 인도한다.[17]

하나님의 말씀은 그 신비로운 특성으로 말미암아 고정적이면서도 신축적이고, 영원하면서도 역동적인 생명력이 있다.

> 하나님의 말씀은 살아 있고 활력이 있어 … (히 4:12).
> 주의 의는 영원한 의요 주의 율법은 진리로소이다(시 119:142).
> 내가 보니 모든 완전한 것이 다 끝이 있어도 주의 계명들은 심히 넓으니이다(시 119:96).

그러나 모든 하나님의 말씀은 결국 인간 구원과 세상의 완전한 회복이라는 일관된 목적을 가진다.

> 여호와여 주의 긍휼이 많으오니 주의 규례들에 따라 나를 살리소서(시 119:156).

성경 말씀은 생명의 말씀이다. 복음은 모든 믿는 자에게 세상의 어떤 사상이나 종교가 줄 수 없는 영원한 생명을 준다.

---

17 시 119:105; 요 14:26; 15:26; 16:13-15; 롬 8:13; 갈 5:16; 엡 1:17; 6:17.

이 영생은 거짓이 없으신 하나님이 영원 전부터 약속하신 것인데 자기 때에 자기의 말씀을 전도(복음 선포, 케리그마)로 나타내셨으니 이 전도는 우리 구주 하나님이 명하신 대로 내게 맡기신 것이라(딛 1:2-3).

유사하게 다른 종교들도 나름대로 "영생"을 약속하지만, 자신을 하나님으로 위장하는 거짓 영의 속임수일 뿐이다.[18]

이렇게 성경 스스로 성경의 권위에 대해 자증(自證)한다. 이런 성경의 증거를 믿는 이들에게는 성경이 약속하는 생명력이 그들의 마음과 삶 속에서 약동함으로써 성경의 자증이 실체화되는 것이다.

성경은 폐하지 못하나니 하나님의 말씀을 받은 사람들을 신이라 하셨거든 (요 10:35)[19]

이런 성경의 권위에 대한 논증을 이해하고 수긍하기 위해 독자는 먼저 성경이 가르치는 창조주 하나님과 그의 말씀을 믿는 믿음을 가져야 한다. 거의 모든 말은 말하는 사람의 어떤 주관적 관점이나 생각을 담는다는 언어의 일반적 기능에서 볼 때도, 성경이 독자들에게 먼저 믿음을 요구하는 것은 지극히 합리적인 것이다 (히 11:6). 더구나 유한한 인간이 전능하신 하나님의 말씀을 읽을 때는 제한적 이성보다는 초월적 믿음이 필요한 것이다.

나는 부활이요 생명이니 나를 믿는 자는 죽어도 살겠고, 무릇 살아서 나를 믿는 자는 영원히 죽지 아니하리니 이것을 네가 믿느냐(요 11:25-26).
내 말이 네가 믿으면 하나님의 영광을 보리라 하지 아니하였느냐(요 11:40).

2018년 5월 31일

---

18 왕상 22:22; 렘 10:14; 합 2:18; 요 8:44; 롬 3:4; 살후 2:11; 고후 4:4; 11:13-15; 딤전 4:1-2.
19 참조, 출 4:16; 7:1; 22:18; 시 82:6; 고전 2:10-16; 갈 1:12.

5. 하나님의 예정과 인간의 책임

> 그 기쁘신 뜻대로 우리를 예정하사 예수 그리스도로 말미암아 자기의 아들들이 되게 하셨으니(엡 1:5).

왜 하나님께서는 악한 것들을 지으셨는가?
왜 악한 일들이 세상에 일어나게 하시는가?
왜 악한 사람들이 세상을 장악하게 하시는가?[1]
왜 하나님께서는 형 에서를 미워하시고, 동생 야곱을 사랑하셨는가?[2]
왜 어떤 사람은 불행하게 태어나서 평생 불행하게 살게 하시고, 어떤 사람은 행복하게 태어나서 더 행복한 일생을 살게 하시는가?
왜 하나님께서는 구원받을 자와 유기자(遺棄者)를 예정하셨는가?[3]

이런 질문들은 초보적 신앙인들뿐만 아니라, 오래 믿은 신앙인들도 자주 하는 일상적인 질문들이다.

하나님의 섭리와 예정은 하나님의 절대적 주권에서 기인한다. 하나님은 자주 장자 우선 원칙을 무시하시고, 나중에 태어난 아들들을 축복하신다. 가인 대신 셋을, 셈 대신 야벳을, 이스마엘 대신 이삭을, 다른 형제들 대신 유다와 요셉을, 장자 므낫세 대신 동생 에브라임을, 이새의 아들들 가운데 막내 다윗을 선택하셨고, 많은 유대 여인 대신 모압 여인 룻에게 은혜를 베푸셨다.

하나님은 인간의 기대와 예상을 넘어서 일하심으로써 그의 권능과 영광을 극대화하신다. 하나님은 어떤 신분이나 외모 같은 외적 요인에 의지하지 않고, 어려운 시험 가운데서도 하나님의 구원 언약을 끝까지 믿는 사람과 하나님 앞에서 자신을

---

1 욥 21:7; 시 73:3; 잠 16:4; 24:1, 19; 전 7:15; 렘 12:1; 눅 6:35.
2 창 25:23; 28:10-15; 말 1:2-3; 롬 9:12-13.
3 창 25:23; 출 33:19; 신 4:37; 7:7-8; 10:14-15; 29:29; 시 33:12; 47:4; 65:4; 78:67-68; 100:3; 105:4-5, 42; 잠 16:4; 사 14:1; 41:9; 65:1; 슥 2:12; 말 1:2-3; 요 1:13; 6:37, 39; 10:4-5, 29; 15:16; 행 13:48; 롬 8:29-30; 9:6, 11-13, 15-16, 18; 엡 1:3-5, 11; 골 1:12; 딤후 2:19; 딛 1:1-2; 벧전 1:2, 19-20 등.

낮추는 사람을 사랑하신다(삼상 13:14; 16:7; 고후 12:9-10). 이런 하나님의 구원 역사는 다른 기적 사건들과 함께 하나님의 존재와 구원 능력을 확증한다.

하나님께서는 모든 사람을 다 구원하시기로 예정하셨거나 모든 사람을 다 멸망하시기로 예정하신 것이 아니라, 어떤 이들은 구원하시기로 예정하셨고, 어떤 이들은 멸망하시기로 예정하셨다는 사실을 주목해야 한다. 만일 하나님께서 모든 사람을 다 구원하시기로 예정하셨거나, 반대로 모든 사람들을 다 멸망하기로 예정하셨다면, 더 많은 사람이 나태하거나 방탕하게 될 것이다.

> 의인은 그의 믿음으로 말미암아 살리라(합 2:4).

예정론은 어떤 특별한 편향적인 주장이 아니라, 성경의 보편적이고, 중심적인 가르침이다. 성경에 예정이란 말이 직접 나올 뿐만아니라, 성경 전체가 가르치는, 선택 사상, 하나님의 주권, 하나님의 지혜, 그리고 "예언과 성취" 같은 주제들도 결국 예정론의 범주에 속한 것임을 알아야 한다.

예정론같이 고정적 사고는 유동적 사고를 중시하는 현대인들이 무시하기 쉽다. 그러나 예정론의 핵심은 하나님의 사랑과 긍휼하심이다. 하나님께서는 그가 택하신 백성을 사랑하시지만, 불택자에게도 긍휼하심(일반 은총)을 베푸신다. 하나님께서는 아벨을 죽인 가인을 보호하셨고(창 4:15), 아브라함에게 쫓겨난 이스마엘에게도 은혜를 베푸셨다(창 21:13-21).

하나님께서는 가련한 모압 여인 룻을 불러 다윗 왕조를 이루게 하셨다(룻 4:14-22). 죄악의 도성 니느웨 사람들과 함께 그 가축들까지도 보호하셨다(욘 3:10; 4:11). 하나님께서는 악인에게도 해를 비추시고, 비를 내리신다(마 5:45; 행 14:17; 17:25-29). 하나님의 풍성하신 인자하심과 자비하심이 불신자들과 악인에게도 미치는 것이다.

칼빈은 하나님의 예정과 주권에 도전하는 질문들이 결국 사람의 "부패한 호기심"에서 나오기 때문에 배격해야 한다고 했다(『기독교 강요』 III.21.1). 칼빈은 유한한 인간이 무한하신 창조주 하나님의 구원 경륜에 대하여 "왜?"라고 묻는 것 자체가 불경스러운 것이며(『기독교 강요』 III.23.2) 또한 신학적으로도 타당하지 않다고 한다.

하나님께서 어째서 그것을 원하셨느냐고 묻는다면, 그것은 하나님의 뜻보다 더 크고 더 높은 어떤 것을 찾는 것인데 그런 것은 없는 것이다(『기독교 강요』 III. 23.2).

칼빈에 앞서 어거스틴도 "하나님의 뜻보다 더 높은 원인을 찾는 것은 하나님을 모욕하는 것이다"라고 말했다.[4]

인간의 유한성과 하나님의 무한성이라는 존재론적 격차를 생각할 때 아무리 합리적 논리라고 해도, 믿는 사람들은 하나님의 은밀한 일들에 대해 경외하는 자세를 가지고 하나님의 의로우심과 거룩하심을 해치는 무분별한 생각들을 통제하는 것이 마땅하다. 피조물 인간의 유한한 논리보다 창조주 하나님의 무한하신 지혜와 권능이 선행하며, 하나님의 자유로우신 절대적 뜻이 의(義)의 판단 기준이기 때문이다.

인간의 유한성과 하나님의 무한성을 생각할 때 유한한 인간 논리를 무한하신 하나님과 그의 일에 적용하는 것이 오히려 불합리하다. 피조 인간은 전능자와 다툴 생각을 포기하고 그의 선하심과 의로우심을 철저히 믿을 때 하나님의 인정을 받게 된다(창 22:1 이하; 욥 40:2-42:6; 롬 8:28).

세상만사에 대한 하나님의 예정과 섭리는 창조주 되시고 구원주 되시는 전능하신 하나님의 절대적 주권에 속한 것이고, 하나님의 거룩한 지식의 영역에 속한 것이므로 우리 인간이 감히 알려고 해서도 안 되고 알 수도 없다(『기독교 강요』 III.21.1).

예정론의 "모순"과 난해성은 오히려 적극적으로 연약한 인간이 접근할 수 없는 하나님의 거룩하심과 깊으신 지식을 가리키는 것이다. 전지전능하신 하나님 앞에서 우리 연약한 인간은 우리의 이성과 논리의 신발을 벗어야 한다.

그러나 하나님이 하시는 일의 시종을 사람으로 측량할 수 없게 하셨도다(전 3:11b). 이는 내 생각이 너희의 생각과 다르며 내 길은 너희의 길과 다름이니라(사 55:8). 여호와께서 또 욥에게 일러 말씀하시되 트집 잡는 자가 전능자와 다투겠느냐 하나님을 탓하는 자는 대답할지니라 욥이 여호와께 대답하여 이르되 보소서 나는 미천하오니 무엇이라 주께 대답하리이까 손으로 내 입을 가릴 뿐이로소이다 … 네가

---

[4] Augustine, *On Genesis, Against the Manichees*, I.ii.4, 『기독교 강요』, I.14.1 재인용.

> 내 공의를 부인하려느냐 네 의를 세우려고 나를 악하다 하겠느냐 (욥 40:1-8).
>
> 무지한 말로 이치를 가리는 자가 누구니이까 나는 깨닫지도 못한 일을 말하였고 스스로 알 수도 없고 헤아리기도 어려운 일을 말하였나이다 … 내가 주께 대하여 귀로 듣기만 하였사오나 이제는 눈으로 주를 뵈옵나이다 그러므로 내가 스스로 [지금까지 하나님께 대하여 내가 제대로 알지도 못하고 했던 모든 말들을] 거두어들이고 티끌과 재 가운데서 회개하나이다 (욥 42:3-6).

성경에서 사람들이 하나님의 크신 영광과 위엄에 압도되어서 자주 말문이 막히고 그 경험조차 제대로 표현하지 못하는 것을 본다. 다니엘은 천사의 계시를 받고 한 동안 말문이 막혔었다 (단 10:15). 세례 요한의 아버지 사가랴도 성전에서 세례 요한의 탄생을 예언하는 천사를 만난 후에 한 동안 아무 말을 하지 못했다 (눅 1:11-22).

하나님께서 하시는 많은 일이 무지한 인간의 눈에는 "크고 기이한 일들"이 되는 것이다.[5] 하나님의 구원 능력도 죄인인 우리가 제대로 감당할 수 없는 놀라운 능력이다.

> 십자가의 도가 멸망하는 자들에게는 미련한 것이요 구원을 받는 우리에게는 하나님의 능력이라 (고전 1:18).

성경과 신학뿐만 아니라, 물질 세계를 연구하는 자연과학이나 인간 문제를 연구하는 인문과학에도 제대로 설명할 수 없는 불확정성 원리가 있다.[6]

일례로 자연과학은 여전히 세계 창조에 대한 과학적 원인을 분명히 알지 못하고, 인문과학은 여전히 인간 존재와 인간 문제에 대한 궁극적 해결 원칙을 찾지 못했다. 인간의 모든 학문은 진리를 찾는 과정 중에 있으며, 실제로는 원론과 반론의 상반된 논쟁들로 말미암아 혼란한 상태다.

현대 사회는 빠른 과학의 발전이 야기하는 윤리적 폐해와 사회적 문제들을 제대

---

5 욥 5:9; 9:10; 시 107:8, 15, 21, 31; 111:4; 118:22-23; 139:6, 14; 사 29:14; 눅 5:26; 요 5:20; 계 15:3 등.
6 이 말은 원래 양자역학(量子力學)에서 쓰인 말이지만 여기서는 그 의미를 확대하여 쓴다. 양자역학에서 물리적 양 곧 위치, 속도, 방향, 등에 관한 측정의 결과는 측정할 때마다 일정하지 않으므로 그 측정값의 확률값으로 밖에 나타낼 수 없다는 원리. 독일의 하이젠베르크가 지적했음.

로 대처하지 못함으로써 자주 혼란에 빠진다. 이미 나타난 환경 파괴와 공해 문제 그리고 약품의 부작용 문제, 항생제에 대한 내성의 문제 외에도 장차 인공 지능이 인간을 지배하게 되고, 악인들이 이를 악용하는 불행한 세상을 우려한다.

그러나 인간 지식의 한계는 역으로, 하나님의 지혜의 무한하심과 하나님께서 지으신 세계의 탁월함을 가리킨다(롬 11:33-36). 그러므로 "하나님의 예정과 인간의 책임 문제"도 단순히 "불가지론적 주제"라고 제쳐둘 것이 아니라, 오히려 우리 인간의 유한함과 대조되는 하나님의 무한하신 지혜와 깊으신 섭리를 가리키는 증거로 보면서 하나님을 경외해야 한다.

> 깊도다 하나님의 지혜와 지식의 풍성함이여, 그의 판단은 헤아리지 못할 것이며 그의 길은 찾지 못할 것이로다(롬 11:33).

전지전능하신 하나님께서 만사를 예정하셨다면 우리의 책임은 무엇인가?

첫째, 진실한 신앙인은 하나님의 말씀의 "불합리성"과 "모순"을 인간의 유한함에 돌리고 다만 전능하신 하나님의 구원 은혜와 약속을 믿는다(롬 9:12-24).

> 질그릇 조각 중 한 조각 같은 자가 자기를 지으신 이와 더불어 다툴진대 화 있을진저 진흙이 토기장이에게 너는 무엇을 만드느냐 또는 네가 만든 것이 그는 손이 없다 말할 수 있겠느냐(사 45:9).

하나님은 너무 위대하시어 인간이 이해할 수 없는 "기묘자"이시며(삿 13:18; 사 9:6), 사람이 이해할 수 없는 크고 기이한 일을 행하시는 분이시다.[7] 하나님은 그의 구원 역사 가운데 많은 기적과 인간의 예상을 넘는 일들을 행하신다.[8]

하나님의 구원 역사의 역설이나 아이러니는 결국 하나님의 위대하심과 함께 인간

---

[7] 출 15:11; 욥 5:9; 9:10; 시 107:8, 15, 21, 31; 111:4; 139:14; 사 29:1; 눅 5:26; 살후 1:10; 계 15:3 등.
[8] 삼상 2:4-8; 시 118:22-23; 사 29:14; 마 13:31-33; 19:30; 21:42-43; 눅 1:51-54; 고후 12:9-10.

의 유한성을 나타낸다. 무엇보다 하나님의 놀라운 구원 역사가 그리스도의 죽으심과 부활에서 나타났다(행 2:22-24, 36; 고전 1:18 이하; 빌 2:6-11).

> 하나님의 어리석음이 사람보다 지혜롭고, 하나님의 약하심이 사람보다 강하니라 (고전 1:25).
> 깊도다 하나님의 지혜와 지식의 풍성함이여, 그의 판단은 헤아리지 못할 것이며 그의 길은 찾지 못할 것이로다(롬 11:33).

그러므로 하나님의 예정과 인간의 책임 사이의 "모순"은 창조주 하나님의 무한하심과 피조물 인간의 유한성 사이에서 일어나는 필연적 현상이다. 하나님께서 만사를 예정하셨으나, 우리 인간에게는 만사를 하나님의 영광을 위해 해야 할 책임을 주셨다.[9]

> 그런즉 너희가 먹든지 마시든지 무엇을 하든지 다 하나님의 영광을 위하여 하라 (고전 10:31).

우리 주님께서는 자신의 생의 마지막 저녁 겟세마네 동산에서 자기의 뜻보다 하나님의 뜻을 따르시면서 겸비와 순종의 모본을 보이셨다.

> 아빠 아버지여 아버지께는 모든 것이 가능하오니 이 잔을 내게서 옮기시옵소서 그러나 나의 원대로 마시옵고 아버지의 원대로 하옵소서(막 14:36).

---

[9] 성경은 자주 하나님의 예정과 인간의 책임을 함께 가르친다. 롬 9:5-29; 11:5-32에서 택함 받은 자와 택함 받지 못한 자가 있음을 논한 후에, 12장에서는 그리스도인의 마땅한 책임(행위)을 가르친다. 엡 1:4-5, 9, 11, 3:11에서 구원 받을 자의 택하심과 예정을 가르치고, 2:8에서 "너희는 그 은혜에 의하여 믿음으로 말미암아 구원을 받았으니 이것은 너희에게서 난 것이 아니요 하나님의 선물이라"고 하나님의 은혜를 강조한 후에, 히 4:1부터 그리스도인들의 마땅한 행위에 대한 교훈들이 따른다. 히 4:3에도 하나님께서 태초부터 "안식에 들어갈 자"와 "안식에 들어가지 못할 자"를 정하셨다고 했으나, 곧 이어서 히 4:11에서 인간의 책임을 강조한다. "그러므로 우리가 저 안식에 들어가기를 힘쓸지니 이는 누구든지 저 순종하지 아니하는 본에 빠지지 않게 하려 함이라." 과거 출애굽 후 광야에서 살던 이스라엘 백성은 하나님께서 약속하신 약속의 땅을 믿지 않고, 불신에 빠져 살다가 모두 광야에서 죽었다(신 1:32, 25-38; 참조, 시 95:11; 히 3:11 [재인용]).

그러므로 진실한 신앙인은 오히려 바울 사도와 함께 연약한 인간이 알 수 없는 무한하신 하나님의 깊으신 지혜와 지식을 찬양한다.

> 깊도다 하나님의 지혜와 지식의 풍성함이여, 그의 판단은 헤아리지 못할 것이며 그의 길은 찾지 못할 것이로다 누가 주의 마음을 알았느냐 누가 그의 모사가 되었느냐 누가 주께 먼저 드려서 갚으심을 받겠느냐 이는 만물이 주에게서 나오고 주로 말미암고 주에게로 돌아감이라 그에게 영광이 세세에 있을지어다 아멘(롬 11:33-36).

둘째, 진실한 신앙인은 현재의 모든 불의와 불평등, 하나님의 예정과 인간의 책임 사이의 "불합리한 모순"과 하나님의 말씀의 "불확실성" 등에 대한 반론과 시험에도 불구하고, 모든 것이 분명하고 완전하게 되는 최후 영광의 날을 소망한다.

> 우리가 지금은 거울로 보는 것 같이 희미하나 그 때에는 얼굴과 얼굴을 대하여 볼 것이요 지금은 내가 부분적으로 아나 그 때에는 주께서 나를 아신 것 같이 내가 온전히 알리라(고전 13:12).

예정론을 포함해 모든 신학적 이해의 불완전성과 불확실성은 결국 "종말론적 완전성"으로 말미암아 극복되는 것이다. 하나님의 구원 예정의 확실성은 그리스도의 죽으심과 부활을 통해 가장 분명히 증명되었다.

셋째, 예정론은 불신자들이나 오만한 이들에게는 구원에 이르는 "걸림돌"이지만, 믿는 이들에게는 하나님의 구원 은혜와 사랑을 확신하면서도 책임 있는 신앙인으로서 살게 하는 "디딤돌"과 같다.

진실한 신앙인은 마지막 날까지 하나님의 예정의 방관자, 또는 운명론자처럼 살 것이 아니라, 선하신 하나님께서 이 세상을 선하게 다스리신다는 믿음을 굳게 가지고, 하나님의 구원 은혜를 늘 감사하며 선한 일에 힘써야 한다.

> 너희는 먼저 그의 나라와 그의 의를 구하라(마 6:33).

그러므로 너희는 하나님이 택하사 거룩하고 사랑받는 자처럼 긍휼과 자비와 겸손과 온유와 오래 참음을 옷 입고 … 또 무엇을 하든지 말에나 일에나 다 주 예수의 이름으로 하고 그를 힘입어 하나님 아버지께 감사하라(골 3:12-17).

진실한 신앙인은 하나님의 예정과 섭리를 존중하면서도 기도하는 일을 게을리 하지 않는다. 하나님은 만사를 예정하셨으나 우리의 기도를 통해 그의 예정하신 바를 성취하시기를 원하신다.

내 아버지여 만일 할 만하시거든 이 잔을 내게서 지나가게 하옵소서 그러나 나의 원대로 마시옵고 아버지의 원대로 하옵소서(마 26:39).

하나님께서는 자주 그의 예정하신 뜻을 감추시고 하나님의 사람들을 통해 서서히 나타내신다. 하나님께서 사울을 대신해 다윗을 이스라엘의 왕으로 삼으시기로 작정하신 후에 선지자 사무엘에게 다윗의 이름을 말씀하지는 않으신 채, 다만 이새의 아들 중에서 내가 원하는 왕을 택하라고만 말씀하셨다.

사무엘은 하나님의 말씀을 따라서 이새의 집으로 가서 일곱 아들들을 차례대로 접견한 후에 마지막으로 양을 치던 막내 다윗을 불러서 하나님께서 원하시는 왕으로 지명했던 것이다(삼상 16:1-13). 복음도 하나님께서 만세 전부터 감추어 오셨던 비밀을 최종적 구원의 도리로서 말세에 나타내신 것이다.[10]

이단과 이설은 흔히 성경의 역설과 긴장을 하나님의 온전하심과 하나님의 역사의 신비로운 균형과 조화로 보지 못하고 어느 한쪽만을 선택하는 무지와 제한적 지혜에서 비롯되는 것이다. 초대교회에서 에비온파는 그리스도의 인성만을 인정하는 반면에 말시온 파는 신성만을 인정했다.

교부 시대에는 삼위일체를 반대해 아리우스파가 일어났다. 17세기 알미니안주의(Arminianism)는 당시 합리주의적 영향을 받아 인간의 책임을 중시하고, 동시에 하나님에게 세상의 악에 대한 책임을 돌릴 수 없다면서 하나님의 예정을 반대했다.

---

10 막 4:11; 롬 11:25; 16:25-26; 고전 2:7; 4:1; 엡 1:9; 3:3, 9; 골 1:26 등.

그러나 위에서 보았듯이 성경은 도처에서 하나님의 예정을 인간의 책임의 선행적 개념으로 명시하거나 암시한다. 그러므로 하나님의 예정과 인간의 책임 역설과 긴장을 모두 함께 이해하고 적용하는 것이 성경적이다. 하나님의 예정하심으로 그리스도를 믿고 구원받은 사람은 만사를 하나님께서 예정하신 거룩하신 뜻을 순종하는 마음으로 생각하고 처신하는 것이 옳다.

2018년 6월 8일

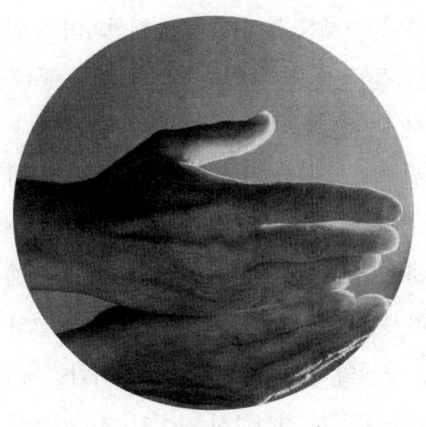

6. 피조 세계의 회복

> 이르시되, 때가 찼고 하나님의 나라가 가까이 왔으니 회개하고 복음을 믿으라 하시더라(막 1:15).

하나님은 생명의 주시다. 하나님은 생명으로 충만한 이 세상을 창조하시고 세상을 사랑하신다. 특별히 하나님은 자신의 형상을 따라 사람을 지으시고, 세상을 다스리게 하셨다. 그러나 최초의 인간이 자신의 신분을 망각하고 하나님을 배반했을 때 하나님은 인간과 그가 사는 세상을 저주하시고 세상에서 어렵게 살다가 결국은 흙으로 돌아가도록 저주하셨다.

그러나 자비로우신 하나님께서는 자신이 지으신 인간과 세상을 다시 회복시키기 위해 힘써 오셨다. 하나님께서는 아담과 하와를 에덴에서 추방하실 때에도 그들에게는 가죽옷을 지어 입히셨고, 동생을 죽인 가인을 징벌하시면서도 나름대로 그를 보호하셨다.

그 후 노아 홍수 심판과 무지개 언약, 믿음의 조상 아브라함의 선택과 축복, 소돔과 고모라의 멸망과 구원, 모세를 통한 출애굽 백성과의 구원 언약, 사사들을 통한 구원 역사, 다윗의 왕국을 통한 구원 언약, 예언자들을 통한 경고와 구원 약속 등 하나님께서는 계속해서 구원의 언약과 역사를 주관해 오셨다.

하나님의 끈질긴 구원 약속과 구원 활동에도 불구하고 인간의 배신과 반역은 계속되었다. 성경은 하나님의 구원 역사는 인간의 배반 역사와 함께 진행됐음을 보여 준다.

특별히 2천 년 전 하나님께서는 획기적인 구원의 언약을 제시하셨다. 하나님께서는 세계 창조의 매개자, 즉 로고스("말씀")이셨고(요 1:1), 그의 "참 형상"이시며,[1] 그의 아들이신 예수님을 구원의 중보자로 보내시고, 사람들에게 하나님 나라 시민의 도리를 가르치고, 놀라운 표적과 기사로서 자신이 하나님께서 보내신 메시아이심을 증거하게 하셨다. 하나님은 유대인들이 그를 메시아로 믿고 세상에 증거하기를 원하셨으나, 유대인들이 도리어 그를 십자가에 처형했다.

---

1 고후 3:18; 4:4; 갈 4:19; 골 1:15; 3:10; 히 1:3; 10:1.

그러나 하나님께서는 그의 은혜와 지혜와 권능으로 그의 아들의 십자가의 죽음을 인간의 속죄와 영생을 위한 가장 효과적이고 최종적인 구원 방법이 되게 하셨다 (히 9:12-10:1). 하나님의 아들 예수님의 죽으심의 대속적 의미를 믿는 사람은 유대인이든지, 이방인이든지, 모두 하나님의 자녀가 되어 하나님 나라에서 영생하는 것이 구원의 기쁜 소식임을 선포하신 것이다(요 3:16; 롬 3:21-24; 빌 3:20-12; 벧후 3:9).

복음은 사람이 하나님의 형상이신 예수님을 구주로 믿을 때 그 신분이 "새 사람," "새로운 피조물," "하나님의 자녀," "상속자"로 그 정체성이 바뀌고,[2] 장차 주님께서 오실 때 "하늘에 속한 자의 형상"으로 완전히 변화되어(롬 8:23; 고전 15:49), 영원한 하나님 나라에서 영생하게 될 것을 약속한다(요 14:2; 롬 5:21; 6:23; 살전 4:17; 딛 1:2). 특별히 예수님의 부활하심이 그를 믿는 우리에게 영생에 대한 약속을 확증한다(고전 15:20).

예수 그리스도는 그리스도인의 존재와 인격과 삶의 완전한 모델이다. 우리의 존재가 하나님의 참 형상이신 그리스도와 연합하여 새로 지으심을 받았듯이, 우리의 인격과 삶도 그를 본받아 변화되어야 한다.[3]

그리스도의 교회는 예수님을 통한 하나님의 구원 약속을 믿고 변화된 하나님의 자녀들이 함께 모여서 그리스도의 거룩한 형상을 본받기를 힘써 배우며, 성령을 따라서 하나님 나라 시민들로서의 마땅한 도리를 힘써 지키며, 세상에 하나님의 사랑과 하나님 나라의 가치를 힘써 증거하며, 장차 나타날 완전하고 영원한 하나님 나라를 간절히 소망한다.[4]

그러므로 지금 우리는 "현재의 고난"을 참고 견디어야 한다.

> 그런즉 너희는 먼저 그의 나라와 그의 의를 구하라(마 6:33).
>
> 생각하건대 현재의 고난은 장차 우리에게 나타날 영광과 비교할 수 없도다(롬 8:18).

---

2 눅 15:1-32; 요 3:5; 롬 6:3 이하; 롬 8:14-17; 고후 5:17; 갈 6:15; 엡 2:15; 4:24; 골 3:10.

3 롬 5:3-11; 6:5; 8:29; 고전 11:1; 갈 4:19; 살전 1:6; 빌 2:5; 3:10-11. 믿는 자와 그리스도와의 연합은 구약 제사 의식 규정에서 제물의 헌납자가 제물의 머리에 안수함으로써 그것과 연합되어 속죄를 받는다는 대속의 언약에서 유래된 것이다(레 1:4; 17:11; 히 9:11-22).

4 롬 5:21; 8:18; 13:11; 고후 5:1; 살전 4:17; 빌 2:1; 3:20-21; 딤후 4:8; 벧전 3:11; 히 11:16; 계 21:1.

다시 사신 그리스도 안에서 모든 그리스도인의 고난이나 불행은 자주 잠재적 은혜 또는 더 큰 은혜의 기회와 통로가 되는 것을 믿어야 한다.[5] 그 은혜는 장래의 영광은 물론, 기적, 위로, 기쁨, 평안, 영적 성장 등 현재의 영광과 축복을 포함한다. 하나님께서는 고난을 통해 우리의 옛 사람을 깨뜨리시고 새 사람을 지으신다. 고난의 아픔을 통해 우리 속에 그리스도의 형상을 더욱 분명하게 새겨 주시는 것이다 (롬 5:3-11; 8:29; 갈 4:19).

2018년 6월 11일

---

5 요 2:1-11; 9:1-7; 11:40; 롬 8:18; 고후 1:4; 4:7-18; 6:4-10; 7:7-16; 12:7-10; 13:6-7.

7. 여호와의 아름다우심

> 여호와 우리 주여, 주의 이름이 온 땅에 어찌 그리 아름다운지요 주의 영광이 하늘을 덮었나이다(시 8:1).

고래로부터 사람들은 자연의 아름다움을 예찬한다. 기술 문명이 발달한 현대 사회에서도 사람들은 오히려 자연을 그리워하며 자연적인 것을 선호한다. 하나님을 믿는 시편 기자는 자연의 아름다움 대신 자연을 지으신 하나님을 찬양한다. 자연의 아름다움은 자연을 지으신 하나님의 아름다움을 반영하는 것이므로 오히려 자연을 지으신 하나님을 찬양하는 것이다. 어떤 뛰어난 예술 작품에 감탄하면서도 그것을 만든 작가를 무시하는 것은 어리석고 무례한 것이다.

더구나 자연의 아름다움은 인간 육체의 아름다움과 같이 상대적이고 제한적이다.

> 인생은 그 날이 풀과 같으며 그 영화가 들의 꽃과 같도다(시 103:15).
> 모든 육체는 풀이요 그의 모든 아름다움은 들의 꽃과 같으니 풀은 마르고 꽃이 시듦은 여호와의 기운이 그 위에 붊이라 이 백성은 실로 풀이로다 풀은 마르고 꽃은 시드나 우리 하나님의 말씀은 영원히 서리라(사 40:6-8).

자연 세계는 인간에게 축복도 되지만, 재난도 된다. 그러나 자연은 언제나 하나님의 지배 가운데서 하나님의 뜻과 섭리를 나타낸다.

철학자들을 비롯해서 인문학자들과 자연 과학자들도 진, 선, 미 같은 궁극적 가치를 구한다. 그러나 어거스틴이 지적했듯이, 진, 선, 미를 인간 자신이나 자연에서 찾기 때문에 제대로 찾을 수가 없다(『참회록』I-20). 인간을 포함한 모든 피조물의 아름다움의 가치는 제한적이다. 그것들은 창조주 하나님의 절대적이고 본질적인 아름다우심(영광)을 반영할 뿐이다(자연 계시).

창세로부터 그의 보이지 아니하는 것들 곧 그의 영원하신 능력과 신성이 그가 만드신 만물에 분명히 보여 알려졌나니, 그러므로 그들이 핑계하지 못할지니라 하나님을 알되 하나님을 영화롭게도 아니하며 감사하지도 아니하고 오히려 그 생각이 허망하여지며 미련한 마음이 어두워졌나니, 스스로 지혜 있다 하나 어리석게 되어 썩어지지 아니하는 하나님의 영광을 썩어질 사람과 새와 짐승과 기어 다니는 동물 모양의 우상으로 바꾸었느니라(롬 1:20-23).

하나님을 믿는 사람은 보이는 세계의 제한적인 아름다움에 집중할 것이 아니라, 오히려 만물을 지으신 하나님의 아름다우심을 찬양하고 그가 나타내실 영원한 나라를 사모해야 한다.

내가 여호와께 바라는 한 가지 일 그것을 구하리니, 곧 내가 내 평생에 여호와의 집에 살면서 여호와의 아름다움을 바라보며 그의 성전에서 사모하는 그것이라 (시 27:4).

2018년 6월 17일

8. 현재의 고난 vs. 장래의 영광

> 믿음으로 모세는 장성하여 바로의 공주의 아들이라 칭함 받기를 거절하고, 도리어 하나님의 백성과 함께 고난 받기를 잠시 죄악의 낙을 누리는 것보다 더 좋아하고, 그리스도를 위하여 받는 수모를 애굽의 모든 보화보다 더 큰 재물로 여겼으니, 이는 상 주심을 바라봄이라(히 11:24-26).

물신주의적 현대는 과거의 어느 시대보다 눈에 보이는 현실적 가치에 집중하는 시대다. 많은 현대인이 보이는 가치의 허망함을 잘 알면서도 다른 대안이 없다고 생각하고 물질적 욕망과 기쁨을 위해 일한다. 성경은 거듭해서 피조물의 허망한 가치를 경고하며 보이지 않는 영원한 가치에 집중할 것을 가르친다.

하와는 먹음직하게 보이는 탐스런 선악과를 바라보고 범죄했다(창 3:6). 롯의 아내는 "돌아보지 말라"는 천사의 명령을 어기고 불타는 소돔성을 바라보았다가 소금 기둥이 되었다(창 19:17, 26). 에서는 당장의 허기를 참지 못하고 팥죽 한 그릇에 귀한 장자의 명분을 팔았다(창 25:29-34). 옛날 이스라엘 백성도 광야에서 하나님의 약속의 땅보다는 당장의 어려운 현실을 보고 불신에 빠졌다(민 13:31-33; 14:1-3). 가나안 땅에 들어간 그들의 후손들도 우상을 비롯하여 보이는 피조물의 가치에 집중하다가 하나님의 진노하심을 받았다(삿 2:11 이하).

반면에 모세는 애굽 공주의 아들로서의 잠시의 즐거움을 거절하고 영원한 기쁨을 위해 고난받는 백성과 함께 살 것을 결단했다. 예수님도 세상을 구원하시기 위해 하늘의 영광을 버리시고 이 세상에서 큰 고난을 겪으셨다.

그러나 세상 사람들은 물론 믿는 우리도 우리 자신의 소유, 건강, 명예, 지위, 업적 등 보이는 피조물의 허망한 가치에 집중한다. 우리가 보이는 피조물의 가치에 집중하는 것은 하나님을 대적하는 우리의 깊은 죄성에서 비롯되는 것이다. 사탄은 보이는 허망한 피조물의 가치에 집중하는 우리의 탐심을 통해 우리를 미혹한다.

그러나 하나님의 자녀 된 우리는 진정한 믿음의 대상은 이 세상이나 우리 자신이 아니라, 오직 하나님 아버지 한 분뿐이심을 명심해야 한다. 보이지 않는 하나님과 그의 영원한 언약을 믿는 것이 진정한 신앙임을 알아야 한다.

우리 주님께서는 "이는 다 이방인들이 구하는 것이라. 너희는 먼저 그의 나라와 그의 의를 구하라"고 말씀하셨다(마 6:33). 기복(祈福) 신앙은 하나님과 자신의 탐심을 혼동하며, 보이지 않는 영원한 하늘나라와 그 가치 대신, 보이는 허망한 세상의 가치를 좋아하는 것이 문제다. 현대의 물신주의는 인간의 욕망을 오히려 선한 것으로 부추긴다. 현대 심리학자들은 현대의 자유주의 사상을 따라서 인간 욕망을 부추기며 거의 모든 형태의 절제나 억제를 사람의 행동 발달에 해로운 것으로 금기시한다.

정부의 시장 경제 정책은 낭비를 미덕으로 선전하며 건전한 절제 의식을 무시한다. 현대인들이 물질적으로는 풍요하지만, 과거 시대의 사람들보다 더 행복하다고 할 수는 없다. 오히려 상실감, 소외감, 불안, 정신병과 자살, 그리고 사회적 갈등이 점증하는 추세다.

하나님께서 우리에게 고난을 주신 것은 결국 보이는 세상의 가치와 자아 중심으로 향하는 모든 육적 본능을 억제하고 대신 영원한 하나님 나라와 하나님의 의를 구하게 하시려는 것이다(마 6:33). 우리 속에 있는 옛 사람이 그리스도 안에서의 새 사람으로 변화되게 하시려는 성령의 역사를 끊임없이 저항하기 때문이다.

> 너희가 육신대로 살면 반드시 죽을 것이로되 영으로써 몸의 행실을 죽이면 살리니 (롬 8:13).

이것은 현실 도피주의가 아니라, 오히려 어려운 현실을 믿음과 소망으로 극복하는 길이다(마 25장). 장래의 영원한 기쁨과 상을 바라보고, 허망함과 절망으로 이끄는 모든 욕심과 죄의 기쁨을 단호히 거절하고, 아름다운 성령의 열매를 맺기를 힘쓰는 삶이다.

더구나 다시 사신 그리스도 안에서 모든 그리스도인이 받는 현재의 고난이나 불행은 자주 잠재적 은혜, 또는 더 큰 은혜의 기회와 통로가 되기도 한다[1]

---

1 요 2:1-11; 9:1-7; 11:40; 롬 8:18; 고후 1:4; 4:7-18; 6:4-10; 7:7-16; 12:7-10; 13:6-7.

생각하건대, 현재의 고난은 장차 우리에게 나타날 영광과 비교할 수 없도다 (롬 8:18).

그 은혜는 장래의 영광은 물론 기적, 위로, 기쁨, 평안, 영적 성장 등 현재의 영광과 축복도 포함한다.

평안을 너희에게 끼치노니, 곧 나의 평안을 너희에게 주노라(요 14:27a).

무엇보다 하나님께서는 고난을 통해 우리의 옛 사람을 깨뜨리시고 새 사람을 지으신다. 고난의 아픔을 통해 우리 안에 그리스도의 형상을 더욱 분명하게 아로새겨 주시는 것이다(롬 5:3-11; 8:29; 갈 4:19).

2018년 6월 19일

9. 상대주의 vs. 절대주의

> 너는 나 외에는 다른 신들을 네게 두지 말라(출 20:3).

성경의 하나님께서는 하나님 자신 외에 모든 신을 상대화하고, 자신만을 절대적으로 믿고 살아할 것을 요구하신다. 이런 하나님의 절대적 신앙 요구는 상대주의적, 민주주의적, 개인주의적 가치관에 젖어 있는 현대인에게는 부담스러운 것일 수밖에 없다.

현대 교회의 복음 전도의 큰 장애는 사람들이 추구하는 모든 가치를 인정하고 용납하는 다원주의와 상대주의다. 물론 공산주의나 이슬람 같은 절대주의 사상은 아예 복음을 무시하고 인정하지 않기 때문에 모든 가치를 인정하는 상대주의가 복음 전도를 위해 더 나은 것은 사실이다. 그러나 절대주의는 기독교 복음을 직접 반대하는 데 반하여 상대주의는 간접적으로 반대한다. 상대주의란 모든 절대주의 사상을 혐오하기 때문에 상대주의가 지배하는 세상에서는 결국 절대적 복음이 설 자리가 거의 없어지게 된다.

복음이 시작되었던 2천 년 전 로마 시대도 종교적 다원주의가 지배했던 시대였으나, 사람들이 오랜 상대주의적 가치관에 지쳐서 오히려 어떤 절대주의적 대안을 희구했던 때였으므로 절대적 복음이 들어갈 자리가 있었다. 지금은 반대로 오랫동안 절대적 가치로 군림했던 기독교 시대가 끝나고 상대주의가 지배적인 시대라는 점에서 그때와는 대조적이다.

물론 최근에 이슬람 절대주의가 모든 현대의 상대주의적 종교와 문화를 적대시함으로 서양 세계를 위협하는 반면에 상대주의적 가치관을 표방하는 힌두교, 불교, 도교 등은 적지 않은 현대인들로부터 호감을 얻고 있다. 현대의 과학주의나 고대인들의 물활론사상(animism)은 모두 상대주의적인 자연주의적, 물질적 가치관에 근거한 것이므로 상통하는 것이다.[1]

---

[1] 다만 과학은 물질이나 자연의 보이는 가치에 집중하지만, 고대의 물활론은 물질이나 자연의 초월적 가치를 중시하는 것이 다르다.

상대주의적 현대 문화에서 우리는 어떻게 절대적 복음 진리를 지킬 것인가?

첫째, 성경은 절대적 신앙을 요구하기 때문에 만사를 상대화하고, 객관화하는 상대주의적 가치관으로는 복음을 믿을 수도 없고 믿음을 유지할 수도 없다. 하나님께 대한 믿음과 사랑은 하나님 외에 다른 모든 다른 신들을 상대화하고, 하나님만을 절대적으로 믿고 사랑하는 것이기 때문이다. 그것은 결혼식에서 신랑, 신부가 상대방에게 변함없는 절대적 사랑을 약속하고 그 약속을 평생 힘써 지키는 것과 같다.

둘째, 상대주의가 흔히 선호하는 혼합주의적 신앙(syncretism)은 신앙의 정조가 없는 혼란한 신앙이다. 참 신앙과 사랑의 대상은 오직 한 신뿐이어야 한다. 결혼한 사람이 다른 사람을 아내와 남편처럼 사랑한다는 것은 결혼 관계를 깨뜨리는 불륜이듯이, 모든 신을 믿는다는 것은 혼란하고 부패한 신앙이다. 더구나 과거의 인류 역사가 보여 주듯이 혼란한 신앙은 결국 윤리적 혼란과 사회적 무질서를 초래한다.

셋째, 상대주의는 본질상 결국 허무와 절망으로 이끈다. 실제로 혼합주의적 종교나 현대의 상대주의적 가치관과 개인주의는 결국 인간을 소외와 절망과 허무로 이끈다. 복음은 개인이 그리스도 중심적 신앙 공동체에서의 예배와 교제를 통해 믿음, 사랑, 소망, 화평, 질서, 생명을 얻게 됨을 가르친다.

> 오직 사랑 안에서 참된 것을 하여 범사에 그에게까지 자랄지라 그는 머리니 곧 그리스도라 그에게서 온 몸이 각 마디를 통하여 도움을 받음으로 연결되고 결합되어 각 지체의 분량대로 역사하여 그 몸을 자라게 하며 사랑 안에서 스스로 세우느니라 (엡 4:15-16).

그리스도인은 그리스도의 몸 된 교회 안에서 그리스도의 몸의 지체라는 자아인식으로 말미암아 평안과 기쁨과 사랑을 나눈다.

넷째, 상대주의와 보편주의는 모든 절대주의를 편파주의로 공격하며 상대주의와 보편주의만을 궁극적인 가치관으로 주장한다. 그러나 여러 번 지적해 왔듯이 상대주의적이고 보편적인 것만을 유일하고 절대적 가치로 인정하는 것 역시 또 다른 절대주의라는 것을 알아야 한다.

물론 상대주의적 개념 자체가 나쁘다고는 할 수는 없다. 성경은 하나님 외에 다른 신들을 상대화하고, 하나님 말씀 외에 다른 것들을 상대화하기 때문이다. 또한, 절대주의적 개념 자체가 좋다고 할 수도 없다. 하나님 외에 다른 무엇을 절대화하는 것은 죄이기 때문이다. 절대주의나 상대주의는 모두 중립적 개념이지만, 그것들이 적용하는 의미에 따라서 그 가치가 결정되는 것이다.

성경은 하나님을 무시하고 하나님의 말씀을 떠난 세상의 모든 상대주의나 절대주의는 하나님께서 반드시 징벌하시기 때문에 위험하고 부작용을 수반한다는 것을 가르친다.

그러므로 우리가 반대해야 하는 상대주의란 우리의 믿음의 대상인 하나님의 절대적 신분과 권위를 상대화하는 세속적 상대주의이고, 우리가 지향하는 절대주의란 성경이 가르치는바 하나님 중심적 거룩한 절대주의다. 성경이 가르치는 절대자 하나님은 결코 우리를 압제하시는 분이 아니시고 우리를 사랑하시는 하늘 아버지시다. 하나님께서 원하시는 순종은 우리의 자유의지로 말미암은 순전히 자발적인 순종이다.

하나님의 말씀은 하나님 사랑과 이웃 사랑을 함께 가르친다. 더구나 하나님의 아들께서 희생하신 십자가는 기존의 불신적 절대주의와 상대주의의 허상을 모두 깨뜨리고, 완전한 의미의 절대주의적인 하나님의 나라를 지향한다.

> (유대인과 이방인의) 원수 된 것을 십자가로 소멸하시고 … 이는 그로 말미암아 우리 둘이 한 성령 안에서 아버지께 나아감을 얻게 하려 하심이라(엡 2:16-18).

장차 나타날 하나님의 나라는 하나님께서 다스리시는 완전한 절대주의적 세상이면서도, 동시에 우리 모두가 서로 섬기며 그리스도와 함께 왕 노릇하는 완전한 상대주의적 세상이다(딤후 2;12; 계 20:4, 6; 22:5). 이런 완전하고 영원한 "새 하늘과 새 땅"이 나타날 때까지 우리는 모든 불신적 절대주의와 상대주의를 경계해야 한다.

2018년 6월 22일

10. 하나님, 선의 근원 vs. 사탄, 악의 근원

> 여호와께서 사탄에게 이르시되 내가 그를 네 손에 맡기노라 다만 그의 생명은 해하지 말지니라(욥 2:6).

욥기는 하나님의 의로우심과 선하심에 대한 온갖 의문에도 불구하고 진정한 신자는 하나님은 의로우시고 선하신 분이심을 끝까지 믿어야 할 것을 가르친다 (욥 40:2-3; 42:1-6; 참조, 시 73:1 이하; 롬 8:28).

욥기를 비롯하여 모든 성경은 하나님께서 그의 거룩하신 경륜 가운데 악을 잠시 용인하시나, 직접 악을 행하시는 것은 아니고, 사탄이 악의 원천이라는 것을 밝힌다(삼상 16:14; 욥 1:12; 2:6; 잠 16:4). 사탄은 스스로 하나님을 대적하는 타락한 천사들의 우두머리다.[1] 하나님께서는 사탄의 악함을 이용하시어 하나님 자신과 욥의 의로움을 증명하신다. 하나님께서 악을 이용하신다면, 결국 하나님도 악에 대한 책임이 있다고 논할 수 있으나, 신학적으로, 하나님은 완전하신 최고의 선(summum bonum)이시므로, 불완전한 피조물 인간의 도덕적 기준으로 판단 받으실 수 없다(사 45:9-10; 55:8-9).

하나님의 위대하신 존재와 깊으신 경륜을 제한적인 사람의 철학이나 논리로 제대로 설명할 수 없다.

> 무지한 말로 생각을 어둡게 하는 자가 누구냐(욥 38:2).
> 트집 잡는 자가 전능자와 다투겠느냐 하나님을 탓하는 자는 대답할지니라(욥 40:2).

유한한 사람이 위대하신 하나님에 대해서 논하는 것은 스스로 자신들이 지혜롭다고 생각하는 욥의 친구들처럼 어리석고 오만한 일이다.[2]

---

1   슥 3:1; 마 4:10; 고전 5:5; 7:5; 고후 2:11; 11:14-15; 살후 2:9; 딤전 1:20; 벧후 2:4; 유 1:6.
2   참조, Deepak Chopra, *God: A Story of Revelation* (New York: Harper Collins Publishers, 2012), 5-30. 뉴욕 타임즈가 선정한 베스트 작가인 초프라(Deepak Chopra)는 다원주의적, 비교종교학적 관점에서 욥기의 하나님을 인간이 알 수 없는 모호한 철학적 사변적 신으로 본다. 그러나 욥기가 가르치는 하나님은 철학적 사변의 대상이 아니라, 모든 불확실성 가운데서도 하나님을 믿고 찾는 사람을 사랑하시고 돌보시는 인격적 하나님이시다. 욥기를

첫째, 불신자들은 하나님께 대한 모든 모호하고 비합리적인 문제들을 제시하며 하나님을 무시하고 불신하나, 하나님의 자녀는 그런 어려운 문제들에도 불구하고 하나님의 가르침을 따라서 하나님의 선하심과 진실하심을 믿고 오히려 하나님을 찬양한다.[3] 하나님께서는 자주 당장은 이해하기 어려운 일들을 통해 그의 능력과 영광을 나타내시기 때문이다.[4]

> 하나님은 헤아릴 수 없이 큰 일을 행하시며 기이한 일을 셀 수 없이 행하시나니 (욥 5:9).

진실한 신자는 하나님의 선하심과 의로우심에 대한 모호함이나 불합리한 점들이 자신의 지혜의 유한함으로 말미암은 것이며, 동시에 그런 것들이, 도리어, 하나님의 무한하신 지혜와 능력을 가리키는 것으로 본다. 악인의 형통함을 보고 괴로워하던 73편 시편 기자는 마침내 악인의 급작스런 파멸을 목도하고 잠시나마 자신이 하나님의 의로우심을 의심했던 것을 회개하고 새롭게 믿음을 다짐한다.

> 내 육체와 마음은 쇠약하나 하나님은 내 마음의 반석이시요 영원한 분깃이시라 (시 73:26).

사도 바울도 이해할 수 없는 하나님의 역사와 섭리를 하나님의 깊으신 지혜와 거룩한 섭리로 돌린다.

> 깊도다 하나님의 지혜와 지식의 풍성함이여, 그의 판단은 헤아리지 못할 것이며, 그의 길은 찾지 못할 것이로다(롬 11:33).

통해 하나님께서는 모든 불확실성과 모호함 가운데서도 욥과 같이 하나님을 찾고 의지하는 사람을 찾으신다는 것을 가르치신다. 이런 욥기의 주제를 모르고 욥기를 논하는 것 자체가 사탄의 미혹이다.

[3] 대상 16:34; 대하 5:13; 7:3; 시 23:6; 69:16; 86:5; 100:5; 107:1; 118:1, 29; 135:3; 136:1; 렘 33:11; 나 1:7; 마 19:17; 요 10:11.
[4] 욥 1:21; 5:9 이하; 40:1-9; 42:1-2; 요 9:1-7, 24; 11:40; 롬 11:33-36.

하나님은 우리에게 당장 억울하고 불의하게 보이는 일들을 통해서도 결국 선을 이루신다.

> 우리가 알거니와 하나님을 사랑하는 자 곧 그의 뜻대로 부르심을 입은 자들에게는 모든 것이 합력하여 선을 이루느니라(롬 8:28; 참조, 창 50:20).

무엇보다 그리스도의 십자가는 하나님의 깊으신 지혜와 인간의 어리석음에 대한 가장 분명한 예증이다(요 3:16; 롬 5:8).

둘째, 하나님의 자녀는 하나님의 의로우심과 선하심에 대한 모든 모호함과 의구심에도 불구하고, 하나님의 선하심과 의로우심을 확실히 믿고, 모든 악의 미혹을 이기고 선에 속하기를 힘쓴다.[5] 진실한 신자는 하나님께 대한 온갖 헛된 사변을 그치고 오히려 하나님의 진실하심에 집중하며, 하나님께서 원하시는 모든 선한 일을 힘쓴다.

셋째, 진정한 신자는 선하시고 의로우신 하나님께서 불의하고 혼란한 세상을 결국 완전한 세상으로 창조하실 것이라는 하나님의 약속의 말씀을 굳게 믿는다(롬 16:20; 계 20:2, 7; 21:1).

> 우리가 지금은 거울로 보는 것과 같이 희미하나, 그 때에는 얼굴과 얼굴을 대하여 볼 것이요 지금은 내가 부분적으로 아나, 그 때에는 주께서 나를 아신 것같이 내가 온전히 알리라(고전 13:12).

끝으로, 하나님의 자녀는 장래의 영광은 물론 하나님의 현재적 도우심과, 성령의 인도하심과 위로, 그리고 변함없으신 그리스도의 사랑을 굳게 믿는다(시 27:9; 46:1; 121:1; 롬 8:26 이하; 고후 1:3).

> 하나님은 우리의 피난처시요 힘이시니 환난 중에 만날 큰 도움이시라(시 46:1).

2018년 6월 24일

---

5 신 12:28; 삼하 14:17; 시 34:14; 미 6:8; 요 5:29; 행 9:16; 롬 6:12-13; 8:13; 12:1-2, 9, 17, 21; 갈 6:9; 엡 2:10; 4:28; 6:8; 골 1:10; 살전 5:15; 살후 2:17; 딤전 5:10; 딤후 3:17; 딛 2:3, 14; 히 13:16; 약 3:17; 벧전 2:20; 3:11, 13; 요삼 1:11 등.

11. 축복 받는 비결: 하나님께 대한 갈망

> 그가 이르러, 날이 새려하니 나로 가게 하라 야곱이 이르되, 당신이 내게 축복하지 아니하면 가게 하지 아니하겠나이다(창 32:26).

야곱의 일생은 위기의 연속이었다. 야곱은 그 모든 인생의 위기 가운데서도 하나님의 축복에 대한 믿음의 끈을 놓지 않고 억척스럽게 살았다. "야곱" 이란 이름 자체가 그가 태어날 때 쌍둥이 형 에서의 "발꿈치를 잡았다"는 것을 가리키는 말이다(창 25:26). 야곱의 일생이 그 이름이 가리키는 그의 억척스런 본성을 따라 전개되었다.

야곱은 형 에서가 받아야 할 장자의 축복을 가로 채어 받은 후, 에서의 분노를 피하여 정든 브엘세바의 고향 집을 떠나 멀리 낯선 하란 땅의 외삼촌 집에 갔다. 거기서 20년 동안이나 외삼촌 라반의 목축 일을 도우며 라반의 두 딸, 레아와 라헬과 결혼하여 아들들을 낳았고, 재산도 늘어났다.

그러나 야곱은 또 다른 생의 위기를 만났다. 야곱의 재산 증식 문제로 라반의 아들들과의 갈등을 겪으면서 결국 외삼촌 라반의 집에서 도망치듯 나와서 광야의 길을 걸어 얍복강까지 왔던 것이다. 그러나 야곱은 얍복강 건너 편 에돔 땅에 형 에서가 살고 있다는 것을 알고서 큰 두려움에 싸였다. 야곱은 진퇴양난의 어려움 가운데서 두렵고 답답한 심정으로 하나님께 기도했다. 야곱은 기도로 하나님께서 그의 조상 아브라함과 맺은 언약을 따라서 반드시 야곱을 고향 땅으로 데려 오실 것을 약속하셨음을 다시 확신 했다(창 32:9). 즉 자신이 하나님의 축복의 언약의 상속자임을 확신했다.

야곱은 에서의 원한의 감정을 풀어주기 위해 예물들을 마련하여 미리 얍복강 건너편의 에서에게 보냈다. 그리고 먼저 자신의 가족들을 얍복강을 건너게 한 후에 자신은 얍복강 나루터에 홀로 남았다. 그 때 야곱은 이상한 체험을 했다.

"어떤 사람," 즉 사람의 모습으로 나타난 천사를 만나 그와 씨름을 하게 된 것이다. 그것은 매우 힘든 싸움이었으나 야곱은 포기하지 않고 밤새도록 끈질기게 싸웠다. 결국 그 "사람"이 견디다 못해 야곱의 허벅지 관절을 쳐 관절이 어긋나게 까지 하며 "날이 새려하니 나로 가게 하라"고 말하였으나, 야곱은 "당신이 내게 축복하지 아니하면 가게 하지 아니하겠나이다"라고 버티면서 그를 끝내 놓지 않았다. 결국 그 사람은 야곱을 축복하고 야곱에게 이스라엘이라는 새 이름을 주었다.

>이는 네가 하나님과 및 사람들과 겨루어 이겼음이니라(창 32:28b).

연약한 인간 야곱이 막강한 천사와 밤이 새도록 씨름하였다는 것은 이해하기 힘든 신비로운 일이지만, 그 교훈은 분명하다.

야곱은 믿음의 사람이었다. 야곱은 조부 아브라함의 믿음을 계승한 정통 후손이다. 하나님께서는 하나님의 축복의 언약을 믿는 야곱의 굳센 믿음을 통해 아브라함과의 언약을 이루어 가시는 것이다(창 12:2-3). 비록 야곱이 완전한 도덕적 표상은 아니라고 해도, 하나님의 언약을 믿고 더 나은 미래를 향하여 끝임 없이 도전하는 신앙적 표상임에는 틀림없다. 그러므로 축복을 갈망하는 야곱의 씨름을 단순히 야곱의 이기심이나 용기에 돌리는 것은 성경의 가르침을 왜곡하는 것이다. 야곱의 씨름은 하나님께서 예정하시고 약속하신 축복을 매순간 실존적으로 재확인하며 살아야 하는 우리의 신앙적 책임을 가르친다.

하나님의 축복은 "값싼 은혜"가 아니라, 축복을 향한 끈질긴 믿음과 헌신의 반응을 요구하는 것이다. 진정한 믿음이란 하나님께 대한 전인적 헌신이며, 하나님의 약속이 성취되기를 열심히 바라고 구하는 것이다.

>그러므로 내가 너희에게 말하노니 무엇이든지 기도하고 구하는 것은 받은 줄로 믿으라 그리하면 너희에게 그대로 되리라(막 11:24).
>구하라 그리하면 너희에게 주실 것이요 찾으라 그리하면 찾아낼 것이요 문을 두드리라 그리하면 너희에게 열릴 것이니, 구하는 이마다 받을 것이요 찾는 이는 찾아낼 것이요 두드리는 이에게는 열릴 것이니라(마 7:7-8).

이런 말씀들은 기도의 성취의 조건으로 하나님께 대한 인간의 전인적 헌신을 요구하는 것이다. 야곱은 그 날 밤, 얍복강가에서 그야말로 온 마음과 뜻과 힘을 다하여 하나님(천사)과 씨름했던 것이다. 야곱의 싸움은 주님께서 마지막 밤 겟세마네 동산에서 땀을 핏방울처럼 땅에 흘리시면서 "힘쓰고 애써 더욱 간절히" 기도하셨던 것을 연상케 한다(눅 22:44). 우리가, 야곱처럼 하나님의 축복을 갈망하며 애쓸 때까지 하나님께서는 우리에게 그의 축복의 손을 내밀지 않으신다. 그리스도의 십자가로 말미암는 구원은 결코 "값싼 은혜"의 대가가 아니라, "값비싼 은혜"의 결과다(본회퍼, Cost of Discipleship). 우리는 힘써 하나님의 은혜에 응답해야 한다.

그러나 야곱의 씨름은 하나님께서 우리가 원하는 모든 소원을 들어주신다는 기복(祈福)사상이나 하나님을 믿더라도 사람이 해야 할 일은 해야 한다고 사람의 책임을 강조하는 세속적인 인본주의적 교훈과는 다르다. 야곱의 씨름은 자신의 소원이나 갈망이기 전에 먼저 하나님의 오래전에 약속하신 축복을 재확증하는 것이다. 야곱의 투쟁적 신앙은 인간의 노력에 앞서서 하나님의 예정과 은혜를 분명히 전제하기 때문에 "신인협력설"의 근거가 될 수 없다.[1] 하나님께서는 에서와 야곱이 태어나기 전부터 야곱을 축복하시는 한편, 에서를 미워하시기로 이미 예정하셨던 것이다(창 25:23; 말 1:2-4). 만사가 하나님의 예정 가운데 있으므로 인간의 노력조차도, 하나님의 예정과 은혜에서 비롯되는 것이다.

하나님의 예정은 하나님의 절대적 주권에서 기인한다. 그러므로 하나님께서는 자주 장자를 우선 원칙을 무시하시고, 오히려 나중에 태어난 아들들을 축복하신다. 가인 대신 셋, 이스마엘 대신 이삭, 다른 형제들 대신 요셉, 므낫세 대신 에브라임, 이새의 아들들 가운데 막내 다윗을 선호하셨다. 하나님은 인간의 기대와 예상을 넘어서 일하심으로써 그의 권능과 영광을 극대화하신다.[2]

그러나 동시에 하나님의 예정은 하나님의 사랑에서 기인한다. 하나님은 어떤 신분이나 서열이나 외모나 인종 같은 외적 요인에 의지하지 않고, 어려운 시험 가운데서도 하나님의 구원 언약을 끝까지 믿는 사람들과, 하나님 앞에서 자신을 낮추는 사람들을 사랑하신다(삼상 13:14; 16:7; 고후 12:9-10). 하나님께서는 아벨을 죽인 가인을 보호하셨고(창 4:15), 아브라함에게 쫓겨난 이스마엘에게도 은혜를 베푸셨다(창 21:13-21).

---

[1] 웨슬리는 칭의는 전적인 하나님의 은혜라는 개혁신학 노선을 따르지만, 성화도 하나님의 은혜로 말미암는다고 논하면서도, 인간의 책임을 강조함으로써 알미니안주의의 신인협력설을 인정한다. John Wesley, "The Scripture Way of Salvation,"(Sermons, III.3; WW.VI). 한편, 칼빈은 칭의는 물론 선행도 전적으로 하나님의 은혜임을 강조한다(II.3.9, 10; 참조, 딛 2:11-12; 3:7).
[2] 요 2:1-11; 9:1-7; 11:40; 롬 8:18; 고후 1:4; 4:7-18; 6:4-10; 7:7-16; 12:7-10; 13:6-7.

하나님께서는 택한 백성은 물론 택하지 않은 백성에게도 긍휼하심을 베푸신다. 하나님께서는 가련한 모압 여인 룻을 불러 다윗 왕조를 이루게 하셨다(룻 4:14-22). 죄악의 도성 니느웨 사람들과 함께 그 가축들까지도 보호하셨다(욘 3:10; 4:11). 하나님은 모든 세상 사람들을 사랑하신다(마 5:45; 행 14:17; 17:25-29).

물론 하나님은 그의 택하신 백성과 그를 믿는 사람을 특별히 사랑하신다. 야곱은 간교하고 이기적인 사람이지만, 하나님께서는 그를 사랑하셨다. 그는 굶주린 형에서에게 팥죽 한 그릇으로 장자권을 사고, 외삼촌 집에서 마술 같은 방법으로 얼룩 양을 낳게 하고, 이제는 얍복강가에서 천사와 씨름까지 하는 간교하고 탐욕적인 인물로 악평할 수도 있다.

그러나 하나님께서는 야곱을 사랑하시고 축복하셨다. 물론 성경이 야곱의 간교함이나 궤계를 정당한 것으로 가르친다고 할 수는 없다. 다만 야곱의 결단과 행위의 배후에는 하나님의 경륜이 있음을 가르치는 것이다. 우리는 하나님의 크고 깊으신 경륜을 제대로 이해할 수 없으나, 하나님께서는 우리의 모든 약점과 불행을 통해 그의 큰 구원의 약속을 성취해 가시는 선하신 하나님이심을 믿어야 한다. 우리의 모든 계획과 노력에도 불구하고 결국 우리는 보이지 않는 하나님의 은혜로우신 경륜 가운데 존재한다는 것을 가르치는 것이다. 그리고 우리는 어떤 처지에서도 하나님의 은혜를 적극적으로 사모하는 자세를 가지고 살 것을 가르친다.

이런 야곱의 경험은 하나님께서 복음을 위해 예비하신 것이다. 우리의 믿음은 물론 우리의 선행도 하나님의 은혜로 말미암은 것을 가르치시기 위해 예비하신 것이다. 우리는 성령의 역사로 믿게 되었고, 성령의 인도하심으로 인격이 변화되었고, 선행에 힘쓰게 된 것이다(딛 2:11-12). 다만 하나님께서는 선행에 대한 우리의 책임을 일깨우시기 위한 훈계의 목적으로 우리를 선행의 주체자로 세우시는 것이다. 성령이 우리의 믿음과 선행의 진정한 주체자이시다.[3] 그러나 하나님께서는 그의 자비하심 가운데, 비록 그의 은혜로 말미암은 우리의 선행이라도, 우리 자신의 선행으로 여겨 주시고 상주시는 것이다.

예정론은 "하나님의 자유로우신 예정과 인간의 책임"이라는 논리적 긴장을 일으킨다. 언뜻 예정론은 하나님께서 자유롭게 만사를 결정하시되 그 책임은 사람이 져야 한

---

3   요 3:5; 롬 8:14-16; 고전 12:3; 갈 5:16-25; 딛 3:6-7.

다는 불합리하고 불공정한 이론으로 보인다. 그러나 예정론적 입장에서 볼 때, 하나님께서 축복하시기로 예정하신 사람은 하나님의 축복에 대한 그 사람의 열의와 노력조차도 하나님께서 그렇게 예정하셨고, 반대로 하나님께서 저주하시기로 예정 된 사람은 하나님의 저주를 받기 위해 애쓰도록 예정된 것이다. 하나님께서는 야곱을 사랑하시고 에서는 미워하시기를 미리 예정하셨다(말 1:2; 롬 9:13).

하나님의 예정은 하나님의 절대적 주권에서 기인한다. 하나님은 자주 장자를 우선 원칙을 무시하시고, 나중에 태어난 아들들을 축복하신다. 하나님은 그가 예정하고 택하신 백성에 대한 특별하신 사랑을 나타내신다. 그러나 동시에 하나님의 예정은 하나님의 보편적인 사랑도 나타낸다. 하나님은 자주 어떤 신분이나 외모 같은 외적 요인을 넘어서 어려운 시험 가운데서도 하나님의 구원 언약을 끝까지 믿는 사람들과, 하나님 앞에서 자신을 낮추는 사람들을 사랑하신다(삼상 13:14; 16:7; 고후 12:9-10).

하나님의 예정은 인간의 책임 있는 신앙을 위한 하나님의 결단이다. 만일 하나님께서 모든 사람들을 다 구원하시기로 예정하셨거나, 반대로 모든 사람들을 다 멸망하기로 예정하셨다면, 더 많은 사람이 나태하거나 방탕하게 될 것이다.

　　　의인은 그의 믿음으로 말미암아 살리라(합 2:4).

성경은 처음부터 끝까지 하나님께서는 어떤 방해와 도전에도 불구하고 결국은 그의 구원을 위한 예정과 약속을 반드시 이루시는 분이심을 가르친다. 그러므로 진실한 신앙인은 그가 받는 축복은 물론 그가 받는 불행도 하나님의 거룩하시고 선하신 하나님의 경륜에 속한 것으로 믿고 불평 없이 받아야 한다. 불행과 고난도 하나님의 구원의 예정과 약속을 이루시는 하나님의 경륜의 과정임을 알아야 한다. 하나님은 오히려 자주 사람들이 업신여기고 무시하는 약한 사람들과 작은 일들을 통해 큰 구원 역사를 이루심으로써 그의 영광과 권능을 나타내시기를 기뻐하신다.

살든지 죽든지, 행복하든지 불행하든지, 성공하든지 실패하든지, 어떤 처지에서든지 하나님의 구원의 경륜을 믿고 순복하는 사람은 자신이 하나님의 축복의 대상임을 스스로 증거하는 것이다. 반면에 하나님을 원망하는 사람은 스스로 자신이 하나님의 저주의 대상임을 스스로 나타낸다(롬 9:18-24).

> 이 사람아 네가 누구이기에 감히 하나님께 반문하느냐 지음을 받은 물건이 지은 자에게 '어찌 나를 이같이 만들었느냐' 말하겠느냐(롬 9:20; 참조, 욥 40:2-9;사 49:9).
>
> 그런즉 하나님께서 하고자 하시는 자를 긍휼히 여기시고 하고자 하시는 자를 완악하게 하시느니라(롬 9:18; 참조, 출 23:19; 잠 16:4).

아무도 절대자 하나님을 탓할 수 없다. 하나님의 택하심을 받은 사람과 축복을 받도록 예정된 사람은 하나님이 언제나 선하시고 완전하신 분이심을 믿지만, 저주 받을 자와 유기(遺棄)된 사람은 아예 이를 믿지도 않고, 믿을 수도 없다. 출애굽 한 이스라엘 백성은 어려운 광야 생활 가운데 하나님과 모세를 원망하다가 결국 모두 광야에서 멸절된 사실은 모든 후대 신앙인들을 위한 역사적 교훈이다.[4]

동시에 우리는 야곱처럼 적극적으로 하나님의 축복의 약속을 굳게 믿고 열의를 가지고 추구해야 한다. 믿음은 하나님께 대한 전인적 헌신이며 하나님의 축복의 약속이 성취될 것을 열심히 바라는 것이다. 야곱은 장자의 명분을 중히 여긴데서 하나님의 약속을 믿는 믿음이 확고했음을 보여 준다(창 32:9). 장자로서 받을 축복은 하나님께서 아브라함의 후손에게 베푸실 축복과도 관련된다(창 12:2-3, 7).

야곱은 실제적 장자로서의 믿음을 평생 갖고 살았다. 반면에 에서는 장자의 명분을 가볍게 여긴 데서 하나님의 약속에 대한 믿음이 약했음을 보여 준다. 비록 후일에 동생 야곱이 자신의 장자의 축복을 가로챈 것을 알고 크게 분노하였으나 그는 애초에 귀한 장자의 명분을 팥죽 한 그릇에 팔아 버릴 정도로 하나님의 약속과 축복에 대한 믿음이 빈약했음을 보여 준다.

> 에서가 장자의 명분을 가볍게 여김이었더라(창 25:34).

하나님의 언약에 대한 빈약한 믿음을 가진 에서는 장자로서의 자격을 상실한 것이다. 더구나 그는 이방여인들과 혼인함으로써 하나님의 언약의 계승자로서의 자격을 스스로 포기하였다(창 26:34-35; 28:9). 반면에 야곱은 장자에 주시는 하나님의 축복의 약속을 심각하게 생각했던 것이다.

---

4 민 11:1; 14:2; 16:41; 20:4, 12; 21:5; 신 1:27, 35-38.

야곱의 하나님의 축복에 대한 열망과 행적은 그가 하나님의 축복을 받기로 예정된 자란 증거다. 이렇게 성경은 만사의 이면에는 하나님의 예정하신 뜻이 있고 만사가 결국 그의 예정하신 뜻대로 진행되는 것을 보여 준다.

그러나 우리는 누가 하나님의 구원의 예정을 받았는지, 받지 않았는지를 알 수 없으므로 사람의 믿음의 여부로써 판단할 수밖에 없다. 하나님의 축복을 받기로 예정된 사람은 야곱처럼 하나님의 축복에 대한 열망을 가지고 있고, 그렇지 않은 사람은 에서처럼 아무런 열망이 없다. 하나님의 축복을 받을 사람은 먼저 자신이 "하나님의 축복을 받기로 예정된 사람"이란 자아 의식을 분명히 가지고 열심히 하나님의 축복을 사모하는 사람이다.

우리는 누가 하나님의 구원의 예정을 받았는지, 또는 받지 않았는지를 알 수 없으므로 하나님께서 모든 사람들이 구원받기를 원하신다는 보편적 구원의 메시지도 믿어야 한다(요 3:16; 벧후 3:9).[5] 다만 하나님의 구원의 말씀을 믿는 사람은 자신의 믿음으로써 스스로 구원 받기로 예정된 하나님의 자녀임을 증거하는 것이고, 믿지 않는 사람은 자신의 불신으로써 스스로 버림받도록 예정된 사람임을 증거하는 것이다.

물론 미혹과 시험 가운데 구원의 약속을 향한 우리의 믿음이 흔들릴 때가 있다. 인생의 불안은 결국 죄와 불신에서 기인하는 것이다. 야곱도 그럴 때가 있었다. 야곱은 얍복강가에서도 강 건너 편에서 자신을 기다리는 형 에서에 대한 죄책감과 그를 만나야 한다는 중압감으로 불안했던 것이다. 야곱이 하나님의 천사와의 씨름은

---

5 예정론을 반대하는 만민구원설은 하나님께서 구원 받을 자와 멸망 받을 자를 따로 예정하신 것이 아니라, 단순히 예지하신 것뿐이라고 한다(벧전 1:2), 모든 사람들이 하나님의 구원의 대상이며, 하나님의 구원을 거절하는 사람은 마땅히 상응하는 책임을 받아야 한다는 점을 강조한다. 그러나 만인구원설은 인간의 논리를 하나님의 섭리와 주권에 적용하는 것이 문제고, 하나님의 예정을 분명히 가르치는 성경 말씀들을 간과하는 것도 문제다(롬 8:29, 33; 9:11-13; 엡 1:4; 9, 11). 만인구원설을 가르치는 듯한 성경 말씀들은 하나님의 무한하신 사랑과 구원의 큰 은혜를 나타내고, 하나님의 예정을 알 수 없는 우리 인간의 한계를 고려하여 "우리의 눈높이"(우리의 이해력)에 맞추어 하시는 말씀들로 봐야 한다(요 3:16; 벧후 3:9).
예정론이 결국 하나님을 죄의 책임자로 만든다는 비난은 하나님의 절대성과 인간의 상대성을 함께 가르치는 성경 진리에 대한 인간의 이해의 한계를 가리키는 것이다. 신앙인은 이해할 수 없는 하나님의 예정과 인간의 책임 사이의 "모순"이나 불확정성을 오히려 하나님의 깊으신 지혜와 영광을 가리키는 증거로 보고 찬양과 경배를 드려야 마땅한 것이다 (*Instit.* III.23.8-9; 참조, 롬 9:18-24; 11:33-34).

그의 깊은 불안을 해소하는 과정이었다.

야곱은 20년 전 브엘세바 집을 떠난 첫날밤, 광야에서 돌베개를 베고 잘 때에도 미지의 장래에 대한 두려움과 불안 가운데 떨었다. 그러나 그날 밤 야곱은 사다리 꿈을 통해 자신이 하나님께서 아브라함의 후손으로서 아브라함에게 약속하신 축복의 계승자란 사실을 재확인하고 믿음을 굳게 지켰던 것이다(창 12:2-3, 7; 28:13).

유사하게 이날 밤 얍복강가에서도 야곱은 형 에서가 기다리는 얍복강 저편에서 전개될 미지의 장래에 대한 두려움과 불안으로 고민했으나, 결국 자신이 하나님의 축복의 대상이라는 믿음을 포기하지 않고 천사와 힘든 씨름을 밤이 새도록 계속했던 것이다.

야곱처럼 우리의 일생도 어쩌면 한 마디로 "하나님과의 싸움"이라고 할 수 있다. 우리는 우리 자신과 어려운 현실과 불확실한 장래로 말미암은 불안과 두려움 가운데서도 우리를 향하신 하나님의 사랑과 은혜를 믿고 간구해야 한다. 하나님께서는 우리의 모든 어려움 가운데서 그를 향한 우리의 믿음을 시험하시고 단련시킴으로써 우리가 더욱 신실한 그의 자녀가 되기를 원하신다는 것을 믿어야 한다. 그것이 우리를 이 험한 세상에 태어나게 하시고 살게 하시는 전능자의 거룩하신 뜻이다. 우리는 이 모든 믿음의 시험과 도전 가운데서도 불신자들처럼 하나님을 원망해서는 안 되고, 오히려, 야곱처럼 욥처럼 "하나님의 축복의 상속자"라는 확고한 신앙적 자아 의식을 가지고 감사와 영광을 구원의 하나님께 돌려드려야 한다.[6]

물론 은혜로우신 하나님께서는 열심히 일하는 모든 세상 사람들에게도 일반 은총을 베푸신다. 불신자들 가운데도 생에 대한 애착심과 열의를 가지고 성공적 인생을 사는 이들도 있다. 그러나 불신인들의 말로(末路)는 결국 모든 피조물의 본질을 따라서 허무와 좌절일 뿐이다.[7]

하나님을 믿는 사람들이 바라야 할 것은 보이는 세상의 일시적 가치를 넘어 영원한 하나님 나라의 고상한 가치다. 하나님을 믿는 이들이라도 자칫 허망한 세상의

---

[6] 창세기는 야곱의 하나님의 언약의 상속자로서의 믿음이 그의 아들 요셉에게 대물림된다는 것을 보여 준다. 요셉은 많은 인생의 시련을 겪으면서도 믿음의 조상들이 믿었던 하나님의 언약의 계승자라는 자아 의식을 분명히 가지고 세상을 이기는 모범적 신앙인으로 제시된다(창 50:20).

[7] 창 11:8-9; 시 1:4-5; 73:18-19; 잠 3:35; 11:28; 전 2:11; 눅 12:20.

가치에 미혹되어 영원한 하나님 나라와 그 가치를 잊어버리고 잠시 머무는 땅만을 바라볼 수 있다.

> 너희는 먼저 그의 나라와 그의 의를 구하라(마 6:33).
> 그러나 우리의 시민권은 하늘에 있는지라 거기로부터 구원하는 자 곧 주 예수 그리스도를 기다리노니 그는 만물을 자기에게 복종하게 하실 수 있는 자의 역사로 우리의 낮은 몸을 자기 영광의 몸의 형체와 같이 변하게 하시리라(빌 3:20-21).
> 너희가 그리스도와 함께 살리심을 받았으면 위의 것을 찾으라 위의 것을 생각하고 땅의 것을 생각하지 말라(골 3:1-2).

"하나님 나라 지향적인 삶"이란 이 세상에서의 삶을 포기하거나 등한히 하는 현실 도피적 삶이 아니라, 오히려 우리가 사나 죽으나 하나님 나라의 상속자임을 믿고 하나님의 영광과 그의 의를 위해 열심히 최선을 다하며 사는 삶이다. 비록 이 세상의 가치가 본질상 허망하기 때문에 자주 실망할 수밖에 없으나, 우리 하나님은 바로 이 세상을 지으신 창조주이시며, 장차 이 허망하고 불완전한 세상을 완전한 낙원으로 창조하실 분이시다. 그 때까지 하나님은 세우신 것을 허물기도 하시고, 부한 자를 가난하게, 권세 있는 자를 낮추시기도 하시면서 그의 영광과 그의 백성들의 구원을 위해 더 좋고 더 기이한 일을 행하시는 분이시다(렘 45:4; 사 43:19; 48:6).

하나님께서는 허무한 세상의 가치를 하늘나라의 영원한 가치로 전환시키시며(마 6:19-20; 요 6:58; 고전 15:42-44), 약한 자를 강하게(고후 12:9), 가난한 자를 부하게, 천한 자를 귀하게, 사망을 생명으로 바꾸시고(삼상 2:6-8), 두려워서 떠는 야곱을 담대하게 만드시는 능력의 하나님이시다. 하나님은 그를 사랑하고 그의 언약을 믿는 모든 사람들에게 모든 은혜를 베푸신다. 이제 우리도 야곱처럼 모든 약함과 고난 가운데서도 하나님의 축복의 약속을 갈망하자.

"당신이 내게 축복하지 아니하면 가게 하지 아니하겠나이다."

하나님의 축복에 대한 우리의 갈망은 보이는 어떤 가치를 넘어 하나님 자신에 대한 갈망이어야 한다. 부하거나 가난하거나, 건강하거나 병들거나, 불행하거나 행복하거나, 사나 죽으나, 우리를 사랑하시고 보호하시고 위로하시는 살아 계신 하나님에 대한 갈망이어야 한다.

하나님이여 사슴이 시냇물을 찾기에 갈급함 같이 내 영혼이 주를 찾기에 갈급하나이다 내 영혼이 하나님 곧 살아 계시는 하나님을 갈망하나니 내가 어느 때에 나아가서 하나님의 얼굴을 뵈올까 … 내 영혼아, 네가 어찌하여 낙심하며 어찌하여 내 속에서 불안해 하는가 너는 하나님께 소망을 두라 그가 나타나 도우심으로 말미암아 내가 여전히 찬송하리로다 (시 42:1-5).

어쩌면 우리는 평생 불행하게 살 수도 있다.

사람은 고생을 위하여 났으니 …(욥 5:7).

그렇다고 해도 우리의 축복에 대한 열망은 그치지 말아야 한다. 이 세상의 일시적인 축복에서 하늘나라의 영원한 축복을 구하는 믿음으로 승화되어야 한다 (마 6:19-33; 빌 2:20-21). 하나님께서 우리에게 고난을 주신 것은 결국 하나님께서 마련하신 "더 좋은 것"을 믿고 바라보게 하려 하심이다.[8]

그러므로 우리 주님께서도 마지막 밤 겟세마네 동산에서 밤새워 기도하시면서 모든 불확실성과 두려움 가운데서도 하나님께서 나타내실 부활의 영광을 믿고 십자가를 지시기를 결단하심으로써 우리에게 진정한 믿음의 본을 가르치셨다.

우리도 어두운 얍복강 나루터 같은 인생의 길목에서 미지의 장래로 말미암아 불안하고 두려울 때가 있다. 그러나 하나님의 축복의 언약의 상속자임을 굳게 믿는 사람이라면 크게 염려할 것은 세상에 아무것도 없다. 전능하신 하나님을 믿는 우리가 당면하는 모든 불안과 위기는 하나님의 은혜와 축복을 확증하는 기회가 되기 때문이다. 심지어, 모두가 두려워하는 죽음조차, 우리는 주 안에 있는 영생의 소망으로 극복할 수 있다.

언약을 지키시는 하나님, 모든 일을 합력하여 선을 이루시는 하나님께서 우리가 내리는 어떤 결정을 통해서도 결국 그의 축복의 언약을 이루어 주신다는 것을 믿어야 한다. 우리 주 안에 거하는 한 결국 만사가 형통하게 된다.

---

8 신 1:3-33; 히 7:19, 22; 8:6; 9:23; 11:16, 40.

우리가 알거니와 하나님을 사랑하는 자 곧 그의 뜻대로 부르심을 입은 자들에게는 모든 것이 합력하여 선을 이루느니라(롬 8:28).

무엇보다 하나님의 구원의 약속과 성취의 확실성은 그리스도의 죽으심과 부활을 통해 가장 분명하게 증명되었다.

그러므로 믿음의 핵심은 우리 자신이 하나님의 구원과 축복의 예정함을 입은 자라는 "적극적 자아 확신"이다. 그것은 하나님의 절대 주권이라는 고정적 사고 유형과 함께, 연약한 우리를 부르시고 예정하신 하나님의 지극하신 사랑을 힘써 증거하는 우리의 헌신과 책임도 요구한다.

2018년 6월 30일

12. 지혜의 근본: 하나님 신앙

> 여호와를 경외하는 것이 지식의 근본이거늘 미련한 자는 지혜와 훈계를 멸시 하느니라(잠 1:7).

현대는 과학적 지식과 기술의 진보로 말미암아 많은 유익을 즐기면서 더욱 편안한 삶을 위해 진력하고 있다. 사실 과거 시대보다 생활이 편해지고, 인간의 수명도 점차 길어지고 있다. 그러나 신앙인은 이런 현대 과학 문명의 진보에 대해서 더욱 신중한 자세를 가져야 한다.

첫째, 모든 자연 과학적 지식과 기술도 결국 사람의 것이 아니라, 하나님의 축복임을 알아야 한다. 사람이 오묘한 세계의 물리적 질서와 원칙을 발견했으나, 그 오묘한 것들을 만드신 분은 하나님이시란 것을 알고 과학 기술의 진보에 대해 자만하지 말고, 하나님께 영광과 찬양을 돌려야 한다. 과학의 대상인 이 세상은 물론 과학 지식을 알고 적용하는 인간 자신도 하나님께서 만드신 피조물임을 알아야 한다.

둘째, 인간의 과학적 지식과 기술은 한계와 부작용이 있음을 인정하고, 과신(過信)이나 남용을 경계하고 절제해야 한다. 과학적 지식은 다른 인간의 지식과 같이 결국 부분적이고 제한적인 증거에 근거한 불완전한 지식일 뿐이다.[1] 어떤 과학적 지식은 새로운 증거로 말미암아 바뀔 수도 있다. 과학 발전은 환경 파괴와 공해 문제뿐만 아니라, 유전자 편집과 인공 지능 개발, 인간의 남용과 오용 등으로 말미암는 사회적, 윤리적 혼란도 유발한다.

더구나 과학은 본질상 결코 "인간의 궁극적 문제"를 다룰 수 없다. 그런데도, 놀라운 과학적 성과들은 자주 인간이 스스로 "인간의 모든 문제"를 해결할 수 있는 것으로 착각하게 만든다. 인간에 의한 인간 치유는 육체든지, 정신이든지 모두 한계가 있다. 더구나 성경은 "인간의 궁극적 문제"는 다만 인간을 지으신 하나님만이 해결하실 수 있다는 것을 밝힌다. 긍휼하신 하나님께서 죄인 인간이 예수님을 믿고

---

1 욥 37:24; 40:4; 42:3; 롬 11:33; 고전 1:27; 13:9-12.

죄 용서함을 받아 하나님과 화목할 수 있게 하셨고(롬 5:1-11; 고후 5:18-21), 더 나아가, 최후의 심판 후에 새롭고 완전한 세계를 건설하실 것을 약속하셨다(마 24:29 이하; 롬 8:18 이하; 계 21:1 이하).

셋째, 현대 과학 문명은 사람이 보이는 물질적 가치를 절대화하며 성경이 가르치는 보이지 않으시는 하나님과 그의 말씀을 무시하게 만든다. 그러나 성경은 사람이 하나님의 형상으로서 빵만으로는 살 수 없는 영적 존재임을 가르친다.[2]

보이는 것에만 집중하는 과학적 인간관은 인간과 인생의 가치를 일반 생물이나 물질의 수준으로 낮춘다. 두뇌학은 인간의 모든 정신적 활동을 인간의 두뇌 작용에 국한시킴으로써 초월적 차원을 인정하지 않는다. 과학적 인간관이나 과학적 세계관은 모두 초월적 영역을 무시하는 폐쇄적인 세계관이다. 이런 과학적 인생관이나 세계관은 결국 인간을 피조물의 본질인 좌절과 허무로 이끈다(전 1:2; 2:11). 그러므로 지적으로나 물질적으로 풍요한 사람들 가운데 오히려 불안과 허무감에 빠진 이들이 적지 않은 것이다.

> 항상 배우나 끝내 진리의 지식에 이를 수 없느니라(딤후 3:7).
> 부자는 그 부요함 때문에 자지 못하느니라(전 5:12).

하나님께서는 태초부터 사람이 보이는 피조물의 가치에 집착하면 결국 피조물과 함께 멸망할 것임을 경고하셨다.[3]

> 내가 지혜있는 자들의 지혜를 멸하고 총명한 자들의 총명을 폐하리라(고전1:19=사 29:14).

최초의 인간은 하나님의 경고를 잊고 보기 좋고 먹음직한 나무의 열매에 미혹되어 결국 불행하게 되었다. 성경이 거듭해서 경고하는 우상 숭배도 창조주 사람의 욕망을 따라서 창조주 하나님이 아닌 어떤 피조물의 가치를 절대화하는 것이다(렘

---

2 신 8:3, 12-14; 마 4:4; 6:19-33; 요 6:49-58.
3 창 2:17; 3:1-19; 11:8; 잠 11:28; 23:4-5; 12;15 이하; 8:20; 딤전 6:17.

10:14; 51;17; 골 3:6). 진정한 신앙은 창조주가 되시고 구속주가 되신 하나님 앞에 자신이 다만 연약한 죄인임을 고백하는 데서 시작한다.[4]

성경은 사람이 자신이 하나님의 형상이란 사실을 깨닫고 창조주 하나님을 사랑하고, 특별히 그의 아들 예수 그리스도의 구원 은혜를 감사할 때 비로소 진정한 안정과 평안을 얻게 될 것을 가르친다. 성경은 하나님께서 그를 믿고 사랑하는 사람들에게 하늘에서의 영원한 생명과 기쁨을 주신다고 약속하셨다. 더구나 그리스도의 부활과 승천으로 이런 약속이 확증되었다. 이런 하나님의 약속과 가르침을 무시하고 어떤 피조물의 가치를 절대시하는 것은 어리석을 뿐만 아니라, 창조주 하나님의 진노를 자초하는 것이다 (롬 1:18-25).

우리를 사랑하사 죽으시고 다시 사신 예수 그리스도 안에서 우리는 창조주 하나님께서 원하시는 인간의 존재 이유와 목적을 찾아야 한다.

> 그러나 무엇이든지 내게 유익하던 것을 내가 그리스도를 위하여 다 해로 여길뿐더러 또한 모든 것을 해로 여김은 내 주 그리스도 예수님을 아는 지식이 가장 고상하기 때문이라 (빌 3:7-8a).

2018년 7월 8일

---

[4] 레 1:4; 욥 42:6; 시 41:4; 마 4:17; 9:13; 눅 5:8; 행 2:38; 롬 7:24; 요일 1:9.

13. 성경의 역사와 문학: 믿음의 실재성(實在性)

> 믿음은 바라는 것들의 실상이요, 보이지 않는 것들의 증거니, 선진들이 이로써 증거를 얻었느니라 믿음으로 모든 세계가 하나님의 말씀으로 지어진 줄을 우리가 아나니, 보이는 것은 나타난 것으로 말미암아 된 것이 아니니라(히 11:1-3).

믿음은 하나님께 대한 전인적 헌신이며 하나님의 말씀과 약속에 대한 끈질긴 집념이며, 특별히 하나님의 구원 은혜를 받는 필수적 통로와 조건이다. 구원의 예정이 하나님께 속한 "구원의 조건"이라면 믿음은 사람에게 속한 "구원의 조건"이다(물론 믿음도 하나님의 선물이지만 예정에 비해서는 인간의 책임이라는 의미가 강하다). 하나님의 예정은 아무도 알 수 없으나, 하나님의 사람들은 사람들에게 믿음을 촉구하도록 부르심을 받았다(롬 10:14-15).

> 믿음이 없이는 하나님을 기쁘시게 하지 못하나니 하나님께 나아가는 자는 반드시 그가 계신 것과 또한 그가 자기를 찾는 자들에게 상 주시는 이심을 믿어야 할지니라(히 11:6).

히브리서 기자는 히브리서 10장까지 율법의 행위로 구원 얻는 낡은 유대교의 구원 진리와 예수님을 믿음으로 구원 얻는 복음 진리의 탁월함을 설명한 후에 11장은 1절에서 복음, 즉 하나님의 구원 약속을 믿는 우리의 믿음은 결코 허구가 아니라, 실상(실체, 실재, *hypostasis*, reality)이라고 한다. 계속해서, 11장 전체에서 하나님께서 보이는 세상을 창조하셨다는 말씀과 하나님께서 믿음의 조상과 맺은 약속들을 이스라엘 역사를 통해 실제로 성취하신 사실들을 제시하며 하나님의 약속이 실재이듯이 하나님도 실재하시는 분이시며, 하나님과 그의 약속을 믿는 우리의 믿음도 실재임을 논증한다.

성경은 사람의 사색이나 행적이 아니라, 하나님의 구원 말씀과 구원 사건들이며, 구원의 역사적 사건들이 일어난 시간과 공간과 지명 그리고 인물들의 이름들을 정확하게 기록하고 있다.[1] 구약의 역사서는 물론이고 예언서나 시편 같은 문학적 책들, 신약의 복음서와 사도행전은 물론이고, 서신서도 각기 특별한 역사적 정황을 나타낸다.

일례로 창세기 1-12장은 고대 신화나 전설 같다는 느낌도 들지만, 거기서도 여전히 역사적 요소들이 있다. 기적 같은 초자연적 사건들도 명백한 역사적 사건 가운데 나타난다.

심지어 격언의 모음집같이 보이는 잠언과 전도서 같은 지혜서도 지혜 자들의 실제적 경험을 통해 하나님의 말씀대로 사는 사람은 지혜롭게 되어 구원을 받게 되고, 불순종하는 사람은 어리석게 되어 패망하게 된다는 것이 분명한 사실임을 가르친다.

> 교만은 패망의 선봉이요 거만한 마음은 넘어짐의 앞잡이니라 … 삼가 말씀에 주의하는 자는 좋은 것을 얻나니 여호와를 의지하는 자는 복이 있느니라(잠 16:18-20).
>
> 하나님을 경외하여 그를 경외하는 자들은 잘 될 것이요 악인은 잘 되지 못하며 장수하지 못하고 그 날이 그림자와 같으리니 이는 하나님을 경외하지 아니함이니라 (전 8:12b-13).

객관적 증거가 있는 사건만을 "역사적 실재"로 인정하는 현대 성경 비평가들은 성경의 초월적 사건들을 신화나 전설 등 개인이나 공동체의 문학적 창작으로 취급한다. 그러나 초자연적 세계와 기적을 믿었던 고대인들의 기록들을 역사적 요소들과 문학적 요소들로 엄격히 나누는 것은 옳지 않다. 예를 들어 거의 모든 헬라 철학자들이 초월적인 신들과 기적을 믿었다. 더구나 아무리 현대 역사가 객관적이라고 해도 그것을 쓴 역사가의 역사철학과 같은 주관적 시각에 의해서 어느 정도 조정된 것이다.

예를 들어 우리나라 역사 교과서는 정권이 바뀔 때마다 정권의 역사적 시각에 따라 바뀌는 혼란한 과정을 겪고 있다. 실제로 거의 모든 과거의 역사 기록도 그것을 쓴 역사가나 당시 사람들의 세계관과 인생관이 반영될 수밖에 없었다.

---

[1] 강창희, 『복음서의 지명과 복음서의 역사성』 (서울: 도서출판 솔로몬, 1995), 130-133.

성경은 물론 하나님을 믿는 성경 저자들이 신앙적 관점에서 성경 역사를 쓴 것이다. 그렇다고 해서 성경을 역사적 자료가 아닌 단지 특정한 신앙 집단의 종교적 경전으로만 취급하는 것은 잘못이다. 성경은 인류가 소유한 어떤 사료보다도 가장 믿을 만한 소중한 역사적 자료다.

우리나라의 역사서 가운데 일연이 쓴 『삼국유사』(三國遺事)나 김부식(金富軾)이 쓴 『삼국사기』(三國史記)에도 신화나 전설 같은 다수의 초자연적 사건들이 역사적 사건들과 함께 나타난다. 객관적 증거가 있는 사건만을 진정한 사료로 인정하는 현대 역사가들과 달리 과거의 역사가들은 당시 사람들과 마찬가지로 초자연적 사건의 가능성을 대개 믿었고, 또 그 사건의 의미와 영향을 "하늘의 뜻"으로 보며 중시했다.

그러므로 성경 비평가들이 성경의 역사적 가치를 무시하고 고대인의 문학 작품으로 취급하는 것은 옳지 않다. 성경 비평가들이 하나님의 말씀을 바르게 이해하려는 선한 의도가 있다 해도 사람이 듣고 순종해야 할 하나님의 말씀을 비평의 대상으로 삼는 자세도 문제다. 현대인은 지적 자만심을 버리고, 인간을 향하신 하나님의 구원의 의미를 무시할 때 하나님의 진노를 받게 된다는 성경의 경고를 심각히 받아들여야 한다.

시공간에서 일어난 역사적 사건과 문학적 상상의 세계에서 일어난 사건은 실재와 허구적인 관념의 차이다. 인간의 문학적 상상도 나름대로 어떤 가치와 의미와 교훈을 지닌 "허구적인 실재"라고 논할 수 있으나, 실제로 일어난 역사적 사건의 가치와 의미와 교훈보다 상상적 문학의 실재성은 상대적으로 약할 수밖에 없다. 흔히 말하는 대로 문학은 "허구(虛構)의 진실"일 뿐이다. 그러나 성경은 인간의 상상이 아니라, 하나님의 구원 역사가 중심 주제이므로 허구일 수 없다. 다만 성경 역사가 초월적 하나님의 역사이기 때문에 불신자들에게는 부분적으로 허구로 보일 뿐이다.

성경은 다양한 문학적 특성과 장르를 가지고 있다. 시편, 지혜서, 아가서, 비유, 서신서, 묵시 문학 등은 각기 독특한 문학적 특징을 나타낸다. 성경의 문학적 기능은 하나님의 구원 사건을 이해하고 설명하기 위한 의사소통 수단이다. 시편은 하나님의 개인적 민족적 구원 역사에 근거해 현재와 미래의 구원의 소망을 나타내고, 지혜서는 하나님의 지혜를 경외하는 자세를 가르치고, 아가서는 남녀 사랑의 축복에 비추

어 선택한 백성에 대한 하나님의 사랑과 그들의 존재 의미와 가치를 가르친다.[2]

복음서의 비유들은 하나님 나라의 가치와 도리를 가르치고, 서신서는 복음의 구원 능력과 그리스도인의 삶의 자세 그리고 교회의 문제를 다루고, 묵시 문학은 장차 나타날 하나님 나라의 영광과 소망을 나타낸다. 성경은 다양한 문학적 도구들을 통해 하나님의 인간 구원의 역사를 가르치는 것이다.

무엇보다 성경의 문학은 인간의 상상이 아니라, 인간을 향하신 하나님의 말씀이며 구원의 약속이다. 하나님의 사랑과 구원의 약속도 결국은 하나님의 인간 구원의 역사 가운데 나타난다. 하나님의 세계 창조도 인간의 상상이나 추론이 아니라, 하나님 자신이 계획하시고 실행하신 것이다. 하나님은 지금도 타락하고 혼란한 창조 세계를 다시 회복하시고 구원하시는 역사를 수행하고 계신다.

성경의 실재성 문제와 관련해서, 성경에서의 문학에 대한 역사의 우위성은 성경의 권위와 진정성을 높여주고 성경 말씀에 대한 우리의 믿음과 소망을 확고하게 한다. 과거의 성경 역사가 보여 주듯이, 하나님의 구원 약속이 허구가 아니라, 진실이므로, 그것을 믿는 우리의 믿음과 소망도 허구가 아니라, 실재다.

우리는 때로 믿음이란 결국 세상에서 고통받는 다급한 인간의 상상에서 나온 주관적 표현이라고 생각한다. 믿는 우리가 받는 위로나 기쁨이나 평안도 결국 종교적 감정의 표출이며 실재는 아니라는 생각도 든다. 그러나 성경은 우리의 믿음의 대상인 하나님을 그의 창조와 구원의 역사적 사건들을 통해 분명히 "역사적 실재"임을 가르친다. 기독교 종교는 인간이 만든 종교도 아니고 자연-사회 환경에서 발생한 종교도 아니고, 창조주 하나님께서 직접 세우시고 말씀하시는 종교다.

> 너는 나 외에는 다른 신들을 네게 두지 말라(출 20:3).
>
> 나 여호와가 말하노라(사 43:10a)[3]

---

[2] 아가서가 아무리 열렬한 남녀의 사랑이야기라고 해도, 여전히 인간의 사랑의 한계를 인정한다고 봐야 한다. 저자 솔로몬 자신이 전도서에서 철저히 사랑을 포함한 인간의 모든 한계를 지적하기 때문이다(전 3:8; 9:6).

[3] 삼상 2:30; 왕하 22:19; 렘 1:15; 2:3, 9, 12, 19, 22, 29; 3:1 등; 겔 5:11; 11:8, 21; 12:25, 28 등.

특별히 히브리서 기자는 하나님께서 말씀하신 과거의 모든 약속이 실제로 성취된 사실을 지적하며, 이런 역사적 사실(성취)을 주도하신 신실하신 하나님을 믿는 우리의 믿음도 허구나 망상이 아니라, 실재라는 것을 밝힌다.

> 믿음은 바라는 것들의 실상이요, 보이지 않는 것들의 증거니, 선진들이 이로써 증거를 얻었느니라(히 11:1).

이 보이는 세상을 지으신 하나님의 존재는 물론 실제로 성취된 하나님의 약속이 실재이듯이 하나님의 아들과 그의 약속(복음)을 믿는 우리의 믿음도 분명히 실재이며 하나님의 선물이다. 믿음은 인간의 감성을 포함하나, 인간의 감성에서 비롯된 것이 아니라, 하나님의 신실하심과 그의 약속에서 비롯된 성령의 은혜로운 선물이며 실재다(갈 5:16-22). 우리의 믿음이 든든할 때는 즐거우나, 믿음이 약할 때는 괴롭다. 믿음이 우리의 실생활에도 절대적 영향을 준다.

다시 말하지만, 믿음은 하나님께 대한 전적인 헌신이며 하나님의 말씀과 약속을 끝까지 포기하지 않는 일관된 자세다. 그러므로 믿음은 하나님의 구원 은혜를 받는 필수적 통로다. 성경 전체가 직접적으로, 암시적으로, 이것을 가르친다.[4] 특별히 히브리서는 성경에 나오는 모든 하나님의 사람들이 믿음의 사람들이었다는 사실을 강조한다(히 11:13, 32, 39).

> 믿음이 없이는 하나님을 기쁘시게 하지 못하나니 하나님께 나아가는 자는 반드시 그가 계신 것과 또한 그가 자기를 찾는 자들에게 상 주시는 이심을 믿어야 할지니라(히 11:6).

사탄도 이를 알고 하나님의 말씀에 대한 우리의 믿음을 흔들기 위해 여러 가지 교묘한 방법을 동원한다.

---

[4] 창 15;6; 출 4:1; 민 14:11; 신 1:32; 9:23; 왕하 17:14; 시 27:13; 116:10; 사 43:10; 욘 3:5; 막 2:4; 마 8:10; 15:28; 눅 18:8; 요 3:16, 36; 5:24; 11:25; 20:31; 행 15:11; 롬 8:22; 10:9-10; 고전 1:21; 갈 3:8; 26; 엡 2:8; 3:17; 빌 3:9; 살후 2:13; 딤후 3:15; 히 10:38-39; 약 2:1; 벧전 1:9; 계 14:12 등.

시몬아, 시몬아, 보라 사탄이 너희를 밀 까부르듯 하려고 요구하였으나 그러나 내가 너를 위하여 네 믿음이 떨어지지 않기를 기도하였노니 너는 돌이킨 후에 네 형제를 굳게 하라(눅 22:31-32).

하나님의 나라가 오기까지 이 낡은 세상에서는 모든 본질적 가치는 시간이 흐름에 따라서 변질되거나 비본질적인 가치들로 희석되기 쉽다. 성경 역사와 교회 역사가 보여 주듯이, 하나님의 종교도 외적 성장이나 사회적 영향과는 상관없이 종교적인 형식과 전통이 고착되면서 점차 그 본질이 퇴색되곤 했다. 마찬가지로 성경 역사와 교회 역사는 바로 하나님의 영이 이런 하나님의 종교 침체 현상을 극복하고 건강한 종교로 거듭나게 하는 원동력임을 보여 준다.

너희는 이전 일을 기억하지 말며 옛날 일을 생각하지 말라 보라, 내가 새 일을 행하리니 이제 나타낼 것이라(사 43:18-19a).

우리 속에 내주하시는 성령, 그리고 우리를 위해 희생하신 그리스도께서 오늘도 쉬지 않으시고 우리의 믿음을 위하여 간구하신다(롬 8:26, 34).
오늘도 우리를 위해 비시는 이분들의 기도 소리에 귀를 기울이면서 힘써 우리의 믿음을 지키자.

2018년 7월 10일

14. 김석준(金錫俊) 목사님을 추모하며

> 내가 그리스도를 본받는 자가 된 것같이 너희는 나를 본받는 자가 되라
> (고전 11:1).

제가 김석준 목사님을 처음 뵌 것은 1960년 2월경 목사님께서 저의 부모님께서 다니시던 대구 동(東)교회에 전도사로 부임하셨을 때입니다. 저는 그때 막 중학교에 입학하여 머리를 빡빡 깎고 새 교복을 맞춰 입고서 목사님 사택에 부모님의 무슨 심부름을 갔던 것 같습니다. 그때 목사님께서 활짝 웃으시면서 저를 환대해 주신 것이 생각납니다.

목사님은 활기가 넘치시고, 열심히 주님을 섬기시는 분이셨습니다. 특별히 웃으실 때면 윗 잇몸이 드러나게 활짝 웃으시곤 했습니다. 사모님은 안동 권 씨 양반집 규수다운 품위를 지키시면서도, 역시 잘 웃으시고, 다정다감하신 분이셨습니다.

생각하면, 지금까지 제 평생 여러 훌륭하신 목사님들과 스승들을 모셨으나, 제 몸과 마음이 한창 자라나던 때에 만난 김 목사님만큼 제 신앙과 신학에 큰 영향을 미치신 분이 그리 많지 않은 듯합니다. 무엇보다 그때 목사님도 젊은 목회자로서 저와 같은 소년들을 가르치시는 데 특별한 소명감을 가지셨던 것 같습니다.

제 어머님께서 몇 차례 목사님께 "목사님께서 아이들을 잘 지도해주셔서 감사합니다"라고 말씀하시는 것을 들었는데, 단순한 인사치레가 아니라, 어머니의 진심이란 것을 저는 압니다. 제가 어릴 때 목사님을 만나서 철저한 신앙 지도를 받았기 때문에 목회자의 길을 가기로 결단하게 되었던 것입니다.

저는 중학교에서 고등학교를 마칠 때까지 성인 예배, 중고등부 과정, 심지어 새벽기도회까지 다니며 목사님으로부터 신앙 훈련을 받았습니다. 목사님께서 중고등부 임원들은 모두 새벽기도회에 나와야 한다고 말씀하셔서 제가 중학생 때 중고등부의 부회계 직을 맡았을 때부터 제 어머님을 따라서 이 따끔 새벽기도회에 나갔습니다. 추운 겨울 새벽에 산봉우리 예배당의 찬 마룻바닥에 앉아서 목사님의 말씀을 듣던 때가 지금도 생각납니다.

목사님께서는 자신이 목회자로 부르심을 받은 것은 한국 전쟁 중 군인으로 복무하시다가 다리에 폭탄 파편으로 인한 상처를 입으시고 병원에 입원해 지내시던 어려울 때였다고 자주 말씀하셨습니다.

목사님께서는 목회 초기에는 총신대학교 학생으로서 주중에는 서울로 올라가셔서 공부하시고 주말에는 대구로 내려오셔서 목회하시곤 했습니다. 한국 전쟁 후 어려운 시기여서 모두 어렵게 살던 때였습니다. 그때 언젠가 목사님께서 어느 주일 저녁 예배 마친 후에 일어난 "특별한 경험"을 말씀하신 것이 기억납니다. 그 주일날 저녁 예배를 드린 후에 목사님께서는 내일(월요일)이면 서울로 올라가서 신학교 등록금을 내야 하는데 등록금이 없어서 걱정하고 계셨다고 합니다.

그때는 모두가 빈궁하던 때라 거의 집마다 방안 천장에 쥐가 뛰어다니며 둥지를 틀고 살던 때였습니다. 그 주일날 저녁도 목사님이 계시던 사택 방의 천장에도 예외 없이 쥐들의 저녁놀이가 한창 진행되고 있었습니다. 등록금을 걱정하시던 목사님께서는 성가신 쥐들을 쫓기 위해 사택 방에 놔두던 자루가 달린 긴 헌금대를 들어 천장을 치셨다고 합니다.

그때 갑자기 천정이 찢어지면서 한 무더기의 쥐의 둥지가 떨어졌는데, 놀랍게도 그 둥지 속에 큰 돈 뭉치가 있었다고 합니다. 그 돈을 세어보니 등록금과 서울 왕복 기차비가 넘는 충분한 액수였다고 합니다. 그 후 저도 경제적 위기에 처할 때마다 목사님의 이 간증을 상기하며 "주님께서 부르신 사람은 주님께서 보살피신다"라는 믿음을 다졌습니다.

목사님께서는 신학교 재학 시절에 설교하실 때나 성경 공부를 인도하실 때 자주 자신이 신학교에서 배우시는 신학적 주제들을 반복해 가르치셨던 것 같습니다. 일례로 제가 중학교 시절에 목사님께서 예정론을 자주 가르치셨는데, 어린 학생들은 제대로 이해가 어려웠습니다. 저와 동갑내기였던 이수갑이란 학생은 친구들에게 장난으로 주먹질하며 "이것도 하나님의 예정이야"라고 웃기던 일이 생각납니다.

또한, 김 목사님은 "믿음으로 얻은 구원"(기본 구원)을 삶 가운데서 실행할 것(건설 구원)을 자주 가르치셨습니다. 그 당시 일반 교인들에게는 좀 새로운 가르침으로 들렸으나 결국 믿는 자의 성화에 대한 책임을 김 목사님 나름대로 중요하게 가르치셨던 것 같습니다.

10여 년 전 아세아연합신학대학교(ACTS)의 한철하 박사님께서 칼빈의 신학을 웨슬리의 성화와 함께 가르치셨고, 그 후 제가 한 박사님께서 가르치시던 "칼빈과 웨슬리" 강의를 맡아서 가르칠 때, 결국 하나님께서 나를 김 목사님의 제자로 만드시기로 예정하셨다는 생각을 했습니다.

목사님께서 시무하시던 대구시 동구 신천동 동(東)교회는 저희 부모님처럼 이북에서 내려온 피난민들이 평안남도 안주(安州)에 있던 동교회의 명칭을 따라 세운 교회였습니다. 대구시가 훤히 내려다보이는 대구시의 동쪽 변두리 신천동 산봉우리에 있는 백 명 정도 모이는 작은 "피난민교회"였으나 꾸준히 성장하며 그 지역의 사람들이 교회의 절반 정도를 이루었던 것 같습니다.

그리고 교회를 이끄시던, 한진식, 조덕항, 강주형 세 분 장로님들은 당시에도 멋 있는 엘리트 신사들이었고, 신앙 인품과 덕이 높으신 훌륭하신 장로님들이었습니다. 그 장로님들이 그 때 김 목사님을 젊게 보셨기 때문인지, 목사님(전도사님)께서 설교하실 때 자신의 집안일에 대해서 자주 말씀하시는 것을 좀 삼가시도록 조언하셨다는 것을 어른들에게서 들은 기억이 납니다. 그러나 목사님은 어른 장로님들을 잘 모시고 평화롭게 목회하셨습니다.

1965년 고등학교 3학년 2학기 무렵에 제가 서울로 가서 연세대학교에서 신학 공부를 할 것을 결심하고 미지의 장래를 앞두고 불안해할 때, 목사님께서 창세기 요셉의 일생을 거의 매주일 강해식 설교를 하셨던 것이 생각납니다. 요셉이 온갖 고생을 겪으면서도 믿음을 굳게 지켰다는 가르침은 그 후 전개된 저의 오랜 고난의 학업 생활에도 큰 힘이 되었습니다.

몇 년 전 저의 노모(신동일 권사님)께서 그때의 목사님 설교를 기억하시면서, "그 때 네가 서울로 올라가려고 할 때 왜 목사님께서 요셉에 대한 말씀을 그토록 자주 하셨나 했더니 다 너를 위해 하나님께서 준비하신 말씀이었다는 생각이 든다"고 말씀하셨습니다.

1966년 여름 어느 날, 제가 대학의 첫 학기를 마치고 여름 방학 동안 대구로 내려와 여름성경학교를 마친 후에 주일학교 아이들 10명과 저와 구태옥 선생 그리고 당시 계명대학교 철학과 1학년이던 김창택 선생과 함께 청천의 강가로 물놀이를 갔다가 그만 김창택 선생이 익사하는 아찔한 사고가 일어났습니다.

목사님과 온 교회가 큰 충격에 휩싸였습니다. 더구나 김창택 선생은 앞으로 목회자의 길을 가기로 결심하고 열심히 김 목사님을 따르던 모범적인 신앙 청년이었습니다. 사고 후 간신히 그의 시신을 물에서 건져서 제방 위에 뉘인 후에, 제가 버스를 타고 김창택 선생의 집을 찾아가서 그 부모님들을 모시고 청천 강변 둑에 누워 있는 김창택 선생의 시신으로 인도했을 때의 참담함과 허탈함을 평생 잊지 못합니다.

아직도 김창택 선생의 부모와 가족들이 강변에서 울부짖던 소리가 쟁쟁하고, 한 손을 물위로 내민 채 깊은 물속으로 빠져들어 가던 김창택 선생을 보면서도 발만 동동 구르며 떨기만 했던 제가 너무나 부끄러웠고, 사랑하는 친구를 삼키고서도 도도하게 흐르던 강물과 이 모든 비참한 광경을 보면서도 강변 저 너머로 묵묵히 사라지던 저녁 해가 몹시 미웠던 생각이 납니다.

그 날 저녁 김 목사님께서 청천의 강둑까지 오셔서 장례 예배를 드리실 때, "젊었든지, 늙었든지, 하나님께서 보시기에 하나님의 일을 다 했다고 여기시는 사람은 하나님께서 데려가신다"라고 말씀하신 것이 생각납니다. 제 평생 목사님의 이 말씀을 기억하며 하나님께서 나를 부르실 때까지 하나님께서 제게 맡겨 주신 사역에 충성할 것을 다짐했습니다.

저는 대학을 나와 3년간 군 복무를 마치고 1973년 제가 다니던 대구 계성고등학교에서 잠시 성경을 가르쳤습니다. 그때 김 목사님은 서울로 이미 목회지를 옮기셨고, 그 후 세상을 떠나실 때까지 만나 뵙지 못했습니다.

김 목사님은 애초에 제가 연세대학교 신학과에 지원하는 것을 못 마땅히 여기셨습니다. '연세신학'이 개혁주의 신학과 맞지 않는다는 것이었습니다. 그래도 제 부모님께서는 제가 더 넓은 세상에 나아가서 배워야 한다는 생각을 하셨고, 특히 제 외삼촌(신동욱 교수)께서 한동안 연세대학교 정법대학 교수로 재직하셨기 때문에 제가 연세대학교에 가는 것도 괜찮다고 생각하셨던 것 같습니다.

과연, 김 목사님께서 우려하셨던 대로 연세대학교 신학과의 자유주의신학은 제게는 큰 도전이었고 시험이었습니다. 처음에는 저와 같은 개혁주의 신앙을 가진 학생들과 같이 모여서 개혁 신앙 전통을 고수하기 위해 애도 썼습니다만 점차 자유주의적 신학 사상에 물이 들기도 했습니다.

1975년 봄 학기에 미국 풀러신학교에 다니면서 제 신학이 복음적으로 정립되기 시작했습니다. 풀러신학교는 자유주의적 신학 사상이나 성경의 비평적 연구를 소개하면서도 복음주의적 사상으로 비판하며 복음주의적 신학 전통을 견지했기 때문에 결과적으로 제가 다시 김 목사님의 제자로 복귀하게 되었습니다.

1975년 10월 중순 어느 날 밤, 풀러신학교에서 가을 학기를 맞아 헬라어를 공부할 때에 이상한 꿈을 꾸었습니다. 저는 원래 김 목사님의 "말씀 중심 신앙"을 따라서 신비로운 경험에 관심을 가진 사람은 아니었습니다만, 제 신앙생활에 큰 영향을 준 그날 밤의 꿈을 소중한 영적 자산으로 지금까지 간직하고 있습니다.

그날 밤도 매일 헬라어 강의 전에 치루던 헬라어 시험을 위해 헬라어 공부를 하고 있었습니다. 그러다가 밤 10시 쯤, 느닷없이 "왜 내가 이 미국까지 와서 영어도 잘 못하는 처지에 이런 고대 언어를 공부해야 하는가?"라는 회의적 생각에 빠져들었습니다. 그리고 도저히 더 이상 공부할 마음이 안 생겨서 밤 10시 쯤 일찍 잠자리에 들었습니다. 그리고 다음 날 새벽 4시쯤 일어나서 저녁에 하지 못했던 헬라어 공부를 다시 시작하려고 했습니다. 그러나 여전히 그 전날 저녁에 나를 괴롭히던 불신적 질문이 다시 떠올랐습니다.

'왜 내가 이 미국까지 와서 영어도 잘 못 하는 처지에 고대 언어를 공부해야 하는가?'

그러다가 문득 그때까지 저를 신학 공부하도록 인도해 주신 하나님과 또한 한국에서 저를 위해 기도하는 가족들이 생각났습니다. 그리고 이런 불신적 생각에 빠져 있을 것이 아니라, 성경 말씀으로 영적인 힘을 얻어야겠다는 생각이 나서, 제 책상에 있던 한글 성경책을 한가운데 쯤 펴고 읽기 시작했습니다. 제가 편 성경은 예레미야 40장이었습니다.

예레미야 40:1부터 읽기를 시작해 40:6절에 이르러 "예레미야가 미스바로 가서 아히감의 아들 그다랴에게로 나아가서 그 땅에 남아 있는 백성 가운데서 그와 함께 사니라"라는 말씀을 읽는 순간 제가 잠에서 깨어나기 직전에 꾼 꿈이 생각이 나면서 소스라치게 놀랐습니다.

저는 그날 새벽에 꾼 꿈속에서 제가 다시 어린 시절로 돌아가 제가 다니던 동교회의 새벽기도회에 나가서 아무도 없는 어두운 뒤쪽 찬 마룻바닥에 앉아서 기도하고 있었습니다. 앞쪽 강대상에는 김 목사님을 중심으로 권혁생 사모님과 아직 어린 학생 모습의 성봉이가 각기 좌우편에 서 있었습니다.

그 때 김 목사님께서 저를 보시면서, "창희야, 이 앞으로 나와라"라고 말씀하셨습니다. 제가 강대상 앞으로 걸어나가 섰더니, 목사님께서 제게 자신의 성경책을 주시면서 "'미스바'를 찾아보라"고 말씀하셨습니다. 저는 목사님의 성경책을 받아 들고 얼마 동안 "미스바"를 찾으려고 애썼지만 찾지 못하고 목사님께 성경책을 다시 돌려드렸습니다. 여기까지가 꿈입니다.

제가 그 날 새벽에 일어나서 우연히 펴서 읽은 예레미야 40:6에서 미스바란 이름을 보는 순간 제가 얼마나 놀랐을까를 여러분의 상상에 맡깁니다. 꿈이 현실과 기막히게 마주쳤던 것입니다. 저는 그때 갑자기 저의 심중을 아시는 하나님의 눈이 기숙사 방 전체에 가득한 것처럼 느끼면서 큰 두려움 속에 싸였고, 온몸이 진땀에 젖어 힘을 잃은 채 그만 기숙사 방바닥에 누워버렸습니다. 아마 하나님의 계시를 받고 힘들어하던 다니엘이 그랬던 것이 아닌가 생각합니다(단 8:27; 10:15-16).

그때 시편 139편이 생각났습니다.

> 여호와여, 주께서 나를 살펴보셨으므로 나를 아시나이다 주께서 내가 앉고 일어섬을 아시고, 멀리서도 내 생각을 밝히 아시오며, 나의 모든 길과 내가 눕는 것을 살펴보셨으므로 나의 모든 행위를 익히 아시오니, 여호와여, 내 혀의 말을 알지 못하시는 것이 하나도 없으시니이다(시 139:1-4).

정말 이 시편이 구구절절이 그날 밤에 제가 고민하던 것이나 제가 일찍 잔 것이나 제가 꾼 꿈과 너무나 일치했습니다. 하나님께서는 그날 밤 고대 언어로 기록된 성경 말씀의 능력을 의심했던 제 마음을 아시고, 꿈을 통해 또한 시편 139편을 통해 연약했던 제게 말씀해 주셨습니다.

첫째, 나는 네가 자든지 깨어 있든지, 네 모든 마음과 행동을 주시하고 있다.
둘째, 나는 고대 언어를 통해 얼마든지 나의 구원의 능력을 어느 시대 누구에게나 타나낼 수 있다.
셋째, 그러므로 너는 다만 나의 말씀만 듣고 전하라.

그 후 저는 더욱 성경 연구에 진력하기로 했습니다. 성경에 대한 비평주의적 도전에 맞서서 성경이 하나님의 영감으로 기록된 말씀으로써 모든 믿는 자에게 구원의 능력이 된다는 것을 더욱 확실히 믿게 되었습니다. 성경 말씀에 대한 확신과 소명 의식이 연약해져 있던 부족한 저에게 꿈을 통해 김 목사님과 사모님과 아드님 김성봉 목사님까지 동원하셔서 저를 가르쳐 주신 하나님의 사랑과 은혜를 늘 감사합니다.

이렇게 제 일생을 돌아보니, 김석준 목사님은 하나님께서 어리고 연약한 저를 위해 준비해 주신 제 스승이시며 제 신앙 여정의 중요한 안내자였음이 분명합니다. 김 목사님께서는 공교롭게도 제가 공부를 마치고 귀국하여 아세아연합신학대학에서 가르치기 시작한 바로 그 해 1988년 7월 28일에 소천하셨습니다.

제가 ACTS에 왔을 때 마침 김 목사님의 넷째 딸 성실 양이 제 학교에 재학하고 있었습니다. 그를 통해 목사님의 근황을 듣고서 꼭 한 번 찾아 봬야겠다고 생각했으나, 제가 여름 방학 동안에 미국으로 들어간 사이에 목사님께서 하나님의 부르심을 받으셨던 것입니다.

김 목사님의 확신에 찬 말씀과 열성적 신앙과 헌신적 사역, 특별히 새벽마다 흐느끼시며 기도하시던 고귀한 모습을 이제는 찾아보기 어려운 시대가 되었습니다. 김 목사님의 소천 30주년을 추모하며 하나님께서 목사님을 사랑하는 가족 여러분과 여러 성도님과 또한 이 작은 제자에게도, 목사님의 굳센 믿음과 열심을 따라 우리 모두에게 맡겨 주신 이 땅에서의 복음 전도 사명을 잘 감당하도록 지혜와 능력을 더하여 주시기를 간구합니다.

2018년 7월 15일

15. 이해하는 믿음 vs. 순종하는 믿음

> 예수께서 (도마에게) 이르시되 너는 나를 본고로 믿느냐 보지 못하고 믿는 자들은 복되도다 하시니라(요 20:29).

현대 그리스도인들은 무턱대고 믿는 "순종적 믿음"보다는 "이해하는 믿음"(*fides quaerens intellectum*)을 선호한다. 실제로 우리는 어려운 신앙 문제나, 성경이나 신학적 문제에 대해 만족할 만한 해답을 찾기 위해 애쓴다. 성경은 기적이나 놀라운 구원의 많은 역사적 증거로서 우리의 믿음을 돕는다.

그러나 동시에 성경은 본문과 같이 아무런 증거 없이도 하나님의 말씀과 언약을 확고하게 믿는 믿음을 가르친다. 아브라함, 야곱, 요셉, 모세, 여호수아, 갈렙, 룻, 한나, 다윗, 욥, 시편 기자 등 모든 하나님의 사람 믿음이 그랬다. 믿음의 조상 아브라함은 하나님의 부르심을 받았을 때 실제로 어디로 가야 할지를 몰랐으나 말씀에 순종하여 고향 집을 떠났다(창 12:1; 히 11:8). 후일에는 아들 이삭을 받치라는 시험도 잘 통과해 믿음의 조상으로서 하나님의 인정을 받았다.

욥은 거듭된 고난 중에서도 하나님의 선하심과 의로우심을 끝까지 믿음으로써 구원을 받았고, 시편의 거의 모든 탄식시도 탄식하는 말로 시작하지만, 마지막에는 거의 언제나 하나님의 구원을 확신하고 찬양하는 말로 맺는다.[1]

심지어, 예루살렘의 멸망을 탄식하는 예레미야도 하나님의 최종적 구원을 믿는다.

> 사람이 여호와의 구원을 바라고 잠잠히 기다림이 좋도다(애 3:26).

하나님의 사람들은 어떤 불확실한 환경 가운데서도 아무런 특별한 증거가 없어도, 하나님의 선하심을 굳게 믿으며 하나님의 구원을 끝까지 믿고 기다린다.

---

[1] 시 5-7, 10-13, 22, 28, 31, 38, 42, 43; 54-64; 69-71, 74, 77, 79, 80, 83, 86, 90, 102, 130, 140-143, 참조. 88.

> 여호와께 감사하라 그는 선하시며 그의 인자하심이 영원함이로다(시 118:1, 29).
> 믿음이 없이는 하나님을 기쁘시게 하지 못하나니 하나님께 나아가는 자는 반드시 그가 계신 것과 또한 그가 자기를 찾는 자들에게 상 주시는 이심을 믿어야 할지니라(히 11:6).

주님께서도 어린아이가 본능적으로 부모를 믿고 의지하듯이 우리도 하늘 아버지를 믿고 의지할 것을 자주 가르치셨다.

> 그 때에 예수께서 대답하여 이르시되 천지의 주재이신 아버지여 이것을 지혜롭고 슬기 있는 자들에게는 숨기시고 어린아이들에게는 나타내심을 감사하나이다 옳소이다 이렇게 된 것이 아버지의 뜻이니이다(마 11:25-26).
> 이르시되 진실로 너희에게 이르노니 너희가 돌이켜 어린아이들과 같이 되지 아니하면 결단코 천국에 들어가지 못하리라(마 18:3).

어린아이들이 괴로우나 즐거우나 울거나 웃거나 언제나 부모를 의지하듯이, 거듭난 사람들은 이제 세상이나 자신이 아니라, 선하신 하늘 아버지만을 믿고 의지해야 한다. 하나님의 자녀는 아버지의 깊으신 뜻을 다 알 수는 없으나, 다만 아버지의 선하심과 사랑의 "너비와 길이와 높이와 깊이"를 깨닫기를 힘써야 한다(엡 3:18-19).

> 나는 선한 목자라 선한 목자는 양들을 위하여 목숨을 버리거니와(요 10:11).
> 우리가 알거니와 하나님을 사랑하는 자 곧 그의 뜻대로 부르심을 입은 자들에게는 모든 것이 합력하여 선을 이루느니라(롬 8:28).

믿음이란 본질상 믿음의 대상이 확실하기 때문이 아니라, 불확실하더라도 믿는 것이다. 그러므로 진정한 신앙이란 믿음의 대상이신 하나님을 확실히 알아야 믿는다는 "지적 자세"보다는 비록 신앙의 대상이신 하나님의 존재와 말씀이 불확실하더라도, 그 불확실성을 하나님의 위대하심을 제대로 받아들이지 못하는 우리의 연

약함 탓으로 돌리고, 하나님을 절대적으로 신뢰하는 것이다.[2]

> 예수께서 [도마에게] 이르시되 너는 나를 본고로 믿느냐 보지 못하고 믿는 자들은 복되도다 하시니라(요 20:29).
>
> 우리가 지금은 거울로 보는 것같이 희미하나 그 때에는 얼굴과 얼굴을 대하여 볼 것이요, 지금은 내가 부분적으로 아나, 그 때에는 주께서 나를 아신 것 같이 내가 온전히 알리라(고전 13:12).
>
> 믿음은 바라는 것들의 실상이요, 보이지 않는 것들의 증거니, 선진들이 이로써 증거를 얻었느니라(히 11:1-2).

무엇보다 하나님의 선하심과 구원의 능력은 그리스도의 생애, 특별히 그의 죽으심과 부활 사건을 통해 가장 확실하게 증명되었다.

2018년 7월 19일

---

2 물론 믿음이 하나님의 말씀을 아는 지식에서 비롯된다고 논할 수 있으나, 먼저 하나님의 말씀을 경외하고 순종하지 않고서는 알 수가 없다(신 30:2; 롬 1:5; 10:16; 벧전 1:22;『기독교 강요』III.2.6, 23).

16. 진정한 신앙

> 스스로 지혜 있다 하나 어리석게 되어, 썩어지지 아니하는 하나님의 영광을 썩어질 사람과 새와 짐승과 기어다니는 동물 모양의 우상으로 바꾸었느니라 (롬 1:22-23).

창조주 하나님은 하나님이 자신 외에 어떤 신의 예배도 허락하지 않으신다.

> 너는 나 외에는 다른 신들을 네게 두지 말라(출 20:3).

바울은 우상 숭배란 창조주 하나님 대신 피조물을 섬기는 사람의 어리석음과 탐욕에서 비롯된 것이며, 모든 죄의 원천이며, 하나님의 진노하심을 받게되는 근본 원인임을 밝힌다(롬 1:26-32; 골 3:5). 우상 숭배 대신 "자신을 믿는다"는 이들이 많으나, 우상 숭배가 인간 탐욕의 투사(投射)라고 볼 때, 결국 "자신을 믿는 것"도 또 하나의 우상 숭배다. 실제로 최초의 인간은 하나님 대신 자신을 믿는 데서 범죄를 했다. 마찬가지로 바벨탑 문명도 하나님의 말씀보다 인간의 지혜를 더 중시한 결과 멸망했다.

사람의 탐욕은 결국 "자아 파멸"로 끝난다. 단순히 물질욕이나 명예욕 같은 자기 성취 행위뿐만 아니라, 봉사 행위나 진, 선, 미 같은 고상한 가치의 추구라도, 창조주 되시고, 구원주 되시는 하나님의 사랑과 의와 지혜와 권능과 영광을 무시하는 모든 인간 중심적 자세는 결국 사람의 탐욕에서 비롯된 것이며, 거룩하신 절대자 하나님 앞에서 외람된 자세로서 하나님의 진노하심을 초래하는 것이다.

하나님의 축복을 바라는 기복 신앙도 자칫 자기의 뜻이나 탐욕을 하나님의 뜻과 섭리와 혼동하는 왜곡된 신앙이 되기 쉽다. 성경이 아브라함의 믿음을 믿음의 모본으로 가르치는 것은 아브라함이 하나님의 뜻을 자기의 뜻과 혼동하지 않고 분명히 구별하여 다만 하나님의 뜻에 절대적으로 순종했기 때문이다(창 22:1 이하).

마찬가지로 욥, 룻, 한나, 시편 기자, 예레미야 등도 모든 불확실하고 믿기 어려운 조건과 환경 가운데서도 하나님의 선하심을 끝까지 믿었던 것이다(렘 17:12-18). 우리 주님께서도 마지막 날 밤 어두운 겟세마네 동산에서, "나의 원대로 마시옵고 아버지의 원대로 하옵소서"라고 기도하시고, 고난의 십자가를 지셨다(막 14:36). 복음 신앙은 실패처럼 보이는 그리스도의 십자가 구원의 능력을 믿는 것이다.

진정한 신앙이란 만사가 형통하고, 내가 기대하고 기도하는 대로 잘 되기 때문에 하나님을 믿는 것이 아니라, 오히려 나의 생각과 기도와는 다르게 전개되는 어려운 처지에서도 하나님의 선하심과 구원을 철저히 믿는 것이다. 하나님께서는 우리가 좋아하는 일이나 옳다고 여기는 일만 하시는 분이 아니시라, 당장 우리 마음에 들지 않는다고 하더라도 결국 만사를 선하고 바르게 이끌어 가시는 지혜로우시고 자비로우신 분이심을 믿는 것이다.

> 우리가 알거니와 하나님을 사랑하는 자 곧 그의 뜻대로 부르심을 입은 자들에게는 모든 것이 합력하여 선을 이루느니라(롬 8:28).

그것이 곧 십자가와 부활의 신앙이다.

> 나는 부활이요 생명이니 나를 믿는 자는 죽어도 살겠고 무릇 살아서 나를 믿는 자는 영원히 죽지 아니하리니 이것을 네가 믿느냐(요 11:25-26).

하나님의 구원 약속과 성취는 그리스도의 죽으심과 부활을 통해 가장 분명하게 증명되었다.

2018년 7월 24일

17. 십자가를 바라보라

> 아빠 아버지여, 아버지께는 모든 것이 가능하오니 이 잔을 내게서 옮기시옵소서 그러나 나의 원대로 마시옵고 아버지의 원대로 하옵소서(막 14:36).

예수님께서는 공생애를 시작하실 때에도 광야에서 메시아로서의 시험을 받으셨고, 생애의 마지막 밤에도 겟세마네 동산에서 메시아로서의 시험을 받으셨다. 예수님은 물론 시험을 모두 이기시고 메시아로서의 자아 확립을 분명히 하시고 메시아로서의 생애를 성공적으로 마치셨다.

생각하면 예수님께서는 평생 여러 가지 시험을 받으시며 사셨다. 유대인들과 유대교 지도자들의 거듭된 비난, 헤롯 왕 같은 권세자들의 위협, 이들의 배후에 있는 악한 영적 세력과 싸우시면서 하나님 나라의 복음을 전하셨다.

> 우리에게 있는 대제사장은 우리의 연약함을 동정하지 못하실 이가 아니요 모든 일에 우리와 똑같이 시험을 받으신 이로되 죄는 없으시니라(히 4:15).

그러나 모든 시험 가운데 주님께서 마지막 날 밤 겟세마네 동산에서 받으신 시험은 특별히 어려운 시험이었음이 분명하다. 주님께서는 "내 마음이 심히 고민하여 죽게 되었으니 너희는 여기 머물러 깨어 있으라"(막 14:34)고 말씀하셨고, "예수께서 힘쓰고 애써 더욱 간절히 기도하시니 땀이 땅에 떨어지는 핏방울 같이 되더라"고 했다(눅 22:44).

태초에 아담은 에덴 동산에서 하나님의 명령을 어기고 선악과를 먹음으로써 우리를 죄와 사망의 길로 인도했으나, 제2아담이신 우리 주님께서는 겟세마네 동산에서 고난의 십자가를 지시기로 결심하심으로써 우리를 의와 생명의 길로 인도하셨다(롬 5:12-21).

그러나 제2아담이신 주님 안에서 새로운 피조물이 된 우리는 여전히 오늘도 제1아담이 먹었던 선악과를 먹고, 그가 걸었던 죄와 사망의 길을 반복하여 걷는다. 옛날 아담이 "먹음직도 하고, 보암직도 하고, 지혜롭게 할 만큼 탐스럽기도 한 나무"

의 열매를 먹고 범죄했듯이, 오늘 우리도 하나님의 말씀 대신 우리의 육적 감각과 지각을 따라 말하며 행동한다. 우리는 자주 옛 사람의 길과 새 사람의 길의 갈림길에서 머뭇거린다.

그러나 비록 우리에게 제1아담의 육적 성향이 남아 있으나, 이제 우리 속에 제2아담이신 그리스도의 영이 내재하신다는 사실을 기억하고, 제1아담의 육적 성향을 힘써 죽이고, 제2아담이신 그리스도로 말미암은 새로운 피조물로서의 영적 성향을 따라 살자(롬 8:9-13; 엡 4:21-24). 우리의 영적 감각과 지각을 마비시켜 죄 짖게 하고 사망에 이르게 한 저 "선악과"를 아예 쳐다보지도 말고, 우리를 하나님의 의와 은혜와 사랑과 기쁨과 생명으로 충만하게 하는 십자가의 그리스도를 바라보자.

우리의 옛 사람의 청각과 시각과 생각을 십자가에 못 박고, 주님께서 주신 새 사람의 감각과 지각으로 말하고 생각하자.

> 어리석도다 갈라디아 사람들아, 그리스도께서 십자가에 못 박히신 것이 너희 눈 앞에 밝히 보이거늘 누가 너희를 꾀더냐(갈 3:1)

오 성령이여!
오늘도 우리의 모든 말과 모든 생각을 주관하여 주시옵소서.
우리의 죄의 마음과 부끄러운 입술을 십자가에 못 박아 주시고,
주님의 사랑과 은혜와 용서와 기쁨으로 충만한 새 마음과 새 입술을 주시옵소서.
제2아담이신 예수님의 이름으로 기도하옵나이다. 아멘.

2018년 7월 25일

18. 좌절하지 않는 믿음

> 그러나 우리의 시민권은 하늘에 있는지라 거기로부터 구원하는 자 곧 주 예수 그리스도를 기다리노니 그는 만물을 자기에게 복종하게 하실 수 있는 자의 역사로 우리의 낮은 몸을 자기 영광의 몸의 형체와 같이 변하게 하시리라 (빌 3:20-21).

하나님은 생명의 창조자이시며 생명의 주시다. 하나님께서 만드신 이 세상은 생명으로 충만한 세상이다. 물론 이 생명 세계에 죽음의 공포가 있으나, 그것은 인간의 죄로 말미암은 후천적 불행이며, 하나님께서 지으신 태초의 세계는 완전한 세상이었다. 창조주 하나님께서는 결국 이 세상을 죽음이 없는 완전한 생명의 세상으로 만드실 것이다(계 21:1-4, 22:1-5).

살기가 너무 어려워서 차라리 죽기를 바란다고 해도, 하나님의 자녀라면 마땅히 하나님의 영원한 세계를 믿고 사모해야 한다. 하나님의 자녀는 고달픈 인생이라도 참고 견디면서 하늘 아버지께서 약속하신 영원한 생명의 세계를 믿고 바라야 한다. 이 땅에서의 현재의 고난의 삶도 영원한 장래의 축복의 삶을 위한 과정으로 알고 모든 불평을 그치고 범사에 감사함으로 살아야 한다.

> 너희는 마음에 근심하지 말라 하나님을 믿으니 또 나를 믿으라 내 아버지 집에 거할 곳이 많도다 그렇지 않으면 너희에게 일렀으리라 내가 너희를 위하여 거처를 예비하러 가노니, 가서 너희를 위하여 거처를 예비하면, 내가 다시 와서 너희를 내게로 영접하여 나 있는 곳에 너희도 있게 하리라(요 14:1-3).
>
> 나는 선한 싸움을 싸우고 나의 달려 갈 길을 마치고 믿음을 지켰으니, 이제 후로는 나를 위하여 의의 면류관이 예비되었으므로 주 곧 의로우신 재판장이 그 날에 내게 주실 것이며, 내게만 아니라, 주의 나타나심을 사모하는 모든 자에게도니라 (딤후 4:7-8).
>
> 이는 하나님이 우리를 위하여 더 좋은 것을 예비하셨은즉 … (히 11:40).

하나님의 은혜는 반드시 종말론적 영광과 상급만은 아니다. 그리스도인들이 받는 "현재의 고난"이나 불행은 자주 하나님의 영광과 은혜가 나타나는 기회와 통로가 된다.[1]

많은 하나님의 사람이 고난 중에서 기적, 위로, 평안 그리고 영적 성장의 은혜와 축복을 받았음을 상기하자. 하나님께서는 고난의 과정을 통해 우리의 옛 사람의 흔적을 지우시고 새 사람으로 자라게 하신다. 하나님께서는 고난의 아픔으로 우리 안에 그리스도의 형상을 아로 새기시는 것이다(롬 5:3-11; 8:29; 갈 4:19).

주 안에서 오늘의 고난도 내일의 영광을 위한 예비적 과정이란 것을 믿는다면, 아무리 힘들고 어려워도 결코 좌절해서는 안 된다. 다만 우리는 현재의 고난을 인내하는 믿음을 간구해야 한다.

생각하건대 현재의 고난은 장차 우리에게 나타날 영광과 비교할 수 없도다(롬 8:18).

이런 믿음은 흔히 말하는 "하늘이 무너져도 솟아날 구멍은 있다"라든가, "모든 구름에는 은빛 가장자리가 있다"는 막연한 자연주의적 소망과는 다르다. 좌절하지 않는 그리스도인의 믿음의 근거는 창조주 하나님께서 우리의 아버지라는 사실과 다시 사신 주님께서 언제나 우리와 함께 계신다는 약속의 말씀이다.

볼지어다 내가 세상 끝날까지 너희와 항상 함께 있으리라(마 28:20b).

하나님께서는 예수 그리스도로 말미암아 우리에게 고난의 세상을 극복하며 승리할 수 있는 능력을 주셨다(요16:33; 빌4:12-13). 그러므로 언제 어디서나 승리하신 주님께서 우리와 함께 계신다는 사실을 굳게 믿어야 한다. 모든 믿음의 조상이 고난의 삶을 살았다. 그러나 그들은 역경 속에서도 좌절하지 않고 생명의 하나님을 의지하며 살았다. 우리의 "현재의 고난" 중에서도 우리가 생명의 주님의 제자들과 증인들로 살기를 간구하자. 죽으시고 다시 사신 그리스도를 믿는 믿음이 세상을 이기는 힘이다.

2018년 8월 1일

---

1 요 2:1-11; 9:1-7; 11:40; 롬 8:18; 고후 1:4; 4:7-18; 6:4-10; 7:7-16; 12:7-10; 13:6-7.

19. 성령이 이끄는 삶(I)

> 그러므로 내가 너희에게 알리노니 하나님의 영으로 말하는 자는 누구든지 예수님을 저주할 자라 하지 아니하고 또 성령으로 아니하고는 누구든지 예수님을 주시라 할 수 없느니라(고전 12:3).

성령은 성부와 성자의 영이면서도 독립적 인격체시다(롬 8:9-16). 성령은 바람과 같이 보이지는 않으시면서도, 그 능력이 무한하신 신적 존재다(요 3:8; 행 2:2). 성부 하나님의 창조와 구원 사역을 도우시는 역동적 인격체다.[1] 성령은 세계 창조는 물론 인간 창조에도 참여하셨다(창 1:2; 2:7).

성령은 성부, 성자와 함께 모든 하나님의 놀라운 구원 역사를 시작하고 이끄신다. 또한, 성령은 그리스도의 승천 후에 그리스도의 구원 사역을 계승해 제자들이 언제나 그리스도의 말씀을 따라 사역하도록 도우시고(요 14:16-17, 26; 16:13), 그리스도를 믿는 이들을 그리스도 안에서 새로운 존재로 거듭나게 하시고(요 3:5; 롬 8:15-16), 그들 속에 상주하시고,[2] 거룩한 인격을 형성하게 하시고(갈 5:22), 거룩한 생활을 하게 하시며,[3] 특별한 은사와 권능도 주시고, 믿는 자와 교제하시며, 어떻게 말할 것도 가르쳐 주신다.[4]

성령은 세상 끝에도 하나님의 종들에게 예언과 환상과 꿈을 보게 하신다(욜 2:28 이하; 행 17-18, 33). 하나님의 창조와 구원 역사의 모든 과정은 성령으로 말미암아 시작되고, 진행되고, 완성된다. 성경 자체가 하나님의 사람들이 성령의 감동하심으로 받아 쓴 하나님의 말씀이다.[5]

---

1 창 1:2; 삿 6:34; 11:29; 13:25; 14:16, 19; 15:14; 삼상 10:6; 16:13, 14; 삼하 23:2; 왕상 18:12; 왕하 2:16; 대하 20:14; 사 40:13; 61:1; 63:4; 시 143:10; 겔 11:5; 36:27; 37:1, 14; 마 3:11, 16; 12:28; 눅 1:35; 행 1:8; 2:1 등.
2 요 3:34; 롬 8:9-16; 고전 6:19; 고후 5:5; 약 4:5.
3 롬 6:12-13; 8:13-14; 12:1-2, 9, 17; 갈 5:16; 엡 4:22-24.
4 막 13:11; 행 2:1 이하; 5:3; 롬 8:26; 고전 12:1-11; 고후 13:13; 갈 4:6; 5:16; 엡 2:18, 30; 4:3-4, 30; 5:18; 히 10:29.
5 고전 2:10; 딤후 3:16; 엡 3:3; 히 10:15; 벧후 1:21; 계 2:10; 4:2.

특별히 성령은 하나님의 새로운 구원 역사를 주도하신다. 성령은 출애굽 때(B.C. 1445) 하나님과 이스라엘 백성이 언약 관계를 맺을 당시 모세와 70인 장로들에게 임하셨다(민 11:17, 25-29; 슥 9:20). 사사 시대(B.C. 1375-1055)에는 성령이 사사들에게 임하셨다. 왕국 시대(B.C. 1050-586)에는 사무엘, 사울, 다윗에게 임하셨고,[6] 특별히 예언자들에게 임하시어 예언 활동이 활발하게 일어났다. 포로기 후(B.C. 586-538)에 에스라와 느헤미야가 유대교를 하나님의 율법 중심으로 재정립할 때(B.C. 458-433)에는 특별한 성령의 역사가 언급되지는 않았으나 애초에 포로 귀환 자체가 하나님께서 바사 왕 고레스의 마음과 유대교 지도자들의 마음을 감동시키심으로써 시작되었던 것이다(대하 36:22; 스 1:1, 5).

이렇게 성령은 하나님의 창조와 구원을 방해하는 세력에 맞서서 창조와 구원 역사를 도우시고 또한 제대로 기능하지 못하는 기존의 낡은 종교적 체제를 바꾸어 활력이 넘치는 새로운 체제로 전환시키신다(마 9:16-17).

하나님의 최종적 구원 역사인 복음 운동은 성령으로 시작되었다. 예수님은 성령으로 탄생하셨고, 성령으로 공생애를 시작하셨고, 성령으로 복음 사역을 수행하셨다.[7] 예수님은 유대교의 외식과 위선을 공격하시면서 성령이 이끄시는 진정한 마음의 종교를 가르치셨다. 그리고 예수님은 자신의 사역을 사탄의 역사로 비난하는 바리새인들을 향해서 "말로 성령을 거역하면 사하심을 받을 수 없다"고 역공하셨다(마 12:24-32).

예수님은 승천하시기 전에 그의 성령을 제자들에게도 주셔서 성령이 제자들과 함께해 그의 말씀을 따라서 그의 사역을 이어가게 하셨다(요 14:16-17; 15:26; 16:13; 20:22). 교회는 오순절 성령 강림으로 시작되었고, 성령이 모든 사도와 교인에게 힘있게 역사하심으로 복음이 신속히 전파되었다.[8] 성령은 원래 세상을 떠나 승천하시어 하늘나라에 계신 그리스도의 구원 사역을 이 땅에서 계속해서 수행하기 위하여 그리스도께서 제자들에게 주신 그리스도의 "현존과 능력"이다.[9]

6　솔로몬의 잠언도 하나님의 지혜의 영으로 말미암은 것이다. 참조, 잠 1:23.
7　마 1:20; 12:18, 31; 행 10:38; 참조 눅 1:41.
8　행 1:5; 2:1-4, 16-18, 38; 4:31; 6:3; 7:55; 8:15-17, 39; 9:17; 10:45 등.
9　요 14:16-17: 26; 15:26; 16:7-16; 20:22-23; 행 2:1; 고전 6:19; 7:40; 12:1 이하; 고후 1:22; 5:5; 12:18.

사도 바울은 자신의 복음이 오직 성령의 계시에 의한 것임을 밝혔다.[10] 성령의 임재와 역사가 복음을 믿는 개인과 신앙 공동체(교회)의 핵심적 증거다(고후 1:22; 5:5; 엡 1:13).

그리스도인 각자의 믿음도, 능력도, 인격도 모두 성령의 감동 감화로 말미암은 것이다.[11] 사람이 예수님을 믿을 때 성령으로 거듭난 존재가 되고,[12] 성령을 따라 힘있고 거룩하게 살아야 한다.[13]

그리스도인들이 모인 교회도 한 성령 안에서 그리스도의 몸을 이루며 그리스도 안에서 형성되고 자란다(고전 12:13; 3:16).

> 너희도 성령 안에서 하나님이 거하실 처소가 되기 위하여 그리스도 예수 안에서 지어져 가느니라(엡 2:22).

성령의 기능은 그리스도인의 중생, 인격 형성과 성장 등 보이지 않는 내적 기능과[14] 그리스도인의 복음 전도, 초능력, 바른 판단 등 보이는 외적 기능으로 나눌 수 있다.[15] 그러나 성령의 내외적 기능은 실제로 분리되지 않고 거의 동시에 나타난다. 그러나 성령으로 거듭난 사람이라도 언제나 육적 세력의 방해를 받을 수 있으므로 스스로 성령을 따라 행하기를 힘써야 한다(롬 8:4 이하; 갈 5:16; 히 6:4).

성령은 육체의 탐욕과 대립적이다. 성령으로 거듭 난 사람은 자신의 육적 성향을 죽이고, 대신, 성령이 가르치는 인격과 품성을 이루기를 힘써야 한다(롬 8:13; 갈 5:16, 22). 성령은 위대하신 하나님의 영으로서 세상의 악한 영과 구별된다. 성령(하기오스 프뉴마)이란 말 자체가 다른 영과 구별해 "거룩하신 하나님의 영"이란 뜻이다.

---

10 롬 16:26; 고전 2:10-16; 7:40; 갈 1:12; 엡 3:3-5; 딛 1:2-3.
11 롬 8:2-16; 고전 6:19; 12:3-31; 갈 5:22; 엡 1:13.
12 요 3:5; 롬 8:9-16; 갈 3:1-5; 엡 1:13; 고전 6:19; 딛 3:5.
13 막 13:11; 롬 8:26-27; 갈 3:1-5; 5:22; 4:30; 5:18.
14 마 3:16; 요 3:5; 롬 8:2 이하; 14:17; 15:13; 고전 3:16; 6:19; 12:3; 고후 1:22; 6:6; 갈 3:2, 3, 5, 14; 4:9; 5:5, 22; 엡 1:22; 5:18; 6:18; 살전 1:6; 살후 2:11-13; 딤전 4:1; 딤후 1:14; 요일 3:24; 4:1 이하; 유 1:19 등.
15 마 4:1; 12:28-32; 막 13:11; 요 14:26; 16:13-15; 행 1:8; 2:38; 5:3; 6:3; 8:7, 16-20, 39; 10:44-46; 13:9, 52; 15:8; 19:2-8; 20:28; 21:4; 롬 8:26; 고전 2:4; 10-14; 12:4-13; 고후 12:18; 갈 5:16-25; 살전 5:19; 계 1:10; 2:7; 4:2; 17:3; 22:17 등.

동시에 성령은 그리스도의 영이다(롬 8:9; 갈 3:5; 4:6; 5:16). 성령의 역사는 악한 영의 역사와 대조적이다. 성령은 그리스도의 십자가의 모델을 따라서 사람을 사랑하고 구원하는 선한 능력이지만, 악한 영은 사람을 미혹하여 탐욕에 빠지게 하고 멸망에 이르게 한다.[16]

성령의 역사로 시작된 복음 운동은 애초부터 기존의 율법과 제도 중심적 유대교와의 마찰과 갈등을 일으켰다. 예수님은 거의 날마다 유대교 지도자들과 논쟁하셨고, 결국 그들에 의해 처형되셨다. 바울도 율법 행위에 의한 구원 사상으로 위선적, 외식적 종교가 된 유대교에 맞서서 은혜를 믿음으로 구원 얻는 복음 진리의 탁월함을 가르쳤고, 이방 사람들에게는 그들의 미신 종교와 허황된 철학 사상(지혜)에 맞서서 복음 진리의 탁월함을 가르쳤다.[17]

율법은 사람의 연약함으로 말미암아 구원의 수단으로서의 한계가 드러났다(롬 7장). 율법은 적극적으로 삶의 질서와 안정을 주는 역할을 하지만, 인간의 연약함으로 말미암아 인간 존재와 삶의 본질적 변화를 줄 수는 없다. 그리스도의 구원 역사로 시작 된 하나님의 성령은 그 놀라운 능력으로 인간을 하나님의 자녀로 변화시키고(요 3:5; 롬 8:1 이하; 갈 4:6), 인간의 삶을 변화시키며 선한 품성과 덕을 이루게 하는 선한 능력이다(롬 8:4 이하; 갈 5:16, 22).

성령은 우리의 과거, 현재, 장래를 통해[18] 우리의 존재와 삶, 영과 육을 모두 총체적으로 관장하는 하나님의 초월적, 창조적, 역동적이시며 친밀하신 인격적 능력이시다. 우리는 인간의 연약함을 의지함으로 결국 사망에 이르게 하는 율법 행위로 말미암는 낡은 구원의 도리 대신, 하나님께서 예수로 말미암아 제시하신 새로운 구원의 도리, 즉 하나님의 은혜를 믿음으로 구원을 얻게 하는 "성령의 법"으로 말

---

[16] 출 7:3; 10:1; 삿 6:34; 13:25; 삼상 16:23; 왕상 22:23; 왕하 19:7; 사 4:4; 겔 36:26; 요 3:5; 14:26; 16:8-11; 행 8:18-24; 롬 8:2 이하; 고전 2:4 이하; 7:40; 12:7 이하; 고후 11:13-15; 엡 6:12; 살후 2:8-13; 요일 4:1-6.
[17] 행 8:9-24; 롬 1:18-3:20; 고전 1:17-2:16; 고후 3:1-4:6; 갈 2:16-5:12; 딤전 4:1.
[18] 과거: "성령으로 거듭 남"; "성령의 인치심"(칭의, 요 3:5-6, 8; 롬 8:23; 엡 1:13); 현재: 성령의 거하심과 성령을 따르는 삶(성화, 막 13:11; 롬 8:9-16; 고전 6:19; 갈 3:2, 5; 5:16, 25; 엡 2:22; 4:30; 히 10:29); 미래: 성령의 예언(행 16:6; 20:23; 21:4, 11; 28:25; 고전 12:10; 계 2:10).

미암아 구원 얻었고,[19] 그 후 계속해서 성령이 우리 속에 내주하시며,[20] "성령 안에서" "성령을 따라서" 그리스도인의 인격을 형성하고 판단하고 행동하게 한다.[21] 우리 가운데 계시는 성령의 임재와 능력이 진정한 그리스도 안에서 "새 사람"이 된 증표다.[22] 반대로 "우리의 육신("옛 사람")을 따라 사는 것"은 사람의 온갖 탐심과 함께 "눈에 보이는 세상의 가치관"과 무신론적인 인본주의적, 자연주의적 사고방식과 죽은 종교적 규례와 제도를 따라 사는 것이다.[23]

"성령을 따르는 삶"이란 외식, 위선, 독선 등 종교적인 사람들이 흔히 빠지기 쉬운 기계적, 습관적, 타율적 신앙생활의 한계와 갈등을 극복하고, 우리 속에 내주하시는 성령을 우리의 친한 친구로 삼아 그를 자의적으로 따르며, 우리의 존재와 삶을 십자가의 사랑과 은혜로 충만하게 하는 유일하고 탁월한 삶의 스타일이다.

그리스도로 말미암은 구원의 새 시대에서 하나님의 뜻을 아시는 성령은 한계가 있는 율법적 신앙생활을 대신해 하나님이 원하시는 진정한 하나님의 백성의 도리를 우리에게 가르치신다(롬 7:1-6).

또한, 성령은 연약한 우리를 위해 기도해 주시고(롬 8:26-27), 다양한 은사를 주시어 사역하게 하시고, 수시로 우리를 격려하시고, 감동하심으로써, 그리스도의 죽으심으로 증명된 우리를 향하신 하나님의 사랑과 은혜와 구원 능력이 옛날 일이 아니라, 지금도 여전히 우리들에게 나타나고 있음을 확증하신다.[24]

성령 중심적 삶은 율법을 무시하는 것이 아니라, 율법을 제대로 알지도 못하고 지키지도 못하는 우리의 한계를 인정하고, "성령의 조명"을 받아 율법의 진의를 제대로 이해하고, 성령의 능력으로 지킨다.[25] 성령의 복음은 율법이 요구하는 할례를 폐지했으나, 한편으로는 그리스도로 말미암은 거룩한 성도의 삶을 진정한 할례의 의미로 가르친다(롬 2:28-29; 고전 7:19; 갈 5:6). 바울은 "하나님의 성령으로 봉사하고 그리스도 예수로 자랑하고 육체를 신뢰하지 아니하는 우리가 곧 할례파라"(빌 3:3)고 말한다.

---

[19] 요 3:5-6, 8; 행 19:2, 6; 롬 8:2; 고전 12:3; 갈 3:2, 5; 엡 1:13.
[20] 롬 5:5; 8:9, 14; 고전 3:16; 6:19; 엡 2:22; 살전 4:8; 딤후 1:14; 요일 3:24.
[21] 막 13:11; 롬 8:13-16; 14:17; 갈 5:16, 22; 엡 4:22-24.
[22] 행 2:4; 롬 6:2 이하; 8:16; 고후 1:22; 5:5; 6:6; 12:3; 유 1:19.
[23] 롬 1:22-26; 6:6-23; 엡 4:22-5:14; 골 3:5-10.
[24] 롬 5:1-8, 특히 5-6절; 8:9-16; 26-39; 고전 12:1 이하; 고후 1:22; 5:8; 12:18.
[25] 마 22:23-46; 막 7:1-23; 요 5:39; 행 8:35; 롬 15:4; 고전 10:1-11.

특별히 성령은 그 특유의 "자유로운 역동성"으로 율법이 제대로 다룰 수 없는 복잡한 윤리적 문제를 탄력적으로 적용하는 능력을 주신다.[26] 성령은 그 "자유롭고 역동적인 조절 능력"으로 어려운 난국에서 번민하는 우리를 의와 진리와 화평으로 인도하신다.[27] 그러므로 성령의 능력이란 성령의 은사나 기사 같은 초월적 능력뿐만 아니라, 거룩하고 의로운 삶을 위해 필요한 윤리적인 삶의 지혜와 판단력을 포함하는 것이다(잠 1:23; 막 13:10).

다른 말로, 율법에 비해 성령은 더 깊고 넓은 하나님의 뜻을 나타내신다(참조, 시 119:96). 그러므로 히브리서 기자는 영감 받은 "하나님의 말씀은 살아있고 활력이 있다"고 한다.[28]

성령은 성경 역사와 교회 역사를 통해 보듯이, 하나님의 종교가 진정성과 생명력을 잃고 의식적, 제도적, 율법적으로 경직되고 침체될 때, 성도들의 신앙생활이 자율성을 잃고 타성화 될 때, 그 자유롭고 초월적인 역동성으로 진정한 하나님 신앙을 불러일으킨다.[29]

성령은 그 특유의 자유로운 탄력성과 역동성으로,[30] 고정적이고 경직되기 쉬운 율법과 도덕의 한계와 모든 제도와 의식의 틀을 넘어서 하나님의 구원의 능력을 나타낸다.[31] 성령은 종교적 제도나 전통, 제도적, 율법적, 습관적, 타성적 신앙과 고답적인 도

---

26 롬 8:26-27; 막 13:11; 행 16:6; 27:23-25; 고전 12:4-11. 성령의 "초월적 역동성"은 하나님의 구원 역사에서도 나타난다. 하나님께서는 자주 사람의 제도와 기대를 넘어 역사하심으로써 권세와 영광을 나타내신다. 일례로 하나님께서는 자주 "장자 중심적 사회 제도"를 넘어서 오히려 차자(셋, 이삭, 야곱, 에브라임)이나 막내(요셉, 다윗)를 강한 나라가 아닌 작은 나라 이스라엘을 구원 역사의 주역으로 삼으셨다(신 7:7).
27 성도들이 경험하는 신앙적 긴장과 갈등은 하나님의 공의와 사랑, 보편적 사랑과 특별한 사랑, 하나님의 예정과 사람의 책임, 믿음과 자신감, 감사와 자기만족, 하나님의 영광과 나의 영광, 열심과 탐심, 희생적 헌신과 영웅심, 성령의 생각과 나의 생각, 하나님의 침묵과 우리의 영적 침체(시 28:1; 35:22; 39:12; 83:1; 109:1), 일반적 경험과 계시적 경험, 자유와 방임, 회개와 자학, 평안과 무사안일, 겸손과 무능, 본질적 신앙과 비본질적 신앙, 진정한 경건과 외식적 경건 등이다. 이런 긴장 가운데서 성령은 특별한 경험, 성경 말씀, 기도, 상담 등을 통해 우리에게 바른 분별력을 주시고 우리가 마땅히 갈 길을 보이신다(행 4:23-31; 21:4, 11-13; 27:23-24; 빌 1:22-26).
28 히 4:12, 참조, 히 3:7; 9:8, 14, 10:15; 29.
29 삼상 2:12-17, 22, 3:1; 삿 6:34; 11:29; 13:25; 14:6, 19; 15:14; 겔 36:26; 욜 2:28-29; 참조, 말 1:6 이하; 마 6:1-18; 23장; 롬 2:17-29; 3:27; 7:15-24; 갈 2:11-16; 3:15-5:26.
30 성령의 은사는 다양하다. "은사는 여러 가지나 성령은 같고"(고전 12:4).
31 눅 3:16; 요 3:5; 행 2:41; 8:13-16, 38; 19:3-6; 롬 8:2; 고전 12:13; 고후 3:6-17; 갈 5:1,

덕적, 윤리적 의(義)를 넘어서 사람을 근본적으로 변하게 하고 죽은 믿음을 활력이 넘치는 "산 신앙"이 되게 한다(눅 24:32; 롬 8:1-17; 갈 5:16-23).[32]

누구나 믿음을 결단한 후 시간이 흐르면서 신앙생활이 외면적으로는 성장하면서도 내적으로는 굳어지고 활력을 잃기 쉽다. 마찬가지로 그리스도의 교회도 이스라엘의 역사와 교회 역사가 보여 주듯이, 그 외적 종교적 영향과 기능이 확장되면서도 오히려 그 내적, 영적 능력은 침체될 수 있다. 그러나 우리는 개인이나 교회의 영적 침체를 불평하거나 한탄만 할 것이 아니라, 성령의 내주하심과 약함 가운데서 강하게 하시는 그리스도의 능력을 믿고, 영적 침체가 오히려 영적 부흥의 기회가 될 수 있음을 믿고 힘써 기도해야 한다. 하나님의 구원 역사 가운데 성령께서 특별히 역사하는 시기가 있으나, 대개 개인적, 종교적 위기 상황에서 역사하신다.

성령은 임의(任意)로 역사하시지만, 특별한 사람의 결단이나 권면, 기도와 안수를 통해서도 역사하신다.[33] 그러나 성령의 역사는 사람의 주관적 생각이나 의도와는 자주 다르다. 성령의 뜻은 결코 사람의 사욕이 될 수 없고, 언제나 하나님의 뜻과 말씀과 일치한다.[34] 그러므로 "성령의 지시와 인도"를 언제나 하나님의 말씀에 비추어 검증함으로써 개인의 주관적 생각이나 감정과 혼동하지 않도록 주의해야 한다(딤전 4:1; 요일 4:1-6).

성령의 역사가 일어나는 개인이나 교회에는 거의 언제나 악한 영의 역사도 함께 일어난다. 그러므로 우리는 하나님의 말씀에 비추어 성령의 역사와 악한 영의 역사를 분별해야 한다(딤전 4:1; 요일 4:1-6).

첫째, 성령의 생각과 역사는 언제나 하나님의 말씀과 일치한다. 모든 성경 말씀은 성령의 감동으로 쓴 것이다.[35] 모든 성경이 수천 년 동안 40여명의 저자들에 의해 써졌지만, 모두 그리스도를 통한 하나님의 구원 역사를 지향하고 있다는 사실은

13-16.
32 엡 1:13; 4:30; 참조, 롬 4:11; 8:23("성령의 처음 익은 열매"); 고전 9:2; 고후 1:22; 딤후 2:19.
33 눅 11:13; 행 8:15-17, 38; 9:11; 19:6.
34 잠 1:23; 막 13:11; 요 14:26; 16:13; 행 5:3, 9; 8:9-24; 10:9 이하; 롬 8:27; 고후 12:18.
35 전 2:10; 딤후 3:16; 엡 3:3; 히 10:15; 벧후 1:21; 계 2:10; 4:2.

그 모든 저자들이 한 분 성령의 영감을 받아서 썼다는 또 다른 사실을 가리킨다.[36]

또한, 주님께서 세례 받으실 때 성령이 그 위에 내려 오셨고, 같은 성령에 이끌리어 광야에서 시험 받으셨을 때 모든 시험을 하나님의 말씀으로 이기신 것을 기억하자(마 4:1-11).

복음서의 일치와 차이는 문학적, 역사적 요인에서 기인한 것으로만 볼 것이 아니라, 결국 통일성과 함께 자유로운 다양성과 역동성으로 나타나는 성령의 상반적이고 이중적인 특성에서 기인한 것으로 봐야 한다. 먼저, 복음서의 조화는 모두 한 분이신 성령의 영감으로 말미암은 것이다.[37] 동시에 복음서의 차이도 같은 성령께서 그 특유의 자유로운 역동성으로 복음서 기자들의 형편과 처지를 고려해 적절하게 말씀하셨기 때문이다(고전 12:4-11; 고후 3:17).

둘째, 성령의 뜻과 역사는 그리스도의 뜻과 사역과 일치한다. 그리스도께서 예언하신대로 오순절 성령의 강림이 교회와 복음 전도 사역을 주도했다. 또한, 성령께서 그리스도인들에게 주시는 성령의 은사와 성령의 열매는 그리스도의 인격과 교훈을 나타낸다.[38]

> 그들의(거짓 선지자들의) 열매로 그들을 알지니 가시나무에서 포도를 또는 엉겅퀴에서 무화과를 따겠느냐(마 7:16).

성령의 신비로운 은사를 사모하기에 앞서서 그리스도를 본받는 선한 인격과 행위가 요구된다. 거짓 선지자나 악한 영도 기적이나 은사를 베풀기 때문에 기적이나 은사보다는 그리스도와 같은 사랑의 마음과 인격과 행동이 그 사람 속에 있는 그리스도의 영을 더욱 분명히 나타낸다(마 7:22-27; 24:24). 그리스도인은 그리스도의 모본을 따라서 "그리스도 안"에서 "새 사람"으로 생각하고 행동한다.

---

[36] 마 1:22; 4:14; 8:17; 12:17-21 등; 요 1:45; 5:39; 행 26:22-23; 롬 1:2; 3:21; 16:26; 고전 10:4; 고후 4:16; 갈 3:16; 히 1:1 이하; 7:11 이하; 8:5-6; 9:11 이하; 10:1 이하; 11:16, 40.
[37] 요 14:26; 16:13-15; 엡 4:4; 칼빈, 『복음서의 조화』.
[38] 마 5:3-12; 11:29; 롬 12:1 이하; 고전 11:1; 갈 5:22; 엡 4:1 이하; 빌 2:5.

무엇보다 그리스도의 십자가의 고난과 희생이 성령의 역사와 악한 영의 훼방을 분별하는 지표가 된다.[39] 반대로 사욕과 거짓은 악한 영의 훼방과 노략을 불러일으킨다.[40] 우리는 사욕과 분열을 조장하는 옛 사람의 생각이나 말과 행위를 버리고 오직 그리스도 안에서 새롭게 지음 받은 피조물로서 하나님의 말씀에 비추어 성령의 역사와 악령의 활동을 주의 깊게 구별해야 한다.[41]

셋째, 성령은 신앙 양심이나 건전한 이성적 사고와 본성을 무시하지 않는다(롬 2:15; 9:2; 고전 10:25-29; 11:14). 우리 속에 내주하시는 성령은 우리가 율법과 우리의 이성과 양심을 따라서 선악을 구별하도록 돕는다(행 5:3; 롬 2:14, 15; 엡 4:30; 고전 11:14; 히 10:29). 또는 역으로, 하나님의 말씀과 우리의 양심과 이성이 성령의 뜻을 따르도록 돕는다. 우리는 성령으로 말미암아 그리스도인이 되었으므로[42] 언제나 하나님의 말씀과 기도로써 성령의 지시와 능력을 받으며 "성령의 두 번째 익은 열매,"[43] 즉 거룩한 인격과 삶을 이루어야 한다.

> 오직 성령으로 충만함을 받으라(엡 5:18b).
> 구원의 투구와 성령의 검 곧 하나님의 말씀을 가지라 모든 기도와 간구를 하되 항상 성령 안에서 기도하고 이를 위하여 깨어 구하기를 항상 힘쓰며 여러 성도를 위하여 구하라(엡 6:17-18).

넷째, 성령의 임재와 충만은 하나님의 은혜로운 선물이지만, 동시에 성령이 임재하시기에 합당한 우리의 자세를 요구한다(엡 5:15-21). 다른 말로, 성령의 임재와 충만은 무조건적이면서도 조건적이다. 먼저 우리는 철저한 회개로써 성령의 임재와 충만하심을 갈망해야 한다(눅 11:13; 시 42:1; 63:1).

---

39 롬 6:3 이하; 12:1-21; 14:8; 고전 11:1; 고후 4:7-15; 6:3-10; 11:23 이하; 12:9-10; 13:4; 갈 2:20; 6:14; 엡 4:13; 빌 1:21-24; 2:5; 골 2:6 등.
40 롬 1:24-25; 엡 4:19, 22; 골 3:5; 딤후 3:6; 약 1:14-15.
41 왕하 22:20-23; 렘 28:1-17; 마 12:24-31; 요 14:26; 16:13-15; 행 10:44; 롬 8:27; 고후 11:15; 엡 6:17; 벧후 2:1, 14; 요일 4:1.
42 요 3:5-6, 8; 롬 8:23; 고전 12:3; 엡 1:13.
43 롬 8:23의 "성령의 처음 익은 열매"라는 표현은 믿음으로 구원얻은 것을 가리키고, "성령의 두 번 째 열매"는 롬 8:18 이후의 종말론적 구원의 완성을 가리킨다. 그러나 이와는 다른 의미로, 갈 5:22의 "성령의 열매"를 "성령의 두 번째 열매"로 볼 수 있다.

너희가 회개하여 각각 예수 그리스도의 이름으로 세례를 받고 죄 사함을 받으라 그리하면 성령의 선물을 받으리니(행 2:38).

우리는 수시로 성령의 영감으로 기록된 성경 말씀을 읽고, 듣고, 묵상하고, 힘써 순종하며, 모든 죄와 악한 영의 미혹을 뿌리치고, 모든 선한 일에 힘씀으로써 우리 속에 계시는 성령과 친밀하게 교제해야 한다.[44]

내가 이르노니 너희는 성령을 따라 행하라 그리하면 육체의 욕심을 이루지 아니하리라(갈 5:16).
하나님의 성령을 근심하게 하지 말라(엡 4:30a).

그러나 성령의 임재를 위한 우리의 모든 노력과 책임도 우리 자신의 공로가 아니라, 하나님의 은혜와 축복임을 명심해야 한다.

2018년 8월 2일

---

[44] 요 6:63; 14:26; 16:13-15; 롬 8:13, 26-27; 갈 3:12; 5:16-25; 엡 4:30; 골 3:16; 딤후 3:16-17.

20. "서로 사랑하라"

> 새 계명을 너희에게 주노니 서로 사랑하라 내가 너희를 사랑한 것 같이 너희도 서로 사랑하라 너희가 서로 사랑하면 이로써 모든 사람이 너희가 내 제자인 줄 알리라(요 13:34-35).

현대 역사가들은 현대를 "기독교 이후 시대"(Post Christian Era)라고 규정한다. 현대 서양 세계는 기독교적 전통과 가치를 버리고 급속히 세속적 이상과 가치를 지향하고 있기 때문이다. 비록 오랜 기독교적 전통과 가치관이 남아 있기는 하지만, 현대 서양 사회는 온갖 다양한 가치관을 인정하는 다원주의를 지향하고 있다. 실제로, 몇몇 아프리카 국가를 제외하고 세계 도처에서 기독교가 쇠퇴하고 있다.

많은 그리스도인이 "서양 사회에서의 기독교회의 위축" 현상을 보면서 그 쇠퇴의 내외적 요인들을 지적한다. 대부분의 복음주의적(보수적) 설교자들은 비복음적인 세속주의를 경계하며 성경의 가르침을 수호하고 지켜야 할 것을 역설한다. 세상이 전통적 기독교적 가치관을 비웃고 멀리할수록 그리스도인은 오히려 더욱 열심히 성경의 가르침을 수호하고 지켜야 할 것이라고 말한다.

한편 교회가 변하는 세상의 흐름을 따라 변해야 한다는 주장(자유주의)도 있다. 실제로 성경 역사나 교회 역사 가운데 하나님께서 새롭게 세상을 바꾸신 경우도 있고, 장차 하나님께서 이 세상을 새롭게 하실 것도 분명히 약속하셨다. 또한, 그리스도께서 "새 포도주는 새 부대에"라는 말씀으로 완전히 새로운 구원의 시대를 선포하셨다(마 9:17).

그러나 성경은 더 자주 세상 환경의 변화와 핍박에도 불구하고 변함없이 하나님 신앙을 지킬 것을 가르친다. 모든 믿음의 조상은 온갖 시험과 도전 가운데서도 하나님의 언약을 굳게 믿음으로써 후세의 모든 믿는 자들의 본이 되었다. 예수님도 우리가 세상에서 핍박을 받게 되겠지만, 힘써 믿음을 지킬 것을 당부하셨다.[1]

특별히 성경은 만사를 사랑을 따라 행할 것을 가르친다.

---

1 마 5:11-12; 막 13:13; 눅 18:8; 요 15:18.

너희 모든 일을 사랑으로 행하라(고전 16:14).

주님께서 잡히시기 전날 밤, 최후의 만찬 후에 자리에서 일어나셔서 겉옷을 벗으시고 수건으로 허리를 두르시고, 제자들의 발을 씻기시며 서로 섬기는 제자도를 친히 보여 주셨다. 그리고 이렇게 말씀하셨다.

새 계명을 너희에게 주노니 서로 사랑하라 내가 너희를 사랑한 것 같이 너희도 서로 사랑하라 너희가 서로 사랑하면 이로써 모든 사람이 너희가 내 제자인 줄 알리라(요 13:34-35).

사람의 마음은 탐심과 미움과 질투로 부패하기 쉽다. 부패한 마음은 자신과 공동체를 혼란과 불행으로 빠트린다. 십자가의 사랑은 부패하기 쉬운 우리의 마음을 온유하고, 시기하지 않게 하고, 교만하지 않게 하고, 모든 것을 참으며, 모든 것을 믿으며, 모든 것을 견디게 한다(고전 13:4-7).
그러나 십자가의 사랑은 "타협적인 사랑"이 아니라, 하나님의 진실하심과 거룩하심을 나타내는 진실하고 거룩한 사랑이다.

[사랑은] 불의를 기뻐하지 아니하며 진리와 함께 기뻐하고 … (고전 13:6).

십자가의 사랑과 은혜는 여전히 하나님의 진노와 심판을 유지한다. 그리스도인의 자유는 어떤 탐욕이나 죄와 세상 질서를 훼방하는 "혼란한 자유"가 아니라, 오히려 그리스도 안에서 육의 욕구를 억제하고 오직 내주하시는 성령을 따라 사랑으로 섬기는 영적 자유다.

형제들아 너희가 자유를 위하여 부르심을 입었으나 그러나 그 자유로 육체의 기회를 삼지 말고 오직 사랑으로 서로 종노릇하라(갈 5:13).
오직 사랑 안에서 참된 것을 하여 범사에 그에게까지 자랄지라 그는 머리니 곧 그리스도라(엡 4:15).

물론 기독교회는 단순히 어떤 새로운 세속주의적 가치관에 대해 반대하는 사회적 수구 세력으로 자처하거나 오인 받아서는 안 된다. 복음주의 교회는 동성애 합법화, 페미니스트 운동 같은 성경의 가르침에 분명히 위배되는 가치관을 반대해야 하나 여전히 주님께서 가르치신 사랑의 정신을 잊지 말아야 한다.

십자가에 달리셔서 자신을 십자가에 매단 사람들을 위해 기도하신 주님을 본받아(눅 23:34) 우리를 반대하고 핍박하는 사람들을 위해 기도해야 한다(행 7:60).

> 우리가 아직 죄인 되었을 때에 그리스도께서 우리를 위하여 죽으심으로 하나님께서 우리에 대한 자기의 사랑을 확증하셨느니라(롬 5:8).
> 사랑하는 자들아 하나님이 이같이 우리를 사랑하셨은즉 우리도 서로 사랑하는 것이 마땅하도다(요일 4:11).

교회는 급변하는 세상에 대처하기 위해, 예배, 교육, 전도 프로그램의 갱신도 필요하고, 이에 대한 성경적, 신학적 이해와 설명도 필요하다. 또한, 성령의 초월적 역사와 신령한 은사와 체험도 필요하다. 그러나 이 모든 것 위에 그리스도의 교회가 가장 관심을 가져야 할 것은 역시 사랑이다(고전 13:1).

사랑이 아닌 어떤 다른 요인에 의한 교회 부흥은 진정한 부흥이라고 할 수 없다. 그리스도의 교회는 믿음과 성령과 함께 사랑으로 충만한 교회가 되어야 한다. 사랑이 모든 교회의 프로그램 가운데 충만히 나타나야 한다. 성도들은 먼저 서로 사랑해야 하고, 교회는 그리스도의 사랑을 세상에 더욱 적극적으로, 구체적으로, 나타내야 한다.

현대 교회는 교회의 외적 성장에 집착하여 교회의 위축을 탄식만 할 것이 아니라, 오히려 성령을 따라 사랑으로 충만한 그리스도인으로서의 본연의 자세를 더욱 힘써 가르쳐야 한다(갈 5:16-22).

초대교회는 지금보다 더 어려운 환경 가운데서 더 많은 핍박을 받으면서도 다만 믿음과 성령으로 충만한 교회가 되기를 힘썼을 때 오히려 교회가 날마다 더욱 성장했다는 사실을 명심해야 한다(행 6:7; 16:5).

하나님은 외양이 아니라, 각자의 마음을 감찰하시는 분이시고, 최후 심판에서 선행과 함께 진실한 마음 자세도 중요한 평가 기준임을 잊지 말아야 한다.[2]

> 새 계명을 너희에게 주노니 서로 사랑하라 내가 너희를 사랑한 것 같이 너희도 서로 사랑하라 너희가 서로 사랑하면 이로써 모든 사람이 너희가 내 제자인 줄 알리라 (요 13:34-35).

현실적으로, 우리의 신앙 형태가 보수주의와 진보주의의 형태로 나누어져 있고 우리가 우리 자신의 특정한 신앙-신학 전통과 사고 유형을 따라 성경을 읽고 해석하고 우리 자신의 흥미와 관심에 따라서 성경의 어떤 특정한 말씀에 집중하기도 하지만 모든 말씀 가운데서도 "서로 사랑하라"는 말씀을 가장 존중해야 할 것이다. 이 말씀이 우리가 모두 한 몸된 그리스도의 지체로서 마땅히 행해야 할바를 보여주기 때문이다.

2018년 8월 11일

---

[2] 마 7:22 이하; 25:1 이하; 롬 2:5-10; 고후 5:7, 10; 딤후 4:7; 참조, 계 20:12-13.

21. 창조 신앙과 구원 신앙

> 태초에 하나님이 천지를 창조하시니라 땅이 혼돈하고 공허하며 흑암이 깊음 위에 있고, 하나님의 영은 수면 위에 운행하시니라 하나님이 이르시되, 빛이 있으라 하시니, 빛이 있었고, 빛이 하나님이 보시기에 좋았더라 하나님이 빛과 어두움을 나누사 하나님이 빛을 낮이라 부르시고 어둠을 밤이라 부르시니라 (창 1:1-5).

태초에 하나님께서는 혼돈과 어두움 가운데서 밝은 빛과 생명이 넘치는 세계를 창조하셨다. 많은 현대인이 이 중요한 말씀을 신화로 취급하며 무시한다. 그러나 창세기는 고대인의 언어와 이해 능력에 맞추어 하나님의 세계 창조를 가르치는 하나님의 말씀이라는 것을 알아야 한다.

많은 현대인은 현대 과학적 우주관이나 진화론을 따르며 하나님의 창조를 조소하지만, 그들이 자랑하는 과학적 세계관도 결국 시대적인 제약을 받는 불완전한 것임을 알아야 한다. 과거 시대에 비해 현대의 과학이 이 세계에 대해 더 많은 것을 가르쳐주지만, 우주가 광대무변(廣大無邊)하듯이, 인간의 모든 지식은 여전히 그 한계가 있음을 알아야 한다.

더구나 과학적 지식은 보이는 이 세계에 집중하기 때문에 보이지 않는 영적 세계를 알 수도 없고 제대로 논할 수도 없다. 성경은 보이지 않으시는 하나님께서 이 보이는 세상을 지으셨다고 한다(창 1:1; 히 11:3).

이 사실은 보이는 이 세상의 기원은 다만 세상을 지으신 창조주 하나님만이 분명히 아신다는 것을 의미한다. 마치 아이를 낳은 부모가 가장 분명히 그 아이에 대해서 아는 것과 같다. 아이가 부모를 존중해야 하듯이, 피조물 인생은 세상과 자신을 지으신 창조주 하나님의 말씀을 존중해야 한다. 그렇지 않으면 인생은 부모를 잃은 고아와 같이 궤도를 벗어난 떠돌이별과 같이 영원한 어둠속에서 방황하게 될 것이다. 실제로 성경은 하나님을 떠난 인류의 불행한 역사를 보여 주고 있다.

빛은 생명을 낳고, 어둠은 사망을 낳는다. 창세기 1:1-5의 말씀은 빛이시며 생명이신 예수 그리스도를 가리킨다(요 1:1-18).

> 태초에 말씀이 계시니라 이 말씀이 하나님과 함께 계셨으니 이 말씀은 곧 하나님이시니라(요 1:1).

창세기의 빛은 참 빛이신 그리스도를 가리킨다(요 1:5-12).

> 나는 세상의 빛이니 나를 따르는 자는 어둠에 다니지 아니하고 생명의 빛을 얻으리라(요 8:12).

"구원의 빛"이신 그리스도는 창세기의 "창조의 빛"이시다. 그리스도의 구원이란 본질상 타락한 피조물의 회복을 의미하기 때문이다. 그리스도는 결국 하나님의 창조와 구원의 "말씀"이시다. 이런 그리스도의 신분에 대한 "비약적인 논증"은 보이지 않는 창조주 하나님의 존재와 구원의 약속에 대한 믿음을 전제한다.

많은 세상 사람은 빛보다 어두움을 더 사랑한다(요 3:19). 그들은 어두움을 자신들의 부모로 알고 따르는 "어둠의 아들들"이다(= "이 세대의 아들들" vs. "빛의 아들들"[눅 16:8; 살전 5:5]). 그러나 하나님의 말씀을 믿는 사람들은 "빛의 아들들"이며 빛을 사랑한다(요 1:12-13; 12:36; 참조, 12:46). 창조의 빛이시며 구원의 빛이신 그리스도께서 어두운 세상을 구원하러 오셨으나 "어둠의 아들들"은 그를 불신하고 죽였다. 그러나 그를 생명의 빛으로 믿는 사람들은 하나님의 자녀가 되는 권세를 얻는다(요 1:12).

성경이 가르치는 믿음이란 본질상 확실하고, 분명한 증거가 있기 때문에 믿는 것이 아니라, 오히려 어둡고 혼란한 가운데서 새어나오는 하나님의 구원의 빛줄기를 발견하는 "은혜로운 시력"이며, 복잡하고 소란한 가운데서 하나님의 생명의 말씀을 가려 듣는 "은혜로운 청력"이다.[1]

> 들을 귀 있는 자는 들으라(막 4:23).
> 너는 나를 본고로 믿느냐 보지 못하고 믿는 자들은 복되도다(요 20:29).

---

1 막 4:11-12; 요 9:11, 41; 10:27; 20:29; 롬 1:17; 4:18-22; 10:17; 11:8; 고후 5:7; 히 11:1, 8.

하나님께서는 자신의 존재와 진실을 훼방하는 모든 시험과 모략과 거짓 증언에도 불구하고 자신을 끝까지 믿고 의지하는 사람을 자신의 자녀로 인정하시는 것이다.[2] "

> 내 양은 내 음성을 들으며 나는 그들을 알며 그들은 나를 따르느니라(요 10:27).

현대 과학자들과 진화론자들의 불신적 주장에도 불구하고, 태초에 하나님께서 세상을 말씀으로 창조하셨다는 성경 말씀을 믿는 사람은 하나님의 빛이시며 "말씀"으로 오신 그리스도를 창조주[3]와 구원주로 믿어야 한다(요 1:1, 16).

> 내가 곧 길이요 진리요 생명이니 나로 말미암지 않고는 아버지께로 올 자가 없느니라(요 14:6).

그러므로 창조 신앙은 구원 신앙으로 나타나는 것이다. 구원이란 죄로 파괴된 세상이 창조 때의 완전한 세상으로 다시 회복되는 것이기 때문이다(계 21:1 이하). 마지막 날에 나타날 새 하늘과 새 땅은 하나님께서 마귀와 모든 악한 것들을 이미 지옥에 가두셨기 때문에 더 이상 우리를 미혹할 것들이 없는 완전한 세상이다(계 20:3; 21:4, 8; 22:2-3).

과학적 세계는 보다 편리한 세상을 약속할 수는 있으나, "완전한 세상"을 약속할 수는 없다. 모든 피조물의 가치는 본질상 제한적이기 때문이다. 실제로 현대인들은 과학 기술로 인한 폐해들로 말미암아 이미 심각하게 고통 받고 있다. 공해 문제뿐만 아니라, 유전자 편집과 인공 지능 개발 등으로 말미암는 사회적, 윤리적 혼란 같은 문화적 폐해도 예견되고 있다.

인간은 자신이 만든 인공 지능에 의해 지배 받게 되는 미래의 세계에서 결코 행복할 수 없다. 인간이 희구하는 "완전한 세상"은 그리스도의 전격적 개입(재림)으로만 가능한 것이다. "

---

2 렘 39:18; 합 2:4; 마 5:11-12; 요 10:14, 27; 롬 1:17; 4:3 이하; 고후 4:4.

3 엄격히 말해서 성부 하나님이 창조주이시고 성자 하나님은 창조의 중보자("말씀")이시지만, 성자의 구원 사역이 결국 하나님의 창조를 복원하는 것이므로 "창조주"라고 표현한 것이다.

우리는 그의 약속대로 의가 있는 곳인 새 하늘과 새 땅을 바라보도다(벧후 3:13).

그러므로 사람과 세상을 지으신 창조주 하나님의 구원 약속을 믿는 것만이 인류의 살 길이다. 무엇보다 이 소망의 실재성은 우리의 죄를 대속하시기 위해 죽으시고, 우리에게 영원한 생명을 주시기 위해 다시 사신 예수 그리스도로 말미암아 확실히 증명되었다.

아담 안에서 모든 사람이 죽은 것 같이 그리스도 안에서 모든 사람이 삶을 얻으리라(고전 15:22).

결국 죽으시고 다시 사신 그리스도를 믿는 믿음만이 모든 "현재의 고난"을 이기고 승리하는 유일한 구원의 길이다.

2018년 8월 17일

22. 성령이 이끄는 삶(II)

> 무릇 하나님의 영으로 인도함을 받는 사람은 곧 하나님의 아들이라(롬 8:14).
> 귀 있는 자는 성령이 교회들에게 하시는 말씀을 들을 지어다(계 2:7, 11, 17, 29; 3:6, 13, 22).

며칠 전(8월 2일)에도 같은 제목의 글을 썼으나 성령의 역사가 하나님의 창조로부터 종말 그리고 하나님의 자녀로 부르심과 이어지는 신앙생활에 이르기까지 매우 광범위한 사역임을 지적하는 나머지 성령의 사역의 중요한 부분들을 분명히 가려내어 설명하지는 못했다. 여기서는 거기서 논한 성령의 사역의 핵심적 사항을 요약해 정리하며 보다 구체적으로 우리가 오늘 어떻게 "성령이 이끄는 삶"을 살 것인가를 논할 것이다.

첫째, 성령은 삼위일체이신 하나님의 독립적 존재(person)이시면서도 동시에 하나님의 영 또한 그리스도의 영으로서, 하나님의 창조와 구원 역사를 주도하는 창조적이고 역동적이며, 초월적이고 인격적인 능력이다(창 1:2; 2:7; 욥 33:4). 무엇보다 성령은 성부, 성자와 같이 우리의 마음과 처지를 아시고 지시하시는 영적 인격체시다(요 14:26; 15:13-15; 롬 8:26). 성령은 보이지는 않지만 초월적인 능력을 가지셨다(요 3:8; 행 2:2).

둘째, 구약 시대에서 성령은 하나님의 창조와 구원 역사를 위해 장애가 되는 낡은 사고와 전통적 제도와 가치를 깨뜨리시고 새로운 사고와 제도와 가치를 제시하셨다.[1] 성령은 기존의 재능과 힘 등 "일반 은총"을 강화하시거나[2] 새로운 능력, 즉 은사(예언, 지혜, 권위)를 주신다(삼상 10:10; 16:13).

셋째, 신약 시대에서 성령은 특별히 그리스도로 말미암는 새로운 구원 역사를 주도하신다(눅 1:15, 35, 4:1; 18).

---

[1] 창 1:2; 출 11:25; 삼상 16:13; 사 61:1 이하[눅 4:18]; 겔 36:26-27.
[2] 출 28:3; 31:3; 35:31; 삿 13:25; 14:19.

넷째, 그리스도는 성령으로 잉태하셨고, 성령으로 사역하셨고, 세상을 떠나시기 전에도 제자들에게 성령을 약속하셨다(행 1:4-5).

다섯째, 성령은 제자들이 그리스도께서 세상을 떠나 승천하신 그리스도의 "공간적 한계"를 극복하고, 제자들이 그리스도의 구원 사역을 효율적으로 수행하도록 신비롭게 역사하는 그리스도의 영이시며 그의 "현존과 능력"이시다.[3] 초대교회는 성령으로 충만한 교회였다.

여섯째, 성령은 언어, 문화, 시공간 등의 장벽을 넘어 외식주의, 도덕주의, 인본주의, 자연주의 등 모든 인간의 지혜와 고안에 의한 자의적인 구원 노력을 무력하게 만드시고, 다만 그리스도의 십자가를 통한 구원을 유일한 구원의 진리로 계시하시고 전파하게 하신다.[4] 수천 년 동안 40여명의 저자들이 쓴 성경이 한결같이 그리스도를 통한 하나님의 구원 역사를 지향하고 있다는 사실은 모든 저자가 한 성령의 영감을 받았다는 또 다른 사실을 가리킨다.[5]

일곱째, 성령은 우리의 육적 존재와 삶이 그리스도의 모본을 따라서 영적으로 변화하도록 도우신다. 성령은 우리를 부르시어 그리스도를 믿게 하시고[6] 하나님의 자녀로 인치시고,[7] 그 속에 상주하시며[8] 마치 부모가 어린 자식을 돌보듯이 모르던 것을 깨우쳐 주시고(지각), 보지 못하던 것을 보게 하시고(시각), 듣지 못하던 것을 듣게 하시고(청각), 바르게 말하게 하시며(막 13:11), "성령의 두 번째 열매," 곧 그리스도인의 고귀한 인격을 형성해 주시고, 그의 신앙생활을 인도해 주시고,[9] 성령의 은사를 주시어 하나님의 구원 역사에 동참하게 하신다(행 2:4; 고전 12:1 이하; 고후 12:18).

---

3 요 14:16-17; 26; 15:26; 16:7-16; 20:22-23; 행 2:1; 고전 2:4-16; 6:19; 7:40; 12:1 이하; 고후 1:22; 5:5; 12:18.
4 마 11:25-30; 요 3:5 이하; 행 1:8; 롬 16:26; 고전 1:18-2:16; 갈 1:12; 엡 3:3-5; 벧전 1:12; 벧후 1:16-18.
5 마 1:22; 4:14; 8:17; 12:17-21 등; 요 1:45; 5:39; 행 26:22-23; 롬 1:2; 3:21; 16:26; 고전 10:4; 고후 4:16; 갈 3:16; 히 1:1 이하; 7:11 이하; 8:5-6; 9:11 이하; 10:1 이하; 11:16, 40.
6 요 3:5 이하; 행 10:44; 11:15; 19:6; 고전 12:3.
7 엡 1:13. 참조, "성령의 처음 익은 열매"(롬 8:16, 23)
8 요 3:34; 롬 8:9-16; 고전 6:19; 고후 5:5; 약 4:5.
9 고후 1:22; 5:5; 12:18; 갈 5:16-22.

그리스도인은 언제나 자신과 주위에서 일어나는 이런 성령의 임재와 역사를 주의 깊게 살피며 그의 지시를 따라야 한다. 성령과 믿음이 충만한 그리스도인이라면 이런 성령의 역사가 공허한 이론이 아니라, 실제로 자주 경험하는 일상적인 사실임을 증거한다.[10]

다른 말로, 성령의 기능은 그리스도인의 중생, 인격 형성과 성장 등 보이지 않는 내적 기능과[11] 그리스도인의 복음 전도, 각종 은사, 바른 판단, 지도력 등 보이는 외적 기능으로 나눌 수 있다.[12] 그러나 성령의 내외적 기능은 분리되지 않고 대개 동시에 나타난다. 성령으로 거듭난 사람이라도 언제나 악한 영의 미혹을 받을 수 있으므로 성령을 따라 살기를 힘써야 한다(눅 22:21; 행 5:3; 마 12:28; 요일 4:1-6).

특별히 사도 바울은 당시 유대교의 율법주의적 가르침에 맞서서 낡은 구원의 도리인 율법의 조문을 따르는 삶이 아니라, 새로운 구원의 시대를 선도하는 성령의 인도하심과 도우심을 받는 자유로운 삶을 그리스도인의 삶의 특징으로 가르친다.[13] 인간 존재와 삶에 대한 율법의 구원 능력과 변화 능력은 인간의 한계로 말미암아 제한적일 수밖에 없으나, 복음의 구원 능력과 변화 능력은 성령의 역사로 말미암아 확실히 나타난다(롬 7:1-8:17; 갈 5:16-23; 참조, 요 3:5 이하). 그리스도의 구원 역사로 시작된 성령의 역사는 인간 존재와 삶을 본질적으로 변화시킨다.

> 내가 이르노니 너희는 성령을 따라 행하라 그리하면 육체의 욕심을 이루지 아니하리라(갈 5:16).

---

[10] 행 5:3; 13:9; 16:6-7; 21:4; 롬 8:26; 고전 2:4 등.
[11] 마 3:16; 요 3:5; 롬 8:2 이하; 14:17; 15:13; 고전 3:16; 6:19; 12:3; 고후 1:22; 6:6; 갈 3:2, 3, 5, 14; 4:9; 5:5, 22; 엡 1:22; 5:18; 6:18; 살전 1:6; 살후 2:13; 딤후 1:14; 요일 3:24; 유 1:19 등.
[12] 마 4:1; 12:28-32; 막 13:11; 요 14:26; 16:13-15; 행 1:8; 2:38; 5:3; 6:3; 8:7, 16-20, 39; 10:44-46; 13:9, 52; 15:8; 19:2-8; 20:28; 21:4; 롬 8:26; 고전 2:4; 10-14; 12:4-13; 고후 12:18; 갈 5:16-25; 살전 5:19; 히 6:4; 계 1:10; 2:7; 4:2; 17:3; 22:17 등.
[13] 롬 2:29; 7:6; 8:4-16; 갈 5:16-26.

첫째, 바울이 가르치는 "성령이 이끄는 삶"은 그리스도로 말미암은 하나님의 구원의 새 시대에 제시된 새로운 삶의 스타일이다.[14]

둘째, 정죄와 심판과 사망에 이르게 하는 율법 대신 그리스도 십자가의 은혜와 용서와 사랑으로 생명으로 이르게 하는 복음의 능력이다(롬 8:1-2; 참조, 요 8:1-11).

셋째, 이런 바울의 가르침은 유대교의 율법주의뿐만 아니라, 결국 위선과 오만함에 이르게 하는 인간의 도덕주의와도 대조적이다(롬 2:17-3:18).

넷째, 그러므로 바울 서신에서 성령의 도우심에 대한 직접적 언급 없이 사람의 선한 의지에 호소하는 듯이 보이는 권면들도 결국 성령의 능력과 도우심을 전제하는 것으로 봐야 한다(롬 6:12 이하; 12:1 이하; 빌 2:1 이하).

다섯째, 우리 속에 내주하시는 성령은 그 특유의 자유로운 역동성으로 우리 속에서 일하신다(고후 3:17; 갈 5:1, 13, 16).

마치 심장이 피가 굳어지지 않고 온 몸에 활발하게 퍼지도록 우리의 몸속에서 박동하듯이, 성령은 복음 신앙이 자칫 율법주의적 경직성으로 변질되거나, 신학적으로, 종교적으로, 이론화 되고 개념화 되어 그 생명력을 상실하거나, 종교적 타성에 젖어 외식적, 위선적, 독선적 신앙이 되지 않고 다만 그리스도의 십자가와 부활에서 나타난 하나님의 사랑, 은혜, 능력이 오늘 우리의 마음과 삶 가운데 활성화되게 하신다(롬 8:9-39; 갈 3:5).

> 소망이 우리를 부끄럽게 하지 아니함은 우리에게 주신 성령으로 말미암아 하나님의 사랑이 우리 마음에 부은 바 됨이니(롬 5:5).

여섯째, 성령은 우리 속에 상주하시면서 우리의 양심이나 친구와 같이 우리가 선과 악을 분별하고 선을 행하도록 권면한다(요 14:26; 16:13; 행 5:3; 엡 4:30).

성령은 율법, 양심, 마음, 이성, 본성("포시스"), 지식, 보편적 선의 기준 등 인간의 요소를 그대로 따르지는 않으시나 그들을 통해 우리에게 가르치고 지시하실 수도

---

14 물론 "성령이 주도하는 믿음과 은혜 중심적 삶"은 하나님의 구원 역사 가운데 이미 나타났던 "믿음의 조상들"의 삶과 일치하는 데서 "낡은 것이라"고 할 수도 있으나, 율법주의적 삶의 대안으로 제시되었다는 점에서 새로운 삶인 것이다. 다른 말로, 그것은 성경적 근거가 있는 진정한 삶의 유형이다.

있다(롬 2:14-15; 9:1; 고전 11:14).

바울은 주로 예수님의 말씀을 따라 가르치기도 하고 주를 따르는 자신의 삶을 본받으라고도 한다.[15] 그러나 때로 바울은 하나님의 신적 성품을 일반적인 윤리적 판단 기준으로 제시하기도 한다.[16] 이방인들이 양심을 따라 살고, 유대교인들이 "율법을 따라"사는 반면에 그리스도인들은 "성령을 따라" 살아야 하지만, 그렇다고 율법이나 양심 또는 전통적 도덕과 가치 같은 "보편적 윤리 기준"을 전혀 무시하라는 것이 아니라, "자연 계시"와 함께 신앙에 비추어 적절히 적용할 것을 가르친다. 다른 말로, 성령은 우리의 양심과 이성이 성령의 뜻을 따르도록 역사하신다.

> 본성이 너희에게 가르치지 아니하느냐(고전 11:14b).
> 내 양심이 성령 안에서 나와 더불어 증언하노니(롬 9:1c).

심지어 바울은 정치 권력도 하나님의 세상 통치의 수단이므로 복종하도록 권면한다(롬 13:1-7; cf. 본회퍼, "악에 대한 저항 정신"). 그러나 여전히 사람의 판단을 성령의 지시와 혼동하지 않도록 주의해야 한다. 특별히 현대 기독교인들은 현대 사회에서 자주 "인권"과 "양심의 자유"가 남용되어 사회적 갈등과 도덕적 해이와 방탕을 조장하는 것을 경계해야 한다. 우리가 이런 성령의 임재와 능력을 경험하고 증거하기 위해 먼저 성령의 임재와 내주하심을 믿고 죄를 회개하며, 특히 성령의 좌소인 우리의 마음을 하나님의 말씀을 따라 정결하고 바르게 지켜야 한다.[17]

> 너희가 회개하여 각각 예수 그리스도의 이름으로 세례를 받고 죄 사함을 받으라 그리하면 성령의 선물을 받으리니(행 2:38).

성령의 임재와 인도는 무조건적인 하나님의 은혜이면서도 그에 합당한 우리의 자세를 요구하기 때문에 조건적이다. 개인의 자의적 자유로움이 아니라, 성령의 거룩한 뜻과 하나님의 말씀을 존중하는 자세를 가져야 한다(잠 1:23).

---

15 롬 12:14-21; cf. 마 5:38-48; 고전 7:8; 11:1; 행 20:35.
16 고전 14:33; 참조. 출 34:6; 욘 4:2; 마 5:9; 48, 6:24; 11:29.
17 잠 1:23; 행 2:38; 19:6; 롬 8:9-16, 27; 고후 1:22; 갈 4:6; 막 7:16.

그러므로 바울은 그리스도인이 자신의 윤리적 판단과 행동을 성령의 인도하심에만 맡길 것이 아니라, 스스로 책임 있게 판단하고 행동할 것을 자주 가르친다. 그리스도인은 그리스도의 죽으심과 부활의 의미를 자신의 삶에 신중히 적용해 자신의 사욕을 다스려야 하고[18] 주님의 뜻을 위해, 공동체의 유익을 위해 자신의 뜻을 포기할 수 있어야 한다.[19]

이렇게 그리스도인은 성경 말씀을 묵상하고, 율법을 무시하지 않고, 오히려 복음적으로 재해석하고, 탄력적으로 적용하고(고전 10:6-13; 11:3-16), 자연계시, 마음, 본성, 지식, 신앙 양심, 신앙 이성과 도덕 등을 통해서도 하나님의 뜻을 찾는다.[20] 무엇보다 그리스도인은 언제나 성령에 의해 변화된 자신의 정체성을 잊지 말고 그리스도의 모본을 따라 살기를 힘써야 한다(빌 2:5).

일곱째, 성령의 인도하심을 받는 사람은 무엇보다 하나님의 말씀을 우선시 한다.[21]

성령의 지시와 역사는 언제나 하나님의 말씀과 일치한다(롬 8:27). 성령 중심적 삶은 율법을 무시하는 것이 아니라, 율법을 제대로 알지도 못하고 지키지도 못하는 우리의 한계를 인정하고, "성령의 조명"을 받아 율법의 진의를 따른다(잠 1:23; 마 22:23-46; 막 7:1-23; 요 5:39; 행 8:35; 롬 15:4; 고전 10:1-11).

여덟째, 바울이 가르치는 "성령이 주도하는 삶"은 반율법주의(antinomianism)도 아니고, 자유방임주의(laissez faire)도 아니다.

위에서 지적했듯이, 율법의 제사법, 의식법은 폐기 되었으나 도덕법은 여전히 그리스도인의 삶의 중요한 지침이고, 율법은 자주 "사랑"으로 요약된다. 자유방임주의는 어떤 고정적인 선악이나 도덕적 원칙을 거부하고, 다만 개인이나 문화에 따라서 다양한 사고와 행동이 있을 뿐이라고 주장하며 "하나님의 법"은 물론 "자연법"을 무시한다.

이에 대해서 루이스(C. S. Lewis, [1898-1963], 옥스퍼드, 캠브리지대학교, 중세, 르네상스 문학 전공 교수)는 거의 모든 사람들이 의식적으로나 무의식적으로나 결국 어떤 자연

---

18 롬 6:12-13; 8:13; 12:1-2; 엡 4:22-24; 빌 2:5 이하.
19 마 16:24 이하; 막 14:36; 요 10:15; 롬 14:8; 고후 4:9; 12:15; 빌 1:23-24.
20 롬 2:15; 9:1; 13:5; 고전 10:25-29; 11:14b.
21 삼상 13:14; 15:26; 16:14; 요 14:26; 15:13-15; 행 10:44, 11:15.

법을 따라서 자신과 남의 생각이나 행동을 변명하거나 판단한다는 것을 지적했다.

루이스는 특별히 사람이 자신의 어떤 이해(利害)와 관련되는 문제에 대해서는 자주 "그건 상식에 어긋난다," "도리가 아니다"(it's unfair) 등 "상식"이나 "원칙"이 가리키는 "자연법"을 들어서 자신을 방어한다는 사실을 지적한다.²² 사람은 누구나 의식하든지, 의식하지 못하든지, 하나님께서 만드신 법("자연법")의 지배와 영향 아래 있는 것이다.

하나님께서 이를 그들에게 보이셨느니라(롬 1:19b).

오늘 날 서양 세계는 물론 우리나라에서도 복음 신앙은 전반적으로 침체 양상이다. 물질적 가치관과 다원주의가 왕 노릇하는 현대는 복음 신앙을 특정한 사람들의 생활습관이나 취미로 본다. 다수의 그리스도인들도 "성령을 따라" 사는 대신 기계적으로 "습관을 따라" 산다. 예배와 기도를 "습관을 따라" 할 뿐이다. 그러나 주님께서는 "하나님은 영이시니 예배하는 자가 영과 진리로 예배할지니라"(요 4:24)라고 말씀하셨다.

성령(하기오스 프뉴마)은 세상의 영과 구별되는 하나님의 거룩하신 영이며, 동시에 죄인을 구원하기 위해 희생하신 그리스도의 영이다(롬 8:9; 갈 4:6). 성령은 그리스도의 말씀과 십자가의 모델을 따라서 믿는 사람들에게 모든 영적 은혜를 베풀고, 영생으로 인도하며, 불신적인 세상을 책망하고 심판하나(요 16:8-11), 악한 영은 사람들을 미혹하여 멸망에 이르게 한다.²³성령의 사람은 언제나 악한 영의 미혹을 경계하며 대적해야 한다(요일 4:1-6;딤후 4:1). 우리가 성령과 교제하며 성령을 따라 살려고 할수록 언제나 악한 영의 세력도 함께 역사한다는 것을 알아야 한다.

---

22 C. S. Lewis, *Mere Christianity* (New York/London/Tokyo: A Touchstone Book, 1980), 18.
23 하나님께서는 때로 그의 구원의 경륜 가운데 악한 영을 보내어 악을 행하게도 하신다(삼상 16:23; 왕상 22:23; 왕하 19:7; 살후 2:11). 이것은 하나님의 선하심과 주권과 관련된 논쟁을 일으킨다. 우리 인간의 한계로 말미암아 하나님께서 하시는 모든 일을 제대로 이해하기 어렵더라도, 우리는 하나님께서 하시는 모든 일이 결국은 하나님의 지혜와 능력과 영광을 나타내기 위한 선한 목적을 가지고 있다는 사실을 굳게 믿어야 한다(Augustine, *Letters*, clxxxvi.7.23;『기독교 강요』III.23.3, 4, 9).

하나님께서는 그의 사랑하시는 자녀들의 믿음을 진정한 믿음이 되게 하시기 위해 그들을 시험하신다. 아브라함도, 야곱도, 요셉도, 다윗도 시험받았다. 이스라엘 백성은 광야에서 시험받았다. 예수님도 성령에 이끌리어 광야에서 마귀의 시험을 받으셨다. 믿음의 조상들은 대개 시험을 이기고 믿음을 지켰으나, 그 후손인 이스라엘 백성은 대개 시험에 빠져서 불신적이 되었고, 결국 하나님의 징벌을 받았다. 하나님께서는 자신의 백성이 불신적이 되는 것을 결코 좌시하지 않으신다. 지난 세기에는 유물주의적 절대주의에 의한 세계 대전들로 불신적 세상을 응징하셨고, 지금은 무슬림 절대주의로 불신적 서양 세계를 응징하신다.

이뿐만 아니라, 세계적으로 점증되는 자연 재해나 전염병도 단순한 자연 이변이 아니라, 불신적 세상에 대한 하나님의 진노하심으로 봐야 한다.[24] 사탄은 언제나 우리의 탐심을 통해 역사하므로, 우리는 언제나 모든 탐심을 물리치고 우리의 마음을 성령이 거주하실 만한 정결한 상태로 지켜야 한다(눅 12:15; 롬 7:8; 엡 5:3).

그러나 동시에 적극적으로 하나님께서는 세상이나 그의 백성이 하나님을 떠날 때, 특별한 사람들을 부르시고 그들을 통해 그의 구원의 능력을 나타내신다.[25] 그러므로 오늘날과 같이 하나님의 교회가 약해지고 믿음이 식을 때, 오히려 하나님의 구원의 능력이 나타날 것을 기대할 수 있다.

첫째, 그러므로 믿는 우리는 교회의 침체 현상과 세상의 불신에만 집중하여 낙심할 것이 아니라, 오히려 성령의 역동성을 믿고 성령을 통한 하나님의 구원 역사가 일어나기를 간절히 바라며 말씀, 기도, 예배 등 경건과 영성에 더욱 힘써야 할 것이다.

너희 하늘 아버지께서 구하는 자에게 성령을 주시지 않겠느냐(눅 11:13b).

성령의 임재를 위한 우리의 갈망과 노력과 책임도 우리 자신의 공로가 아니라, 결국 하나님의 은혜와 축복이다.

둘째, 이렇게 어려울 때 일수록, 우리 자신과 우리의 주위에서 일하시는 성령의 임재와 교통을 믿고, 그의 말씀에 귀를 기우려야 한다.

---

24 민 11:1; 12:10; 신 28:20 이하; 삼하 21:1; 24:15; 계 6:1 이하.
25 출 3:1-10; 삿 6:14; 마 4:17; 요 3:16.

귀 있는 자는 성령이 교회들에게 하시는 말씀을 들을 지어다(계 2:7, 11, 17, 29; 3:6, 13, 22).

셋째, 그리스도인과 교회는 세상을 향해 하나님의 진노하심을 경고하면서도 동시에 성령의 열매인 하나님의 사랑을 나타내야 한다.[26]

아름다운 열매를 맺지 아니하는 나무마다 찍혀 불에 던져지느니라(마 7:19).
거짓 선지자가 많이 일어나 많은 사람을 미혹하겠으며 불법이 성하므로 많은 사람의 사랑이 식어지리라 그러나 끝까지 견디는 자는 구원을 얻으리라(마 24:11-13).

교회의 성장과 부흥을 위해 성령의 외적 은사(기적, 치병, 예언 등)도 필요하나, 성령의 내적 은사, 즉 성령의 열매, 그리스도인의 인격도 중요하다. 성령의 외적 은사를 중시하는 나머지 성령의 내적 은사를 무시하면 자칫 영적 혼란에 빠지게 되고(고전 12:1 이하), 성령의 내적 은사에 집중하는 나머지 성령의 외적 은사를 무시하면 도덕주의로 변질될 수 있다.

성령을 소멸하지 말라(살전 5:19).
너희가 서로 사랑하면 이로써 모든 사람이 너희가 내 제자인 줄 알리라(요 13:35).

넷째, 우리가 죄를 회개하고 예수님을 영접할 때 우리 속에 성령이 임하셨듯이, 우리 자신의 연약함을 깊이 인식하고 하나님을 온전히 의지할 때 우리는 성령으로 충만하게 된다.[27]

오직 성령으로 충만함을 받으라(엡 5:18).

---

[26] 욥 1:15; 욘 3:4-10; 요 3:16; 롬 2:2 이하; 갈 5:22; 벧후 3:9.
[27] 삿 6:15; 삼상 9:21; 15:17; 고후 12:9-10.

즉 우리가 성령과 친밀한 사람이 되어, 우리 생각과 말과 인격과 행동 등 우리의 자아 전체가 성령을 따라 움직이며 그의 능력을 나타내는 성령의 사람이 되는 것이다(갈 5:16-25). 성령의 사람은 동시에 그리스도의 겸손한 모본을 따라 사는 사람이다.

다섯째, 우리를 하나님의 자녀로 부르시고 우리에게 내주하시는 성령은 끝까지 우리를 지켜주시지만(롬 8:16, "성도의 견인"), 성령의 은사와 능력이 떠날 수는 있다.

예수님을 믿고 성령의 능력도 행하다가 믿음을 떠나는 사람들도 있으나, 그들은 애초부터 진정한 신앙인들이었다고 볼 수 없다.[28] 하나님께서는 그런 사례들을 통해 우리가 자만하지 않고, 더욱 경건에 힘쓰기를 원하시는 것이다. 그러므로 우리는 날마다 우리의 안팎에서 하나님을 향한 우리의 믿음과 사랑을 시기하고 방해하는 모든 악한 육의 세력을 우리를 구원하신 그리스도의 영으로 이겨야 한다(롬 8:13).

내게 능력 주시는 자 안에서 내가 모든 것을 할 수 있느니라(빌 4:13).

한 마디로 성령은 그리스도인의 중생(하나님의 자녀로서의 탄생), 인격 형성과 성장, 모든 생각, 행동, 기능의 근원이며, 교회 성장의 원동력이지만 그는 여전히 우리가 책임 있는 그리스도인으로서 우리 스스로 하나님의 말씀과 그의 거룩하신 뜻을 따라 생각하고 행동할 것을 원하신다.

2018년 8월 20일

---

[28] 삼상 13:14; 15:26; 16:14; 마 24:24; 고후 11:13-15; 히 6:4-6; 8:26, 29; 벧후 2:20-21.

23. 사복음서의 정경성이 주는 교훈

> 하나님의 아들 예수 그리스도의 복음의 시작이라 (막 1:1).
> 내가 그리스도와 함께 십자가에 못 박혔나니 그런즉 이제는 내가 사는 것이 아니요 오직 내 안에 그리스도께서 사시는 것이라 이제 내가 육체 가운데 사는 것은 나를 사랑하사 나를 위하여 자기 자신을 버리신 하나님의 아들을 믿는 믿음 안에서 사는 것이라 (갈 2:20).

신약성경에 마태, 마가, 누가, 요한의 네 개의 복음서가 있다. 초대교회에서는 이 네 개의 복음서 외에도 여러 복음서가 유포되어 있었으나, 그들 가운데서 복음서를 쓴 저자가 분명하고, 신뢰성이 있는 사람이고, 그 내용이 확실한 사복음서만을 그리스도의 교회가 정경으로 인정한 것이다.

그러나 정경으로 인정된 네 개의 복음서들도 그 내용에서 다소 차이가 있다. 그 차이와 다양성으로 말미암아 독자들에게 혼란을 줄 수 있음을 감안하면서도 네 개의 복음서들을 모두 정경에 넣도록 교회가 결정한 이유는 무엇인가? (397년 '칼타고 공의회')

첫째, 네 개의 복음서를 모두 신뢰할만한 저자들이 썼다는 사실이다. 마태와 요한은 예수님의 제자들이었고, 마가와 누가는 사도는 아니었으나 와 바울 같은 사도들을 직접 도운 사람들이고, 사도권(apostolic circle)에 속하는 이들이다. 더구나 마가는 직접 예수님을 따라다닌 말씀의 목격자였다고 본다.[1] 이들이 각자의 복음서를 썼다는 것이 교회가 논란 없이 오래토록 인정해온 바이다.

둘째, 사복음서는 모두 역사적 신빙성이 있는 예수에 관한 사실들을 전한다. 정경에 들지 못한 다른 외경(外經)의 복음서들도 역사적으로 신빙성이 있는 사건들을 기록하지만, 어떤 내용들은 그 신빙성이 의심되는 것이 문제다.

---

1 막 14:51-52; 행 12:12, 25; 15:37, 39.

네 개의 복음서들은 예수님의 사역이 모두 예수님의 죽으심과 부활 사건을 중심으로 "하나님의 구원 역사"라는 하나의 큰 주제를 일관되게 유지하고 있으나, 경외서(經外書)의 복음서들은 때로 이 큰 주제를 벗어나서 단순히 "놀라운 사건들"이나 "어려운 문제들에 대한 사변(思辨)들"로서 사람들의 흥미와 호기심에 호소하는 듯이 보이는 것도 문제다.

일례로 경외서 가운데 예수님의 유년 시절에 대한 이야기들을 취급하는 "유년기 복음서들"(Infant Gospels)이 있으나, 교회가 인정하는 복음서에는 예수님의 유년시절에 대한 기록이 거의 없다는 사실에 착안해 사람들이 고안해 낸 "전설"들로 보인다. 그러므로 그 내용들 가운데 "하나님의 구원 역사"라는 통일된 성경적 주제를 벗어난 예수님의 주술적 행위나 저주 같은 의심스러운 진술들도 나타나는 것이다.

성경은 구원의 주제에서 이탈하게 하는 무익한 호기심과 사변적 논쟁을 경고한다.

> 신화와 끝없는 족보에 몰두하지 말게 하려 함이라 이런 것은 믿음 안에 있는 하나님의 경륜을 이룸보다 도리어 변론을 내는 것이라(딤전 1:4).
>
> 그러나 어리석은 변론과 족보 이야기와 분쟁과 율법에 대한 다툼은 피하라 이것은 무익한 것이요 헛된 것이니라(딛 3:9).

사복음서는 예수님의 생애와 구원 사역이 구약성경의 예언의 성취라는 일관된 역사관으로 기록하고 있다. 하나님께서 이스라엘의 족장들과 예언자들을 통해 약속하신 구원 언약이 하나님의 아들 그리스도 예수님을 통해 성취되었음을 증거하는 것이다.

특별히 사복음서는 예수님의 죽으심과 부활의 사실성과 중요성에 집중하고 있다. 복음서 저자들의 이런 일관된 저술 자세는 바로 그들이 "같은 성령"의 감동으로 말미암아 복음서를 기록했다는 확실한 증거가 된다.[2]

다른 말로, 성경의 예언과 성취의 역사는 성경이 결국 한 분 하나님의 통일된 구원 역사임을 보여 준다.

---

2 요 14:26; 15:26-27; 16:13-16; 고전 2:10-16; 6:19; 고후 12:18; 엡 4:3-4; 딤후 3:15-16.

셋째, 사복음서는 다양한 기록을 통해 더 풍성하고 온전한 하나님의 뜻을 전하는 것이다. 사복음서의 차이가 혼란을 줄 수도 있으나, 그 차이가 미미할 뿐만 아니라, 오히려 사복음서의 다양한 기록이 인간 언어와 표현력의 한계를 보완해 예수님을 통한 하나님의 구원 역사를 더욱 풍성하게 나타낼 수 있다고 판단해 사복음서를 모두 정경으로 확정한 것이다.

이렇게 사복음서는 예수님의 생애에 대해 신뢰할 만한 정보를 가진 저자들이 그들의 다양한 표현과 기록을 통해 예수님의 죽으심과 부활 사건을 중심으로 복음의 깊고 풍성한 뜻을 나타낸다.

이런 사복음서의 정경성(正經性)에 대한 우리의 자세는 무엇인가?

첫째, 현대 성경학자들은 사복음서의 차이와 다양성에 집중하는 나머지 그 조화와 일치성을 무시하며 사복음서의 정경으로서 일치된 교훈과 권위를 의심하는 지적(知的) 편향성을 나타낸다. 물론 현대 성경학자들이 중시하듯이 사복음서의 저자들이 각자의 다양한 처지와 언어와 관심을 가지고 복음을 기술한 것과 같이, 독자들도 각자의 다양한 언어와 관심과 특별한 경험에서 복음을 이해하고 전하는 것도 필요하다(복음의 주관적, 실존적 이해).

그러나 동시에 사복음서 저자들이 모두 예수의 죽으심과 부활의 역사성과 그 구원의 의미에 집중하고 있음을 주목하고 복음서가 전하는 예수님의 생애와 사역의 사실성과 구원의 의미를 깊이 인식해야 한다(복음의 역사적, 객관적 이해). 그것은 사도 바울이 그의 서신서에서 예수님의 죽으심과 부활의 사실성에 입각해 그 구원의 의미를 가르치고, 동시에 그리스도인의 삶에 적용하는 것과 같다. 역사 없는 의미나, 의미 없는 역사는 별 가치가 없다.

둘째, 더 확실한 본문 주석을 위해 복음서 기록의 차이에 대한 사회적, 인간적 요인들에 대해 학문적인 연구도 필요하지만, 그렇다고 그런 연구 결과들을 모두 수용할 필요는 없다. 복음서 기록의 차이를 성경의 역사-문학 비평가들이 하듯이 사회적, 인간적 요인에서만 찾는다면, 복음서가 영감 받은 하나님의 말씀이라는 복음서 저자들의 주장을 무시하게 되기 때문이다(마 24:35; 막 1:1; 눅 24:44; 요 14:27).

우리는 복음서 기록의 차이는 성령께서 그 특유한 역동성과 자유로우심으로 각 복음서의 자료의 형성 과정에 개입하시고, 저자들의 다양한 형편과 입장과 관심을 고려하시면서 그들의 복음서들을 쓰게 하신 결과로 봐야 한다(요 14:26; 16:13; 참조, 벧후 3:15-17).

그 결과 복음서의 말씀이 더욱 깊고 풍성하게 나타나는 것이다. 인간의 제한적인 언어와 표현으로는 깊고 넓은 하나님의 말씀을 제대로 나타낼 수 없으나 성령은 다양한 표현과 의미를 통해 더 깊고 풍성한 의미를 보여주시는 것이다. 부분적으로는 다르면서도 전체적으로는 일치되는 사복음서가 이런 성령의 의도를 가리킨다(칼빈의 공관복음서 주석, *Harmony of the Gospels*).

그러므로 우리는 복음서의 기록의 차이를 말씀의 환경적 요인이나 저자들의 인위적 개조로 말미암은 것으로만 생각할 것이 아니라, 오히려 말씀의 의미를 깊고 풍성하게 하시려는 성령의 영감으로 말미암은 것으로 봐야 한다.[3] 동시에 사복음서의 차이와 다양한 기록은 다양하고 복잡한 삶의 정황 가운데 있는 우리에게 말씀하시는 시의적절한 성령의 지시와 음성으로 인식되는 것이다.

이렇게 사복음서는 성령의 감동으로 통일성과 함께 다양성을 나타낸다.

셋째, 하나님께서 주 안에서 우리를 부르시고, 우리에게 복음 전도의 사명을 맡겨 주셨다. 우리는 사복음서가 전하는 예수의 죽으심과 부활의 기쁜 소식을 전하며 사복음서 저자들과 모든 사도들을 감동하셨던 같은 성령께서 먼저 오늘 나를 감동하시어 예수님을 따라 죽고 살게 하시고(롬 14:8; 고후 13:4; 갈 2:20), 또한 우리가 전도하는 사람들도 같은 성령의 감동을 받도록 기도해야 한다.

2018년 8월 21일

---

[3] 참조, 마 5:1/눅 6:17; 마 5:3-12/눅 6:20-23; 마 6:19-21, 33/눅 12:31-34 등. 설령, 복음서가 변화와 편집의 과정을 거쳤다고 하더라도, 그 과정에도 성령이 개입하셨다고 논할 수 있다.

24. "빛의 아들들"의 책임

> 너희는 다 빛의 아들이요 낮의 아들이라 우리가 밤이나 어둠에 속하지 아니하나니 그러므로 우리는 다른 이들과 같이 자지 말고 오직 깨어 정신을 차릴지라 자는 자들은 밤에 자고 취하는 자들은 밤에 취하되, 우리는 낮에 속하였으니 정신을 차리고, 믿음과 사랑의 호심경을 붙이고, 구원의 소망의 투구를 쓰자 (살전 5:5-8).

요한복음 1:1-18은 예수님의 신분과 복음 사역을 일목요연(一目瞭然)하게 보여 준다. 하나님의 아들 예수님은 태초에 세상을 창조하신 하나님의 말씀이셨고, 어두운 세상을 밝게 비추던 창조의 빛이셨으나, 이제는 어두운 세상의 구원의 빛으로 오셨다. 그러나 비극적인 사실은 이 어두운 세상이 예수님을 하나님의 구원의 빛으로 인식하지 못하고 그를 거절한 것이다.

빛이 어두움에 비치되 어둠이 깨닫지 못하더라(요 1:5).

세상이 예수님을 구원의 빛으로 인식하지 못하고 거절한 이유는 예수님에 대한 바른 인식을 막는 세상의 어두움의 생각들과 가치관들 때문이다. 당시의 유대인들은 결국 일시적이고 속기 쉬운 기적을 보기 원했고 또한 좌절과 사망에 이르게 하는 외식주의적 율법 전통을 따랐고, 당시의 헬라인들은 제한적인 인간의 지혜를 믿었다(고전 1:22).

심지어 믿는 이들 가운데서도 믿음을 떠나서 다시 영적 암흑세계로 떨어진 이들도 있다(히 6:4-6; 벧후 2:20-21). 예수님의 제자 유다를 비롯해 아나니아와 삽비라(행 5:1-11), 후메내오와 빌레도(딤후 2:17) 등이 믿음을 떠났다. 무엇보다 이스라엘 역사는 택한 백성 이스라엘이 계속해서 하나님 신앙을 떠나 우상을 섬겼다는 것을 보여 준다.

이런 사람들의 고질적인 불신 현상은 세상의 어두움의 세력의 지략과 공략이 결코 만만치 않다는 것을 보여 준다. 이 세상의 "어두움의 아들들"은 어두움의 논리와 증거로 "빛의 아들들"이 믿는 하나님의 구원의 말씀, 은혜, 사랑 등을 비웃고 조롱한다(살전 5:5-8). 그들은 성경의 가르침을 과학 이전 시대의 원시적인 세계관과 가치관으로 보고, 복음 운동을 하나의 종교 현상으로 상대화하거나 중립화하고, 심지어 예수님이나 제자들을 종교적 광신자들로 매도한다.

그러나 우리 "빛의 아들들"은 하나님께서 이 세상을 지으셨고, 이 죄악 세상을 구원하시기 위해 예수 그리스도를 구원의 빛으로 보내 주셨음을 굳게 믿는다. 하나님의 존재와 말씀을 모호하게 만들고 구원의 약속을 의심하게 하는 모든 안팎의 어두움의 권세와 싸우며 구원의 빛 이신 그리스도를 힘써 증거하며 영광의 그 날을 사모하는 것이다(롬 8:18-24).

> 마귀의 간계를 능히 대적하기 위하여 하나님의 전신 갑주를 입으라 우리의 씨름은 혈과 육을 상대하는 것이 아니요 통치자들과 권세들과 이 어둠의 세상의 주관자들과 하늘에 있는 악의 영들을 상대함이라 그러므로 하나님의 전신 갑주를 취하라 이는 악한 날에 너희가 능히 대적하고, 모든 일을 행한 후에 서기 위함이라 (엡 6:11-13).

> 세상에서는 너희가 환난을 당하나 담대하라 내가 세상을 이기었노라(요 16:33b).

창조 기사가 보여 주듯이 암흑은 빛의 전조 현상일 뿐이다.

2018년 8월 28일

25. 예수의 영의 실재성과 진실성

> 이로써 너희가 하나님의 영을 알지니 곧 예수 그리스도께서 육체로 오신 것을 시인하는 영마다 하나님께 속한 것이요, 예수님을 시인하지 아니하는 영마다 하나님께 속한 것이 아니니, 이것이 곧 적그리스도의 영이니라 오리라 한 말을 너희가 들었거니와 지금 벌써 세상에 있느니라(요일 4:2-3).

하나님은 영이시고(요 4:24), 하나님의 영, 예수님의 영 또는 성령이 예수님을 믿는 사람 속에 계신다.[1] 그러나 세상에 많은 미혹의 영이 있으므로 우리는 이를 주의하며 오직 하나님의 영을 믿고 따라야 한다(고후 11:13-15; 딤전 4:1; 요일 4:1-6).

첫째, 우리 속에 계시는 하나님의 영, 그리스도의 영 또는 성령은 단순히 개념이 아니라, 실재다.

예수님은 원래 보이지 않는 영이시지만, 세상에 육체로 오셨고(요 1:14; 요일 4:2), 부활하신 후에도 십자가의 상처를 가지신 완전한 육체를 가지셨고 제자들과 함께 식사까지 하셨다(눅 24:37-41; 요 20:24-28).

바울은 단순히 자신이 예수님을 환상으로 본 것뿐만 아니라, 그 예수님께서 자신에게 하신 말씀이 그대로 이루어진 사실을 증언한다(행 22:4-16; 26:8-23). 예수님께서는 바울에게 나타나셔서, 바울이 가던 다메섹에 사는 아나니아라는 사람이 그를 안수하여 다시 보게 하실 것이라고 말씀하셨고, 동시에 아나니아에게 나타나셔서 다메섹의 직가(直街)에 있는 바울을 찾아서 그를 안수하도록 지시하셨던 것이다(행 9:10-19). 그 후에도 예수님의 영은 바울과 동행하시며 그의 사역을 도우셨다.[2]

> 담대하라 네가 예루살렘에서 나의 일을 증언한 것 같이 로마에서도 증언하여야 하리라(행 23:11).

---

1 요 15:1-7; 요일 4:12-16; 롬 8:9-10; 갈 4:6.
2 행 18:9-10; 19:1-20; 22:17-21; 23:11; 참조, 27:23-24; 고전 2:4, 10-13; 고후 4:6; 갈 1:12, 16.

성령의 실재는 바람이나 호흡(숨), 또는 기력(氣力)의 실재와 같다(창 2:7; 요 3:8; 20:22; 행 2:2). 성령은 바람과 같이 보이지는 않으면서도 힘있는 실재인 것이다. 초대 교회는 예수님의 승천 후 오순절에 성령이 "급하고 강한 바람 같은 소리"와 "불의 혀처럼 갈라지는 것들"이 나타나서 성령의 충만함을 받고 각기 다른 언어들로 말함으로써 시작되었다(행 2:1-4).

많은 사람이 예수의 복음을 단순히 하나의 종교 현상으로 보면서 복음의 능력과 실재성을 무시한다. 그러나 복음은 단순한 종교 현상이 아니라, 하나님의 오랜 구원 계획과 역사의 완결이다(롬 16:25-26).

많은 사람이 예수님을 단순히 인류 역사 가운데 나타난 하나의 성인으로 생각한다. 그러나 예수는 영원히 살아 계시는 하나님의 아들이시며, 지금도 천국에서 세상의 구원을 위해 애쓰고 계신다(롬 8:34; 히 7:25). 예수님은 친히 영으로 우리 속에 계시면서 우리의 마음을 살피시고, 우리가 바른 길로 가도록 기도하시고, 우리에게 말씀하신다(막 13:11; 롬 8:26).

우리는 이 중요한 사실을 명심하고 바쁘고 복잡한 세상 가운데서도 힘써 그가 우리를 위해 하시는 기도와 말씀에 귀를 기우려야 한다.[3] 물론 믿음이 없이는 복음을 받을 수 없다. 하나님께서는 믿음 없이는 아무도 복음을 들을 수 없도록 정하셨다(요 11:26, 40; 롬 10:8-11; 갈 3:8).

예수님께서 부활하신 후에 엠마오로 가던 두 형제에게 나타나셨으나, 그들이 처음에는 예수님을 제대로 알아보지 못했던 것을 기억하자.

> 그들의 눈이 밝아져 그인 줄 알아보더니(눅 24:31).
> 이에 그들의 마음을 열어 성경을 깨닫게 하시고(눅 24:45).

유사하게 오래 전, 야곱은 정든 집을 떠나 첫날밤에 광야(벧엘)에서 외롭게 노숙하는 가운데 하나님께서 나타나신 꿈을 꾼 후에야 하나님께서 그와 함께 계심을 깨달았다.

---

[3] 눅 22:32; 24:15-16, 31, 36 이하; 롬 8:9-11, 26-27, 34.

여호와께서 과연 여기 계시거늘 내가 알지 못하였도다 … 두렵도다 이곳이여, 이것은 다름 아닌 하나님의 집이요 이는 하늘의 문이로다(창 28:16-17).

우리는 어제나 오늘이나 영원토록 동일하신 주님께서 지금도 우리 속에 계시고 우리와 동행하심을 믿고 경건하게 살아야 한다.[4]

볼지어다 내가 세상 끝날까지 너희와 항상 함께 있으리라(마 28:20b).

둘째, 우리 속에 계시는 그리스도의 영은 어떤 모호한 영이 아니라, 우리를 위해 죽으신 그리스도의 사랑의 영이다.

요한일서 4장은 세상에서 우리를 미혹하는 적그리스도의 영을 경계하라고 가르치면서, 특별히 그리스도께서 우리를 사랑하사 죽으신 사실을 상기시킨다(요일 4:1-21). 우리 속에 계신 하나님의 영은 모호한 영이 아니라, 십자가의 희생적 사랑으로 그의 참 사랑을 증거하신 아버지 하나님의 영, 그리스도의 영, 성령이다.[5]

한편, 다른 종교도 하나님의 사랑과 유사한 도덕적 가르침이 있으나, 마치 어린아이를 유괴하려는 유괴범이 어린아이에게 부모의 사랑을 흉내내듯이 우리를 미혹하려는 악한 영이 하나님의 사랑을 흉내내는 것일 뿐이다(요 10:12; 딤전 4:1-2). 다른 종교도 영적 역사가 있으나 참 하나님의 영적 역사가 아니므로, 결국 악한 영의 미혹과 술수에 불과한 것이다.[6] 미혹의 영은 하나님의 말씀과 능력을 흉내내어 초자연적 능력과 문화적 도구와 도덕적 가치와 이념, 사회 갱신 운동 등으로 위장하여 사람들을 미혹하지만, 우리는 우리를 사랑하사 죽으신 그리스도의 영만을 믿고 따른다.[7]

우리는 그리스도의 말씀만을 따르고 우리를 위해 희생하신 그의 선하시고 겸손하신 마음을 품고 살아야 한다(요 10:27; 빌 2:5). 무엇보다 우리는 서로 사랑함으로써 세상을 향한 하나님의 참 사랑을 증거해야 한다(요일 4:11, 17; 13:35).

---

4   요 14:26; 롬 8:9; 고전 6:19; 엡 2:22.
5   요 3:16; 10:11; 14:26; 요일 4:10; 롬 5:8; 8:9-11.
6   출 7:11-12; 마 24:24; 행 16:16; 19:13.
7   출 7:11, 22; 8:7; 삼상 28:14; 왕상 22:22-23; 렘 5:31; 14:14; 23:25-26; 27:10, 14-15, 16; 28:15, 29:21, 23, 31; 겔 13:6-9; 21:29; 22:28; 슥 10:2; 13:3-4; 마 24:24; 행 16:16-18; 롬 8:4 이하; 고전 2:4 이하; 고후 11:13-15; 요일 4:1.

너희가 서로 사랑하면 이로써 모든 사람이 너희가 내 제자인 줄 알리라(요 13:35).

우리가 예수님을 믿을 때, 우리는 더 이상 이 어두운 우주 속에 던져진 외로운 존재가 아니라, 하나님의 영이 거하시는 하나님의 자녀가 되고, 장차 나타날 하나님 나라의 큰 영광의 소망을 갖게 된다(롬 8:14-25). 우리는 이 믿음과 소망을 가지고 "현재의 고난"을 이겨야 한다.

생각하건대 현재의 고난은 장차 우리에게 나타날 영광과 비교할 수 없도다(롬 8:18). 그러므로 우리가 낙심하지 아니하노니 우리의 겉사람은 낡아지나 우리의 속사람은 날로 새로워지도다 우리가 잠시 받는 환난의 경한 것이 지극히 크고 영원한 영광의 중한 것을 우리에게 이루게 함이니 우리가 주목하는 것은 보이는 것이 아니요 보이지 않는 것이니 보이는 것은 잠깐이요 보이지 않는 것은 영원함이라 만일 땅에 있는 우리의 장막 집이 무너지면 하나님께서 지으신 집 곧 손으로 지은 것이 아니요 하늘에 있는 영원한 집이 우리에게 있는 줄 아느니라 참으로 우리가 여기 있어 탄식하며 하늘로부터 오는 우리 처소로 덧입기를 간절히 사모하노라(고후 4:16-5:2).

2018년 8월 30일

26. 가장 큰 계명: "하나님을 사랑하라"

> 예수께서 이르시되, 네 마음을 다하고 목숨을 다하고 뜻을 다하여 주 너의 하나님을 사랑하라 하셨으니, 이것이 크고 첫째 되는 계명이요, 둘째도 그와 같으니, 네 이웃을 네 자신 같이 사랑하라 하셨으니, 이 두 계명이 온 율법과 선지자의 강령이니라(마 22:37-40).

성경은 사랑을 가장 귀한 인격적 가치로 본다. 하나님은 본성상 사랑이시다(요일 4:8).

성부 하나님, 성자 하나님, 성령 하나님께서 하나로 거하시되, 서로 무한히 신비롭고 불가분해적인 영원한 사랑을 나누시며 거하십니다.[1]

즉 삼위 하나님은 서로 사랑하심으로써 일체를 이루신다.[2] 하나님의 사랑이 세계 창조의 동기다. 특별히 하나님께서는 인간을 자신의 형상을 따라서 사랑할 수 있고 사랑을 받을 수 있는 존재로 창조하셨다. 비록 인간이 하나님의 사랑을 배반함으로써 어려운 처지가 되었으나 하나님께서는 여전히 자신이 지으신 인간과 세상을 사랑하신다.

창세 이후 거듭되는 인간의 배반에도 불구하고 하나님께서는 자신이 지으신 인간과 죄악 세상을 완전히 멸망시키지는 않으시고 계속해서 구원하여 오셨고, 최종적으로 완전한 세상을 창조하실 것을 약속하셨다. 천국은 하나님의 사랑으로 충만한 완전한 세상이다. 성도들이 서로 사랑으로 섬기며 영원히 사는 곳이다.[3] 성경은 창세기부터 요한계시록까지 하나님을 믿고 사랑하는 것이 인간의 가장 중요한 도리임을 가르친다.

---

1 에드워즈, 『고린도전서 13장 사랑』, 395.
2 막 1:11; 요 14:31; 15:9; 요 17:23-26. 성경에 "성령의 사랑"이 직접 언급된 경우는 없으나 추론할 수는 있다(마 3:16-17; 롬 5:5; 요일 4:12-13).
3 에드워즈, 『고린도전서 13장 사랑』, 401-403.

창세기는 인간은 하나님께서 가장 사랑하시는 피조물이므로 하나님을 사랑하고 그의 말씀을 잘 들어야 할 것을 가르친다. 반면에 사람이 이런 가르침을 어기고 하나님 대신 다른 피조물이나 자신을 사랑하면 하나님의 진노하심을 받게 된다고 경고한다. 창세기는 인간이 결국 하나님보다 세상과 자신을 사랑하다가 하나님의 진노하심을 받고 불행하게 되었음을 가르친다. 반면에 창세기는 아브라함과 그 후손들의 일생을 통해 하나님께서 자신을 믿고 사랑하는 사람들을 축복하신다는 것을 보여 준다.

출애굽기는 하나님께서 이방 땅 애굽에서 고난 받는 이스라엘 백성들을 보시고, 그들의 조상들에게 하신 약속을 기억하시고 약속의 땅으로 구원해 내시는 구원 역사다. 그러나 여호수아와 갈렙을 제외하고, 구세대 이스라엘 백성은 가나안 복지에 대한 하나님의 약속을 의심하며 불신하다가 결국 모두 광야에서 죽었다.

신명기는 "너는 마음을 다하고 뜻을 다하고 힘을 다하여 네 하나님 여호와를 사랑하라"(신 6:5)라고 하나님 사랑을 모든 율법의 핵심으로 가르친다.

사사기는 하나님께서 가나안 땅에 들어간 이스라엘의 신세대도 구세대와 같이 하나님을 온전히 섬기지 않고 우상을 섬기며 방탕하게 살다가 하나님의 진노하심을 받았음을 보여 준다.

사무엘서와 열왕기, 역대기는 하나님께서 다윗 왕조를 통해 이스라엘 백성을 구원하시는 역사를 보여 준다. 다윗 왕조의 시조인 다윗은 대체로 하나님을 잘 믿고 사랑했다. 하나님께서도 그를 특별히 사랑하시어 그의 왕조를 통한 영원한 구원을 약속하셨다(삼상 13:14; 삼하 7:18-16).

그러나 다윗 이후 다윗 왕조는 하나님과 함께 이방신을 허용하며 점점 혼합주의적 신앙으로 흘렀다. 결국 하나님께서는 이스라엘을 남왕국 유다와 북왕국 이스라엘로 나뉘게 하시고(왕상 11:31-39), 남왕국보다 더 심하게 우상 숭배를 하던 북왕국은 B.C. 722년에 앗시리아에게 멸망하게 하시고, 남왕국은 B.C. 586년에 망하고 대부분을 바벨론의 포로로 끌려가게 하셨다.

바벨론 포로시대 이전 왕국 시대의 예언서들은 왕들과 백성의 불신을 경고하고 조상들이 믿던 하나님 신앙을 회복할 것을 촉구한다. 바벨론 포로기 이후의 역사서들(에스라, 느헤미야)과 예언서들(학개, 스가랴, 말라기)과 예레미야애가는 이스라엘의 불신으로 말미암은 민족적 불행과 수취를 되돌아보면서 철저히 회개하고 하나님 중심적 신앙으로 돌이킬 것을 촉구한다.

욥, 시편, 잠언, 전도서는 하나님 신앙을 방해하는 모든 불신적 요소를 하나님의 선하심을 믿음으로써 극복하고 하나님 신앙을 굳게 지키는 것이 지혜로운 자세임을 가르친다. 아가서는 솔로몬과 술람미 여인과의 열렬한 사랑의 행각을 통해 인간의 존재 가치가 하나님을 사랑하는 데 있음을 가르친다.[4]

> 사랑하지 아니하는 자는 하나님을 알지 못하나니 이는 하나님은 사랑이심이라 (요일 4:8).

신약은 예수 그리스도의 생애, 특히 죽으심과 부활을 통해 나타난 인간을 향하신 하나님의 사랑과 최종적 구원의 약속을 가르치면서 사랑의 복음을 믿는 사람이 하나님의 자녀이며 구원의 대상임을 가르친다.

이렇게 성경은 하나님은 사랑의 원천이시며 이 하나님을 사랑하는 이들은 복을 받으나, 하나님을 무시하고 피조물의 가치와 인간의 지혜를 따르는 이들은 결국 하나님의 진노하심을 받게 된다는 것을 거듭해서 가르친다. 특별히 하나님께서는 그의 아들 예수 그리스도를 희생하심으로써 그의 사랑의 진실성을 확증하셨고(롬 5:8), 그의 아들 예수님을 통한 하나님의 사랑을 믿는 사람들을 그의 자녀로 삼으시기로 작정하셨다(요 1:12; 3:16; 롬 8:39).

하나님을 사랑하는 사람들은 이웃도 사랑해야 한다. 하나님을 사랑하는 것이 하나님께서 지으신 피조물을 사랑하는 것보다 우선적이어야 하지만, 그렇다고 반드시 대립적인 것은 아니다. 오히려 진실한 이웃 사랑을 통해 하나님께 대한 우리의 사랑을 확증할 수도 있다.

> 내가 진실로 너희에게 이르노니 너희가 여기 내 형제 중에 지극히 작은 자 하나에게 한 것이 곧 내게 한 것이니라(마 25:40).

---

4 아가서가 아무리 열렬한 남녀의 사랑이야기라고 해도, 그것이 인간의 사랑의 한계를 무시한다고 할 수는 없다. 저자 솔로몬 자신이 전도서에서 철저히 사랑을 포함한 인간의 모든 한계를 지적하기 때문이다(전 3:8; 9:6). 아가서는 솔로몬과 술람미 여인의 사랑 이야기를 통해 결국 하나님과 인간의 진실한 사랑의 교제의 가치를 나타낸다.

사랑이 인간의 모든 덕행의 총합이다(고전 13:1-13). 그러나 우리는 사람이나 보이는 피조물보다 보이지 않으시는 하나님을 먼저 사랑해야 한다. 하나님이 만물의 창조주이시며 구원주이시기 때문이다. 하나님은 우리의 하늘 아버지이시므로 그의 자녀 된 우리가 잠시라도 하나님을 떠나 다른 것을 따르는 것을 싫어하신다. 하나님은 질투하시는 하나님이다. 하나님의 질투는 사람의 질투와는 차원이 다른 거룩한 질투이며 오히려 그의 사랑의 절대성과 진실성을 가리키는 확실한 증거다.

우리가 하나님을 사랑할수록 사탄은 이를 시기하여 모든 영적, 육적 수단들을 동원하여 하나님을 향한 우리의 사랑을 시험하고 훼방하며, 우리의 마음을 하나님 대신 사람과 피조물로 향하게 하는 것을 경계해야 한다.

> 이제 내가 사람들에게 좋게 하랴 하나님께 좋게 하랴 사람들에게 기쁨을 구하랴 내가 지금까지 사람들의 기쁨을 구하였다면 그리스도의 종이 아니니라 (갈 1:10).
>
> 요한의 아들 시몬아, 네가 이 사람들보다 나를 더 사랑하느냐(요 21:15b).

우리는 그리스도께서 보여 주셨듯이 하나님 사랑을 위해 우리가 "바라고 사랑하는 어떤 것"도 포기할 수 있어야 한다.

> 그러나 나의 원대로 마시옵고 아버지의 원대로 하옵소서(막 14:36b).
>
> 그리스도의 사랑이 우리를 강권하시는도다 … 그가 모든 사람을 대신하여 죽으심은 살아 있는 자들로 하여금 다시는 그들 자신을 위하여 살지 않고 오직 그들을 대신하여 죽었다가 다시 살아나신 이를 위하여 살게 하려 함이라(고후 5:14-15).

오늘도 우리의 안팎에서 하나님 사랑을 방해하는 모든 악한 육의 세력을 우리를 구원하시고 우리 속에 내주하시는 그리스도의 영으로 이기자(롬 8:13).

> 내게 능력 주시는 자 안에서 내가 모든 것을 할 수 있느니라(빌 4:13).

2018년 9월 8일

27. 믿음의 기도: 위기 대처 방법

> 시험에 들지 않게 깨어 기도하라 마음에는 원이로되 육신이 약하도다 (마 26:41).

믿음은 하나님의 선물이지만, 우리는 그 선물을 소중히 지켜야 할 책임이 있다. 하나님께서는 우리에게 주신 믿음의 선물을 우리가 소중히 지키는지를 수시로 시험하신다. 다른 말로, 마귀는 우리의 믿음을 시기해 갖은 술수로 우리의 믿음을 혼란하게 하고 흐트러지게 한다. 아브라함, 야곱, 요셉, 욥, 다윗 왕, 히스기야 왕, 하박국, 베드로, 심지어 예수님도 믿음의 시험을 받으셨다.

그리스도인의 믿음은 이미 성취된 사실을 믿는 것(롬 1:2; 3:24-25; 8:2; 10:4)과 아직 성취되지 않은 약속을 믿는 긴장 가운데 있다(롬 8:18-24; 고후 5:7; 히 11:1 이하). 그리스도로 말미암아 성취된 하나님의 오랜 구원의 약속의 성취를 믿으면서 또한 장차 나타날 완전한 구원의 날을 기다리는 것이다.

또한, 그리스도인의 믿음의 시험이란 자신의 뜻과 하나님의 뜻이 양립되는 긴장 가운데서 자신의 뜻을 포기하고 하나님의 뜻을 따르는 것이다.

> 그러나 나의 원대로 마시옵고 아버지의 원대로 하옵소서(막 14:36b; 참조, 빌 1:23-25).

우리는 믿음의 시험을 어떻게 이길 수 있는가?

주님께서 가르치셨듯이 시험을 이길 때까지 깨어서 기도하는 것이 제일이다. 그것은 습관적이거나 형식적인 기도가 아니라, 위기 의식을 가지고, 하나님을 붙잡고 끈질기게 간구하는 것이다.

> 여자가 가로되, 주여, 옳소이다마는 개들도 제 주인의 상에서 떨어지는 부스러기를 먹나이다 하니, 이에 예수께서 대답하여 이르시되, 네 믿음이 크도다 네 소원대로 되리라 하시니 그 때로부터 그의 딸이 나으니라(마 15:27-28).

예루살렘교회는 핍박 가운데 합심하여 기도할 때 성령으로 충만하게 되어 담대하게 복음을 전할 수 있었다(행 4:23-31). 주님께서도 마지막 날 밤에 겟세마네 동산에서 땀을 핏 방울 같이 흘리시며 간절히 기도하셨다(눅 22:44).

그리스도인의 평안은 무사안일한 자세로 말미암아 변질되고 부패할 수 있으므로 언제나 위기 의식을 가지고 깨어 기도함으로 지킬 수 있는 것이다. 우리의 인생은 항상 온갖 위기에 노출되어 있으나 우리가 위기를 제 때 감지하지도 못하고, 때로는 무시하며 제대로 대처하지 못하는 것이 문제다. 잠자는 우리의 위기 의식을 일깨워서 기도와 믿음으로써 위기를 극복할 때, 세상을 이기신 주님의 평안이 우리 마음 속에 자리 잡게 되는 것이다.

> 세상에서는 너희가 환난을 당하나 담대하라 내가 세상을 이기었노라(요 16:33).
> 평안을 너희에게 끼치노니 곧 나의 평안을 너희에게 주노라 내가 너희에게 주는 것은 세상이 주는 것과 같지 아니하니라 너희는 마음에 근심하지도 말고, 두려워하지도 말라(요 14:27).
> 쉬지 말고 기도하라(살전 5:17).

2018년 9월 17일

28. 예수, 인생의 기쁨

> 그들이 너무 기쁘므로 아직도 믿지 못하고 놀랍게 여길 때에, 이르시되, 여기 무슨 먹을 것이 있느냐 하시니 이에 구운 생선 한 토막을 드리니 받으사 그 앞에서 잡수시더라(눅 24:41-43).

예수님께서 태어나신 날 밤 천사가 베들레헴의 목자들에게 나타나서 "내가 온 백성에게 미칠 큰 기쁨의 좋은 소식을 너희에게 전하노라"고 했다(눅 2:10). 과연 예수님께서는 그의 구원 사역을 통해 모든 고난 받는 인생에게 큰 기쁨을 주셨다. 사망의 권세를 이기시고 부활하신 예수님은 그를 만난 사람들에게 너무나 벅찬 큰 기쁨이 되셨다.

> 그들이 너무 기쁘므로 아직 믿지 못하고 놀랍게 여길 때에 이르시되 여기 무슨 먹을 것이 있느냐 하시니(눅24:41).

이 세상의 기쁨은 일시적일 뿐이며 자주 슬픔으로 변하지만 다시 사신 주를 믿는 기쁨은 변함이 없는 영원한 기쁨이다. 다시 사신 주님께서 친히 영으로 우리와 함께 계시며 우리의 길을 인도하신다고 약속하셨기 때문이다.

> 볼지어다 내가 세상 끝날 까지 너희와 항상 함께 있으리라(마 28:20b).
> 예수 그리스도는 어제나 오늘이나 영원토록 동일하시니라(히 13:8).
> 또 그리스도께서 너희 안에 계시면 몸은 죄로 말미암아 죽은 것이나 영은 의로 말미암아 살아 있는 것이니라(롬 8:10).

이런 주님을 믿는 기쁨보다 더 큰 기쁨은 없다. 주님께서 다시 오실 때에 그를 믿는 모든 사람에게 가장 큰 기쁨을 주실 것이다.

> 그 때에 인자가 구름을 타고 큰 권능과 영광으로 오는 것을 사람들이 보리라(막13:26).
> 이것들을 증언하신 이가 이르시되 내가 진실로 속히 오리라 하시거늘 아멘, 주 예

수여, 오시옵소서(마라나타[아람어], 계 22:20).

우리 주님 안에 넘치는 생명과 기쁨이 있다.

> 이 물을 마시는 자마다 다시 목마르려니와 내가 주는 물을 마시는 자는 영원히 목마르지 아니하리니, 내가 주는 물은 그 속에서 영생하도록 솟아나는 샘물이 되리라(요 4:13-14).

주님 안에 넘치는 평안과 기쁨이 있다.

> 평안을 너희에게 끼치노니 곧 나의 평안을 너희에게 주노라 내가 너희에게 주는 것은 세상이 주는 것과 같지 아니하니라 너희는 마음에 근심하지도 말고 두려워하지도 말라(요 14:27).

그러므로 주를 믿는 우리는 이 기쁨을 날마다 서로 나누며, 현재의 모든 고난 가운데서도 서로 위로하며 격려해야 한다(롬 8:18).

> 주 안에서 항상 기뻐하라 내가 다시 말하노니 기뻐하라(빌 4:4).

과연 예수님은 인생의 모든 기쁨보다 탁월한 궁극적 기쁨이 되신다.[1]

> 나의 기쁨 나의 소망 되시며, 나의 생명이 되신 주, 밤낮 불러서 찬송을 드려도, 늘 아쉰 마음뿐일세 … 나의 진정 사모하는 예수님, 음성조차도 반갑고, 나의 생명과 나의 참 소망은 오직 주 예수뿐일세 아멘(찬송 95).

2018년 9월 23일

---

[1] 우리가 잘 아는 Jesus, joy of mans' desiring(예수, 사람이 바라는 기쁨)은 바하의 칸타타의 하나이며, 시인 Martin Janus가 1661년에 쓴 Jesu, meiner Seelen Wonne(예수, 나의 기쁨)에 근거한 것이다.

29. 복음의 목적: 영혼 구원

> 칠십 인이 기뻐하며 돌아와 이르되 주여, 주의 이름이면 귀신들도 우리에게 항복하더이다 예수께서 이르시되 사탄이 하늘로부터 번개 같이 떨어지는 것을 내가 보았노라 내가 너희에게 뱀과 전갈을 밟으며 원수의 모든 능력을 제어할 권능을 주었으니 너희를 해칠 자가 결코 없으리라 그러나 귀신들이 너희에게 항복하는 것으로 기뻐하지 말고 너희 이름이 하늘에 기록된 것으로 기뻐하라 하시니라(눅 10:17-20).

  예수님은 이미 며칠 전 누가복음 9장과 마태복음 10장에서도 12제자를 전도 파송하셨다. 본문 누가복음 10장에서는 2차로 70인을 따로 세워 다시 전도 파송을 하셨다. 12제자도 70인 가운데 포함되었을 것이다. 예수님께서는 앞서 12제자를 전도 파송 때와 같이 70인 전도 파송하실 때에도 그들에게 "귀신을 제어하고 병을 고치는 능력과 권위"를 주신 것이 분명하다(눅 10:1). 70인이 전도 여행을 마치고 돌아와서 그들이 예수님의 이름으로 귀신들을 항복시킨 것을 보고하였기 때문이다.
  그러나 예수님은 제자들에게 복음 사역의 제일 중요한 목적은 귀신을 쫓아내거나 병을 고치거나 기적을 행하는 초월적인 능력을 나타내는 것이 아니라, 인간의 영혼을 구원하는 것임을 분명히 밝히셨다. 축사(逐邪)나 치병(治病)과 이적과 기사도 분명히 하나님의 구원의 능력이지만, 그것들은 인간 구원이라는 복음 사역의 본질적 목적을 가르치기 위한 예시적이고 교육적인 수단임을 밝히셨다. 그것들은 사람들에게 예수님을 통한 하나님의 구원의 은혜와 능력을 나타내는 외적 증거일 뿐이다.
  이것은 결코 이적과 기사를 무시하는 것은 아니다. 비록 이적과 기사가 거짓 선지자들의 미혹의 수단이 되기도 하지만, 교회의 부흥 운동은 자주 이적과 기사와 함께 나타났기 때문이다. 실제로 그리스도인들 가운데 이적과 기사를 직접 체험한 후에 믿음을 갖게 된 이들이 적지 않다.
  그러나 하나님께서는, 성경 전체 구원의 역사를 통해 예수 그리스도를 마음으로 믿음으로써 구원받는 것을 중심적 진리로 가르치신다. 아브라함을 비롯한 믿음의 조상들은 하나님의 구원 약속을 믿고 살았다. 출애굽 백성들도 거친 광야에서 젖과 꿀이 흐르는 가나안 땅의 약속을 믿고 살아야 했다. 그 후 왕국 시대는 예루살렘 중심의 시온의 완전한 나라를 바라며 살았다. 바벨론 포로가 된 이스라엘 백성은 다시 고국 땅으로의 귀환과 완전한 종말론적 세상을 바라며 살았다. 그들은 한마디로 하나님께서 그리스도를 통해 약속하신 모든 것이 완전한 하나님 나라의 도래와 영생을 믿고 바랐던 것이다(히 11:4-16). 이것은 성경의 어떤 저자의 개인적 신앙이 아니라, 성경 전체가 보여 주는 하나님의 구원 경륜이며 비밀이다.[1] 복음이 가르치는 하나님의 은혜를 믿음으로 말미암는 구원의 도리는 하나님의 구원의 경륜 가운데, 아브라함을 비롯한 족장들의 경험이나 모세의 율법과 많은 예언자들의 가르침을 통해 제시되었으나,[2] 이제 비로소 하나님의 아들 예수 그리스도를 통해 완전히 분명히 나타난 것이다(롬 4:1 이하). 그리스도의 복음은 "하나님의 구원의 비밀의 경륜" 가운데 나타난 최종적, 완전한 구원의 도리다.[3] 이 비밀은 복음의 사도들

---

1 롬 11:25; 16:26; 고전 14:2; 엡 1:9; 3:9; 5:32; 골 1:26-27 등.
2 창세기 22:14의 "여호와 이레라," 즉 "하나님께서 예비하신다"는 말씀은 하나님께서 이삭 대신 숫양을 예비하셨다는 것을 넘어서, 예수님의 희생을 위해 "이삭의 희생"을 예비하셨다는 의미로 봐야 한다. 성경 역사에서 하나님께서는 어떤 예언의 말씀이나 예시적 사건을 통해 장래의 구원 역사를 미리 보여 주심으로써 그 구원 사건의 진정성을 확증하시기 때문이다. 하나님의 약속이나 축복은 물론 거의 모든 구약의 구원 사건이나 예언은 결국 그리스도의 구원 역사를 가리키기 위해 하나님께서 미리 예비하신 것으로 보는 것이 성경 저자들의 구원사적 시각이다(창 1:28; 9:1; 12:2-3; 22:14; 24:40-50; 28:15; 50:20; 출 1:10; 49:10; 신 1:30-33; 사 7:14; 미 5:2; 마 1:23; 5:6; 25:34; 26:54; 눅 24:27; 요 5:39; 6:31-33, 49-51; 8:58; 14:2; 롬 1:2; 4:1-25; 9:7 이하; 10:4; 16:26; 고전 10:1-11; 갈 3:16; 4:22-31; 딛 1:2-3; 히 10:7; 11:40; 벧 1:10-12, 20; 요일 1:1-2). 제사장들의 정결 의식이나 할례도 그리스도의 대속과 세례를 위한 예시적 의식이다(레 14:8; 15:5 이하; 롬 3:25; 빌 3:3; 히 9:12-14). 이런 유사성을 진화론적 발전이나 인위적 고안으로 돌리는 것은 성경 말씀의 계시적 권위와 성경의 일관 된 하나님의 구원 섭리를 무시하는 것이다. 구약의 구원 언약은 신약의 더 좋은 그리스도의 새 언약의 그림자이다(히 10:1; 고후 3:6-18). 그리스도의 복음은 모세의 율법이 지향하는 완전한, 최종적 구원의 약속의 성취다(롬 10:4).
이렇게 구원을 위한 하나님의 예정에 대한 말씀들은 물론, (롬 8:29, 33; 9:11-29; 엡 1:4-11; 2:10), 성경의 언약과 관련된 말씀들과 많은 예언의 말씀, 그리고 많은 예시적 사건도 하나님의 구원의 예정을 가리킨다. 신약에 나타나는 구약 예언의 성취 구절과 구약에 나타나는 복음을 위한 하나님의 구원의 준비 역사에 대한 논의를 찾아보라. 강창희, "신약의 구약해석 방법과 원리는 무엇인가?" 목회와 신학, 3월호(1996), 74-84.
하나님은 지금도 우리의 영원한 처소인 새 하늘과 새 땅을 예비하고 계신다(마 25:34; 요 14:2-3; 고후 5:1; 히 11:40; 계 21:1). 또한, 우리가 받을 영원한 상급도 예비하신다(빌 3:14; 딤후 4:8; 히 11:26; 계 22:12).
3 마 13:11; 막 4:11; 롬 3:21 이하; 11:25; 고전 4:1; 엡 1:9; 3:3, 9; 5:32; 6:19; 골 1:26-27; 2:2; 4:3; 계 10:7.

에게 계시되었고 오직 하나님의 기쁘신 뜻에 따라서 부르심을 입은 자들만 믿을 수 있다(막 4:11; 엡 1:5, 9, 11; 3:2).

신구약성경은 인간의 영혼 구원이 인간에게 가장 중요한 본질적인 문제임을 보여 준다. 인간은 자신과 이 세상의 그 무엇으로도 만족할 수 없는 영적 피조물이다(전 3:11). 성경은 모든 사건과 예언을 통해 연약한 인간은 다만 그를 지으신 창조주 하나님을 믿고 하나님의 영원한 구원 약속을 믿음으로써 분명한 존재 이유와 가치를 찾을 수 있음을 가르친다(시 90편). 특별히 복음은 인간은 그 본질적 죄성 때문에 결코 자신의 의지와 힘으로는 하나님의 의에 이를 수 없는 연약한 존재이며, 다만 예수 그리스도를 통해 말씀하신 하나님의 구원 약속을 믿음으로써 구원 얻을 수 있음을 가르친다. "너희가 성경에서 영생을 얻는 줄 생각하고 성경을 연구하거니와 이 성경이 곧 내게 대하여 증언하는 것이라"(요 5:39). "이 복음은 하나님이 선지자들을 통하여 그의 아들에 관하여 성경에 미리 약속하신 것이라"(롬 1:2). 그러므로 우리는 신구약성경의 모든 말씀과 사건들을 그리스도를 통한 인간 구원이라는 큰 주제를 따라서 읽어야 한다. 한 마디로 구약은 그리스도를 통한 구원의 약속과 성취, 신약은 그리스도를 통한 구원의 성취와 완전한 성취의 약속(재림)이다. 하나님께서는 그리스도의 복음을 위해 오래 전 부터 조상들에게 구원의 축복들을 약속하시고 실제로 성취하셨고 또한, 예비적 사건들과 예언 말씀으로 미리 준비하시고 예비하심으로써 우리의 믿음을 위한 복음의 구원 진리의 진실성과 확실성을 보여 주셨다(히 11:1-16, 40). 구약의 율법의 행위로 말미암은 구원도 신약의 복음을 믿음으로 말미암는 구원을 위한 예비적인 것이다(레 18:5; 롬 3:21; 갈 3:23-25). 하나님께서는 인간이 율법을 지킬 수 없는 자신의 한계를 깨닫게 하시고 은혜의 복음을 준비하신 것이다. 복음은 사람들의 고안이나 해석이 아니라, 하나님의 오랜 구원 계획이며 비밀이다.[4]

> 나의 복음과 예수 그리스도를 전파함은 영세 전부터 감추어졌다가 이제는 나타내신바 되었으며, 영원하신 하나님의 명을 따라 선지자들의 글로 말미암아 모든 민

---

4 마 13:11; 롬 1:2; 11:25; 16:26; 고전 4:11; 엡 1:9; 3:3, 9; 5:32; 6:19; 골 1:26, 27; 2:2; 4:3; 딛 1:2-3; 히 8:5-6; 9:24; 10:1; 계 10:7.

족이 믿어 순종하게 하시려고 알게 하신바 그 신비의 계시를 따라 된 것이니, 이 복음으로 너희를 능히 견고하게 하실 지혜로우신 하나님께 예수 그리스도로 말미암아 영광이 세세무궁하도록 있을지어다 아멘(롬 16:25-26).

물론 우리는 하나님의 구원의 예정하심을 입은 사람을 알 수 없으므로 일단 모든 사람에게 차별 없이 복음을 전해야 한다.

복음은 죄로 말미암아 생명의 주이신 하나님과 멀어지고 죽게 된 인생은 오직 하나님의 아들 예수님을 믿음으로써 영생을 얻게 된다는 것을 가르친다. 복음은 유대교를 비롯한 다른 세상의 종교들이 가르치듯이, 결코 인간의 선한 행위로는 구원을 얻을 수 없고, 오직 예수로 말미암는 하나님의 구원의 은혜를 믿음으로써 가능함을 가르친다.[5]

우리의 영혼은 보이지 않는 우리의 진정한 자아다. 우리가 예수님을 믿음으로 우리의 영혼과 육체가 모두 구원을 받게 된다. 우리가 주님을 믿을 때 우리의 영혼은 즉시 구원받으나, 우리의 육체는 주님께서 오실 때 신령한 몸으로 변화되고 구원받게 된다(요 5:29; 행 24:15; 고전 15:42-44, 51-53). 그 때까지 우리는 고난과 죽음의 공포를 겪으면 살 수밖에 없다. 그러나 우리는 생명의 주와 구원의 약속을 믿음으로써 죽음의 공포를 극복할 수 있다.

자연인은 주로 육체의 소욕과 안전에 집중하지만, 그리스도 안에서 중생한 사람은 영혼의 건강과 성장을 중시한다.

육신을 따르는 자는 육신의 일을, 영을 따르는 자는 영의 일을 생각하나니, 육신의 생각은 사망이요 영의 생각은 생명과 평안이니라(롬 8:5-6).

우리는 우리의 본질적 자아인 영혼이 항상 강건하기를 힘써야 한다.

사랑하는 자여, 네 영혼이 잘됨 같이 네가 범사에 잘되고 강건하기를 내가 간구

---

[5] 요 3:16; 5:39; 6:48, 51-58; 10:28; 17:2-3; 행 4:12; 롬 3:21-25; 5:21; 6:23; 갈 6:8; 딤전 1:16; 요일 5:11 등.

하노라(요삼 1:2).

주님께서는 사람들의 사후에 그들의 믿음의 여부에 따라서 영생과 심판으로 나뉜다고 하셨다(요 5:24-29). 또한, 주님께서는 벳세다 광야에서 5000명을 먹이신 기적 사건을 통해 영혼의 구원을 가르치셨다(요 6:30 이하). 그리스도 자신이 바로 생명의 양식이며 영생의 음료라고 가르치시면서 이 말씀을 믿는 이들은 영생의 선물을 받는다고 하셨다(요 6:29, 35-36, 41-58, 64; 참조, 11:25-26).

살리는 것은 영이니 육은 무익하니라 내가 너희에게 이른 말은 영이요 생명이니라(요 6:63).

주님 자신께서도 십자가에서 운명할 실 때, "아버지 내 영혼을 아버지 손에 부탁하나이다"라고 말씀하셨다(눅 23:46).

사도 바울도 율법의 행위가 아니라, 예수님을 믿음으로 구원 받는 진리를 가르쳤다(롬 3:21 이하). 그리고 구원받은 우리 속에 내재하는 "성령이 친히 우리의 영과 더불어 우리가 하나님의 자녀인 것을 증언하시나니"라고 말했다(롬 8:16). 바울은, 계속해서, 그리스도인들은 각종 성령의 외적 은사들로 그리스도의 몸 된 교회를 섬기되, 먼저 성령의 내적 은사, 즉 주 안에서 변화된 인격과 마음을 가져야 할 것을 가르쳤다(롬 12:1; 이하; 빌 2:5). 무엇보다 만사를 사랑을 따라 행할 것을 가르쳤다(고전 12:31; 14:1; 갈 5:16, 22).

오직 사랑 안에서 참된 것을 하여 범사에 그에게까지 자랄지라 그는 머리니 곧 그리스도라(엡 4:15).

나아가, 바울은 부활과 영생의 소망을 현실의 고난을 극복하는 근거로 삼는다.[6] 복음적 신앙생활을 세 단계로 나눈다.

---

6 롬 5:21; 6:23; 8:18-24; 고전 15:42-58; 고후 4:16-5:10; 갈 6:8; 빌 3:10-21; 살전 4:12-18; 딤후 4:6-8.

첫째, 예수 믿고 죄 사함 받아 영혼이 구원 얻는 것이 가장 중요한 일이다.
둘째, 구원받은 사람으로서 합당하게 사는 것이다.
셋째, 각자가 받은 성령의 내외적 은사로 주님의 몸 된 교회를 섬겨야 한다. 모든 선한 일과 성령의 내외적 증거들을 통해 그리스도의 구원의 은혜와 능력을 나타내야 한다.

특별히 보이는 가치를 중시하는 현대에서 그리스도인들은 더욱 보이지 않는 영적 가치를 중시해야 한다. 그리스도인은 인간의 진정한 존재인 영혼의 실재와 최후의 영원한 심판을 믿고 사람들의 영혼을 구원하는 일에 힘써야 하고, 교회의 사역은 사람의 영혼 구원을 위한 사역이 되어야 한다.

물론 우리의 믿음이 단순히 우리 자신의 "종교적 아집"으로 변질되지 않고 하나님의 거룩한 영광을 나타내야 하므로, 세상의 소금과 빛으로서의 그리스도인과 교회의 사회적 영향과 역할도 중요하다. 우리는 모든 선한 일을 우리 자신의 유익이 아니라, 더 많은 사람의 유익을 위해 해야 한다(고전 10:33). 그러나 우리의 선행은 궁극적으로 사람을 위한 것이 아니라, 하나님의 영광을 나타내기 위한 것이다(고전 10:31). 최고선(最高善)이신 하나님을 경외하지 않는 도덕주의나 선행주의는 결국 자기 자랑이나 오만에 불과한 것이다(롬 3:27).

우리의 믿음은 언제나 부활이요 생명이신 그리스도에 고정되어야 한다. 영혼 구원에 집중하지 않는 목회 사역이나 선교는 자칫 비복음적인 사회 정화 운동이나 도덕 재무장 운동으로 변질 될 수 있기 때문이다. 그러나 복음 사역은 생명의 주님께서 이끄시는 영적 운동임을 잊지 말아야 한다. 굶주리고 헐벗은 이들을 먹이고 입히라는 그리스도의 교훈도 단순한 선행이 아니라, 그리스도에 대한 사랑과 헌신에서 비롯된 선행을 가르친다는 것을 알아야 한다(마 25:31-46).

> 너희가 여기 내 형제 중에 지극히 작은 자 하나에게 한 것이 곧 내게 한 것이니라 (마 25:40).

> 이 지극히 작은 자 하나에게 하지 아니한 것이 곧 내게 하지 아니한 것이니라

(마 25:45).

그들은 영벌에, 의인들은 영생에 들어가리라 (마 25:46).

성경은 일시적인 육적 가치에 대한 영원한 영적 가치의 우선성을 가르치는 말씀들로 넘친다.

사람이 떡으로만 살 것이 아니요 하나님의 입으로부터 나오는 모든 말씀으로 살 것이라 (신 8:3; 마 4:4).

보라 날이 이를지라 내가 기근을 땅에 보내리니 양식이 없어 주림이 아니며 물이 없어 갈함이 아니요 여호와의 말씀을 듣지 못한 기갈이라 (암 8:11).

너희를 위하여 보물을 땅에 쌓아두지 말라 (마 6:19a).

하나님은 영이시니 예배하는 자가 신령과 진정으로 예배할지니라 (요 4:24).

너희가 나를 찾는 것은 표적을 본 까닭이 아니요 떡을 먹고 배부른 까닭이로다 (요 6:26).

내 아버지의 뜻은 아들을 보고 믿는 자 마다 영생을 얻는 이것이니, 마지막 날에 내가 이를 다시 살리리라 하시니라 (요 6:40).

하나님의 나라는 먹는 것과 마시는 것이 아니요 오직 성령 안에 있는 의와 평강과 희락이라 (롬 14:17).

세상 물건을 쓰는 자들은 다 쓰지 못하는 자 같이 하라 이 세상의 외형은 지나감이라 (고전 7:31).

나는 오늘 무엇을 생각하고, 무엇을 바라며, 어디를 향하고 있는가?

너희는 먼저 그의 나라와 그의 의를 구하라 그리하면 이 모든 것을 너희에게 더하시리라 (마 6:33).

2018년 9월 25일

30. 미혹하는 영

> 그러나 성령이 밝히 말씀하시기를 후일에 어떤 사람들이 믿음에서 떠나 미혹하는 영과 귀신의 가르침을 따르리라 하셨으니, 자기 양심이 화인을 맞아서 외식함으로 거짓말하는 자들이라(딤전 4:1-2).
> 사랑하는 자들아 영을 다 믿지 말고, 오직 영들이 하나님께 속하였나 분별하라 많은 거짓 선지자가 세상에 나왔음이라(요일 4:1).

　최근 각광을 받는 새로운 암치료는 암세포를 골라 공격하던 기존의 항암치료와 달리 우리 몸의 항암 세포(T 세포)의 면역력을 강화해 암세포와 싸우게 함으로써 그 효과를 인정받는다고 한다. 흥미로운 것은 인지 기능이 없어 보이는 암세포가 마치 악한 사람들과 같이 자신(암세포)을 찾아 공격하는 면역 세포가 자신을 찾지 못하도록 면역 세포의 암세포 분별 기능을 마비시키는 어떤 특별한 물질을 스스로 만들어 낸다는 사실이다.

　우리의 몸속에서 일어나는 암세포와 면역 세포와의 싸움은 성경이 가르치는 영적 전쟁이 결코 추상적인 것이 아니라, 보이지 않는 영적 세력 간의 치열한 싸움이며, 그것은 인간 운명에 결정적 영향을 주는 실제적인 심각한 전쟁임을 보여 준다. 세상에서 일어나는 선한 사람들과 악한 사람들의 싸움이나, 민족, 국가, 가족 간의 갈등과 분쟁, 심지어 하나님의 교회의 분쟁의 배후에는 결국 보이지 않는 영적 세력 간의 끈질긴 다툼이 있음을 보여 주는 것이다.

> 우리의 씨름은 혈과 육을 상대하는 것이 아니요 통치자들과 권세들과 이 어둠의 세상 주관자들과 하늘에 있는 악의 영들을 상대함이라(엡 6:12).

　사탄은 자주 육적 요인(要因)들을 일상적 사안 속에 숨기거나, 심지어 선한 일이나 합리적인 일로 가장하여 우리를 미혹한다.

> 이것은 이상한 일이 아니니라 사탄도 자기를 광명의 천사로 가장하나니, 그러므로 사탄의 일꾼들도 자기를 의의 일꾼으로 가장하는 것이 또한 대단한 일이 아니니라 그들의 마지막은 그 행위대로 되리라(고후 11:14-15).
>
> 이는 우리로 사탄에게 속지 않게 하려 함이라 우리는 그 계책을 알지 못하는바가 아니로라(고후 2:11).

내 자신의 죄의 경험을 돌이켜 볼 때, 일단 나의 욕심이나 죄성이 발동하면, 그 힘이 점차 세어지면서 그 힘을 억제해야 하는 하나님의 말씀에 대한 나의 지식이나 이성이나 양심이 제기능을 잃을 뿐만 아니라, 심지어 그들이 죄의 도구들로 변질 되어 나의 범죄를 돕기조차 했던 것이다!

그것은 마치 우리가 모든 것을 집어 삼키며 흐르는 거대한 홍수에 휩쓸려서 어쩔 수 없이 떠내려가는 것과 같다. 그러므로 우리가 죄의 미혹을 받아 범죄한 후에 우리가 감히 어떻게 그런 죄를 지었던가를 의아해 하며 후회하는 것이다.

영적 지도자들이라고 사탄의 공격에서 예외가 될 수 없다. 오히려 사탄은 그들을 더욱 교묘한 방법으로 끈질기게 공격하기 때문이다. 실제로 우리는 실패한 영적 지도자들의 참담한 소식을 종종 듣는다. 성경은 다윗과 베드로 같은 신앙 선배들의 실패 이야기들로 우리에게 경계한다.

> 시몬아, 시몬아, 보라 사탄이 너희를 밀까부르듯 하려고 요구하였으나, 그러나 내가 너를 위하여 네 믿음이 떨어지지 않기를 기도하였노니, 너는 돌이킨 후에 네 형제를 굳게 하라(눅 22:31-32).

그러므로 믿는 우리는 언제나 말씀 읽기와 기도를 쉬지 말고, 그리스도의 모본과 성령의 지시를 따르며, 세상의 보이는 허망한 가치에 집중하는 우리의 탐심은 물론 모든 선한 일 속에 숨어서 접근하는 악한 영의 미혹을 경계해야 한다.[1]

---

1 왕상 22:21-22; 막 13:21-23, 33; 고전 2:12; 고후 11:4, 13-15; 엡 2:2; 6:12; 요일 4:1-6; 계 16:14.

그런즉 너희는 먼저 그의 나라와 그의 의를 구하라(마 6:33).

위의 것을 생각하고 땅의 것을 생각하지 말라(골 3:2).

그러므로 너희는 죄가 너희 죽을 몸을 지배하지 못하게 하여 몸의 사욕에 순종하지 말고 또한 너희 지체를 불의의 무기로 죄에게 내 주지 말고 …너희의 지체를 의의 무기로 하나님께 드리라(롬 6:12-13).

너희 안에 이 마음을 품으라 곧 그리스도 예수의 마음이니(빌 2:5-8).

육신의 생각은 사망이요 영의 생각은 생명과 평안이라 … 너희가 육신대로 살면 반드시 죽을 것이로되, 영으로써 몸의 행실을 죽이면 살리니, 무릇 하나님의 영으로 인도함을 받는 사람은 곧 하나님의 아들이라(롬 8:6-14).

오직 성령으로 이것을 우리에게 보이셨으니, 성령은 모든 것 곧 하나님의 깊은 것까지도 통달하시느니라(고전 2:10).

내가 이르노니 너희는 성령을 따라 행하라 그리하면 육체의 욕심을 이루지 아니하리라 육체의 소욕은 성령을 거스르고 성령은 육체를 거스르나니, 이 둘이 서로 대적함으로 너희가 원하는 것을 하지 못하게 하려 함이니라(갈 5:16).

그런즉 너희는 하나님께 복종할지어다 마귀를 대적하라 그리하면 너희를 피하리라 하나님을 가까이하라 그리하면 너희를 가까이하시리라 죄인들아, 손을 깨끗이 하라 두 마음을 품은 자들아, 마음을 성결하게 하라 슬퍼하며 애통하며 울지어다 너희 웃음을 애통으로 너희 즐거움을 근심으로 바꿀지어다 주 앞에서 낮추라 그리하면 주께서 너희를 높이시리라(약 4:7-10).

지금 나의 마음과 생각을 지배하는 생각이 무엇인가?
영의 생각인가? vs. 육의 생각인가?
땅에 속한 생각인가? vs. 하나님 나라에 속한 생각인가?
사람의 마음인가? vs. 그리스도의 마음인가?
나의 뜻인가? vs. 하나님의 뜻인가?
하나님 나라의 가치 있는 일인가? vs. 세상 나라의 하찮은 일인가?
사랑하는 마음인가? vs. 미워하는 마음인가?

> 육신을 따르는 자는 육신의 일을, 영을 따르는 자는 영의 일을 생각하나니, 육신의 생각은 사망이요, 영의 생각은 생명과 평안이니라(롬 8:5-6).
> 사람이 떡으로만 살 것이 아니요, 하나님의 입으로부터 나오는 모든 말씀으로 살 것이라(마 4:4b=신 8:3).
> 예수께서 돌이키시며 베드로에게 이르시되, 사탄아 내 뒤로 물러가라 너는 나를 넘어지게 하는 자로다 네가 하나님의 일을 생각하지 아니하고, 도리어 사람의 일을 생각하는도다(마 16:23).
> 나의 원대로 마옵시고, 아버지의 원대로 하옵소서(마 26:39c).

성령을 따르는 사람은 이 세상의 일시적 가치와 마음의 정욕을 과감히 버리고, 그리스도의 십자가의 희생과 교훈을 따라서 하나님 나라의 영원한 가치와 소망에 집중한다. 주님께서는 "밭에 감추인 보화" 비유와 "진주 장사" 비유로 하나님 나라의 탁월한 가치와 이를 소유하기 위한 이 세상 가치의 포기와 함께 전적인 헌신을 촉구하셨다(마 13:44-46). 그리고 계속해서 천국의 가치 대신 세상의 일시적 가치를 추구하는 사람들은 세상 끝 날에 악인들로 정죄 받을 것이라고 말씀하셨다(마 13:47-50). 바울도 "하나님의 나라는 먹는 것과 마시는 것이 아니요 오직 성령 안에 있는 의와 평강과 희락이라"(롬 14:17)고 했다.

그러나 언뜻 쉬워 보이는 우리의 복음적 삶의 결행은 안팎의 미혹으로 말미암아 끊임없는 도전과 시험을 받는다. 그러므로 우리는 성령 안에서 말씀과 기도로 모든 도전과 미혹을 물리쳐야 한다.

> 마귀의 간계를 능히 대적하기 위하여 하나님의 전신 갑주를 입으라(엡 6:11).

2018년 9월 28일

31. 인생의 가치와 존재 이유

> 너희 생명이 무엇이냐 너희는 잠깐 보이다가 없어지는 안개니라(약 4:14b).

고대인들의 자연주의 사상은 대개 보이지 않는 초월적 가치와 영적 차원을 전제했으나, 현대인들의 자연주의 사상은 주로 보이는 물질적 세계와 가치에 집중한다. 보이지 않는 가치를 중시한다는 현대 철학자들도 대개 명상과 성찰을 통한 무신론적 인본주의적, 자연주의적 가치 확립에 집중한다. 그러나 인간이나 자연 중심적 가치관은 인간이나 자연의 본질인 공허함과 허무함으로 이끌 뿐이다.

현대 철학자들 가운데는 자신들의 인간과 자연 중심적 가치관의 공허함과 허무함을 인정하면서도 애써 하나님 신앙을 거절하며 자신들이 고안해 낸 어떤 적극적인 가치관으로써 그들의 자연 중심적 가치관의 공허함과 허무함을 극복하려는 이들도 있다. 그러나 유한한 사람이 만든 가치관으로는 피조물의 한계를 극복할 수 없다.

성경은 인간은 자신이 창조주 하나님의 연약한 피조물임을 깨닫고, 자신과 세계를 지으신 창조주 하나님을 사랑하고 그의 영광을 위해 살아야 비로소 인간 본연의 존재 가치와 이유를 확립할 수 있음을 가르친다. 자신을 지으시고 구원하시는 하나님을 알지 못하는 인간은 결국 우주 공간 속의 외로운 별과 같다.

하나님께서 태초에 천지(우주)의 공간과 시간을 지으시고 모든 만물을 지으셨다. 특별히 하나님은 인간을 자기 형상을 따라 지으셨다. 더 자세히 말하면, 하나님께서는 인간을 자신의 본질적 형상, 곧 순결하심(purity), 거룩하심(holiness), 의로우심(righteousness)을 따라 하나님과 교제하고 사랑할 수 있는 존재로 지으신 것이다.

하나님께서는 인간을 스스로 악을 버리고 선을 행할 수 있는 자유로운 존재로 지으셨다(자유의지, free will). 그러나 하나님께서는 무엇이 선이고 악인지를 판단하는 "선악에 대한 결정권"을 인간에게 주시지 않으셨다. 하나님께서는 인간이 자신의 피조성을 잊지 않고, 자발적으로 선악에 대한 창조주 하나님의 말씀을 믿고 순종하기를 원하셨던 것이다. 억지가 아닌 자발적인 의지에 의한 행동만이 진정한 인격체의 행동으로 인정 할 수 있기 때문이다. 그러나 인간은 사탄의 유혹을 받아 자신의 피조물로서의 신분을 잊고, 창조주 하나님의 선악 결정권을 침범해 범죄했던 것이다.

인간은 하나님을 떠나서 스스로 선악을 결정하게 된 것이다. 모든 범죄가 그렇듯이, 어떤 범죄라도 그럴듯한 합리적 이유가 있으나 궁극적으로는 하나님의 존재와 말씀을 무시하는 인간의 오만함에서 비롯되는 것이다. 아담의 범죄 이후 인간은 계속해서 죄의 바이러스에 감염되어 하나님을 배반해 왔고, 하나님의 진노하심을 받아 고난의 인생을 살게 되었다. 누구나 인생이 전체적으로 고난의 연속임을 인정할 것이다. 성경은 인간이 자신의 한계를 깨닫고, 창조주이시며, 구속주이신 하나님께 돌아와서 그를 사랑하고 그의 영광을 위해 살아야 할 것을 가르친다.

그런즉 너희가 먹든지 마시든지 무엇을 하든지 다 하나님의 영광을 위하여 하라 (고전 10:31).

반대로 인간이 자신의 피조성과 한계를 잊고 사람이나 자연물 같은 다른 피조물을 섬길 때, 결국 하나님의 진노하심의 대상이 되고 불행하게 되는 것도 가르친다(롬 1:23 이하). 창세 이후 인간은 끊임없이 하나님을 배반해 왔으나, 하나님께서는 자신이 지으신 인간을 포기하지 않으시고 오래 참으시면서 인간 구원을 위해 힘써 오셨다.

특별히 자신의 아들을 희생하심으로써 자신이 지으신 인간과 세상에 대한 그의 사랑을 확증하셨다(요 3:16; 롬 5:8). 은혜로우신 하나님께서는 이 지극한 하나님의 사랑을 믿는 자를 하나님의 자녀로 인정해 주실 것을 약속하셨다.[1]

그러므로 하나님의 자녀는 세상의 모든 인본주의적, 자연주의적 미혹의 소리에 귀를 막고, 하나님의 구원의 말씀, 즉 그리스도의 구원의 은혜만을 굳게 믿어야 한다. 그리스도를 통한 하나님의 구원의 약속만이 불안하고 허무한 인생에게 확실한 소망이다.

나는 내 영광을 구하지 아니하나 구하고 판단하시는 이가 계시니라 진실로 진실로 너희에게 이르노니 사람이 내 말을 지키면 영원히 죽음을 보지 아니하리라 (요 8:50-51).

2018년 9월 29일

---

[1] 요 1:12; 롬 3:22-5:21; 8:16-17; 갈 3:23; 엡 3:6.

32. 인간 지혜의 한계

> 여호와를 경외하는 것이 지식의 근본이거늘 미련한 자는 지혜와 훈계를 멸시하느니라 (잠 1:7).

솔로몬은 잠언의 지혜의 말씀을 시작하며 먼저 하나님을 경외하는 것이 지혜의 근본이며, 반대로 하나님과 그의 말씀을 무시하는 것이 가장 큰 어리석음이란 것을 그의 지혜론의 대전제로 천명한다. 지혜를 배우려는 사람은 먼저 창조주 하나님의 지혜의 무한성과 함께 피조물 자신의 지혜의 제한성을 인정해야 한다. 그러므로 피조물 인간은 자신의 얕은 꾀나 악한 궤계를 따를 것이 아니라, 언제나 창조주 하나님의 말씀을 존중하고 순종하는 선한 자세를 가져야 한다.

> 여호와를 경외하는 것은 지혜의 훈계라 겸손은 존귀의 길잡이니라 (잠 15:33).

한편, 본문의 말씀은 창조주 하나님의 지혜의 세계는 이 우주와 같이 무한한데, 인간의 지혜는 제한적이기 때문에 인간이 제대로 하나님의 지혜를 이해하거나 설명하는 것이 쉽지 않다는 뜻도 있다. 마찬가지로 욥기, 시편, 전도서와 같은 성경의 지혜문학도 결국 피조물 인간이 제대로 알기도 어려운 하나님의 무한한 지혜를 인간이 순복해야 할 것을 가르친다.

불의한 이들이 잘 되는 반면, 의로운 이들이 고난당하는 현실을 어떻게 이해할 수 있을 것인가?

그러나 하나님께서 주관하시는 이 세상의 일들은 매우 복잡하기 때문에 인간 경험에 근거한 어떤 단순한 지혜나 원리들로 일괄하여 이해하거나 대처해서는 안 된다.

> 제비 뽑는 것은 다툼을 그치게 하여 강한 자 사이에 해결하게 하느니라 (잠 18:18).

사람의 일을 제비로 결정하는 지혜도 역시 그 한계가 있음을 알아야 한다.

> 제비는 사람이 뽑으나 모든 일을 작정하기는 여호와께 있느니라(잠 16:33).
> 사람의 마음에는 많은 계획이 있어도 오직 여호와의 뜻만이 완전히 서리라(잠 19:21).

인간의 그 어떤 지혜도 한계가 있음을 명심해야 한다.

> 지혜로도 못하고, 명철로도 못하고, 모략으로도 여호와를 당하지 못하느니라 싸울 날을 위하여 마병을 예비하거니와 이김은 여호와께 있느니라(잠 21:30-31).
> 부자 되기에 애쓰지 말고, 네 사사로운 지혜를 버릴지어다(잠 23:4).

그러므로 전도서는 모든 지혜와 세상만사가 헛되다고 선언한다. 그렇다고 회의주의에 빠지거나 "지혜 배우기"를 아예 포기하는 것은 더 어리석다. "인간의 지혜의 한계"에도 불구하고, 혼란과 실망에도 불구하고, 하나님의 선하심과 온전하심을 믿고 하나님을 경외하는 자세로 "최선의 길"을 찾는 것이 사람의 본분이며 지혜다. 불완전하고 연약한 인생에게 진정한 지혜란 완전을 향한 부단한 추구이며, 지혜로운 삶이란 완전한 삶을 향한 부단한 노력이다. 부지런히 지혜를 배우고 지혜를 추구하는 것이 하나님의 자녀의 도리다.

> 너는 권고를 들으며 훈계를 받으라 그리하면 네가 필경은 지혜롭게 되리라(잠 19:20).
> 그러므로 하늘에 계신 너희 아버지의 온전하심과 같이 너희도 온전하라(마 5:48).

무엇보다 연약한 피조물 인간이 알아야 할 가장 중요한 지혜는 "구원에 이르는 지혜"다(딤후 3:15). 즉 하나님의 아들 예수님을 믿고 구원을 받는 것이다.

> 그리스도는 하나님의 능력이요 하나님의 지혜니라(고전 1:24).
> 너희는 하나님으로부터 나서 그리스도 예수 안에 있고 예수는 하나님으로부터 나와서 우리에게 지혜와 의로움과 거룩함과 구원함이 되셨으니(고전 1:30).
> 그러나 무엇이든지 내게 유익하던 것을 내가 그리스도를 위하여 다 해로 여길뿐더

러 또한 모든 것을 해로 여김은 내 주 그리스도 예수님을 아는 지식이 가장 고상하기 때문이라 내가 그를 위하여 모든 것을 잃어버리고 배설물로 여김은, 그리스도를 얻고 그 안에서 발견되려 함이니, 내가 가진 의는 율법에서 난 것이 아니요 오직 그리스도를 믿음으로 말미암은 것이니, 곧 믿음으로 하나님께로부터 난 의라 (빌 3:7-9).

사람은 다만 사망 권세를 이기시고 승리하신 그리스도 안에서 궁극적 지혜를 찾을 수 있다. 잠언이나 전도서 같은 지혜서는 생명의 길로 이끄는 지혜와 사망의 길로 이끄는 어리석음을 대조적으로 가르친다. 삶의 경험을 통한 지혜를 통해 사람이 마땅히 선택해야 할 "구원의 길"을 제시하는 것이다. 그 지혜는 하나님의 전체 구원 역사 가운데서 결국 하나님의 참 지혜이신 예수 그리스도로 말미암는 구원 진리를 가리키는 것이다(사 11:2).

오직 부르심을 받은 자들에게는 유대인이나 헬라인이나 그리스도는 하나님의 능력이요, 하나님의 지혜니라(고전 1:24).

세상 사람들은 그리스도를 통한 하나님의 구원의 도리를 약하고 어리석은 이들의 병적, 망상적 지혜라고 생각한다. 그러나 성경 전체가 하나님께서는 자신의 힘과 지혜를 자랑하는 이들 대신에 하나님을 사랑하고 의지하는 이들을 구원의 대상으로 삼으신다는 것을 가르친다.[1]

그 때에 예수께서 대답하여 이르시되 천지의 주재이신 아버지여 이것을 지혜롭고 슬기 있는 자들에게는 숨기시고 어린아이들에게는 나타내심을 감사하나이다 옳소이다 이렇게 된 것이 아버지의 뜻이니이다(마 11:25-26).
십자가의 도가 멸망하는 자들에게는 미련한 것이요 구원을 받는 우리에게는 하나님의 능력이라(고전 1:18).

---

1 신 7:7-8; 룻 2:12; 삼상 2:1-10; 15:17; 16:7; 시 113:7-9; 눅 1:46-55.

하나님의 어리석음이 사람보다 지혜롭고 하나님의 약하심이 사람보다 강하니라 (고전 1:25).

이는 내 능력이 약한데서 온전하여 짐이라(고후 12:9b).

어리석게 보이는 십자가의 복음이 율법을 대신하여 구원의 도리가 된 것도 인간의 지혜와 능력을 뛰어넘어 자신의 지혜와 능력을 나타내시려는 하나님의 거룩하신 뜻에서 비롯된 것이다.

그런즉 자랑할 데가 어디냐 있을 수가 없느니라 무슨 법으로냐 행위로냐 아니라, 오직 믿음의 법으로니라(롬 3:27).

하나님께서는 이런 하나님의 뜻을 존중하고 신뢰하는 이들을 찾아 자신의 자녀로 삼으신다. 사람은 사망 권세 이기시고 승리하신 그리스도 안에서 궁극적 지혜를 찾을 수 있다.

2018년 10월 1일

33. 율법에 대한 복음의 탁월성

> 내가 복음을 부끄러워하지 아니하노니 이 복음은 모든 믿는 자에게 구원을 주시는 하나님의 능력이 됨이라 먼저는 유대인에게요 그리고 헬라인에게로다 (롬 1:16).

성경은 믿음으로 구원 얻음을 가르치는 복음이 행위로 구원 얻음을 가르치는 율법보다 더 원초적이고 더 탁월한 구원의 길임을 가르친다. 복음은 율법의 행위로 말미암는 구원의 한계를 지적하며 하나님의 은혜를 믿음으로 말미암는 구원을 가르친다.

일단 율법이 복음에 앞서서 구원의 도리로 제시되었고(출 19:5; 레 18:5), 또한 많은 세상 종교나 도덕주의자가 도덕이나 선행을 구원의 도리로 가르치기 때문에, 복음을 믿는 우리는 율법과 도덕의 한계를 지적하고 동시에 복음의 구원의 탁월한 능력을 증거해야 할 것이다.

첫째, 하나님께서 율법 대신 그리스도로 말미암은 복음을 구원의 새 시대의 구원 방법으로 선택하셨다.

> 이제는 율법 외에 하나님의 한 의가 나타났으니 율법과 선지자들에게 증거를 받은 것이라 곧 예수 그리스도를 믿음으로 말미암아 모든 믿는 자에게 미치는 하나님의 의니 차별이 없느니라(롬 3:21-22).

믿음으로 구원 얻는 복음은 이교적이거나 이단적 가르침이 아니라, 하나님의 구원사와 계시사에서 제시된 하나님의 최종적 구원 제안이다.

> 그리스도는 모든 믿는 자에게 의를 이루기 위하여 율법의 마침이 되시니라(롬 10:4).

둘째, 복음이 가르치는 이신득의의 구원 진리가 율법이 가르치는 이행득의의 구원 진리(레 18:5)보다 시대적으로 더 원초적인 구원 진리다(롬 4:2 이하; 갈 3:6-22; 히 6:13-15).

이신득의의 구원 진리는 아브라함 때부터 있었고(창 15:6, B.C. 2100), 이행득의의 구원 진리는 모세 때(레 18:5; B.C.1440) 주어진 것이다. 아브라함의 이삭의 희생(창 22장), 유월절 어린 양의 피(출 12장), 모세가 장대에 매단 놋뱀(민 21:8-9; 요 3:14), 여리고 성 라합의 붉은 줄(수 2:18, 21) 등의 구원 역사는 율법에 대한 복음의 원초성과 선재성을 나타낸다. 다른 말로 이 모든 구원 사건은 하나님께서 최종적 구원 도리인 복음의 증거로서 미리 예비하신 것들이다.

> 다 같은 신령한 음료를 마셨으니 이는 그들을 따르는 신령한 반석으로부터 마셨으매 그 반석은 곧 그리스도시라(고전 10:4).
> 그리로(성소 안으로) 앞서 가신 예수께서 멜기세덱의 반차를 따라 영원히 대제사장이 되어 우리를 위하여(우리의 속죄를 위하여) 들어 가셨느니라(히 6:20; 참조, 마 27:51).
> 그(예수)는 새 언약의 중보자시니 이는 첫 언약 때에 범한 죄에서 속량하려고 죽으사 부르심을 입은 자로 하여금 영원한 기업의 약속을 얻게 하려 하심이라(히 9:15).
> 그가 거룩하게 된 자들을 한 번의 제사로 영원히 온전하게 하셨느니라(히 10:14).

이런 구약의 예언들과 예시적 구원 사건들은 복음이 사람의 즉흥적 고안도 아니고, 자연발생적 현상도 아니고 다만 하나님께서 인간 구원을 위해 오래 전부터 준비해 오신 궁극적 구원 방안임을 가리키는 것이다.

셋째, 복음은 하나님의 계시사와 구원사에 있어서 율법보다 원초적, 선재적일 뿐만 아니라, 구원의 능력과 효율성이 탁월하다. 복음의 구원 진리는 전적으로 하나님의 구원의 은혜에 의지해 하나님의 구원 약속을 믿을 것을 가르치기 때문에 연약한 인간의 의지에 의존하는 율법을 행함으로 구원 얻는 진리에 비해 그 가치와 효능이 탁월하다.

율법은 적극적으로 인간의 존재 의식과 삶의 질서 의식과 안정을 줄 수 있으나, 부정적으로는 위선적이고 오만하게 되는 부작용이 따른다(롬 2:17-3:18). 바울이 자주 지적하듯이 율법의 행위 구원은 인간의 연약함으로 말미암아 대개 위선 아니면, 자랑과 오만함으로 변질되기 때문에 구원의 도리로서 부적절함이 증명되었다(롬 2:23; 3:27).

> 생명에 이르게 할 그 계명이 내게 대하여 도리어 사망에 이르게 하는 것이 되었도다 죄가 기회를 타서 계명으로 말미암아 나를 속이고 그것으로 나를 죽였는지라 (롬 7:10-11).

그러나 복음 신앙은 전적으로 하나님의 은혜와 성령의 감동하심으로 얻게 되는 것이므로 어떤 사람의 자랑이나 공로의 여지가 없는 순전하면서도 효율적인 구원의 도리다(롬 3:27; 고전 1:29; 12:3; 엡 2:9). 율법은 인간의 한계로 말미암아 인간 존재의 본질과 삶과 운명을 근본적으로 변화시킬 수 없으나 복음은 그리스도의 은혜와 성령의 역사로 말미암아 인간 존재의 본질과 삶과 운명을 근본적으로 변화시킨다(요 3:5; 롬 8:1 이하). 다른 말로, 복음이 가르치는 "하나님의 은혜를 믿음으로 구원 얻는 지혜"가 율법이 가르치는 "인간의 행위로 구원 얻는 지혜"보다 하나님의 지혜와 능력과 영광을 더 잘 나타낸다.

> 그런즉 자랑할 데가 어디냐 있을 수가 없느니라 무슨 법으로냐 행위로냐 아니라, 오직 믿음의 법으로니라(롬 3:27).

하나님께서는 오랜 유대 민족의 실패를 통해 인간의 연약함과 율법의 행위 구원의 한계를 보여 주시고, 이제 세상 끝 날에 그리스도를 믿음으로써 구원 얻게 되는 "더 좋고 더 온전한 구원 진리"를 제시하신 것이다(롬 10:4; 16:25-26; 히 7:19, 22; 8:6; 9:23). 모든 복음서와 서신서가 이런 복음의 놀라운 구원 능력을 증거한다.

율법주의는 현대의 도덕주의와 유사한 사고 유형이다. 도덕주의로 만족하는 모든 현대인은 위선과 오만 같은 율법주의적 폐해를 반복할 수 밖에 없음을 명심해야 한다.

넷째, 복음은 구원의 결과를 확실히 보장한다.

(1) 하나님은 그의 백성이 영원히 거주할 "더 좋은 본향"을 예비하셨다.[1] 천국은 아담의 범죄 이후 인간 구원을 위해 힘써 오신 하나님의 구원 역사의 최종적 완성이며 목표다.

> 그들이 이제는 더 나은 본향을 사모하니 곧 하늘에 있는 것이라 이러므로 하나님이 그들의 하나님이라 일컬음을 받으심을 부끄러워하지 아니하시고 그들을 위하여 한 성을 예비하셨느니라(히 11:16).
> 이는 하나님이 우리를 위하여 더 좋은 것을 예비하셨은즉 … (히 11:40).

(2) 삼위 하나님의 영이 믿는 자들이 모두 구원받아 영생을 얻기까지 온전히 그들을 지키시고 인도하신다(성도의 견인[堅忍]).[2]

> 내가 그들에게 영생을 주노니 영원히 멸망하지 아니할 것이요 또 그들을 내 손에서 빼앗을 자가 없느니라(요 10:28).
> 하나님의 은사와 부르심에는 후회하심이 없느니라(롬 11:29).

하나님께서 우리에게 믿음을 은혜로 주셨으나 믿음을 지키는 것은 우리의 몫이다. 하나님께서는 우리의 믿음이 진정한 믿음이 되게 하시기 위해 모든 도전과 시험을 허락하신다. 믿음의 도전과 시험을 견디지 못하고 믿음을 포기하는 이들도 나타나지만, 그들은 명목상의 신자들로서 행세했을 뿐이며 진정한 신자들이었다고 볼 수 없다.[3]

이상의 율법 행위로 말미암는 구원에 대한 하나님의 은혜와 성령의 역사로 말미암는 복음의 탁월성은 인간의 자력에 의한 인간 존재의 변화와 삶과 운명을 가르치는 모든 도덕주의와 종교의 구원의 도리의 제한성을 반증한다.

---

1 마 25:34; 요 14:2; 고후 5:1; 히 11:10-16.
2 롬 8:4-39; 갈 4:6, 5:16-22; 요일 4:13; 벧전 1:11.
3 딤전 1:19-20; 딤후 2:17-18; 히 6:4-6; 벧후 2:19-21; 요일 2:19; 계 3:1; 참조, 롬 9:6.

그러나 무엇이든지 내게 유익하던 것을 내가 그리스도를 위하여 다 해로 여길뿐더러 또한 모든 것을 해로 여김은 내 주 그리스도 예수님을 아는 지식이 가장 고상하기 때문이라 내가 그를 위하여 모든 것을 잃어버리고 배설물로 여김은 그리스도를 얻고 그 안에서 발견되려 함이니 내가 가진 의는 율법에서 난 것이 아니요 오직 그리스도를 믿음으로 말미암은 것이니 곧 믿음으로 하나님께로부터 난 의라 (빌 3:7-9).

2018년 10월 4일

34. "두려워하지 말라"

> 내가 너희에게 말하기를 그들을 무서워하지 말라 두려워하지 말라 너희보다 먼저 가시는 너희의 하나님 여호와께서 애굽에서 너희를 위하여 너희 목전에서 모든 일을 행하신 것 같이 이제도 너희를 위하여 싸우실 것이며(신 1:29-30).

신명기는 모세가 약속의 땅이 보이는 모압 땅에서 지난 40년 동안의 광야 생활을 회고하며 이스라엘 백성에게 그들이 들어갈 약속의 땅에서의 새로운 삶을 가르치는 말씀이다. 모세는 광야에서의 불신적 생활을 청산하고 하나님의 말씀을 전적으로 믿고 따를 것을 가르친다.

생각하면, 광야의 이스라엘 백성뿐만이 아니라, 모세 이전의 아브라함, 이삭, 야곱, 요셉과 같은 조상들도 평생 정처 없이 떠도는 유랑민으로 살았다. 하나님께서는 아브라함에게 "너는 너의 고향과 친척과 아버지의 집을 떠나 내가 네게 보여 줄 땅으로 가라"(창 12:1)고 명령하셨고, 그 말씀을 따라서 고향을 떠나 약속의 땅 팔레스틴에 이르렀으나 한 곳에 오래 머무르지 않고, 이곳저곳을 전전하며 살았다. 그의 아들 이삭도 원수들의 방해로 한 곳에 머물지 못하고, 이곳저곳을 다니며 우물을 파면서 일생을 보냈다.

야곱도 형 에서와의 갈등으로 고향을 떠나 하란 땅에 있는 외삼촌 라반의 집에서 오래 살았고, 그 후 애굽에서 죽을 때까지 약속의 땅에서 방랑자로 살았다. 요셉도 형들의 모함으로 애굽의 종으로 팔려가서 모진 고난을 겪은 후에 아버지 야곱과 형들과 동생을 만날 수 있었다. 그 후 400년이 지난 후에 이스라엘 백성은 모세를 따라 애굽의 종살이를 청산하고 하나님께서 조상들에게 약속하신 가나안 땅으로 다시 돌아오게 된 것이다.

믿음의 조상들은 이곳저곳을 유리방황하면서도 언젠가는 하나님께서 약속하신 땅에서 안식하게 될 것을 믿고 살았다. 이 불안한 땅에서 장차 들어갈 약속의 땅에서의 영원한 안식을 그리며 살던 믿음의 조상들의 삶은 이 험한 세상에서 영원한 하나님 나라에서의 안식의 약속을 믿고 살아야 하는 성도들의 삶의 본보기로서 하나님께서 미리 보여 주신 것이다(시 96:11; 히 3:11; 4:3, 8-11; 벧전 1:1; 1:17; 벧후 1:13).

그러나 광야의 이스라엘 백성은 물론 약속의 땅에 들어간 그들의 후손들조차 그들의 선조들의 믿음을 무시하고 자신들의 불신을 따라 살다가 바벨론 포로 같은 하나님의 진노를 자초했던 것이다. 이스라엘의 죄악의 역사는 창세기가 가르치는 하나님을 떠나 유리방황하게 된 인간 전체의 비참한 죄악의 역사로 거슬러 올라간다. 인간은 하나님을 배반하나 자비로우신 하나님께서는 여전히 인간을 구원하시기 위해 애쓰신다는 것이 구약성경 전체의 주제이며 교훈이다.

신약은 예수 그리스도의 복음으로 말미암아 완전한 하나님 나라가 시작되었음을 가르친다. 복음의 핵심은 예수 그리스도를 믿는 사람은 하나님 나라의 시민이 되어 이 불안한 땅에서의 여정이 그치면 하나님께서 마련하신 완전한 하늘나라에서 영원히 살게 된다는 약속이다.¹ 우리는 이 세상을 지나 하늘나라로 가는 나그네들이다(히 11:13; 벧전 1:17). 이 세상에 살면서도 이 세상 나라의 백성이 아니라, 하나님 나라의 백성임을 잊지 말고 이 세상의 부패한 삶을 버리고 영원한 하나님 나라를 소망하며 경건에 힘써야 한다.

> 너희가 나그네로 있을 때를 두려움으로 지내라(벧전 1:17b).

『천로역정』에서 그리스도인이 모든 주위의 미혹하는 소리에 귀를 막고 "천국, 천국, 영원한 천국"이라고 외치면서 천국을 향해 걸어가듯이, 우리는 이 세상의 모든 불신적 소리에 귀를 막고 다만 하늘나라를 향해서 걸어가야 한다. 우리는 보이는 땅에 안주하려는 육신적 미혹과 영원한 나라에 대한 의심을 극복해야 하고, 우리의 천국 지향적 믿음을 현실도피적 신앙이라고 비난하는 소리도 극복해야 한다.²

천국을 향해 가는 우리는 세상 사람들처럼 현실에 집착하지는 않되, 현실 가운데서도 하나님 나라 시민답게 살기를 힘써야 한다. 우리의 모든 현실적 책임을 하나님 나라의 의에 비추어 충실히 수행해야 한다.

---

1 요 3:16; 11:25-26; 14:1-4; 롬 5:21; 6:23; 고후 5:1-10; 갈 6:8; 엡 2:6; 빌 3:10-14, 20-12; 골 3:1-4; 살전 4:13-18; 딤후 4:6-8; 히 11:16, 40; 13:14; 벧전 5:10; 벧후 1:13-14; 3:12-13; 요일 1:1-2; 2:25; 유 21; 계 2:10; 21:1 이하.
2 성경은 우리의 믿음의 대상이신 하나님 자신이 초월적 존재이시고, 그의 역사가 자주 초월적임을 보여 준다. 그리고 많은 그리스도인이 하나님의 초월적 역사를 증거한다. 현대에서도 과학적으로 설명하기 힘든, 악하거나 선한, 초월적 사건들이 여전히 일어난다.

잘하였도다 착하고 충성된 종아, 네가 적은 일에 충성하였으매 내가 많은 것을 네
게 맡기리니 네 주인의 즐거움에 참여할지어다(마 25:21, 23).

천국은 게으른 자들의 놀이터가 아니라, 하나님 나라를 위해 수고한 이들의 안
식처다.

이미 그의 안식에 들어간 자는 하나님이 자기의 일을 쉬심과 같이 그도 자기의 일
을 쉬느니라(히 4:10).

흔히 어떤 불신인들은 천국은 원래 이교적 신앙이며, 바벨론 포로 이후의 유대교인
들이 페르시아 종교의 이원론적 세계관에 근거한 천국 신앙을 도입한 것을 기독교인들
이 계승한 것이라고 한다. 초대교회가 구약의 일원론적인 약속의 땅을 당시의 헬라적
인 이원론적 세계관에 비추어 천국으로 재해석했다고 한다(히 11:10, 16, 40).
그러나 성경은 천국은 결코 후대 사람들의 인위적인 재해석이 아니라, 하나님께
서 창세전부터 예비하신 인간 구원의 완성이란 사실을 보여 준다. 성경은 족장들의
방황과 출애굽을 포함한 모든 구약 역사는 복음이 약속하는 천국이란 최종적 구원
의 완성을 위한 하나님의 예비적이고 교훈적인 역사임을 단언한다(롬 1:2; 16:25-26).
예수님은 "너희가 성경에서 영생을 얻는 줄 생각하고 성경을 연구하거니와 이 성
경이 곧 내게 대하여 증언하는 것이니라"(요 5:39)고 하셨고, 계속해서 "너희 조상
아브라함은 나의 때 볼 것을 즐거워하다가 보고 기뻐하였느니라"(요 8:56)라고 복음
의 우선성과 원초성을 밝히셨다.
사도 바울도 "또 하나님이 이방을 믿음으로 말미암아 의로 정하실 것을 성경이
미리 알고, 먼저 아브라함에게 복음을 전하되 모든 이방인이 너로 말미암아 복을
받으리라 하였느니라"(갈 3:8)라고 복음의 원초성을 밝혔다. 바울은 이런 복음이 결
코 자신의 해석이 아니라, 주님께로부터 받은 계시임을 천명한다.

형제들아 내가 너희에게 알게 하노니 내가 전한 복음은 사람의 뜻을 따라 된 것이
아니니라 이는 내가 사람에게서 받은 것도 아니요, 배운 것도 아니요, 오직 예수 그
리스도의 계시로 말미암은 것이라(갈 1:11-12).

너희를 위하여 내게 주신 하나님의 그 은혜의 경륜을 너희가 들었을 터이라 곧 계시로 내게 비밀을 알게 하신 것은 내가 먼저 간단히 기록함과 같으니 그것을 읽으면 내가 그리스도의 비밀을 깨달은 것을 너희가 알 수 있으리라(엡 3:2-4).

예수님께서도 그가 승천하신 후에 성령을 통해 제자들에게 복음 진리를 계시하실 것을 약속하셨다(요 14:26; 15:26-27; 16:13-15).

우리가 이것을 말하거니와 사람의 지혜가 가르친 말로 아니하고 오직 성령께서 가르치신 것으로 하니 영적인 일은 영적인 것으로 분별하느니라(고전 2:13).

무엇보다 천국을 실재하는 세계로 보지 않고, 영적 안위를 위한 종교 심리적 고안으로 보는 것을 경계해야 한다. 보이지 않는 천국에 대한 보이는 것만을 실재로 여기는 사람들의 조롱과 비판은 믿음이 약한 우리에게 도전적이다. 비록 천국에 대한 자세한 정보가 없지만, 성경이 보여 주는 하나님의 많은 약속의 성취와 그리스도의 죽으심과 부활 사건에 비추어 볼 때 그 신빙성과 확실성의 증거는 충분하다.
어떤 시인은 행복이란 "저녁이 됐을 때 돌아갈 집이 있는 것"이라고 했다. 이 땅의 삶이 끝나면 주님께서 우리를 위해 마련하신 영원한 집이 있다(고후 5:1). 하나님께서는 우리를 단순히 썩어 없어질 존재로 지으신 것이 아니라, 하나님의 나라에서 영원히 함께 지낼 그의 형상으로 지으셨음을 기억하자. 하나님께서는 옛날 믿음의 조상들의 방황과 고난의 삶을 통해 우리를 위해 영원한 처소를 예비하셨음을 확증하여 주셨다(창 12:1-3; 출 6:3-5).

내가 너희에게 말하기를 그들을 무서워하지 말라 두려워하지 말라 … 사람이 자기의 아들을 안는 것같이 너희의 하나님 여호와께서 너희가 걸어 온 길에서 너희를 안으사 이곳까지 이르게 하셨느니라 하나, 이 일에 너희가 너희의 하나님 여호와를 믿지 아니하였도다 그는 너희보다 먼저 그 길을 가시며 장막 칠 곳을 찾으시고 밤에는 불로, 낮에는 구름으로 너희가 갈 길을 지시하신 자이시니라(신 1:29-33).
내 아버지께 복 받을 자들이여, 나아와 창세로부터 너희를 위하여 예비된 나라를 상속받으라(마 25:34).

내가 너희를 위하여 거처를 예비하러 가노니 가서 너희를 위하여 거처를 예비하면 내가 다시 와서 너희를 내게로 영접하여 나 있는 곳에 너희도 있게 하리라(요 14:2b-3).

만일 땅에 있는 우리의 장막 집이 무너지면 하나님께서 지으신 집 곧 손으로 지은 것이 아니요 하늘에 있는 영원한 집이 우리에게 있는 줄 아느니라(고후 5:1).

이는 하나님이 우리를 위하여 더 좋은 것을 예비하셨은즉 … (히 11:40).

하늘 아버지께서는 우리가 거할 영원한 집뿐만 아니라, 우리에게 주실 영원한 상급까지도 예비해 주셨다(빌 3:14; 히 11:26; 계 22:12).

이제 후로는 나를 위하여 의의 면류관이 예비되었으므로 주 곧 의로우신 재판장이 그 날에 내게 주실 것이며 내게만 아니라, 주의 나타나심을 사모하는 모든 자에게도니라(딤후 4:8).

하나님께서 우리의 영원한 처소를 예비하셨다는 것은 과거의 하나님의 구원 역사도 예언과 성취로 나타난 사실에 비추어 볼 때 더욱 확실한 약속이다. 하나님께서 언제나 그의 구원 역사를 미리 약속하시고 성취하신다는 성경의 역사적 사실은 우리의 천국의 약속을 믿는 신앙을 더욱 강화시키는 것이다.

이제 일이 일어나기 전에 너희에게 말한 것은 일이 일어날 때에 너희로 믿게 하려 함이라(요 14:29).

비록 이 보이는 땅에서 육체 가운데 사는 우리는 자주 불신적이지만, 자비로우신 우리 주님께서 연약한 우리를 격려하신다.

그러나 내가 혼자 있는 것이 아니라, 아버지께서 나와 함께 계시느니라 이것을 너희에게 이르는 것은 너희로 내 안에서 평안을 누리게 하려 함이라 세상에서는 너희가 환난을 당하나 담대하라 내가 세상을 이기었노라(요 16:32b-33).

우리는 인간이 어두운 우주 공간에 던져진 외로운 존재일 뿐이라고 속삭이는 불신적 소리에는 귀를 막고, 대신 우리를 친히 그 품에 안으시고 타이르시는 주님의 말씀을 듣자(골 2:20; 요 10:27; 14:1-3). 우리가 이 불안한 땅에서 유리방황하는 동안 모든 불신적 도전과 시험 가운데서도 언제나 저 완전한 하나님 나라에서의 영원한 안식의 약속을 굳게 믿고, 하나님 나라 백성의 경건에 힘써야 한다.

그러므로 우리가 저 안식에 들어가기를 힘쓸지니 이는 누구든지 저 순종하지 아니하는 본에 빠지지 않게 하려 함이라(히 4:11).

2018년 10월 6일

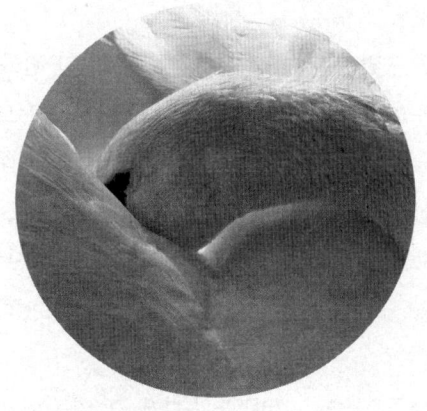

35. 절대적 복음 신앙

> 만일 우리의 복음이 가리었으면 망하는 자들에게 가리어진 것이라 그 중에 이 세상의 신이 믿지 아니하는 자들의 마음을 혼미하게 하여 그리스도의 영광의 복음의 광채가 비치지 못하게 함이니 그리스도는 하나님의 형상이니라 (고후 4:3-4).

성경은 사람이 자신과 자연을 지으신 창조주 하나님만을 섬겨야 할 것을 반복적으로 가르친다. 자연과 자연의 형상이나 가치, 사람의 모양이나 가치나 지혜와 생각은 모두 피조물이므로 그것들을 절대적으로 믿는 것은 창조주 하나님의 진노를 초래하는 심각한 죄로서 엄격히 금지하고 있다.

비록 현대인들이 영적, 초월적 차원을 무시하지만, 그들이 자연 원리나 인본주의적 가치를 절대적으로 신봉한다는 점에서 고대인들이 자연과 인간의 가치를 절대적으로 신봉한 것과 크게 다를 바 없다. 다만 고대인들은 자연과 인간의 가치를 신격화하고 초월적으로 이해했던 반면에 현대인들은 자연과 인간의 가치를 과학적, 합리적으로 이해할 뿐이다.

사탄은 언제나 모든 수단과 방법으로 어떻게 해서든지 잘사는 사람이든지, 못사는 사람이든지, 지혜로운 사람이든지, 어리석은 사람이든지 모든 사람들로 하여금 하나님을 멀리하고 불신하도록 애쓴다. 사탄은 과학 이전 시대의 사람들에게는 세상의 가치에 대한 탐심과 함께 미신과 거짓 신들을 믿게 했고, 현대 과학 시대의 사람들에게는 세상의 보이는 물질적 가치와 인간의 지능적, 도덕적 능력에 집중하게 함으로써 창조주이시고 구속주이신 하나님을 잊게 만들고 있다.

> 너희가 세상의 초등학문에서 그리스도와 함께 죽었거든 어찌하여 세상에 사는 것과 같이 규례에 순종하느냐 (곧 붙잡지도 말고 맛보지도 말고, 만지지도 말라 하는 것이니 이 모든 것은 한때 쓰이고 없어지리라) 사람의 명령과 가르침을 따르느냐 이런 것들은 자의적 숭배와 겸손과 몸을 괴롭게 하는 데는 지혜 있는 모양이나 오직 육체 따르는 것을 금하는 데는 조금도 유익이 없느니라 그러므로 너희가 그리스도와 함께 다시 살리심을 받

앉으면 위의 것을 찾으라 거기는 그리스도께서 하나님 우편에 앉아 계시느니라 위의 것을 생각하고 땅의 것을 생각하지 말라 이는 너희가 죽었고 너희 생명이 그리스도와 함께 하나님 안에 감추어졌음이라 우리 생명이신 그리스도께서 나타나실 그 때에 너희도 그와 함께 영광 중에 나타나리라 그러므로 땅에 있는 지체를 죽이라 곧 음란과 부정과 사욕과 악한 정욕과 탐심이니 탐심은 우상 숭배니라(골 2:20-3:5).

그리스도와 함께 죽고 산 사람은 영광의 그날이 이르기까지 이 세상의 가치와 인간의 지혜와 탐심을 절대시하는 이 세상의 모든 미혹을 단호히 뿌리치고 오직 삼위 하나님과 그의 구원의 말씀, 즉 복음만을 절대적 가치로 믿어야 한다.

··· 죄가 너를 원하나 너는 죄를 다스릴지니라(창 4:7).

2018년 10월 7일

36. 하나님 나라를 기다리며

> 너희는 먼저 그의 나라와 그의 의를 구하라(마 6:33).
> 이 모든 것이 이렇게 풀어지리니 너희가 어떠한 사람이 되어야 마땅하냐 거룩한 행실과 경건함으로 하나님의 날이 임하기를 바라보고 간절히 사모하라
> (벧후 3:11-12a).

남을 조롱하고 비판하는 냉소주의적 풍조가 정치, 사회, 문화 등 우리 사회의 각 분야에 악성 바이러스처럼 만연하고 있다. 특히 SNS에는 신랄하다 못해 악랄한 댓글들이 난무한다. 정직하고 건설적인 비판은 유익하지만, 파괴적인 비판은 증오심과 미움을 증대시킬 뿐이다.

이렇게 냉소주의가 만연한 까닭은 현대의 상대주의적 가치관의 특성인 다양성과 관용성으로 말미암아 절대적 가치 판단 기준이 무시당하기 때문이다. 서양 근대사에서 뉴톤의 만유인력이 한동안 왕권 국가와 절대적 가치를 지지하는 기반이 되었으나, 지난 세기에 등장한 아인슈타인의 상대성 원리는 절대적 가치관 대신에 상대주의적인 가치관의 발흥에 일조했다.

상대주의적 가치를 지향하는 세상에서는 무엇이 건전한 가치이고, 무엇이 건전하지 않은 가치인지 심지어 무엇이 선이고, 무엇이 악인지에 대한 논쟁과 혼란이 그치지 않는다. 절대적 가치관의 붕괴와 혼란은 상대주의적 현대 사회의 특성이다. 그렇다고해서, 이런 현대 사회가 과거의 신앙, 이성, 관념, 이념 같은 절대적 가치를 추구하는 시대로 돌아갈 가능성은 거의 없다.

오히려 현대인은 어떤 하나의 가치를 절대시 하는 이들을 구시대인들로 폄하한다. 진정한 상대주의란 다른 사상도 포용하고 인정해야 하지만, 아이러니칼하게도 현대 상대주의는 상대주의만을 유일한 절대적 가치로 신봉한다. 그러므로 상대주의는 또 하나의 절대주의적 가치관일 뿐이다.

상대주의적 가치관의 장점은 자유와 해방이지만, 단점은 혼란과 방종이다. 사람들은 상대주의적 가치 체제가 주는 자유와 해방을 원하면서도 결국 혼란과 방종보다는 안정과 평안을 원하기 때문에 상대주의적 가치관에 의한 혼란이 극심해질 때

에는 도리어 절대주의적 가치 체제로의 회기를 원한다.

일례로 중국 역사에서도 상대적인 춘추전국 시대 이후에 절대적 왕조시대가 나타났고, 로마 역사에서도 제 1차, 제 2차 삼두 정치가 중앙집권적 왕조시대 이후에 나타났으나 결국 절대 왕조시대로 되돌아갔다. 성경 역사에서도 절대적 지도자인 모세와 여호수아 이후에 권력 분산형의 사사 시대가 나타났으나, 곧 절대적 왕국 시대로 이어졌던 것이다. 이런 인간 역사의 추이를 따르면, 현대의 상대주의적 가치관도 얼마 후에는 다시 어떤 절대적 가치관으로 대체될 것이다. 사람들은 자유를 원하면서도 혼란보다는 안정과 평화를 원하기 때문이다. 실제로, 여러 시대에 걸쳐 사람들은 여러 가지 형태의 완전한 세계, 즉 유토피아를 꿈꾸며 실제로 그런 세상을 위한 시도도 했으나 결국 인간의 본질적 한계로 말미암아 허구적인 "이상향"으로 끝났다. 현대인들이 꿈꾸는 미래의 세계 역시 인간의 본질적 한계로 말미암아 궁극적인 대안이 될 수 없다. 우리는 사람이든지, 자연이든지, 모든 피조물의 가치와 노력은 제한적이고 허무할 수밖에 없음을 분명히 알아야 한다.

그렇다면 현대의 상대주의적 가치관도 그로 말미암은 개인적, 사회적 혼란과 불안이 극에 달할 때, 사람들은 어떤 궁극적인 절대적 가치관을 바라게 될 것이다. 실제로 현대인이 많은 자유를 누리면서도 한편으로는, 약물 중독과 불안증으로 고통당하는 이들도 늘고 있다. 그러므로 상대주의적 현대에도 여전히 어떤 절대적 가치관의 여지가 있는 것이다. 실제로 성경은 말세에 사탄을 따르는 어떤 절대자("멸망의 아들"; "불법한 자")가 나타날 것임을 예언한다 (살후 2:3-12; 계 17:1 이하).

하나님께서는 오래전부터 완전한 하나님의 나라를 이 땅에 이루시기 위해 준비해 오셨다. 하나님의 아들 예수님은 이 땅에 오셔서 하나님께서 직접 다스리시는 완전한 하나님 나라의 도래를 약속하셨다. 하나님 나라는 하나님께서 다스리시는 절대적 나라이면서도 사람들이 스스로 서로 존중하고 사랑하는 이상적이면서도 실재하는 완전한 세상이다. 예수님께서는 우리가 이 세상에서부터 하나님 나라의 가치를 지향하며 우리와 다른 남을 미워하는 대신 먼저 사랑하고, 남을 비판하고 정죄하는 대신 먼저 이해하고 용서할 것을 가르치셨다 (마 18:21-22).

너희 원수를 사랑하며 너희를 박해하는 자를 위하여 기도하라 (마 5:44).

그리스도께서는 누구든지 우리 같은 죄인들을 용서하시고 희생하신 십자가의 그리스도를 믿으면 모든 분노와 시기와 갈등이 그치고 쉼과 평안을 얻을 수 있다고 약속하셨다.[1] 그리스도의 지극하신 사랑과 용서하시는 은혜로 말미암아 용서할 수 없던 나 자신과 나의 원수도 용서할 수 있고 사랑할 수 있게 된다.

> 모든 사람이 죄를 범하였으매 하나님의 영광에 이르지 못하더니 그리스도 예수 안에 있는 속량으로 말미암아 하나님의 은혜로 값없이 의롭다 하심을 얻은 자 되었느니라(롬 3:23-24).

십자가를 참으신 그리스도의 사랑이 완전한 세상, 즉 하나님 나라의 시작이며 완성이다.

> 사랑은 오래 참고 사랑은 온유하며 시기하지 아니하며 사랑은 자랑하지 아니하며 교만하지 아니하며 … 모든 것을 참으며 모든 것을 믿으며 모든 것을 바라며 모든 것을 견디느니라(고전 13:4-7).

십자가의 놀라운 구원의 은혜와 사랑을 믿는 사람은 아무리 용서 받지 못할 악한 사람이라도 용서하고 사랑하는 힘을 얻게 된다.

> 그런즉 너희는 차라리 그를 용서하고 위로할 것이니 그가 너무 많은 근심에 잠길까 두려워하노라 그러므로 너희를 권하노니 사랑을 그들에게 나타내라 (고후 2:7-8).

십자가의 사랑은 완전한 인간성 회복을 위한 묘약이다. 십자가의 사랑은 모든 세상의 가치를 상대화시키고 무력화시키는 절대적 가치다.

2018년 10월 10일

---

[1] 마 11:28; 요 14:27; 16:33; 롬 14:17; 빌 4:17; 골 3:15; 살후 3:16.

37. 욥기와 복음

> 내가 알기에는 나의 대속자가 살아 계시니 마침내 그가 땅 위에 서실 것이라 내 가죽이 벗김을 당한 뒤에도 내가 육체 밖에서 하나님을 보리라(욥 19:25-26).

욥기는 "왜 하나님께서 경건한 사람에게 고난을 주시는가?"라는 질문에서 시작하여 "왜 하나님께서 모든 인생에게 고난을 주시는가?"라는 질문으로 확대 전개된다.

> 사람은 고생을 위하여 났으니 불꽃이 위로 날아가는 것 같으니라(욥 5:7).

고난 중에 던지는 욥의 질문은 결국 모든 인생의 질문이다.

> 여인에게서 태어난 사람은 생애가 짧고 걱정이 가득하며 그는 꽃과 같이 자라나서 시들며 그림자 같이 지나가며 머물지 아니하거늘 이와 같은 자를 주께서 눈여겨 보시나이까 나를 주 앞으로 이끌어서 재판하시나이까(욥 14:1-3).

또한 욥기는 인생고에 대한 보편적인 문제에서 시작하여 하나님의 절대적 주권에 대한 신학적 질문에 접근한다. 하나님의 절대 주권 문제는 현실과 동떨어진 추상적 문제만은 아니다. 누구나 인생고를 겪으면서 자주 "왜 하나님께서 내게 이런 고난을 주시는가?"라고 생각할 수 있기 때문이다.

> 하나님이 인생들에게 노고를 주사 애쓰게 하신 것을 내가 보았노라(전 3:10).

욥기의 일반적인 교훈은 인간고와 관련해서 유한한 인간이 전능하신 하나님의 의로우심과 깊으신 지혜와 경륜, 즉 하나님의 주권을 제대로 이해할 수 없더라도, 하나님의 의로우심을 전적으로 믿고 그의 깊으신 지혜와 경륜에 순복하는 것이 최고의 지혜(*summa sapientia*)임을 가르친다.

욥의 세 친구들이 주장하는 율법주의적 인과론은 하나님의 지혜와 경륜의 일부를 나타내는 초보적인 이론일 뿐이며, 그것 하나 만으로는 하나님의 크신 지혜와 경륜을 제대로 이해할 수가 없다.[1] 연약한 우리 인생은 자신에게 쉽고 편리하고 단순한 지식과 원리들로서 전능하신 하나님의 깊고 크신 지혜와 뜻을 모두 다 아는 듯이 착각하지 말고, 자신의 지혜의 한계를 인정하고 하나님의 선하심과 의로우심을 믿고 순종해야 한다. 그것이 지혜로운 사람의 마땅한 도리다. 욥기의 교훈은 한 마디로 지혜란 위대하신 하나님께 대한 절대 의존적 신앙이란 것이다.

욥기는 모든 인생이 겪는 고난의 문제에 대해서 절대 의존적 신앙을 지혜로 가르친다. 하나님께서는 우리가 어떤 형편에서도 흔들림 없이 하나님의 의로우심과 선하심과 은혜를 믿는 믿음을 지키도록 단련시키시기 위하여 우리에게 고난을 주신다.

> 그러나 내가 가는 길을 그가 아시나니, 그가 나를 단련 하신 후에는 내가 순금 같이 되어 나오리라(욥 23:10).

욥의 모본은 수많은 오랜 육체적, 정신적 고통은 물론 다양한 철학적, 신학적 논쟁을 통해 신앙적 도전과 시험을 겪으면서도 놀라운 견인력으로 끝까지 의로우신 하나님을 향한 믿음과 순전함을 잃지 않은 것이다.

> 이 모든 일에 욥이 범죄하지 아니하고 하나님을 향하여 원망하지 아니하니라(욥 1:22).
> 그러할지라도 내가 오히려 … 고통 가운데서도 기뻐하는 것은 내가 거룩하신 이의 말씀을 거역하지 아니하였음이라(욥 6:10).

물론 욥도 점차 고난이 극심해지면서 하나님께 원망과 불평을 한다.

---

[1] 네 번째 친구 엘리후는 세 친구들과는 달리 유한한 인간은 전능하신 창조주 하나님의 깊으신 지혜와 의로우심을 제대로 알 수 없다는 인간의 한계를 지적함으로써 책망을 면한 듯이 보이나(욥 33:24-30; 37:5, 23-24; 42:7-9), 욥처럼 직접 전능자를 만나지도 못하고 경험하지도 못했다(욥 42:5-6). 다른 말로, 그는 아직 미숙한 젊은 지혜자로서 비록 두뇌는 명석했지만, 자신의 짧은 신앙생활에서 아직 선하신 하나님을 만나고 마음으로 깊게 경험하지는 못했던 것이다.

> 내 영혼이 살기에 곤비하니 내 불평을 토로하고 내 마음이 괴로운 대로 말하리라 내가 하나님께 아뢰오리니 나를 정죄하지 마시옵고 무슨 까닭으로 나와 더불어 변론하시는지 내게 알게 하옵소서(욥 10:1-2).
>
> 오늘도 내게 반항하는 마음과 근심이 있나니 내가 받는 재앙이 탄식보다 무거움이라 내가 어찌하면 하나님을 발견하고 그의 처소에 나아가랴 … 그런데 내가 앞으로 가도 그가 아니 계시고 뒤로 가도 보이지 아니하며 그가 왼쪽에서 일하시나 내가 만날 수 없고 그가 오른쪽으로 돌이키시나 뵈올 수 없구나(욥 23:2-9).

그러나 욥은 전체적으로는 불평과 원망보다는 전지전능하신 하나님을 향한 애타는 절규와 믿음을 보여 준다. 욥은 계속되는 극심한 고통 가운데서도 의로우신 하나님을 믿고 인내한다.

> 그러나 내가 가는 길을 그가 아시나니, 그가 나를 단련하신 후에는 내가 순금 같이 되어 나오리라(욥 23:10).

진정한 믿음은 어떤 불신적 도전 가운데서도 끝까지 하나님의 의로우심을 믿고 인내하며 구원을 기다리는 것이다. 연약한 인생은 모든 불확실하고, 불합리하고, 억울한 인생살이 가운데서도 선하신 하나님의 절대적 주권에 철저히 복종하는 자세를 지켜야 한다.

중요한 것은 욥기가 하나님의 절대적 주권을 단순히 막강한 초월적인 능력으로만 보지 않고, 인간을 향하신 하나님의 무한한 사랑과 은혜로 보는 것이다. 욥기는 인생의 모든 고난 가운데서 하나님은 "병 주고 약 주는 무자비한 폭군"이라는 불신적 생각을 물리치고, 하나님은 결국 의로우시고 자비로우신 분이심을 굳게 믿을 것을 가르친다.

하나님은 욥을 시험하시기 전에 이미 욥을 신뢰하시어 은혜를 베푸셨고, 마지막에도 그를 축복하셨기 때문에 하나님은 "병 주고 약 주는 무자비한 폭군"이 아니라, 고난을 통해 우리로 하여금 하나님만 의지할 것을 가르치시는 의로우시고 자비로우신 하늘 아버지시다(시 107:25-31; 마 8:23-27; 14:24-33).

이는 우리로 자기를 의지하지 말고, 오직 죽은 자를 다시 살리시는 하나님만 의지하게 하심이라(고후 1:9).

그러므로 진실한 신자는 하나님의 공의와 주권 같은 다루기 어려운 신학적 문제로 고민하기보다 오히려 하나님의 선하심을 믿고, 고난 중에 하나님께 기도하며, 그의 사랑과 은혜를 직접 경험하고 감사하는 일에 힘쓴다. 그것이 지혜로운 신자의 자세다. 욥기가 가르치는 믿음이란 하나님께 대하여 논쟁하는 것이 아니라, 어려운 시험과 모든 불확실성 가운데서도 선하신 하나님을 믿고 인내하며 그의 구원을 기다리는 것이다. 이것이 욥기 전체의 일관된 주제요 교훈이다.

그렇다고 욥기는 결코 인과론을 무시하거나 죄를 단순히 자연적, 중립적 현상으로 보면서 등한시하는 것은 아니다. 친구들은 물론 욥도 죄를 고난의 원인으로 보며 심각한 문제로 생각한다. 욥은 고난 중에 자신의 과거를 돌이켜 보면서 혹시 자신이 모르고 지은 죄가 있는지를 살핀다(욥 10:14-15; 31장). 욥은 고난 가운데 끊임없는 자아성찰과 회개를 통해 더욱 성숙한 믿음의 사람으로 자라는 것이다. 모든 인간은 죄인이며, 인생의 고난은 대부분 죄에 대한 하나님의 경고와 질책이다. 그러나 인간이 고난 중에 죄를 찾아 회개하며 하나님의 구원을 간구할 때, 하나님께서는 구원의 은혜와 사랑을 베푸시는 것이다.

욥의 세 친구는 욥의 고난을 단순히 욥의 죄에 대한 인과론적인 하나님의 징계라고 보면서 욥을 회개하도록 압박했다. 욥도 그런 친구들의 인과론을 따라 자신의 죄를 살피기도 한다(욥 31장). 그러나 욥기는 단순한 인과론이나 권선징악을 가르치는 율법주의를 넘어서 죄로 말미암은 고난과 징벌도 선하신 하나님의 구원의 경륜을 철저히 믿는 이들에게는 잠재적 은혜와 구원의 통로가 될 수 있다는 한층 더 깊은 믿음의 지혜를 가르친다. 욥기의 마지막 부분에서 하나님께서 폭풍 가운데 나타나셔서 욥에게 직접 그의 선하심과 의로우심을 말씀하실 때, 욥은 지금까지의 자신의 생각과 논쟁의 어리석음을 깨닫고 회개한다(욥 38:1-42:6).

내가 주께 대하여 귀로 듣기만 하였사오나 이제는 눈으로 주를 뵈옵나이다 그러므로 내가 스스로 [지금까지 한 모든 어리석은 사변과 논쟁을] 거두어들이고 티

티끌과 재 가운데에서 회개하나이다(욥 42:5).**2**

욥은 어떤 일반적인 죄를 회개한 것이 아니라(참조, 31장), 자신의 "이유를 알 수 없는 고난"으로 말미암아 잠시나마 하나님의 선하심과 의로우심을 의심했던 것을 회개했던 것이다.

> 오늘도 내게 반항하는 마음과 근심이 있나니 내가 받는 재앙이 탄식보다 무거움이라 … (욥 23:2-9).

이렇게 욥기는 모든 시련의 과정을 거치면서 성숙하는 욥의 신앙을 하나님의 깊으신 세상 경륜을 자신들이 아는 인과론으로 단순화하는 일반 신앙인들의 초보적인 신앙 형태와 대조하며 우리를 더 깊은 신앙의 세계로 이끈다. 욥과 같이 모든 경건한 자는 어려운 시험 중에서도 하나님의 선하심에 대한 믿음을 끝까지 지킨다(약 5:11).

> 주신 이도 여호와시요, 거두신 이도 여호와시오니, 여호와의 이름이 찬송을 받을지니이다(욥 1:21).
> 내가 알기에는 나의 대속자가 살아 계시니, 마침내 그가 땅에 서실 것이라 내 가죽이 벗김을 당한 뒤에도 내가 육체 밖에서 하나님을 보리라(욥 19:25-26; 참조, 고후 5:2-4).
> 그러나 내가 가는 길을 그가 아시나니, 그가 나를 단련 하신 후에는 내가 순금 같이 되어 나오리라(욥 23:10).

모든 진실한 신자는 욥과 함께 하나님의 선하심과 의로우심을 굳게 믿는다.

---

2 하나님은 주로 청각을 통해 말씀하시지만, 때로 시각을 통해서도 자신의 뜻을 계시하신다. 꿈이나 환상을 통한 계시 외에도 사람을 가까이 대면하셨다(창 15:1; 20:6; 28:12; 민 12:6, 8; 왕상 3:5; 욥 33:15; 단 2:1; 행 9:10; 11:5; 16:9; 18:9; 고후 12:1; 계 1:2, 7, 10, 12; 4:1; 5:1 등). 그러나 사람을 직접 대면하신 것이라기보다 "매우 친밀한 계시의 경험"을 가리킨다고 본다(출 24:9-11; 33:11, 18-20; 민 12:6-8). 바울은 "하나님과의 대면"을 종말론적 소망으로 말한다(고전 13:12).

> 주께서 인생으로 고생하게 하시며 근심하게 하심은 본심이 아니시로다(애 3:33).

악한 일은 악한 신에게 좋은 일은 선한 신에게 돌리는 다신교가 지배적이던 고대 사회에서 만사를 유일신 여호와께 돌리는 욥의 신앙은 어리석고 혼란한 신앙으로 보일 수도 있으나, 욥은 선하신 한 분 하나님께서 세상을 선하게 다스리심을 굳게 믿었다. 유일신교 신앙은 전능하신 하나님 앞에서 인간의 한계를 깨닫고 하나님을 겸손히 섬기는 것이다.

반면에 다신교 신앙은 전능자의 거룩한 뜻 대신 결국 변덕스런 인간의 탐욕을 숭배하는 저속한 신앙임을 스스로 입증한다(골 3:5). 욥은 한 분 하나님을 믿는 유일신 신앙을 지키기 어려운 시험 중에서도 끝까지 지킴으로써 유일신 신앙의 탁월성과 진정성을 보여 준다.

이렇게 욥기는 "인생고의 문제"에서 시작하여 "인간의 한계의 문제"와 함께 "하나님의 의로우심"과 "절대적 주권의 문제"로 나아가고, 결국은 "인간 구원의 문제"로 나아간다. 욥은 그의 친구들이 믿는 전통적, 일반적, 율법주의적 인과론적 구원 사상을 넘어서 연약한 인간의 본질적 한계를 깊이 인식하며, 결국 인간은 자신의 공로가 아니라, 하나님의 은혜로 말미암아 구원 받는다는 그리스도의 복음을 대망한다고 할 수 있다. 욥은 그를 정죄하는 친구들의 피상적 육체적 차원의 구원을 넘어서 하나님의 깊으신 영적 차원의 구원을 믿는다.

> 내가 알기에는 나의 대속자가 살아 계시니 마침내 그가 땅 위에 서실 것이라 내 가죽이 벗김을 당한 뒤에도 내가 육체 밖에서 하나님을 보리라(욥 19:25-26).

욥의 영생에 대한 믿음은 복음이 약속하는 영생을 대망한다고 할 수 있다. 고난 중에 겸손히 하나님의 은혜를 믿으며 하나님의 구원을 애타게 간구하는 욥은 십자가의 구원의 은혜를 믿는 그리스도인들의 그림자이고, 모형이고, 표상이다(히 8:5; 10:1).

그러므로 욥기의 구원론은 본질상 그리스도의 복음과 같은 맥락이다. 욥기는 하나님의 전체 구원 역사에 비추어 볼 때, 장차 나타날 그리스도의 복음을 대망하고 예비한다. 다른 말로, 하나님께서 욥의 고난의 경험을 통해 믿음으로 구원 얻는 복음을 미리 예비하신 것이다. 이것은 이상한 일이 아니다. 이미 아브라함, 야곱, 요셉

같은 믿음의 조상들이 고난을 통해 믿음의 성장을 경험했기 때문이다.

하나님께서는 우리의 복음 신앙을 위하여 믿음의 선진들을 통해 오래 전부터 미리 준비하시고 예비해 오신 것이다("여호와 이레").³ 그렇게 하심으로써 그리스도를 통한 구원의 은혜를 확증하시는 한편, 우리의 믿음을 더욱 강화시키시려는 것이다. 히브리서 기자가 구약에 나타난 많은 믿음의 증인들을 언급할 때 욥이 이스라엘의 직접적 혈통이 아니어서 욥을 빠뜨린듯 하지만, 욥은 분명히 믿음으로 말미암는 구원 역사의 반열에 속하는 인물이다(히 11장; 약 5:11).

이렇게 욥기는 "왜 선하신 하나님께서 의로운 사람에도 고난을 주시는가?"라는 보편적인 신학적 질문을 통해 하나님의 절대성과 피조 인간의 한계와 죄와 구원 문제를 논한다. 욥기는 죄로 말미암은 고난이든, 신앙 단련을 위한 고난이든, 원인을 알 수 없는 고난이든, 피조 인간은 모든 "현재의 고난" 가운데서 고난 받는 자신을 향하신 하나님의 선하심과 은혜와 능력을 끝까지 믿는 것이 최선의 지혜이며 구원 받는 유일한 길임을 가르친다. 특별히 욥기는 엘리후의 진술을 통해 하나님의 구원의 은혜를 강조한다.

> 그는 사람의 혼을 구덩이에 빠지지 않게 하시며 그 생명을 칼에 맞아 멸망하지 않게 하시느니라(욥 33:18).
> 그는 하나님께 기도하므로 하나님이 은혜를 베푸사 그로 말미암아 기뻐외치며 하나님의 얼굴을 보게 하시고 사람에게 그의 공의를 회복시키시느니라(욥 33:26).

결국 욥은 극심한 고통 중에서도 선하신 하나님의 구원의 은혜를 끝까지 믿음으로써 구원을 받았다(욥 19:25-26; 참조, 약 5:11). 유사하게, 주님께서도 "소경으로 태어난 사람이 누구의 죄 때문이냐?"에 대한 인과론적 논쟁을 버리시고, 그를 직접 고쳐주심으로써 하나님의 구원의 은혜와 능력을 증거하셨다(요 9:2-3).

---

3 창 1:28; 9:1; 12:2-3; 22:14; 24:40-50; 28:15; 50:20; 출 1:10; 49:10; 신 1:30-33; 사 7:14; 미 5:2; 마 1:23; 5:6; 26:54; 눅 24:27; 요 5:39; 6:31-33,49-51; 8:58; 롬 1:2; 4:1-25; 9:7 이하; 10:4; 16:26; 고전 10:1-11; 갈 3:16; 4:22-31; 딛 1:2-3; 히 10:7; 벧 1:10-12, 20; 요일 1:1-2.

욥의 친구들 또는 율법주의자들의 문제는 하나님의 선하심과 구원의 은혜를 제쳐두고 단순히 하나님의 공의와 죄의 징벌에만 집중하는 것이다. 그러나 하나님의 자비로우심은 자주 하나님의 공의를 상회한다(출 34:6; 욥 1:12; 2:6; 10:12; 33:18, 26; 37:13; 42:12). 신실하고 지혜로운 자는 하나님의 공의를 넘어, 하나님의 주권을 넘어, 하나님의 구원의 은혜를 간구한다. 욥은 고난 중에서도, 하나님의 선하심에 대한 의구심 가운데서도 하나님의 선하심과 구원의 은혜를 굳게 믿었다.

> 주신 이도 여호와시오 거두신 이도 여호와시오니 여호와의 이름이 찬송을 받을지니이다(욥 1:21b).
> 내가 알기에는 나의 대속자가 살아 계시니 마침내 그가 땅에 서실 것이라 내 가죽이 벗김을 당한 뒤에도 내가 육체 밖에서 하나님을 보리라(욥 19:25-26; 참조, 고후 5:2-4).
> 그러나 내가 가는 길을 그가 아시나니 그가 나를 단련 하신 후에는 내가 순금 같이 되어 나오리라(욥 23:10).

결국 욥기는 하나님이 은혜의 하나님이심을 증거한다.

> 여호와께서 욥의 말년에 욥에게 처음보다 더 복을 주시니 … (욥 42:12a).

욥의 친구들이 보여 주듯이 인간은 자신을, 세상을, 하나님을 주로 자신이 설정한 단순한 가치 판단 기준과 자신의 제한적인 지혜와 지식으로 이해한다. 그러나 피조 인간은 자신이나, 세상이나 하나님께 대한 이해를 제대로 할 수 없는 제한적 존재임을 자각해야 한다.

> 무지한 말로 생각을 어둡게 하는 자가 누구냐(욥 38:2).
> 트집 잡는 자가 전능자와 다투겠느냐 하나님을 탓하는 자는 대답할지니라(욥 42:2).

인간과 세상에 대한 진정한 이해는 창조주 하나님의 선하심을 믿는 데서 비롯된다(욥 38:4 이하). 불신적 자연주의자들이나 도덕주의자들도 인생의 고난을 자신의 자아 인격 형성의 기회와 과정으로 알고 현재의 고난을 받아들이며, 자족하기를 힘쓴다. 그러나 이런 일방적 금욕주의적 훈련은 결국 부자연스럽고 비정상적인 인격 장애와 허무와 절망으로 인도할 뿐이다. 인간 이성을 중시한 칸트조차 이성 중심적 사고가 결국 우리를 암흑 속으로 인도한다는 것을 깨닫고 결국 복음의 구원의 능력을 인정했다.[4]

인간은 자신이 고안한 구원 방법으로는 구원 받을 수 없고, 다만 자신을 지으신 하나님의 구원 방법을 받아들여야 한다. 성경이 가르치는 종교는 고난 받는 인생이 만들어 낸 마약이나 위약(僞藥)이 아니라, 하나님의 은혜로운 말씀이며, 구원 역사다.

> 나는 너를 애굽 땅 종 되었던 집에서 인도하여 낸 네 하나님 여호와니라(출 20:2).
> 내 아버지의 뜻은 아들을 보고 믿는 자마다 영생을 얻는 이것이니 마지막 날에 내가 이를 다시 살리리라(요 6:40).
> 이 예수님을 하나님이 살리신지라 우리가 다 이 일에 증인이로다(행 2:32).

아무리 많은 재물이라도 아무리 깊은 지식이라도 아무리 기묘한 자연-우주 원칙이라도, 피조물 중심적 이해는 결국 사람을 절망과 파멸에 이르게 하지만, 선하신 창조주 하나님을 믿는 믿음은 인간으로 하여금 인생의 모든 난관을 극복하고 하나님께 감사하고 찬송하며 구원의 소망을 갖게 한다.[5] 그러므로 하나님의 자녀는 고난도 하나님의 은혜의 기회로 믿는다.[6]

> 그리스도를 위하여 너희에게 은혜를 주신 것은 다만 그를 믿을 뿐 아니라, 또한 그를 위하여 고난도 받게 하심이라(빌 1:29).

---

[4] Immanuel Kant, 『이성의 한계 안에서의 종교』, 백종현 역 (서울: 아카넷, 2012), 157. 또한 157, 주 30; 앞의 "인간 이성의 한계"에서 관련된 주를 보라. Immanuel Kant, Josef Pieper, *Scholasticism: Personalities and Problems of Medieval Philosophy* (New York/Toronto: Mc-Graw-Hill Book Company, 1964), 13의 재인용(칸트의 저서를 밝히지 않음).

[5] 렘 33:11-26; 마 17:20; 롬 5:3-4; 8:18-24; 고후 1:4-5; 히 11:6.

[6] 시 119:67, 71; 마 5:11-12; 7:13; 행 14:22; 롬 5:3; 8:18-28; 약 1:3.

사망의 권세를 이기시고 다시 사신 그리스도 안에서 모든 그리스도인이 받는 현재의 고난이나 불행은 장래의 영광의 전조다.

> 생각하건대 현재의 고난은 장차 우리에게 나타날 영광과 비교할 수 없도다(롬 8:18).

현재의 고난은 장래뿐만 아니라, 고난의 현실 중에 나타나는 하나님의 은혜의 통로가 되기도 한다.[7]

> 평안을 너희에게 끼치노니 곧 나의 평안을 너희에게 주노라(요 14:27a).

거듭 말하지만, 욥기는 "의인의 고난"과 "하나님의 선하심"에 대한 일반적 질문에서 시작해서 인간의 한계와 인간 구원 문제를 다루고, 결국 하나님의 은혜를 믿는 믿음을 가르친다. 욥의 친구들의 "인간의 공로 중심의 율법주의적 구원론"과 대조적으로 욥은 "하나님의 은혜 중심의 복음적 구원론"을 제시한다.

욥 같은 의로운 이들이든지, 욥의 친구들 같은 도덕주의자들이든지, 모든 인간은 결국 자신의 공로가 아니라, 하나님의 은혜를 믿음으로 구원 받게 되는 것이다. 욥의 친구들에게서 나타나듯이, 또한 복음이 밝혀주듯이, 대부분의 세상 사람들이 따르는 율법주의적, 도덕주의적 행위구원은 인간을 오만하게 하거나, 위선적으로 만들기 때문에 완전한 구원의 방법이 될 수 없다(롬 2:1-3:18). 그러므로 복음이 선포하는 하나님의 은혜를 믿음으로 구원 얻는 진리가 최종적, 최고의 구원 진리가 되는 것이다.

> 그리스도 예수 안에 있는 속량으로 말미암아 하나님의 은혜로 값 없이 의롭다 하심을 얻은 자 되었느니라 … 그런즉 자랑할 데가 어디냐 있을 수가 없느니라 무슨 법으로냐 행위로냐 아니라, 오직 믿음의 법으로니라(롬 3:24-27).

---

7 고후 1:4; 4:7-18; 6:4-10; 7:7-16; 12:7-10; 13:6-7.

욥은 이런 모든 고난의 과정을 거치면서 더 온전한 하나님의 사람으로 자라나게 된다. 욥은 마지막에 하나님 앞에서 모든 원망과 항변을 그치고 자신의 무지와 무능을 시인하고, 다만 하나님의 말씀을 경청함으로써 비로소 마음의 평정을 얻었다(40:4; 42:1-6). 우리 인생은 그리스도의 십자가 앞에서 자신의 무지와 무능을 깨닫고 그리스도를 주님으로 영접할 때 비로소 항구적인 평안을 얻게 된다.

> 평안을 너희에게 끼치노니 곧 나의 평안을 너희에게 주노라 내가 너희에게 주는 것은 세상이 주는 것과 같지 아니하니라 너희는 마음에 근심하지도 말고 두려워하지도 말라(요 14:27).

하나님의 아들 예수님께서 지신 십자가의 고난의 가치와 의미를 깨달을 때 우리는 비로소 그리스도 안에서 새로운 피조물로 거듭나게 되고 새로운 삶을 살게 되는 것이다(요 3:5; 고후 5:17; 엡 4:22-24).

하나님의 존재와 의로우심에 대한 모든 인간들의 "제법 타당하게 보이는 반론들"에도 불구하고 그리고 하나님께서 인간에게 가르치신 모든 율법적인 요구와 조건에도 불구하고, 하나님께서 인간에게 가장 원하시는 것은 욥과 같이 어떤 믿기 어려운 조건과 환경 가운데서도 모든 합리적 의심과 불신을 인내하고, 선하신 하나님의 구원의 은혜와 능력을 흔들림 없이 믿고 의지하는 것이다. 하나님께서는 그런 사람을 자신의 자녀로 인정하시고 축복하시고 구원하신다. 아브라함을 비롯한 모든 믿음의 선진들도 그렇게 하나님을 믿음으로써 하나님의 자녀로 인정받았다. 결국 하나님을 믿는 믿음이 최고의 지혜다.

> 아브라함이 하나님을 믿으매 그것이 그에게 의로 여겨진 바 되었느니라(창 15:6; 롬 4:3; 참조, 히 11:8-9).

진실한 신자는 하나님께 대한 모든 어리석은 사변과 부질없는 논쟁을 그치고, 욥기 마지막 42장의 욥과 같이 하나님을 인격적으로 만나 교제하며, 생사고락 간에 하나님의 사랑과 은혜를 믿고 감사한다. 이것이 욥기 전체가 가르치는 진정한 지혜자의 도리다.

내가 주께 대하여 귀로 듣기만 하였사오나 이제는 눈으로 주를 뵈옵나이다 그러므로 내가 스스로 [지금까지 한 모든 어리석은 사변과 논쟁을] 거두어들이고 티끌과 재 가운데에서 회개하나이다(욥 42:5-6).

욥이 고난을 통해 더욱 온전한 신자가 되었듯이, 진실한 그리스도인은 모든 시험과 도전 가운데 더욱 온전하게 된다(눅 8:9-15["씨 뿌리는 비유"]). 그리스도를 만난 그리스도인은 하나님께 대한 모든 어리석은 논쟁과 사변을 십자가에 못 박고, 다만 하나님의 사랑과 용서와 은혜와 영광에 집중한다(요 9:1-7; 롬 8:26 이하; 빌 3:7-8). 다시 사신 그리스도로 말미암아 그리스도인은 모든 현재의 고난 가운데서 하나님의 사랑과 은혜와 구원의 증인이 된다.

이는 내 능력이 약한데서 온전하여짐이라(고후 12:9b).

왜냐하면, 우리는 인생의 고난과 아픔을 통해 장래의 영광을 바라보게 되고 또한 하나님의 현재적 도우심과 위로와 평강을 맛보게 되기 때문이다(시 27:9; 46:1). 진실한 신앙인은 자신의 죄로 말미암아 징계를 받을 때에도, 죄를 철저히 회개하며 죄를 사유하시는 하나님의 사랑과 은혜를 굳게 믿는다. 그것이 사랑하는 자식을 훈계하는 부모가 바라는 마음이며 사랑하는 우리에게 고난을 주시는 선하신 하늘 아버지의 뜻이기 때문이다.

진정한 그리스도인은 모든 시험과 고난을 통해 믿음이 자라고, 더 온전한 하나님의 자녀로 성장하는 것이다. 하나님께서는 우리가 겪는 모든 고난을 통해 우리 속에 그리스도의 형상을 더욱 선명하게 새겨 주시기 때문이다(롬 5:3-11; 8:29; 갈 4:19).

2018년 10월 10일

38. 성경과 신화

> 무릇 주는 위대하사 기이한 일들을 행하시오니 주만이 하나님이시니이다 (시 86:10).
>
> 신화와 끝없는 족보에 몰두하지 말게 하려 함이라 이런 것은 믿음 안에 있는 하나님의 경륜을 이룸보다 도리어 변론을 내는 것이라(딤전 1:4).
>
> 망령되고 허탄한 신화를 버리고 경건에 이르도록 네 자신을 연단하라 (딤전 4:7).

바울은 당시 에베소교회를 침범하는 이단자들을 경계하기 위해 디모데를 에베소교회에 더 머물도록 지시했다(딤전 1:3). 이단자들은 헬라의 신화를 구약 성경에 나오는 유대인들의 족보와 관련시켜서 연구하고 가르치는 데 몰두했다. 바울은 이런 이단적 연구와 가르침이 복음 진리와 신앙을 혼란하게 하기 때문에 금지했다.

현대 성경학자들 가운데 창조와 노아 방주와 같은 창세기 1-11장의 내용을 고대 근동 지방의 신화나 전설과 관련시키는 이들도 있고, 심지어 예수님의 부활도 사실이 아니라, 신앙에서 비롯된 신화라고 보는 이들도 있다. 언뜻 보기에 성경의 창조 기사를 비롯한 유대 민족의 역사와 기적 이야기들 가운데 고대 이방 세계의 신화나 전설과 유사한 점이 있는 것도 사실이다. 그러나 외적 유사성만으로 성경의 기사를 다른 이방 세계의 문학적 작품과 같이 취급하는 것은 옳지 않다.

생각하면 성경이 신화나 전설 같은 성경을 쓴 당시의 고대인들의 보편적인 문학 형식을 따라 기록된 것은 당연하고 자연스러운 것이다. 신화나 전설 양식이 고대인들에게 익숙한 사건 기록 양식이기 때문에 성경의 오랜 사건들은 자연히 그런 양식을 따라 기록된 것이다. 비록 성경 저자들이 고대인들의 문학 양식을 따라 하나님의 말씀을 기록하고 있으나, 그들의 기록은 다른 고대인들의 작품들에 비해서 지명이나 사람들의 이름 같은 역사적 사실들을 더욱 상세히 기록하고 있음을 주목해야 한다. 더구나 일반 고대인들의 전설 가운데서도 역사적 사실을 암시하거나 반영하는 경우도 있음을 생각할 때 성경의 기록의 역사적 신빙성을 더욱 확신할 수 있다.

물론 고대인들의 신화나 전설 가운데 전혀 역사적 신빙성이 없는 추상적인 것도 있고, 사실을 과장한 전설이나 허황된 이야기도 많다. 그렇다고 해서 모든 고대 기록이나 이야기를 사실성이 결여된 고대인들의 문학적 창작으로 일반화하는 것도 잘못이다. 모든 고대인을 사실과 허구를 구별하지 못하는 어리석은 이들로 보는 것은 옳지 않다. 적어도 어떤 고대인들의 설화는 어떤 역사적 근거와 배경을 가리키는 것이다.

고대인들이 현대인들에 비해서 비과학적이며 초월적인 차원에 대한 관심이 높았던 것은 사실이지만, 그렇다고 그들 모두를 현실과 초월을 분간 못하는 무지한 이들로 보는 것은 잘못이다. 예수님 당시 사두개인들이나 아테네 철학자들은 죽은 자의 부활을 믿지 않았다(마 22:23; 행 17:32). 심지어, 예수님의 제자들조차 부활하신 예수님을 만났다는 여자들의 말을 믿지 않았다(마 28:11; 눅 24:11). 많은 고대인이 실재와 미신을 분별하는 데 익숙했다.

현대 역사가들이 합리주의적 사고를 따라서 정사(正史)와 야사(野史)를 엄격히 구별하는 것도 문제다. 그들은 인과 관계가 분명하여 합리적으로 설명할 수 있는 사건들만을 정사(正史)로 취급하는 반면에 초월적인 이야기들을 야사(野史)로 분류하여 비역사적인 문학적 자료로 간주하는 것이다. 그러나 야사라고 해도 자주 어떤 역사적 근거와 배경을 가지고 있다.

독일인 하인리히 슐리만(Heinrich Schliemann, 1822-1890)은 호머의 『일리아드』에 나오는 "트로이 목마" 이야기를 역사적 사실로 믿고, 그 이야기의 배경인 그리스의 미케네와 터키의 트로이 지역을 발굴했다. 그 당시 유명한 고고학자들이나 역사학자들은 슐리만을 신화와 역사를 구별하지 못하는 무지한 사람이라고 냉소했으나, 결국 놀라운 초기 발굴 성과에 압도되어 그들 스스로 그 발굴에 참여했고, 그 때까지 신화적 전설로 여겼던 미케네-트로이 문명의 역사적 실재성을 온 세상에 알렸다.[1]

비록 고대인들의 신화와 전설이 대부분 전근대적 세계관과 인간관을 따라서 허구적이고 미신적인 내용이 많지만, 나름대로 특정한 역사적-문화적 배경을 반영하고 있는 것도 사실이다. 거듭 말하지만, 성경의 창조와 기적 이야기가 당시 고대인들의 문학적 형식과 그들에게 익숙한 의사소통 방식과 언어로 기록된 것은 지극히 당연한 것이다.

---

[1] "하인리히 슐리만과 성경 역사 비평학," 『깊은 곳에서』 V권, 226-232.

하나님께서 고대인들에게 익숙한 언어, 문학적 장르, 문화 전통 등을 통해 그들의 언어적, 문학적, 지적 수준에 맞추어 그의 뜻을 계시하신 것이다. 따라서 성경의 창조와 기적 기사가 이방 세계의 신화나 전설과 유사하다고 해서 역사적 가치를 무시하는 것은 옳지 않다. 그러므로 성경의 여러 기사들도 그 신앙적, 신학적인 주관적 측면뿐만 아니라, 그 역사적, 객관적 사실도 심도 있게 연구해야 할 필요가 있는 것이다.

첫째, 필자는 비록 복음서가 당시 헬라-로마 시대에 기록 된 역사책들에 비해 작은 책이지만, 그들에 비해 훨씬 많은 지명들을 표기하고 있는 사실을 지적하며 복음서의 역사성을 논한 적이 있다.[2] 일반적으로 복음서를 비롯한 성경의 기적 사건들은 다른 종교 경전에 나타나는 기적 이야기에 비해 시공간에 대한 묘사와 인물들의 동작에 대한 묘사가 매우 사실적이다.

둘째, 더구나 성경에는 다른 종교 경전에 자주 나타나는 모호한 주술(呪術)이 전혀 없다. 성경은 언제나 일반 사람들이 이해할 수 있는 보편적인 언어로 의사소통을 한다.

셋째, 특별히 성경은 세상을 사랑하시는 한 분 하나님의 인간 구원이라는 일관된 주제가 있으나, 신화는 탐욕적이며 품위가 없는 잡다한 신들의 잡다한 이야기들로서 일관된 주제가 없다. 성경 전체가 신실하신 하나님의 약속과 예언이 역사적으로 성취된 것을 보여 준다.

넷째, 성경은 인간의 저속한 탐욕을 만족시켜 주는 이방신과는 달리, 죄와 탐욕을 멀리하고 하나님을 가까이하며 그의 거룩하신 품성을 따라 살 것을 독려한다.

> 너희는 거룩하라 이는 나 여호와 너희 하나님이 거룩함이니라(레 19:2).
> 내가 너희를 사랑한 것과 같이 너희도 서로 사랑하라(요 13:34).

구약은 하나님께서 노아 및 아브라함과 맺은 언약을 후대에서 어떻게 이루어 주시는가를 보여 주고 있고, 신약은 하나님의 구원 언약이 예수 그리스도의 생애와

---

2 강창희, 『복음서의 지명과 복음서의 역사성』(서울: 도서 출판 솔로몬, 1955).

사역과 제자들의 복음 전도 사역을 통해 어떻게 성취되었는지를 증거하고 있고 또한 세상 끝 날에 완전한 하나님 나라가 나타날 것을 약속한다. 하나님께서 창세기 6장에서 홍수 심판을 대비해 노아에게 방주를 예비하게 하셨고, 창세기 12장에서는 아브라함과 그의 후손들을 위해 가나안 땅을 예비하셨다. 특별히 하나님께서는 창세기 22장에서 이삭을 희생하려는 아브라함을 위해 이삭 대신 숫양을 예비하셨다.

이것은 하나님께서 장래의 예수님의 십자가의 희생을 위해 "이삭의 희생 사건"을 예비하셨다는 것으로 볼 수 있다. 하나님께서는 어떤 예언의 말씀이나 예시적 사건을 통해 장래의 구원 역사를 미리 보여 주심으로써 그 구원 사건의 진정성을 확증하시고, 동시에 우리의 믿음을 강화시키시는 것이다. 출애굽을 비롯한 거의 모든 구약의 구원 사건이나 예언은 결국 그리스도의 최종적이고 완전한 구원 역사를 가리키기 위해 하나님께서 미리 예비하신 것으로 보는 것이 성경 저자들의 구원사적 시각이다.[3]

세상의 창조도 인간의 생육과 번성을 위해 미리 예비하신 것이다(창 1:26-29). 구약의 율법도 신약의 복음을 위해 미리 예비하신 것이다.[4] 이런 예비적 사건과 예언적 말씀이 예수님의 복음의 구원에 대한 우리의 믿음을 더욱 강화시켜 주기 때문이다. 마찬가지로 하나님께서는 구원 받을 자들을 미리 예정하셨고,[5] 그들을 위해 영원한 집을 예비하셨다.[6]

> 내 아버지께 복 받을 자들이여, 나아와 창세로부터 너희를 위하여 예비된 나라를 상속받으라(마 25:34).
> 너희는 마음에 근심하지 말라 하나님을 믿으니 또 나를 믿으라 내 아버지 집에 거할 곳이 많도다 그렇지 않으면 너희에게 일렀으리라 내가 너희를 위하여 거처를 예

---

[3] 마 13:35, 34; 26:54; 요 5:39; 롬 1:2; 3:21-25; 4:1-25; 9:7 이하; 10:4; 16:25-26; 고전 10:1-11; 고후 3:7-8; 갈 3:16; 4:22-31; 히 7:15; 8:6; 9:24; 10:1 등. 신약에 나타나는 구약 예언의 "성취 구절들"("이는 기록된 바 … 을 이루려 하심이라")과 구약에 나타나는 복음을 위한 하나님의 구원의 준비 역사에 대한 논의를 찾아보라. 강창희, "신약의 구약해석 방법과 원리는 무엇인가?『목회와 신학』3월호(1996), 74-84.

[4] 마 5:17; 9:16-17; 요 4:13-14; 롬 3:21; 8:1-2; 10:4; 고전 10:4; 고후 3:14-18; 5:17; 갈 3:22-29; 히 5장-11장 등.

[5] 롬 8:29, 33; 9:11-27; 엡 1:4, 9, 11; 2:10.

[6] 요 14:2; 고후 5:1; 벧후 3:13; 히 11:40; 계 21:1.

비하러 가노니 가서 너희를 위하여 거처를 예비하면, 내가 다시 와서 너희를 내게
로 영접하여 나 있는 곳에 너희도 있게 하리라(요 14:1-3).
이제 후로는 나를 위하여 의의 면류관이 예비되었으므로 주 곧 의로우신 재판장이
그 날에 내게 주실 것이며, 내게만 아니라, 주의 나타나심을 사모하는 모든 자에게
도니라(딤후 4:8).

하나님께서는 우리의 부활을 위하여 그리스도의 부활을 예비하셨다(고전 15:20).

그들이 이제는 더 나은 본향을 사모하니 곧 하늘에 있는 것이라 이러므로 하나님이
그들의 하나님이라 일컬음 받으심을 부끄러워하지 아니하시고, 그들을 위하여 한
성을 예비하셨느니라(히 11:16).
이는 하나님이 우리를 위하여 더 좋은 것을 예비하셨은즉 … (히 11:40).

이렇게 성경 역사에서 세상을 다스리시는 은혜로우신 하나님께서 예언이나 예비
적 사건으로 그의 인간 구원 역사를 미리 예시하시고 예비하시는 것과 달리 신화
에서는 모든 일이 예측할 수 없는 신들의 조잡한 싸움이나 인간과의 갈등에서 발
생한다.

물론 성경 역사는 일반 역사와 달리 하나님 중심 역사로서 하나님의 초월적 역
사 개입이 중심적 내용이기 때문에 하나님 신앙을 전제한다. 그러나 성경 역사를
단순히 주관적인 종교 역사라고 폄훼할 수 없는 까닭은 일반 역사도 결국 자연-인
간 중심적 역사로서 나름대로 주관적이기 때문이다. 합리적 논리나 과학적 인과론
을 따른다는 역사가들조차 일치된 하나의 사관(史觀)이 아니라, 그들 자신의 관심
과 시류에 따라서 다양하게 나타난다.

성경 저자들은 오랜 시간과 다양한 환경 가운데서도 일관되게 구원사관(救援史觀
-Heilsgeschichte Anschauung)을 따라서 성경을 썼다. 다만 그들은 고대인에게 익숙한
언어, 문학적 장르, 문화 전통 등을 통해 하나님의 말씀을 기록한 것이다.

2018년 10월 11일

39. 그리스도인의 통전적 정체성

> 너희 안에 이 마음을 품으라 곧 그리스도 예수의 마음이니, 그는 근본 하나님의 본체시나 하나님과 동등됨을 취할 것으로 여기지 아니하시고, 오히려 자기를 비워 종의 형체를 가지사 사람들과 같이 되셨고, 사람의 모양으로 나타나사 자기를 낮추시고, 죽기까지 복종하셨으니 곧 십자가에 죽으심이라 (빌 2:5-8).

　인간은 하나님의 형상이면서도 죄인이라는 양면성을 가졌다. 인간은 자신과 타인의 천부적 인권을 존중하되, 결국 모두가 하나님 앞에서 연약한 존재임을 알고 서로 이해하고 용서해야 한다. 복음은 이런 인간의 존재 양식을 하나님의 아들 그리스도의 인격과 사역에게서 찾는다.
　그리스도는 하나님의 형체(본체)이시면서도 스스로 낮은 종의 형체를 가지시고 죄인의 모양으로 오셔서 죄인을 위해 희생하셨다.[1]
　세상의 모든 신은 희생 제사를 받기 원하지만, 자기 아들을 스스로 희생한 신이 어디 있는가?
　그리스도인은 이같은 그리스도의 모본을 따라 하나님의 자녀라는 고상한 자아의식과 함께 겸손히 남을 섬기는 종으로서의 통전적인 정체성을 확립해야 한다.

> 우리는 우리를 전파하는 것이 아니라, 오직 그리스도 예수의 주 되신 것과 또 예수님을 위하여 우리가 너희의 종 된 것을 전파함이라 (고후 4:5).
> 오직 사랑으로 서로 종 노릇하라 (갈 5:13).

　이런 그리스도인의 통전적 존재론이 참된 종교의 확실한 증거다.

> 그들의 열매로 그들을 알지니 … (마 7:16)

2018년 10월 13일

1　빌 2:6-8; 히 1:3; 5:2-10; 막 1:1; 10:45.

40. 신앙적 계보 vs. 불신적 계보

> 아브라함과 다윗의 자손 예수 그리스도의 계보라(마 1:1).
> 주께서 백성을 애굽에서 구원하여 내시고 후에 믿지 아니하는 자들을 멸하셨으며 … 화 있을진저, 이 사람들이여, 가인의 길에서 행하였으며 삯을 위하여 발람의 어그러진 길로 몰려갔으며, 고라의 패역을 따라 멸망을 받았도다 (유 5-11).

성경은 창세기부터 요한계시록까지 하나님의 언약의 계승자들과 하나님의 언약을 배반하고 불신하는 사람들을 대조하여 기록한다. 가인과 아벨, 이스마엘과 이삭, 에서와 야곱, 야곱의 아들들과 요셉, 바로 왕과 모세, 고라와 갈렙과 여호수아, 사울과 다윗, 우상 숭배자들과 여호와 신앙인들, 거짓 선지자들과 참된 선지자들, 유다와 다른 제자들, 복음을 믿는 이들과 거절하는 이들, 믿음의 형제들과 불신자들, 옛 사람과 새 사람 등으로 나뉜다. 이들의 배후에는 하나님의 영, 또는 사탄의 영이 역사한다.[1]

마태복음의 첫 구절은 단순히 예수님의 혈통적 족보뿐만 아니라, 하나님의 구원 언약을 믿는 언약 백성의 계보를 나타내며, 나아가 구약과 신약을 일관하여 창조와 종말로 나타나는 하나님의 구원 역사와 구원의 약속과 성취를 나타낸다.

하나님께서는 창세기 3-11장에서 거듭된 인간의 배신과 죄를 한탄하시며, 창세기 12장에서 아브라함을 택하시어 "신실한 믿음의 계보"를 창조하시기로 결정하신 것이다(창 12:2-3, 7). 그러나 아브라함의 계보에 속한 이스라엘마저 하나님을 배신했을 때, 하나님께서는 모세, 다윗 등을 통해 새로운 계약 백성을 이루어 구원의 은혜를 베푸시려고 하셨다. 그러나 이 또한 그들의 불신과 배반으로 말미암아 제대로 이룰 수가 없었다(행 7:9, 25-28; 39-43; 51:53).

---

1 삼상 16:13-23; 왕상 18:18-40; 22:7-28; 렘 5:31; 24:16-32; 27:9-10; 28:1-17; 29:8-9; 눅 11:14-26; 16:8; 요 8:44; 13:2; 행 1:5; 2:38; 4:31; 13:8-10; 롬 8:4 이하; 15:18; 고전 2:4 이하; 7:40; 12:6; 고후 1:22; 2:11; 6:15; 11:13-15; 12:7; 갈 3:5; 4:6; 5:16-25; 엡 2:2; 4:30; 살후 2:9-11; 벧전 4:14; 벧후 2:1-3:13; 요일 4:1-6; 계 2:9; 3:9; 12:9; 13:1-20:10 등.

이에 하나님께서는 최종적으로 자신의 아들을 죄악 세상에 보내시기로 하셨다. 그러나 이번에는 그의 택한 백성이 그 아들을 죽였다. 그러나 지혜로우신 하나님께서는 오히려 아들의 죽음을 통해 만민을 구원하시는 구원의 큰 은혜를 나타내셨다.

그런즉 누구든지 그리스도 안에 있으면 새로운 피조물이라 이전 것은 지나갔으니, 보라 새 것이 되었도다(고후 5:17).

그리스도께서 재림하실 때, 다시는 배반과 죄, 고난과 죽음이 반복되지 않는 완전한 세상을 창조하실 것이다(벧후 3:13; 계 21:1).

믿음의 계보는 구원의 계보이고, 불신의 계보는 멸망의 계보이다. 그리스도를 믿는 사람은 자신이 이 오랜 믿음의 계보에 속한 사람이며, 하나님의 택하심과 부르심을 입은 자임을 스스로 증거하는 것이다. 반대로 그리스도를 믿지 않는 사람은 자신이 불신의 계보에 속한 사람이며, 하나님의 버리심을 받은 자임을 스스로 증거하는 것이다. 믿음의 계보에 속한 사람은 자만하지 말고, 믿음에 합당한 선한 열매를 맺기 위해 더욱 힘써야 할 것이다.

2018년 10월 15일

41. 복음 신앙: 궁극적 지혜

> 우리의 모든 날이 주의 분노 중에 지나가며 우리의 평생이 순식간에 다하였나이다 우리의 연수가 칠십이요 강건하면 팔십이라도 그 연수의 자랑은 수고와 슬픔뿐이요, 신속히 가니 우리가 날아가나이다 누가 주의 노여움의 능력을 알며 누가 주의 진노의 두려움을 알리이까 우리에게 우리 날 계수함을 가르치사, 지혜로운 마음을 얻게 하소서 여호와여, 돌아오소서 언제까지니이까 주의 종들을 불쌍히 여기소서 아침에 주의 인자하심이 우리를 만족하게 하사 우리를 일생 동안 즐겁고 기쁘게 하소서 우리를 괴롭게 하신 날수대로 우리가 화를 당한 연수대로 우리를 기쁘게 하소서(시 90:9-15).

성경은 우리가 잠시 세상에 머무는 동안 허욕을 버리고 모든 고난 가운데서도 영원한 하나님 나라를 소망하며 선한 일에 힘쓸 것을 거듭해서 가르친다.

> 그런즉 너희는 먼저 그의 나라와 그의 의를 구하라(마 6:33a).
>
> 그러므로 너희가 그리스도와 함께 다시 살리심을 받았으면 위의 것을 찾으라 거기는 그리스도께서 하나님 우편에 앉아 계시느니라 위의 것을 생각하고 땅의 것을 생각하지 말라 이는 너희가 죽었고, 너희 생명이 그리스도와 함께 하나님 안에 감추어졌음이라(골 3:1-3).

인생의 생사고락을 경험하고 죽음을 앞둔 노인들은 인생무상을 가르치는 말씀을 쉽게 받아들이지만, 발랄한 젊은이들은 허무주의적 인생관을 받아들이기가 쉽지 않을 것이다. 그러나 인생무상에 대한 성경 말씀은 오히려 아직 인생을 잘 모르는 젊은이들이나 인생에서 승승장구하는 이들이 귀담아 들어야 할 말씀이다.

> 너는 청년의 때에 너의 창조주를 기억하라 곧 곤고한 날이 이르기 전에, 나는 아무 낙이 없다고 할 해들이 가깝기 전에 [그리하라](전 12:1).

대부분의 사람은 인생의 무상함에 동의하면서도 당장 눈앞에 보이는 것에 현혹되어 인생의 허망함을 가르치는 말씀을 무시하거나 잊어버리고 살아간다. 그러나 이 성경 본문은 인생의 고난과 허망함을 심각하게 인식하면서도, 인생의 모든 문제를 주관하시는 하나님을 믿고 그의 자비와 은혜를 간구하는 것이 지혜로운 삶의 자세임을 보여 준다.

> 주 우리 하나님의 은총을 우리에게 내리게 하사 우리의 손이 행한 일을 우리에게 견고하게 하소서 … (시 90:17).

인생의 생사고락 가운데 인간의 무능과 한계를 핑계 삼아 되는대로 사는 것은 더 큰 불행을 자초하는 것이다. 인간은 자신의 연약함을 인정하고 전능하신 구원의 하나님께로 나아가야 한다. 하나님을 단순히 불가지론적 존재로만 알거나, 인생의 생사화복을 주장하시는 분으로만 알거나 또는, 사람의 죄를 찾아 징책하시는 분으로만 믿어서는 안 된다.

비록 우리 연약한 인생이 하나님께서 하시는 모든 일을 이해할 수는 없으나, 적어도 하나님께서 고난 받는 인생을 불쌍히 여기시고, 죄를 뉘우치는 사람을 용서하시며, 그에게 간구하는 이들에게 은혜를 베푸시는 선하신 분이심을 믿고, 그에게로 가까이 나아가는 것이 성경이 가르치는 최상의 지혜이며 믿음의 본질이다.

하나님께서는 우리를 위해 죽으시고 다시 사신 그리스도를 믿음으로써 인생의 모든 고난과 한계를 극복할 수 있게 하셨다. 그리스도의 복음을 믿는 것이 모든 인생 문제에 대한 궁극적인 지혜다.

2018년 10월 23일

42. "자기 십자가": 남을 위한 희생적 결단

> 누구든지 나를 따라오려거든 자기를 부인하고, 자기 십자가를 지고 나를 따를 것이니라 누구든지 제 목숨을 구원하고자 하면 잃을 것이요, 누구든지 나를 위하여 제 목숨을 잃으면 찾으리라(마 16:24-25).

본문의 "자기 십자가"는 모든 인생이 겪는 일반적인 인생고가 아니라, 그리스도인이 스스로 남을 위해 받는 고난을 가리킨다.

그리스도께서 받으신 고난은 그리스도 자신의 잘못 때문이 아니라, 죄인들을 위한 대속적인 고난이었다.

> 인자가 온 것은 섬김을 받으려 함이 아니라, 도리어 섬기려 하고, 자기 목숨을 많은 사람의 대속물로 주려 함이니라(막 10:45).

마찬가지로 그리스도를 따르는 그리스도인은 그리스도께서 하셨듯이 스스로 형제자매들을 위해 고난 받으며 종으로서 그들을 섬겨야 한다.

본문의 두 번째 말씀(25절)도 그리스도인들이 그리스도의 희생적 죽음을 각자의 삶에 적용하여 살 것을 가르친다. 그리스도인은 목회와 선교 사역은 물론 일상생활에서도 자신의 유익보다 남의 유익을 위해 살아야 한다.

> 누구든지 제 목숨을 구원하고자 하면 잃을 것이요 누구든지 나를 위하여 제 목숨을 잃으면 찾으리라(마 16:25).

사도 바울도 여러 곳에서 이웃을 위한 희생적인 삶을 가르친다.

> 믿음이 강한 우리는 마땅히 믿음이 약한 자의 약점을 담당하고 자기를 기쁘게 하지 아니할 것이라(롬 15:1).
>
> 너희가 짐을 서로 지라 그리하여 그리스도의 법을 성취하라(갈 6:2).

"그리스도의 법"이란 그리스도의 희생적 사랑을 본받아 기꺼이 남을 위해 고난을 받는 것이다. 그것은 자기 중심적인 육의 본능을 억제하는 것도 포함하는 것이다.

> 아무 일에든지 다툼이나 허영으로 하지 말고, 오직 겸손한 마음으로 각각 자기보다 남을 낫게 여기고, 각각 자기 일을 돌볼뿐더러 또한 각각 다른 사람들의 일을 돌보아 나의 기쁨을 충만하게 하라 너희 안에 이 마음을 품으라 곧 그리스도 예수의 마음이니, 그는 근본 하나님의 본체시나 하나님과 동등됨을 취할 것으로 여기지 아니하시고, 오히려 자기를 비워 종의 형체를 가지사 사람들과 같이 되셨고, 사람의 모양으로 나타나사 자기를 낮추시고 죽기까지 복종하셨으니 곧 십자가에 죽으심이라(빌 2:3-8).
>
> 그런즉 사망은 우리 안에서 역사하고, 생명은 너희 안에서 역사하느니라(고후 4:12).

우리 자신의 고난도 감당하기 어려운데 어떻게 남의 고난을 대신 받을 수 있는가?

그러나 우리가 말씀을 순종할 때, 성령께서 우리에게 필요한 능력을 주실 것이다. 성령은 마치 어린 자녀가 부모들을 돌보듯이 우리가 십자가를 잘 질 수 있도록 도와준다.

> 내게 능력 주시는 자 안에서 내가 모든 것을 할 수 있느니라(빌 4:13).
> 그대가 십자가를 기꺼이 지면, 십자가가 그대를 져 줄 것이고, 그대가 원하는 곳으로 인도해 줄 것이다 즉 고난이 끝나는 곳으로 말이다 하기야 이 세상에서 그런 곳이 없을 테지만 … (토마스 아 캠피스, 『그리스도를 본받아』 2125).

우리는 우리 자신의 자력이 아니라, 예수의 이름과 권세로 예수께서 우리를 위해 남기신 고난에 동참한다(골 1:24).

비록 우리가 세상에 사는 동안 고난을 피할 수는 없으나, 우리가 다시 사신 그리스도를 따라 성령의 감동하심으로 이웃의 고난에 스스로 참여할 때, 그리스도의 놀라운 부활 능력을 경험하고 증거 하게 되는 것이다.

우리가 항상 예수의 죽음을 몸에 짊어짐은 예수의 생명이 또한 우리 몸에 나타나게 하려 함이라 우리 살아 있는 자가 항상 예수님을 위하여 죽음에 넘겨짐은 예수의 생명이 또한 우리 죽을 육체에 나타나게 하려 함이라(고후 4:10-11).
그리스도께서 약하심으로 십자가에 못 박히셨으나, 하나님의 능력으로 살아 계시니, 우리도 그 안에서 약하나 너희에게 대하여 하나님의 능력으로 그와 함께 살리라(고후 13:4).

하나님께서는 우리가 겪는 모든 고난을 통해 우리 속에 그리스도의 형상을 더욱 선명하게 아로새겨 주신다(롬 5:3-11; 8:29; 갈 4:19).

2018년 10월 25일

43. 현재적 죽음 vs. 현재적 부활

> 우리가 항상 예수의 죽음을 몸에 짊어짐은 예수의 생명이 또한 우리 몸에 나타나게 하려 함이라 우리 살아 있는 자가 항상 예수님을 위하여 죽음에 넘겨짐은 예수의 생명이 또한 우리 죽을 육체에 나타나게 하려 함이라 (고후 4:10-11).

사람들은 대개 죽음을 자신들의 생애의 마지막에 일어날 먼 장래의 일로 생각한다. 그러나 죽음은 도둑이나 강도와 같이 언제나 우리와 가까운 곳에 숨어서 기회를 노린다. 모든 인생이 경험하는 질병, 사고, 노쇠로 인한 육체적 죽음은 물론 사랑하는 사람과의 사별, 이혼, 실직, 모욕, 명예훼손, 소외감, 외로움 같은 사회적, 심리적 외상도 육체적 죽음에 못지않은 위협과 고난이다. 실제로 이런 사회적, 심리적인 위기로 말미암는 "현재적인 죽음의 경험들"이 직접적으로나 간접적으로나 육체적 죽음을 초래할 수도 있다.

영생을 믿는 우리도 결코 죽음의 공포에서 완전히 자유로운 것은 아니다. 다만, 우리는 생명의 주를 굳게 믿음으로써 죽음의 공포를 극복할 수 있다.

> 우리는 우리 자신이 사형 선고를 받은 줄 알았으니, 이는 우리로 자기를 의지하지 말고, 오직 죽은 자를 다시 살리시는 하나님만 의지하게 하심이라(고후 1:9).

우리는 부활을 현재와는 무관한 먼 장래의 영광으로 생각한다. 그러나 우리는 다시 사신 그리스도 안에서 생각하고 행동할 때 부활을 현재적으로 경험할 수 있다.

> 나는 부활이요 생명이니 나를 믿는 자는 죽어도 살겠고, 무릇 살아서 나를 믿는 자는 영원히 죽지 아니하리니, 이것을 네가 믿느냐(요 11:25-26).

우리 속에 내주하시는 그리스도의 영으로써 우리의 모든 육의 소욕을 죽일 때 우리를 죄의 속박으로부터 자유하게 하신 그리스도의 자유를 누릴 수 있는 것이다.

진리를 알지니, 진리가 너희를 자유롭게 하리라 (요 8:32).

육신을 따르는 자는 육신의 일을, 영을 따르는 자는 영의 일을 생각하나니, 육신의 생각은 사망이요, 영의 생각은 생명과 평안 이니라 (롬 8:5-6).

너희가 육신대로 살면 반드시 죽을 것이로되, 영으로서 몸의 행실을 죽이면 살리니 (롬 8:13).

우리 속에 있는 옛 사람이 그리스도 안에서의 새 사람으로 변화되게 하시려는 성령의 역사를 대적하기 때문에 우리는 그리스도의 모본과 우리 안에 계시는 성령을 따라서 우리의 영으로써 육체의 소욕을 죽여야 한다.

우리 살아 있는 자가 항상 예수님을 위하여 죽음에 넘겨짐은 예수의 생명이 또한 우리 죽을 육체에 나타나게 하려 함이라 (고후 4:11).

우리의 모든 인간 관계도 그리스도의 사랑을 따라 정립되고 확장되어야 한다.

그리스도께서 약하심으로 십자가에 못 박히셨으나 하나님의 능력으로 살아 계시니, 우리도 그 안에서 약하나 너희에게 대하여 하나님의 능력으로 그와 함께 살리라 (고후 13:4).

우리가 언제나 그리스도의 모본과 성령을 따라서 우리의 영으로써 우리의 육을 죽일 때, 우리는 언제 어디서나 그리스도의 부활 생명을 경험할 수 있다.

내가 그리스도와 함께 십자가에 못 박혔나니, 그런즉 이제는 내가 사는 것이 아니요, 오직 내 안에 그리스도께서 사시는 것이라 이제 내가 육체 가운데 사는 것은 나를 사랑하사 나를 위하여 자기 자신을 버리신 하나님의 아들을 믿는 믿음 안에서 사는 것이라 (갈 2:20).

2018년 10월 25일

44. 고난의 유익

> 우리가 환난 중에도 즐거워하나니, 이는 환난은 인내를, 인내는 연단을, 연단은 소망을 이루는 줄 앎이로다 소망이 우리를 부끄럽게 하지 아니함은 우리에게 주신 성령으로 말미암아 하나님의 사랑이 우리 마음에 부은 바 됨이니, 우리가 아직 연약할 때에 기약대로 그리스도께서 경건하지 않은 자를 위하여 죽으셨도다(롬 5:3-6).

고난은 인생의 지배적이고 보편적인 특성이다. 잘 살든지, 못 살든지, 누구나 나름대로 고난을 받는다. 육체적, 물질적 고난도 있고, 사회적, 정신적 고난도 있다. 자신의 잘못으로 인한 고난도 있고, 부모나 남의 잘못으로 인한 고난도 있다. 그리고 욥처럼 억울하게 당하는 고난도 있다.

인본주의자들도 고난을 "성숙한 인간"이 되는 단련의 과정으로 본다. 그러나 하나님의 말씀과 상관없이 인간의 도덕적 행위에서 비롯된 "성숙한 인간"은 결국 오만함이나 위선에 빠지게 마련이다.[1]

그러므로 그리스도인은 모든 고난을 그리스도께서 받으신 고난을 따라 이해하고 삶에 적용함으로써 그리스도의 형상을 본받는 겸손하고 성숙한 그리스도인이 되기를 힘써야 한다(롬 5:3-11; 8:29; 갈 4:19). 죄인을 위해 죽으시고 다시 사신 그리스도의 지극하신 사랑을 믿음으로써 그리스도인은 고난 가운데 신앙 인격이 자라고 영원한 소망을 굳게 한다. 그러므로 우리는 고난 중에서도 기뻐할 수 있다. 성령의 첫 번째 열매는 사랑이고, 두 번째 열매는 희락이다(갈 5:22).[2]

그리스도인의 고난은 한 마디로 육과 영의 싸움에서 비롯된다(롬 6:12-14; 8:13; 갈 5:16-26; 엡 6:12). 우리는 그리스도의 모본과 성령을 따라 우리의 영으로 육체의 소욕과 싸워야 한다. 주를 믿는 우리는 날마다 주님과 함께 죽고, 날마다 주님과 함

---

1 참조, 시 119:71; 롬 5:3; 빌 1:29; 약 1:3.
2 성령의 열매는 성령을 따라 행하는 그리스도인에게 나타나는 고결한 품성이다. 성령의 초월적 은사들도 성령의 열매, 즉 그리스도인의 고상한 인격을 따라 나타내야 한다(고전 12:1-31).

께 다시 산다. 십자가에 달리신 그리스도를 믿는 그리스도인에게 어떤 오만이나 위선도 용납될 수 없다.

내가 그리스도와 함께 십자가에 못 박혔나니, 그런즉 이제는 내가 사는 것이 아니요, 오직 내 안에 그리스도께서 사시는 것이라 이제 내가 육체 가운데 사는 것은 나를 사랑하사 나를 위하여 자기 자신을 버리신 하나님의 아들을 믿는 믿음 안에서 사는 것이라(갈 2:20).

2018년 10월 26일

45. 욥기의 교훈: "하나님은 선하시다"

> 그러나 지혜는 어디서 얻으며 명철이 있는 곳은 어디인고 … 하나님이 그 길을 아시며 있는 곳을 아시나니 이는 그가 땅 끝까지 감찰하시며 온 천하를 살피시며 … 또 사람에게 말씀하셨도다 보라, 주를 경외함이 지혜요, 악을 떠남이 명철이니라 (욥 28:12-28).

욥기의 교훈은 하나님의 선하심을 믿기 어려운 가운데서도 하나님의 의로우심을 믿고 인생의 모든 고난을 참고 견디는 것이 최상급 지혜라는 것이다. 욥은 하나님의 의로우심을 인간이 알 수 없는 하나님의 무한하신 지혜와 경륜을 따라 이해했다. 욥의 친구들도 철저히 하나님의 의로우심을 믿었으나, 하나님의 의로우심의 범위를 단순히 인과론을 따라서 좁게 이해했고, 피조물 인간이 제대로 알 수 없는 창조주 하나님의 넓고 깊으신 지혜와 경륜을 따라 이해하지 못했다.

다른 말로 욥은 어떤 형편과 처지에서도 하나님의 선하심을 믿고 의지하는 참 신앙인이었으나, 욥의 친구들은 만사가 합리적으로 진행될 때에만 하나님을 믿을 수 있는 초보적인 신앙인들이었던 것이다.

우리의 신앙이 욥의 신앙과 같이 진정으로 하나님 중심적 신앙인가(*fides divina*)?

아니면, 욥의 친구들의 신앙과 같이 인본주의적 신앙인가(*fides humana*)? 진정한 하나님 신앙이란 언제 어디서나 하나님의 선하심을 철저히 믿는 신앙이다. 그것이 온전히 하나님만 의지하고 십자가에서 자신을 버리신 그리스도께서 가르치시는 믿음이다.

> 우리가 살아도 주를 위하여 살고 죽어도 주를 위하여 죽나니 그러므로 사나 죽으나 우리가 주의 것이로다 (롬 14:8).

2018년 10월 26일

46. 영적 세계의 실재(I)

> 그 중에 이 세상의 신이 믿지 아니하는 자들의 마음을 혼미하게 하여 그리스도의 영광의 복음의 광채가 비치지 못하게 함이니 그리스도는 하나님의 형상이니라(고후 4:4).

성경 말씀은 창세기부터 요한계시록까지 보이지 않는 영이신 하나님의 말씀과 구원 역사를 기록한다. 보이지 않는 하나님께서 보이는 이 세상을 지으셨고, 지금도 죄악 세상을 구원하시기 위해 일하시며, 장차 이 세상을 완전한 세상으로 만드실 것임을 가르친다. 더구나 하나님께서는 영원 전부터 구원의 복음을 예비하셨다가 이제 그리스도를 통해 나타내셨다(복음의 원초성과 최종성).[1] 한 마디로 성경은 하나님의 구원의 약속(예언과 예비)과 성취의 역사다. 성경은 처음부터 끝까지 인간 구원을 위해 애쓰시는 "여호와 이레"의 하나님을 증거한다.

성경은 보이는 세계와 그 가치도 하나님께서 지으신 것이지만, 특별히 보이지 않는 세계와 그 가치가 더 중요하다는 것을 강조한다.

> 너희는 먼저 그 나라와 그의 의를 구하라(마 6:33).
> 우리가 주목하는 것은 보이는 것이 아니요 보이지 않는 것이니 보이는 것은 잠깐이요 보이지 않는 것은 영원함이라(고후 4:18).
> 그러므로 너희가 그리스도와 함께 다시 살리심을 받았으면 위의 것을 찾으라 거기는 그리스도께서 하나님 우편에 앉아 계시느니라 위의 것을 생각하고 땅의 것을 생각하지 말라 이는 너희가 죽었고 너희 생명이 그리스도와 함께 하나님 안에 감추어졌음이라(골 3:1-3).

성경은 영적인 문제는 사람의 지식이나 조치가 아니라, 하나님의 계시를 믿음으로만 해결될 수 있다고 한다.

---

1 마 13:35, 44; 롬 16:25-26; 엡 3:2-5, 9, 11; 딛 1:2-3; 히 1:1-2; 11:1-3, 16, 40.

우리가 이것을 말하거니와 사람의 지혜가 가르친 말로 아니하고 오직 성령께서 가르치신 것으로 하니 영적인 일은 영적인 것으로 분별하느니라(고전 2:13).

예수께서 이르시되, 너희는 아래에서 났고 나는 위에서 났으며, 너희는 이 세상에 속하였고 나는 이 세상에 속하지 아니하였느니라 그러므로 내가 너희에게 말하기를, 너희가 너희 죄 가운데서 죽으리라 하였노라 너희가 만일 내가 그인 줄 믿지 아니하면, 너희 죄 가운데서 죽으리라(요 8:23-24).

구원의 결과는 영생이며 그것이 복음의 핵심이다.[2] 그러나 보이는 물질을 중시하며, 과학적 지식을 따르는 현대인들에게는 보이지 않는 초월적인 영적 대상이나 영적 세계는 구시대의 문화적 유산이거나, 사람의 심리적 현상일 뿐이다. 현대 과학적 세계관이나 인간관에 젖은 많은 현대 신앙인도 성경이 가르치는 영적 대상과 세계를 무시한다. 물질주의적 현대에서 사탄은 사람들로 하여금 보이는 물질적 가치에 집중하게 함으로써 보이지 않는 영적 세계를 불신하게 하고, 하나님과 영혼을 무시하게 만드는 것이다.

그러나 현대인은 보이는 물질적, 과학적 지식 자체가 보이지 않는 세계를 전제하거나 포함하는 것을 알아야 한다. 현대 우주 과학은 여전히 이 우주가 사람이 닿을 수 없는 광대무변한 신비로운 세계임을 보여 주고 있고, 이 우주의 생성과 발전에 대해서 여전히 모르는 것들도 많다. 현대 미생물학은 사람의 눈에는 보이지 않으나, 인체에 심대한 영향을 끼치는 미생물의 세계가 있음을 밝혔다. 또한 현대 물리학은 분자, 원자, 전자, 양자 등 입자의 미시계(微視界)에 대해 논한다.

이렇게 보이는 물질 세계에도 보이지 않는 차원이 있다면, 성경이 가르치는 영적 대상과 영적 세계도 단순히 고대인의 미신이 아니라, 실재일 수 있다는 가능성을 보여 준다. 과학적 지식과 영적인 지식은 전혀 다른 차원의 지식이지만, 그들 모두 성경이 가르치는 창조주 하나님의 신비로운 지혜와 실재성을 나타내는 것이다.

---

2 마 5:3, 10; 6:33; 18:8-9; 19:16; 요 3:15-16, 36; 5:29, 39-40; 6:47; 17:2; 행 1:22; 4:2; 13:30-37, 46, 48; 17:3, 31; 23:6; 26:8, 23; 24:15; 롬 5:21; 6:22-23; 갈 6:8; 딤전 1:16; 6:12; 딛 1:2; 벧전 1:9; 요일 5:11, 13 등.

우리가 이것을 말하거니와 사람의 지혜가 가르친 말로 아니하고 오직 성령께서 가르치신 것으로 하니 영적인 일은 영적인 것으로 분별하느니라(고전 2:13).

세상에는 심리학이나 과학으로 설명하기 어려운 신비로운 현상이나 체험이 있고, 인간의 내면에 깊숙이 자리 잡고 있는 "영원을 사모하는 마음"도 있다(전 3:11). 이런 것들도 영혼과 영원한 세계의 실재를 가리킨다.

어제 10월 27일 저녁 6시 14분에 사랑하는 나의 어머님께서 소천하셨다. 성경은 인간의 죽음을 단순히 생물학적 현상이나 육체의 생성소멸 원칙을 따라 가르치지 않고, 죄인 인간에 대한 하나님의 심판과 구원의 문제로 본다.

성경은 인간의 죽음을 단순히 비극적 운명이나 일시적인 슬픈 일로 보지 않고, 죽음을 통해 인간 구원이라는 궁극적 문제를 가르친다. 성경은 인간은 육체적 존재이면서도 영적 존재임을 밝힌다. 생명의 창조주이신 하나님께서 영원하시므로 그가 지으신 인간의 생명도 영원한 것이다. 성경은 주님께서 재림하실 때 모든 죽은 사람의 육체가 부활하여 심판 받게 될 것을 가르친다.

이를 놀랍게 여기지 말라 무덤 속에 있는 자가 다 그의 음성을 들을 때가 오나니 선한 일을 행한 자는 생명의 부활로, 악한 일을 행한 자는 심판의 부활로 나오리라 (요 5:28-29).

보라, 내가 너희에게 비밀을 말하노니 우리가 다 잠 잘 것이 아니요, 마지막 나팔에 순식간에 홀연히 다 변화되리니, 나팔 소리가 나매 죽은 자들이 썩지 아니할 것으로 다시 살아나고, 우리도 변화되리라 이 썩을 것이 반드시 썩지 아니함을 입겠고, 이 죽을 것이 죽지 아니함을 입으리로다 이 썩을 것이 썩지 아니함을 입고 이 죽을 것이 죽지 아니함을 입을 때에는 '사망을 삼키고 이기리라'고 기록된 말씀이 이루어지리라(고전 15:51-54).

불신자는 영원한 지옥 형벌을 받게 되고, 부활이요 생명이신 주님을 믿는 사람은 천국에서 영생하게 된다(요 3:16; 4:14; 11:25-26; 14:6; 고후 5:1-10; 살전 4:13-17; 히 4:9-10; 11:16; 계 21:7-8). 그 때까지 믿는 자의 영혼은 주님과 함께 천국에서 쉬게 되고,

불신자의 영혼은 지옥에서 고통을 받게 될 것을 가르친다.[3]

다른 종교들도 나름대로 보이지 않는 영적 세계와 영원한 구원을 가르치고, 보이는 가치에 집중하는 인간의 성향을 경계한다. 다른 종교들도 보이는 세계와 그것에 속한 가치는 그림자와 같은 일시적인 것이며, 보이지 않는 영적 세계와 가치를 영원한 실재로 여긴다. 그러나 인간의 운명에 대한 다른 종교들의 가르침은 성경이 가르치는 것만큼 분명하지 않다.

성경이 가르치는 창조주 하나님의 말씀과 구원 역사는 분명한 하나님의 계시인 반면에 다른 종교들의 가르침은 사람들의 사색이거나 추론이다. 그들이 자랑하는 신비하고 기이한 일들도 창조주 하나님을 대적하는 악한 영으로 말미암은 것이다.[4] 무엇보다도 하나님의 아들 예수님께서 사망 권세를 이기시고 부활하셨다. 그리고 그를 믿는 우리에게 영생을 약속하셨다.

> 나는 부활이요 생명이니 나를 믿는 자는 죽어도 살겠고, 무릇 살아서 나를 믿는 자는 영원히 죽지 아니하리니 이것을 네가 믿느냐(요 11:25-26).
>
> 내가 곧 길이요, 진리요, 생명이니 나로 말미암지 않고는 아버지께로 올 자가 없느니라(요 14:6).

인본주의자들은 죽음에 대한 이런저런 자위적(自慰的) 이해로써 사망의 위협을 애써 피하려고 하지만 아무도 사망의 위협에서 완전히 자유로울 수는 없다. 모든 인간은 "죽음에 이르는 병"에 걸려 있다.

성경 말씀은 창조주 하나님이 생명 세계의 창조주이시며(창 1:1; 마 6:26-30; 엡 4:6; 히 11:3), 그의 아들을 희생하시기까지 우리를 사랑하시는 분이심을 밝힌다(막 10:45; 요 10:11; 15:13). 우리 인생은 오직 창조주이시고 구속주이신 하나님의 구원 약속을 믿음으로써 인간 존재의 허망함을 극복할 수 있고, 진정한 존재 이유와 목적 그리고 영생을 얻는다(롬 5:21; 6:23).

---

[3] 마 5:29-30; 눅 16:22-24; 23:43; 행 7:60; 고후 5:1-8; 빌 1:23; 딤후 4:7-8; 살전 4:13-18; 살후 1:7-10; 히 12:22; 계 20:11-15 등.
[4] 출 7:10-12; 막 5:1 이하; 6:7; 9:26; 행 16:16-18; 고후 4:4; 엡 6:12; 살전 2:11; 딤전 4;1.

이 피조 세상의 모든 가치는 제한적이며 하늘나라의 가치는 영원하다. 그러므로 우리는 이 보이는 세상과 그 가치가 아니라, 언제나 보이지 않는 하나님의 나라와 그의 의를 구하며 살아야 한다(마 6:33).

우리 인생이 이 땅에서 경험하는 모든 고난과 슬픔도 결국은 영원한 나라에 대한 우리의 믿음과 소망을 굳게 하시기 위한 하나님의 지혜와 은혜임을 알아야 한다(시 90편; 전 3:11). 특별히 우리가 사랑하는 이들과 이별할 때마다, 우리 모든 인간의 피할 수 없는 슬픈 운명을 당할 때마다 우리를 위해 희생하시고 다시 사신 예수님의 영원한 생명의 수혜자가 된 것을 깊이 감사드리는 것이다.

(어머니 소천 이튿 날) 2018년 10월 28일

47. 이드로의 제안

> 이제 내 말을 들으라 내가 네게 방침을 가르치리니 하나님이 너와 함께 계실 지로다 … 네가 만일 이 일을 하고 하나님께서도 네게 허락하시면 네가 이 일을 감당하고 이 모든 백성도 자기 곳으로 평안히 가리라 이에 모세가 자기 장인의 말을 듣고 그 모든 말대로 하여 모세가 이스라엘 무리 중에서 능력 있는 사람들을 택하여 그들을 백성의 우두머리 곧 천부장과 백부장과 오십부장과 십부장을 삼으매 그들이 때를 따라 백성을 재판하되 어려운 일은 모세에게 가져오고 모든 작은 일은 스스로 재판하더라(출 18:19-26).

모세의 장인 이드로는 모세에게 그가 혼자서 이스라엘 백성의 모든 문제를 처리하리는 것은 과중하고 비효율적이라고 지적하며 다른 지도자들을 선출하여 각기 업무를 분담하게 할 것을 제안했다. 모세는 이런 인적 조직 개편 방안을 옳게 여겨 수용했다.

모든 집단의 목적 달성이나 어떤 행사를 진행하기 위해 구체적인 방안이 마련되어야 한다. 무엇보다 인적 조직이 필요하다. 교회 사역이나 교회 행사나 프로그램도 효용성이 높은 팀사역(team ministry)이 제안된다. 초대교회에도 이미 집사, 장로, 감독, 사도 등의 조직이 있었고, 예수님도 제자들을 전도 파송하실 때에 둘씩 짝을 지어서 일정한 규율을 따라서 전도할 것을 지시하셨다(막 6:7).

최근 여러 교회에서 시행하는 소그룹 활동도 효율적인 교회 사역 방안으로 제안된다. 소그룹 운동은 그리스도가 머리이신 교회에서 자칫 사람이 주인이 되는 것을 피할 수 있고, 개인주의가 지배하는 세상에서 소외된 이들을 소수의 모임으로 나누어 상호 간의 문제를 나누며 함께 기도하고 또한 심도 있게 성경을 공부를 할 수 있을 뿐만 아니라, 불신인들도 이런 소그룹 활동에 접근할 수 있는 기회를 제공함으로써 개인적 신앙생활이나 전체 교회의 성장을 위해 효과적인 방안으로 나타나고 있다.

교회가 소그룹 활동 같은 어떤 좋은 프로그램을 도입했다고 해서 언제나 성과가 좋은 것만은 아니다. 실제로 그 성과가 미미한 경우도 많다. 그러므로 본문에서 이드로는 모세에게 자신의 인적 조직 개편 방안에 대하여 "하나님께서도 네게 함께 하시면"이라는 단서를 달았다. 모세가 수용한 이드로의 인사 개편 방식이 제대로 작동하기 위해 먼저 하나님의 도우심이 필요했던 것이다.

그러므로 목회자는 어떤 특정한 "목회 방안"이나 프로그램 자체에 의존하지 않도록 주의해야 한다. 목회 방법보다 더 중요한 것은 하나님의 도우심을 믿는 참여자들의 진정한 자세다. 더구나 하나님의 교회는 외적 생산과 성장을 위해 일하는 세상의 기업체가 아니라, 영적 성장을 지향하는 그리스도의 몸이다(엡 2:22).

모든 하나님의 일이 그렇듯이 일의 좋은 성과를 위해 하나님의 일을 맡은 사람들의 성실하고 책임 있는 자세가 요구되는 것이다. 실제로, 어떤 교회에서 성공적인 프로그램이라고 해서 다른 교회에서도 반드시 성공적으로 나타나는 것은 아니다.

하나님의 일을 할 때 가장 중요한 것은 자금이나 방법보다, 하나님의 도우심을 믿는 참여자들의 믿음이다. 먼저 참여자들이 만사를 주장하시는 분은 오직 하나님 한 분이심을 알고 전적으로 하나님을 믿고 의지하는 분위기를 조성하는 것이다. 교회 프로그램이 성공하기 위해 교인 각자가 모든 것이 하나님의 은혜임을 알고 십자가를 지신 그리스도의 마음을 가지고 서로를 섬기며 겸손히 각자의 일을 성실하게 수행해야 한다(엡 4:12-16; 빌 2:5 이하).

모든 교인이 하나님 중심적 믿음과 기도로써 교인들 사이에서 흔히 발생할 수 있는 자기 자랑과 독선, 방종과 태만, 오해와 갈등 같은 부정적 요인들을 극복하며 오직 하나님의 영광만을 위해 일할 때 목회 프로그램의 아름다운 결실을 보게 되는 것이다.

> 우리는 우리를 전파하는 것이 아니라, 오직 그리스도 예수의 주 되신 것과 또 예수님을 위하여 우리가 너희의 종 된 것을 전파함이라(고후 4:5).

2018년 11월 8일

48. 영혼과 영적 세계의 실재(II)

> 사람의 일을 사람의 속에 있는 영 외에 누가 알리요 이와 같이 하나님의 일도 하나님의 영 외에는 아무도 알지 못하느니라(고전 2:11).

성경은 아름답고 신묘막측 한 자연 세계의 배후에 보이지 않으시는 창조주 하나님이 계신다는 사실을 밝힌다.

> 태초에 하나님이 천지를 창조하시니라(창 1:1).

그러므로 만물의 우연성을 가리키는 자연(自然)이란 말이나 자율성을 가리키는 진화란 말은 비성경적이다. 만물의 아름다움과 신비함은 우연성이나 자율성이 아니라, 위대한 창조주의 지혜와 능력을 가리킨다(시 8;135).

> 보이는 것은 나타난 것으로 말미암아 된 것이 아니니라(히 11:3b).
> 하나님이 보시기에 좋았더라(창 1:4, 10, 12, 18, 21, 25, 31).

주로 보이는 것만을 실재로 인정하는 현대인들은 영혼이나 영적 세계에 대한 믿음을 단순히 인간과 세상의 존재의 의미와 가치를 확대하여 이해하려는 인간의 허망한 욕구일 뿐이라고 폄훼할 것이다. 그러나 보이는 물질 세계에도 미생물이나, 분자, 원자, 전자, 양자 등의 입자와 전파나 자기장 같이 보이지 않는 미시계(微視界)가 있다. 그렇다면 적어도, 보이는 세계 배후에 보이지 않는 영적 세계가 실재할 수 있다는 가능성과 그 보이지 않는 세계가 보이는 세계에 영향을 미칠 가능성을 배제할 수 없다.

눈에 보이지 않는 바이러스가 얼마나 많은 해를 끼치는가?

영적인 문제는 사람의 지식이나 조치가 아니라, 하나님의 지혜와 역사로 해결될 수 있다.

우리가 이것을 말하거니와 사람의 지혜가 가르친 말로 아니하고 오직 성령께서 가르치신 것으로 하니 영적인 일은 영적인 것으로 분별하느니라(고전 2:13).

이렇게 말하는 바울 자신도 언젠가 보이지 않는 낙원으로 이끌려가서 말로 표현할 수 없는 말을 들었다고 한다(고후 12:2-4). 그리스도 교회의 많은 신비주의자는 하나님과의 신비로운 영적 교제를 경험했다.

성경은 창세기부터 요한계시록까지 인간 영혼과 영혼이 거주하는 천국을 가르친다. 인간의 몸과 영혼은 자연의 작품이 아니라, 하나님의 작품이다. 더구나 하나님께서는 다른 피조물과 달리 특별히 인간을 자신의 형상을 따라 지으셨다(창 1:26). 또한 하나님께서는 친히 자신의 생기("니쉬마트 하임")를 인간의 코에 불어넣으셨다(창 2:7). 인간은 육체뿐만 아니라, 영혼을 가진 존재로 창조된 것이다.

"하나님의 형상"이란 거룩함, 순결함, 하나님을 아는 지식, 인간 자신을 아는 지식, 의(지, 정, 의), 양심, 하나님의 뜻에 순종하는 자유의지 등 형이상학적이고 윤리적인 선한 본성을 가리킨다. [개혁신학에서 영생은 인간의 형상의 본질적 요소는 아니지만, 인간의 형상의 요소인 자유의지를 바르게 행사하는 결과로 얻게 되는 파생적 요소로 본다. 다른 말로, 그리스도를 믿음으로 의롭게 되어 복원되는 "하나님의 형상"의 파생적 결과로 본다.]

인간의 타락 이후 거룩함, 순결, 영생 같은 하나님의 형상은 소실되었고 다른 요소와 기능들도 크게 파손되었으나, 그리스도 안에서 성령의 도움으로, 하나님의 형상이 어느 정도 회복될 수 있다(롬 8:4-16; 갈 5:16-22).[1]

비록 성경에 천국에 대한 자세한 설명은 없으나 성경의 많은 약속이 성취된 사실과 특별히 그리스도의 죽으심과 부활 사건의 확실성에 비추어 천국의 약속과 실재를 믿을 수 있다.

성경의 주제는 인간 영혼과 천국보다는 인간의 죄와 하나님의 구원이 주제이지만, 그 주제도 언제나 인간 구원의 영적 의미와 가치를 전제하고 있다고 봐야 한다. 인간의 생명은 영원하신 하나님의 생명에서 비롯되었고, 그리스도를 믿음으로 하나님

---

[1] Richard A. Muller, "Immago Dei" in *Dictionary of Latin and Greek Theological Terms* (Grand Rapids: Baker Book House, 1985), 143-146.

의 백성이 된 이들에게 영생의 축복이 약속된다. 다른 말로, 하나님의 나라에서의 영생이 그리스도인의 믿음의 최종 목적이다.[2]

> 믿음의 결국 곧 영혼의 구원을 받음이라(벧전 1:9).

무엇보다 하나님 자신이 보이지 않으시는 영이시다(요 4:24). 하나님은 거룩하시고 신령한 능력이 넘치시기 때문에 보통 사람은 감히 대면 조차할 수 없다.[3] 하나님은 사람이 이를 수 없는 거룩하고 영원한 "하늘나라"에서 세상을 다스리신다.

보이는 세상과 그 가치를 따르는 것은 사람의 욕망에서 비롯되는 것이므로 그리스도 안에서 거듭나고 "하나님의 형상"을 어느 정도 회복한 사람들은 그리스도의 말씀을 따라 허망한 세상을 향한 허욕을 억제하고 보이지 않는 하나님의 나라와 그의 의를 구하는 것이 마땅하며, 하나님의 형상의 하나인 자신의 자유의지를 바르게 행사하는 것이다(마 6:33).

바울은 그리스도 안에서 거듭나고 새로운 피조물이 된 그리스도인들이 그들의 새로운 존재 이해와 가치를 실제 생활에 적용할 것을 촉구한다.

> 너희가 육신대로 살면 반드시 죽을 것이로되 영으로써 몸의 행실을 죽이면 살리니(롬 8:13).

우리 속에 있는 옛 사람이 우리를 그리스도 안에서의 새 사람으로 변화되게 하시려는 성령의 역사를 대적하기 때문이다.

예나 지금이나 마귀는 사람들이 보이지 않는 하나님과 영적 세계를 믿지 못하도록 방해한다(고후 4:4; 딤전 4:1). 특별히 마귀는 과학적 지식과 물질적 가치를 존중하는 현대인들에게 보이지 않는 세계의 실재를 불신하게 한다. 또한, 예나 지금이나 마귀는 성경이 가르치는 초월적 요소를 모든 종교적 신앙에서 나타나는 보편적인 심리적 현상으로 상대화시켜서 폄하한다. 합리주의자들은 영혼이나 천국의 실

---

2 요 3:16; 롬 5:21; 6:22-23; 딤전 6:12.
3 출 19:21-24; 243:10-11; 민 12:8; 삿 6:23-24; 13:22.

재성을 부인하고 단순히 인간의 존재 가치와 의미에 대한 보편적인 종교적 개념으로 본다.

그러나 하나님의 말씀은 인간의 타락 이후 영원하신 하나님께서 이 불완전한 세상을 완전하고 영원한 세계로 만드실 것을 계획하시고 반드시 성취하실 것을 가르친다.

> 사망을 영원히 멸하실 것이라(사 25:8a; 고전 15:54; 계 21:1-4).

우리는 이 세상의 보이는 가치로서 우리의 영적인 시각을 흐리게 하려는 사탄의 미혹을 경계하며 하나님께서 약속하신 새 하늘과 새 땅을 바라보며 우리 각자에게 맡겨주신 영적 싸움을 계속해야 한다.

> 우리는 그의 약속대로 의가 있는 곳인 새 하늘과 새 땅을 바라보도다(벧후 3:13).
> 우리의 씨름은 혈과 육을 상대하는 것이 아니요 통치자들과 권세들과 이 어둠의 세상 주관자들과 하늘에 있는 악의 영들을 상대함이라(엡 6:12).

실제로 스데반은 순교하며 "보라 하늘이 열리고 인자가 하나님 우편에 서신 것을 보노라 … 주 예수여, 내 영혼을 받으시옵소서"라고 말했고(행 7:56-59), 사도 바울도 "내가 영으로 기도하고 영으로 찬송한다"라고 말했고(고전 14:15) 또한 자신이 "낙원으로 이끌려 가서 말로 표현할 수 없는 말을 들었다"라고 간증한다(고후 12:4).

하나님께서는 우리의 믿음이 진정한 믿음이 되게 하시기 위해 때로 악한 영의 활동을 허락하신다. 유사하게, 하나님께서는 우리 몸의 건강을 위하여 일정한 양의 유해균을 허락하셨다. 우리의 몸속에는 유익균이 80% 가량 있고, 유해균이 20% 가량 공존하는데, 유해균이 지나치게 많아도 질병에 걸리지만, 유해균이 너무 적어도 유해균을 공격해야 하는 유익균이 제대로 힘을 내어 반응하지 못하기 때문에 질병에 걸리게 된다고 한다.

하나님께서 그의 지혜 가운데 우리의 몸의 건강을 위해 유해균도 어느 정도 허락하신 것과 같이 하나님께서는 그의 지혜로우신 섭리 가운데 우리가 하나님의 말씀만을 믿도록 하시기 위해 우리의 믿음을 시험하는 악한 것들을 허락하신 것이다. 인생의 불안과 고난, 이 세상의 불완전성도 결국 우리가 완전하고 영원한 세계에 대한 믿음과 소망을 갖게 하기 위해 하나님께서 잠시 동안 허락하신 것이다.[4]"

여호와께서 온갖 것을 그 쓰임에 적당하게 지으셨나니, 악인도 악한 날에 적당하게 하셨느니라(잠 16:4).

모든 과학적 지식의 도전에도 불구하고, 성경이 가르치는 대로 인간의 영혼은 실재하는 것이다. 그리고 영혼이 거처할 천국도 실재한다. 창조주 되시고 구속주 되신 하나님과 그분의 구원의 약속을 믿는 믿음만이 이 허망한 피조 세계에서 우리의 한계를 극복하고 영생으로 나아가는 유일한 길이다.

아버지 내 영혼을 아버지 손에 부탁하나이다(눅 23:46).
주 예수여, 내 영혼을 받으시옵소서(행 7:59).

2018년 11월 11일

---

[4] 신 8:2-10; 전 3;11; 시 90편; 빌 3:10-14; 20-21; 딤후 4:7-8; 히 13:14; 벧후 3:13.

49. 자살

> 죄의 삯은 사망이요, 하나님의 은사는 그리스도 예수 우리 주 안에 있는 영생이니라(롬 6:23).

최근 10년 동안 우리나라의 자살하는 사람들이 년 13,000명에서 15,000 명에 이르는데, 이는 매일 37-40명씩 자살하는 셈이다. OECD 국가 중 15년째 매년 1위를 달리고 있다. 이것은 우리나라 사람들 가운데 괴롭고 불행한 사람들이 얼마나 많은지를 여실히 보여 준다.

누구나 본능적으로 죽음을 두려워하면서도, 험한 인생을 살다보면 때로 자살을 생각할 수도 있다. 실제로 자살을 기도해 본 사람은 많지 않겠지만 자살을 생각해 본 사람은 적지 않은 줄 안다. 실패와 실수, 무능과 무기력, 명예 실추와 회복 불능의 질병, 오해와 비난 등에 인한 상실감, 소외감 등이 자살의 원인으로 나타난다.

그러나 성경이 가르치는 자살의 근본적인 동기는 생명의 주시며 만사를 합력하여 선하게 인도하시는 하나님을 믿지 않고 연약한 인간이나 허망한 허망한 피조물을 의지했기 때문이다.

성경 역사 가운데 자살한 사람은 사울 왕, 압살롬의 책사 아히도벨 그리고 유다 뿐이다(삼상 31:4; 삼하 17:23; 마 27:5). 하나님의 사람들 가운데 욥, 엘리야, 사도 바울같이 극심한 고난 가운데 차라리 죽기를 원한 이들도 있으나 실제로 자살한 사람은 없다(욥 7:15-16; 왕상 19:4; 빌 1:21). 그들은 모두 생의 위기 가운데서 다만 구원의 하나님을 의지함으로써 자신들의 존재 이유와 가치를 찾았던 것이다. 불신자들은 대개 연약한 자신이나 허망한 피조물의 가치를 자랑하고 의지하다가 더 이상 의지할 수 없을 때 "극단적 선택"을 하는 것이다.

사람들은 대개 자살 행위 자체를 동조하지는 않지만, 자살한 사람에 대해서는 자신을 죽일 수밖에 없었던 그의 아픔과 고통을 이해하며 동정한다. 우리나라 사람들도 최근 "자살"이란 말 대신에 "극단적 선택"이라는 말을 사용하며 대체로 자살을 개인의 선택의 문제로 보는 추세다. 그러나 우리나라의 높은 자살율을 생각할 때, 또한 자살이 주위 사람들에게 미치는 부정적인 파급 효과를 생각할 때, 자살을 단순히 개인의 선택의 문제로 용인하는 사회적 분위기도 문제다.

살인은 물론 자살도 생명의 주님께 대해서는 불경스런 행위다. 남의 생명이든지, 자신의 생명이든지, 태아의 생명이든지, 죽어가는 생명이든지, 모든 생명은 창조주 하나님께서 주신 것이다. 하나님께서 주신 생명을 남용하거나 해치는 모든 인위적인 행위는 생명을 지으시고 돌보시는 하나님께 대항하는 망령된 행위다.

> 지음 받은 물건이 지은 자에게 어찌 나를 이같이 만들었느냐 말하겠느냐(롬 9:20b; 참조, 사 45:9).

아무리 어려운 삶이라도 하나님의 구원을 바라며 참고 견디는 것이 하나님을 믿는 사람의 도리다. 아무리 참기 어려운 억울한 일을 당했더라도 십자가를 참으신 그리스도를 생각하며 선하신 하나님께서 결국 만사를 선하게 인도해 주실 것을 믿고 참고 견디는 것이 믿는 자의 마땅한 자세다. 하나님께서는 참고 인내하는 사람들을 반드시 구원해 주신다는 것을 믿고 하나님의 구원을 기다려야 한다.

자살한 사람의 고통을 동정할 수는 있으나, 그의 결정에 동의할 수는 없다. 남의 생명을 해하는 행위가 잔인하듯이, 자해 행위도 잔인한 것이다. 자신의 생명을 해칠 있는 사람은 어쩌면 남의 생명도 해칠 수 있는 이기적인 잔인성을 가졌는지도 모른다.

생명의 고귀함을 생각할 때, 또한 모든 것을 살피시는 살아 계신 하나님의 구원 역사를 믿을 때, 사회적 불의에 대한 사회적 공분을 일으키기 위한 "희생적 자살"이라도 인정할 수 없다. 우리는 세상의 불의와 싸워야 하고, 때로는 생명조차 희생할 수도 있으나 분을 참지 못해 자해하거나 자살하는 것은 하나님의 선하심, 의로우심과 구원 능력을 불신하는 죄다(왕상 18:28).

> 노하는 자는 다툼을 일으키고 성내는 자는 범죄함이 많으니라(잠 29:22).
> 너는 악을 갚겠다 말하지 말고 여호와를 기다리라 그가 너를 구원하시리라(잠 20:22).

하나님은 살리시기도 하시고 죽이시기도 하시는 분이시지만, 본질상 생명의 창조주이시며 자신이 지으신 모든 생명을 보호하시고 사랑하신다(신 32:39; 삼상 2:6).

의인은 자기의 가축의 생명을 돌보나 악인의 긍휼은 잔인이니라(잠 12:10).

구약의 희생 제사는 죄인을 살리시기 위한 하나님의 구원 방안이었으나, 희생 제물의 피는 생명의 근원이므로 사람이 먹지 말 것을 엄명하셨다(창 9:4-6; 레 17:11-12; 신 12:16, 23). 더구나 하나님께서는 그의 아들 그리스도의 피로 말미암는 구원의 언약을 믿는 이들에게 영원한 생명을 약속하셨다.[1]

생명을 지으신 하나님께서는 그가 지으신 생명을 보호하시고 구원하시는 분이시다. 하나님을 믿는 우리는 생사고락 간에 우리의 생명이 우리 자신의 것이 아니라, 생명의 주이신 하나님의 귀한 선물임을 믿고, 우리의 생명을 보호하시고 구원하시는 하나님의 사랑과 능력을 굳게 믿고 살아야 한다. 고난의 삶이나 무의미한 삶도 자의로 판단하지 말고, 생명의 주이신 하나님의 거룩하신 뜻과 섭리를 따라 존중해야 한다.

우리가 살아도 주를 위하여 살고 죽어도 주를 위하여 죽나니 그러므로 사나 죽으나 우리가 주의 것이로다(롬 14:8).

하나님께서는 우리가 겪는 모든 고난의 경험을 통해 우리 속에 그리스도의 형상을 더욱 분명하게 아로새겨 주시는 것이다(롬 5:3-11; 8:29; 갈 4:19). 우리가 오늘 우리를 향하신 그리스도의 사랑을 믿는다면, 또한 전능하신 하나님의 구원의 능력을 믿는다면, 아무리 어려운 처지에서라도 우리는 존재할 이유와 가치가 충분히 있다.

누가 우리를 그리스도의 사랑에서 끊으리요 환난이나 곤고나 박해나 기근이나 적신이나 위험한 칼이랴 그러나 이 모든 일에 우리를 사랑하신이로 말미암아 우리가 넉넉이 이기느니라(롬 8:35-37).

2018년 11월 13일

---

[1] 마 26:28; 요 6:53; 롬 3:25; 고전 11:25; 엡 1:7; 히 10:19; 13:20; 벧전 1:19; 요일 1:7 등.

50. 복음의 절대성

> 예수께서 이르시되, 내가 곧 길이요 진리요 생명이니 나로 말미암지 않고는 아버지께로 올 자가 없느니라(요 14:6).

육체의 건강에 대해서는 매우 철저한 현대인들이 영적 건강에 대해서는 "아무 것이나 믿어도 좋다"는 상대주의적, 다원주의적 자세를 취하고 있다.

이런 영적 혼란의 시대에서 우리는 어떻게 복음을 유일한 구원의 길로 믿고 전파할 수 있는가?

건강을 위해 좋은 물을 마셔야 하고, 깨끗한 공기를 마셔야 하고, 좋은 음식을 골라 먹어야 하듯이 영적 건강을 위해서도 반드시 참 종교를 찾아서 믿어야 한다. 성경은 하나님만이 참 신이시며,[1] 그의 아들 예수님만이 유일한 구원의 길임을 밝히고 있다.[2]

> 다른 이로써는 구원을 받을 수 없나니 천하 사람 중에 구원을 받을 만한 다른 이름을 우리에게 주신 일이 없음이라(행 4:12).

첫째, 성경 저자들은 예언자들이 오래 전부터 예수님과 그의 복음 사역에 대해 예언했음을 지적하며 복음만이 진정한 구원 진리임을 밝힌다.[3]

둘째, 실제로 복음을 믿고 구원을 경험한 이들이 복음의 구원의 능력을 담대하게 증거했다.

> 이 예수님을 하나님이 살리신지라 우리가 다 이 일에 증인이로다(행 2:32).
> 내가 복음을 부끄러워하지 아니하노니 이 복음은 모든 믿는 자에게 구원을 주시는 하나님의 능력이 됨이라(롬 1:16).

---

1 출 20:3; 시 89:6; 사 40:18, 25; 46:5; 렘 10:10; 단 2:47; 요 7:28; 17:3; 롬 3:4.
2 요 1:9; 15:1; 고전 1:18; 빌 2:9-11.
3 행 4:12; 롬 1:2, 17; 3:21; 16:25-26; 갈 3:22.

당신뿐만 아니라, 오늘 내 말을 듣는 모든 사람도 다 이렇게 결박된 것 외에는 나와 같이 되기를 하나님께 원하나이다(행 26:29).

이 예수님을 하나님이 살리신지라 우리가 다 이 일에 증인이로다 … 그런즉 이스라엘 온 집은 확실히 알지니 너희가 십자가에 못 박은 이 예수님을 하나님이 주와 그리스도가 되게 하셨느니라(행 2:32-36).

히브리서 기자는 성경의 모든 하나님의 사람들이 믿음을 지키기 위해서 견디기 어려운 환난과 핍박도 감수했음을 지적한다(히 11:32-38). 성경 전체가 복음의 절대성에 대한 증언이다.

복음이 절대적 구원의 진리라면 복음만을 절대적으로 믿는 것이 당연하다. 복음을 믿는 사람들은 모든 미혹하는 소리와 적대적인 반복음적 선전에는 귀를 막고 다만 그리스도의 음성과 그를 증거하는 말씀만을 들어야 한다.

내 양은 내 음성을 들으며, 나는 그들을 알며, 그들은 나를 따르느니라(요 10:27).

그러므로 믿음은 들음에서 나며, 들음은 그리스도의 말씀으로 말미암았느니라(롬 10:17).

그러나 그리스도의 복음은 본질상 하나님의 사랑의 말씀이므로 복음을 반대하는 이들에게도 하나님의 사랑을 나타내어야 한다.

2018년 11월 15일

51. 예수님의 승천의 역사적 증거

> 이 말씀을 마치시고 그들이 보는데 올려져 가시니, 구름이 그를 가리어 보이지 않게 하더라 올라가실 때에 제자들이 자세히 하늘을 쳐다보고 있는데, 흰 옷 입은 두 사람이 그들 곁에 서서 이르되, 갈릴리 사람들아, 어찌하여 서서 하늘을 쳐다보느냐 너희 가운데서 하늘로 올려지신 이 예수는 하늘로 가심을 본 그대로 오시리라 하였느니라(행 1:9-11).

예수님의 승천(昇天, ascension)은 다른 말로 승귀(昇歸, exaltation)라고도 한다. 구원 사역을 위해 세상에 오셨던 예수님께서 어려운 구원 사역을 성공적으로 완수하시고 원래 계시던 천국으로 귀환하시어 하나님의 우편에서 구원 사역을 계속하시게 된 것을 가리키는 말이다.

물질주의적 현대 세계에서 승천의 역사적 실재성을 믿기는 쉽지 않다. 대부분의 고대인들은 보이는 세계 배후에 보이지 않는 세계가 있다고 믿었으나, 보이는 세계만을 실재로 인정하는 우리 현대인들에게 승천은 믿기 어려운 일이다. 실제로 현대 신학자들 가운데 승천을 역사적 사건으로 보지 않고 초대 교인들의 신앙으로 보면서 그 신학적 의미만을 찾는 이들도 있다. 그러나 성경의 말씀과 사건은 사람의 제한적인 지식이 아니라, 하나님의 무한하신 능력과 깊으신 지혜로 이해해야 한다.

> 우리가 이것을 말하거니와 사람의 지혜가 가르친 말로 아니하고, 오직 성령께서 가르치신 것으로 하니 영적인 일은 영적인 것으로 분별하느니라(고전 2:13).

그러나 성경은 예수님의 승천을 영적인 사건이기 전에 분명한 역사적 사실로 보도한다. 예수님의 승천에 대한 누가의 보도는 성경의 어떤 기록보다 사실적이다.

예수님께서 승천하신 장소는 예루살렘 동쪽 베다니 앞쪽이고(눅 24:50), 승천하신 날은 부활 후 40일 째 되는 날이고(행 1:3), 예수님은 11제자와 다른 이들이 보는 가운데서 하늘로 올라가셨고, 그들은 예수님께서 사라지신 하늘을 자세히 쳐다보고 있었고, 두 천사가 그들 곁에서 서서, "갈릴리 사람들아, 어찌하여 서서 하늘을 쳐다보느냐? 너희 가운데서 하늘로 올려지신 이 예수는 하늘로 가심을 본 그대로 오시리라"고 말한 것도 들었다(행 1:9-11).

그들은 예수님의 부활과 승천의 산증인들이다. 예수님의 승천에 대한 이런 상세한 누가의 보도는 승천의 역사적 사실에 대한 어떤 의심의 여지도 허락하지 않는다. 특별히 누가는 누가복음 초두에서 자신의 기록이 모두 사실이며 목격자와 말씀의 일꾼 된 자들이 전하여 준 그대로 썼고, 모든 일을 근원부터 자세히 살펴서 썼고, 수신자 데오빌로 각하가 이미 알고 있는 사실들을 더 확실하게 알게 하기 위해 기록했다고 한다(눅 1:1-4).

누가는 사도행전에서도 초대교회 사도들의 행적을 비교적 상세히 기록하고 있다. 특별히 누가는 관련 기사와 함께 당시의 로마 황제나 총독들의 이름과 연대를 로마 역사와 일치하여 정확하게 언급하고 있다.[1]

예수님의 승천을 직접 목격한 베드로는 "하나님이 영원 전부터 거룩한 선지자들의 입을 의탁해 말씀하신바 만물을 회복하실 때까지는 하늘이 마땅히 그를 받아 두리라"(행 3:21)라고 증언했다. 또한, 그는 유대교 공회의 위협에 맞서서 "우리는 보고 들은 것을 말하지 아니할 수 없다"라고 했다(행 4:20).

사도 바울도 예수님의 승천을 분명히 언급한다.

> 그의 능력이 그리스도 안에서 역사하사 죽은 자들 가운데서 다시 살리시고 하늘에서 자기의 오른 편에 앉히사(엡 1:20).
>
> 내리셨던 그가 곧 모든 하늘 위에 오르신 자니 이는 만물을 충만하게 하려 하심이라(엡 4:10).
>
> 그러므로 너희가 그리스도와 함께 다시 살리심을 받았으면 위의 것을 찾으라 거기는 그리스도께서 하나님 우편에 앉아 계시느니라(골 3:1).

로마서 8:34과 10:6도 하늘에 계시는 그리스도를 말한다. 또한, 빌립보서 3:20, 데살로니가전서 4:16과 데살로니가후서 1:7도 예수께서 하늘로부터 강림하실 것을

---

1   눅 1:5; 2:1; 3:1; 13:1; 23:1; 24:13; 50; 행 13:7; 18:12; 23:24; 25:1, 13; 27:1; 28:11, 30.

가르친다.

　이외에도 사도행전 2:34-35, 히브리서 8:1과 9:24, 베드로전서 3:22, 요한계시록 1:7과 5:7 등도 승천하신 예수님이 하늘에 계심을 보여 준다.

　이런 성경의 가르침과 목격자의 진술과 사도적 전승에 따라서 그리스도의 교회는 그리스도의 승천을 역사적 사실로 인정했고, 중요한 신앙 신조의 하나로 고백해 왔다.

　이 세상에서 어려운 십자가의 구원 사역을 완수하시고, 부활하신 예수님께서 원래 계셨던 하늘로 다시 올라가셔서 재림하시기까지 세상을 다스리시고 성도들을 보살피시는 것은 신앙적으로나, 신학적으로나, 매우 합당한 것이다(롬 8:34). 그러나 현대의 폐쇄적 세계관이 성경의 초월적 세계관에 근거한 승천 신앙에 장애가 되는 것도 사실이다.

　우리는 이런 세상에서 어떻게 승천 신앙을 지켜 나갈 것인가?

　첫째, 위에서 지적한 바와 같이 예수님의 승천은 분명한 역사적 증거가 있다. 부활과 함께 승천은 역사적 증거가 있다. 부활의 역사적 증거가 승천의 역사적 증거를 강화한다. 죽음에서 부활하신 예수님께서 40일 후에 승천하셨다.

> 이 예수님을 하나님이 살리신지라 우리가 다 이 일에 증인이로다(행 2:32).
> 그리스도께서 죽은 자 가운데서 다시 살아나셨다 전파되었거늘 너희 중에서 어떤 사람들은 어찌하여 죽은 자 가운데서 부활이 없다 하느냐(고전 15:12).
> 어찌하여 두려워하며 어찌하여 마음에 의심이 일어나느냐 내 손과 발을 보고 나인 줄 알라 또 나를 만져 보라 영은 살과 뼈가 없으되 너희 보는바와 같이 나는 있느니라 (눅 24:38-39).

　예수님의 생애와 사역, 특히 부활과 승천에 대한 복음서의 모든 사실적 보도들이 예수 승천 신앙의 "살"과 "뼈"가 되는 것이다. 부활 신앙이 확고하면 승천 신앙도 함께 확고하게 된다. 부활로 이 세상의 사망 권세를 이기시고 구원 사역을 완수하신 예수님께서 다시 오실 때까지 하나님의 우편에서 하나님의 아들의 권세로 세상

을 다스리시고 성도들을 보살피신다.²

둘째, 신약성경에서 부활과 승천에 대한 보도가 여러 다른 정황에서 여러 사람들에 의해 여러 번 증언된다는 사실은 부활과 승천이 단순히 개인적, 집단적 환상이나 심리적 현상이 아니라, 역사적 사건임을 보여 준다.³

셋째, 승천에 대한 예시와 예언, 즉 성경적 증거가 있다. 창세기 5:24은 하나님과 동행한 에녹은 "하나님이 그를 데려가시므로 세상에 있지 아니하였더라"고 한다(참조, 히 11:5). 엘리야는 엘리사가 보는 중에 회오리바람 가운데 승천했다(왕하 2:10). 시편 110편에서 다윗은 "주께서 내 주에게 말씀하시기를 내가 네 원수로 네 발등상이 되게 하기까지 너는 내 우편에 앉아 있으라 하셨도다"라고 예수님의 승천을 예언했다(행 2:34-35). 예수님의 승천은 구약의 예시와 예언이 성취된 것이다.

넷째, 승천에 대한 역사적 증거가 있으나, 승천은 여전히 초월적 사건으로서 믿음을 요구한다. 초월적 사건이나 영적인 문제는 사람의 합리적 논리나 증거가 아니라, 영이신 하나님의 지혜와 역사로 이해해야 한다.

> 우리가 이것을 말하거니와 사람의 지혜가 가르친 말로 아니하고 오직 성령께서 가르치신 것으로 하니 영적인 일은 영적인 것으로 분별하느니라(고전 2:13).

승천이 역사적 사건이면서도 초월적 사건이므로, 모든 역사적 증거와 함께 역시 믿음이 가장 소중한 증거가 된다. 우리가 하나님의 말씀과 사건을 제대로 이해하기 위해 그 초월적인 본질로 말미암아 믿음을 가져야 한다.

> 믿음이 없이는 하나님을 기쁘시게 하지 못하나니 하나님께 나아가는 자는 반드시 그가 계신 것과 또한 그가 자기를 찾는 자들에게 상 주시는 이심을 믿어야 할지니라(히 11:6).

보이지 않는 영이신 하나님과 그의 약속은 다만 믿음으로만 완전히 이해할 수 있다.

---

2 마 28:20; 행 2:33-36; 7:56; 롬 8:34; 빌 2:9-11.
3 막 16:9-18; 마 28:9-20; 눅 24:13-51; 요 20:11-21:14; 행 9:1-19; 23:3-16; 26:9-18; 고전 9:1; 15:5-8, 12.

결론적으로, 승천이란 지상의 예수님께서 저 보이는 하늘을 통해 보이는 않는 거룩한 실재의 세계로 떠나가신 역사적이면서도 신학적인 사건이다. 부활하신 예수님의 몸은 육체적인 몸을 가지셨으면서도, 동시에 시공간의 제약을 받지 않는 신비로운 몸이셨음을 보여 준다(눅 24:31, 36, 39-43; 요 20:19-29). 승천하신 예수님은 하나님의 우편에서 지금도 우리들을 위해 간구하시며 성령으로 우리를 감화하시고 인도하시고 심판과 재림을 준비하신다.[4]

믿음은 본질상 어떤 증거가 없이도 유효하나(고후 5:7; 히 11:1), 어떤 구체적 증거로 말미암아 믿음이 더 확고하게 될 수 있다. 다른 말로, 우리의 연약한 믿음을 도우시기 위해 하나님께서는 그의 놀라운 약속과 초월적 사건에 대한 구체적 증거를 주신다. 성경은 믿음의 증거와 증인들로 넘친다.

> 이에 그를 죽은 자 가운데서 다시 살리신 것으로 모든 사람에게 믿을 만한 증거를 주셨음이라(행 17:31).
> 이 예수님을 하나님이 살리신지라 우리가 다 이 일에 증인이로다(행 2:32).
> 이러므로 우리에게 구름 같이 둘러싼 허다한 증인들이 있으니 모든 무거운 것과 얽매이기 쉬운 죄를 벗어 버리고 인내로써 우리 앞에 당한 경주를 하며 믿음의 주요 또 온전하게 하시는 이인 예수님을 바라보자(히 12:1-2a).

그러나 이런 모든 증거에도 불구하고 복음을 믿지 않는 이들이 있다.

> 진실로, 진실로, 네게 이르노니 우리는 아는 것을 말하고 본 것을 증언하노라 그러나 너희가 우리의 증언을 받지 아니하는도다(요 3:11).

그러므로 믿음은 역시 하나님의 선물이며, 인간의 의지에 앞서 성령의 역사로 말미암는 것이다(고전 12:3).

---

[4] 마 24:44; 막 13:11; 행 1:4; 2:1이하; 요 14:26; 16:13-15; 롬 8:34; 고후 4:10; 살전 4:14-17; 히 7:25; 요일 2:1; 계 1:7; 3:21; 5:7이하; 14:1-5.

영생을 주시기로 작정된 자는 다 믿더라(행 13:48).

사람의 생각으로는 믿기 어려운 하나님의 말씀과 사건도 성령의 감동으로 말미암아 믿게 되는 것이다.

믿음은 언제나 불신의 도전을 받게 마련이다. 믿음이란 본질상 믿기 어려운 불확실한 가운데서 하나님과 그의 말씀을 믿는 것이다(히 11:1, 8 이하). 모세는 깊은 암흑 가운데 계신 하나님께로 나아갔다(출 20:21). 욥은 고통 가운데 하나님을 찾는다(욥 23:1-9). 시편 기자는 그의 기도에 응답하지 않으시는 하나님을 간절히 찾는다(시 10:1; 13:1; 42:1; 55:1 등).

믿음이란 믿음의 대상이나 조건이 불확실한 가운데서 하나님의 선하심과 약속을 굳게 믿는 것이다.[5] 모든 시험 가운데서도 변함없이 하나님을 사랑하고 그의 약속을 굳게 믿는 것이 하나님의 구원받은 자녀가 된 증거다.

믿음이 없이는 하나님을 기쁘시게 하지 못하나니, 하나님께 나아가는 자는 반드시 그가 계신 것과 또한 그가 자기를 찾는 자들에게 상 주시는 이심을 믿어야 할지니라(히 11:6).

성경적 믿음이란 인간이 자신의 연약함을 인정하고 전능하신 하나님을 믿고 또한 예수님을 하나님의 아들로 믿고 그의 죽으심을 죄인들을 위한 속죄제로 믿고 그의 부활과 승천과 재림을 믿고 또한 현재와 장래에 나타날 하나님의 능력과 영광을 믿는 것이다.[6] 복음 신앙이란 실패처럼 보이는 그리스도의 십자가에서 하나님의 지혜와 구원의 능력을 믿는 것이다.

내 말이 네가 믿으면, 하나님의 영광을 보리라 하지 아니하였느냐(요 11:40).

---

5 창 15:6; 욥 19:25; 23:10; 시 27:13-14; 73:23; 합 2:4; 롬 4장; 히 11:1 이하.
6 요 3:16; 11:25-26; 롬 3:24-25; 8:18; 고전 15:51-53; 고후 5:1; 빌 3:20-21; 살전 4:17; 딤후 4:8; 벧후 3:13; 계 21:1.

하나님은 모든 불확실성 가운데서도 그를 끝까지 믿는 사람을 그의 자녀로 인정하시고 사랑하시는 것이다. 성경은 구원 역사의 불확실성과 모호함을 하나님의 지혜와 무한하심을 제대로 이해할 수 없는 인간의 제한적인 지혜로 돌린다.[7]

현대 과학적 세계관의 도전에도 불구하고, 오히려 우리는 부활 승천하셔서 하나님의 우편에서 지금도 우리의 연약한 믿음을 위해 간구하시는 예수님을 믿는다 (롬 8:34).

> 다시 살아나신 이는 그리스도 예수시니 그는 하나님 우편에 계신 자요 우리를 위하여 간구하시는 자시니라 (롬 8:34).

주님께서는 세상을 떠나시기 전에 베드로의 약한 믿음을 위해 간구하시겠다고 약속하셨다.

> 시몬아, 시몬아, 보라 사탄이 너희를 밀 까부르듯 하려고 요구하였으나, 그러나 내가 너를 위하여 네 믿음이 떨어지지 않기를 기도하였노니 너는 돌이킨 후에 네 형제를 굳게 하라 (눅 22:31-32)

하늘에 오르신 그리스도께서는 오늘도 우리의 연약한 믿음을 위해 간구하신다. 주님께서는 보이는 하늘을 통해 보이지 않으나 실재하는 거룩하고 신령한 세계로 가셨다.

2018년 11월 16일

---

[7] 욥 38:1-7; 42:1-6; 렘 9:23-24; 롬 9:14-23; 11:33.

52. 믿음: 절대 의존적 자세

> 아브람이 여호와를 믿으니 여호와께서 이를 그의 의로 여기시고(창 15:6).
> 우리가 하나님께 복을 받았은즉 화도 받지 아니하겠느냐 하고 이 모든 일에 욥이 입술로 범죄하지 아니하니라(욥 2:10b).
> 내가 산 자들의 땅에서 여호와의 선하심을 보게 될 줄 확실히 믿었도다 너는 여호와를 기다릴지어다 강하고 담대하며 여호와를 기다릴지어다 (시 27:13-14).
> 의인은 그의 믿음으로 말미암아 살리라(합 2:4b).

하나님께서는 시련을 통해 그를 믿는 사람에게서 진정한 믿음의 증거를 찾으신다. 하나님께서는 그를 믿는 사람이 믿기 어려운 형편에서도 하나님의 의로우심과 선하심을 굳게 믿고 의지하는지를 보신다. 아벨, 에녹, 아브라함, 야곱, 요셉, 욥, 모세, 룻, 한나, 다윗, 엘리야, 예레미야, 하박국, 에스라, 느헤미야 등 모두 하나님의 존재와 선하심을 믿기 어려운 불확실한 상황에서 모든 안팎의 불신적 생각과 미혹하는 소리에도 불구하고 믿음을 굳게 지킴으로써 하나님의 인정을 받고 후세의 모본이 되었다(히 11:4 이하).

성경이 가르치는 진실한 신앙인은 다른 신이나 다른 미혹하는 말을 듣지 않고, 오직 하나님과 그의 말씀만을 들어야 한다(출 20:4-6; 막 13:21; 요 10:27). 복음은 그리스도를 하나님의 아들로 믿고 그의 죽으심과 부활의 구원 사역을 믿음으로써 구원 얻게 됨을 유일한 구원 진리로 가르친다(요 14:6; 롬 3:22-25). 복음 신앙이란 완전한 실패처럼 보이는 그리스도의 십자가를 통해 하나님의 구원의 능력과 영광이 현재와 장래에 나타날 것을 믿는 것이다.

내 말이 네가 믿으면 하나님의 영광을 보리라 하지 아니하였느냐(요 11:40).

그리스도인은 성령이 자신으로 하여금 복음을 믿게 하시고 또한 복음에 합당하게 살도록 도우심을 믿어야 한다.

이런 복음 신앙은 어쩔 수 없이 다른 믿음과의 갈등을 일으키지만, 우리는 믿음을 반대하는 이들을 미워하지 말고, 오히려 그들에게 하나님의 구원 능력과 은혜와 사랑을 나타냄으로써 진정한 복음적 신앙을 증거해야 한다.

아버지, 저희들을 사하여 주옵소서 자기들이 하는 것을 알지 못함이니이다(눅23:34; 참조, 행 7:60).

2018년 11월 28일

53. 하나님의 말씀의 절대성

> 만일 누구든지 주를 사랑하지 아니하면 저주를 받을지어다(고전 16:22).
> 우리가 전에 말하였거니와 내가 지금 다시 말하노니, 만일 누구든지 너희가 받은 것 외에 다른 복음을 전하면 저주를 받을지어다(갈 1:9).

상대주의와 다원주의 시대에서 복음의 절대성을 믿는 것이 쉽지 않다. 그러나 구약과 신약은 상대주의와 다원주의적인 시대에서도 하나님 절대 신앙을 지킨 이들의 사례를 제시하며 우리의 믿음을 독려한다.

흔히 구약이나 신약의 말씀 가운데 고대 중동 지방 사상이나 문화의 영향을 받은 부분들이 있다고 한다. 일례로 구약의 창조 기사는 고대 바벨론의 에누마 엘리쉬의 창조 신화와 유사하고, 노아 홍수 기사는 고대 수메르의 길가메쉬 서사시의 홍수 신화와 유사하고, B.C. 1445년의 모세의 율법에는 그보다 300년 이른 B.C. 1750년에 작성된 고대 바벨론의 함무라비 법전과 유사한 내용이 있다.

잠언 22:17-24:34의 내용과 순서는 고대 이집트의 교훈집인 『아멘엠오피』 (*Amenemope*)와 거의 유사하다. 신약의 영생과 천국의 가르침은 페르샤 종교 사상이나 플라톤의 이데아 사상이나 영지주의 사상과 유사하고, 성육신 하신 예수님을 하나님의 아들로 가르치는 것은 헬레니즘의 신인(神人)사상과 유사하고, 바울 서신서의 절제와 금욕적인 가르침들은 다분히 스토익 사상과 유사하다.

성경의 고유성과 진정성을 지키려는 학자들은 대개 이런 유사성은 외래적 영향이 아니라, 우연한 일치이거나, 아니면 성경의 가르침이 다른 종교와 철학 사상에 영향을 미쳤을 가능성을 지적한다. 또한, 어떤 성경의 유사한 가르침은 유대교나 기독교 안에서 자생한 것으로 보기도 한다.

그러나 유사성에 대한 가장 보편적이고 합리적인 설명은 성경 저자들이 자신들이 받은 하나님의 말씀을 원활한 의사소통을 위해 그들의 청중에게 익숙한 당시의 유사한 문학 장르와 사상을 따라 기록한 것이라는 것이다. 하나님께서는 당시 청중의 지적, 문화적, 언어적 수준에 맞추어서 말씀하셨다. 외형적 유형뿐만 아니라, 사상도 유사한 부분이 있으나, 하나님의 유일성과 절대성, 하나님의 구원 역사의 역사적 객관성, 하나님의 백성의 윤리적 책임 그리고 택한 백성을 향한 하나님의 지극한 사랑 등이 성경의 특성으로 나타난다.

성경을 포함한 모든 종교와 철학 사상은 나름대로 모두 "인간 문제"에 대한 궁극적 해결책이므로 서로 유사할 수밖에 없다. 다만 성경은 다른 고대 신화와 종교 사상과는 달리 유일신 사상을 고수하고 거룩한 삶을 가르치며, 하나님의 구원 능력의 역사적 증거를 제시하고, 창조주 하나님의 피조물 인간에 대한 지극하신 사랑을 증거하는 것이 특색이다. 특별히 기독교 복음은 그리스도의 십자가를 통해 인간을 향하신 하나님의 사랑을 증거한다.

> 나는 선한 목자라 선한 목자는 양들을 위하여 목숨을 버리거니와 삯꾼은 목자가 아니요 양도 제 양이 아니라(요 10:11-12a).
> 사람이 친구를 위하여 자기 목숨을 버리면 이보다 더 큰 사랑이 없나니 너희는 내가 명하는 대로 행하면 곧 나의 친구라(요 15:13-14).
> 우리가 아직 죄인 되었을 때에 그리스도께서 우리를 위하여 죽으심으로 하나님께서 우리에 대한 자기의 사랑을 확증하셨느니라(롬 5:8).

친부모는 본능적 사랑으로 자신의 자식을 위해 기꺼이 희생할 수 있으나, 유괴범은 탐욕적인 거짓 사랑으로 아이들을 미혹한다.

> 너희가 사람의 미혹을 받지 않도록 주의하라 많은 사람이 내 이름으로 와서 이르되 나는 그리스도라 하여 많은 사람을 미혹하리라(마 24:4-5).
> 만일 우리의 복음이 가리었으면 망하는 자들에게 가리어진 것이라 그 중에 이 세상의 신이 믿지 아니하는 자들의 마음을 혼미하게 하여 그리스도의 영광의 복음의 광채가 비치지 못하게 함이니 그리스도는 하나님의 형상이니라(고후 4:3-4).

하나님의 말씀의 진실성은 자주 객관적인 역사적 사실로 확증된다. 진정한 믿음은 단순히 보이는 증거에서 기인하는 것은 아니지만 자주 실제적이고 역사적인 증거를 가지고 있다. 성경도 믿음의 역사적 증거를 제시한다.[1] 그러므로 구약성경에서 하나님의 창조와 믿음의 조상들의 신앙 여정과 역사서가 지혜서나 예언서 같은 신학적 저서보다 앞에 위치하고 있고, 신약성경에서는 예수님의 생애를 보도하는 복음서가 예수님의 생애와 사역의 신학적 의미를 논하는 서신서보다 선행하는 것이다.

문제는 이 모든 성경의 분명한 역사적 증거에도 불구하고 많은 사람이 하나님의 구원 약속을 허망한 것으로 보고 믿지 않는 것이다.

> 그들은 예수께서 살아나셨다는 것과 마리아에게 보이셨다는 것을 듣고도 믿지 아니하니라(막 16:11).

하나님께서는 우리의 진실한 믿음을 위해 우리의 믿음을 시험하신다. 우리는 성경과 복음 진리에 대한 상대주의와 다원주의적 도전과 시험이 극심한 이 시대에 성경 말씀의 진실성을 흔들림 없이 믿어야 한다.

> 내 양은 내 음성을 들으며 나는 그들을 알며 그들은 나를 따르느니라(요 10:27).
> 그러므로 내 사랑하는 형제들아 견실하며 흔들리지 말고 항상 주의 일에 더욱 힘쓰는 자들이 되라 이는 너희 수고가 주 안에서 헛되지 않은 줄 앎이라(고전 15:58).

2018년 12월 8일

---

1 요 14:11; 20:29; 21:24-25; 눅 1:1-4; 행 1:2-3; 2:32; 4:20; 고후 4:7; 히 11:3.

54. 향수병

> 우리가 여기에는 영구한 도성이 없으므로 장차 올 것을 찾나니 (히 13:14).

사람들은 살기 힘든 세상에서 그들이 태어난 고향을 자주 그리워한다. 그래서 고향을 그리는 시나 노래가 유난히 많다. 삶에 지친 사람들이 자신들이 태어나고 자란 고향을 삶의 안식처로 생각하며 그리워하는 것이다.

아브라함과 후손들, 모든 이스라엘 백성도 언제나 하나님께서 그들에게 약속하신 약속의 땅을 바라며 살았다. 하나님께서 약속하신 젖과 꿀이 흐르는 땅과 그 약속의 성취를 바라는 이스라엘 사람들의 소망이 구약성경의 대주제다.

창세기 12:7에서 하나님께서는 아브라함에게 땅을 약속하셨고, 출애굽기, 레위기, 민수기, 신명기는 약속의 땅에 들어가기 위해 애굽을 떠나서 광야에 나온 이스라엘 백성이 약속의 땅에서 살기에 합당한 하나님의 백성이 되도록 훈계하고 독려하는 말씀이다. 특별히 신명기는 거의 매장마다 땅의 약속을 언급한다. 뿐만 아니라, 역사서, 시편, 지혜서, 예언서들도 결국은 이스라엘 백성이 모든 현재의 개인적, 국가적 시련과 도전 가운데서도 하나님께서 약속하신 완전한 세상을 지향하며 살 것을 가르친다.

> 네 집과 네 나라가 내 앞에서 영원히 보전되고 네 왕위가 영원히 견고하리라 (삼하 7:16).
>
> 내게 구하라 내가 이방 나라를 네 유업으로 주리니 네 소유가 땅 끝까지 이르리로다 (시 2:8).
>
> 시온아, 여호와는 영원히 다스리시고 네 하나님은 대대로 통치하시리로다 할렐루야 (시 146:10).
>
> 대저 정직한 자는 땅에 거하며 완전한 자는 땅에 남아 있으리라 그러나 악인은 땅에서 끊어지겠고 간사한 자는 땅에서 뽑히리라 (잠 2:21-22).
>
> 보라, 내가 새 하늘과 새 땅을 창조하나니 이전 것은 기억되거나 마음에 생각나지 아니할 것이라 (사 65:17).

하나님께서 그의 백성에게 약속하신 세상은 고통이 없는 완전한 세상이기 때문에 사람들이 더 이상 향수병에 시달리지도 않을 것이다.

이런 이스라엘 백성들의 땅의 약속과 소망은 하나님의 약속이지 사람의 종교적 추론에서 나온 인위적 발상이 아니다. 성경은 하나님께서 이스라엘 백성에게 약속하신 땅의 약속은 어디까지나 하나님께서 그의 구원 경륜을 따라서 장차 그리스도를 통한 많은 사람의 최종적 구원을 위해 오래전부터 준비해 오신 것임을 밝힌다(마 1:1; 요 5:39; 8:58; 롬 1:2; 4:16; 16:25-26; 갈 3:16-29; 히 8:5; 10:1).

이 죄악 세상의 모든 가치와 인생의 소망은 제한적이다. 물론 하나님께서는 우리가 이 세상에 사는 동안 우리에게 필요한 이 세상의 가치와 소망도 주신다. 그러나 하나님께서는 우리가 이 세상의 제한적 가치와 소망을 넘어서 저 온전하고 영원한 나라를 믿고 바랄 것을 원하시는 것이다. 그러나 출애굽 한 이스라엘 백성들이 가나안 땅의 약속을 잊고 애굽 땅으로 되돌아 갈 것을 원했듯이, 믿는 우리도 보이는 이 세상의 허망한 가치에 몰두하며 우리가 들어갈 영원한 하나님 나라의 가치와 약속을 자주 잊고 사는 것이 문제다.

그러나 진정한 믿음이란 보이는 세상의 일시적 가치가 아니라, 보이지 않는 하나님의 영원한 나라의 가치와 약속을 믿는 것이고, 진정한 소망이란 보이는 이 세상의 허망한 꿈이 아니라, 아직 이루어지지 않았으나, 하나님께서 약속하신 장래의 영광을 바라는 것이다(마 6:33; 롬 8:24; 히 11:1, 10-16). 그렇게 살 때 이 피곤한 세상에서도 하나님의 현재적 도우심을 받고(시 27:9; 46:1) 또한 저 하늘나라의 평안과 기쁨을 미리 맛보는 축복도 받게 되는 것이다.

우리는 주님께서는 세상을 떠나시기 전에 우리가 거처할 영원한 나라를 약속하셨다. 그리고 "너희는 마음에 근심하지 말라 하나님을 믿으니 또 나를 믿으라"고 말씀하셨다(요 14:1-3). 계속해서 "평안을 너희에게 끼치노니 곧 나의 평안을 너희에게 주노라. 내가 너희에게 주는 것은 세상이 주는 것과 같지 아니하니라. 너희는 마음에 근심하지도 말고 두려워하지도 말라"(요 14:27)라고 하셨고, "세상에서는 너희가 환난을 당하나 담대하라. 내가 세상을 이기었노라"(요 16:33b)라고 격려하셨다.

이런 격려의 말씀은 인생의 고난을 그치게 한다는 것이 아니라, 영생의 약속을 굳게 믿으면 인생의 고난도 극복할 수 있다는 것이다. "

내 말이 네가 믿으면 하나님의 영광을 보리라 하지 아니하였느냐(요 11:40).

결국 우리의 천국 신앙은 인생이 겪는 모든 현재의 근심과 고난을 치료하여 주고, 위로와 평안과 기쁨을 얻게 하는 일종의 묘약(妙藥)인 것이다. 그 탁월한 효과는 단순히 종교적 심리적 요인에서 비롯되는 것이 아니라, 하나님의 구원 능력을 믿는 믿음에서 기인하는 것이다. 우리가 믿는 하나님의 구원 능력이 막연한 희망 사항이 아니라, 실재라는 증거는 하나님께서 말씀하신 모든 축복의 약속이 믿음의 조상들의 일생 가운데서 실제로 성취되었기 때문이다(히 11:1 이하).

2018년 12월 12일

55. 신앙의 계보

> 아브라함과 다윗의 자손 예수 그리스도의 계보라(마 1:1).
> 오늘 구원이 이 집에 이르렀으니 이 사람도 아브라함의 자손임이로다
> (눅 19:9).

예수님은 세리장 삭개오가 구원 받게 된 것은 그가 아브라함의 자손이기 때문이라고 말씀하셨다. 아브라함의 자손이란 뜻은 아브라함의 혈통적 후손이란 뜻보다는 믿음의 조상인 아브라함의 믿음을 상속한 신앙적 후손이란 뜻이다. 결국 삭개오는 예수님을 하나님께서 세상에 보내신 구주이심을 믿음으로써 구원받았던 것이다. 사도 바울도 아브라함으로부터 시작된 믿음의 계보를 "이신득의 구원론"의 근거로 삼는다(롬 4:16; 8:16-17; 갈 3:6-16; 4:22).

> 너희가 [아브라함의 믿음의 약속을 따라] 다 믿음으로 말미암아 그리스도 예수 안에서 하나님의 아들이 되었으니(갈 3:26).

우리는 성경 전체가 창세기부터 요한계시록까지 하나님의 택하심을 받은 "믿음의 계보에 속한 사람들"과 "계보에 속하지 못한 사람들"을 대조적으로 기록하고 있는 사실을 중시해야 한다. 믿음의 계보에 속한 사람들은 하나님의 말씀을 순종하고 선행에 힘쓰는 이들이며, 속하지 못한 사람들은 하나님의 말씀을 무시하고 악을 행하는 이들이다. 하나님은 그의 구원 역사 가운데 그를 믿고 선을 행하는 이들을 축복하시고, 그를 배반하고 악행을 계속하는 이들을 징벌하신다.

창세기는 불신의 계보와 믿음의 계보를 대조적으로 기록한다. 가인과 아벨(창 4:1-15), 홍수로 멸망 받은 타락한 "하나님의 아들들"과 "사람의 딸들"(창 6:2, 4) 그리고 말씀대로 방주를 지어 구원받은 노아의 가족들(창 7:7, 23), 저주 받은 노아의 아들 함과 축복 받은 노아의 아들들, 셈과 야벳(창 9:18-27), 사람의 뜻대로 바벨탑을 건설하던 이들의 멸망과 아브라함의 선택 받음과 축복(창 11:1-9), 하나님을 온전히 순종한 아브라함과 하나님을 온전히 믿지 못한 롯과 그의 가족(창 15:1-22:18), 종의 자식 이스마엘의

계보와 약속의 자식 이삭의 계보(창 21:12; 롬 9:7-11; 갈 4:21-31), 이삭의 쌍둥이 아들들, 버림받은 에서와 택함 받은 야곱(창 25:23; 롬 5:6-11), 장자권(구원의 상속권)을 포기한 에서와 장자권을 얻은 야곱(창 27:1-46, 28:13-15; 35:9-15; 말 1:2; 롬 9:12), 야곱의 12아들들 가운데 10아들들과 약속의 아들 요셉의 일생(창 37:3-11; 39-50장) 등으로 나타난다.

창세기에 이어 출애굽기, 레위기, 민수기, 신명기, 여호수아에도 하나님의 지시와 계명을 따르는 모세와 갈렙과 여호수와 등 믿음의 계보에 속한 이들과 이들이 지켜야 할 규례 그리고 믿는 이들을 반대하는 불신의 계보에 속한 이들과 그 행위들이 대조적으로 나타난다.[1]

> … 너희가 섬길 자를 오늘 택하라 오직 나와 내 집은 여호와를 섬기겠노라(수 24:15).

사사기는 약속의 땅에 들어간 이스라엘 사람들이 하나님 신앙을 떠나 가나안 종교를 믿음으로써 하나님께서 사사들을 택하시어 이스라엘을 보호하셨다. 사사 시대에는 소수의 사사들만이 아브라함과 모세의 믿음의 계보를 이어나갔고, 대부분의 사람은 믿음을 떠나 이방신을 섬기는 등 종교적 사회적 대혼란기였다.

> 그 세대의 사람들도 다 그 조상들에게로 돌아갔고 그 후에 일어난 다른 세대는 여호와를 알지 못하며 여호와께서 이스라엘을 위하여 행하신 일도 알지 못하였더라 (삿 2:10).
>
> 여호와께서 사사들을 세우사 노략자의 손에서 그들을 구원하게 하셨으나 그들이 그 사사들에게도 순종하지 아니하고, 오히려 다른 신들을 따라가 음행하며 그들에게 절하고, 여호와의 명령을 순종하던 그들의 조상들이 행하던 길에서 속히 치우쳐 떠나서, 그와 같이 행하지 아니하였더라(삿 2:16-17).
>
> 그 때에는 이스라엘에 왕이 없었으므로 사람마다 자기 소견에 옳은 대로 행하였더라 (삿 17:6).

신앙적 혼란기였던 사사 시대에도 하나님께서는 하나님의 날개 아래로 찾아드는 가

---

[1] 출 4:21, 31; 5:2-14:31; 12:27-28; 레 10:1-7; 18:5; 19:2; 26:3-46; 민 11:1-12:15; 14:1-45; 16:1-50; 20:2-21; 21:5-5; 22:2-26:11; 신 1:3-37; 28:1-68; 수 2:1-24; 6:25-26; 7:1-26; 23:14-16.

날픈 모압 여인 룻을 통해 이스라엘의 믿음의 계보를 이어가게 하셨다(룻 2:12; 4:17). 룻은 결국 다윗 왕의 외조모가 되었던 것이다.

사무엘서는 믿음의 혼란기였던 사사 시대가 끝나고 왕조시대가 시작될 때를 기록하며 사울 왕으로 대변되는 불신의 계보를 다윗왕으로 대변되는 믿음의 계보와 대조한다. 사울 왕은 하나님의 부르심을 받아 얼마간 믿음을 지켰으나 곧 자만하게 되어 배도의 길로 가다가 멸망했다. 다윗 왕은 몇 가지 실수도 했으나 대체로 하나님의 마음에 합당한 왕으로서 나타난다(삼상 13:14; 삼하 7:14-16). 다윗 왕은 시편을 통해 자신이 믿음의 계보에 속한 것을 확신했다.

> 복 있는 사람은 악인들의 꾀를 따르지 아니하며 죄인들의 길에 서지 아니하며 오만한 자들의 자리에 앉지 아니하고(시 1:1).
> 여호와는 나의 목자이시니 내게 부족함이 없으리로다 … 내 평생에 선하심과 인자하심이 반드시 나를 따르리니 내가 여호와의 집에 영원히 살리로다(시 23:1-6).

솔로몬 왕은 잠언과 전도서로 어리석은 자의 불신과 지혜로운 자의 믿음을 대조한다. 아가서도 솔로몬과 술람미 여인의 사랑을 통해 진실한 하나님 신앙을 가르친다. 결국 하나님께서는 다윗 왕의 혈족과 신앙 계보를 통해 메시아를 보내심으로써 믿음의 계보를 완성하셨다.[2]

열왕기와 역대기는 다윗의 왕조가 솔로몬 이후 남왕국 유다와 북왕국 이스라엘로 분열되었고, 믿음이 타락한 북왕국에 비해 상대적으로 나은 믿음을 가졌던 남왕국 유다도 결국 불신으로 말미암아 멸망했음을 보여 준다. 남북의 40여 명의 왕들 중 다윗, 아사, 여호사밧, 히스기야, 요시아 왕들을 제외하고는 모두 우상 숭배를 허용함으로써 하나님 신앙을 떠났고, 그들과 함께 백성들도 양분되었다.[3]

한편 왕국 기간 동안 하나님께서는 이사야, 예레미야, 호세아, 아모스, 하박국, 스바냐, 요나, 미가 등 예언자들을 통해 믿음의 계보를 지키도록 독려하셨다. 특히

---

2 삼하 7:12-16; 마 1:1; 9:27; 12:23; 15:22; 20:30; 21:9, 15; 22:42-45; 눅 2:11; 요 7:42; 롬 1:3; 딤후 2:8; 계 3:7; 5:5; 22:16.
3 왕상 16:29-34; 18:17-19:10; 왕하 17:7-41; 21:2-16; 22:13-17; 23:19-20; 대하 30:10-12 등.

이사야는 메시아를 통한 최종적 믿음의 계보의 완성을 대망했다(사 11:1-9; 35:5-10; 49:1-7; 53:1-12). 이런 믿음의 계보를 잇는 예언자들은 믿음을 떠난 거짓 예언자들이나 제사장들과 대조된다.[4]

바벨론 포로기 중에도 하나님께서는 다니엘과 세 친구들, 모르드개와 에스더, 에스겔 등을 통해 믿음의 계보를 유지하게 했고, 포로기 후에는 에스라, 느헤미야, 학개, 스가랴, 스룹바벨 등의 신앙 재건 운동으로 믿음의 계보를 더욱 확고하게 세우셨다.

신약성경의 복음서와 서신은 하나님께서 최종적으로 그리스도 예수님을 통한 하나님의 은혜로 구원 받는 믿음의 계보를 세우셨음을 밝힌다.[5]

> 아브라함과 다윗의 자손 예수 그리스도의 계보라(마 1:1).

마태복음과 누가복음에 있는 예수의 계보는 일부 다르게 나타나지만 단순히 예수님의 혈통적 계보뿐만 아니라, 구약성경에 나타난 모든 믿음의 계보를 그리스도를 믿는 믿음을 중심으로 총괄하는 점에서는 일치한다(마 1:1-17; 눅 3:23-38). 예수님을 대적하는 바리새인들을 비롯한 유대교 지도자들은 불신의 계보에 속하고, 제자들을 비롯해 예수님을 따르는 무리들은 믿음의 계보에 속한다. 예수님을 믿는 사람들과 그를 배척한 이들은 상반된 운명을 맞는다.[6] 제자들 중에서도 유다는 불신의 계보에 속한다(행 1:16-20).

> 그 사람은 차라리 태어나지 아니하였더라면 제게 좋을 뻔하였느니라(마 26:24b).

사도행전도 복음이 전파되는 곳마다 거의 언제나 복음을 믿는 이들과 이를 반대하며 핍박하는 이들로 나뉘었음을 보여 준다.[7] 특별히 사도행전 7장에서 스데반

---

[4] 왕상 18:4, 20-40; 22:8-28; 사 9:15; 렘 5:31; 20장; 23:16 이하; 28장; 29:8-9; 37:19-39:18; 겔 13:6-9; 21:29; 22:28; 슥 13:2; 참조, 신 18:20-22; 마 7:15-23; 24:24; 고후 11:4, 12-15; 딤전 4:1; 딤후 2:16-18; 4:14-15.

[5] 눅 15:1-32; 눅 19:1-10; 요 3:16; 행 7:51-60; 롬 3:21 이하; 4장; 10:4; 갈 2:16; 3장.

[6] 마 7:13-27; 24:37-51; 25:1-46; 살후 1:3-12; 계 20:12-15; 21:1-8.

[7] 행 1:16-20; 4:27-28; 7:39-8:3; 51-60; 12:24; 13:42-14:7; 5:12-17; 6:7-8:3; 12:1-5;

은 복음을 반대하는 유대인들이 이미 오랜 배반의 역사의 후손들이란 사실을 지적했다.

> 목이 곧고 마음과 귀에 할례를 받지 못한 사람들아, 너희도 너희 조상과 같이 항상 성령을 거스르는도다(행 7:51).

이 말을 들은 유대인들이 합세하여 스데반을 죽였다.
복음은 단순히 이 세상에서의 도덕적 생활이 아니라, 하나님 나라의 완전한 마음과 삶을 요구한다.

> 그러므로 하늘에 계신 너희 아버지의 온전하심과 같이 너희도 온전하라(마 5:48).

선행은 믿음의 열매이며 증거다(마 7:16-20).[8]

> 누구든지 하늘에 계신 내 아버지의 뜻대로 하는 자가 내 형제요 자매요 어머니이니라 하시더라(마 12:50).

믿음의 계보에 속한 사람은 믿음의 주이신 그리스도의 마음과 모본을 따라서 영으로 육을 죽이며, 선으로 악을 이겨야 한다(롬 6:12-13; 8:13; 12:21; 빌 2:5 이하).

> 또 너희가 열심히 선을 행하면 누가 너희를 해하리요 … 너희 마음에 그리스도를 주로 삼아 거룩하게 하고, … 선한 양심을 가지라 이는 그리스도 안에 있는 너희의 선행을 욕하는 자들로 그 비방하는 일에 부끄러움을 당하게 하려 함이라(벧전 3:13-16).

하나님께서 아브라함에게 약속하신 축복도 결국은 그리스도로 말미암는 영생을 가

13:8-12, 46, 48; 14:1-2, 19; 16:14-34; 17:32; 18:6-17; 19:9-41; 21:27-36; 22:18-23:13; 26:28-29; 28:22-24.
[8] 마 5장-7장; 막 7:20-23; 요 5:29; 롬 6:12-13; 8:4-13; 12:1-15:13; 갈 2:20; 5:16 이하; 엡 4:12-24; 빌 2:5 이하; 골 3장; 살전 5:10; 딤후 1:13; 히 12:2 이하; 벧전 2:12 등.

리키는 것이다(롬 5:12-21; 갈 3:6-29; 히 11:10-16, 40). 하나님께서 아브라함에게 이삭을 후사로 주신 것은 아브라함의 혈통적 계보를 통해 장차 "믿음으로 영생하는 구원의 도리"를 따라 번성할 장래의 하나님의 백성의 계보를 이루시려는 것이다. 실제로, 아브라함의 존재와 믿음은 그의 후손들의 번성과 믿음으로 이어졌고 결국 만민이 그리스도를 믿음으로 영생하는 축복으로 이어졌던 것이다.

아담의 범죄로 죽게 된 인생은 선택받은 이스라엘의 조상 아브라함의 믿음과 축복에서 회복할 수 있는 가능성을 보았고, 최종적으로 그리스도를 믿는 믿음으로 말미암는 영생의 구원을 얻게 된 것이다. 이것이 성경 전체가 가르치는 하나님의 인간 구원 시나리오다.

우리가 믿음의 계보에 속했다는 확신은 곧 하나님의 택하심과 부르심에 대한 확신이며 결국 구원에 대한 확신이다. 구원의 예정론은 구원의 은혜를 믿음으로 구원 얻는 도리와 상충되는 교리가 아니라, 도리어 흔들리기 쉬운 우리의 연약한 믿음을 든든히 세워 주며, 믿음으로 구원 얻는 도리를 온전하게 세워 주는 보완적인 교리다. 우리 하나님은 모든 것을 미리 아시고, 예비하시고, 준비하시는 "여호와 이레"의 하나님이시다.[9]

> 그러므로 형제들아 더욱 힘써 너희 부르심과 택하심을 굳게 하라 너희가 이것을 행한 즉 언제든지 실족하지 아니하리라 이같이 하면 우리 주 곧 구주 예수 그리스도의 영원한 나라에 들어감을 넉넉히 너희에게 주시리라(벧후 1:10-11).

2018년 12월 14일

---

[9] 창 1:28; 9:1; 12:2-3; 22:14; 24:40-50; 28:15; 50:20; 출 1:10; 49:10; 신 1:30-33; 사 7:14; 미 5:2; 마 1:23; 5:6; 25:34; 26:54; 눅 24:27; 요 5:39; 6:31-33, 49-51; 8:58; 14:1-3; 롬 1:2; 4:1-25; 9:7 이하; 10:4; 16:26; 고전 10:1-11; 갈 3:16; 4:22-31; 딛 1:2-3; 히 10:7, 11:16, 40; 벧 1:10-12, 20; 요일 1:1-2.

56. 천국 지향적 삶

> 우리는 그의 약속대로 의가 있는 곳인 새 하늘과 새 땅을 바라보도다 그러므로 사랑하는 자들아, 너희가 이것을 바라보나니 주 앞에서 점도 없고 흠도 없이 평강 가운데서 나타나기를 힘쓰라(벧후 3:13-14).

성경은 죽은 자를 위해 쓴 것이 아니라, 산 자를 위해 쓴 것이다. 산 자가 이 세상에서 행복하게 사는 길을 제시하는 것이다. 그러나 성경은 산 자를 위협하는 가장 큰 공포가 죽음이며, 모든 산 자는 평생 죽음의 공포 가운데 살 수밖에 없지만 그리스도를 믿음으로 죄와 사망의 권세를 이기고 영생할 것을 약속한다(요 3:16; 롬 5:21; 6:23; 엡 2:8; 벧전 1:9). 영생의 확신과 소망을 가지고 사는 사람은 죽음의 공포는 물론 인생의 모든 어려움도 극복할 수 있다.

그러나 이제는 너희가 죄로부터 해방되고 하나님께 종이 되어 거룩함에 이르는 열매를 맺었으니 그 마지막은 영생이라(롬 6:22).

하나님께서 다스리시는 완전한 세상에서 영생하는 것이 그리스도인의 궁극적 소망이다.[1] 천국은 우리가 사후에 우리의 영혼이 거할 곳과 주님께서 장차 세상에 재림하실 때 나타날 완전한 세상을 모두 가리킨다.[2]

신약의 중심 주제는 예수님께서 그를 믿는 모든 믿는 자에게 주시는 천국이다. 천국은 믿음의 결과로 얻게되는 축복이다(요 3:16; 롬 5:21; 6:23; 고후 5:1; 빌 3:20-21; 히 11:16; 계 21:1 이하). 우리의 육신과 이 죄악 세상이 찾는 헛된 것들로부터는 결코 궁극적 행복을 얻을 수 없고, 다만 영원하고 완전한 하나님 나라에 들어가야만 궁극적 행복을 얻을 수 있다.[3] 그러므로 주님께서는 "그런즉 너

---

1 마 6:33; 롬 8:24; 고후 5:1-4; 빌 3:20-21; 골 3:1-4; 살전 4:17; 계 21:1 이하.
2 눅 16:22 이하; 20:35-36; 23:43; 요 14:2-3; 고전 5:5; 고후 5:1-4; 빌 1:23; 3:11; 살전 4:14 이하; 벧후 3:13; 계 21:1.
3 흔히 세상 종교나 철학도 빈 마음과 무소유를 행복의 길로 가르치지만, 사람의 뿌리 깊은

희는 먼저 그의 나라와 그의 의를 구하라"(마 6:33)고 가르치셨다. 사도 바울도 "위의 것을 생각하고 땅의 것을 생각하지 말라"(골 3:2)고 권면했다. 또한, 사도 바울은 로마서에서 이신득의를 가르치면서 영생을 믿음의 결과로 가르친다(롬 5:21; 6:22-23).

그러므로 우리는 우리 자신이나 세상의 허망한 가치에 대한 집착을 버리고 대신 하나님께서 약속하신 영원한 천국을 소망하며 그 거룩한 가치를 추구해야 한다.

> 하나님의 나라는 먹는 것과 마시는 것이 아니요 오직 성령 안에 있는 의와 평강과 희락이라(롬 14:17).

신약성경뿐만 아니라, 구약성경도 결국 예수로 말미암는 완전한 천국을 가리킨다. 비록 구약성경이 신약만큼 영원한 천국과 영생의 약속을 명확하게 가르치지는 않으나, 자세히 읽어 보면 아브라함부터 모든 예언자까지 이스라엘의 전체 역사가 결국 하나님께서 친히 다스리시는 완전한 세상을 지향한다는 것을 알 수 있다.

> 너희 조상 아브라함은 나의 때 볼 것을 즐거워하다가 보고 기뻐하였느니라(요 8:56). 그들이(믿음의 조상들) 이제는 더 나은 본향을 사모하니 곧 하늘에 있는 것이라(히 11:16a).

구약의 에덴동산과 낙원 추방, 이스라엘 조상들과 맺은 땅의 약속, 출애굽과 가나안 정벌, 바벨론 포로에서의 귀환 같은 구약의 중심적 사건들은 신약이 가르치는 하나님의 구원 역사의 최종 목적인 영원하고 완전한 천국을 가리키는 것이다. 다만 하나님의 계시의 점진적 특성을 따라서 영생의 약속이 구약에서는 이스라엘의 역사적 사건과 신앙 경험을 통해 암시적으로 나타나고, 신약에서 그리스도의 사역을 통해 더욱 분명하게 나타나는 것이다.

죄의 문제에 대한 분명한 대안 없이 주로 연약한 인간의 의지만을 믿는 것이 문제다. 복음은 죄인을 살리시는 하나님의 구원의 은혜와 능력을 증거한다. "이 복음은 모든 믿는 자에게 구원을 주시는 하나님의 능력이 됨이라"(롬 1:16b). "십자가의 도가 멸망하는 자들에게는 미련한 것이요 구원을 받는 우리에게는 하나님의 능력이라"(고전 1:18).

너희가 성경에서 영생을 얻는 줄 생각하고 성경을 연구하거니와 이 성경이 곧 내게 대하여 증언하는 것이니라 그러나 너희가 영생을 얻기 위하여 내게 오기를 원하지 아니하는도다(요 5:39-40).

이렇게 복음의 핵심은 하나님의 아들 예수님을 믿음으로써 영생하는 것이다. 그러나 우리의 믿음은 우리의 환경에 따라 변한다. 살기가 어려우면 천국을 찾지만, 살기가 괜찮으면 어느새 천국을 잊는다. 또한, 보이지 않는 천국보다는 보이는 현실에 충실해야 한다는 견해도 있다. 그러나 천국 소망이 없는 인생은 허무할 뿐이다.

만일 그리스도 안에서 우리가 바라는 것이 다만 이 세상의 삶뿐이면 모든 사람 가운데 우리가 더욱 불쌍한 자이리라(고전 15:19).

하나님의 백성은 언제 어디서나 천국 지향적이어야 한다. 비록 천국에 대한 자세한 설명이나 도래의 날짜는 하나님의 비밀에 속한 것이지만, 성경의 많은 약속이 성취된 사실과 특별히 그리스도의 죽으심과 부활 사건의 확실성에 비추어 천국의 약속과 실재를 믿을 수 있다.

첫째, 우리는 모두 믿음의 조상들과 같이, 이 땅에서 잠시 머무는 여행자라는 사실을 잊지 말아야 한다(창 47:9; 시 90:9-12; 히 11:13; 벧전 1:1, 17).

우리가 여기에는 영구한 도성이 없으므로 장차 올 것을 찾나니(히 13:14).

믿음의 조상들이 평생 약속의 땅을 지향하며 살았던 것처럼 우리는 주님께서 약속하신 영원한 천국을 지향하는 천국 시민으로 살아야 한다.

내 아버지께 복 받을 자들이여 나아와 창세로부터 너희를 위하여 예비된 나라를 상속받으라(마 25:34).

> 내가 너희를 위하여 거처를 예비하러 가노니 가서 너희를 위하여 거처를 예비
> 하면 내가 다시 와서 너희를 내게로 영접하여 나 있는 곳에 너희도 있게 하리라
> (요 14:2-3).
>
> 그들이 이제는 더 나은 본향을 사모하니 곧 하늘에 있는 것이라 이러므로 하나님이
> 그들의 하나님이라 일컬음 받으심을 부끄러워하지 아니하시고 그들을 위하여 한
> 성을 예비하셨느니라(히 11:16).
>
> 이는 하나님이 우리를 위하여 더 좋은 것을 예비하셨은즉, … (히 11:40).

둘째, 이 세상은 우리에게 천국 생활을 위한 예비 학교와 같다. 우리의 현세의 삶이 우리의 영원한 장래를 결정한다.[4] 그러므로 우리는 이 세상에 사는 동안 천국 시민답게 바르게 살기를 힘써 배우고 실행해야 한다.

> 너희가 나그네로 있을 때를 두려움으로 지내라(벧전 1:17).
>
> 이 지극히 작은 자 하나에게 하지 아니한 것이 곧 내게 하지 아니한 것이니라(마 25:45).

신약성경은 대부분 우리가 천국 가기 전에 이 세상에서 어떻게 천국인으로 살 것인가를 가르친다.[5] 우리의 선행이 우리의 구원의 조건은 아니지만 구원받은 증거가 되고 또한 마지막 날에 우리가 받을 상의 조건이 된다.

> 인자가 아버지의 영광으로 그 천사들과 함께 오리니 그 때에 각 사람이 행한 대로
> 갚으리라(마 16:27).
>
> 나는 선한 싸움을 싸우고 나의 달려 갈 길을 마치고 믿음을 지켰으니 이제 후로
> 는 나를 위하여 의의 면류관이 예비되었으므로 주 곧 의로우신 재판장이 그날에
> 내게 주실 것이며 내게만 아니라, 주의 나타나심을 사모하는 모든 자에게도니라
> (딤후 4:7-8).

---

4 마 5:29-30; 마 25:1-46; 눅 16;25; 고후 5:1; 갈 3:1-4; 계 20:12; 21:8.
5 마 5장-7장; 25장; 롬 12장; 갈 5:16 이하; 엡 4-6장; 빌 2:1-18; 3:14-21; 골 3장; 살전 4장, 5장 등.

그러므로 나의 사랑하는 자들아 너희가 나 있을 때 뿐 아니라, 더욱 지금 나 없을 때에도 항상 복종하여 두렵고 떨림으로 너희 구원을 이루라(빌 2:12).

신약성경뿐만 아니라, 구약성경도 하나님의 백성이 약속의 땅에 들어가서 어떻게 살아야 할 것과 그 땅에 들어가기 전에 어떻게 살아야 할 것을 함께 가르친다(출 19:5-6; 레 20:22-23; 신 4:1 이하). 구약의 "약속의 땅"은 결국 예수 그리스도께서 밝히신 장차 나타날 완전하고 영원한 하나님의 나라를 가리킨다.[6]

하나님께서는 어떤 예언의 말씀이나 예시적 사건을 통해 장래의 구원 역사를 미리 보여 주심으로써 자신의 약속의 진정성과 확실성을 확증하시는 것이다. 거의 모든 구약의 구원 사건이나 예언은 결국 그리스도의 구원 역사를 가리키기 위해 하나님께서 미리 예비하신 것으로 보는 것이 모든 성경 저자의 공통적인 구원사적 시각이다.[7]

일례로 창세기 22:14에서 "여호와 이레라," 즉 "하나님께서 예비하신다"는 말씀에서 하나님께서 단순히 이삭 대신 숫양을 예비하셨다는 역사적 사실을 넘어서 하나님께서 예수님의 희생을 위해 "이삭의 희생 사건"을 미리 예비하셨다는 예언적이고 구원사적인 의미를 찾아내야 한다.

구약의 하나님의 모든 약속과 성취 그리고 구원 사건들은 하나님께서 그리스도의 복음을 증거 하시기 위해 미리 준비하신 예비적 사건들이다. 이것이 모든 성경 저자의 일관된 구원 역사관이다. 그것은 단순히 성경 저자들의 주관적인 역사해석이나 역사관이 아니라, 하나님이 계획하시고 이끄시는 일관된 계시사와 구원사임을 증거한다. 그러므로 신약에 나타나는 "구약 사건들에 대한 영적 해석"은 신약 저자들의 주관적인 해석이나 고안도 아니고, 자연발생적 현상도 아니고, 다만 하나님께서 계획하시고 예비하신 구원 역사가 결국 그리스도의 복음으로 완성되었음을 지적하는 것이다.[8]

---

6   요 14:1-4; 롬 5:21; 6:23; 고후 5;1-10; 엡 2:6; 빌 3:10-14; 20-12; 히 11:16, 40.
7   창 1:28; 9:1; 12:2-3; 22:14; 24:40-50; 28:15; 50:20; 출 1:10; 49:10; 신 1:30-33; 사 7:14; 미 5:2; 마 1:23; 5:6; 26:54; 눅 24:27; 요 5:39; 6:31-33,49-51; 8:58; 롬 1:2; 4:1-25; 9:7 이하; 10:4; 16:26; 고전 10:1-11; 갈 3:16; 4:22-31; 딛 1:2-3; 히 10:7; 11:16, 40; 벧 1:10-12, 20; 요일 1:1-2.
8   신약성경에 나타나는 구약 예언의 성취 구절과 구약성경에 나타나는 복음을 위한 하나님

하나님께서 아브라함에게 약속하신 축복도 결국은 그리스도로 말미암는 영생을 가리키는 것이다.[9] 아브라함에게 이삭을 아브라함의 후사로 주신 것은 아브라함의 개인적 존재의 연장과 확대가 이루어지는 생물학적 계보를 통해 "믿음으로 영생하는 구원의 도리"를 따라 번성할 하나님의 백성의 계보를 가리키는 것이다.

실제로, 아브라함의 존재와 믿음은 그의 후손들의 번성과 믿음으로 이어졌고, 결국은 만민이 그리스도를 믿음으로 영생하는 축복으로 이어졌던 것이다. 아담의 범죄로 죽게 된 인생은 선택받은 이스라엘의 조상 아브라함의 믿음과 축복에서 자신도 회복할 수 있는 가능성을 보았고, 최종적으로 그리스도를 믿는 믿음으로 말미암는 영생의 구원을 얻게 된 것이다. 이것이 성경 전체가 가르치는 하나님의 인간 구원 시나리오다.

> 너희가 성경에서 영생을 얻는 줄 생각하고 성경을 연구하거니와 이 성경이 곧 내게 대하여 증언하는 것이니라(요 5:39).

한마디로 구약은 그리스도를 통한 구원의 약속과 성취, 신약은 그리스도를 통한 구원 약속의 성취와 완전한 최종적 성취(재림)의 약속이다. 하나님께서는 오래 전부터 믿음의 조상들에게 하신 축복의 약속과 성취를 통해 또한 예비적 사건들과 예언 말씀으로 그리스도의 복음을 위해 미리 준비하시고 예비하심으로써 복음의 진리의 진실성을 확증하시고 우리의 믿음을 강화시키려고 하셨다.

구약의 율법의 행위로 말미암은 구원도 신약의 복음을 믿음으로 말미암는 구원을 위한 예비적인 것이다(레 18:5; 롬 3:21; 갈 3:23-25). 복음은 사람들의 고안이나 해석이 아니라, 하나님의 오랜 구원 계획이며 비밀이다.[10] 하나님께서, 그의 구원의 경륜 가운데, 이 복음을 비밀로 간직하셨다가, 이제 나타내신 것이다. 그러나 하나님께서는 이 복음의 비밀을 오직 복음을 믿는 사람들에게만 나타내셨다(마 13:11; 눅

의 구원의 준비 역사에 대한 논의를 찾아보라. 강창희, "신약의 구약해석 방법과 원리는 무엇인가?「목회와 신학」3월호(1996), 74-84.
9 요 3:16; 롬 5:21; 6:23; 갈 3:6-29; 히 11:10-16, 40.
10 마 13:11; 롬 1:2; 11:25; 16:26; 고전 4:11; 엡 1:9; 3:3, 9; 5:32; 6:19; 골 1:26, 27; 2:2; 4:3; 계 10:7.

10:22; 롬16:25-26; 엡 1:9; 3:3, 9; 골 1:26).

나의 복음과 예수 그리스도를 전파함은 영세 전부터 감추어졌다가 이제는 나타내신바 되었으며 영원하신 하나님의 명을 따라 선지자들의 글로 말미암아 모든 민족이 믿어 순종하게 하시려고 알게 하신바 그 신비의 계시를 따라 된 것이니 이 복음으로 너희를 능히 견고하게 하실 지혜로우신 하나님께 예수 그리스도로 말미암아 영광이 세세무궁하도록 있을지어다 아멘(롬 16:25-26).

이렇게 하나님께서는 "복음을 믿음으로 구원 얻는 진리"를 오래전부터 예비하셨고 구원의 완성을 위해, 영광의 그날을 위해, 지금도 준비하고 계신다.

내 아버지께 복 받을 자들이여, 나아와 창세로부터 너희를 위하여 예비된 나라를 상속받으라(마 25:34).

내가 가서 너희를 위하여 거처를 예비하러 가노니 가서 너희를 위하여 거처를 예비하면 내가 다시 와서 너희를 내게로 영접하여 나 있는 곳에 너희도 있게 하리라(요 14:2-3).

그들이 이제는 더 나은 본향을 사모하니 곧 하늘에 있는 것이라 이러므로 하나님이 그들의 하나님이라 일컬음 받으심을 부끄러워하지 아니하시고 그들을 위하여 한 성을 예비하셨느니라(히 11:16).

이는 하나님이 우리를 위하여 더 좋은 것을 예비하셨은즉 … (히 11:40).

그러므로 우리는 하나님께서 예비하신 영원한 천국에 이르기까지 이 세상에서도 천국의 시민으로서 합당하게 살기를 힘써야 한다.

이런 하나님의 구원 역사 가운데 나타나는 예언과 성취의 분명한 구도를 인식할 때 하나님의 구원 역사의 주관성을 확신하게 되고, 동시에 우리의 믿음이 강화되는 것이다. 다른 말로 하나님께서 이런 예언과 성취의 구원 역사를 통해 우리의 믿음을 확고하게 세워 주시려는 것이다.

이제 일이 일어나기 전에 너희에게 말한 것은 일이 일어날 때에 너희로 믿게 하려 함이라(요 14:29).

셋째, 영원한 천국을 소유하기 위해 먼저 세상의 가치와 인간 자신에게 집착하는 자세를 버려야 한다.

그러므로 하나님께서는 아브라함에게 그의 고향과 친척과 아버지의 집을 떠나 하나님께서 보여 줄 땅으로 가라고 말씀하셨고, 모세에게 이스라엘 백성의 출애굽을 명령하셨고, 예레미야에게 바벨론 포로 생활에서의 귀환을 예언하셨다. 실제로 고레스 왕에게 포로된 이스라엘 백성을 돌려보내도록 명령하셨다(대하 36:22-23; 스 1:2).

우리 주님께서도 공생애를 시작하시기 전에 광야에서 40일 동안 하나님의 아들로서의 자신의 권세와 명예를 모두 포기하셨고, 생애의 마지막에는 십자가에서 생명의 주로서의 자신을 완전히 버리셨다(빌 2:5-8). 주님께서 베드로, 안드레, 야고보, 요한에게 나를 따르라고 말씀하셨을 때, 그들은 즉시 순종해 그물과 배와 아버지 등 그들이 소중히 여기는 모든 것을 버리고 주님을 따랐다(마 4:18-22; 눅 5:11).

주님께서는 제자들에게 "누구든지 나를 따라 오려거든 자기를 부인하고 자기 십자가를 지고 나를 따를 것이니라"(마 16:24)고 말씀하셨다. 또한, 주님께서는 산상수훈에서 "심령이 가난한 자는 복이 있나니 천국이 그들의 것임이요"(마 5:3)라고 가르치셨다. 주님께서는 "좋은 씨와 가라지 비유," "밭에 감추인 보화의 비유"와 "진주 장사의 비유" 그리고 "좋은 물고기와 나쁜 물고기 비유" 등으로 사람이 하나님 나라를 소유하기 위해 먼저 자신이 따르던 세상의 가치관을 포기해야 할 것을 가르치셨다(마 13:30-50). 사도 바울도 예수 그리스도로 말미암는 영생을 얻기 위해 자신의 모든 것을 버리고 배설물로 여긴다고 했다(빌 3:7-16).

그러므로 비록 천국인으로 살기가 힘든 세상이지만 그리스도인은 적어도 삶의 목표를 "천국인으로 살 것"으로 결정하고 자신과 세상을 포기할 수 있어야 한다.

우리는 그의 약속대로 의가 있는 곳인 새 하늘과 새 땅을 바라보도다 그러므로 사랑하는 자들아, 너희가 이것을 바라보나니 주 앞에서 점도 없고 흠도 없이 평강 가운데서 나타나기를 힘쓰라(벧후 3:13-14).

예수께서 우리를 위하여 죽으사 깨어 있든지 자든지 자기와 함께 살게 하려 하셨느니라(살전 5:10).
그리스도로 말미암아 세상이 나를 대하여 십자가에 못 박히고 내가 또한 세상을 대하여 그러하니라(갈 6:14).

그리스도인은 언제 어디서나 천국인으로서, 천국의 증인으로서 살아야 한다.

삼가 누가 누구에게든지 악으로 악을 갚지 말게 하고 서로 대하든지 모든 사람을 대하든지 항상 선을 따르라 항상 기뻐하라 쉬지 말고 기도하라 범사에 감사하라 이것이 그리스도 예수 안에서 너희를 향하신 하나님의 뜻이니라 성령을 소멸하지 말며 예언을 멸시하지 말고 범사에 헤아려 좋은 것을 취하고 악은 어떤 모양이라도 버리라 평강의 하나님이 친히 너희를 온전히 거룩하게 하시고 또 너희의 온 영과 혼과 몸이 우리 주 예수 그리스도께서 강림하실 때에 흠 없게 보전되기를 원하노라 (살전 5:15-23).

생각하면 인생의 모든 불안과 근심도 이 세상의 고난과 허망함도 결국 영원한 하늘나라의 소망을 위해 하나님께서 우리에게 주신 "숨겨진 은혜"다(신 8:2-10; 시 90편; 전 3:11; 빌 3:10-14).

생각하건대, 현재의 고난은 장차 우리에게 나타날 영광과 비교할 수 없도다 (롬 8:18).
보이는 소망이 소망이 아니니 보는 것을 누가 바라리요(롬 8:24b).

2018년 12월 30일

57. 선하신 하나님

> 여호와께서 그의 앞으로 지나시며 선포하시되 여호와라, 여호와라, 자비롭고 은혜롭고 노하기를 더디하고 인자와 진실이 많은 하나님이라 인자를 천대까지 베풀며 악과 과실과 죄를 용서하리라 그러나 벌을 면제하지는 아니하고 아버지의 악행을 자손 삼사 대까지 보응하리라 (출 34:6-7).

본문은 하나님께서 자신이 공의로우시며, 인자하시며, 진실하신 분이심을 밝히신다. 하나님은 선의 근원이시며 선과 악의 기준을 분명히 제시하시는 심판주이시다.[1] 진정한 신앙인은 어떤 형편에서도 하나님의 선하심을 흔들림 없이 믿고 선에 속하기를 힘쓴다.

> 여호와께 감사하라 그는 선하시며 그의 인자하심이 영원함이로다[2]

한편 불가지론자들은 하나님이 존재한다고 하더라도 세상을 자기 마음대로 다스리는 자기만족적 폭군이라고 하며 하나님의 선하심을 폄훼한다. 그러나 성경에 기록된 하나님의 진노와 심판은 하나님의 자기만족적 전횡이 아니라, 악한 세상에 그의 의로우심을 나타내시기 위함이고 또한 하나님의 백성이 죄악을 버리고 하나님께 돌아오게 하기 위한 최종적 조치다. 욥, 시편 기자, 예레미야는 고난 가운데 하나님을 절실히 찾는다.

> 하나님이여, 나를 건지소서 여호와여, 속히 나를 도우소서 (시 70:1).
> 여호와여, 어찌하여 나의 영혼을 버리시며 어찌하여 주의 얼굴을 내게서 숨기시나이까 (시 88:14).

---

1 창 2:17; 신 12:28; 삼하 14:17; 시 58:11; 미 6:8.
2 대상 16:34; 대하 7:3; 시 100:5; 106:1; 107:1; 118:1, 29; 126:1; 렘 33:11.

오늘도 내게 반항하는 마음과 근심이 있나니 내가 받는 재앙이 탄식보다 무거움이
라 내가 어찌하면 하나님을 발견하고 그의 처소에 나아가랴(욥 23:2-3).
스스로 이르기를 나의 힘과 여호와께 대한 내 소망이 끊어졌다 하였도다
(애 3:18).

그러나 결국 그들은 고난을 통해 하나님과 더 가깝게 되었다.

고난당한 것이 내게 유익이라 이로 말미암아 내가 주의 율례들을 배우게 되었나이
다(시 119:71).
그러나 내가 가는 길을 그가 아시나니 그가 나를 단련하신 후에는 내가 순금 같이
되어 나오리라(욥 23:10).
내가 주께 대하여 귀로 듣기만 하였사오나 이제는 눈으로 주를 뵈옵나이다(욥 42:5).

진실한 신앙인은 고난과 재난을 통해 오히려 하나님과 더 가깝게 되고 하나님의
선하심과 의로우심을 확신하게 된다.

여호와께 감사하라 그는 선하시며 그의 인자하심이 영원함이로다(시 118:1, 29).
기다리는 자들에게나 구하는 영혼들에게 여호와는 선하시도다(애 3:25).

그들은 모두 극심한 고난 중에서도 끝까지 하나님의 인자하심과 선하심을
믿었다.

그가 비록 근심하게 하시나 그의 풍부한 인자하심에 따라 긍휼히 여기실 것임이라
주께서 인생으로 고생하게 하시며 근심하게 하심은 본심이 아니시로다(애 3:32-33).

하나님의 선하심과 구원에 대한 그들의 끈질긴 믿음은 결국 종말론적 소망으로
이어진다.

땅의 티끌 가운데에서 자는 자 중에서 많은 사람이 깨어나 영생을 받는 자도 있
겠고 수치를 당하여서 영원히 부끄러움을 당할 자도 있을 것이며(단 12:2).

피조 인간은 하나님의 형상으로서 하나님의 선하심과 의로우심을 대체로 인식할 수는 있으나, 인간의 연약한 본질상 하나님의 인간 구원의 은혜의 역사 가운데 나타나는 선하심과 의로우심을 제대로 알지 못할 때가 많다.

하나님이 참으로 이스라엘 중 마음이 정결한 자에게 선을 행하시나 나는 거의 넘
어질 뻔하였고 나의 걸음이 미끄러질 뻔하였으니(시 73:1-2).

특별히 스스로 피조 인간은 창조주 하나님의 구원의 예정과 선택에 대하여서는 반론할 자격조차 없다(롬 9:13-29).

그런즉 우리가 무슨 말을 하리요 하나님께 불의가 있느냐 그럴 수 없느니라(롬 9:14).
이 사람아, 네가 누구이기에 감히 하나님께 반문하느냐
지음을 받은 물건이 지은 자에게 어찌 나를 이같이 만들었느냐 말하겠느냐(롬 9:20).
그런즉 하나님께서 하고자 하시는 자를 긍휼히 여기시고 하고자 하시는 자를 완악
하게 하시느니라(롬 9:18).

하나님의 예정과 선택은 선하시고 의로우신 하나님의 절대적 주권에서 비롯된 것이다.

여호와여, 주권도 주께 속하였사오니 주는 높으사 만물의 머리이심이니이다
(대상 29:11b).

하나님의 정당한 주권 행사를 하나님의 폭군적 횡포라고 하는 것은 자신의 불경과 불신을 증거할 뿐이다(『기독교 강요』 III.23.2-10). 하나님은 인간이 보기에는 불공평하고 불의한 일을 통해서도 그의 선과 의를 이루시는 지혜와 능력의 신이시다(창 45:5-8; 50:20; 욥 23:10; 시 16:4; 73:1-2, 17-19). 진실한 신앙인은 하나님의 주권도 결국

하나님의 선하심과 인자하심에서 비롯되고 또한 귀결되는 것으로 믿는다.

우리가 알거니와 하나님을 사랑하는 자 곧 그의 뜻대로 부르심을 입은 자들에게는 모든 것이 합력하여 선을 이루느니라(롬 8:28).

유사하게, 철학자들은 하나님 대신 만사를 선하게 이끄는 최고선(*summum bonum* = 절대선, the sovereign good)을 전제한다.³ 그러므로 하나님의 선하심은 단순히 주관적인 신앙적, 신학적 이해가 아니라, 객관적인 논리적 특성을 갖는다.

또한, 우리 피조 인간은 세상에서 일어나는 모든 고난과 재난의 원인을 분명히 알 수가 없다. 그러나 성경은 우리 인생이 겪는 대부분의 재난은 우리의 죄에 대한 거룩하시고 의로우신 하나님의 진노와 심판임을 보여 준다. 그러므로 우리는 하나님께서 처음부터 끝까지 언제나 자신의 선하신 뜻과 의로우심을 따라 세상을 다스리신다는 것을 굳게 믿어야 한다. 때로 하나님께서 선한 사람이 고난을 받도록 방치하시고, 악인이 득세하도록 방관하시는 듯이 보이지만, 결국은 그의 선하심과 의로우심을 따라 세상을 다스리신다는 것을 믿어야 한다.

---

3 칸트는 이성 중심적 사고의 유용성을 깊이 탐구한 후에, 인간의 뿌리 깊은 죄성과 선을 방해하는 세상의 악한 세력에 대한 인간 이성의 통제력의 한계를 인정하고, 모든 악한 것들을 이기고 선(善)을 승리로 이끌어 줄 절대적 신의 존재, 또는 최고선(最高善, Sumum Bonum)을 요청했다. Immanuel Kant, 『이성의 한계 안에서의 종교』백종현 역, (서울: 아카넷, 2012), 157. 또한 157, 주 30; 칸트는『만물의 종말』(*Das Ende aller Dinge*)에서 "지혜, 다시 말해 만물의 궁극적 목적, 즉 최고선(最高善, *summum bonum*)에 온전히 상응하는 방책들과 부합하는 실천이성은 신에게만 있다"고 한다. Immanuel Kant,『실천이성비판』백종현, (서울: 아카넷, 2009), 마지막 쪽: "내 위의 별이 빛나는 하늘과 내 안의 도덕법칙"이란 표현은 인간 도덕의 궁극적 목적과 근거인 신적 최고선을 가리키는 것이다. 참조, 루이스 벌코프,『성경 해석학』, 박문재 역 (서울: 크리스챤다이제스트, 2008), 37; 한철하,『21세기 인류의 살 길』(양평: 칼빈아카데미, 2016), 373. 이들은 칸트가 하나님과 그리스도의 은혜 중심의 구원의 종교가 아니라, 인간 이성 중심의 도덕에 의한 자아 구원의 종교를 만들었다고 비판한다. 그러나 칸트가 적어도 말년에는 복음 진리에 근접했다고 볼 수 있다.

> 주께서 참으로 그들(악인들)을 미끄러운 곳에 두시며 파멸에 던지시니 그들이 어찌하여 그리 갑자기 황폐되었는가 놀랄 정도로 그들은 전멸하였나이다(시 73:18-19).

선하신 하나님은 동시에 의로우시고 거룩하신 분이시다. 그러므로 하나님의 심판은 자주 하나님의 구원 역사와 함께 나타난다. 세상 끝 날에는 최후의 심판이 있을 것이다. 불신자는 물론 구원 받은 신자들도 그 행위에 대해서 나름대로 심판을 받게 될 것이다.

> 이는 우리가 다 반드시 그리스도의 심판대 앞에 나타나게 되어 각각 선악 간에 그 몸으로 행한 것을 따라 받으려 함이라(고후 5:10; 참조 고전 11:32).
> 선한 일을 행한 자는 생명의 부활로 악한 일을 행한 자는 심판의 부활로 나오리라(요 5:29).

무엇보다 적어도 그리스도의 죽으심과 부활은 하나님의 선하심과 의로우심과 권능을 가장 분명히 확증한 사건이다.

> 나는 선한 목자라 선한 목자는 양들을 위하여 목숨을 버리거니와 삯꾼은 목자가 아니요 양도 제 양이 아니라(요 10:11-12a).
> 사람이 친구를 위하여 자기 목숨을 버리면 이보다 더 큰 사랑이 없나니 너희는 내가 명하는 대로 행하면 곧 나의 친구라(요 15:13-14).
> 곧 이 때에 자기의 의로우심을 나타내사 자기도 의로우시며 또한 예수 믿는 자를 의롭다 하려 하심이라(롬 3:26).
> 우리가 아직 죄인 되었을 때에 그리스도께서 우리를 위하여 죽으심으로 하나님께서 우리에 대한 자기의 사랑을 확증하셨느니라(롬 5:8).
> 하나님께서 그를 사망의 고통에서 풀어 살리셨으니 이는 그가 사망에 매여 있을 수 없었음이라(행 2:24).

선하시고 의로우신 하나님께서는 오늘도 우리에게 사랑과 구원의 은혜를 베푸신다. 우리 속에 계시는 성령 하나님께서는 우리의 연약함을 도우시고(롬 8:26), 하늘에 계신 성자 예수께서는 우리를 위해 간구하시고(롬 8:34), 성부 하나님께서는 우리에게 모든 것이 합력하여 선을 이루도록 역사하신다(롬 8:28). 사도 바울은 이 세상의 어떤 피조물의 권세와 위협도 "우리를 우리 주 그리스도 예수 안에 있는 하나님의 사랑에서 끊을 수 없으리라"고 단언했다(롬 8:39).

하나님께서는 우리의 믿음을 도전과 시련을 통해 성숙하게 하신다. 고난의 아픔을 통해 우리 안에 세상의 모든 위협과 권세를 능히 이길 수 있는 그리스도의 형상을 깊게 새겨 주시고, 장래의 영원한 영광에 이르게 하신다(롬 5:3-11; 8:29; 갈 4:19).

> 내가 그리스도와 그 부활의 권능과 그 고난에 참여함을 알고자 하여 그의 죽으심을 본받아 어떻게 해서든지 죽은 자 가운데서 부활에 이르려 하노니(빌 3:10-11).

그러므로 우리는 모든 믿음의 장애와 시험을 이기고 하나님의 선하심과 의로우심을 끝까지 믿어야 한다.

> 의인은 그의 믿음으로 말미암아 살리라(합 2:4b).

"날마다, 날마다, 주를 찬송하겠네. 주의 사랑 줄로써 나를 굳게 잡아매소서. 아멘"(380장).

2018년 12월 30일

58. 죄의 미혹

> … 죄가 너를 원하나 너는 죄를 다스릴지니라(창 4:7).
> 그가 그 곳 이름을 맛사 또는 므리바라 불렀으니 이는 이스라엘 자손이 다투었음이요, 또는 그들이 여호와를 시험하여 이르기를, 여호와께서 우리 중에 계신가, 안 계신가 하였음이더라(출 17:7).
> 그러므로 너희는 죄가 너희 죽을 몸을 지배하지 못하게 하여 몸의 사욕에 순종하지 말고 또한 너희 지체를 불의의 무기로 죄에게 내주지 말고, 오직 너희 자신을 죽은 자 가운데서 다시 살아난 자 같이 하나님께 드리며 너희 지체를 의의 무기로 하나님께 드리라(롬 6:12-13).

그리스도인은 하나님의 은혜로 이미 죄의 포로에서 벗어났으니만큼, 더 이상 죄를 짓지 말아야 한다.[1] 구원의 은혜를 받아 하나님의 자녀가 된 사람은 구원받은 은혜에 합당하게 살아야 한다.

> 나도 너를 정죄하지 아니하노니 가서 다시는 죄를 범하지 말라(요 8:11).

그러나 구원받은 우리도 여전히 죄를 반복해 짓는 것이 서글픈 현실이다.

우리가 죄의 미혹을 받을 때 우리는 먼저 우리의 욕심에 마비되어 죄의 잘못된 논리를 따라 우리의 죄성을 정당화하며 결국 죄의 포로가 된다(롬 7:23). 우리의 이성, 감성, 양심 등이 죄의 미혹으로 마비되어 성령과 믿음을 떠나서 욕심과 죄성을 따라 움직이게 되는 것이다. 성경은 우리가 어떻게 이런 죄의 미혹에서 벗어날 수 있는가를 가르친다. 특별히 성경은 삼위 하나님께서 언제나 우리의 의로운 생활을 위해 애쓰고 계신다는 사실을 알고서 우리가 죄를 멀리할 것을 가르친다.

---

1 롬 6:1 이하; 8:1 이하; 12:1 이하; 갈 5:16 이하.

첫째, 성부 하나님께서는 우리가 의로운 길을 가도록 말씀하신다. 우리는 언제나 하나님의 말씀을 듣고 순종함으로써 죄의 미혹을 피할 수 있다.

> 나의 발걸음을 주의 말씀에 굳게 세우시고 어떤 죄악도 나를 주관하지 못하게 하소서(시 119:133).

우리는 성령의 검, 즉 하나님의 말씀을 굳게 잡고 죄와의 싸움에서 승리해야 한다.

> 구원의 투구와 성령의 검 곧 하나님의 말씀을 가지라(엡 6:17).

하나님의 말씀은 축복과 저주, 구원과 진노의 말씀들로 나뉜다(신 28장). 성경은 처음부터 끝까지 사람들이 하나님을 대적하고 그의 말씀을 듣지 않음으로 말미암는 비참한 결과들을 보여 주면서 하나님을 두려워하고 그의 말씀을 기억하고 순종할 것을 반복해서 가르친다

> … 죄가 너를 원하나 너는 죄를 다스릴지니라(창 4:7).
> 욕심이 잉태한 즉 죄를 낳고 죄가 장성한 즉 사망을 낳느니라(약 1:15).
> 내가 주의 법을 어찌 그리 사랑하는지요 내가 그것을 종일 작은 소리로 읊조리나이다(시 119:97).

그리스도인의 말씀 중심적 삶은 어디까지나 은혜를 전제하기 때문에 사람의 연약한 의지에 근거한 유대인의 율법주의적 삶과는 다르다. 구원받은 것도 하나님의 은혜요, 구원받은 은혜에 합당하게 사는 것도 하나님의 은혜다.

> 그런즉 자랑할 데가 어디냐 있을 수가 없느니라 무슨 법으로냐 행위로냐 아니라, 오직 (그리스도로 말미암는 하나님의 은혜를 믿는) 믿음의 법으로니라(롬 3:27a).

한편 우리는 악한 영과 거짓 선지자들이 사람의 사욕을 따라서 하나님의 말씀을 왜곡하여 선과 악을 모호하게 만드는 것을 경계해야 한다.[2] 진정한 성경 해석은 성경이 가르치는 죄와 의를 분명히 나타낸다.

우리가 하나님을 두려워해야 하고 죄를 멀리해야 하되 죄를 지었을 때는 속히 죄를 회개하고, 자비로우신 하나님께서 연약한 우리의 죄를 용서하시고 의의 길로 인도하신다는 것도 잊지 말아야 한다.

> 하나님이여 주의 인자를 따라 내게 은혜를 베푸시며, 주의 많은 긍휼을 따라 내 죄악을 지워 주소서(시 51:1).
> 죄악이 나를 이겼사오니 우리의 허물을 주께서 사하시리이다(시 65:3).

둘째, 우리의 죄를 대속하시기 위해 죽으신 성자 그리스도를 깊이 생각함으로써 죄의 미혹을 피할 수 있다.

> 그러므로 함께 하늘의 부르심을 받은 거룩한 형제들아 우리가 믿는 도리의 사도이시며 대제사장이신 예수님을 깊이 생각하라(히 3:1).
> 너희 안에 이 마음을 품으라 곧 그리스도 예수의 마음이니 그는 근본 하나님의 본체시나 하나님과 동등됨을 취할 것으로 여기지 아니하시고 오히려 자기를 비워 종의 형체를 가지사 사람들과 같이 되셨고, 사람의 모양으로 나타나사 자기를 낮추시고, 죽기까지 복종하셨으니 곧 십자가에 죽으심이라(빌 2:5-8).

그리스도께서는 지금 천국에서도 연약한 우리를 위하여 간구하신다(롬 8:34). 우리는 그를 믿고 그와 연합하여 세례를 받아서 존재론적으로 그와 연합한 새 사람이 되었으므로(롬 6:3 이하), 이제는 옛 사람의 추한 행위를 버리고 새 사람의 선행을 시작해야 한다(갈 2:20; 고후 5:17; 엡 4:17-24; 골 3:5-10).[3]

---

[2] 창 3:4-5; 왕상 22:6-8, 19-23; 렘 28:8-9; 마 4:1-11; 24:4-5; 24-24; 고후 11:13-15; 딤전 4:1; 딤후 4:3; 요일 4:1.

[3] 믿는 자와 그리스도와의 연합은 구약 제사 의식 규정에서 제물의 헌납자가 제물의 머리에 안수함으로써 그것과 연합되어 속죄를 받는다는 대속의 언약에서 비롯된 것이다(레 1:4;

주께서 재림하실 때 게으르거나 충성스럽지 못한 신자들은 심판받고 "부끄러운 구원"을 받게 될 것이다.[4]

> 각 사람의 공적이 나타날 터인데 그 날이 공적을 밝히리니 … 누구든지 그 공적이 불타면 해를 받으리니, 그러나 자신은 구원을 받되 불 가운데서 받은 것 같으리라 (고전 3:13-15).

셋째, 성령 하나님께서 지금 우리 속에 거하시면서 우리를 권면하시고, 언제나 우리를 위해 간구하신다는 사실을 생각할 때 죄의 미혹을 피할 수 있다.

> 이와 같이 성령도 우리의 연약함을 도우시나니, 우리는 마땅히 기도할 바를 알지 못하나, 오직 성령이 말할 수 없는 탄식으로 우리를 위하여 친히 간구하시느니라 (롬 8:26).

구원받고 성령이 그 속에 거하시는 사람이라도, 육신의 욕심을 따라 살면 구원받지 못한 사람과 다를 바 없이 처참하게 될 수 있다(히 6:4-6; 벧후 2:20-22). 우리 속에 있는 옛 사람은 그리스도 안에서의 새 사람으로 변화되게 하시려는 성령의 역사를 끊임없이 저항하기 때문이다.

> 너희가 육신대로 살면 반드시 죽을 것이로되 영으로써 몸의 행실을 죽이면 살리니 (롬 8:13).

그러므로 언제나 우리 속에 계시는 성령의 권면과 지시에 귀를 기우려야 한다.

> 내가 이르노니 너희는 성령을 따라 행하라 그리하면 육체의 욕심을 이루지 아니하리라 육체의 소욕은 성령을 거스르고, 성령은 육체를 거스르나니, 이 둘이 서로 대

17:11; 히 9:11-22). "그리스도와 신자와의 연합"은 신분적인 연합이 아니라, 긴밀한 관계를 가리킨다. 참조, 원종천, 『성 버나드』 (서울: 대한기독교서회, 2004), 19.

[4] 마 24:51; 25장; 막 8:38; 고전 3:15; 살전 5:23; 벧후 3:14; 계 20:12-15; 21:8.

적함으로 너희가 원하는 것을 하지 못하게 하려 함이니라(갈 5:16-17).

하나님의 성령을 근심하게 하지 말라 그 안에서 너희가 구원의 날까지 인치심을 받았느니라(엡 4:30).

특별히 성령의 열매 가운데 마지막 열매인 "절제"는 우리의 죄의 통로인 욕심을 억제하는 성령의 능력을 가리킨다.

이렇게 우리는 우리와 가까이 계시면서 언제나 우리를 위해 쉬지 않고 일하시는 삼위 하나님께 집중함으로써 죄의 미혹을 피할 수 있다.

여호와께서 너를 실족하지 아니하게 하시며 너를 지키시는 이가 졸지 아니하시리로다 … 여호와께서 너의 출입을 지금부터 영원까지 지키시리로다(시 121:3-8).

끝으로, 우리를 미혹하는 죄는 우리의 욕망을 통해 이 세상의 보이는 것들을 주목하게 하지만, 우리는 하나님께서 약속하신 보이지 않는 영원한 나라와 그 가치에 집중함으로써 죄의 미혹을 피해야 한다.

그런즉 너희는 먼저 그의 나라와 그의 의를 구하라(마 6:33a).

우리가 주목하는 것은 보이는 것이 아니요 보이지 않는 것이니 보이는 것은 잠간이요 보이지 않는 것은 영원함이라(고후 4:18).

2019년 1월 4일

59. 진정한 종교

> 너희 안에 이 마음을 품으라 곧 그리스도 예수의 마음이니(빌 2:5).

예수님께서는 당시 유대인들의 형식적이고 독선적인 종교를 책망하시면서 "진실한 마음의 종교"를 가르치셨다. 예수님의 하나님 나라 운동은 의식화, 제도화, 규례화된 율법주의적 유대교를 하나님 앞에서 소탈하고 진실한 마음의 종교로 개혁하는 운동이었다.

> 심령이 가난한 자는 복이 있나니 천국이 저희 것임이라(마 5:3).
> 마음이 청결한 자는 복이 있나니 그들이 하나님을 볼 것임이요(마 5:8).
> 나는 너희에게 이르노니 음욕을 품고 여자를 보는 자마다 마음에 이미 간음하였느니라(마 5:28).

그러나 예수님께서 가르치신 "마음의 종교"는 세상의 종교나 도덕이나 철학이 가르치는 "진실한 자연인의 마음의 종교"가 아니라, "진실한 그리스도인의 마음의 종교"다. 구제, 기도, 금식과 같은 경건한 종교적 행위도 먼저 "하늘에 계신 아버지께서 다 보고 계신다"는 하나님 경외심에서 비롯되어야 그 진실성을 인정받을 수 있다(마 6:1-18). 하나님 신앙이 결여된 종교적 행위는 사람에게 자랑하거나 인정받으려는 오만한 외식적 행위에 지나지 않기 때문이다.

예수님께서 시작하신 하나님 나라의 복음은 막연히 선한 마음을 가지라는 것이 아니라, 예수님을 생명의 주로 믿고 또한, 예수님으로 말미암아 하나님 나라가 도래했음을 믿고 모든 죄를 회개하고 예수님의 제자로서, 하나님 나라 시민으로서 새롭게 살 것을 요구한다.

> 회개하라 천국이 가까이 왔느니라(마 4:17).
> 너희는 유혹의 욕심을 따라 썩어져 가는 구습을 따르는 옛 사람을 벗어버리고, 오직 너희의 심령이 새롭게 되어 하나님을 따라 의와 진리의 거룩함으로 지으심을 받

은 새 사람을 입으라(엡 4:22-24).

복음이 가르치는 "마음의 종교"는 단순히 도덕이나 양심을 가르치는 도덕적 종교는 아니다. 복음은 인간이 자신의 연약함을 인정하고 예수님을 하나님의 아들 그리스도로 믿고 그의 말씀을 믿는 은혜와 계시의 종교를 가르친다.[1] 하나님의 사랑과 예수님의 구원의 은혜, 그리고 성령의 감화를 모르는 도덕이나 양심이나 종교적 가르침은 결국 인간의 뿌리 깊은 죄성으로 말미암아 오염되고 절망할 수밖에 없다(율법주의와 도덕주의의 한계). 이렇게, 복음은 어떤 원리나 교리 이전에, 삼위 하나님과의 친밀한 인격적 관계를 우선시 한다.

오호라, 나는 곤고한 사람이로다 이 사망의 몸에서 누가 나를 건져내랴 우리 주 예수 그리스도로 말미암아 하나님께 감사하리로다(롬 7:24-25a).

복음은 하나님께서 그리스도를 인간 문제의 궁극적 대안으로서 세상에 보내셨음을 선포한다. 인간은 그리스도를 믿어 그와 연합함으로 굳은 마음 대신 새 마음을 가진 변화된 존재가 된다.[2]

나는 포도나무요, 너희는 가지라 그가 내 안에, 내가 그 안에 거하면 사람이 열매를 많이 맺나니, 나를 떠나서는 너희가 아무 것도 할 수 없음이라(요 15:5).

불신적 인본주의자들은 이런 예수님의 복음을 "보편적인 선"과 개인적 양심의 자유를 무시하는 독단적이고 인위적인 종교적 발상이라고 비난할 것이다. 그러나 선의 기준이나 양심은 사람의 인식과 문화에 따라 다르게 나타나기 때문에 인본주의자들이 논하는 "보편적 선"이란 허구에 지나지 않고, 결국 판단 기준이 모호한 "상대적 선"일 뿐이다. 설령 만인들이 인정하는 어떤 "보편적인 선"이 있다고 해도, 그 구체적인 적용에 있어서 사람들의 기호와 이해 관계(利害關係)를 따라 결국 분쟁

---

1 마 11:27; 롬 16:26; 고후 4:6; 12:1, 7; 갈 1:12; 3:23; 엡 3:2-5, 9, 11; 딛 1:2-3; 벧전 1:12; 벧후 1:16-18; 계 1:1.
2 요 3:5, 16; 롬 8:1-2; 고후 5:17; 엡 4:17-24.

과 갈등이 나타난다.

   인류 역사 가운데 나타난 사회적, 정치적 갈등과 전쟁은 결국 선과 의에 대한 사람들의 다양한 판단 기준과 상반된 인식에서 비롯되었다고 할 수 있다(참조, 창 3:4-5; 4:5-7; 11:9). 그러므로 복음이 가르치는 종교는 인간이 선의 근원이신 하나님께 돌아가서 그를 경외하고 그의 말씀을 절대적으로 마음으로 순종할 것을 가르친다.

   주 너의 하나님께 경배하고 다만 그를 섬기라(마 4:10; 참조, 신 6:13).

   물론 복음을 가르치는 교회도 오랜 역사 동안, 바르게 복음을 가르치지 못하고, 사욕을 따라 복음을 왜곡해 그릇된 형식주의와 전통주의에 빠지기도 했다. 특별히 중세 기독교는 교권주의적, 외식적, 미신적 종교로 전락되었다.

   이에 종교개혁가들은 하나님의 말씀인 성경과 신앙 양심을 따라서 믿는 진정한 종교를 찾기 시작했다. 그들은 형식적 종교 의식이나 "인간의 위선적 마음" 대신, 철저히 하나님의 말씀을 따를 것을 주장하며 교회 역사에서는 물론 인류 역사의 큰 획을 그었다. 그들의 개혁 정신은 시대와 교파를 초월해 부단히 지속되어야 할 것이다.

   종교개혁가들을 따라서 그리스도의 교회는 당면한 신학적, 목회적, 윤리적 문제들에 대해서 하나님께서 원하시는 "온전한 선"과 "온전한 의"를 찾는 노력을 계속해야 한다.

   그러므로 하늘에 계신 너희 아버지의 온전하심과 같이 너희도 온전하라(마 5:48).

   그런 과정에서 수반되는 논쟁과 갈등을 그리스도의 사랑으로 극복해야 한다.

   오직 사랑 안에서 참된 것을 하여 범사에 그에게까지 자랄지라 그는 머리니, 곧 그리스도라(엡 4:15).

2019년 1월 9일

60. 세상의 염려

> 그러므로 염려하여 이르기를, 무엇을 먹을까 무엇을 마실까 무엇을 입을까 하지 말라 이는 다 이방인들이 구하는 것이라 너희 하늘 아버지께서 이 모든 것이 너희에게 있어야 할 줄을 아시느니라 그런즉 너희는 먼저 그의 나라와 그의 의를 구하라 그리하면 이 모든 것을 너희에게 더하시리라 (마 6:31-33).

사람들은 매일 끊임없이 먹을 것, 입을 것, 일할 것, 쉴 것 등 생존을 위해 필요한 보이는 것들을 찾는다. 생존에 필수적인 것들뿐만 아니라, 우리의 삶을 충족시켜 주는 도구들과 방안들을 찾기 위해 동분서주한다. 많은 믿는 사람도 불신자들과 다름없이 주로 세상의 보이는 가치를 찾고 그것을 얻기 위해 애쓴다.

물론 세상의 보이는 것도 하나님께서 지으셨고 하나님께서 우리가 쓰도록 주셨다. 우리가 가진 것이 부족하면 우리는 더 달라고 기도할 수 있다.

> 구하라 그리하면 너희에게 주실 것이요 찾으라 그리하면 찾아낼 것이요 문을 두드리라 그리하면 너희에게 열릴 것이니 구하는 이마다 받을 것이요 찾는 이는 찾아낼 것이요 두드리는 이에게는 열릴 것이니라(마 7:7-8).
>
> 내 이름으로 무엇이든지 내게 구하면 내가 행하리라(요 14:14).

그러나 하나님 나라 시민으로 부르심을 받은 사람들이 가장 열심히 구하고, 찾고, 애써야 할 것은 세상의 보이는 가치가 아니라, 오히려 보이지 않는 영원한 하늘나라의 가치다. 하나님의 자녀들은 세상에서 필요한 것은 하늘 아버지께서 다 아시고 주신다고 믿고, 대신 더 좋고 더 나은 영원한 하나님 나라의 가치를 열심히 찾아야 한다.

> 그런즉 너희는 먼저 그의 나라와 그의 의를 구하라(마 6:33).

주님께서는 마태복음 13장에서도 "밭에 숨겨진 보화의 비유"와 "진주 장사의 비유"로서 하나님 나라의 백성은 세상의 가치(밭과 값싼 진주, 농부와 진주 장사의 소유)에 비교할 수 없는 하나님 나라의 가치(보화와 값 비싼 진주)를 찾기 위해 힘써야 할 것을 가르치셨다.

베드로를 비롯한 제자들은 주님의 부르심을 받고, 이 세상보다 더 좋은 하나님 나라를 위해 세상의 모든 것들을 버리고 주님을 따랐다(마 4:18-22; 19:27-29). 더 오래 전, 사울은 왕이 되기 전에 잃어버린 암나귀들을 사흘 동안 찾아다니다가 하나님의 섭리 가운데 사무엘 선지를 만나서 그에게 이스라엘 왕으로 기름 부으심을 받았다. 그때 사무엘 선지자가 사울에게 한 말이 오늘 본문의 말씀을 상기시킨다.

> 사흘 전에 잃은 네 암나귀들을 염려하지 말라 찾았느니라 온 이스라엘이 사모하는 자가 누구냐 너와 네 아버지의 온 집이 아니냐(삼상 9:20).

사울 왕은 하나님의 고귀한 부르심을 받고 이스라엘의 왕이 됐으나 하나님의 뜻보다 자신의 뜻을 따르다가 결국 실패했다.

출애굽 시대에 하나님께서는 모세를 통해 이스라엘 백성을 애굽의 종에서 해방시키시고 약속의 땅으로 인도하시면서 먼저 거친 광야에서 하나님의 백성으로서 단련시키셨다. 이스라엘 백성은 원망과 불신으로 하나님을 실망시켰고, 결국 모두 광야에서 멸망했다. 다만 여호수아와 갈렙과 제2세대만이 약속의 땅으로 들어갈 수 있었다. 이것은 우리 같은 후세 신앙인을 위한 생생한 역사적 교훈이 된다.

하나님께서는 우리를 주 안에서 하나님 나라의 시민으로 부르셨다. 그러므로 우리는 이 세상의 어떤 가치보다 더 좋고, 더 나은 저 영원한 하나님 나라의 가치를 위해 염려해야 할 것이다. 육체의 욕심은 끝이 없고 허망할 뿐이며, 다만 영혼의 건강과 부유함을 추구하는 선한 삶만이 궁극적 의미와 가치를 준다. 그리스도께서는 하나님 나라 시민은 세상의 보이는 허망한 가치가 아니라, 보이지 않는 영원한 하나님 나라와 하나님의 의를 중시하여 추구해야 할 것을 자주 가르치셨다.

> 그러므로 염려하여 이르기를 무엇을 먹을까 무엇을 마실까 무엇을 입을까 하지 말라 이는 다 이방인들이 구하는 것이라 너희 하늘 아버지께서 이 모든 것이 너

희에게 있어야 할 줄을 아시느니라 그런즉 너희는 먼저 그의 나라와 그의 의를 구하라 그리하면 이 모든 것을 너희에게 더하시리라 그러므로 내일 일을 위하여 염려하지 말라 내일 일은 내일이 염려할 것이요, 한 날의 괴로움은 그 날로 족하니라(마 6:31-34).

또한, 예수님은 벳세다 광야에서 오천 명을 먹이신 후에 그를 따르는 많은 무리들에게 말씀하셨다.

썩을 양식을 위하여 일하지 말고 영생하도록 있는 양식을 위하여 하라 이 양식은 인자가 너희에게 주리니 인자는 아버지 하나님께서 인치신 자니라(요 6:27).

바울도 "세상 물건을 쓰는 자들은 다 쓰지 못하는 자 같이 하라. 이 세상의 외형은 지나감이니라"(고전 7:31)라고 했다.

주님께서는 산상수훈에서 하나님 나라의 가치(의)와 하나님 나라 백성의 도리를 가르치셨다. 특히 팔복은 심령이 가난함, 애통함, 온유함, 의에 주리고 목마름, 긍휼히 여김, 마음이 청결함, 화평하게 함, 의를(주님을) 위해 박해 받는 것 등을 하나님 나라의 가치와 하나님 나라 시민들의 마땅한 자세로 가르친다.

이것은 사도 바울이 제시한 성령의 내적 은사(열매), 사랑, 희락, 화평, 오래 참음, 자비, 양선, 충성, 온유, 절제 등과도 관련된다(갈 5:22-23). 성령의 열매를 맺기 위해 먼저 "성령을 따라" 행하며, "육체의 욕심과 육체의 일들"을 버려야 한다(갈 5:16-21).

하나님 나라는 먹는 것과 마시는 것이 아니요 오직 성령 안에 있는 의와 평강과 희락이라(롬 14:17).

성령의 내적 은사(열매)는 모두 예언, 봉사, 교육, 구제, 치유, 방언 같은 성령의 외적 은사와 직결된다(롬 12:6-8; 고전 12:4-11). 그리스도인다운 마음은 그리스도인다운 행위를 낳는다. 성령의 내적, 외적 은사는 모든 욕심과 시험을 이기고 성령의 인도하심을 따르는 성도에게 주어진다(딤전 6:11; 약 1:2-4).

좋은 땅에 있다는 것은 착하고 좋은 마음으로 말씀을 듣고 지키어 인내로 결실하는 자니라(눅 8:15).

팔복이 가르치는 하나님 나라 백성의 자세와 성령의 내적, 외적 은사는 모두 하나님 나라와 그리스도의 몸 된 교회가 제대로 기능하고 성장하기 위해 꼭 필요한 것들이다.

그에게서 온 몸이 각 마디를 통하여 도움을 받음으로 연결 되고 결합되어 각 지체의 분량대로 역사하여 그 몸을 자라게 하며 사랑 안에서 스스로 세우느니라(엡 4:16).

오늘 우리는 무엇을 위해 애쓰는가?
진정 하나님 나라의 백성으로서 하나님 나라의 의(가치)를 위해 애쓰는가?
혹, 하나님 나라의 가치로 포장된 세상의 가치나 우리 자신의 사욕을 위해 애쓰는 것은 아닌가?

너희 염려를 다 주께 맡기라 이는 그가 너희를 돌보심이라(벧전 5:7).

우리의 육신과 세상을 향한 염려는 모두 주님께 맡기고, 우리는 다만 하나님 나라와 하나님의 의를 구하는 일에 힘쓰자. 그것은 어떤 고난이나 염려가 없는 피안의 세계에로의 도피가 아니라, 더 좋고, 더 나은, 더 가치 있고, 더 보람찬 하나님 나라와 하나님의 의를 위한 거룩한 염려와 도전으로 대체하는 것이다.

이 외의 일은 고사하고 아직도 날마다 내 속에 눌리는 일이 있으니 곧 모든 교회를 위하여 염려하는 것이라(고후 11:28).
나는 이제 너희를 위하여 받는 괴로움을 기뻐하고 그리스도의 남은 고난을 그의 몸 된 교회를 위하여 내 육체에 채우노라(골 1:24).

2019년 1월 12일

61. 예정론 vs. 운명론[1]

> 하나님이 미리 아신 자들을 또한 그 아들의 형상을 본받게 하기 위하여 미리 정하셨으니 이는 그로 많은 형제 중에서 맏아들이 되게 하려 하심이니라 또 미리 정하신 그들을 또한 부르시고, 부르신 그들을 또한 의롭다 하시고, 의롭다 하신 그들을 또한 영화롭게 하셨느니라(롬 8:29-30).

성경은 세상을 지으신 하나님께서 그의 예정하신 뜻을 따라 이 세상을 이끌어 가신다는 것을 보여 준다. 섭리론 또는 예정론과 유사한 사상으로서 종교적 이신론(理神論), 철학적 결정론(決定論) 그리고 자연주의적 운명론이 있다. 이들 모두 고정적이고 수동적인 사고 유형들이다. 운명론은 고정적인 자연주의적이고, 허무주의적인 사고로서 고대 헬라인들은 운명의 여신들이 인간의 운명을 주장한다고 믿었고, 동양 철학은 사람의 타고난 우주적 운(運)이 인간의 생사화복을 결정한다고 믿었다. 이런 비인격적인 자연주의적인 고정적 사고와 달리, 섭리론 또는 예정론은 신본주의적 사고로서 세상을 지으신 인격적 하나님께서 그의 주권과 섭리 가운데 인간의 구원과 멸망 그리고 생사화복을 미리 결정하셨다는 것이다.

> 만유 위에 계시고, 만유를 통일하시고, 만유 가운데 계시도다(엡 4:6).

섭리론과 예정론이나 운명론이나 모두 고정적 특성이 있으나, 운명론은 출구가 없는 어두운 감옥과 같지만, 섭리론과 예정론은 "자비롭고, 은혜롭고, 노하기를 더디하고, 인자와 진실이 많으신 하나님의 계획"이기 때문에 창문과 빛이 들어오는 따스한 안방과 같다(출 34:6).

성경은 세상만사 이면에는 인간이 알 수 없는 하나님의 정하신 뜻이 있음을 가르친다. 하나님께서는 형 에서가 동생 야곱을 섬기도록 예정하셨고(창 25:23), 남왕

---

[1] 참조, 강창희, 『칼빈과 웨슬리의 생애와 신학』 (양평: 아세아연합신학대학교 출판부, 2013), 162-181; "30. 예정 vs. 믿음"(168-176); "세상의 종말: '완전한 지식'을 소유할 때"(208-222),『깊은 곳에서』VII.

국 유다와 북왕국 이스라엘이 분리되도록 예정하셨고(왕상 11:35-39; 12:15), 북왕국 대신 남왕국 유다를 택하셨고(시 78:67-68), 예레미야를 태어나기 전에 택하셨고(렘 1:5), 유다는 예수님을 팔 자로 예정되었고(요 6:64), 구원받은 사람들은 이미 창세전부터 구원 받도록 예정되었다.[2] 이 모든 예정과 선택은 다만 "선하신 하나님의 기쁘신 뜻대로" 된 것이다(엡 1:5, 9, 11).

성경은 하나님께서 그의 주권을 따라 그의 구원의 역사를 주관하심을 보여 준다.

> 그런즉 하나님께서 하고자 하시는 자를 긍휼히 여기시고 하고자 하시는 자를 완악하게 하시느니라(롬 9:18).

하나님은 바로 왕의 마음을 완악하게 하셨고,[3] 사울 왕에게 악령을 보내셨고(삼상 16:23), 거짓말 하는 영을 거짓 선지자들에게 보내셨다(왕상 22:23). 이 모든 하나님의 주권적 구원 역사는 결국 온 세상에 하나님의 구원의 능력과 영광을 나타내시기 위함이다(출 14:17, 31 등).

예정론을 반대하며 인간의 잘못이나 죄도 결국 하나님의 예정에서 비롯된 것으로 추론하여 결국 하나님을 인간 죄악의 근원으로 만드는 것이라는 비판이 있다. 그러므로 천주교의 아퀴나스(1225-74), 알미니우스(1560-1609), 그리고 존 웨슬리(1703-1791)는 예정론 대신 예지론(豫智論)을 따른다.[4] 웨슬리는 하나님께서 아담이 범죄 할 것을 알고 계셨으나 그가 범죄 하도록 예정하신 것은 아니라고 한다. 그는 "하나님의 주권은 결코 그의 공의로우심을 상회할 수 없다"(WW.I.221)면서 예정론자들의 하나님의 절대적 주권론을 반대한다.

이런 예정론을 반대하는 입장과는 달리, 예정론을 견지하며 하나님을 죄의 예정자로 볼 수 없는 이유는 무엇인가?

---

2 마 11:27; 행 13;48; 롬 8:29-30, 33; 엡 1:4-5; 9, 11; 2:10; 3:11.
3 출 6:7; 7:3, 5, 13; 8:15; 9:12; 10:20, 27; 11:10.
4 John Wesley, "A Dialogue between A Predestinarian and His Friend," WW.I. 259-266, 특히, 266; WW.I.210, 221.

첫째, 하나님은 본질상 선하신 분이시라는 움직일 수 없는 사실이다(신학적 대전제). 그러므로 예레미야는 하나님께서 선민 이스라엘에게 바벨론 포로라는 큰 고난을 주시도록 예정하신 것을 탄식하면서도(애 2:17), 하나님의 선하심을 굳게 믿는다(애 3:22, 32-33).

주께서 인생으로 고생하게 하시며 근심하게 하심은 본심이 아니시로다(애 3:33).

또한, 예레미야는 이스라엘이 받는 고난은 역시 그들의 죄로 말미암은 것임을 인정한다.

살아 있는 사람들은 자기 죄들 때문에 벌을 받나니 어찌 원망하랴(애 3:39).

그러므로 죄인 인간이 하나님의 선하심을 불신하고 자신의 죄를 하나님께 전가하는 것이야 말로 전형적인 원죄적 특성이다(창 3:12-13). 하나님께서는 인간에게 악의 미혹을 이기고 선을 선택할 수 있는 자유 의지도 주셨다.

죄가 너를 원하나 너는 죄를 다스릴지니라(창 4:7c).

그러므로 하나님께서는 언제나 인간에게 죄의 책임을 물으신다. 실제로, 범죄한 인간은 누구나 자신의 양심에서 자신이 지은 죄에 대해 무거운 죄책감을 느낀다(『기독교 강요』 III.23.3, 9). 이런 양심의 가책을 누르고 하나님의 선하심과 주권에 대하여 반기를 드는 것 자체가 원죄적 증거다.

둘째, 창조주 하나님은 자신이 지으신 세계와 인간에 대해서 절대적 주권을 가지신다. 피조물 인간은 창조주 하나님의 절대적 주권에 대해 불평할 자격이 없다. 비록 인간이 자유의지를 가졌으나, 하나님의 선택의 자유(선택과 유기)는 인간의 선택의 자유(신앙적 결단)를 상회한다(『기독교 강요』 III.22.6). 공의로우신 하나님께서는 유기(遺棄)된 자들에 대해 책임을 지지 않으시며, 오히려 그들 자신의 불신을 책망하신다(『기독교 강요』 III.23.3).

칼빈은 어거스틴을 따라서 하나님의 예정을 논하며 하나님의 뜻보다 더 크고 높은 것은 없으므로 유한한 죄인 인간의 논리를 따라서 하나님의 거룩하심과 선하심을 폄훼하는 것(하나님을 죄의 창시자로 보는 것)을 피해야 한다고 했다(『기독교 강요』 I.14.1; III.23.2; Augustine, *On Genesis, Against the Manichees*, I.ii.4).

하나님을 죄의 창시자로 생각하는 것 자체가 아담의 원초적인 죄에서 유전된 죄다. 범죄한 아담과 하와는 자신들의 죄를 스스로 회개하지 않고 죄의 책임을 각기 하와와 뱀의 탓으로 돌렸다. 또한, 그들은 자신들을 만드신 창조주 하나님께 자신들의 죄의 책임을 돌리는 반역적인 논리에 빠졌다.

> 아담이 이르되 하나님이 주셔서 나와 함께 있게 하신 여자 그가 그 나무 열매를 내게 주므로 내가 먹었나이다 … 여자가 이르되 뱀이 나를 꾀므로 내가 먹었나이다 (창 3:12-13).

무엇보다 피조물 인간이 자신의 잘못을 창조주 하나님의 책임으로 전가하는 것은 결국 이런 논리의 타당성에 앞서서 피조물 인간이 창조주 하나님을 자신과 대등한 존재로 여기는 것이기 때문에 하나님께 불경스런 일이다. 사탄은 하와가 선악과를 먹기 전에 이미 하와가 자신을 창조주 하나님과 대등한 존재로 여기도록 만들었던 것이다(창 3:5).

절대자 하나님께서는 결코 인간의 범죄를 절대자인 자신의 책임으로 돌리는 사람의 논리를 인정하지 않으셨다. 하나님께서는 오히려 범죄한 아담과 하와 그리고 범죄하게 만든 뱀을 모두 징벌하셨다.[5]

물론 하나님께서는 노아 시대에 이르러 세상 사람들의 계속된 범죄로 말미암아 자신의 세상 창조의 영광과 기쁨과 수고가 훼손된 것을 보시고 그들을 창조하신 것을 스스로 한탄하셨다("나함," 창 6:6-7).[6] 또한, 하나님은 반역적인 사울 왕을 왕으

---

[5] 하나님께서는 이스라엘 백성들이 자신들의 죄를 잊고 자신들이 받는 고난을 조상들의 죄의 탓으로 돌리는 것을 금지하셨다. "누구나 자기의 죄악으로 말미암아 죽으리라"(렘 31:30b; 참조, 출 20:5; 왕상 2:33; 삼하 21:1).

[6] 여기서, "하나님의 한탄하심"("나함," Nacham=슬퍼하다, 후회하다)은 인간의 범죄에 대한 "하나님의 고통"을 나타내고 또한 죄의 회개를 촉구하시는 하나님의 대화법이다. 전지전능하신 하나님께서 인간과의 의사소통을 위해 자신을 스스로 인간의 인식 수준에 맞추

로 삼으신 것을 후회하기도 하셨다("나함," 삼상 15:11, 35). 이런 하나님의 "한탄하심"이나 "후회하심"은 전지전능하신 하나님께서 우리 인간처럼 스스로 잘못한 일에 대해 후회하셨다고 볼 수는 없고, 다만 우리 인간의 이해 수준을 고려하여 우리에게 맞는 "눈높이 화법"(話法)을 사용하신다는 것을 보여 준다(『기독교 강요』 I.17.12-14).[7]

그러므로 하나님께서 노아 시대에 인간들의 죄에 대해서 한탄하신 것이나, 사울을 왕을 세우신 것을 후회하시고 대신 다윗 왕을 세우신 것이나, 히스기야 왕의 기도를 들으시고 그의 계획을 바꾸신 것은 하나님께서 자신의 원래의 예정을 변경하셨다는 것이 아니라, 다만 원래 예정하신 섭리의 진행 절차를 조절하셨다는 것으로 봐야 한다(『기독교 강요』 I.17.12-14).

또한, 이런 일들은 하나님의 한계를 가리키는 것이 아니라, 오히려 인간의 반역과 저항에도 불구하고 세상을 자신의 거룩하신 섭리를 따라 이끌어 가시는 하나님의 무한하신 지혜와 권능을 나타낸다. 무엇보다 하나님의 인간의 죄에 대한 탄식은 피조물 인간을 향한 창조주 하나님의 뜨거운 사랑을 가리키는 것이다.

특별히 인간 구원을 위한 하나님의 선택과 예정은 결코 변경되지 않는다("성도의 견인[堅忍] 사상").

> 나를 보내신 이의 뜻은 내게 주신 자 중에 내가 하나도 잃어버리지 아니하고 마지막 날에 다시 살리는 이것이니라(요 6:39; 참조, 요 10:28-29).
>
> 영생을 주시기로 작정된 자는 다 믿더라(행 13:48b).
>
> 하나님의 은사와 부르심에는 후회하심이 없느니라(롬 11:29).

어 말씀하신 것이다. 같은 말("나함")로 하나님은 자신이 사울을 왕으로 삼으신 것을 후회하셨다(삼상 15:11, 35). 이렇게 전능하신 하나님께서는 자신의 "한탄과 후회"를 통해 인간의 회개를 촉구하신다.

비록 하나님은 자신의 인간 창조에 대해서는 한탄하시고 괴로워하셨으나, 구원을 위한 자신의 선택에 대하여서는 결코 후회하지 않으신다. "하나님의 은사와 부르심에는 후회하심이 없느니라"(롬 11:29; 참조, 민 23:19; 렘 4:28). 그러므로 하나님의 자녀는 불신자들이 하듯이 하나님의 한탄하심과 후회하심을 업신여길 것이 아니라, 오히려 죄인을 향하신 하나님의 깊으신 사랑을 감사하며 찬양해야 한다.

7 두 동사는 모두 "나함"(Nacham)이다(창 6:6, 7; 민 23:19; 신 32:36; 삼상 15:11, 35; 욥 42:6 등).

하나님께서는 우리의 믿음이 변덕스럽다는 것을 아시고 선택과 예정으로 우리의 연약한 믿음을 보완하심으로서 우리의 구원을 굳게 지키시는 것이다.

셋째, 하나님을 죄의 창시자로 만드는 "예정론의 모순"은 결국 유한한 인간이 알 수 없는 전능하신 하나님의 신성한 계획과 뜻을 가리키는 것이다(욥 40:1-5; 42:1-6; 사 55:8-9; 롬 11:33-36). 그것은 피조물 인간의 유한성과 하나님의 절대적 주권 사이의 근본적인 존재론적 차이에서 비롯되는 것이다. 하나님이 토기장이시라면, 인간은 그가 만드신 질그릇에 불과하다(사 45:9-10; 렘 18:6; 롬 9:19-24).

> 그런즉 우리가 무슨 말을 하리요 하나님께 불의가 있느냐 그럴 수 없느니라 ⋯ 혹 네가 내게 말하기를 그러면 하나님이 어찌하여 허물하시느냐 누가 그 뜻을 대적하느냐 하리니 이 사람아, 네가 누구이기에 감히 하나님께 반문하느냐 지음을 받은 물건이 지은 자에게 어찌 나를 이같이 만들었느냐 말하겠느냐(롬 9:14-20).
>
> 트집 잡는 자가 전능자와 다투겠느냐 하나님을 탓하는 자는 대답할지니라(욥 40:2).

하나님은 인간이 제대로 이해할 수 없는 "기묘자"이시며(삿 13:18; 사 9:6), 인간이 이해할 수 없는 기이한 일들을 자주 하신다.[8] 그의 구원 역사 가운데 많은 기적과 인간의 예상을 넘는 놀라운 일들을 하신다.[9] 무엇보다 하나님의 놀라운 구원 역사가 그리스도의 죽으심과 부활에서 나타났다(요 12:24; 행 2:22-24, 36; 고전 1:18 이하; 빌 2:6-11). 이러한 신학적, 역사적 역설이나 아이러니는 결국 인간이 헤아릴 수 없는 하나님의 무한하신 지혜와 능력을 나타낸다.

> 하나님의 어리석음이 사람보다 지혜롭고 하나님의 약하심이 사람보다 강하니라 (고전 1:25).
>
> 깊도다 하나님의 지혜와 지식의 풍성함이여, 그의 판단은 헤아리지 못할 것이며 그의 길은 찾지 못할 것이로다(롬 11:33).

---

[8] 출 15:11; 욥 5:9; 9:10; 시 107:8, 15, 21, 31; 111:4; 139:14; 사 29:1; 눅 5:26; 살후 1:10; 계15:3 등.

[9] 삼상 2:4-8; 시 118:22; 사 29:14; 마 13:31-33; 19:30; 21:42-43; 눅 1:51-54; 고후 12:9-10.

역설, 모순, 아이러니는 신학뿐만 아니라, 절대적 가치와 원리를 찾는 모든 학문과 예술 등 인간의 가치 체계 가운데서도 나타나는 보편적 현상이다. 모든 진지한 역설, 모순, 아이러니는 결국 피조물 인간의 존재론적, 지혜론적 유한성과 함께 만유의 창조주이신 하나님의 절대적 주권과 무한한 지혜를 나타낸다.

> 주께서는 못하실 일이 없사오며 무슨 계획이든지 못 이루실 것이 없는 줄 아오니, 무지한 말로 이치를 가리는 자가 누구니이까 나는 깨닫지도 못한 일을 말하였고, 스스로 알 수도 없고 헤아리기도 어려운 일을 말하였나이다(욥 42:2-3).

이렇게 유한한 인간이 감당할 수 없는 하나님의 무궁한 지혜와 거룩하신 절대적 주권을 인정할 때, 하나님의 예정은 불합리한 처사가 아니라, 오히려 지극히 합당한 처사가 된다(『기독교 강요』III.23.8-9).

하나님의 깊으신 뜻을 인간 이성으로 모두 이해할 수 없기 때문에 하나님의 뜻(예정, 주권)을 불의하다고 판단하는 것이야 말로 불경스런 불신의 증거다(『기독교 강요』III.23.4; Augustine, *Letters*, clxxxvi.7.23). 하나님의 자녀는 하나님의 말씀과 행사를 유한한 인간의 논리나 이성보다는 거룩하신 하나님의 선하심과 은혜와 능력을 믿는 믿음으로 이해해야 한다.

다시 말하지만, 하나님의 편파성이나 불공정함을 논하는 이들(알미니안주의자들)이 분명히 알아야 할 것은 칼빈이 지적했듯이, 의의 기준은 유한한 인간의 논리가 아니라, 무한하신 하나님의 뜻(예정, 주권)이라는 사실이다(『기독교 강요』III.23.10).

> 하나님께서 하고자 하시는 자를 긍휼이 여기시고 하고자 하시는 자를 완악하게 하시느니라(롬 9:18).

하나님의 예정을 유한한 인간의 논리에 따라서 그 편파성이나 불공정성을 따질 것이 아니라, 하나님의 예정 자체가 하나님의 거룩하신 뜻이라는 사실을 알고 겸손히 받아들이는 것이 인간의 마땅한 믿음의 자세다.[10]

---

[10] 참조, 웨슬리, "하나님의 주권은 결코 그의 공의로우심을 상회할 수 없다"(*WW*.I.221).

트집 잡는 자가 전능자와 다투겠느냐 하나님을 탓하는 자는 대답할지니라 욥이 여호와께 대답하여 이르되, 보소서, 나는 비천하오니 무엇이라 주께 대답하리이까 손으로 내 입을 가릴 뿐이로소이다(욥 40:2-4).

비천한 피조물 인간은 감히 거룩하신 창조주 하나님의 지혜의 신성한 경내로 들어가서는 안 되고, 만일 들어간다면 결국 큰 혼란과 절망 속에 갇힐 것이다(『기독교 강요』 III.21.1).

사람에게 주어지지도 않았고 또한 아는 것이 정당하지도 않은 사안에 대해서는 무식이 유식이며 알고자 하는 욕심은 일종의 광기인 것이다(『기독교 강요』 III.238).

그러므로 하나님의 자녀는 위대하신 하나님 앞에서 자신의 연약함을 인정하고, 사람이 이해하기 어려운 하나님의 예정 섭리에 대해서는 하나님의 선하심과 거룩하심을 해치는 무분별한 이성적 논리나 "부패한 호기심"을 버리고 오히려 경외하는 자세를 가져야 한다. 하나님의 자녀는 욥이나 예언자들이나 바울과 같이 이성적 논리보다는 하나님의 선하심과 의로우심과 은혜를 믿는 믿음을 가져야 한다.

하나님의 주권과 예정은 하나님의 자녀들에게는 하나님의 변함없는 사랑과 은혜를 믿는 믿음을 강화시켜 주지만, 하나님을 불신하는 이들에게는 또 하나의 불신거리가 될 뿐이다.

종교적 운명론(이신론[理神論])은 냉혹한 신이 인간의 운명을 결정한다고 믿고, 자연주의적 철학적 결정론이나 세속적 운명론은 비인격적인 우주적 운(運)이 세상 문제나 인간의 운명을 결정한다고 한다. 예정론을 반대하는 이들(알미니안주의자들)은 예정론도 이런 세속적 운명론과 다를 바 없이 하나님을 혹독한 폭군으로 만든다고 비난한다. 그러나 성경은 하나님의 주권과 예정은 결국 하나님의 선하신 본성과 은혜에서 비롯된 것임을 가르친다.[11] 이런 하나님의 가르침을 불신하고 유한한 인간의 논리를 따르면 결국 불신과 암흑 가운데 빠지게 되는 것이다(『기독교 강요』 III.23.2).

---

11 대상 29:11; 욥 42:1-6; 롬 8:29; 9:11-23; 11:33-36.

한편, 칼빈의 『기독교 강요』에서 섭리론은 예정론과 유사하면서도 다르다. 섭리론과 예정론은 모두 하나님의 절대적 주권을 가리킨다. 그러나 예정론은 인간의 구원과 유기를 예정하셨음을 논하지만 섭리론은 예정론보다 더 넓게, 하나님께서 인간과 세상에 대해 정하신 일반적인 계획과 뜻을 논한다.

하나님의 섭리는 세속적 운명론과는 달리, 세상 문제와 인간의 "운명"을 예정하신 하나님께서는 인간과 교제하시기를 기뻐하시는 자비로우시고 은혜로우신 인격적인 분이시며, 죄인 인간을 불쌍히 여기시며, 그의 기도를 들으시며, 심지어 때로는 그의 계획하신 뜻을 바꾸시기도 하시는 자비로우신 분이심을 가르친다. 다른 말로, 성경적 섭리론은 운명론과는 달리 하나님의 자비하심으로 말미암는 고정성과 유연성을 모두 갖고 있다.[12]

앞서 지적한 바와 같이 하나님께서는 때로 자신의 섭리에 대해서 "한탄"도 하시고 "후회"도 하시지만, 그것은 자비로우신 하나님께서 인간과 대화를 하시기 위한 "눈높이 화법"이고, 하나님께서 그의 은혜로우심 가운데, 그의 섭리의 진행 절차를 조절하신 것으로 봐야 한다.

그러므로 자비하신 하나님께서는 모세의 기도를 들으시고 자신을 원망하는 이스라엘 백성에게 대한 징벌을 유보하셨고(민 14:11-25), 히스기야 왕의 기도를 들으시고 죽을 병에서 그를 낫게 하셨다(왕하 20:1-7). 자비로우신 하나님께서는 이스라엘 백성이나 이방 백성이나 그들이 회개하고 반역하는 정도에 따라서 그의 원래의 뜻을 돌이켜서 복과 저주를 내리신다(렘 18:7-12; 욘 3:10). 하나님의 섭리는 단순히 기계적인 섭리가 아니라, 인격적 하나님의 사랑과 자비를 나타내는 것이다. 그러므로 하나님의 "한탄"과 "후회하심"이나 "뜻을 돌이키심" 등을 들어서 하나님의 예정-섭리를 논박하는 것은 부당하다.

마찬가지로 이런 하나님의 "섭리의 변경"을 "병 주고 약 주는 식의 천박한 속임수"로 보거나, "변덕스런 하나님"으로 생각하는 것도 불경스럽다. 경건한 이들은 하나님의 "섭리의 변경"을 그들을 향하신 하나님의 선하신 지혜에서 비롯된 것으로 믿고, 오히려 감사와 찬송을 드리게 되는 것이다. 철저히 예정론적 견지에서 논하면 하나님의 "섭리의 변경"은 결국 하나님의 원래의 예정을 다시 나타내는 것일 뿐이

---

[12] 강창희, 『칼빈과 웨슬리의 생애와 신학』 (양평: 아세아연합신학대학교출판부, 2013), 169.

다. 진실한 신앙인은 인간이 보기에는 불공평하고 불의하게 보이는 일을 통해서도 하나님께서는 결국 선을 이루시는 분이심을 믿는다.

> 우리가 알거니와 하나님을 사랑하는 자 곧 그 뜻대로 부르심을 입은 자들에게는 모든 것이 합력하여 선을 이루느니라(롬 8:28).

그러므로 바울은 사람이 알기 어려운 하나님의 예정과 섭리를 하나님의 무한하신 지혜와 주권으로 돌리면서 오히려 하나님을 찬양한다.

> 깊도다 하나님의 지혜와 지식의 풍성함이여, 그의 판단은 헤아리지 못할 것이며 그의 길은 찾지 못할 것이로다 누가 주의 마음을 알았느냐 누가 그의 모사가 되었느냐 누가 주께 먼저 드려서 갚으심을 받겠느냐 이는 만물이 주에게서 나오고 주로 말미암고 주에게로 돌아감이라 그에게 영광이 세세에 있을지어다 아멘(롬 11:33-36).

무엇보다 섭리론은 피조물에 대한 창조주 하나님의 사랑에서 비롯된 것임을 알아야 한다(창 8:21; 9:15-16).

예정론의 유익을 생각하여 보자.

첫째, 예정론은 우리가 선을 행하기 전에 하나님께서 우리를 선택하셨음을 강조함으로써 이행득의 구원론에 맞서서 이신득의 구원론을 강화시킨다.

둘째, 예정론을 따르면 우리가 믿기 전에 하나님께서 우리를 선택하셨으므로 비록 우리의 믿음이 약하여 흔들리더라도, 하나님의 예정은 완전하며 확고하기 때문에 우리의 구원의 확고한 보증이 된다.

> 누가 능히 하나님께서 택하신 자들을 고발하리요 의롭다 하신 이는 하나님이시니 누가 정죄 하리요(롬 8:33-34a).

셋째, 예정론은 하나님의 주권과 함께 하나님의 긍휼하심과 은혜를 나타낸다. 그러므로, 예정론을 반대하는 이들이 예정론을 단순히 "폭군적 논리"라고 폄훼하는 것은 부당하다. 하나님의 절대적 신분을 인정할 때 하나님의 뜻보다 더 큰 어떤 원리나 근거를 찾는 것 자체가 불경스러운 일이다(『기독교 강요』 II.23.2).

한편, 예정론의 왜곡과 부작용을 경계하자.

첫째, 예정론을 오해하거나 왜곡해 비성경적인 배타주의나 독선주의로 변질되지 않도록 주의해야 한다. 예정론이 하나님의 "기쁘신 뜻"(주권)을 나타내면서도, 동시에 우리를 향하신 하나님의 은혜와 사랑을 나타내는 것임을 잊지 말고, 하나님의 예정을 믿을수록 그리스도의 십자가의 희생을 생각하며 겸손히 하나님을 사랑하고 이웃을 사랑해야 한다(빌 2:5 이하). 예정론과 하나님의 주권은 하나님의 절대적 결정권과 함께 하나님의 은혜와 사랑을 가리키는 것임을 명심해야 한다.

둘째, 예정론을 따라 우리 자신들을 하나님의 선택받은 특별한 자들로 확신하는 나머지 자칫 불신자들을 무시하거나 복음 전도를 등한히 하지 않도록 주의해야 한다. 특별히 우리는 누가 하나님의 선택을 받고 예정에 속했는지를 알 수 없기 때문에 유기된 자들로 보이는 이들이라도 업신여기거나 포기할 것이 아니라, 하나님의 선하심에 맡겨야 한다(『기독교 강요』 V.12.9).

셋째, 섭리론이나 예정론을 운명론으로 오해하여 "하나님께서 만사를 예정하셨으므로 우리는 별로 할 것이 없다"면서 무사안일주의에 빠지지 않도록 주의해야 한다. 하나님께서는 그의 섭리를 이루시기 위해 자주 인간을 사용하신다. 우리는 하나님의 섭리를 따라 겸손히 순종해야 한다(『기독교 강요』 I.17.1).

우리는 하나님께서 예정하신 기쁘신 뜻을 존중하되, 하나님께서 말씀하신 약속을 따라 믿고 구하기를 쉬지 말아야 한다. 하나님의 예정과 마찬가지로 하나님께서 우리 각자에게 맡기신 사명, 능력, 건강, 재산, 시간 등을 책임있게 선용(善用)하는 것도 우리를 향하신 하나님의 확고하신 뜻이기 때문이다.

잘하였도다 착하고 충성된 종아, 네가 적은 일에 충성하였으매 내가 많은 것을 네게 맡기리니 네 주인의 즐거움에 참여할지어다(마 25:21, 23).

악하고 게으른 종아, 나는 심지 않은 데서 거두고 헤치지 않은 데서 모으는 줄로 네가 알았느냐 그러면 네가 마땅히 내 돈을 취리하는 자들에게나 맡겼다가 내가 돌아와서 내 원금과 이자를 받게 하였을 것이니라(마 25:26-27).

그러므로 형제들아, 더욱 힘써 너희 부르심과 택하심을 굳게 하라 너희가 이것을 행한 즉 언제든지 실족하지 아니하리라 이같이 하면 우리 주 곧 구주 예수 그리스도의 영원한 나라에 들어감을 넉넉히 너희에게 주시리라(벧후 1:10-11).

끝으로, 만사를 예정하신 하나님께서는 그의 예정하신 일을 "새 일"이라고 말씀하신다.

너희는 이전 일을 기억하지 말며 옛날 일을 생각하지 말라 보라, 내가 새 일을 행하리니 이제 나타낼 것이라(사 43:18-19a).

하나님께서 예정하시고 섭리하시는 모든 일은 결국 그 일을 모르는 우리에게는 새 일이 되는 것이다. 그러므로 섭리론과 예정론을 단순히 보수주의적 사고와 동일시하는 것은 잘못이다. 섭리론과 예정론은 성경적이며, 신본주의적 신학의 핵심이다. 하나님의 섭리와 예정은 고정성과 신축성을 모두 포함하는 완전한 의미의 하나님의 지혜와 능력을 나타낸다. 창조주 되시고 구원주 되시는 하나님께서 그의 기쁘신 뜻대로, 만사를 예정하시고 계획하신 구원 역사의 시나리오와 같은 것으로서 우리가 모르는 기이하고 놀라운 일들을 얼마든지 나타내시는 것이다.

2019년 1월 13일

62. 말씀의 구원 능력

> 너희가 거듭난 것은 썩어질 씨로 된 것이 아니요 썩지 아니할 씨로 된 것이니 살아 있고 항상 있는 하나님의 말씀으로 되었느니라(벧전 1:23).

말은 의미 없는 소리와 달리 말하는 사람의 생각, 마음, 인격 등 그 사람의 본질을 나타내는 중요한 행위다. 우리가 하는 말에 우리의 복과 저주, 생사가 달려있다. 그러므로 성경은 말을 신중히 할 것을 가르친다.[1]

우리가 하는 말이 결국 우리의 본심과 본질을 나타내기 때문이다. 더구나 성경은 우리가 하는 말은 단순히 도덕적인 차원을 넘어서 우리의 본질을 나타내고 나아가 우리의 구원의 문제와 관련되는 것임을 밝힌다.

> 누구든지 말로 인자를 거역하면 사하심을 얻되 누구든지 말로 성령을 거역하면 이 세상과 오는 세상에서도 사하심을 얻지 못하리라(마 12:32).
>
> 내가 너희에게 이르노니 사람이 무슨 무익한 말을 하든지 심판 날에 이에 대하여 심문을 받으리니, 네 말로 의롭다 함을 받고, 네 말로 정죄함을 받으리라(마 12:36-37).
>
> 네가 만일 네 입으로 예수님을 주로 시인하며, 또 하나님께서 그를 죽은 자 가운데서 살리신 것을 네 마음에 믿으면 구원을 받으리라 사람이 마음으로 믿어 의에 이르고, 입으로 시인하여 구원에 이르느니라(롬 10:9-10).

말은 그 말을 하는 자의 신분과 능력에 따라서 그 비중과 결과가 다르게 나타난다. 태초에 하나님은 말씀으로 사람과 세상 만물을 지으셨다. 하나님의 말씀은 자주 하나님의 성령과 함께 그 무한한 능력을 나타낸다.[2] 히브리서 기자는 하나님의 말씀의 역동적 능력을 우리의 심령을 해부하는 예리한 칼과 같다고 했다.

---

[1] 잠 10:19; 17:27; 전 5:2, 7; 마 12:36-37; 약 3:2-6; 엡 5:4.
[2] 창 1:2; 요 3:5-8; 행 1:4-5; 롬 8:2 이하; 고전 2:4.

하나님의 말씀은 살아 있고, 활력이 있어, 좌우에 날선 어떤 검보다도 예리하여, 혼과 영과 및 관절과 골수를 찔러 쪼개기까지 하며, 또 마음의 생각과 뜻을 판단하나니(히 4:12).

하나님께서는 그리스도의 복음으로 인간 구원을 약속하셨다. 그리스도 자신이 구원의 말씀이시다(요 1:1, 16). 인간이 말씀이신 그리스도를 구원주로 믿을 때 죽음의 권세를 이기고 새로운 피조물로 거듭난다.[3]

세상 종교와 철학 사상도 나름대로 인간의 구원의 도리를 제시하나, 결국 모두 사람의 허망한 이상이나 피조물의 유한한 원리와 가치에 근거한 "썩어질 씨"에 불과한 것이다(골 2:8). 오직 하나님의 복음만이 하나님의 입으로부터 나온 말씀이며 "썩지 아니할 영원한 생명의 씨"다. 사람이 이 생명의 말씀을 믿을 때 영원한 존재로 거듭나는 놀라운 구원 역사가 일어난다(요 3:5-16).

태초의 인간 창조는 인간의 생각이나 의지와는 상관없는 하나님의 독단적 창조였으나, 구원의 새 시대에서의 인간 창조는 아담 이후 하나님과 대적해 온 우리 죄인이 제2아담이신 그리스도를 믿고, 죄 사함을 받고, 하나님과 화해함으로써 이루어진다(롬 5:12-19; 고전 15:22, 45-49; 엡 4:22-24).

네가 만일 네 입으로 예수님을 주로 시인하며, 또 하나님께서 그를 죽은 자 가운데서 살리신 것을 네 마음에 믿으면 구원을 받으리라 사람이 마음으로 믿어 의에 이르고 입으로 시인하여 구원에 이르느니라(롬 10:9-10).

그런즉 누구든지 그리스도 안에 있으면 새로운 피조물이라 이전 것은 지나갔으니 보라, 새 것이 되었도다(고후 5:17).

그리스도는 창조와 구원의 말씀이시다. 그리스도의 말씀을 듣고 거듭난 사람은 자신를 거듭나게 한 말씀의 은혜와 구원의 능력을 세상에 증거해야 한다.[4]

2019년 1월 16일

---

[3] 요 3:5; 행 13:26; 롬 10:8, 17-18; 고후 5:19; 엡 1;13; 골 1:5; 살전 2:13; 약 1:18; 요일 1:1 등.

[4] 롬 6:1-23; 8:1-39; 12:1-15;13; 갈 5:16-6:10; 엡 4:1-6:20; 골 3:5-4:6.

63. 영혼 구원

> 몸은 죽여도 영혼은 능히 죽이지 못하는 자들을 두려워하지 말고, 오직 몸과 영혼을 능히 지옥에 멸하실 수 있는 이를 두려워하라(마 10:28).

예수님은 제자들을 전도 파송하시면서 어떤 사람의 방해와 위협도 두려워하지 말고 담대히 전도할 것을 당부하셨다. 또한, 우리의 몸과 영혼의 가치를 대조하시면서 일시적인 목숨 보다 영원한 영혼을 더 중시해야 할 것도 가르치셨다.

사람이 자신의 목숨을 아끼는 것은 당연하다. 그러나 더욱 아껴야 할 것은 사람의 영원한 본질적 자아인 영혼이다. 구제와 선행도 복음 사역의 중요한 부분이다. 그러나 복음 사역의 최종 목적은 영혼 구원이다. 우리의 현재의 육신은 제한적이지만, 우리의 영혼은 영원하기 때문이다.

> 영혼이 없는 몸은 죽은 것이다(약 2:26a).
> 만일 너희 속에 하나님의 영이 거하시면, 너희가 육신에 있지 아니하고 영에 있나니(너희가 육신의 통제가 아니라, 영의 통제를 받나니), 누구든지 그리스도의 영이 없으면, 그리스도의 사람이 아니라(롬 8:9b).
> 그러므로 우리가 낙심하지 아니하노니, 우리의 겉 사람은 낡아지나 우리의 속 사람은 날로 새로워지도다(고후 4:16).

많은 현대인은 영혼의 존재를 믿지 않고, 다만 인간 존재에 대한 종교 심리적 표현으로 본다. 그러나 성경은 분명히 영혼이 존재함을 가르친다.[1] 천사도 영도 없다고 한 사두개인들은 분명히 잘못 믿는 이들로 지적되었다(마 22:23; 행 23:8). 칼빈은 "영혼은 형체 없는 실체"라고 했다(『기독교 강요』 I.15.6). 또한, 성경 전체에서 나타나는 하나님과 인간의 의사소통, 예언, 환상, 방언, 치유 등은 인간의 영적 존재와 능력을 가리킨다.

---

1 마 10:28; 고후 5:4; 벧전 2:11; 벧후 1;13-14.

믿음이 약한 그리스도인들은 자신들의 육체를 보호하고 지키는 데는 열심이지만, 자신들의 영혼을 보호하고 지키는 일에는 오히려 무관심하다. 이들은 아마 자신들이 이미 구원받았다고 확신하기 때문에, 오히려 당면한 현실 문제들에 집착하는지도 모른다. 또한, 어떤 그리스도인들은 육신의 생활과 영적 생활을 따로 구별할 필요 없이 바르게만 살면 된다고 한다. 그러나 영과 육을 제대로 분별하지 않는 신앙생활은 자칫 혼란하고 무기력한 신앙생활로 흐르기 쉽다.

> 육으로 난 것은 육이요 영으로 난 것은 영이니(요 3:6).
> 너희가 육신대로 살면 반드시 죽을 것이로되 영으로써 몸의 행실을 죽이면 살리니(롬 8:13).
> 육에 속한 사람은 하나님의 성령의 일들을 받지 아니하나니 이는 그것들이 그에게는 어리석게 보임이요 또 그는 그것들을 알 수도 없나니 그러한 일은 영적으로 분별되기 때문이라(고전 2:14).

복음 사역의 목적이 영혼 구원이듯이, 우리의 신앙생활의 목적도 우리의 영혼의 건강과 성장을 위한 것이어야 한다.

> 썩을 양식을 위하여 일하지 말고 영생하도록 있는 양식을 위하여 하라 이 양식은 인자가 너희에게 주리니 인자는 아버지 하나님께서 인치신 자니라(요 6:27).
> 사랑하는 자여, 네 영혼이 잘됨 같이 네가 범사에 잘되고, 강건하기를 내가 간구하노라(요삼 1:2).

이 세상의 복락만을 추구하는 것은 분명히 헛된 일이지만, 이 세상의 복락과 하늘나라의 복락을 함께 추구하는 것도 미혹의 길이 될 수 있다. 그러므로 주님께서는 우리에게 우선순위를 분명히 설정할 것을 가르치셨다.

> 그런즉 너희는 먼저 그의 나라와 그의 의를 구하라 그리하면 이 모든 것을 너희에게 더하시리라(마 6:33).

그러므로 우리는 우리의 일상 가운데 영적 건강과 영적 성장을 위한 구체적 계획을 마련하고 실행해야 한다. 우리 주님께서는 매일 바쁘게 사역하시면서도 자주 한적한 곳을 찾아 기도하셨다.[2]

오늘도 우리는 우리의 육신을 위해 먹고, 일하고, 자지만, 우리의 영혼의 건강과 성장을 위해 무엇을 하는가?

오늘 우리의 가정, 직장, 나라 등 우리의 육신의 공동체를 지키기 위해 동분서주하지만, 주님의 몸 된 신앙 공동체의 사명과 성장을 위해 특별히 하는 일은 무엇인가?

바울은 복음 전도를 위해 온갖 고초를 겪는 가운데, 날마다 교회를 위해 염려했다.

> 이 외의 일은 고사하고 아직도 날마다 내 속에 눌리는 일이 있으니, 곧 모든 교회를 위하여 염려하는 것이라(고후 11:28).

2019년 1월 18일

---

[2] 막 1:35; 막 6:46; 눅 6:12; 9:18, 28; 11:1; 22:41.

64. "네 믿음이 너를 구원하였다"

> 예수께서 돌이켜 그를 보시며 이르시되 딸아 안심하라 네 믿음이 너를 구원하였다 하시니 여자가 그 즉시 구원을 받으니라(마 9:22).

열두 해 동안이나 혈루병을 앓던 가련한 여인은 예수의 소문을 듣고 예수님께 와서 가만히 예수님의 겉옷을 만져서 병이 나았다(막 5:27-33). 이 여인이 병이 나은 것은 흔히 말하는 "무엇이든 하면 된다"는 식의 "인간 중심적 적극적 사고" 때문이 아니라, 예수의 구원의 능력을 믿는 "하나님 중심적 적극적 사고" 때문이다.

종교적 믿음을 일반화하여, 사람의 모든 적극적 사고가 사람에게 자신감을 주어서 건강, 인간 관계, 사업 등에 좋은 영향을 미친다고 생각할 수도 있다. 그러나 여전히 아무것도 믿을 수 없고 어떤 해결책도 없는 극한 상황이 있다. 즉 사람의 적극적 사고는 결국 한계가 있는 것이다. 그러나 하나님 중심적 적극적 사고는 무한한 것이다. 하나님 신앙은 인간이 어쩔 수 없는 위기 상황에서도 전능하신 하나님을 바라볼 수 있기 때문이다.

성경은 인간의 죄와 구원의 문제는 죄인 인간 자신이 스스로 해결할 수 없는 인간의 고질적인 문제로서 다만 하나님의 은혜로 죄 용서함을 받아야 가능함을 가르친다. 마태복음 9장 전체는 예수님께서 여러 병든 사람들(중풍병자, 혈루증 여인, 두 명의 맹인들, 귀신 들려 말 못하는 사람)과 사회적 약자들(세리 마태)을 고치시고 구원하시는 기사를 집중적으로 싣고 있다. 이 모든 기사는 누구든지 일단 하나님의 아들 예수님을 믿으면 구원 얻을 수 있다는 구원의 기쁜 소식을 가르친다.

요한복음과 바울 서신을 포함한 신약성경 전체가 예수님을 믿음으로 구원 얻는 진리를 중점적으로 가르친다.[1] 서신서에 비해서 복음서는 보다 실제적으로, 즉 예수님의 구원 사역 특히 죽으심과 부활 사건을 중심으로 "예수님을 믿음으로 구원 얻

---

1 요 3:16; 5:24; 6:35, 40, 48, 53, 58; 10:10; 11:25-26; 14:3; 행 2:14-38; 9:20; 10:36-43; 롬 3:21 이하; 5:21; 6:23; 고전 1:18; 15:17, 49, 57; 고후 4:13; 갈 2:16, 20; 3:5, 11-4:29; 엡 1:13; 2:8; 3:17; 4:5; 빌 1:29; 3:9; 살후 2:13; 딤전 1:14; 3:13; 딤후 1:13; 3:15; 히 10:38-39; 약 2:1; 벧전 1:9; 계 14:12 등.

는 복음 진리"를 가르친다.

그리스도로 말미암은 하나님의 구원의 은혜를 믿음으로 구원 얻는 복음은 새로운 제안이 아니라, 아브라함, 욥, 다윗, 하박국, 예레미야 등 믿음의 조상들을 통한 오랜 성경의 가르침이며, 하나님께서 만세 전부터 계획하신 구원의 방안인데, 하나님의 구원의 경륜 가운데 이제야 나타난 것임을 밝힌다(복음의 원초성과 최종성).[2]

> 이는 선지자로 말씀하신바 '내가 입을 열어 비유로 말하고 창세부터 감추인 것들을 드러내리라' 함을 이루려 하심이라 (마 13:35; 참조, 13:44).

마태복음은 예수님의 사역에 대하여 일일이 "기록된 바 … [구약의 예언의 말씀]을 이루려 하심이라"는 인용 양식 어귀로 구약의 예언의 "성취 구절들"을 41번이나 기록하고 있다. 사도 바울도 복음 진리가 구약성경에 하나님께서 선지자들을 통해 이미 약속하신 말씀이 하나님의 구원의 경륜 가운데서 이제야 드디어 성취된 것임을 자주 강조한다. 특히 로마서의 처음과 끝에서 복음의 성경적 근거를 강조한다.

> 이 복음은 하나님이 선지자들을 통하여 그의 아들에 관하여 성경에 미리 약속하신 것이라 (롬 1:2).
> 이제는 율법 외에 하나님의 한 의가 나타났으니 율법과 선지자들에게 증거를 받은 것이라 (롬 3:21).
> 나의 복음과 예수 그리스도를 전파함은 영세 전부터 감추어졌다가 이제는 나타나신바 되었으며 … (롬 16:25-26).
> 영원부터 만물을 창조하신 하나님 속에 감추어졌던 비밀의 경륜이 어떠한 것을 드러내게 하심이라 … 곧 영원부터 우리 주 그리스도 예수 안에서 예정하신 뜻대로 하신 것이라 우리가 그 안에서 그를 믿음으로 말미암아 담대함과 확신을 가지고 하나님께 나아감을 얻느니라 (엡 3:9-12).
> 이 비밀은 만세와 만대로부터 감추어졌던 것인데 이제는 그의 성도들에게 나타났고 (골 1:26).

---

[2] 막 4:11; 롬 3:21; 16:25-26; 엡 1:4-12; 2:10; 3:9-12; 골 1:26; 히 1:1 이하; 11:1 이하.

이렇게 성경 전체가 그리스도를 믿음으로 구원 얻는 복음을 가르친다. 한 마디로 성경은 그리스도를 통한 하나님의 구원 계시다.

또한, 바울은 복음은 그리스도인들이 지어낸 주관적인 구원 진리가 아니라, 객관적인 하나님의 계시임을 밝힌다.

> 형제들아, 내가 너희에게 알게 하노니 내가 전한 복음은 사람의 뜻을 따라 된 것이 아니니라 이는 내가 사람에게 받은 것도 아니요 배운 것도 아니요 오직 예수 그리스도의 계시로 말미암은 것이라(갈 1:11-12).
>
> 오직 하나님이 성령으로 이것을 우리에게 보이셨으니 성령은 모든 것 곧 하나님의 깊은 것까지도 통달하시느니라(고전 2:10; 참조, 고후 4:6).

누구나 복음을 믿으면 구원을 얻게 되지만, 그렇다고 복음을 아무나 믿을 수 있는 것은 아니다. 오직 하나님께서 믿음을 주시기로 예정하신 이들만 믿을 수 있다.[3] 하나님께서 믿음의 대상을 한정하셨다는 사실에서도 복음은 비밀이다. 실제로 예수님 당시나 그 후에도 복음을 믿는 사람들과 함께 복음을 반대하는 이들이 공존했다(마 10:14 이하; 12:24 이하; 행 4:1 이하).

그러므로 예수님께서는 "들을 귀 있는 자는 들으라"(막 4:9, 23)고 말씀하셨고, 믿음으로 구원 얻는 이들이 얻게 되는 천국을 "외인"은 알기 어려운 비밀로 제자들에게 가르치셨다(마 13:34; 막 4:11, 34). 바울도 "믿음은 모든 사람들의 것이 아니니라"(살후 3:2b)고 말했다. 그리고 자신이 사도로 부르심을 받은 것도 하나님의 은혜이고, 사도로서 수고한 것도 하나님의 은혜라고 한다(갈 1:15-16; 엡 3:7).

> 그러나 내가 나 된 것은 하나님의 은혜로 된 것이니, 내게 주신 그의 은혜가 헛되지 아니하여 내가 모든 사도보다 더 많이 수고하였으나, 내가 한 것이 아니요 오직 나와 함께 하신 하나님의 은혜로라(고전 15:10).

---

[3] 마 11:25-27; 13:11-17; 막 4:11-34; 요 10:29; 행 13:48; 엡 1:4, 9, 11; 2:10; 3:17 등. 참조, 막 3:21-22; 요 10:26-28; 11:45-46; 12:37.

하나님께서 믿음의 대상을 미리 예정하시는 일은 하나님의 오랜 구원 역사에 나타난 보편적 관행이다. 하나님은 많은 민족 가운데 이스라엘을 자신의 백성으로 선택하셨고, 에서 대신 야곱을, 유대인 여인 대신 모압 여인 룻을, 엘리의 아들들 대신 사무엘을, 사울 왕 대신 다윗을, 압살롬 대신 솔로몬을 선택하셨다.

> 너는 두려워하지 말라 내가 너를 구속하였고 내가 너를 지명하여 불렀나니 너는 내 것이라 (사 43:1b).

이런 하나님의 구원 역사에 나타난 하나님의 예정은 사람의 구원이 사람의 의지가 아니라, 하나님의 특별한 은혜로 말미암는다는 진리를 보여 주는 것이다.[4]

> 그런즉 원하는 자로 말미암음도 아니요 달음박질하는 자로 말미암음도 아니요 오직 긍휼히 여기시는 하나님으로 말미암음이니라 (롬 9:16).

하나님의 예정은 결국 하나님의 주권과 하나님의 은혜를 가리킨다. 그러나 연약한 우리는 하나님의 구원의 대상이 누구인지 알 수 없기 때문에 모든 사람을 선하신 하나님의 구원의 대상으로 여기고 차별 없이 복음을 전해야 한다(『기독교 강요』 III.23.14; V.12.9).

> 그러므로 너희는 가서 모든 민족을 제자로 삼아 아버지와 아들과 성령의 이름으로 세례를 베풀고 내가 너희에게 분부한 모든 것을 가르쳐 지키게 하라 (마 28:19-20a). 헬라인이나 야만인이나 지혜 있는 자나 어리석은 자에게 다 내가 빚진 자라 (롬 1:14).

다시 말하지만, 하나님의 구원 역사에 나타난 하나님의 예정과 선택은 하나님의 구원이 하나님의 은혜로 말미암은 것임을 보여 준다.[5] 결국 하나님의 예정과 선택도

---

4 창 25:23; 말 1:2 이하; 출 33:19; 욥 40:2-4; 사 45:9-10; 렘 18:6; 롬 9:12-21.
5 롬 3:24-27; 고전 1:29-31; 갈 1:6; 6:4; 엡 2:5-9; 딛 3:9.

복음과 같이 선하신 하나님의 은혜를 믿음으로서 구원 얻는 진리를 가르친다. 우리의 믿음도 하나님의 은혜로우신 선물이다.

> 영생을 주시기로 작정된 자는 다 믿더라(행 13:48b).

하나님의 주권, 영광, 은혜에 근거한 예정론은 흔들리기 쉬운 우리의 연약한 믿음을 확고하게 세워주는 큰 유익이 있다. 복음은 하나님께서 오래 감추셨다가 아들을 통해 나타내신 비밀이며 다만 이 복음을 믿는 이들만이 구원받도록 결정하셨다.[6] 우리의 믿음은 물론 선행도 하나님의 예정의 결과이며 증거다(엡 1:11-13; 2:10; 3:11-13).

우리가 하는 모든 일이 하나님의 은혜로우신 예정과 섭리 가운데 이루어진 것으로서 우리의 자랑과 공로의 여지가 없다. 다른 말로, 예정론은 사람 중심적인 우리의 생각을 하나님 중심적으로 바꾸게 하는 유익이 있다.

그러나 반면에 예정론과 하나님의 주권 사상이 자칫 배타주의적 독선과 오만으로 변질될 수 있고, 수동적이고 정체적인 신앙, 전도열의 약화 같은 부작용과 폐해를 유발할 수도 있다. 실제로 예정론을 중시하는 교회나 사람들에게서 그런 현상이 있다. 그러므로 우리가 하나님의 주권과 예정을 믿을수록, 하나님의 사랑과 구원의 은혜에 합당한 믿음의 선한 열매를 맺기 위해 더욱 힘써야 한다.[7]

> 그러므로 내 사랑하는 형제들아 견실하며 흔들리지 말고 항상 주의 일에 더욱 힘쓰는 자들이 되라 이는 너희 수고가 주 안에서 헛되지 않은 줄 앎이라(고전 15:58).

2019년 1월 24일

---

6 롬 16:25-26; 엡 3:3, 9; 골 1:26; 2:2-3; 4:3-4; 딛 1:2-3; 히 1:1-2.
7 롬 6;21-23; 고후 9:8-10; 10:15; 갈 5:22; 빌 1:11, 25; 골 1:6, 10; 약 2:17; 벧후 1:1-8.

65. 세례와 성만찬

> 그런즉 우리가 무슨 말을 하리요 은혜를 더하게 하려고 죄에 거하겠느냐 그럴 수 없느니라 죄에 대하여 죽은 우리가 어찌 그 가운데 더 살리요 무릇 그리스도 예수와 합하여 세례를 받은 우리는 그의 죽으심과 합하여 세례를 받은 줄을 알지 못하느냐 그러므로 우리가 그의 죽으심과 합하여 세례를 받음으로 그와 함께 장사 되었나니, 이는 아버지의 영광으로 말미암아 그리스도를 죽은 자 가운데서 살리심과 같이, 우리로 또한 새 생명 가운데서 행하게 하려 함이라 만일 우리가 그의 죽으심과 같은 모양으로 연합한 자가 되었으면 또한 그의 부활과 같은 모양으로 연합한 자도 되리라(롬 6:1-5).
>
> 그러므로 누구든지 주의 떡이나 잔을 합당하지 않게 먹고 마시는 자는 주의 몸과 피에 대하여 죄를 짓는 것이니라 사람이 자기를 살피고 그 후에야 이 떡을 먹고 이 잔을 마실 지니 주의 몸을 분별하지 못하고 먹고 마시는 자는 자기의 죄를 먹고 마시는 것이니라(고전 11:27-29).

    세례식과 성찬식은 구원 신앙을 다짐하고 구원의 말씀을 확증하는 중요한 의식들이다. 이 두 의식들은 겉으로는 다르면서도 실제로는 같은 의미를 지닌다. 세례식은 처음 예수님을 믿기로 작정한 신자가 죄를 씻고 구원의 은혜에 참여하는 정결 의식이고,[1] 성찬식은 세례 받은 성도가 그리스도로 말미암은 구원의 은혜에 참여하는 만찬 의식이다. 이 두 의식들은 사람이 만든 의식들이 아니라, "보이는 말씀"(visible word)이다. 즉, 주님의 명령을 따라 시행하는 의식이다(눅 22:19; 마 28:19; 고전 11:24).

    세례식은 물론 성찬식도 참여자들에게 "죄의 회개"와 "정결한 삶"을 요구한다. 이 두 의식들에 참여하는 이들은 죄인들을 위해 죽으시고 다시 사신 그리스도와 연합하여 모든 죄의 권세에서 해방되어 새 사람이 되었음(중생, 칭의)을 믿고,[2] 옛

---

[1] 유아 세례는 구원의 언약 전통을 따라서 믿는 부모의 유아가 구원의 은혜에 참여하는 의식이다.
[2] 요 3:5; 롬 6:3 이하; 갈 3:27; 요일 4:13. 믿는 자와 그리스도와의 연합은 구약 제사 의식 규정에서 제물의 헌납자가 제물의 머리에 안수함으로써 그것과 연합되어 속죄를 받는다는

사람의 죄의 삶을 버리고 새 사람의 거룩한 삶(성화)을 살 것을 다짐한다.

주님 자신이 세례를 받으심으로써 죄인들과 같이 되셨고 또한 마지막 유월절 만찬을 드실 때에 그의 죽으심을 성찬식으로 기념하도록 명령하셨다.

너희가 이를 행하여 나를 기념하라(눅 22:19; 고전 11:24b).

바울은 로마서 6장 본문에서 그리스도인들이 처음 믿기로 작정했을 때 받은 세례식의 의미를 상기시키면서 세례 받은 사람은 그리스도와 연합하여 새로운 피조물로 거듭났다는 그리스도인의 존재 의식을 가지고 거룩한 삶을 힘써야 할 것을 가르친다.

유사하게, 고린도전서 11장 본문에서도 바울은 그리스도인들이 참여하는 성찬식의 의미를 상기시키면서 성찬을 받기 전에 먼저 자신이 그리스도와 연합한 새 사람으로서 부끄러움이 없는지를 살핀 후에 성찬을 받을 것을 권면한다.

그리스도를 믿는 사람은 그리스도 안에서 새로운 피조물로 하나님의 인정을 받았으나, 여전히 그리스도 밖에서의 낡은 피조물(옛 사람)의 특성과 습관을 따라 사는 것이 고질적 문제다. 그러므로 그리스도인들은 초신자들이 받는 세례식의 증인들로 참여할 때나 주의 만찬에 참여할 때에 하나님 앞에서 자신의 부끄러운 죄를 고백함으로써 하나님의 죄 용서하심을 확신해야 하고 또한 새 사람으로서 거룩하게 살기를 다짐해야 하는 것이다.

우리가 어떤 잔치에 참여 할 때 더러운 옷을 벗고 새 옷을 입고 가듯이, 이 두 의식에 참여할 때마다 우리 자신들을 살펴서 옛 사람을 버리고 새 사람을 입어야 한다(엡 4:22-24).

친구여 어찌하여 예복을 입지 않고 여기 들어왔느냐(마 22:12).

더구나 우리는 세상의 헛된 가치와 욕망에 젖기 쉬운 반면에 그리스도의 구원의 은혜를 잊기 쉽다. 그러므로 우리는 이 의식들에 반복적으로 참여함으로써 우리의 죄를 씻어 주신 그리스도의 구원의 은혜를 되새겨야 한다.

대속의 언약에서 비롯된 것이다(레 1:4; 17:11; 히 9:11-22).

> 너희가 이를 행하여 나를 기념하라(눅 22:19; 고전 11:24b).

이 의식들을 행할 때마다 죄로 찌든 우리의 부끄러운 현존을 새삼 깨닫게 된다. 또한, 그리스도의 죽으심이 단순히 과거의 사건이 아니라, 순간 마다 우리 죄인들 앞에서 일어나는 현재적 사건임을 깨닫게 된다. 이 의식들을 행할 때마다 우리가 그리스도와 함께 죽고 일어남으로써 우리의 모든 현재의 약함과 고난을 극복하고 부활의 능력과 기쁨으로 살게 된다.

> 그러므로 우리가 그의 죽으심과 합하여 세례를 받음으로 그와 함께 장사되었나니, 이는 아버지의 영광으로 말미암아 그리스도를 죽은 자 가운데서 살리심과 같이 우리로 또한 새 생명 가운데서 행하게 하려 함이라(롬 6:4).
> 너희가 이 떡을 먹으며 이 잔을 마실 때 마다 주의 죽으심을 그가 오실 때까지 전하는 것이니라(고전 11:26).
> 내가 그리스도와 그 부활의 권능과 그 고난에 참여함을 알고자 하여, 그의 죽으심을 본받아 어떻게 해서든지 죽은 자 가운데서 부활에 이르려 하노니(빌 3:10-11).

비록 우리는 여전히 부끄러운 죄인들이지만 우리 죄인을 용서하신 주님께서 친히 우리 믿음의 활력과 진보를 위해 마련하신 이 귀한 의식들을 소중히 여기고, 우리 자신을 돌아보면서 특별한 죄가 없는 한, 우리는 경건한 마음으로 이 거룩한 의식들에 참여하자.

> 누가 정죄하리요 죽으실 뿐 아니라, 다시 살아나신 이는 그리스도 예수시니 그는 하나님 우편에 계신 자요, 우리를 위하여 간구하시는 자시니라(롬 8:34).

비록 우리는 연약한 죄인들이지만, 아버지께 용서함을 받은 탕자와 같이 부끄럽고 죄송하면서도 감사하는 마음으로 하늘 아버지께서 베푸신 잔치 자리에 나아가자.

무릇 하나님의 영으로 인도함을 받는 사람은 곧 하나님의 아들이라 너희는 다시 무서워하는 종의 영을 받지 아니하고 양자의 영을 받았으므로 우리가 아빠 아버지라고 부르짖느니라(롬 8:14-15).

2019년 1월 31일

66. 사망의 음침한 골짜기를 지나면서

> 참으로 이 장막에 있는 우리가 짐진 것 같이 탄식하는 것은 벗고자 함이 아니요, 오히려 덧입고자 함이니, 죽을 것이 생명에 삼킨 바 되게 하려 함이라 (고후 5:4).

바울은 우리의 육체를 우리의 영혼이 "영원한 집"에 가기 전에 잠시 거주하는 "장막 집"이라고 한다.

> 만일 땅에 있는 우리의 장막 집이 무너지면, 하나님께서 지으신 집 곧 손으로 지은 것이 아니요 하늘에 있는 영원한 집이 우리에게 있는 줄 아느니라(고후 5:1).

우리 믿는 사람들이 죽으면 그 육체는 흙으로 돌아가지만, 그 영혼은 주님이 계신 천국으로 간다. 이것을 믿는 우리는 우리의 육체보다 우리의 영혼을, 이 세상보다 저 천국을, 자신보다 생명의 주님을 더 귀하게 여겨야 한다. 그리스도인은 그를 구원하신 그리스도의 구원 은혜 중심적인 인생관, 세계관, 가치관을 분명히 가지고 죽음을 포함한 인간의 모든 한계를 극복해야 한다.

그러므로 바울은 사망의 권세가 지배하는 어려운 현존 가운데서 "하늘의 영원한 집," 곧 "신령한 몸"으로 "덧입기"를 간절히 사모한다. 그는 자신의 육체의 생명위에, 즉 자신의 죽음 대신 주님께서 주실 영원한 생명으로 "덧입기"를 원한다.[1] 바울은 주님께서 오실 때 범죄한 아담과 그의 후손들이 받는 오랜 죽음의 형벌이 끝나고 주를 믿는 사람들이 영생의 축복을 완전히 누리게 될 것을 믿는다.[2]

주님께서 재림하실 때 이미 죽은 사람들은 부활하지만, 살아 있는 사람들은 죽음을 경험하지 않고 신령한 몸으로 변화되어 영생하게 될 것을 믿는다(고전 15:42-53; 고후 5:2-4). 그러나 그때까지는 바울 자신도 모든 자연인들과 같이 자신의 육체

---

[1] 믿는 자는 이미 영생을 얻었으나, 마지막 날에 완전한 구원을 얻게 될 것이다(요 11:25-26; 13:10; 롬 8:2, 18-24; 고후 4:17; 벧후 3:13; 계 21:1 이하).
[2] 롬 8:18, 23-24; 고전 15:51 이하; 고후 5:1-10; 빌 3:20-21.

의 생명을 보존하려는 본능을 가지고 있음을 시인한다(고후 1:8-10). 인간의 육체의 생명은 제한적이고 고난을 겪지만, 원칙적으로 생명의 창조주 하나님께서 주신 축복이요 은혜다.

생육하고 번성하여 땅에 충만하라(창 1:28).

장수는 하나님의 축복이다.[3] 비록 우리의 육체의 생명은 일시적이지만, 우리의 영원한 생명의 예시적 모형이며, 우리의 영혼의 일시적 처소다.[4] 그러므로 비록 우리의 육체가 "장막 집"과 같이 일시적이고 불완전하지만, 우리의 영혼이 "영원한 집"에 가기 전에 또는 주님께서 오시기까지 거주하는 처소이므로 우리가 하나님의 보호하심을 받으며 오래 사는 것은 축복이며, 우리의 육체의 생명을 소중히 여기는 것은 당연하다.

바울은 우리가 육체의 죽음을 피하는 유일한 길은 우리가 살아 있는 동안 주님께서 재림하시는 것뿐임을 잘 알고 있다. 그 때 우리의 썩을 몸이 썩지 아니할 영원한 몸으로 변화될 수 있기 때문이다.

나팔 소리가 나매 죽은 자들이 썩지 아니할 것으로 다시 살아나고 우리도 변화되리라(고전 15:51).

그러므로 여기서 바울은 주님의 재림 약속을 따라서 가능하면, 주님께서 재림 때까지 죽지 않고 살아있는 상태로 "하늘의 영원한 집"("신령한 몸")으로 "덧입기"를 간절히 사모하는 것이다. 이것은 바울뿐만 아니라, 모든 그리스도인들의 소망이다. 우리 모두 우리가 죽기 전에, 죽음의 고통을 경험하기 전에 주님께서 오실 것을 바란다.

내가 진실로 속히 오리라 하시거늘, 아멘, 주 예수여, 오시옵소서(계 22:20).

---

[3] 창 15:15; 출 20:12; 신 22:7; 욥 5:26; 시 91:16; 잠 10:27; 28:16; 엡 6:3; 참조, 전 6:3; 7:15; 8:12-13.
[4] 참조, 행 9:15; 롬 9:22; 고후 4:7; 벧전 3:7.

비록 본문에서 바울이 주님께서 오심으로써 자신이 산채로 신령한 몸으로 변화되기를 원했지만, 그렇다고 바울이 육체의 생명에 집착한 것은 아니다. 바울은 때로 고난의 사역 가운데 차라리 죽어서 주님과 함께 있기를 더 원하기도 했다(빌 1:23; 2:17; 3:10-11; 딤후 4:6-8).

> 내가 그 둘 사이에 끼었으니 차라리 세상을 떠나서 그리스도와 함께 있는 것이 훨씬 더 좋은 일이라 그렇게 하고 싶으나(빌 1:23).
> 이 세상의 외형은 지나감이니라(고전 7:31b).

그러므로 우리 믿는 이들은 모든 의심을 물리치고, 사후에 또는 이 세상의 끝날에 주님께서 마련하신 "이 세상 보다 더 좋은 세상"으로 들어가게 된다는 주님의 약속을 믿어야 한다.[5]

> 그러나 인자가 올 때에 세상에서 믿음을 보겠느냐(눅 18:8b).

생각하면, 육신을 가지신 우리 주님께서도 마지막 날 밤 겟세마네 동산에서 십자가의 고난과 죽음을 앞두고 잠시 시험받으셨다(마 26:41-42).

주님은 할 수만 있다면 자신의 육체의 생명을 지키면서도 인간을 생명을 구원하실 수 있는 길을 구하셨으나, 결국 하나님의 뜻을 따라서 많은 사람을 위해 자신의 육체의 생명을 기꺼이 포기하기로 결정하셨다.

우리의 육체의 생명도 하나님의 선물이며 축복이지만, 영생의 소망을 가진 우리는 소망이 없는 세상 사람들처럼 우리의 일시적 육체의 생명에 지나치게 집착하지 않도록 주의해야 한다.[6] 주님을 믿는 우리들은 더 이상 우리의 죽음을 자연의 생성 소멸의 순환 원리나, 피할 수 없는 인간의 운명으로 보지 않는다. 부활이요 생명이신 주님과 연합한 우리는 영생을 약속받았다.[7]

---

5 요 14:2-3; 롬 8:18-24; 히 11:16, 40; 벧후 1:11.
6 마 6:19; 눅 12:13-21; 18:25; 골 3:2; 살전 4:13; 요일 1:15-17.
7 마 10:28; 요 3:16; 요 11:25-26; 14:1-3; 롬 5:21; 6:23; 고후 5:1 이하; 빌 3:20-21; 골 3:5; 살전 4:13-17; 살후 1:7-10; 딤후 4:8; 히 11:16; 13:14; 벧전 4:13; 5:10; 벧후 1:11; 3:10-

주님과 연합한 우리는 살아도 주를 위해 살고, 죽어도 주를 위해 죽는다(롬 14:8; 빌 1:20-12). 믿음의 선진들이 보여 주었듯이, 핍박 가운데 우리의 육체의 생명을 포기해야 할 때도 있고 불행한 사고와 질병으로 생명을 잃을 수도 있으나, 우리는 이 지구촌을 잠시 지나가는 나그네라는 사실을 명심하고 이 세상의 가치 보다 우리의 본향인 천국의 가치를, 썩을 육체 보다 영원한 영혼을, 나 자신이 아니라, 생명의 주님을 굳게 잡아야 한다.[8]

> 우리가 살아도 주를 위하여 살고 죽어도 주를 위하여 죽나니 그러므로 사나 죽으나 우리가 주의 것이로다(롬 14:8).

영생을 믿는 우리에게 죽음이란 어린아이가 유치(乳齒)를 빼어 버리고 영구치를 갖는 것과 같다. 어린아이들은 젖니를 뺄 때 공포심을 갖지만, "더 좋고, 더 큰 새 이빨이 난다"는 부모의 격려와 약속을 믿고 젖니를 빼도록 내맡긴다. 우리도 죽음을 주님께서 약속하신 영생으로 들어가는 관문으로 믿고, 담대하게 맞자.

> 내가 사망의 음침한 골짜기로 다닐지라도 해를 두려워하지 않을 것은 주께서 나와 함께 하심이라(시 23:4a).

특별히 생명의 주님 자신도 친히 죽음의 고통을 경험하셨음을 기억하자. 주님의 십자가의 죽으심이 부활의 생명의 전단계였듯이, 우리의 죽음도 주 안에서 장래 부활과 영생에의 관문으로 믿자. 비록 천국에 대한 자세한 설명이나 도래의 날짜는 없으나 성경의 많은 약속이 성취된 사실과 특별히 그리스도의 죽으심과 부활 사건의 확실성에 비추어 천국의 약속을 믿을 수 있다.

그러므로 주님께서 우리를 당신의 영원한 집으로 부르실 때까지 괴로우나, 즐거우나, 강건하든지, 약하든지, 살든지, 죽든지, 날마다 감사와 찬송으로 나아가자.

13; 요일 2:25; 5:13; 계 14:13; 21:1-22:5.
8 마 10:28; 11:44; 16:25; 히 4:14; 11:33-40.

이 썩을 것이 반드시 썩지 아니할 것을 입겠고, 이 죽을 것이 죽지 아니함을 입으리로다 … 사망아, 너의 승리가 어디 있느냐 사망아 네가 쏘는 것이 어디 있느냐 사망이 쏘는 것은 죄요, 죄의 권능은 율법이라 우리 주 예수 그리스도로 말미암아 우리에게 승리를 주시는 하나님께 감사하노니, 그러므로, 내 사랑하는 형제들아 견실하며 흔들리지 말고 항상 주의 일에 더욱 힘쓰는 자들이 되라 이는 너희 수고가 주 안에서 헛되지 않은 줄 앎이라(고전 15:53-58).

사망 권세를 이기시고 부활하신 주님 안에서 우리의 고난과 아픔은 우리로 하여금 하나님의 구원의 은혜를 확신하게 하고 영생과 영광을 대망하게 하는 것이다. 무엇보다 우리가 그리스도의 고난에 동참하는 경험을 할 때 우리 안에 온전한 그리스도의 형상이 이루어지는 축복을 받게 되는 것이다(롬 5:3-11; 8:29; 갈 4:19; 빌 3:10-11).

(심장 스텐트 시술을 앞두고) 2019년 2월 9일

67. 소명 의식

> 그러므로 우리가 이 직분을 받아 긍휼하심을 입은 대로 낙심하지 아니하고 (고후 4:1).
>
> 그러므로 형제들아, 더욱 힘써 너희 부르심과 택하심을 굳게 하라 너희가 이 것을 행한 즉 언제든지 실족하지 아니하리라(벧후 1:10).

누구나 슬럼프에 빠질 때가 있다. 하나님의 사람들도 예외는 아니다. 믿음의 조상 아브라함도 하나님의 오랜 약속을 기다리다가 지쳤을 때가 있었고(창 15:1 이하), 모세도 원망을 계속하는 이스라엘 백성으로 말미암아 지도자로서의 한계를 느낀 경우가 있었고(민 11:11-15), 욥도 극심한 고난으로 탄식하며 죽기를 원했다(욥 7:15-16; 16:6-22; 23:1-17).

다윗도 평생 많은 고난을 겪었고,[1] 모든 영화를 누리던 솔로몬 왕도 말년에 인생의 허망함을 절실히 깨달았고(전 1:1 이하), 갈멜산에서 바알과 아세라 선지자들을 죽이고 의기양양하던 엘리야도 이세벨의 살해 협박을 받고 광야로 피신하여 차라리 죽기를 바란 적도 있었고(왕상 19:4), 예레미야도 눈물로 그의 고난과 아픔을 호소했고(렘 10:17-25; 17:12-18; 15:10-18; 애 1:2), 바울도 옥중에서 죽음을 생각했던 때가 있었다(빌 1:22).

하나님의 사람들이 과로에 의한 탈진 상태(burnt-out)에서 벗어나는 비결은 역시 하나님께 부르심을 받았다는 소명 의식을 강화하는 것이다. 그들은 선하신 하나님께서 그들을 직접 부르시고 특별한 사명을 주셨다는 사실을 상기하고, 그들에게 사명을 주신 하나님께서 그들이 사명을 마칠 때까지 그들을 특별히 보호하시고 인도하신다는 것을 굳게 믿었다.

사도 바울은 극심한 고난의 사역 가운데서 주님께서 자신을 복음 전도자로 부르셨음을 믿고, 자신뿐만 아니라, 하나님께서는 한번 부르신 이들을 절대로 버리지 않으시

---

1 시 6장; 22장; 38장; 39장; 69장; 70장; 71장 등.

고 그들에게 맡기신 사명을 완수할 때까지 끝까지 그들을 보호하심을 믿었다.[2]

> 하나님의 은사와 부르심에는 후회하심이 없느니라(롬 11:29)[3]
> 우리가 알거니와 하나님을 사랑하는 자 곧 그의 뜻대로 부르심을 입은 자들에게는 모든 것이 합력하여 선을 이루느니라(롬 8:28).
> 그러므로 우리가 낙심하지 아니하노니 우리의 겉사람은 낡아지나 우리의 속사람은 날로 새로워지도다(고후 4:16).

사도 바울은 자주 자신의 고난을 그리스도의 고난에 동참하는 것으로 이해하며 그리스도의 부활을 따라서 재기의 소망을 다짐한다.[4] 비록 우리가 받는 현재의 고난이 주님께서 오실 때까지 계속되겠지만,[5] 우리를 향하신 그리스도의 넘치는 사랑으로 말미암아 우리는 현재의 고난을 극복할 수 있다.

> 누가 우리를 그리스도의 사랑에서 끊으리요 환난이나 곤고나 박해나 기근이나 적신이나 위험이나 칼이랴(롬 8:35).

더구나 다시 사신 그리스도 안에서 받는 모든 그리스도인의 고난이나 불행은 자주 잠재적 은혜의 통로가 되기도 한다. 이것이 고린도후서 전체의 일관된 주제요 교훈이다.

> 그리스도의 고난이 우리에게 넘친 것같이 우리가 받는 위로도 그리스도로 말미암아 넘치는도다(고후 1:5; 7:13).
> 하나님의 뜻대로 하는 근심은 후회할 것이 없는 구원에 이르게 하는 회개를 이루는 것이요, 세상 근심은 사망을 이루는 것이니라(고후 7:10; 참조 6:10).

---

2 고전 4:1-21; 9:1-27; 15:9-10; 고후 2:14-7:16; 10:7-12:21; 갈 1:1-2:10.
3 이 말씀은 원래 "성도의 견인"(堅忍)을 가리키는 말씀이지만, 필자는 여기서 "사명자의 견인"을 나타내기 위한 적절한 표현 방법으로 인용한 것이다. 참조, 눅 22:31-32.
4 롬 14:8; 고후 4:10; 13:4; 갈 2:20; 빌 1:21.
5 롬 8:18; 고후 4:16-17; 빌 3:10-14, 20-21; 딤후 4:6-8.

그러므로 내가 그리스도를 위하여 약한 것들과 능욕과 궁핍과 박해와 곤고를 기뻐하노니, 이는 내가 약한 그때에 강함이라(고후 12:10).[6]

이렇게 복음 전도자는 자신의 모든 연약함과 어려운 환경과 사람들의 조롱과 비난 가운데서도 주님께서 자신을 사도로 부르셨다는 굳건한 소명 의식, 변치 않는 주님의 사랑에 대한 믿음, 주님의 고난과 부활에 동참한다는 확신, 장래의 영광의 소망을 가지고 다시 일어나야 한다.[7]

그리스도의 고난이 우리에게 넘친 것 같이 우리가 받는 위로도 그리스도로 말미암아 넘치는도다(고후 1:5).

루터(1483-1546), 칼빈(1509-1564), 존 웨슬리(1703-1791)도 평생 동안 거듭되는 안팎의 시험과 도전 가운데서도 주님께서 자신에게 맡겨주신 사명을 굳게 잡고 끈질기게 일했다.

베드로도 모든 믿음의 형제가 하나님의 부르심과 택하심을 굳게 믿음으로써 시험에 들지 않고 믿음을 지킬 것을 권면한다.

그러므로 형제들아 더욱 힘써 너희 부르심과 택하심을 굳게 하라 너희가 이것을 행한 즉 언제든지 실족하지 아니하리라(벧후 1:10).

바울도 그리스도와 연합한 사람에게는 모든 고난도, 모든 위로도 그리스도로 말미암는다는 것을 밝힌다.

우리가 살아도 주를 위하여 살고 죽어도 주를 위하여 죽나니, 그러므로 사나 죽으나 우리가 주의 것이로다(롬 14:8).

---

6 참조, 4:7-15; 6:4-10; 12:7-9; 13:4-7.
7 롬 8:9, 26; 고전 2:10-16; 7:20; 고후 1:22; 3:6; 4:6; 5:18-20; 갈 1;12.

모든 삶의 도전 가운데서도 고난 받으신 그리스도의 영이 지금 우리 속에 거하시고 우리와 동행하심을 잊지 말아야 한다.

누구든지 그리스도의 영이 없으면 그리스도의 사람이 아니라(롬 8:9b).

2019년 2월 17일

68. 반복적 회개

> 이 때부터 예수께서 비로소 전파하여 이르시되 회개하라 천국이 가까이 왔느니라 하시더라(마 4:17).
> 베드로가 이르되 너희가 회개하여 각각 예수 그리스도의 이름으로 세례를 받고 죄 사함을 받으라 그리하면 성령의 선물을 받으리니 … 이 패역한 세대에서 구원을 받으라 하니(행 2:38-40).

예수님은 세례요한이 잡힌 후에 "회개하라. 천국이 가까이 왔느니라"(마 4:17)라고 선포하시며 본격적으로 복음 사역을 전개하셨다. 예수님의 오심으로 말미암아 하나님께서는 오래전부터 약속하신 구원의 새 시대를 시작하신 것이다. 예수님께서는 세례 요한이 그의 사역을 마칠 때 율법의 행위로 구원 얻는 구원의 낡은 시대를 끝내시고 예수님을 믿음으로 구원 얻는 구원의 새 시대를 여시면서 모든 죄인이 회개하고 하나님의 나라 시민이 되도록 그들을 부르시고 초청하셨던 것이다.

회개란 예수로 말미암은 구원의 새 시대가 오기 전의 옛 시대의 사람들이 가졌던 옛 사람의 마음, 생각, 자세와 행위를 버리고 구원의 새 시대의 새 사람의 것들로 대체하는 것이다(롬 3:21 이하; 8:1 이하; 엡 4:22-24). 그러나 죄를 회개하기 위해 먼저 예수 그리스도로 말미암아 새로운 구원의 은혜의 시대가 도래한 사실을 분명히 인식해야 한다.

복음이 오기 전에도 죄를 회개하는 역사는 있었다. 이스라엘 백성도 죄를 회개할 때가 있었고, 심지어 이방 백성들도 회개한 적이 있었다. 바벨론 포로 때 에스겔은 죄 지은 이스라엘 백성에게 회개할 것을 촉구했다(겔 18:30). 에스라와 느헤미야는 포로에서 돌아온 이스라엘 백성에게 죄악 행위를 버리고 율법 중심의 새로운 삶을 살 것을 촉구했다.

더 오래 전에 요나의 전도를 받은 유대 민족의 적국인 앗수르의 니느웨 사람들도 회개했다. 개인적으로 욥과 다윗도 자신의 죄를 깊이 회개했다(욥 42:6; 시 51편).

그러나 그리스도의 오심으로 시작된 회개 운동은 이전의 회개 운동들과는 달리 하나님의 아들 예수의 구원 사역으로 말미암는 최종적이고 종말론적인 회개 운동이었다. 베드로는 성령 강림 사건으로 크게 흔들린 예루살렘 유대인들에게 예수의 복음이 바로 구약 성경이 약속한 메시아로 말미암은 최종적, 완전한 구원의 약속임을 밝혔다(행 2:14-40; 욜 2:28 이하; 시 16:8-10; 110:1). 마찬가지로 사도 바울도 예수 그리스도의 복음이 사람이 지어낸 것이 아니라, 하나님의 계시이며, 율법과 선지자가 오래 전부터 약속한 것이 성취되었다고 한다.[1]

그러므로 회개란 예수로 말미암은 구원의 새 시대의 도래를 인식하고(마 4:17; 롬 3:21), 옛 사람의 마음, 생각, 감정과 행위를 버리고 성령으로 말미암은 새로운 사람으로 변화되어(중생, 칭의, 요 3:5; 롬 3:22 이하; 고후 5:17), 변화된 새 사람 속에 내주하시는 성령을 따라 또한 그리스도의 모본을 따라서 새 사람의 마음, 생각, 감정과 행위를 갖는 것이다(성화, 롬 6:1; 이하; 8:1 이하; 12:1; 이하; 엡 4:22-24; 빌 2:5 이하; 골 3:1-10).

다른 말로 회개란 죄인이 예수님을 만나서 세상의 인생관, 세계관, 도덕관을 버리고 예수로 말미암는 새로운 신앙 공동체의 가르침을 따라서 변화된 마음과 행위를 갖고 살아가는 것이다. 하나님 나라 시민으로서의 확고한 의식을 가지고 일시적인 세상의 가치 대신에 영원한 하나님 나라와 그의 의를 구하는 것이다.

물론 이 세상은 여전히 죄악으로 혼란하고, 우리는 여전히 죄를 지으면서 고달픈 인생을 한탄 하지만, 우리는 그리스도로 말미암아 새로운 피조물이 되었다는 사실과 하나님의 은혜로운 구원의 역사가 지금도 도처에서 일어나고 있음을 상기해야 한다. 또한, 우리는 예수 그리스도께서 재림하실 때 완전한 구원의 날이 도래한다는 사실을 믿어야 한다.

> 생각하건대 현재의 고난은 장차 우리에게 나타날 영광과 비교할 수 없도다 … 피조물이 다 이제까지 함께 탄식하며 함께 고통을 겪고 있는 것을 우리가 아느니라 그뿐 아니라, 또한 우리 곧 성령의 처음 익은 열매를 받은 우리까지도 속으로 탄식하여 양자 될 것 곧 우리 몸의 속량을 기다리느니라(롬 8:18-23).

우리가 이 험한 세상에서 여러 가지 시험을 받으며 믿음과 소망이 흔들릴 때가 있으나, 회개하고 다시 믿음과 소망을 굳게 잡아야 한다.

---

[1] 롬 1:2; 3:21; 16:26; 고전 2:7-16; 고후 4:6; 갈 1:12; 엡 3:3-4, 9, 11; 딛 1:1-2; 히 1:1-2.

그러므로 어디서 떨어졌는지를 생각하고 회개하여 처음 행위를 가지라 만일 그
러하지 아니하고 회개하지 아니하면 내가 네게 가서 네 촛대를 그 자리에서 옮기
리라(계 2:5)[2]

그러므로 회개란 우리가 처음 믿을 때 일어난 일회적 결단일 뿐만 아니라, 우리의 일상 신앙생활에서 계속적으로 일어나야 하는 반복적인 결단이다.

시몬아, 시몬아, 보라 사탄이 너희를 밀 까부르듯 하려고 요구하였으나, 그러나
내가 너를 위하여 네 믿음이 떨어지지 않기를 기도하였노니 너는 돌이킨 후에 네
형제를 굳게 하라(눅 22:31-32).

결국 회개도 주님의 은혜로 말미암는 것이다. 그것은 하나님의 은혜로우신 부르심과 책망에 대한 죄인의 반응이다. 사람의 결단이기 전에 하나님의 선물이다.[3]
죄의 회개는 순환 장치가 멈추어 탁해진 수조(水槽)를 순환장치를 재가동하여 신선한 물로서 죽어가는 물고기를 살리는 것과 같다.

우리의 마음과 생각이 그리스도의 마음과 성령으로 충만한가?
우리는 그리스도의 사랑으로 서로의 잘못을 용서하며 화해에 힘쓰는가?
주님의 몸 된 교회를 열심히 그리고 겸손히 섬기는가?
우리는 세상의 소금과 빛이 되었는가?
우리는 먼저 그의 나라와 그의 의를 구하고 있는가?
복음의 증인으로서 복음 전파의 기회를 살리고 있는가?

2019년 2월 27일

---

[2] 요한계시록의 7교회는 서머나교회와 빌라델비아교회를 제외하고 모두 회개하도록 책망을 받았다(2:5, 16, 20-22; 3:3, 19).
[3] 마 3:11; 11:20; 눅 18:13; 19:5-10; 행 2:37-38; 5:31; 롬 2:4-5; 딤후 2:25; 계 2:21.

69. 종교의 내면성과 외면성

> 화 있을진저, 외식하는 서기관들과 바리새인들이여, 너희가 박하와 회향과 근채의 십일조는 드리되, 율법의 더 중한 바 정의와 긍휼과 믿음은 버렸도다 그러나 이것도 행하고 저것도 버리지 말아야 할지니라(마 23:23).

우리는 하나님의 말씀을 하나님을 사랑하는 마음에서 순복해야 한다.

> 너는 마음을 다하고 뜻을 다하고 힘을 다하여 네 하나님 여호와를 사랑하라(신 6:5).

그러나 우리는 자주 진정성 없이 습관적으로, 기계적으로 하나님을 믿는 것이 문제다.

우리 주님께서는 평생 유대교인들의 외식적 신앙생활을 책망하시면서 하나님을 진심으로 사랑할 것을 가르치셨다. 예수님의 하나님 나라 운동은 의식화, 제도화, 규례화된 율법주의적 유대교를 하나님 앞에서 소탈하고 진실한 마음의 종교로 개혁하는 운동이었다.

> 심령이 가난한 자는 복이 있나니 천국이 그들의 것임이요(마 5:3).
> 마음이 청결한 자는 복이 있나니 그들이 하나님을 볼 것임이요(마 5:8).

진실한 믿음은 사람의 본질적 죄소인 마음에서 비롯된다. 마음의 증오와 욕심이 죄를 낳는다(마 5:22, 28; 막 7:16-23; 약 1:13). 우리는 마음으로 하나님을 사랑해야 한다(신 6:5). 진정한 예배는 거룩한 장소가 아니라, 우리의 경건한 마음으로 결정된다.

> 하나님은 영이시니 예배하는 자가 영과 진리로 예배할지니라(요 4:24).

사도 바울도 평생 율법의 외적 행위가 아니라, 그리스도를 통한 하나님의 구원의 은혜를 믿음으로 구원 얻는다는 것을 가르쳤다(롬 3:21 이하; 갈 2:16). 또한, 믿는 사람들은 어떤 보이는 행위와 증거보다는 그리스도 중심적으로 사리를 분별하고 판단해야 할 것을 가르쳤다.

> 너희는 외모만 보는도다(고후 10:7).

우리가 주님의 십자가의 구원의 능력을 믿을 때 겉으로는 약하나, 실제로는 더 강한 것이다(고후 12:9-10; 13:4).

> 이는 그리스도께서 내 안에서 말씀하시는 증거를 너희가 구함이니 그는 너희에게 대하여 약하지 않고, 도리어 너희 안에서 강하시니라(고후 13:3).

그렇다고해서, 예수님이나 사도 바울이 신앙생활의 외면성을 무시한 것은 아니다. 예수님은 본문에서 율법이 가르치는 규례도 지켜야 할 것을 가르치셨다(마 23:23). 그리고 예수님은 누가복음 17장에서 10명의 나병환자들을 고쳐 주시면서 레위기 13장의 규례를 따라서 "가서 제사장들에게 너희 몸을 보이라"고 지시하셨다.

바울은 디모데에게 할례를 받게 했고, 각 교회가 예루살렘의 사도들과 장로들이 작정한 규례를 가르쳤다(행 16:3-4). 또한, 바울 자신도 민수기 6: 18의 나실인의 규정을 따라서 겐그레아에서 머리를 깎았다(행 18:18; 참조, 21:24, 26; 24:18; 고전 9:20). 초대교회도 이방인 교인들을 위한 일종의 약식 규례를 만들어 가르쳤다(행 15:29; 21:25).

그리스도께서 성육신하셨던 것과 같이 그리스도의 몸인 그리스도의 교회나 그의 지체인 그리스도인도 내면성과 함께 어떤 특정한 외면성을 가질 수밖에 없다. 즉 교회는 성경 말씀을 따라서 그리스도인의 내면적 가치관을 교회가 처한 시공간 속에서, 문화 환경 속에서 구체화된 규정과 규례를 만들어 가르쳐야 한다.

일찍이 아리스토텔레스(B.C. 384-322)가 존재를 질량(matter)과 형식(form)으로 나누어 이해한 것은 사물의 존재를 분명하게 이해하는 데 도움을 주었다. 그러나 토마스 아퀴나스(A.D. 1225-1274)가 이를 로마 가톨릭의 신학에 일률적으로 적용해 많은 비성경적 교리와 의식(성사)를 양산하여 형식적 신앙으로 흐르게 한 것은 잘못된 것이다. 그리스도 교회의 외면성을 성경이 정한 한계를 넘어서 인위적으로 지나치게 확대시킨 잘못이다.

이와는 반대로 현대교회는 보편주의, 자유주의, 다원주의, 상대주의 등 세계화의 추세를 따라서 주로 교회의 전통적 규례를 무시하거나 철폐하는 경향이 있다. 문화와 시대적 조류를 전혀 무시할 수도 없으나 그렇다고 무턱대고 시대를 따르는 것도 옳지 않다. 율법이나 교회의 규례는 구원의 수단은 아니지만, 구원받은 이들의 신앙생활을 위한 구체적 안내와 지침이 되는 것이다. 대개 무엇이든지 외면 없이 내면만으로는 오래 가지 못한다.

그리스도의 교회는 성경 말씀과 성령님의 지시를 따라서 하나님의 종교의 내연과 외연의 조화와 균형을 이루어가야 한다. 죽은 전통과 규례는 과감히 내어버리되, 대신 하나님의 말씀과 성령의 감화에 의한 역동적인 삶의 모델을 찾아야 할 것이다. 믿음의 갱신을 위해 새로운 목회 프로그램을 도입해야 할 것이다. 반면에 우리의 믿음을 돕는 교회의 전통과 규례도 존중하되, 그 전통과 규례가 가리키는 하나님을 향한 진실한 마음 자세를 잊지 않도록 주의해야 할 것이다.

너는 마음을 다하고 뜻을 다하고 힘을 다하여 네 하나님 여호와를 사랑하라(신 6:5).

일반적으로 내용 없는 형식도 없고 형식 없는 내용도 없으나 우리의 외식적 성향 때문에 형식보다 내용을 더 중시하는 것이다.

2019년 3월 18일

70. 복음: 3차원적 종교

> 하나님이 세상을 이처럼 사랑하사 독생자를 주셨으니 이는 그를 믿는 자마다 멸망하지 않고 영생을 얻게 하려 하심이라(요 3:16).

우리는 하나님을 다른 신들과 비교해서는 안 되고(사 46:5), 복음의 절대성을 의심해서도 안 되지만(요 14:6), 복음을 다른 종교들과 조금만 비교해 보더라도, 세상의 어떤 종교 보다 가장 높은 수준의 종교라고 할 수 있다.

첫째, 원시 종교는 보이는 우상을 신으로 섬기는 1차원적 종교라고 할 수 있다.
둘째, 규례와 의식 중심의 율법주의적 종교는 2차원적 종교라고 할 수 있다.
셋째, 사람이 만든 도덕이나 이상적 가치를 따르는 종교도 2차원적 종교라고 할 수 있다.
넷째, 하나님의 은혜와 사랑을 의지하는 종교는 3차원적 종교라고 할 수 있다.

1차원적인 우상 종교는 사람의 허망한 욕망을 따르는 초보적 단계이며, 2차원적 율법주의적 종교는 사람의 의지로 죄와 욕망을 통제하려는 한층 발전된 단계이지만, 대개 위선이나 오만함으로 변질되기 때문에 결국 실패할 수밖에 없는 종교다(롬 7장). 복음은 피조물 인간의 한계를 인정하고, 창조주 하나님의 은혜와 능력을 전적으로 의지할 것을 가르침으로써 논리적으로 물론 실제적으로도 가장 높은 3차원의 종교다.

복음은 사람이 만든 종교가 아니라, 거룩하신 창조주 하나님께서 직접 계시하신 종교다.[1] 복음은 사람이 만든 허황된 우상이나 허망한 가치와 거짓되고 오만한 공로를 따르지 않고, 십자가에 죽으시고 다시 사신 그리스도의 구원의 은혜와 사랑을 성령의 주도하심으로 말미암아 믿음으로써 새로운 피조물로 거듭나게 됨을 약속하고 성령을 따라 거룩하게 살기를 힘쓸 것을 가르치는 가장 고상하며 가장 탁월한 종교다.

---

1 롬 16:25-26; 고전 2:10-16; 고후 4:6; 갈 1:12; 엡 3:2-3, 9; 골 1:26; 벧전 1:12; 벧후 1:16-18; 딛 1:2-3; 히 1:1-2.

> 그러나 무엇이든지 내게 유익하던 것을 내가 그리스도 예수님을 위하여 다 해로 여길뿐더러 또한 모든 것을 해로 여김은 내 주 그리스도를 아는 지식이 가장 고상하기 때문이라 내가 그를 위하여 모든 것을 잃어버리고 배설물로 여김은 그리스도를 얻고 그 안에서 발견되려 함이니, 내가 가진 의는 율법에서 난 것이 아니요 오직 그리스도를 믿음으로 말미암은 것이니, 곧 믿음으로 하나님께로부터 난 의라 (빌 3:7-9).

한 마디로 복음 신앙은 내 존재와 삶을 내 자신이나 세상의 어떤 가치가 아닌, 나를 위해 죽으시고 다시 사신 그리스도의 은혜와 하나님의 사랑과 내 속에 계시는 성령의 지시를 따라서 결단하는 것이다.

> 내가 그리스도와 함께 십자가에 못 박혔나니 그런즉 이제는 내가 사는 것이 아니요 오직 내 안에 그리스도께서 사시는 것이라 이제 내가 육체 가운데 사는 것은 나를 사랑하사 나를 위하여 자기 자신을 버리신 하나님의 아들을 믿는 믿음 안에서 사는 것이라(갈 2:20).
> 그리스도의 사랑이 우리를 강권하시는도다 우리가 생각하건대 한 사람이 모든 사람을 대신하여 죽었은즉 모든 사람이 죽은 것이라 그가 모든 사람을 대신하여 죽으심은 살아 있는 자들로 하여금 다시는 그들 자신을 위하여 살지 않고, 오직 그들을 대신하여 죽었다가 다시 살아나신 이를 위하여 살게 하려 함이라(고후 5:14-15).

물론 은혜를 가르치는 복음도 자주 도덕주의적 종교와 같이 우리 자신이 우리의 마음과 행동의 주관자로서 바르게 처신해야 할 것을 가르친다. 그러나 그것은 하나님의 은혜를 모르고 인간의 도덕적 능력만을 믿는 도덕주의와 달리, 하나님의 은혜를 전제하는 선한 행동인 것이다. 우리가 결정하는 선한 마음과 행동도 실제로는 모두 하나님의 은혜와 성령의 인도하심으로 말미암는 것이다.

일례로 빌립보서 2장에서 사도 바울은 "너희 안에 이 마음을 품으라. 곧 그리스도 예수의 마음이니"(빌 2:5)라고 권면한 후에 이내, "너희 안에서 행하시는 이는 하나님이시니 자기의 기쁘신 뜻을 위하여 너희에게 소원을 두고 행하게 하시나니"(빌 2:13)라고 우리의 선한 마음과 행동도 결국 하나님의 은혜와 도우심으로 말미암는

다는 사실을 분명히 밝힌다.

그리스도인에게는 모든 것이 하나님의 은혜로 말미암는 것이다. 우리의 구원은 물론 선행도 하나님의 은혜로 말미암는 것이다. 은혜로우신 우리 하나님께서는 우리의 불완전한 선행도 우리의 선행으로 인정해 주시고 상과 복을 주신다(『기독교 강요』 III.15.5; 17.3).

이렇게 복음은 미신도 아니고 도덕도 아닌 하나님의 사랑과 은혜로 말미암는 3차원적 종교를 제시한다.

2019년 4월 1일

71. 영생의 약속의 실체성

> 내 안에 거하라 나도 너희 안에 거하리라 가지가 포도나무에 붙어 있지 아니하면 스스로 열매를 맺을 수 없음 같이 너희도 내 안에 있지 아니하면 그러하리라(요 15:4).
> 내 아버지의 뜻은 아들을 보고 믿는 자마다 영생을 얻는 이것이니 마지막 날에 내가 이를 다시 살리리라(요 6:40).
> 내가 그리스도와 함께 십자가에 못 박혔나니, 그런즉 이제는 내가 사는 것이 아니요 오직 내 안에 그리스도께서 사시는 것이라 이제 내가 육체 가운데 사는 것은 나를 사랑하사 나를 위하여 자기 자신을 버리신 하나님의 아들을 믿는 믿음 안에서 사는 것이라(갈 2:20).

우리가 누군가를 믿는다는 것은 결국 그와 교제하고 그와 하나가 된다는 것을 의미한다. 예수님을 믿는 다는 것은 예수와 사귀는 것이고, 나아가 예수와 하나가 되는 것이다. 이 말은 우리가 예수님의 신분과 꼭 같이 된다는 말이 아니라, 부활 생명 같은 예수님의 특성을 나누며 친밀히 교제하게 된다는 말이다. 포도나무와 가지가 같으면서도 구별되듯이 그리스도와 우리와의 연합은 존재론적 연합이지만, 신분상으로는 여전히 구별된다.

우리는 그리스도와 함께 "하나님의 상속자"이지만 그리스도는 특별히 맏아들이시다(롬 8:17, 29). 우리와 그리스도와의 연합은 사람이 지어낸 생각이 아니라, 예수님 자신의 확고한 약속이다. 그리스도는 우리와 하나님의 중보자로 오셨다.[1]

> 나는 부활이요 생명이니 나를 믿는 자는 죽어도 살겠고, 무릇 살아서 나를 믿는 자는 영원히 죽지 아니하리라 이것을 네가 믿느냐(요 11:25-26).
> 내 아버지 집에 거할 곳이 많도다 … 가서 너희를 위하여 거처를 예비하면 내가 다시 와서 너희를 내게로 영접하여 나 있는 곳에 너희도 있게 하리라(요 14:2b-3).

---

1 요 1:1-14; 롬 3:25; 갈 3:19-20; 딤전 2:5; 히 8:6.

우리는 포도나무의 가지로서 포도나무이신 중보자 그리스도에 연결되어 포도 열매를 맺음으로써 포도원 주인이신 하나님께서 기뻐하시는 그의 소유(자녀)가 되는 것이다.

예수님은 우리에게 약속하신 영생의 특권이 추상적 망상이 아니라, 실체임을 강조하셨다. 예수님은 포도나무와 가지의 비유로써 우리와 자신과의 친밀한 관계를 유지해야 할 것을 가르치셨다.[2] 포도나무의 생명이 가지에 전달되어 가지가 아름다운 포도를 맺게 되듯이 예수의 생명이 그를 믿는 우리에게 전이되는 것이다.

어떻게 예수님 안에 있는 부활 생명이 그를 믿는 우리에게 전이될 수 있는가?

포도나무와 그 가지가 서로 연결되듯이, 마치 쇠 조각이 지남철에 계속 붙어 있으면 자성을 띠게 되듯이, 전력에 연결된 전열기가 작동하게 되듯이, 우리 그리스도인들도 그리스도 안에 거하면 그리스도의 영원한 생명을 얻게 되는 것이다. 자연 현상과 자연 원칙이 실체라면, 자연 현상과 원리를 지으신 하나님의 아들의 구원의 약속도 확실한 실체다.

하나님께서 지으신 창조 세계가 실체이듯이 장차 지으실 새 하늘과 새 땅도 실체다(롬 8:24-25; 히 11:3; 계 21:1). 다만 우리는 불신 세상의 도전에 맞서서 예수님의 약속을 실체로 믿는 믿음과 약속의 성취를 바라는 소망으로 우리의 현존을 충만히 채우기를 힘써야 한다. 성경의 비유는 창조 세계의 어떤 현상 가운데 하나님의 계시가 숨어 있음을 전제하는 것이다. 창조 세계가 어떤 하나님의 구원 진리를 가지고 있다는 사실은 그 구원 진리가 인간의 추상적 고안이 아니라, 하나님의 계시며 실체임을 증거하는 것이다.

그리스도와 연합한 사람은 그리스도의 심장과 맥박과 생명과 인격과 생각을 가지고 그리스도의 현재의 고난과 장래의 영광에 참여하게 된다. 그리스도인은 인생의 모든 생사화복, 우여곡절의 경험을 단순히 자연적, 생물학적 현상이나 원리를 따라 이해하지 않고 그리스도의 존재와 인격과 경험에 비추어 이해한다. 그리고 이 험한 세상을 담대히 살아가는 힘을 얻게 된다.

---

2 "그리스도와 신자와의 연합"은 신분적인 연합이 아니라, 긴밀한 관계를 가리킨다. 참조, 원종천, 『성 버나드』(서울: 대한기독교서회, 2004), 19.

사도 바울도 예수님의 가르침을 따라서 우리 그리스도인은 이 세상이 아니라, 장차 나타날 하나님 나라의 영광을 바라보며 이 세상의 일시적 재물이 아니라, 저 나라의 영원한 상급을 바라고, 옛 사람이 아니라, "그리스도 안"에서 새 사람, 새로운 피조물이 되었다는 사실을 잊지 말고 언제나 우리가 생명의 주와 든든하게 연결되어야 할 것을 가르쳤다(빌 3:14; 딤후 4:8; 참조, 히 11:26).

> 내가 그리스도와 함께 십자가에 못 박혔나니 그런즉 이제는 내가 사는 것이 아니요 오직 내 안에 그리스도께서 사시는 것이라 이제 내가 육체 가운데 사는 것은 나를 사랑하사 나를 위하여 자기 자신을 버리신 하나님의 아들을 믿는 믿음 안에서 사는 것이라(갈 2:20).
>
> 살든지 죽든지 내 몸에서 그리스도가 존귀하게 되게 하려 하나니, 이는 내게 사는 것이 그리스도니 죽는 것도 유익함이라(빌 1:20b-21).

우리가 "그리스도 안"에서 그리스도의 부활이 내 부활, 그리스도의 영광이 내 영광이듯이 그리스도의 고난도 내 고난이다. 포도나무이신 주님과 그 가지인 우리의 관계는 모든 인생의 도전 가운데서도 변함없이 언제나 든든해야 한다. 다른 말로, 우리는 모든 시험 가운데서도 믿음을 든든히 지켜야 할 책임이 있다.

풀같이 연약한 우리 인생은 부활하신 주님을 영접할 때 영원하신 하나님의 자녀가 된다. 우리 하나님의 자녀는 보이는 세상의 가치와 자신의 지혜와 능력에 집중하지 않고 하나님의 영원한 구원의 말씀과 약속에 집중함으로써 자신의 존재 이유와 목적을 확증한다. 그러므로 우리는 모든 인생의 도전과 고난 중에서도 우리 안에 그리스도의 형상이 더욱 온전하게 이루어질 것을 믿고 또한 현재와 장차 나타날 하나님의 영광을 바라는 것이다.[3]

> 참으로 이 장막에 있는 우리가 짐진 것 같이 탄식하는 것은 벗고자 함이 아니요 오히려 덧입고자 함이니 죽을 것이 생명에 삼킴 바 되게 하려 함이라(고후 5:4).

3　요 2:1-11; 9:1-7; 11:40; 롬 5:3-11; 8:18, 26 이하; 고후 1:4; 4:7-5:10; 6:4-10; 7:7-16; 12:7-10; 13:6-7; 갈 4:19; 빌 3:10-11; 골 1:28.

이는 우리가 믿음으로 행하고 보는 것으로 행하지 아니함이로라(고후 5:7).

제자들이 부활하신 그리스도를 만나기전에 그리스도의 고난과 죽으심을 목격하고 실망했던 것처럼 심지어 예수님의 부활 소식을 듣고도 잘 믿지 못했던 것처럼 부활을 믿는 우리도 때로는 "현재의 고난" 가운데 불신적이 될 때가 있다. 그러나 우리는 장래에 나타날 영광과 이에 대한 성령의 보증을 굳게 믿어야 한다(고후 1:22; 5:5). 지금 우리 중에 계셔서 연약한 우리를 위해 기도하시며 능력으로 역사하시는 성령의 도우심을 믿어야 한다.[4]

(고난 주간) 2019년 4월 18일

---

4   요 14:26; 16:13; 행 2:4, 38; 10:44; 롬 8:16, 26; 고전 2:4; 3:16; 12:1 이하; 고후 13:13; 갈 3:2; 5:22; 살전 1:5; 4:8; 엡 1:13-14; 딤후 1:14; 벧전 1:12 등.

72. 그리스도인의 자아 이해와 삶의 원칙

> 너희 안에 이 마음을 품으라 곧 그리스도 예수의 마음이니(빌 2:5).

현대 자유주의와 인본주의는 인간을 지나치게 높여서 인간을 오만하게 만들고, 현대 과학주의는 보이는 인간의 생물학적 기능과 가치에 집중하며 인간의 영적, 도덕적 기능과 가치를 무시한다. 인본주의와 과학주의가 서로 협력하여 인간의 육적, 도덕적 가치를 함께 조화할 수도 있다고 하나 죄인 인간이 스스로 자신의 가치를 논할 자격도 없을 뿐만 아니라, 오히려 논쟁과 혼란을 일으키기 때문에 결국 창조주 하나님께서 말씀하신바 하나님의 형상으로서 자아를 이해하고, 나아가 그리스도 안에서 새로운 피조물로서 자신을 이해해야 한다.

다른 말로 인간은 피조물 자신의 한계를 알고 자신을 지으신 하나님의 능력을 믿음으로써만이 자신의 한계를 극복할 수 있다. 물질이나 인간의 지혜만으로는 인간은 결국 절망할 수밖에 없다.

하나님께서는 인간을 그가 지으신 세상의 다른 동물들을 다스리게 하기 위해 지으셨다. 하나님께서는 인간을 동물들과 같이 흙으로 지으셨으나 다른 동물들과 다르게 하나님의 형상을 따라 지으셨다. 인간은 동물들을 학대하지 말고 잘 다스려야 한다.

그러나 인간은 자신이 동물들과 달리 하나님의 형상이란 사실을 알고 동물과 달리, 단순한 본능이나 욕망이 아니라, 하나님의 말씀, 즉 영적, 도덕적 가치를 따라 살아야 한다. 동시에 인간은 동물과 같이 흙에서 빚어진 존재임을 알고 하나님 앞에 겸손해야 한다.

인간은 죄의 욕망을 힘써 억제하고, 하나님의 거룩하심을 따라 거룩하기를 힘써야 한다. 특별히 하나님의 택하심을 받고 하나님과 언약한 백성은 하나님의 계명을 지키는 거룩한 백성이 되어야 한다.

> 너희는 거룩하라 이는 나 여호와 너희 하나님이 거룩함이니라(레 19:2).

그러나 하나님의 백성인 이스라엘 백성도 인간의 본질적 연약함으로 말미암아 하나님의 거룩한 계명을 지킬 수 없었고, 결국 구원의 대상이 아니라, 심판의 대상이 되었다.

> 생명에 이르게 할 그 계명이 내게 대하여 도리어 사망에 이르게 하는 것이 되었도다(롬 7:10).

그러므로 하나님의 아들이시며 "본체의 형상"(히 1:3)이신 예수님께서 오셔서 모든 죄인들의 죄를 담당하시고 죽으셨다. 이것을 믿는 이들은 새로운 피조물로 창조되고 하나님의 의로운 아들로 다시 태어나게 하셨다.[1] 거듭난 그리스도인은 옛 사람을 벗어 버리고 새 사람으로 살아야 한다. 모세의 옛 계명이 아니라, 세상의 도덕이나 지혜가 아니라, 그리스도의 새 계명을 따라 살아야 한다(고후 3:13-18).

> 새 계명을 너희에게 주노니 서로 사랑하라 내가 너희를 사랑한 것같이 너희도 서로 사랑하라(요 13:34).

그리스도인은 율법의 제사나 할례 같은 의식법 대신, 우리를 위해 희생하신 그리스도의 모본과 우리에게 말씀하시는 성령을 따라서 모든 사람을 힘써 사랑해야 하고 만사를 사랑에 비추어 결정해야 한다(롬 13:9-10; 고전 13장). [물론 율법의 도덕법을 포함해 안식일이나 십일조와 같은 규정은 여전히 그리스도인의 구별된 삶을 위한 유용한 지침이라고 생각한다.]

> 너희는 유혹의 욕심을 따라 썩어져가는 구습을 따르는 옛 사람을 벗어 버리고 오직 너희의 심령이 새롭게 되어 하나님을 따라 의와 진리의 거룩함으로 지으심을 받은 새 사람을 입으라(엡 4:22-24).

(부활절 아침) 2019년 4월 21일

---

[1] 눅 15:24; 요 3:5; 롬 3:24; 고후 5:17.

73. 영적 해석

> 다 같은 신령한 음료를 마셨으니 이는 그들을 따르는 신령한 반석으로부터 마셨으매 그 반석은 곧 그리스도시라 … 그들에게 일어난 이런 일은 본보기가 되고 또한 말세를 만난 우리를 깨우치기 위하여 기록되었느니라 (고전 10:4-11).

영적 해석이란 성경 말씀의 역사적, 피상적 의미가 품고 있는 본질적, 내재적 의미를 가리킨다. 본문에서 "반석"은 옛날 출애굽한 이스라엘 백성들에게 물을 공급한 반석이 부활이요 영생이신 그리스도를 가리키며, "말세"란 말은 마지막 때뿐만 아니라, 최종적 구원의 도리인 복음이 전파되고 그 복음을 믿는 그 당시를 가리킨다.

이런 영적 해석을 흔히 당시 헬라의 이원론적 사고에 영향을 받은 바울을 비롯한 신약 저자들의 주관적 해석이라고 할 수 있지만, 그들의 주관적 해석이기 전에 하나님의 오랜 구원 계시사의 일관된 전통이다. 복음은 하나님께서 그의 세상 구원 계획의 최종 목표인 초월적이고 완전한 세계 건설을 향해 역사하고 계심을 밝힌다. 복음은 세상의 구원을 위한 하나님의 오랜 비밀이 나타난 것이다. 그러므로 구약에서 하나님께서 말씀하시고 행하신 모든 일이 결국은 그리스도의 복음을 가리키는 것이며, 이런 사실을 찾아내는 것이 영적 해석이다. 구원 계획에 대한 영적 해석은 세상 구원을 위한 "하나님의 깊으신 뜻"을 밝히는 것이다.

> 그 뜻의 비밀을 우리에게 알리신 것이요 그의 기뻐하심을 따라 그리스도 안에서 때가 찬 경륜을 위하여 예정하신 것이니(엡 1:9; 참조, 롬 16:25-26; 골 1:26).

성경 역사는 창세기부터 요한계시록까지 하나님께서 자신의 구원 약속을 위해 만세 전부터 준비해 오셨음을 보여 준다.[1] 하나님께서는 창세기에서 인간이 타락하

---

[1] 마 13:35; 롬 1:2; 16:25-26; 엡 1:4, 5, 9, 11; 딛 1:2-3; 벧전 1:20; 히 1:1-2; 요일 1:1-2; 계 1:3.

고 낙원에서 추방이 된 후부터 어렵게 된 인간을 구원하시고, 세상을 회복하시기 위해 힘써 오셨다.

성경은 "신앙 역사"와 "배신 역사"를 대조적으로 기록함으로써 하나님 신앙을 독려한다. 성경은 가인의 범죄와 하나님의 구원의 은혜, 노아 시대 인간의 타락과 무지개 언약, 타락한 바벨탑 문명과 하나님의 심판, 이스라엘 조상들의 선택과 불신적 이방인들, 신실한 믿음의 조상들과 불신적 조상들, 그리스도를 믿는 이들과 불신하는 이들 등으로 나누고 대조하며 우리들이 하나님의 구원의 역사에 동참할 것을 독려한다.

영적 해석이란 성경 해석자들이 성령의 조명을 받아 역사적 사건 속에 담긴 하나님 말씀의 진정한 뜻을 발견하는 것이다. 즉 하나님께서는 복음을 통한 최종적 구원 계획을 구약에서 예언이나 예시적 사건을 통해 보여 주심으로써 그의 신실하심과 함께 자신의 구원 언약의 확실성을 나타내셨다.

마태복음에서 41번씩이나 반복적으로 나타나는 "이는 기록된바,… 을(를) 이루려 하심이라"는 "성취 양식 구절," 사도 바울의 복음에 대한 구약의 근거 제시(롬 1:2; 4:1-5; 갈 3:6-4:31), 히브리서의 율법에 대한 복음의 탁월성에 대한 모형론적 설명 등은 복음의 "영적 가르침"이 사람의 생각이나 마음에서 나온 것이 아니라, 하나님의 실제적 구원 계획임을 밝힌다. 그러나 이런 분명한 진리도 역시 믿음이 있어야 인식할 수 있다.

천국에서의 영생은 모든 믿음의 사람들이 기다리는 궁극적이고 최종적인 구원이다.[2] 죽음의 고통은 하나님께서 창세 이후 그를 믿는 모든 사람들을 위해 예비하신 완전한 영생으로 들어가는 최종적 관문이다.

> 나는 선한 싸움을 싸우고 나의 달려 갈 길을 마치고 믿음을 지켰으니 이제 후로는 나를 위하여 의의 면류관이 예비되었으므로 주 곧 의로우신 재판장이 그 날에 내게 주실 것이며, 내게만 아니라, 주의 나타나심을 사모하는 모든 자에게도니라 (딤후 4:7-8).

---

2 롬 5:21; 6:23; 고전 15:19 이하; 고후 4:16-5:10; 빌 3:10-21; 딤전 6:12; 딤후 4:7-8; 히 11:10-16; 벧전 1:3-5; 5:4, 10; 벧후 3:13.

믿는 사람의 영적 탄생은 영생으로 이어진다.

> 나는 부활이요 생명이니 나를 믿는 자는 죽어도 살겠고 무릇 살아서 나를 믿는 자는 영원히 죽지 아니하리니 이것을 네가 믿느냐(요 11:25-26).

우리가 믿는 성경의 약속은 신실하신 하나님의 선물이므로 망상이나 허구가 아니다. 오랜 성경의 역사가 하나님의 약속이 성취되고 실현된 역사적 사실을 통해 우리가 믿는 하나님의 약속이 단순한 이상이 아니라, 분명한 실상임을 보여 주기 때문이다. 하나님의 구원 역사 가운데 나타나는 예언과 성취의 분명한 구도를 인식할 때 하나님의 구원 역사의 주관성을 확신하게 되고, 동시에 우리의 믿음이 강화되는 것이다.

> 믿음은 바라는 것들의 실상이요 보이지 않는 것들의 증거니 선진들이 이로써 증거를 얻었느니라(히 11:1-2).

우리의 믿음이 헛되지 않은 까닭은 우리 믿음의 조상들이 믿었던 하나님의 모든 언약이 실제로 성취되었기 때문이다(히 11:4 이하). 다만 하나님의 최종적 구원의 약속이 아직 성취되지 않았기 때문에 우리는 여전히 믿어야 한다.

> 이러므로 우리에게 구름 같이 둘러싼 허다한 증인들이 있으니 모든 무거운 것과 얽매이기 쉬운 죄를 벗어 버리고 인내로써 우리 앞에 당한 경주를 하며 믿음의 주요 또 온전하게 하시는 이인 예수님을 바라보자(히 12:1-2a).

여기에서 "무거운 것"과 "얽매이기 쉬운 것"은 우리를 미혹하는 "세상의 보이는 모든 가치"를 가리킨다. 우리 연약한 인생은 끊임없이 나 자신과 세상의 보이는 것들에 집중하며 자만하거나 낙심한다. 그러나 보이는 것에 집중하는 것은 헛된 우상 숭배와 같은 것이다. 이제 믿음의 눈으로 십자가의 그리스도를 바라보자. 믿음의 눈으로 나와 세상을 바라보자.

그리스도의 무한한 부활의 생명과 기쁨과 평안이 세상과 우리 자신의 모든 육적 한계를 넘어 다가올 것이다.

> 평안을 너희에게 끼치노니 곧 나의 평안을 너희에게 주노라 내가 너희에게 주는 것은 세상이 주는 것과 같지 아니하니라 너희는 마음에 근심하지도 말고 두려워하지도 말라(요 14:27).

2019년 4월 24일

74. 율법과 복음

> 내가 율법이나 선지자를 폐하러 온 줄로 생각하지 말라 폐하러 온 것이 아니요 완전하게 하려 함이라 진실로 너희에게 이르노니 천지가 없어지기 전에는 율법의 일점일획도 결코 없어지지 아니하고 다 이루리라 (마 5:17).

율법은 신적 위엄과 절대성을 가지고 하나님의 공의로우심을 나타낸다.

> 이스라엘의 지존자는 거짓이나 변개함이 없으시니 그는 사람이 아니시므로 결코 변개하지 않으심이니이다 (삼상 15:29).
>
> 내가 율법이나 선지자를 폐하러 온 줄로 생각하지 말라 폐하러 온 것이 아니요 완전하게 하려 함이라 진실로 너희에게 이르노니 천지가 없어지기 전에는 율법의 일점 일획도 결코 없어지지 아니하고 다 이루리라 (마 5:17).

한편 복음이 가르치는 성령은 율법과 대조적으로 유연한 역동성을 가지고 하나님의 지혜와 능력을 나타낸다.

> 그 때에 너희에게 주시는 그 말을 하라 말하는 이는 너희가 아니요 성령이시니라 (막 13:11b).

성령은 그 자유로움과 역동적 특성으로 하나님의 말씀의 율법주의적 경직성을 유연하게 함으로써 우리로 하여금 율법을 바르게 이해하고 지키게 한다.

> 육신을 따르지 않고 그 영을 따라 행하는 우리에게 율법의 요구가 이루어지게 하려 하심이니라 (롬 8:4).

물과 성령으로 거듭난 그리스도인은 더 이상 육신을 따라 살 것이 아니라, 성령을 따라 살아야 한다 (요 3:5; 롬 8:2-16; 갈 3:2, 5; 5:16).

바울은 낡은 시대의 구원의 도리인 율법도 육신적 범주에 속한다고 가르친다. 새 시대의 구원의 도리인 복음을 믿고 구원 받은 그리스도인은 더 이상 낡은 율법을 따라 살 것이 아니라, 그를 죄와 사망의 법에서 구원한 성령의 법을 따라 살아야 한다(롬 8:1 이하). 그렇다고 율법을 모두 무시하라는 것이 아니라, 율법이 가르치는 하나님의 뜻을 더 분명히 나타내시는 성령의 지시를 따라 살아야 한다는 것이다.

그리스도의 복음으로 말미암아 율법의 각종 의식법과 "행위에 의한 구원법"은 공식적으로 폐기되었으나, 율법의 "믿음으로 말미암는 구원법"은 더욱 분명하게 확립되었다.[1] 인간 구원에 관한 한, 율법도 복음과 같이 믿음으로 구원 얻는 도리를 가르치고 있다(롬 4:1-25; 갈 3:1 이하). 아브라함도 믿음으로 의롭게 되었다(창 15:6).

> 그런즉 우리가 믿음으로 말미암아 율법을 파기하느냐 그럴 수 없느니라 도리어 율법을 굳게 세우느니라(롬 3:31).

믿음으로 의롭게 된 그리스도인은 율법의 의식법을 지킬 필요는 없으나, 율법의 도덕법을 지켜야 한다. 율법의 도덕법은 대개 거룩한 삶을 가르치는 성령의 뜻과 일치하기 때문이다.

그러나 율법의 어떤 의식법은 신약에서 그리스도의 인격과 사역에 비추어 새롭게 해석되었다. 일례로 제사법은 예수님의 십자가의 희생으로 재해석되었다. 우리는 율법의 의식법을 모두 무시하지 말고 복음에 비추어 그 진정한 의미를 찾을 수 있다. 일례로 안식일 규정은 우리가 주일을 다른 날들과 구별해 거룩하게 지낼 수 있게 도움을 준다. 또한, 창조 질서를 위한 율법 규정들은 무분별한 자연 개발의 억제를 위해 도움이 된다(레 22:28; 신 22:1-11).

한편, 성령의 법이라고 해서 율법보다 언제나 지키기가 쉽다고 생각하는 것은 잘못이다. 성령은 때로 우리에게 율법보다 더 어려운 것을 요구할 수도 있다. 일례로 성령의 열매인 사랑을 철저히 실천하는 것은 결코 쉬운 일이 아니다. 어떤 면에서는 율법 조항을 지키는 것이 차라리 더 쉬울 수도 있다. 율법 대신, 성령을 따라 사는 것이 결코 쉬운 일이라고 생각할 수 없다. 오히려, 그것은 말씀에 대한 깊은 묵상과

---

[1] 롬 3:11-4:25; 롬 10:4; 갈 3:1 이하; 엡 2:15; 히 7:18; 7:9.

끊임없는 기도를 요구하는 것이다.

　율법 실행의 용이성이나 타당성 문제를 떠나서 우리는 언제나 하나님의 은혜와 성령을 따라서 악을 버리고 선한 일에 힘써야 한다.² 결국 성경이 경계하는 율법주의란 하나님의 은혜와 상관없는 모든 인간적인 선행주의와 도덕주의를 가리키는 것이다. 우리는 언제나 모든 하나님의 말씀을 묵상하며 그리스도의 은혜의 복음에 비추어 기도에 힘써서 우리를 향하신 성령의 뜻을 찾아야 한다.

2019년 4월 30일

2　롬 12:17, 21; 13:3; 16:19; 갈 6:9; 엡 2:10; 4:28; 골 1:10; 살후 2:17; 3:13; 딤전 5:10; 딤후 2:10; 딛 2:7, 14; 3:1, 8; 히 13:16, 21; 벧전 2:20; 4:19; 요3 1:11 등.

75. 확실한 믿음

> 믿음은 바라는 것들의 실상이요 보이지 않는 것들의 증거니 선진들이 이로써 증거를 얻었느니라(히 11:1-2).

성경은 사람이 세상을 지으시고 사람의 생사화복을 주장하시는 하늘 아버지를 믿어야 할 것을 가르친다. 하나님은 인격적 존재이시기 때문에 사람은 믿음으로 창조주 하나님과 소통하고 교제할 수 있다. 세상 가치에 대한 믿음은 허무와 좌절로 이끌지만 하나님을 믿는 믿음은 언제나 기쁨과 영생으로 이끈다.

우리가 하나님을 믿지만, 때로 믿음이 약해져서 하나님의 존재를 의심하고 하나님의 말씀을 의심할 때도 있다. 한때 반석과 같이 굳세고 불과 같이 뜨거웠던 믿음이라도 갑자기 식어지고 증기와 같이 사라져버리기도 한다. 우리의 믿음은 우리의 연약한 피조적 본질을 따라 가변적이며 불안정하다.

우리의 믿음이 약할 때 우리는 기독교도 세상의 많은 종교 가운데 하나일 뿐이라고 생각한다. 때로는 나는 그저 우연히 기독교인이 되었을 뿐이라고 생각하기도 한다. 특별히 믿는 사람들이 믿는 사람답지 않게 사는 것을 보면서, 목회자들의 실패를 보면서 무엇보다 우리 자신의 거듭된 실패를 보면서, 믿음에 대해 회의적이 될 때도 있다. 믿음이란 결국 개인적 이기심이나 욕심일 뿐이라는 생각이 들기도 한다.

사실, 믿음이란 말 자체가 불확실성을 내포하는 말이다. 우리가 어떤 사람이나 어떤 것을 믿는다고 할 때 그 믿는 대상이 확실해서 믿는 것이 아니라, 미심쩍고 불확실한 부분이 있음에도 불구하고 대개 어떤 심리적, 감성적 또는 윤리적 동기에서 믿기로 결단하는 것이다. 믿음이 강할 때에는 믿음의 확실한 부분이 지배하지만, 믿음이 약할 때에는 믿음의 불확실한 부분이 우리의 생각과 마음을 지배하는 것이다.

실제로 믿음의 대상인 하나님 자신과 하나님의 말씀과 일에도 불확실한 부분이 있다. 우선 우리의 믿음의 대상인 하나님은 보이지 않으시는 분이시다. 하나님의 약속도 제 때 이루어지지 않는다. 하나님께서는 우리의 기도를 언제나 제 때 들어 주시지도 않으신다. 다른 말로 하나님은 위대하신 분이시며, 우리는 그의 연약한 피조물로서 그의 깊으신 뜻을 제대로 알 수 없다.

> 이는 하늘이 땅보다 높음같이 내 길은 너희의 길보다 높으며 내 생각은 너희의 생각보다 높음이니라(사 55:9).

그러나 연약한 우리에게 성경은 하나님께서 분명히 살아 계시고 역사하시는 분이심을 반복해서 가르친다. 하나님께서 세상을 지으셨고 세상을 다스리시고 우리의 생사화복을 주장하고 계신다는 것을 가르친다. 모세와 시편 기자는 하나님께서 하나님의 백성을 자신의 눈동자같이 지키신다고 했다(신 32:10; 시 17:8). 하나님께서는 우리의 앉고 일어섬을 아시고, 우리의 마음의 생각과 말과 모든 행위를 다 알고 계신다고 했다(시 139:1-4).

주님께서는 하늘 아버지께서 들의 백합화와 공중의 새를 직접 기르시고 우리의 머리털까지도 세신다고 가르치셨다. 주님께서는 많은 기적을 베푸셨고 친히 죽음을 이기시고 부활 승천하셨다.

성경은 모든 불확실성과 어려움 가운데서도 하나님을 믿어야 할 것을 힘써 가르친다. 욥기를 비롯한 모든 성경은 모든 의구심과 불확실성에도 불구하고, 결국 하나님께서 세상을 선하게 인도하신다는 것을 굳게 믿어야 할 것을 가르친다. 하나님은 확실한 믿음을 가진 사람들을 기뻐하신다.

> 믿음이 없이는 하나님을 기쁘시게 하지 못하나니, 하나님께 나아가는 자는 반드시 그가 계신 것과 또한 그가 자기를 찾는 자들에게 상 주시는 이심을 믿어야 할지니라(히 11:6).

그러므로 모든 불확실성과 의구심 가운데서도 우리 연약한 인생은 우리를 구원하시는 하늘 아버지와 그의 구원의 약속을 믿을 수밖에 없다.

그러나 우리의 믿음은 단순히 약하고, 불안한 심리적 요인에서 비롯된 믿음이 아니라, 하나님의 약속에 근거한 확실한 믿음이다. 오늘의 본문은 "믿음은 바라는 것들의 실상이요 보이지 않는 것들의 증거니 선진들이 이로써 증거를 얻었느니라"(히 11:1-2)고 믿음의 확실성을 가르친다.

성경이 가르치는 믿음은 사람의 상상이나 희망 사항이 아니라, 실제적 사실이라는 것이다. 왜냐하면 성경이 보여 주듯이 모든 믿음의 조상이 믿고 바랐던 하나님의 약속하신 말씀들이 실제로 모두 이루어졌기 때문이다. 그렇다면 그들과 같은 하나님의 약속을 믿는 우리의 믿음도 결국 이루어질 것이 확실하다. 그러므로 믿음은 허구가 아니라, 실상이며 실체인 것이다.

히브리서 11장은 모든 믿음의 선조들이 믿고 바란 것은 결국 우리가 믿고 바라는 하나님께서 약속하신 영원한 하나님 나라에서의 영생이라고 한다. 믿음의 선조들이 이 땅에서 유리방황하며 완전히 평화로운 세상을 구했고, 하나님께서는 젖과 꿀이 흐르는 가나안 땅을 약속하셨다. 그 땅에 들어가게 하셨으나, 그것은 완전하고 영원한 나라의 약속의 그림자일 뿐이며, 결국 하나님께서는 그들과 우리 모두에게 "새 하늘과 새 땅"을 약속하신 것이다. 약속의 땅을 그리던 믿음의 조상들도 실제로는 우리와 같이 완전하고 영원한 천국을 바랐던 것이므로, 결국 그들도 우리와 함께 같은 천국에서 영원히 살게 될 것이다(히 11:16, 40).

하나님께서는 우리가 그의 약속을 의심 없이 굳게 믿을 것을 원하신다. 그래서 하나님께서는 자주 우리의 믿음을 시험하신다. 하나님께 대한 우리의 모든 의심은 결국 하나님의 시험의 과정이다. 창세기 22장에서 하나님께서는 아브라함의 믿음을 시험하시기 위해 이삭을 희생 제물로 바치라고 말씀하셨다. 아브라함이 온전히 순종하는 마음으로 이삭을 드릴 때에 하나님께서는 이삭 대신 미리 준비하신 양으로 제사를 드리게 하셨다. 그 후부터 "여호와 이레," 즉 "여호와의 산에서 준비되리라"라는 말이 이스라엘 사람들에게서 회자되게 되었다.

믿음의 조상 아브라함이 드린 모리아산에서 독자 이삭의 희생 제사는 최종적 구원 사건인 갈보리산에서 하나님의 어린 양 예수님의 희생을 위해 하나님께서 미리 준비하신 사건이다. 하나님께서는 장차 갈보리산에서 나타날 그리스도의 최종적 완전한 구원 사건을 위해 아브라함에게 모리아 산에서 이삭을 바치라고 명령하신 것이다. 하나님께서는 아브라함의 믿음을 굳게 하시기 위해 그를 시험하셨을 뿐만 아니라, 우리의 복음 신앙을 더욱 확고하게 하시기 위해 이삭의 희생을 미리 준비하셨던 것이다.

이런 해석이 단순히 교리적 해석이 아닌 것은 성경의 부분적 가르침을 성경 전체가 가르치는 예언과 성취의 구원 역사를 따라 해석하는 것이 통상적인 해석 방법이기때문이다. 그러므로 우리가 믿는 복음의 구원 진리는 사람의 인위적인 고안이 아니라, 하나님께서 오래전부터 준비하신 구원을 위한 최종적 제안이심을 알고 우리의 믿음을 굳게 해야 한다.

이뿐만 아니라, 유월절 양의 피(출 12장), 여리고성 기생 라합의 붉은 줄(수 2:18, 21) 같은 구원의 비밀들과 선지자들의 예언들도 하나님께서 최종적 구원 방안인 복음을 위해 미리 준비하신 것들임을 알아야 한다.

그러므로 마태복음에는 "기록된 바, … 을 이루려 하심이라"는 말씀이 41번이나 나온다. 사도 바울은 "무엇이든지 전에 기록된 바는 우리의 교훈을 위하여 기록된 것이니 우리로 하여금 인내로 또는 성경의 위로로 소망을 가지게 함이니라"(롬 15:4)라고 말했고 또한 "너희가 그리스도의 것이면 곧 아브라함의 자손이요 약속대로 유업을 이을 자니라"(갈 3:29)이라고 했다.

더구나 하나님께서는 창세전부터 그리스도를 통한 인간 구원을 준비하여 오셨다.[1] 태초에 하나님께서 말씀으로 세상을 지으셨는데, 우리에게 오신 예수 그리스도께서 바로 그 말씀이셨던 것이다(요 1:1-4, 14). 태초에 말씀으로 지음 받은 세상이 인간의 죄로 말미암아 저주받았으나 이제 말씀이신 그리스도로 말미암아 다시 회복되고, 새 하늘과 새 땅으로 재창조될 것이다. 우리는 말씀이신 그리스도를 믿음으로써 그와 하나가 되고, 새 사람이 된다.

> 나는 부활이요 생명이니 나를 믿는 자는 죽어도 살겠고 무릇 살아서 나를 믿는 자는 영원히 죽지 아니하리니 이것을 네가 믿느냐(요 11:25-26).

그리스도를 통한 하나님의 구원 약속은 사람이 고안한 것이 아니고, 사람이 오래 생각한 철학도 아니다. 하나님께서 창세 때부터 미리 준비하신 "여호와 이레"의 인간 구원 방법이다. 그러므로 그리스도를 통한 하나님의 구원 약속은 확실한 것이며, 그것을 믿는 우리의 믿음도 확실한 것이다.

더구나 성경에 의하면, 하나님께서는 만세 전에 우리를 그의 자녀로 택하시고 예정하셨다. 우리가 믿게 된 것은 하나님께서 만세 전에 우리를 구원하시기로 미리 예정하셨기 때문이다.[2] 우리가 믿게 된 것은 온전히 하나님의 은혜로 말미암은 것이다. 그러므로 우리는 모든 시험과 도전 가운데서 흔들림 없이 믿음을 굳게 지킴으

---

1 마 13:35, 44; 롬 16:25-26; 딛 1:2-3; 벧전 1:20; 요일 1:1-2.
2 마 11:27; 행 13:48; 롬 8:29-30, 33; 엡 1:4-5; 9, 11; 2:10, 3:11.

로써 우리에게 베푸신 하나님의 예정과 선택의 은혜를 확증해야 한다.

우리는 하나님께서 우리를 그의 자녀로 예정하시고 선택하신 은혜와 사랑에 부응하여 하나님의 말씀을 순종하고 하나님께 기도하고 하나님의 교회를 위하여 봉사하며 모든 선한 일을 실행함으로써 온전한 믿음의 사람으로 살아야 할 책임이 있는 것이다.

이렇게 하나님께서는 만세 전부터 우리를 선택하셨고 또한 믿음의 선조들에게 말씀하신 약속과 성취를 통해 "믿음으로 구원 얻는 복음"을 미리 예비하시고 준비하심으로써 우리의 믿음을 확실히 세워주시기 위해 힘써 오셨다(복음의 원초성과 완전성).[3] 그러므로 복음은 결코 사람의 고안이나 자연발생적 산물이 아니고, 인간 구원을 위한 하나님의 계시의 말씀이다.[4]

하나님의 구원 역사 가운데 나타나는 예언과 성취의 구도를 인식할 때 그리고 하나님께서 이 모든 구원 역사를 주도해 오신 것을 확신하게 될 때 우리의 믿음이 강화되는 것이다. 그러나 여전히 우리는 모든 믿음의 선조들과 마찬가지로 불확실성의 도전과 시험을 받는다. 하나님께서는 여전히 우리의 믿음을 제대로 세우시기 위해 온갖 시험으로 단련시키신다.

첫째, 하나님께서는 구원을 예정하시고 믿을 자를 예정하셨으나, 우리는 그 예정하심을 알 수 없게 하셨고 우리로 하여금 복음을 믿고 전도하게 하셨다. 하나님의 구원 경륜 가운데 하나님의 예정과 인간의 자유로운 결단과 책임이 함께 나타나는 것이다. 믿는 사람은 이것을 모순이나 불합리한 것으로 보지 않고, 하나님의 깊고 풍성하신 지혜와 구원 경륜으로 본다(롬 11:33-36).

둘째, 우리의 믿음은 다른 믿음의 도전을 받는다. 다른 종교 신앙이 우리의 복음 신앙을 흔들리게 한다. 우리 믿음의 선조들인 이스라엘 사람들도 오랫동안 여러 이방신의 미혹을 받아 여호와 신앙을 떠났다가 하나님의 진노하심을 받았다. 성경은 이런 이스라엘 사람들의 뼈아픈 실패의 역사를 통해 우리를 가르친다. 하나님의 자녀는 세상의 많은 신 가운데서 오직 하나님 한 분만을 믿어야 한다. 하나님이 아닌

---

3 마 13:35, 44; 롬 16:25-26; 엡 1:4, 9, 11; 2:10; 딛 1:2-3; 히 1:1-2; 벧전 1:20; 요일 1:1-2.
4 롬 16:25-26; 갈 1:12; 엡 3:3-4; 딛 1:2-3; 벧전 1:12; 벧후 1:16-18; 요일 1:1-2.

것을 가르치는 종교는 아무리 하나님처럼 가르치고 아무리 하나님과 비슷하게 보이더라도, 모두 우리를 미혹하는 악한 영들임을 알아야 한다.

> 나보다 먼저 온자는 다 절도요 강도니 양들이 듣지 아니하였느니라(요 10:8).
> 내 양은 내 음성을 들으며 나는 그들을 알며 그들은 나를 따르느니라(요 10:27).
> 그러나 성령이 밝히 말씀하시기를 후일에 어떤 사람들이 믿음에서 떠나 미혹하는 영과 귀신의 가르침을 따르리라 하셨으니 자기 양심이 화인을 맞아서 외식함으로 거짓말하는 자들이라(딤전 4:1-2).

우리는 다른 신앙을 가진 사람들에 대해 그들의 잘못된 믿음을 경계하되 그들도 하나님의 자녀가 될 가능성을 인정하고, 그들에게 사랑으로 복음을 증거해야 한다. 사랑 없는 믿음은 자주 독선주의나 배타주의로 변질될 수 있고, 사랑 없는 소망은 이기적 야망으로 변질될 수 있다. 우리는 이기심이나 병적 집착을 믿음으로 오인하지 말아야 한다.

우리는 탐심이 아니라, 성령을 따라야 한다(갈 5:16). 성령의 첫 열매는 사랑이다(갈 5:22). 우리는 말씀과 기도로 하나님의 뜻을 찾아야 한다. 특별히 그리스도의 십자가의 희생적 사랑과 겸비함에 비추어 우리의 마음과 행동을 조정해야 한다(롬 6:6; 빌 2:5). 그러므로 사도 바울은 "그런즉 믿음, 소망, 사랑, 이 세 가지는 항상 있을 것인데 그 중에 제일은 사랑이라"(고전 13:13)고 가르친다. 사랑이 진정한 그리스도인의 믿음의 증표다. 그리스도인은 십자가의 희생적 사랑을 믿는다. 사랑이 진정한 그리스도인의 특성이며 존재 모드다.

그리스도께서 보여 주신 사랑을 따를 때 우리의 믿음과 소망이 온전하게 되고, 우리는 온전한 그리스도인으로 자라나게 되는 것이다.

셋째, 믿음은 이성(理性)의 도전을 받는다. 이성은 하나님께서 인간에게 주신 특별한 선물로서 사리를 냉정하게 논리적으로 분별하는 능력이지만, 불신적 이성은 믿음의 장애가 된다. 이성에 의한 객관주의적, 상대주의적, 다원주의적 사상이 우리의 믿음을 공격한다. 이성은 모든 종교를 인생과 세계에 대한 관념주의적 이해로 보면서 상대화, 보편화, 중립화한다.

상대주의는 "결국 모든 종교는 다 같다," "아무 종교나 믿으면 된다"라고 주장하며 성경이 가르치는 실재적, 절대적 하나님 신앙을 무시한다. 상대주의는 모든 종교를 객관적으로 중립적으로 공평하게 이해하는 듯이 보이지만, 결국 종교를 철학적 관념주의와 동일시함으로써 종교의 고유한 초월적, 영적 차원을 무시하고 종교를 상대화하여 종교적 신앙의 핵심인 "절대적 충성과 헌신"을 상대화하고 무기력하게 만드는 것이 문제다.

"믿음이 지향하는 가치"는 본질상 절대적이고, 주관적인 것이다.

"나는 오직 당신만을 사랑합니다."

진정한 사랑은 하나의 상대방을 진심으로 끝까지 사랑하듯이, 진정한 믿음은 사나 죽으나 변함없이 하나님 한 분만을 사랑하고 믿는 것이다. 그러므로 참 신이신 우리 하나님께서는 우리에게 절대적 신앙을 요구하신다.

> 너는 나 외에는 다른 신들을 네게 두지 말라 (출 20:3).

"모든 종교는 다 같다"라는 상대주의적 합리주의자들은 마치 자신들이 종교의 본질을 다 아는 듯이 말하지만, 정작 자신은 아무런 종교도 갖지 않는 경우가 많다. 그들은 어떤 특정한 종교 대신에 이미 합리주의적 논리와 상대주의적 가치를 절대적으로 믿고 있는 것이다. 그들은 결국 혼합주의적 신앙을 지향하는 것이다. 그러나 이미 지적했듯이, 믿음이나 사랑 같은 인간의 상호 관계를 위한 인격적 가치는 본질상 객관화, 상대화, 중립화될 수 없다. 진정한 신뢰와 사랑은 절대적이고 주관적인 것이다. 상대적인 사랑과 신뢰는 그 진정성을 잃은 거짓된 것이다.

> 그러므로 이제는 여호와를 경외하며 온전함과 진실함으로 그를 섬기라 너희의 조상들이 강 저쪽과 애굽에서 섬기던 신들을 치워 버리고 여호와만 섬기라 만일 여호와를 섬기는 것이 너희에게 좋지 않게 보이거든, … 너희가 섬길 자를 오늘 택하라 오직 나와 내 집은 여호와를 섬기겠노라 하니 백성이 대답하여 이르되, 우리가 결단코 여호와를 버리고 다른 신들을 섬기기를 하지 아니하오리니, 이는 우리 하나님 여호와께서 친히 우리와 우리 조상을 인도하여 애굽 땅 종 되었던 집에서 올라오게 하시고, …(수 24:14-17).

진정한 믿음과 사랑은 객관적 자세가 아니라, 하나님께 대한 진실하고 헌신적인 자세로 얻게 되는 것이다.

이스라엘아 들으라 우리 하나님 여호와는 오직 유일한 여호와이시니, 너는 마음을 다하고 뜻을 다하고 힘을 다하여 네 하나님 여호와를 사랑하라(신 6:4-5).

하나님께서 우리를 선택하시고 사랑하시는 것은 우리가 완전하기 때문이 아니라, 오히려 우리가 연약하고 부족하기 때문이다. "

여호와께서 너희를 기뻐하시고 너희를 택하심은 너희가 다른 민족보다 수효가 많기 때문이 아니니라 너희는 오히려 모든 민족 중에 가장 적으니라 여호와께서 다만 너희를 사랑하시므로 말미암아 … (신 7:7-8).

넷째, 믿음은 불확실성의 도전을 받는다. 믿음은 본질상 불확실성과 불신적 요소를 내포하는 것이다. 진정한 믿음이란 아직 보이지 않고, 아직 나타나지 않고, 아직 이루어지지 않은 불확실한 사실에 대한 적극적 결단과 선택이다(히 11:1).
진정한 믿음이란 아무런 증거도 없이 도저히 믿기 어려운 가운데서도 하나님의 선하심과 구원의 능력을 끝까지 믿는 것이다. 하나님께서는 그런 사람을 자신의 자녀로 삼으신다. 그런 사람이 바로 하나님의 택하심을 받은 사람이다.
아브라함, 야곱, 요셉, 욥, 모세, 룻, 한나, 다윗, 예레미야, 하박국 등 거의 모든 믿음의 선진이 믿을 수 없는 불확실한 상황에서도 하나님의 선하심을 온전히 믿음으로써 하나님의 신실한 사람으로 인정받았다(창 22:12; 욥 1:22; 23:1-17; 합 2:4; 3:17-19). 하나님 자신은 보이지 않으시고 하나님의 약속은 아직 성취되지 않았으나 신실한 하나님의 자녀는 보이지 않으시는 하나님을 믿고 아직 이루어지지 않은 하나님의 약속을 믿는다.

너는 나를 본 고로 믿느냐 보지 못하고 믿는 자들은 복되도다(요 20:29).
우리가 주목하는 것은 보이는 것이 아니요, 보이지 않는 것이니 보이는 것은 잠깐이요, 보이지 않는 것은 영원함이라(고후 4:18).

이는 우리가 믿음으로 행하고 보는 것으로 행하지 아니함이로라(고후 5:7).

믿음으로 모든 세계가 하나님의 말씀으로 지어진 줄을 우리가 아나니, 보이는 것은 나타난 것으로 말미암아 된 것이 아니니라(히 11:3).

믿음은 영원하고 보이지 않는 가치를 존중하지만, 이성은 주로 세상의 보이는 가치에 집중한다. 믿음은 하늘을 향해 날아오르는 날개를 가졌으나 이성은 기껏해야 하늘을 바라볼 뿐이다. 진정한 믿음이란 보이는 것이 아니라, 보이지 않는 것을 주목하고 나타난 것이 아니라, 아직 나타나지 않는 것을 주목하며 그것이 이루어질 때까지 참고 인내하며 기다리는 것이다.

이는 우리가 믿음으로 행하고 보는 것으로 행하지 아니함이로라(고후 5:7).

믿음은 언제나 인내와 함께 동행한다.

그러므로 형제들아 주께서 강림하시기까지 길이 참으라 보라 농부가 땅에서 나는 귀한 열매를 바라고 길이 참아 이른 비와 늦은 비를 기다리나니 너희도 길이 참고 마음을 굳건하게 하라 주의 강림이 가까우니라(약 5:7-8).

인내심이 없이 조급한 사람은 믿음을 갖기 어렵다.

보이는 소망이 소망이 아니니 보는 것을 누가 바라리요 만일 우리가 보지 못하는 것을 바라면 참음으로 기다릴지니라(롬 8:24-25).

아브라함은 오래 참음으로 하나님의 약속을 받았다(히 6:15). 야곱도, 요셉도, 욥도, 시편 기자도, 예레미야도, 하박국도 모두 오랜 시련의 시간 속에서 하나님의 구원의 약속을 믿고 기다렸다.

장래에 대한 하나님의 약속은 거의 언제나 그 미래적인 특성과 인간이 알 수 없는 하나님의 거룩하심으로 말미암아 불확실성을 내포한다. 그러나 하나님은 그의 구원의 경륜 가운데서 그의 약속의 불확실성을 인내하는 믿음으로 극복하게 하시고 불확실성을 확실성으로 바뀌게 하신다.

> 내가 여호와를 기다리고 기다렸더니 귀를 기울이사 나의 부르짖음을 들으셨도다 (시 40:1).

하나님의 약속의 불확실성은 장차 나타날 하나님의 놀라운 능력과 영광과 기쁨을 극대화하기 위해 하나님께서 허락하신 것이다.

> 현재의 고난은 장차 우리에게 나타날 영광과 비교할 수 없도다 (롬 8:18).

더구나 약속의 불확실성과 성취의 지연으로 말미암은 환난과 시험 가운데서 우리의 믿음이 더욱 온전한 믿음으로 성장한다.

> 그러나 내가 가는 길을 그가 아시나니 그가 나를 단련하신 후에는 내가 순금 같이 되어 나오리라 (욥 23:10).
> 다만 이뿐 아니라, 우리가 환난 중에도 즐거워하나니 이는 환난은 인내를, 인내는 연단을, 연단은 소망을 이루는 줄 앎이로다 (롬 5:3-4).

그러므로 성경은 우리가 믿음의 시험을 받는 중에 잘못된 믿음을 버리고 바른 믿음을 가질 것을 가르친다.

> 고난 당하기 전에는 내가 그릇 행하였더니 이제는 주의 말씀을 지키나이다 (시 119:67).

하나님께서는 오래 전에 우리와 같은 믿음을 가진 믿음의 선조들에게 약속하신 약속들을 모두 이루어 주심으로써 오늘 우리에게 말씀하신 하나님의 약속을 우리가 굳게 믿고 지키게 하신다. 하나님의 약속은 오랜 성경 역사가 보여 주듯이 모두 실제로 성취되었으므로 그 약속을 믿는 우리의 믿음은 확실한 것이다.

우리의 믿음은 확고한 역사적 증거가 있는 하나님의 약속을 믿는 믿음이기 때문에 망상이 아니라, 실상이요, 허구가 아니라, 진실이다. 그러므로 오늘 우리는 아직 성취되지 않은 장래의 영광에 대한 하나님의 약속을 굳게 믿고 바라는 것이다.

믿음은 바라는 것들의 실상이요 보이지 않는 것들의 증거니 선진들이 이로써 증거를 얻었느니라(히 11:1-2).

성경이 가르치는 하나님의 약속은 불확실하게 보이지만 실제로는 확실한 것이므로 그것을 믿는 우리의 믿음도 확실한 것이다. 하나님의 확실한 약속을 믿는 우리는 확실한 믿음을 가져야 한다. 우리는 모든 하나님의 약속의 성취의 더딤에도 불구하고, 오랜 기도에도 불구하고 아무런 하나님의 응답을 듣지 못했더라도, 우리는 하나님의 선하심과 구원 능력을 믿어야 한다.

우리의 믿음을 약하게 만드는 안팎의 모든 불신과 불확실한 것들을 믿음으로 극복하고 이겨 나가야 한다. 복음 신앙이란 실패처럼 보이는 그리스도의 십자가의 구원의 능력을 믿는 것이다.

이는 우리가 믿음으로 행하고 보는 것으로 행하지 아니함이로라(고후 5:7).

하나님은 그를 믿는 사람을 축복하시지만, 믿지 않는 사람을 징벌하신다. 아담 이후 많은 사람이 하나님을 불신하다가 하나님의 진노하심으로 큰 고통을 받았다. 많은 이스라엘과 유대의 역대 왕들이 하나님을 불신하며 우상을 섬기다가 결국 이스라엘과 유다는 앗시리아와 바벨론에게 각기 멸망했다.

하나님의 아들 예수님을 믿지 않고 죽인 유대인들은 하나님의 진노하심을 받아 본토에서 쫓겨나서 유리방황하는 민족이 되었다. 우리 주님께서는 자주 믿음이 적은 제자들을 책망하셨다(마 6:30; 14:31; 17:20).

초대교회 신자였던 아나니아와 삽비라는 성령을 속이고 거짓말을 했다가 죽임을 당했다(행 5:1-11). 요한계시록의 일곱 교회 가운데 하나인 라오디게아교회는 차지도 뜨겁지도 않게 믿다가 주님의 책망을 받았다(계 3:14-19). 우리도 하나님을 분명히 믿지 않으면 같은 책망을 듣게 될 것이다.

성경은 우리가 하나님을 믿되 적당히 믿어서는 안 되고, 하나님을 경외하는 마음으로 확실하게 믿어야 할 것을 가르친다. 더구나 하나님께서는 우리의 연약함을 아시고 창세 이후 모든 믿음의 선조에 말씀하신 약속들을 실제로 이루어 주심으로써 하나님의 구원 약속을 믿는 우리의 믿음의 확실성을 증거해 주셨다.

이제 우리는 이런 하나님과 하나님의 약속을 더 확실하게 믿어야 하지 않겠는가?

이제 일이 일어나기 전에 너희에게 말한 것은 일이 일어날 때에 너희로 믿게 하려 함이라(요 14:29).

2019년 5월 9일

76. 복음의 구원 능력

> 내가 복음을 부끄러워하지 아니하노니 이 복음은 모든 믿는 자에게 구원을 주시는 하나님의 능력이 됨이라 먼저는 유대인에게요 그리고 헬라인에게로다 (롬 1:16).

사도 바울은 다메섹 도상에서 주님을 만난 이후 이전과는 완전히 다른 새로운 사람이 되었다. 그의 율법 중심적 사고가 예수님의 구원 은혜 중심적 사고로 바뀌었다. 자신의 선한 의지를 따라서 율법을 철저히 지키는 것을 인간의 존재 이유와 목적으로 삼는 율법주의적 인간관에서 예수의 영과 인격과 마음을 가지고 사는 것을 존재 이유와 목적으로 삼는 기독교적 인간관으로 바뀌었다.

"사람의 능력으로 율법을 철저히 지키는 세상"을 지향하는 율법주의적 세계관에서 "은혜로우신 예수가 다스리시는 완전한 세상"을 지향하는 복음적 세계관을 가지게 되었다.

그리스도의 복음의 놀라운 구원의 능력을 체험한 바울은 자신이 과거에 따르던 율법주의를 따르는 당시의 유대인들을 향해 율법주의적 위선과 오만함을 벗어나서 복음의 구원 능력을 가르쳤고(롬 2:1 이하; 갈 5:1 이하), 세속주의적 이방인들과 헬라인들을 향해서는 세상의 지식과 가치의 제한성과 허무함에서 벗어나서 복음의 구원 능력과 유익을 증거했다(롬 1:16; 고전 1:18-25).

> 그러나 무엇이든지 내게 유익하던 것을 내가 그리스도를 위하여 다 해로 여길뿐더러 또한 모든 것을 해로 여김은 내 주 그리스도 예수님을 아는 지식이 가장 고상하기 때문이라 내가 그를 위하여 모든 것을 잃어버리고 배설물로 여김은 그리스도를 얻고 그 안에서 발견되려 함이니 내가 가진 의는 율법에서 난 것이 아니요 오직 그리스도를 믿음으로 말미암은 것이니 곧 믿음으로 하나님께로부터 난 의라 (빌 3:7-9).

오늘날도 바울 당시의 유대인들과 유사하게 도덕주의적 위선과 오만함에 사로잡혀 있는 이들도 있고 세속주의적 허망한 가치를 따르는 이들도 있고 진정한 가치로 위장한 거짓 가치들을 추구하는 이들도 있고 또한 복음을 마음대로 왜곡하여 믿는 이들도 있다. 인간이 추구하는 진, 선, 미 등의 가치도 그것을 추구하는 인간의 지, 정, 의, 이성, 감성, 양심 등이 이미 죄로 오염되었기 때문에 궁극적 가치가 될 수 없다.

부활이요 생명이신 그리스도의 복음을 믿는 것만이 모든 인류의 살 길이다.

십자가의 도가 멸망하는 자들에게는 미련한 것이요 구원을 받는 우리에게는 하나님의 능력이라(고전 1:18).

2019년 5월 16일 v

77. 복음 신앙의 절대성: 성령의 증거

> 우리가 세상의 영을 받지 아니하고 오직 하나님으로부터 온 영을 받았으니 이는 우리로 하여금 하나님께서 우리에게 은혜로 주신 것들을 알게 하려 하심이라(고전 2:12).

복음은 성령께서 확증하신 말씀이다. 복음을 믿는 우리들은 언제나 영적 마음과 귀와 눈을 열고 성령께서 하시는 말씀을 듣고 보고 따라야 한다.

> 들을 귀 있는 자는 들으라(막 4:9, 23).
> 귀 있는 자는 성령이 교회들에게 하시는 말씀을 들을 지어다(계 2:7, 11, 17, 29; 3:6, 13, 22).
> 예수께서 이르시되 내가 심판하러 이 세상에 왔으니 보지 못하는 자들은 보게 하고 보는 자들은 맹인이 되게 하려 함이라 하시니(요 9:39).
> 주께서 그 마음을 열어 바울의 말을 따르게 하신지라(행 16:14b).

복음이 가르치는 영원한 나라는 사람이 고안한 현실 도피적, 이상적 세계가 아니라, 하나님께서 제시하신 바 모든 믿는 사람들이 믿고 바라야 할 궁극적 실체의 세계다. 완전한 하나님 나라가 오기 전까지 이 세상에는 아무런 소망이 없다. 복음을 믿는 사람들은 주님의 재림과 함께 나타날 영원한 나라를 바라며 현재의 고난을 이겨야 한다.[1]

보이는 것만을 실체로 여기는 사람들(자연인들)은 보이는 인생과 세상의 한계를 인정하면서도 복음이 증거하는 보이지 않는 영원한 세계를 믿지는 않는다. 그들은 영적으로 무지하기 때문에 복음과 그것을 증거하시는 성령을 알 수도 없고 받아들일 수도 없다. 그들은 자신들이 "이 세상의 신"의 지배를 받고 있다는 사실도 알지 못한다.

---

1 단 7:13; 마 24:30; 롬 8:18-24; 고후 4:16-5:10; 벧후 3:13; 계 21:1.

> 만일 우리의 복음이 가리었으면 망하는 자들에게 가리어진 것이라 그중에 이 세상의 신이 믿지 아니하는 자들의 마음을 혼미하게 하여 그리스도의 영광의 복음의 광채가 비치지 못하게 함이니 그리스도는 하나님의 형상이니라(고후 4:3-4).
>
> 목이 곧고 마음과 귀에 할례를 받지 못한 사람들아, 너희도 너희 조상과 같이 항상 성령을 거스르는도다(행 7:51).

한편 우리는 세상만사는 물론 성경 말씀을 객관화, 상대화, 중립화하는 "오만한 지적 세력"을 경계해야 한다. 그것은 세상의 모든 초월적, 영적 현상을 일원화해 성경의 하나님의 절대적 존재와 권능을 무시하는 "오만한 지적 사고"다. 하나님도 여전히 세상의 많은 신 중의 하나로 여기는 보편주의적 사고다. 그러나 성경의 하나님은 자신만이 유일한 참 신이심을 천명하셨다.

> 나는 여호와라 나 외에 다른 이가 없나니, 나 밖에 신이 없느니라 너는 나를 알지 못하였을지라도 나는 네 띠를 동일 것이요, 해 뜨는 곳에서든지 지는 곳에서든지 나 밖에 다른 이가 없는 줄을 알게 하리라 나는 여호와라 다른 이가 없느니라(사 45:5-6).

이런 유일하신 절대적 하나님의 선언을 오만하게 여기는 것 자체가 불신이다. 이런 선언은 유일하신 절대적 하나님께 지극히 당연하고 합당한 것이다. 이스라엘 백성은 주변의 많은 이방 신 가운데서 하나님을 그들의 신으로 선택했다. 하나님만을 진실한 신으로 믿는 그들의 판단 기준은 하나님께서 그들에게 베푸신 놀라운 구원 역사였다(출 20:2-3; 수 24:14 이하). 그러나 하나님께서는 자주 이스라엘 백성의 믿음을 시험하셨고 그들은 자주 실패했다.

> 그들이 여호와를 시험하여 이르기를, 여호와께서 우리 중에 계신가 안 계신가 하였음이더라(출 17:7).

그들은 자주 그들의 하나님을 많은 신의 하나로 생각했던 것이다(혼합주의적 신앙; 삿 2:12;왕상 11:4-8). 많은 현대인은 성경의 영적 가르침을 모든 세상 종교의 일반적 현상으로서 근본적으로 현실 도피주의적 발상이나 분리주의적 사고에서 기인하는 것으로 본다. 그러나 성령과 악한 영의 실체는 이들에 대한 성경의 많은 기록과 함께 우리가 날마다 경험하는 성령의 감동과 악한 영의 미혹 그리고 거의 일상적인 인간의 악한 행위들과 과거의 수많은 인간의 잔혹한 죄로 말미암은 불행한 역사적 사건들로 충분히 입증된다.

지난 세기의 히틀러의 유대인 대학살이나 최근 세계 도처에서 자행되는 테러리스트들의 끔찍한 만행이 악한 영에 의해 미친 사람들의 소행이 아니라면, 어떻게 그런 끔찍한 일들이 제대로 설명될 수 있는가?

그들의 만행은 너무 끔찍해서 어떤 단순한 심리적, 사회적 요인들만으로는 충분히 설명될 수 없다.

성경은 하나님 자신이 영이시며 하나님께서는 크신 권능으로 악한 영적 세력과 세상의 권세를 다스리신다고 한다.[2] 그리고 천국은 물론 하나님께서 세상 끝에 이루실 신천신지도 분명히 실재하는 세계로 제시된다. 성경 전체가 가르치는 하나님의 모든 구원의 말씀이 완전한 세계의 창조를 가리킨다.

우리는 어떻게 온갖 사상들이 난무하는 이 세상에서 복음만을 절대적 구원의 도리로 믿을 수 있는가?

먼저 우리는 우리를 위해 희생하신 그리스도의 십자가를 바라보고 그의 음성을 들어야 한다(갈 3:1; 히 12:1).

내 양은 내 음성을 들으며 나는 그들을 알며 그들은 나를 따르느니라(요 10:27).

그리고 지금 우리 속에 계시는 성령께서 우리의 마음과 생각을 감동하사 겸비하신 그리스도의 마음을 본받게 하실 것을 간구해야 한다.

너희 안에 이 마음을 품으라 곧 그리스도 예수의 마음이니(빌 2:5).
아무것도 염려하지 말고 다만 모든 일에 기도와 간구로 너희 구할 것을 감사함으로 하나님께 아뢰라 그리하면 모든 지각에 뛰어난 하나님의 평강이 그리스도 예수 안

---

[2] 창 1:2; 출 7:3; 10:1; 삿 6:34; 13:25; 삼상 16:23; 왕상 22:23; 왕하 19:7; 사 4:4; 겔 36:26; 요 3:5; 14:26; 16:8-11; 롬 8:2 이하; 고전 2:4 이하; 7:40; 엡 6:12; 살후 2:8-12.

에서 너희 마음과 생각을 지키시리라(빌 4:6-7).

한 마디로 그리스도의 십자가의 은혜와 사랑의 모델을 본받고, 성령의 능력을 받으면 이 불신적 세상의 도전을 이길 수 있다.

무릇 하나님께로부터 난 자마다 세상을 이기느니라 세상을 이기는 승리는 이것이니 우리의 믿음이니라 예수께서 하나님의 아들이심을 믿는 자가 아니면 세상을 이기는 자가 누구냐(요일 5:4-5).

그러나 복음을 믿는 우리는 결코 "게으른 종"이 되어서는 안 된다. 우리는 부지런히 하나님의 나라와 그의 의를 구해야 한다. 우리는 잠시 머무는 이 세상이 아니라, 저 영원한 나라를 바라보고 성령을 의지해 우리를 수시로 미혹하는 저 악한 영적 세력과 담대히 싸워야 한다.

우리의 씨름은 혈과 육을 상대하는 것이 아니요, 통치자들과 권세들과 이 어둠의 세상 주관자들과 하늘에 있는 악한 영들을 상대함이라(엡 6:12).
모든 것 위에 믿음의 방패를 가지고 이로써 능히 악한 자의 모든 불화살을 소멸하고 구원의 투구와 성령의 검 곧 하나님의 말씀을 가지라 모든 기도와 간구를 하되 항상 성령 안에서 기도하고 이를 위하여 깨어 구하기를 항상 힘쓰며 여러 성도를 위하여 구하라(엡 6:16-18).
너희는 하나님께 복종할지어다 마귀를 대적하라 그리하면 너희를 피하리라 하나님을 가까이 하라 그리하면 너희를 가까이 하시리라 죄인들아 손을 깨끗이 하라 두 마음을 품은 자들아 마음을 성결하게 하라 슬퍼하며 애통하며 울지어다 너희 웃음을 애통으로, 너희 즐거움을 근심으로, 바꿀지어다 주 앞에서 낮추라 그리하면 주께서 너희를 높이시리라(약 4:7-10).

복음을 믿는 사람은 결국 언제나 그리스도의 마음을 따라, 성령의 도우심을 따라, 하나님 나라와 하나님의 의를 추구하는 사람이다.

2019년 5월 17일

78. 사랑의 하나님

> 하나님이 세상을 이처럼 사랑하사 독생자를 주셨으니 이는 그를 믿는 자마다 멸망하지 않고 영생을 얻게 하려 하심이라(요 3:16).

성경은 하나님을 비인격적 원리나 에너지로 보는 것이 아니라, 사람을 사랑하는 인격적 존재로 제시한다. 태초에 하나님께서는 혼돈, 공허, 흑암이 깊음 위에 있는 상태에서 빛을 창조하셨다. 아담을 하나님의 형상을 따라 흙에서 창조하셨으나 그가 죄를 지었을 때 다시 흙으로 돌아가게 하셨고 에덴에서 추방하셨다.

그러나 하나님께서는 아담과 하와에게 가죽옷을 지어 입히셨다. 가인은 동생 아벨을 죽인 죄로 평생 유리 방황하는 징벌을 받았다. 그러나 하나님께서는 가인을 나름대로 보호하셨다. 노아 시대 사람들은 죄로 말미암아 홍수 심판을 받았다. 그러나 하나님께서는 무지개 언약으로 그들과 화해하시고 새로운 구원의 시대를 여셨다. 하나님께서는 바벨탑 사건으로 사람들을 온 세상에 흩으셨으나 아브라함의 선택을 통해 인간 구원을 계획하셨다.

하나님께서는 믿음의 조상들과 이스라엘 역사를 통해서도 구원과 심판의 역사를 계속하셨다. 그리고 하나님께서는 최종적으로 그리스도를 통해 새롭고 완전한 세상을 창조하시고 구원하실 것을 계획하시고 약속하셨다. 하나님의 구원 역사는 그리스도의 죽으심과 부활 그리고 그를 믿는 사람의 개인적 회개와 중생으로 나타난다.

그리스도인은 세상을 사랑하시어 아들을 희생하신 하나님을 비인격적 우주적 에너지로 잘못 생각하지 않도록 주의해야 한다. 또한, 하나님의 구원 역사를 창조와 파괴, 해체와 복원의 이원론적 현상으로 단일화, 객관화, 중립화하지 않도록 주의해야 한다. 아무리 객관적이고 보편적인 진리라고 해도 어떤 진리를 절대시하여 하나님의 세상 경륜과 동일시하는 것은 옳지 않다.

성경은 어떤 과학적 진리를 가르치는 것이 아니라, 세상을 지으시고 사랑하시는 하나님의 말씀과 뜻을 절대적으로 순종할 것을 가르치기 때문이다. 설령 하나님의 말씀과 구원 역사가 어떤 일정한 원칙과 원리를 나타낸다고 하여도 우리는 그것을 우리의 논리와 언어로 한정시키는 데 힘쓰기보다는 하나님의 말씀을 그대로 듣고 순종하기를 힘써야 한다.

하나님의 뜻은 사람의 뜻과 다르고 하나님의 지혜는 사람의 지혜보다 더 깊으므로 어떤 한 가지 원리에 한정시킬 수 없다(사 55:8-9). 위대하신 하나님은 인간의 제한적인 지식으로 완전히 알 수 없는, 무한한 믿음의 대상이시다. 그러므로 인간은 하나님께 지식보다는 믿음으로 나아가야 한다.

우리는 다만 하나님의 말씀을 듣고 그의 뜻을 존중해야 한다. 우리는 성경으로부터 하나님께서 세상과 우리를 사랑으로 지으시고 그의 아들 그리스도를 통해 완전한 세계로 복원하실 계획을 하셨다는 복음을 듣고서 그를 믿고 사랑하며 그의 말씀에 합당하게 살아야 한다.

하나님의 말씀을 인간이 이해하기 쉬운 어떤 하나의 원리와 원칙으로 단순화하고 제한하는 것(reductionism, 환원주의[還元主義])은 전지전능하신 하나님께 대해 불경스러울 뿐만 아니라, 그 자체가 논리적으로도 불합리한 것이다.[1] 연약한 우리 인생은 우리를 사랑하시는 전지전능하신 하나님께 대해 우리 식으로 판단하거나 평가할 것이 아니라, 그를 믿고 사랑해야 한다.

> 우리가 사랑함은 그가 먼저 우리를 사랑하셨음이라(요일 4:19).
> 여호와께서 그의 앞으로 지나시며 선포하시되, 여호와라 여호와라 자비롭고 은혜롭고 노하기를 더디 하고, 인자와 진실이 많은 하나님이라 인자를 천대까지 베풀며 악과 과실과 죄를 용서하리라 그러나 벌을 면제하지는 아니하고 아버지의 악행을 자손 삼사 대까지 보응하리라(출 34:6-7).

2019년 5월 20일

---

[1] 일례로 욥의 친구들은 욥의 고난을 인과론적으로만 설명함으로써 하나님의 책망을 받았다. 욥을 향하신 하나님의 뜻은 인과론과는 상관없이 하나님을 전적으로 의지하는 신앙 훈련이었다.

79. 자기 십자가

> 누구든지 나를 따라 오려거든 자기를 부인하고 자기 십자가를 지고 나를 따를 것이니라(마 16:24).

　본문에서 예수님께서 말씀하신 "자기 십자가"는 그리스도께서 지신 십자가와 같은 희생적 사랑의 의미가 있는 모든 그리스도인이 받아야 할 고난을 가리킨다. 우리 그리스도인들은 그리스도께서 지신 십자가의 사랑과 은혜의 모본을 따라서 우리의 모든 개인적, 육적 탐심을 버리고 더 많은 사람의 유익을 위해 살아야 한다. 그것이 하나님 나라를 지향하는 하나님 나라 시민의 도리다.

　예수님께서는 산상수훈(마 5-7장)에서도 결국 십자가를 지는 제자의 도리를 가르치셨다. "마음이 가난한 사람," "애통하는 사람," "온유한 사람," "의를 이루기 위해 애쓰는 사람," "긍휼히 여기는 사람," "마음이 청결한 사람," "화평하게 하는 사람," "의를 위해 박해를 받는 사람," 또는 "그리스도를 따라 고난받는 사람," 그리고 "원수를 사랑하는 사람," "은밀하게 구제하고, 기도하고, 금식하는 사람," "세상이나 탐욕이 아니라, 하나님 나라와 그의 의를 구하는 사람," "남을 비판하지 않는 사람," "남을 대접하는 사람," "좁은 문으로 들어가는 사람," "모든 선행을 힘쓰는 사람," "주님의 뜻대로 행하는 사람" 등이다.

　한 마디로 "자기 십자가"를 지는 사람은 자신의 이기적인 목적보다 더 많은 사람의 유익을 위해 매일의 삶을 결단하는 사람이다. 자신들의 생존을 위해 애쓰는 사람들로 가득 찬 약육강식의 세상에서 이런 희생적인 삶을 실행한다는 것이 결코 쉬운 일은 아니지만, 죄인들을 위해 십자가를 지신 주님을 기쁘시게 해야 하는 모든 제자의 도리다.

　많은 세상 사람이 이기적인 목적을 위해 애쓰며 살지만, 그리스도의 제자는 그리스도께서 보여 주신 사랑과 은혜를 따라서 더욱 많은 사람의 유익을 위해 살기를 힘써야 한다. 그것이 하나님 나라를 사모하는 사람의 삶이고 또한 그리스도교회가 가르치는 사는 방식이다.

> 인자가 온 것은 섬김을 받으려 함이 아니라, 도리어 섬기려 하고 자기 목숨을 많은 사람의 대속물로 주려 함이니라(막 10:45).

그러므로 사도 바울은 복음 사역을 위한 고난도 많은 사람의 유익을 위한 것이므로 적극적으로 받는다.[1]

> 나는 이제 너희를 위하여 받는 괴로움을 기뻐하고 그리스도의 남은 고난을 그의 몸 된 교회를 위하여 내 육체에 채우노라(골 1:24).
> 만일 너희 믿음의 제물과 섬김 위에 내가 나를 전제로 드릴지라도 나는 기뻐하고 너희 무리와 함께 기뻐하리니(빌 2:17).

때로 우리의 고난의 대가로 사람들의 칭송과 사랑을 받을 수도 있다. 그러나 때로 우리의 고난의 대가로 오히려 오해와 비난을 받을 수도 있다. 진실한 그리스도의 증인은 사람들의 칭송으로 우쭐하지도 않고 사람들의 비난으로 좌절하지도 않는다. 진실한 그리스도의 증인은 온갖 외로운 고난과 시련을 통해 그리스도의 형상이 그의 속에 이루어짐을 믿고 오히려 기쁨으로 고난을 참는다(롬 5:3-11; 8:29; 갈 4:19).

> 지금도 전과 같이 온전히 담대하여 살든지 죽든지 내 몸에서 그리스도가 존귀하게 되게 하려 하나니(빌 1:20b).
> 믿음이 강한 우리는 마땅히 믿음이 약한 자의 약점을 담당하고 자기를 기쁘게 하지 아니할 것이라 우리 각 사람이 이웃을 기쁘게 하되 선을 이루고 덕을 세우도록 할지니라 그리스도께서도 자기를 기쁘게 하지 아니하셨나니 기록된 바 주를 비방하는 자들의 비방이 내게 미쳤나이다 함과 같으니라(롬 15:1).

---

1 고후 4:8 이하; 6:4-10; 11:23 이하; 12:9-10; 갈 4:19; 6:17; 빌 2:17, 22; 골 1:24, 29; 딤후 4:5-6.

본문의 "자기 십자가"는 어쩌면 남이 모르는 나만의 외로운 고난일 수 있다. 우리 주님께서 받으신 십자가의 고난도 외로운 고난이었다. 주님께서 십자가를 지실 때 사람들은 조롱했고, 제자들은 모두 도망갔었다. 그러나 십자가를 지시고 승리하신 주님께서 이런 외로운 고난의 진정한 가치를 보증해 주셨다(마 25:40).

나로 말미암아 너희를 욕하고 박해하고 거짓으로 너희를 거슬러 모든 악한 말을 할 때에는 너희에게 복이 있나니, 기뻐하고 즐거워하라 하늘에서 너희의 상이 큼이라 너희 전에 있던 선지자들도 이같이 박해하였느니라(마 5:11-12).

세상에서는 너희가 환난을 당하나 담대하라 내가 세상을 이기었노라(요 16:33).

2019년 5월 22일

80. 고난을 이기는 믿음

> 의를 위하여 박해를 받는 자는 복이 있나니 천국이 그들의 것임이라(마 5:10).

본문에서 "의를 위해 박해를 받는 자"는 다음의 11절에서 "그리스도로 말미암아 박해를 받는 자"로 나타난다. 그러므로 여기서 "의"란 일반적 도덕적 의가 아니라, "그리스도로 말미암은 박해를 받는 의"를 가리킨다. "그리스도로 말미암아 박해를 받는 의"란 그리스도의 복음을 전도하다가 받는 박해 또는 그리스도의 말씀을 따라 살다가 받는 박해를 가리킨다.

"그리스도의 말씀을 따라 사는 의"는 본문이 속한 팔복과 산상수훈에서 주님께서 가르치시는 하나님 나라의 의를 지향하는 삶이라고 할 수 있다.

> 그런즉 너희는 먼저 그의 나라와 그의 의를 구하라(마 6:33).
> 그러므로 누구든지 나의 이 말을 듣고 행하는 자는 그 집을 반석 위에 지은 자 지혜로운 사람 같으리니(마 7:24).

본문에서도 주님께서는 "의를 따라, 또는 그리스도의 말씀을 따라 사는 사람들은 천국 시민이 된다"고 약속하신다. 이 험한 세상에서 육체를 가진 우리가 "주님의 말씀을 따라 의롭게 사는 것"이 결코 쉬운 일이 아니다. 그러므로 누군가 사람을 조금도 거짓이 없는 순전한 사랑으로 사랑하고 누군가 불쌍한 사람을 구제할 때 "오른손이 하는 것을 왼손이 모르게 하는 일"은 매우 뛰어난 선행이므로 이에 대해서 상을 받는 것은 당연하다.

그러나 누군가 아무리 뛰어난 선행을 했다고 해도 그가 지은 과거의 죄악을 생각해 볼 때 '과연 그가 행한 선행에 대해서 상까지 받는 것이 합당한가?'라는 생각도 든다. 설령 우리가 세상에서 억울한 일을 당해 고통을 받는다고 하더라도 우리 자신이 범한 과거의 죄를 생각할 때 지금 우리가 당하는 억울한 일에 대해 감히 불평하기조차 어렵고 미안한 것이다. 어쩌면 우리 자신도 남에게 의식적으로나, 무의식적으로나, 이미 우리가 당하는 억울한 일을 행했을지도 모른다. 우리가 모두 본질상 죄인들이다.

그러나 주님께서 그의 크신 은혜로 우리의 억울함과 슬픔을 위로해 주시고 우리의 적은 선행을 의로 여기시고 상까지 주신다니 얼마나 감사한가?

이제 우리가 사는 날 동안 더욱 힘을 내어 의를 위해 힘써야 하지 않겠는가?

사도 바울도 어려운 복음 사역 가운데 교회 안팎에서 억울한 일들을 많이 당했음을 자주 술회한다.[1] 바울은 자신이 받은 그런 고난으로 말미암아 장차 받을 상을 기대하며 또한 그리스도의 고난에 참여한다고 생각하며 오히려 기뻐했다.[2] 특별히 바울은 자신이 지금 받는 하나님의 위로와 능력을 고난의 현재적 보상으로 알고 기뻐했다.

> 찬송하리로다 그는 우리 주 예수 그리스도의 하나님이시요, 자비의 아버지시요, 모든 위로의 하나님이시며, 우리의 모든 환난 중에서 우리를 위로하사, 우리로 하여금 하나님께 받은 위로로써 모든 환난 중에 있는 자들을 능히 위로하게 하시는 이시로다(고후 1:3-4).
>
> 세상에서는 너희가 환난을 당하나 담대하라 내가 세상을 이기었노라(요 16:33).

우리는 모든 고난을 통해 우리 안에 그리스도의 형상을 더욱 분명히 이루게 되고 하나님의 현재 도우심과 위로와 능력을 경험하며(요 14:26-27; 고후 1:4; 2:14) 또한 장래의 영원한 그리스도의 영광을 사모한다(롬 5:3-11; 8:29; 갈 4:19).

> 내가 그리스도와 그 부활의 권능과 그 고난에 참여함을 알고자 하여 그의 죽으심을 본받아 어떻게 해서든지 죽은 자 가운데서 부활에 이르려 하노니(빌 3:10-11).

우리는 세상에 사는 동안 고난을 피할 수는 없으나, 사망 권세를 이기시고 부활하신 생명의 주님을 믿음으로써 고난을 극복할 수 있다.

주여, 저희에게 큰 믿음과 큰 소망을 주셔서 우리의 모든 현재의 고난을 잘 이기게 하옵소서. 아멘.

2020년 6월 6일

---

1 고후 4:8-15; 6:4-10; 11:23-33; 갈 6:17; 빌 3:10; 골 1:24; 참조, 마 16:24; 벧전 4:13.
2 롬 8:18, 24; 고후 1:3 이하; 2:14-16; 4:8-17; 6:4-10; 12:9-10; 딤후 4:8.

81. 룻기의 교훈

> 어머니의 백성이 나의 백성이 되고 어머니의 하나님이 나의 하나님이 되시리니 (룻 1:16).

나오미와 룻은 아무런 소망을 가질 수 없는 불행한 여인들이었으나, 이스라엘 하나님을 굳게 믿음으로써 하나님의 놀라운 구원의 은혜를 받았다.[1] 특별히 룻은 자신의 백성에게로 돌아가라는 시어머니의 만류에도 불구하고 시어머니와 함께 이스라엘 땅으로 돌아가서 결국 하나님의 구원 은혜를 받고 또한 시어머니 나오미를 비롯한 많은 사람에게도 같은 구원의 하나님의 놀라운 은혜를 받게 하는 축복의 통로가 되었다. 룻의 믿음 덕분에 많은 사람이 구원의 축복을 받게 되었다.

> 어머니의 백성이 나의 백성이 되고 어머니의 하나님이 나의 하나님이 되시리니 (룻 1:16).

룻의 이야기는 전능하신 하나님께서 자주 인간이 예상치 않는 특이한 방법으로 그의 구원 역사를 행하심으로써 그의 능력과 영광을 나타내신다는 것을 보여 준다. 특별히 하나님께서는 이런 하나님의 구원의 능력을 믿는 사람들에게 그의 구원의 능력을 나타내시기를 기뻐하신다. 하나님께서는 자주 약한 자를 강하게, 가난한 자를 부하게 만드시고, 또는, 그 반대로 역사하신다(삼상 2:4-10; 눅 1:48-55; 고후 12:9-10). 이것이 룻기 전체의 교훈이며 또한 성경 전체가 가르치는 구원의 도리이다.

믿음이란 모든 악조건 가운데서 하나님의 선하심과 구원 능력을 굳게 믿는 것이다. 룻기는 남편을 잃은 불행한 이방 여인 룻이 믿기 어려운 환경 가운데서도 하나

---

[1] 룻이 하나님을 부를 때 "엘로힘"이라는 하나님의 일반 명칭으로 부르지 않고, "야웨"(여호와)로 부른 것은 그가 진실한 하나님 신앙을 가진 사람이란 것을 나타내는 것이다. Alfred Bertholet, *Die Stellung der Israeliten unde der Juden zu dem Fremden*(Leipzig: J. C. B. Mohr, 1896), 28. 재인용, Louise P. Smith, 837. 또한, 룻의 진실한 하나님 신앙에 대하여 Bertholet의 룻 1:12의 주석을 보라. 841-842.

님의 선하심을 굳게 믿음으로써 하나님의 놀라운 구원의 은혜를 받았음을 보여 준다. 하나님께서는 연약한 룻을 많은 사람을 위한 구원의 은혜의 통로로 삼으신 것이다. 모든 신앙의 선진은 모두 불확실성 가운데서도 그들의 믿음의 끈을 놓지 않고 하나님만을 바라보고, 하나님의 구원 약속을 끝까지 믿음으로써 하나님의 큰 구원의 은혜를 받았던 것이다(히 11:32-40).

식물들은 하늘의 햇빛을 받고 자란다. 햇빛이 닿지 않는 어두운 그늘 속에서 죽어가던 연약한 풀도 햇빛을 받으면 푸르고 힘차게 소생한다. 그러나 어떤 식물은 도리어 그 햇빛으로 말미암아 말라 죽기도 한다. 하늘 아버지를 믿는 믿음을 가지면 어려운 인생도 감사와 찬송으로 살 수 있으나, 불신자는 불신과 원망 가운데 살다가 멸망할 뿐이다.

불행한 이방 여인 룻은 하나님 신앙으로 인생의 난관을 극복하고 하늘 아버지의 큰 구원의 은혜를 받고 행복한 여인이 되었다. 그러나 출애굽 한 이스라엘 백성은 광야에서 불평과 원망만 하다가 결국 모두 광야에서 죽었다.

믿음이란 본질상 도저히 믿기 어려운 상황에서도 하나님의 선하심과 구원 능력을 믿는 것이다. 어떤 불신자들은 자신들을 어둡고 황망한 우주 가운데 던져진 존재라고 믿으며 스스로 자학한다.

하늘 아래 사는 모든 인생은 불신과 믿음 사이에서 결단해야 한다.

모압이냐? vs. 이스라엘이냐?
우상 숭배냐? vs. 여호와 신앙이냐?
예수의 제자냐? vs. 세상 스승의 제자냐?
순교자냐? vs. 배교자냐?
철저히 믿음대로 살 것인가? vs. 적당히 타협적으로 살 것인가?
바리새적인 오만한 배타주의를 따를 것인가? vs. 그리스도의 겸비한 마음을 본받을 것인가?

> 너희가 어느 때까지 둘 사이에서 머뭇머뭇 하려느냐 여호와가 만일 하나님이면 그를 따르고 바알이 만일 하나님이면 그를 따를 지니라(왕상 18:21).

그리스도인은 안팎의 많은 미혹 가운데서 언제나 주님 편에 서서 주님을 향한 믿음의 줄을 든든히 붙잡아야 한다. 모든 현재의 도전과 고난 중에서도 주님만을 바라봐야 한다. 주님은 인자하시고 선하시며 결국 우리를 영광과 승리의 길로 인도하시는 분이심을 굳게 믿어야 한다.

> 이스라엘의 하나님 여호와께서 그의 날개 아래에 보호를 받으러 온 네게 온전한 상 주시기를 원하노라(룻 2:12).
> 너희는 마음에 근심하지 말라 하나님을 믿으니 또 나를 믿으라(요 14:1).
> 생각하건대 현재의 고난은 장차 우리에게 나타날 영광과 비교할 수 없도다(롬 8:18).
> 항상 우리를 그리스도 안에서 이기게 하시고 우리로 말미암아 각처에서 그리스도를 아는 냄새를 나타내시는 하나님께 감사하노라(고후 2:14).

신앙생활은 안팎의 불신적 세력과의 계속된 싸움이다. 불신을 이기는 힘은 외적인 열심보다는 역시 인내하고 희생적인 믿음과 헌신이다.[2] 믿음은 결코 피상적인 모방이나 답습이 아니라, 구원의 주님을 향한 전적인 헌신이다.[3] 우리는 신앙의 도전과 환난 중에 우리를 괴롭히는 사람을 미워하거나 어려운 환경에 대해 불평할 것이 아니라, 모든 것을 관찰하시면서 우리를 구원하시기 위해 일하시는 삼위 하나님만을 바라봐야 한다.

> 나의 영혼이 잠잠히 하나님만 바람이여, 나의 구원이 그에게서 나오는도다 오직 그만이 나의 반석이시요, 나의 구원이시요, 나의 요새이시니, 내가 크게 흔들리지 아니하리로다(시 62:1-2).

2　R. V. G. Tasker, *The Gospel According to St. John,* Tyndale NT Commentaries, (Grand Rapids: Eerdmans, 1976), 164.
3　Leon Morris, *The Gospel According to John*, The New International Commentary on the NT(Grand Rapids: Eerdmans, 1977), 638.

룻의 믿음과 선행으로 말미암아 나오미를 비롯해 많은 하나님의 백성이 구원의 은혜를 받았고, 그리스도의 죽으심으로 많은 사람이 구원의 은혜를 받았으며(막 10:45), 사도들의 희생적 사역으로 많은 사람이 구원의 은혜를 받았다. 우리의 믿음과 헌신은 하나님의 보좌를 움직인다.

우리의 믿음과 헌신 배후에는 하나님의 구원 예정과 선택의 은혜가 있다. 룻의 믿음과 헌신도 결국 하나님의 구원 예정과 선택의 결과로 나타난 것이다. 이방 여인 룻은 하나님의 선택받은 백성과 연합하여 구원의 은혜를 받도록 예정된 것이다.

> 이스라엘의 하나님 여호와께서 그의 날개 아래에 보호를 받으러 온 네게 온전한 상 주시기를 원하노라(룻 2:12).

하나님의 선택함을 확신한 룻은 남편과 자식을 잃고 불행해진 시어머니 나오미가 섬기는 하나님을 믿기로 결심했다. 결코 쉽지 않은 결심이었고, 어리석게 보이는 결단이었지만, 이방 여인 룻은 하나님의 은혜로 말미암아 이스라엘의 하나님을 선하신 능력의 하나님으로 믿었다.

모든 절대주의와 고정적 사고를 부정하는 상대주의적이고 자유주의적인 세상에서도 선택받은 하나님의 자녀는 언제나 단호히 예수님을 구원의 유일한 길로 믿어야 한다. 시어머니를 따라 낯선 땅에 온 이방 여인 룻은 인종, 언어, 풍습 등 모든 장애를 하나님 절대주의적 신앙으로 극복하며 시어머니를 정성껏 봉양했다. 룻은 단순히 믿기만 했을 뿐만 아니라, 믿음대로 충실히 살았던 것이다. 하나님은 그런 룻에게 특별한 구원의 은혜를 베푸셨다.

룻기는 하나님 절대주의 신앙과 함께 모든 문화, 인종, 국경을 넘는 하나님 여호와의 보편적인 사랑을 가르친다. 이방 여인 룻이 이스라엘 하나님의 구원을 받게 된 것이다. 우리는 성경이 가르치는 하나님의 선택과 예정이 고정적 사고 유형으로서 절대주의적 하나님의 주권 사상을 나타내지만, 그렇다고 배타주의나 독선주의라고 할 수는 없다. 오히려, 하나님께서는 유대인뿐만 아니라, 이방 여인 룻에게도 크신 사랑과 자비를 베푸신 분이시다. 그리고 또한 우리도 그렇게 서로 사랑하기를 가르치신다.

하나님의 자녀들은 "무조건적 선택"(Unconditional Election)과 "거역할 수 없는 하나님의 구원 은혜"(Irresistible Grace)를 받은 사람들답게 하나님만을 절대적으로 믿되, 동시에 모든 사람을 하나님의 사랑과 은혜로 대해야 할 것을 가르친다. 우리는 누가 하나님의 택함을 받은 사람들인지를 알 수 없기 때문에 모든 사람을 "하나님의 사랑과 선택의 대상"으로 보고 선하게 대해야 한다.

절대적 신앙은 자칫 독선과 아집으로 변질될 수 있으므로 언제나 사랑으로 보완되어야 한다. 사랑이 그리스도인의 최종적이고 보편적인 가치판단 기준이다.

> 그런즉 믿음, 소망, 사랑, 이 세 가지는 항상 있을 것인데 그중에 제일은 사랑이라 (고전 13:13).

십자가의 사랑으로 구원받은 그리스도인은 결코 독선주의적이거나 배타주의적인 종교인이 되어서는 안 된다. 그리스도는 오히려 원수도 사랑할 것을 가르치셨고, 실제로 자신을 십자가에 못 박고 조롱하는 이들을 위해 기도하셨다(눅 23:34).

스데반도 돌에 맞아 순교하며, "주여, 이 죄를 그들에게 돌리지 마옵소서"라고 기도함으로써 모든 전도인의 모범뿐만이 아니라, 모든 그리스도인의 모범이 되었다(행 7:60).[4] 복음의 증인들은 복음을 절대적으로 믿고 증거하되, 다른 믿음을 가진 사람들도 하나님의 구원 대상이 될 수 있음을 알고 그들을 사랑과 은혜로 대해야 한다. 공격적인 불신자들을 마땅히 경계하되 그들에게도 가능하면 사랑을 나타내야 한다.

> [사랑은] 모든 것을 참으며 모든 것을 믿으며 모든 것을 바라며 모든 것을 견디느니라(고전 13:7).

시어머니 나오미에 대한 룻의 사랑과 헌신은 하나님께 대한 우리의 믿음과 헌신이 우리의 가족과 이웃에 대한 사랑과 헌신으로써 입증되어야 할 것을 가르친

---

[4] 스데반은 십자가의 예수님처럼 순교했다. R. B. Rackham, *The Acts of the Apostles*, Westminster Commentaries, (London: Methuen & Co. LTD., 1902), 92, 재인용, E. M. Blaiklock, *The Acts of the Apostles*, Tyndale NT Commentaries(Grand Rapids: The Tyndale Press, 1977), 78: "스데반은 예수님 처럼 거짓 증인들에게 신성모독 죄로 고소당했다. 그에 대한 유대인들의 고소는 예수님께서 '이 성전을 헐라'고 말했다는 고소 내용과도 거의 같았을 것이다"(마 26:61; 행 7:46-50).

다. 그리스도의 교회도 하나님의 구원 은혜를 막강한 종교적 세력으로서 군림할 것이 아니라, 겸손한 십자가의 증인으로서 사랑과 봉사로 세상에 그리스도를 증거해야 한다.

2019년 6월 8일

82. 불행한 인생 vs. 행복한 인생

> 우리의 모든 날이 주의 분노 중에 지나가며 우리의 평생이 순식간에 다하였나이다(시 90:9).

우리 주위에 특별히 행복한 사람들도 있고, 특별히 불행한 사람들도 있지만, 전체적으로 보면, 우리 모두 어려운 인생을 살고 있다. 물론 우리가 행복할 때도 있지만, 불행한 일들이 행복한 일들을 압박하는 경우가 더 많으므로 결국 우리 인생이 어려운 것이다. 그러므로 우리 모두 자주 인생무상이라는 생각에 빠지기도 한다.

> 우리의 모든 날이 주의 분노 중에 지나가며 우리의 평생이 순식간에 다하였나이다 (시 90:9).

우리는 우리의 일생이 짧은 것을 한탄하지만, 계속되는 인생의 고통을 생각할 때, 오히려 우리의 인생이 그리 길지 않은 것을 감사해야 하겠다. 더구나 그리스도를 믿는 우리는 영원한 안식을 약속받았기 때문이다(히 4:8-11).

> 그런즉 안식할 때가 하나님의 백성에게 남아 있도다(히 4:9).

그래도 여전히 우리 연약한 인생은 이 짧은 인생이라도 좀 더 행복하게 지내기를 바란다.

> 아침에 주의 인자하심이 우리를 만족하게 하사 우리를 일생동안 즐겁고 기쁘게 하소서(시 90:14).
> 사랑하는 자여, 네 영혼이 잘됨 같이 네가 범사에 잘되고 강건하기를 내가 간구하노라(요삼 1:2).

그러나 우리가 이 세상에서의 안정된 삶에 집착하면 자칫 영원한 나라의 소망을 잊어버릴 수 있으므로 주의해야 한다.

> 너희는 스스로 조심하라 그렇지 않으면 방탕함과 술취함과 생활의 염려로 마음이 둔하여지고 뜻밖에 그 날이 덫과 같이 너희에게 임하리라(눅 21:34).
> 생각하건대 현재의 고난은 장차 우리에게 나타날 영광과 비교할 수 없도다(롬 8:18).

우리는 다만 길이요 진리요 생명이신 그리스도 안에서 이 세상에서도 보다 행복한 인생을 살 수 있다고 믿는다. 이런 믿음 자체가 우리를 행복하게 한다.

> 수고하고 무거운 짐 진 자들아, 다 내게로 오라 내가 너희를 쉬게 하리라(마 11:28).
> 평안을 너희에게 끼치노니 곧 나의 평안을 너희에게 주노라 내가 너희에게 주는 것은 세상이 주는 것과 같지 아니하니라 너희는 마음에 근심하지도 말고 두려워하지도 말라(요 14:27).

그러나 평강의 주님 안에서 누리는 우리의 평안을 시기하는 대적자들이 언제나 우리의 평안을 깨뜨릴 기회를 노리기 때문에 우리는 늘 깨어서 이 평안을 힘써 지켜야 한다.

> 그러므로 우리는 다른 이들과 같이 자지 말고 오직 깨어 정신을 차릴지라(살전 5:6).

2019년 6월 9일

83. 하나님 사랑, 이웃 사랑, 자아 사랑

> 새 계명을 너희에게 주노니 서로 사랑하라 내가 너희를 사랑한 것같이 너희도 서로 사랑하라(요 13:34; 참조, 15:12).
> 사랑하는 자들아 하나님이 이같이 우리를 사랑하셨은즉 우리도 서로 사랑하는 것이 마땅하도다(요일 4:11).

우리가 믿는 하나님은 비인격적인 냉혹한 운명의 신이 아니라, 사랑으로 충만하신 인격적 신이시며, 본성상 자신의 형상대로 지으신 사람들과 사랑의 교제를 기뻐하시는 분이시다.[1] 더구나 하나님께서는 우리를 위해 그의 아들을 희생하심으로써 그의 사랑을 확증하셨다(요 3:16; 롬 5:8; 요일 4:10).

그리스도인은 "서로 사랑하라"는 하나님 아들의 계명을 따라서 만사를 사랑을 따라 추구해야 하고 사랑을 따라 결정해야 한다(고전 12:31-14:1). 그리스도인에게 사랑이 최고의 가치이며 최종적이면서도 보편적인 가치판단 기준이며 그리스도인의 존재 모드다.

> 그런즉 믿음, 소망, 사랑, 이 세 가지는 항상 있을 것인데 그중에 제일은 사랑이라 (고전 13:13).

나는 어릴 때부터 주로 엄격한 보수적인 교회에서 자라났다. 가정과 교회와 학교에서 사랑이나 관용보다는 원칙과 규율에 충실한 신앙 교육을 받았다. 그 영향인지는 몰라도 나는 지금까지 제법 착실하게 교회, 학교, 직장을 거의 빠짐없이 다녔다. 한 번 나가기 시작한 교회는 특별한 이변이 없는 한 계속해서 다녔다. 나는 나 자신을 율법주의적 원칙론자라고 생각하지는 않지만, 나 자신과 다른 사람들에게 그렇게 비춰질 수 있다는 생각이 든다.

---

1 창 9:5, 11, 15; 출 34:6-7; 욘 4:2; 요 3:16; 요일 4:7-11, 19.

나는 자유방임적인 사람들보다는 보수적인 사람들을 좋아한다. 물론 그렇다고 내 자신이 율법주의적 완전주의를 지향하지는 않는다. 다만 내가 일종의 원칙주의적인 문화에 익숙한 편이라는 것을 안다. 물론 나도 죄인이다. 나는 주님의 용서와 사랑을 믿으면서도 여전히 과거나 현재에 지은 죄로 말미암아 자책감에 젖을 때가 있다.

나는 성경 말씀 가운데서 자유나 해방보다는 절제나 금욕과 관련된 말씀들을 자주 생각하는 편이다.

> 누구든지 나를 따라오려거든 자기를 부인하고 자기 십자가를 지고 나를 따를 것이니라(마 16:24).
>
> 그러므로 너희는 죄가 너희 죽을 몸을 지배하지 못하게 하여 몸의 사욕에 순종하지 말고 또한 너희 지체를 불의의 무기로 죄에게 내주지 말고 …(롬 6:12-13).
>
> 이기기를 다투는 자마다 모든 일에 절제하나니 그들은 썩을 승리자의 관을 얻고자 하되 우리는 썩지 아니할 것을 얻고자 하노라 … 내가 내 몸을 쳐 복종하게 함은 내가 남에게 전파한 후에 자신이 도리어 버림을 당할까 두려워함이로다 (고전 9:25-27).

그러나 나는 복음의 핵심이 비난과 정죄가 아니라, 이해와 용서와 사랑이란 것도 안다. 믿음은 하나님께서 십자가의 그리스도를 통해 나 같은 죄인을 사랑하사 대신 죽으신 사랑과 은혜를 믿고 감사하는 것이다. 주님께서 나를 사랑하시며 나의 죄를 용서해 주심을 믿듯이 나에게 잘못한 사람을 하나님의 형상으로, 하나님의 은혜의 대상으로 알고 너그럽게 대해야 한다.

> 우리가 우리에게 죄 지은 자를 사하여 준 것같이 우리 죄를 사하여 주시옵고(마 6:12).

주님께서는 형제가 죄를 반복하여 범하더라도 반복해서 용서하라고 가르치시면서 "너희가 각각 마음으로부터 형제를 용서하지 아니하면 나의 하늘 아버지께서도 너희에게 이와 같이 하시리라"(마 18:35)고 말씀하셨다.

그러므로 절제와 금욕을 가르치는 성경 말씀들도 가장 크고 제일가는 사랑의 계명에 비추어 이해하고 적용해야 한다. 매사 사랑을 따라 판단하며 그 과정에서 발생하는 안팎의 장애와 도전들, 특별히 옛 사람의 저항을 견디고 통제해야 한다(엡 4:22-24).

> 너희가 육신대로 살면 반드시 죽을 것이로되 영으로써 몸의 행실을 죽이면 살리니(롬 8:13).

그렇다고해서 그리스도인의 사랑이 하나님의 의를 무시하거나 무너뜨리는 것은 아니다. 그리스도께서는 우리를 위해 대신 죽으심으로써 우리의 의와 하나님의 의를 모두 나타내신 것이다.[2]

> 우리의 유월절 양 곧 그리스도께서 희생되셨느니라(고전 5:7b).

그러므로 우리는 실패한 우리 자신과 우리에게 죄 지은 이웃을 사랑함으로써 "하나님의 의"를 무너뜨리는 것이 아니라, 도리어 굳게 세우는 것이다. 그리스도인의 사랑은 세속적인 "타협적, 이기적 사랑"이 아니라, 세상의 사랑과는 구별되는 거룩하고 순순한 사랑이기 때문이다.

> 사랑은 불의를 기뻐하지 아니하며 진리와 함께 기뻐하고(고전 13:6).
> 오직 사랑 안에서 참된 것을 하여 범사에 그에게까지 자랄지라 그는 머리니 곧 그리스도라(엡 4:15).

우리는 만사를 처음부터 끝까지 사랑을 따라 추구해야 한다. 더구나 그리스도인의 사랑은 어떤 유익이나 보상을 바라는 것이 아니라, 오직 하나님의 영광을 위하여 그리스도의 이름으로 모든 사람들의 유익을 위한 것이다.

---

[2] 막 10:45; 요 1:36; 롬 3:25-26; 5:8; 갈 3:13; 빌 2:8.

너희가 너희를 사랑하는 자를 사랑하면 무슨 상이 있으리요 세리도 이같이 아니
하느냐(마 5:46).

그리스도인은 이 세상의 일시적이고 썩어질 상이 아니라, 장차 하늘 아버지께서
주실 영원한 상을 바라봐야 한다.[3]

또한, 그리스도인의 사랑은 수동적인 사랑이 아니라, 능동적인 사랑이다. 하나님
께서 먼저 우리 죄인들을 사랑하셨듯이 우리도 우리의 원수를 먼저 사랑해야 한다
(마 5:44).

우리가 사랑함은 그가 먼저 우리를 사랑하셨음이라(요일 4:19).

무엇보다 그리스도인의 사랑은 끈질긴 사랑이다. 그리스도인은 "사랑은 기적을
낳는다"는 말보다는 "사랑은 오래 참고 … "(고전 13:4)라는 말씀을 먼저 들어야 한
다. 오래 참으시는 하나님께서는 우리의 거듭된 배반에도 불구하고 우리를 사랑하
신다. 그러므로 우리의 사랑을 위한 노력에도 불구하고 우리 자신과 상대방의 뿌리
깊은 죄성으로 말미암아 실패와 실망, 오해와 배반이 계속되어도 우리는 꾸준히 참
으며 사랑을 힘써야 한다.

유월절 전에 예수께서 자기가 세상을 떠나 아버지께로 돌아가실 때가 이른 줄 아
시고 세상에 있는 자기 사람들을 사랑하시되 끝까지 사랑하시니라(요 13:1).

우리는 매일, 매 순간, 진정한 사랑과 거짓된 사랑을 분별해야 하는 시험과 도전
을 받는다. 우리는 매일, 매 순간, 옛 사람의 사욕 추구와 새 사람의 하나님 나라를
위한 공익 추구 사이에서 결단해야 한다.

베드로가 주님을 일시적으로 나마 배반한 사실에서 보듯이 또한 우리 자신도 매
일 경험하듯이, 죄인들에게서 "온전한 사랑"을 기대하기는 어렵다. 고린도전서 13장
에서 보듯이, "온전한 사랑(아가페)"은 결코 단순하지 않고 매우 포괄적인 은사라는

---

[3] 마 5:12; 6:33; 빌 3:14; 딤후 4:8; 히 11:26.

사실은 복잡한 인간 현실에서 사랑의 결단과 실행이 결코 쉬운 일이 아니라는 것을 보여 준다. 그러나 그리스도의 사랑이 모든 천국인이 지향해야 할 최고의 가치와 이상임을 알고 부단히 사랑을 힘써야 한다.

우리가 온전한 사랑을 위한 시험과 도전 가운데서 우리의 연약한 의지 대신 사랑의 원천이신 십자가의 그리스도를 온전히 의지하면 온전한 사랑을 위한 능력과 지혜를 얻게 된다. 더구나 우리 중에 계시는 성령께서도 사랑과 절제의 열매로서 우리가 좌로나 우로나 치우치지 않도록 우리의 영적 균형 감각을 일깨워 주신다.

2019년 6월 9일

84. 나태한 그리스도인

> 만일 그 종이 마음에 생각하기를 주인이 더디 오리라 하여 남녀 종들을 때리며 먹고 마시고 취하게 되면 생각하지 않은 날, 알지 못하는 시각에 그 종의 주인이 이르러 엄히 때리고 신실하지 아니한 자의 받는 벌에 처하리니
> (눅 12:45-46).

사람들은 그들의 몸, 소유, 힘, 재능, 시간 등을 주로 자신들의 어떤 목적이나 욕망을 따라 사용한다. 그러나 인간의 모든 욕망이란 본질상 끝이 없으므로 절제하지 않으면 불행을 초래하게 된다. 그러므로 믿는 사람들은 자신과 자신의 모든 소유가 하늘 아버지께서 나눠주신 은혜의 선물로 알고 가진 것을 족하게 여기며 하나님의 뜻과 하나님의 영광을 위해 사용해야 한다.

그리스도인은 언제나 오직 주님만을 위해 헌신하기를 힘써야 한다. 그러므로 성경에서 그리스도인은 흔히 주님께서 구원 사역을 위해 부르신 일꾼, 또는 "선한 싸움"을 위해 모집하신 군인 또는 운동 경기자 등으로 불린다.[1] 우리들이 주님의 명령을 받아 일하거나, 싸우거나, 달리는 주님의 종들이라고 생각할 때 우리들의 책임과 임무를 잠시라도 게을리 할 수가 없다.

주님께서는 세상을 떠나시기 전 제자들에게 언제나 위기 의식을 가지고 주님의 명령하심을 따라 복음 전도 사명에 최선을 다해야 할 것을 가르치셨다(마 24-25장; 요 14-17장). 우리의 생활이 향상되고 안정되어 갈수록 간악한 마귀는 여러 가지 새로운 전략들로 우리를 미혹한다.

그는 먼저 우리로 하여금 주 안에서 거듭난 새 사람이라는 사실을 잊게 만들고, 옛 사람의 나태한 생각과 생활 습관을 따라서 방종하게 만든다. 이런 마귀의 미혹을 벗어나기 위해 우리는 먼저 우리를 미혹하는 악한 세력에 대한 위기 의식을 가져야 한다.

---

[1] 마 11:12; 20:1-16; 21:33-41; 25:14-30; 엡 6:11-17; 딤후 2:3-5; 4:7-8.

근신하라 깨어라 너희 대적 마귀가 우는 사자같이 두루 다니며 삼킬 자를 찾나니 너희는 믿음을 굳게 하여 그를 대적하라(벧전 5:8-9).

수시로 우리 자신이 우리를 구속하신 주님의 종이란 사실을 명심하고 주님의 거룩하심을 본받아 절제와 경건에 힘쓰고 또한, 그의 거룩하신 구원 사역을 위해 헌신하기를 힘써야 한다. 그렇지 않으면, 오랜 전통적 기독교 국가들의 그리스도인들과 교회들이 그랬듯이 안일주의와 습관주의의 덫에 걸리게 되고, 결국 주님의 큰 구원의 싸움을 위해 필요한 전의를 상실하게 된다.

너희는 스스로 조심하라 그렇지 않으면 방탕함과 술취함과 생활의 염려로 마음이 둔하여지고 뜻밖에 그 날이 덫과 같이 너희에게 임하리라(눅 21:34).

사도 바울도 구원받은 그리스도인들은 언제나 자신들을 옛 사람의 특성과 행태와 구별해 주 안에 있는 새 사람으로서 인식하고 모든 절제와 경건에 힘써야 할 것을 가르친다.

그러므로 너희는 죄가 너희 죽을 몸을 지배하지 못하게 하여 몸의 사욕에 순종하지 말고 또한 너희 지체를 불의의 무기로 죄에게 내주지 말고 오직 너희 자신을 죽은 자 가운데서 다시 살아난 자와 같이 하나님께 드리며 너희 지체를 의의 무기로 하나님께 드리라(롬 6:12-13).
그러므로 형제들아 내가 하나님의 모든 자비하심으로 너희를 권하노니 너희 몸을 하나님이 기뻐하시는 거룩한 산 제물로 드리라 이는 너희가 드릴 영적 예배니라 너희는 이 세대를 본받지 말고 오직 마음을 새롭게 함으로 변화를 받아 하나님의 선하시고 기뻐하시고 온전하신 뜻이 무엇인지 분별하도록 하라(롬 12:1-2).

옛날 모세도 살 같이 빠른 인생에 대한 위기 의식을 느끼며 기도했다.

우리의 모든 날이 주의 분노 중에 지나가며 우리의 평생이 순식간에 다하였나이다 … 우리에게 우리 날 계수함을 가르치사 지혜로운 마음을 얻게 하소서(시 90:9-12).

나는 지금 주님께 부르심을 받은 종이란 사실을 깊이 자각하고 있는가?
나의 몸과 재능과 힘과 시간을 주님의 선한 일 대신 나 자신의 안락을 위해 사용하고 있지는 않은가?

2019년 6월 12일

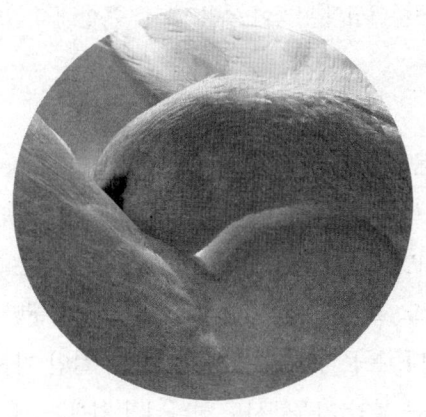

85. 그리스도의 마음

> 내 영혼아 네가 어찌하여 낙심하며, 어찌하여 내 속에서 불안해하는가 너는 하나님께 소망을 두라 그가 나타나 도우심으로 말미암아 내가 여전히 찬송하리로다(시 42:5).
>
> 평안을 너희에게 끼치노니 곧 나의 평안을 너희에게 주노라 내가 너희에게 주는 것은 세상이 주는 것과 같지 아니하니라 너희는 마음에 근심하지도 말고 두려워하지도 말라(요 14:27).
>
> 너희 안에 이 마음을 품으라 곧 그리스도 예수의 마음이니 그는 근본 하나님의 본체시나 하나님과 동등됨을 취할 것으로 여기지 아니하시고 오히려 자기를 비워 종의 형체를 가지사 사람들과 같이 되셨고 사람의 모양으로 나타나사 자기를 낮추시고 죽기까지 복종하셨으니 곧 십자가에 죽으심이라(빌 2:5-8).
>
> 주 안에서 항상 기뻐하라 내가 다시 말하노니 기뻐하라 너희 관용을 모든 사람에게 알게 하라 주께서 가까우시니라 아무 것도 염려하지 말고 다만 모든 일에 기도와 간구로 너희 구할 것을 감사함으로 하나님께 아뢰라 그리하면 모든 지각에 뛰어난 하나님의 평강이 그리스도 예수 안에서 너희 마음과 생각을 지키시리라(빌 4:4-7).

우리 인생은 피조물로서의 본질적 연약함과 그로 말미암은 범죄로 말미암아 존재론적 불안 가운데 살고 있다(롬 8:38-39). 사람들은 이런 불안을 의식적으로 무시하거나 잊으려고 하지만 완전히 벗어날 수는 없다. 사람들은 일시적으로나마 불안을 잊게 하는 방안들도 고안해 내었지만, 대개 일시적일 뿐만 아니라, 오히려 진정한 평안의 장애가 된다. 본문의 시편 기자는 인생의 불안 가운데서 하나님의 도우심을 믿고 구한다. 그는 불안 가운데서도 하나님의 임재하심을 믿고 찬양한다.

> 내 영혼아, 네가 어찌하여 낙심하며, 어찌하여 내 속에서 불안해하는가 너는 하나님께 소망을 두라 그가 나타나 도우심으로 말미암아 내가 여전히 찬송하리로다(시 42:5).

우리 주님께서는 평강의 왕으로서 참 평안을 세상에 주시기 위해 이 땅에 오셨다.[1] 또한, 예수님은 세상을 떠나시기 전에 자신과의 작별로 말미암아 근심하는 제자들에게 세상이 줄 수 없는 특별한 평안을 주실 것을 약속했다.

> 평안을 너희에게 끼치노니 곧 나의 평안을 너희에게 주노라 내가 너희에게 주는 것은 세상이 주는 것과 같지 아니하니라 너희는 마음에 근심하지도 말고 두려워하지도 말라(요 14:27).

주님께서는 장차 나타날 영원한 나라의 영광과 성령의 임재를 약속하시고 이를 믿고 바라는 이들에게 항구적인 평안을 약속하신 것이다.

이 주님의 평안의 약속을 믿는 것이 인생의 불안을 극복하는 유일한 길이다. 믿음은 하나님의 선물이지만 또한 마음의 결정이다. "마음은 원이로되 육신이 약한 것"(막 14:38b)도 문제지만, 대개 행동은 마음을 따르게 마련이다. 마음이 악하면 행동도 악하고 마음이 바르면 행동도 바르다. 결국 중요한 것은 마음이다. 우리가 어떤 마음을 취하느냐에 따라 우리의 인생이 달라진다. 우리의 마음 자세에 따라서 웬만한 고난은 이길 수 있다.

그리스도께서는 "나는 마음이 온유하고 겸손하니 나의 멍에를 메고 내게 배우라. 그리하면 너희 마음이 쉼을 얻으리니"(마 11:29)라고 말씀하셨다. 그리고 계속해서 "너희가 돌이켜 어린아이들과 같이 되지 아니하면 결단코 천국에 들어가지 못하리라. 그러므로 누구든지 이 어린아이와 같이 자기를 낮추는 사람이 천국에서 큰 자니라"고 가르치셨다(마 18:3-4). 어린아이와 같이 겸손한 마음이 개인의 내적 갈등은 물론 그리스도의 몸 된 교회 안에서 야기되는 논쟁과 갈등을 줄이고 화해와 평강으로 이끌 수 있기 때문이다.

마음의 평안은 어린아이와 같이 하늘 아버지를 온전히 의지하는 마음에서 비롯된다. 그리스도의 마음은 하늘 아버지를 믿음으로 말미암는 겸손하고 순종하는 마음이다. 그러므로 그리스도께서는 고난의 십자가를 지시기로 결단하시면서, "나의 원대로 마시옵고 아버지의 원대로 하옵소서"(마 26:39c)라고 기도하셨다. 하늘 아버

---

1 사 11:1-9; 35:1-10; 61:1-3; 미 5:2-5; 눅 2:14.

지를 믿는 그리스도의 온유하신 마음이 모든 그리스도인이 본받아야 할 마음이다.

사도 바울은 이 예수님의 마음을 품으면 결국 "모든 지각에 뛰어난 하나님의 평강"이 우리의 마음과 생각을 지키실 것이라고 한다. 바울이 가르치는 모든 그리스도인의 덕목도 결국 십자가를 지신 그리스도의 온유하신 마음에서 비롯되는 것이다. 사랑, 희락, 화평, 오래 참음, 자비, 양선, 충성, 온유, 절제 같은 성령의 열매도 하늘 아버지를 믿는 겸손하고 약한 마음에서 비롯되는 것이다(갈 5:22).

바울은 약함으로 십자가에 달리신 그리스도께서 다시 사셨기 때문에 그리스도 안에 있는 사람들도 그리스도의 약함을 따라 살 때 오히려 세상의 도전을 이길 수 있음을 확증한다. 이것은 바울의 가르침이면서도 동시에 바울 자신의 신앙 간증이다. 사도 바울은 수많은 시련과 고난을 언제나 그리스도의 겸손한 마음을 따라서 감당하고 이겨냈던 것이다(고후 4:8-15; 6:4-10; 11:23-12:10).

> 그러므로 내가 그리스도를 위하여 약한 것들과 능욕과 궁핍과 박해와 곤고를 기뻐하노니 이는 내가 약한 그 때에 강함이라(고후 12:10b).

이와 반대로 사람들은 대개 자기중심적 강한 마음을 가져야 세상을 이길 수 있다고 믿는다. 많은 사람이 꿈과 이상을 가지고 꾸준히 계속하면 성공한다는 말을 믿고 산다. 그러나 꿈과 이상을 이룬다고 해도 그 꿈과 이상이 결국 피조물의 허망한 가치와 허상에 불과하다는 것을 알아야 한다. 우리 주변에서 성공을 자랑하던 인물들의 갑작스런 몰락이 이를 증거한다.

세상의 지혜자도 겸손을 공동체의 화해와 단결을 위한 인격적 덕목으로 권면한다. 특별히 그리스도인은 주님의 마음과 모본과 교훈을 따라서 각자와 그리스도의 몸 된 교회의 평안을 위해 겸손을 배워야 한다. 자기를 비우시고 종의 형체로 우리를 섬기신 주님을 따라 겸손한 마음으로 남을 섬길 때 세상이 줄 수 없는 평강이 우리의 마음속에 그리스도의 몸 된 교회 중에 좌정하게 되는 것이다(요 14:27). 주님은 모든 하나님의 백성이 사모하는 평강의 왕이시다(사 9:6; 미 5:5; 눅 1:79; 2:14).

사람의 마음은 영상이 비치는 스크린과 같다. 온갖 다양한 영상들이 스크린에 그대로 나타나듯이, 우리 마음에 품은 생각이 우리의 마음과 행동에 그대로 나타난다. 세상의 헛된 생각은 우리의 마음을 탐욕적인 마음으로 만들고 하나님 나라의 생각은 거룩하고 의로운 마음으로 만드는 것이다. 그리고 우리는 우리가 품은 마음을 따라 살게 되는 것이다. 세상의 생각은 우리의 마음을 근심, 분노, 증오, 탐욕 등 악한 마음과 행동을 유발한다. 하나님 나라의 생각은 우리 마음을 기쁨, 평안, 사랑으로 충만하게 한다.

하나님의 나라는 먹는 것과 마시는 것이 아니요 오직 성령 안에 있는 의와 평강과 희락이라(롬 14:17).

어떤 선한 가치를 흠모하며 따르는 것은 좋은 일이다. 그러나 흔히 사람들은 본질적 연약함으로 말미암아 선한 가치를 제대로 알지도 못하고, 설령 안다고 해도 그 선한 가치를 따라 살지 못하기 때문에 실패자와 위선자로 전락하는 것이다. 우리는 먼저 그리스도의 구원 은혜를 믿고 다음으로 그의 온유한 마음을 본받아야 한다. 그리스도의 마음 없이 종교적 외양만을 모방하는 것은 위선이며 허망한 일이다. 우리는 우리의 모든 생각과 행동의 동기를 그리스도의 순전한 마음을 따라 부단히 정제하고 순화해야 한다.

우리가 그리스도의 겸손한 마음과 우리 속에 계시는 성령의 거룩한 지시를 따라서 겸손히 순종할 때 우리의 마음과 삶이 모든 선하고 아름다운 것들로 채워지게 되고, 이 불안한 세상에서도 장차 나타날 하나님 나라의 평강과 영광을 미리 맛보게 되는 것이다.

내 말이 네가 믿으면 하나님의 영광을 보리라 하지 아니하였느냐(요 11:40).

2019년 6월 17일

86. 지혜와 복음

> 여호와를 경외하는 것이 지식의 근본이거늘 미련한 자는 지혜와 훈계를 멸시 하느니라(잠 1:7).
> 훈계를 굳게 잡아 놓치지 말고 지키라 이것이 네 생명이니라 사악한 자의 길 에 들어가지 말며 악인의 길로 다니지 말지어다(잠 4:13-14).

1. 욥기, 시편의 지혜시, 잠언, 전도서 등 성경의 지혜 문헌이 가르치는 지혜는 도덕적 지혜가 아니라, 하나님을 믿는 신앙적 지혜다

욥기, 시편, 잠언, 전도서 등 구약성경의 지혜서가 가르치는 지혜란 인간이 자신의 죄성과 한계를 인정하고 하나님을 경외하며 자신의 지혜와 감정이 아니라, 하나님의 지혜 말씀을 따라서 선과 악, 성공의 길과 패망의 길을 분별하는 인격적, 도덕적, 영적 능력이다.[1] 다른 말로, 성경이 가르치는 지혜는 사람의 생각과 판단을 우선시하는 일반적인 도덕적 지혜와는 달리, 전능하신 하나님의 뜻과 말씀을 유한한 사람의 생각보다 중시하는 "신앙적 지혜"다.

> 여호와를 경외하는 것이 지식의 근본이거늘 미련한 자는 지혜와 훈계를 멸시하 느니라(잠 1:7).

첫째, 하나님이 지혜의 원천이시다. 다른 말로 지혜는 은혜로우신 하나님께서 그를 믿는 사람들에게 주시는 선물이다.

> 대저 여호와는 지혜를 주시며 지식과 명철을 그 입에서 내심이며(잠 2:6).

---

[1] 욥 27:1 이하; 28:12-13; 시 1, 14, 15, 19, 37, 73, 112, 119, 127, 128, 133; 잠 3:5; 20:24; 27:1; 전 8:17; 10:10.

삼가 말씀에 주의하는 자는 좋은 것을 얻나니 여호와를 의지하는 자는 복이 있느니라 (잠 16:20).

둘째, 진정한 지혜는 사사로운 지혜나 세속적, 도덕적 지혜와 달리 언제나 사람의 지혜나 명철보다 더 깊은 하나님의 지혜와 경륜에 대한 경외를 전제한다.[2]

여호와를 경외하는 것이 지혜의 근본이요(잠 9:10).

다른 말로 진정한 지혜란 사람의 지혜와 하나님의 지혜를 분별하는 능력과 하나님의 지혜를 선택하는 결단이다.

너는 마음을 다하여 여호와를 신뢰하고 네 명철을 의지하지 말라 너는 범사에 그를 인정하라 그리하면 네 길을 지도하시리라(잠 3:5-6).

셋째, 인간의 지혜는 한계가 있으나, 하나님의 지혜는 무한하기 때문에 유한한 인간이 제대로 알 수 없다.

제비는 사람이 뽑으나 모든 일을 작정하기는 여호와께 있느니라(잠 16:33).[3]

그러므로 인간은 자신의 생각이 아니라, 하나님의 경륜과 지혜를 존중해야 한다.

여호와께서 온갖 것을 그 쓰임에 적당하게 지으셨나니 악인도 악한 날에 적당하게 하셨느니라(잠 16:4).

경건한 사람은 인간 이성의 한계를 인정하고 모든 논리적 갈등이나 모순을 인간이 이해할 수 없는 하나님의 신비로운 경륜과 지혜로 알고 오히려 하나님을 찬양한다(롬 11:33).

---

[2] 잠 1:7; 3:5; 9:10; 14:12; 16:9, 15, 25, 33; 19:21; 20:24; 21:31; 29:26; 전 8:17.

[3] 잠 16:9; 19:21; 20:24; 21:31; 29:26.

전도서에 나타나는 "통상적 지혜"(conventional wisdom)에 대한 회의주의적 지혜도 결국 잠언서에 나타나는 인간 지혜의 한계와 일치하는 것이다. 그러므로 지혜시, 잠언서, 전도서는 모두 인간이 자신의 지혜 한계를 인정하고 하나님을 경외할 것을 가르치는 것이다.[4]

넷째, 신앙인은 하나님의 뜻을 따라 살기 위해 참 지혜와 거짓 지혜, 선과 악, 정의와 불의, 분노와 절제, 재앙과 평안, 생명과 죽음 등을 분별하는 능력을 적극적으로 활용해야 한다.[5]

잠언에서 지혜는 때로 의인화되어 하나님의 영과 같은 역할을 한다(잠 1:20-33; 8:1-9:12; 참조, 요 14:26; 16:13-15).

> 나의 책망을 듣고 돌이키라 보라, 내가 나의 영을 너희에게 부어 주며 내 말을 너희에게 보이리라(잠 1:23).

2. 지혜는 율법과 함께 하나님의 말씀이다

첫째, 지혜는 율법과 같이 하나님의 말씀이지만 율법보다 더 다양하고 복잡하고 미묘한 구체적 상황과 문제들을 다룬다.
둘째, 지혜는 권면하고 율법은 명령한다.
셋째, 지혜와 율법 모두 세상의 질서와 조화를 지향한다.
넷째, 잠언의 많은 지혜의 말씀은 십계명을 비롯한 율법의 가르침과 관련되거나 일치한다(잠 7:1-3; 13:13; 19:16; 28:9; 29:18).

> 말씀을 멸시하는 자는 자기에게 패망을 이루고 계명을 두려워하는 자는 상을 받느니라(잠 13:13).

---

[4] 시 2:11; 22:23; 34:9; 110:10; 잠 1:7; 9:10; 23:17; 전 3:14; 5:7; 7:18; 8:12, 13; 12:13 등.
[5] 시 1:1; 잠 2:8이하; 3:1이하; 4:1:1이하; 7:5이하; 8:35-36; 9:6-18; 12:22; 13:5; 16:18; 18:12; 20:15; 22:3 등.

다섯째, 율법은 주로 말씀을 순종하고 실행할 것을 명령하고 요구하지만, 지혜는 율법 준수를 위해 필요한 진실하고 올바른 마음의 자세를 가질 것을 가르친다. 또한, 지혜는 율법의 순종과 실행을 위해 필수적인 선악의 분별력과 결단력, 선한 마음과 의지 등을 함양해 신앙인의 인격과 생활을 개선하고 향상하는 목적을 가진다.

> 인자와 진리가 네게서 떠나지 말게 하고 그것을 네 목에 매며, 네 마음 판에 새기라 (잠 3:3).

여섯째, 지혜는 율법을 따르기 위해 필요한 바른 마음 자세로서 율법이 다룰 수 없는 미묘하고 복잡한 윤리적 상황에서도 하나님의 뜻과 일치하는 탁월한 판단력과 통찰력을 제공한다. 한 마디로 지혜는 율법의 명령이나 성령의 지시와 같은 역할을 모두 한다. 특별히 잠언에서 지혜가 의인화되고 인격자로서 나타날 때, 신약에서 자주 나타나는 성령의 역동적 역할을 상기시킨다(잠 1:20-33; 8:1-9:12; 참조, 요 14:26; 16:13-15).

> 나의 책망을 듣고 돌이키라 보라, 내가 나의 영을 너희에게 부어 주며 내 말을 너희에게 보이리라(잠 1:23).
>
> 그때에 너희에게 주시는 그 말을 하라 말하는 이는 너희가 아니요 성령이시니라 (막 13:11).

3. 지혜의 말씀들 가운데 인과론이나 순환론과 같은 자연 원칙이나 일상적 경험에 근거한 "보편적 지혜" 또는 "도덕적 지혜"가 있으나 대개 율법이나 하나님의 말씀과 관련된다(잠 30:17-33; 전 1:9-10)[6]

---

[6] 잠언의 지혜는 주로 권선징악과 같은 인과응보의 원칙에 근거한 "일반적 지혜"(conventional wisdom)의 말씀이지만, 욥과 전도서의 지혜는 이런 전통적 지혜에 대해 회의주의적, 실존주의적인 "반통적 지혜"(unconventional wisdom)라고 할 수 있다. 그러나 이런 대조적 기술이 절대적 평가가 될 수 없는 까닭은 지혜서도 욥기와 전도서와 같이 인간 지혜의 한계를 인정하고 있고, 욥기와 전도서도 잠언과 같이 인과론적 도덕주의를 인정하기 때문이다. 결국 성경의 모든 지혜서는 인간은 하나님을 경외하는 마음으로 자신의 짧은 지혜 대신에 하나님의 깊으신 지혜를 존중해야 한다는 것을 가르친다.

첫째, 지혜는 자주 상대적이고 이중적인 진술들로 나타나는데 이는 통전적이고 온전한 지혜를 가르치려는 것이다.

일례로 잠언서는 자주 악인들에 대해 경계하지만, 악인이나 원수에 대한 관용적 자세도 가르친다(잠 24:17-25; 26:24; 27:21-22; 28:21).

지혜로운 자(잠 29:3, 11), 의인, 정직한 자(잠 2:21), 겸손한 자(잠 3:34), 하나님을 경외하는 자, 충성 된 자, 좋은 친구(잠 27:17) 등을 칭송하는 한편 어리석은 자(잠 29:11), 악인(잠 28:1), 게으른 자, 거짓말하는 자, 남의 말 하기를 좋아하는 자(잠 26:1-28), 율법을 버린 자(잠 28:4), 난폭한 자(잠 28:3, 16-17), 방탕한 자(잠 28:19), 욕심이 많은 자(잠 28:25), 간사한 자(시 32:2; 43:1), 자기의 마음을 믿는 자(잠 28:26), 오만한 자(잠 3:34; 29:8, 23), 노하는 자(잠 29:22), 부모를 조롱하는 자(잠 30:17), 음녀에 미혹되는 자(잠 2:16; 5:3, 20; 6:24-26; 7:8-27; 29:20), 탐식가(잠 30:22) 등을 경계한다(잠 28:1-28).

한 마디로 "도덕적 지혜"는 사람을 가까이 사귀기도 해야 하지만 여전히 사람을 조심해야 한다는 상대적이고 이중적인 지혜다. 이런 이중적인 진술들을 통해 더욱 통전적이고 온전한 지혜를 지향한다.

둘째, 진정한 지혜자는 어리석은 자의 지혜를 경계해야 한다(잠 26:7-9).

셋째, 지혜자의 지혜는 단순한 도덕적 지혜가 아니라, 신앙적 지혜다.

지혜는 바른 지혜를 선택하고 결단하는 능력을 포함한다. "바른 지혜"와 "나쁜 지혜," 선과 악, 의인과 악인이 혼재하는 삶의 정황에서 하나님께서 원하시는 바른 지혜를 선택하는 능력도 지혜다. 이 능력은 하나님을 경외하고 그의 말씀을 경청하는 데서 나오기 때문에 결국 "신앙적 지혜"가 되는 것이다. 다른 말로, 지혜는 악을 억제하고 선을 결단하는 능력이다.

죄가 너를 원하나 너는 죄를 다스릴지니라(창 4:7).

넷째, 세상의 속담과 다를 바 없어 보이는 잠언의 보편적인 지혜도 여전히 하나님의 말씀이다.

하나님께서는 때로 자연 원칙이나 인간의 경험을 통해서도 말씀하신다. 다른 말로, 자연 원칙이나 인간 경험이 하나님의 말씀을 반영하는 것이다(자연 계시, 롬 1:19-20). 인간이 자신의 지혜의 한계를 인정하고 하나님 지혜의 무한하심을 인정할 때 세상의 "보편적이고 도덕적인 지혜"를 하나님 중심적인 "신앙적 지혜"로 이해하게 되는 것이다.

진정한 지혜자는 "보편적, 도덕적 지혜"에서 발견되는 모순과 혼란 그리고 "보편적, 도덕적 지혜"를 따르는 도덕적인 사람이나 의인에게도 일어나는 불행과 절망도 인간이 알 수 없는 선하시고 의로우신 하나님의 깊으신 경륜으로 돌린다(전 12:13; 욥 40:1-6; 42:1-6).

4. 지혜는 사람을 번영과 생명으로 인도하는 반면, 어리석음은 사욕과 패망으로 인도한다

> 오직 내 말을 듣는 자는 평안히 살며 재앙의 두려움이 없이 안전하리라(잠 1:33; 참조, 마 11:28-30).
>
> 악인에게는 그의 두려워하는 것이 임하거니와 의인은 그 원하는 것이 이루어지느니라(잠 10:24).
>
> 욕심이 잉태한즉 죄를 낳고 죄가 장성한즉 사망을 낳느니라(약 1:15).

5. 인간의 본질적 한계로 말미암아 지혜는 율법과 같이 구원의 길이 될수 없다

인간의 현실은 인간의 본질적 한계로 말미암아 지혜가 가르치는 생명의 길로 가지 못하고 자주 절망적이다. 그러므로 지혜는 율법의 경우와 같이 인간의 연약함(죄성)으로 말미암아 온전한 구원의 길이 될 수 없다.

> 내가 원하는바 선은 행하지 아니하고 도리어 원하지 아니하는바 악을 행하는도다(롬 7:19).

그러므로 사도 바울이 율법의 한계를 지적할 때 지혜의 한계도 포함한다고 볼 수 있다. 로마서 7장에서 바울이 율법의 요구를 제대로 지킬 수 없는 연약한 인간의 한계를 지적할 때 지혜의 말씀을 제대로 지키지 못하는 인간의 어리석음도 포함한다고 보아야 할 것이다. 우리의 마음은 율법과 지혜의 말씀을 따라 살기를 원하지만 결국 실패하는 것이 인간의 비참한 현실이기 때문이다.

그러므로 잠언의 일반적 지혜나 전도서의 회의주의적 지혜는 성경 전체가 가르치는 하나님의 구원 역사에 비추어 볼 때, 인간 구원을 위해 필요한 "궁극적이고 완전한 지혜"가 나타나기를 기다린다. 연약한 인간은 그 본질적 한계로 말미암아 율법이나 지혜의 말씀을 제대로 따를 수 없다(롬 7장). 그리스도의 복음은 율법과 지혜의 한계와 함께 인간의 한계를 넘는 하나님의 "궁극적 은혜의 지혜"다.

구약 시대의 지혜는 하나님의 "최종적이고 궁극적이고 완전한 지혜"인 복음이 나타나기 전에 제시된 예비적이고 초보적인 지혜다. 지혜는 마치 하나님의 완전한 지혜인 복음이 오기 전에 율법이 초등교사로 있었던 것과 같이(갈 3:23-4:7). 율법이 복음의 그림자였듯이 지혜도 그런 것이다(히 10:1).

하나님은 그의 놀라운 지혜로 세상을 창조하셨고(잠 3:19-20; 8:22-31), 인간 구원 역사를 이루어 가신다. 어리석게 보이는 그리스도의 십자가가 하나님의 구원 궁극적 최종적 지혜다(고전 1:18-31). 태초에 지혜로(말씀으로) 세계를 창조하신 하나님께서 그리스도를 믿음으로 말미암은 영원한 생명에 이르는 길을 제시하신 것이다(잠 8:22-30;요 1:1-4; 3:16). 하나님의 사람이 하나님의 복음을 믿는 것이 "궁극적 지혜"다(딤후 3:15). 그리스도가 율법의 마침이 되셨듯이 또한 지혜의 마침이 되셨다(참조, 롬 10:4). 그리스도는 하나님의 능력이요, 하나님의 지혜니라(고전1:24b).

6. 그러나 그리스도인들은, 율법의 가르침을 거룩한 삶의 지침으로 중시하듯이, 성경이 가르치는 지혜의 말씀도 중시해야 한다

그리스도인은 "사람의 지혜"를 따르지 않고 인간 구원을 위해 요구되는 "하나님의 지혜"를 따라야 하지만, 잠언의 "신앙적 지혜"와 "도덕적 지혜"는 온전한 그리스도인의 인격과 삶을 위해 도움이 된다(골 1:28).

또한, 전도서가 제시하는 인간 지혜의 한계는 온전한 그리스도의 복음을 받기 위한 필수적인 예비적 단계다. "하나님 경외," "인과응보," "원수 사랑," "부모 공경," "말조심," "근면," "구제," "겸손," "절제" 같은 잠언의 도덕적 교훈은 모두 율법의 가르침과 일치하며, 복음서와 서신서가 다루는 신학적 주제와 하나님 나라 시민의

덕목들과도 일치한다.[7]

오늘날 자연주의적 사고, 적극적 사고, 자아 중심적 사고와 같은 인본주의에 근거한 지식과 지혜의 말들이 얼마나 자주 우리의 입과 귀에 오르내리는가?

또한, 얼마나 자주 우리는 이런 인간의 지혜의 말의 한계를 무시하고 무분별하게 남용하는가?

그리스도인은 어떤 자연 원칙이나 인간 경험에 근거한 지혜보다 지혜의 원천이신 하나님을 경외해야 한다.

> 제비는 사람이 뽑으나 모든 일을 작정하기는 여호와께 있느니라(잠 16:33).
> 보라 나중 된 자로서 먼저 될 자도 있고 먼저 된 자로서 나중 될 자도 있느니라 (눅 13:30).

특별히 현대인은 자신의 "지적 세련"(intellectual sophistication)과 재담(witticism)을 자랑하며 대개 냉소주의적이지만, 그리스도인은 이를 경계하고 오히려 그리스도의 겸손과 온유를 배워야 한다(잠 3:34; 마 11:29; 빌 2:5; 엡 5:4).[8] 그리스도인은 십자가의 그리스도의 모본을 따라 조롱을 받을 지언 정 온유함과 사랑으로 대해야 한다(눅 23:34-36; 벧전 3:8-9; 5:5; 벧후 2:18).

우리는 때로 과장 또는 완곡한 표현으로 진실을 왜곡하거나, "흰 거짓말"을 한다(잠 11:3; 19:5). 우리는 자주 만사를 하나님의 은혜와 축복이라는 말로 포장함으로써 정작 개선해야 할 부분을 덮어 버린다. 그러나 우리는 이중적 인격과 연기 행위를 그치고 진실해야 한다. 변덕스러운 사람이나 변하는 상황 대신 오직 주님만을 바라보며 성령을 따라 생각하고 행동해야 한다.[9]

---

[7] 잠 1:7, 29; 2:5, 10-12; 4:18-19, 23; 6:6-11; 7:27; 8:35-36; 10:16, 25; 11:5, 18-19, 25-31; 12:2, 7, 20, 28; 13:18, 21; 14:17, 22, 32; 15:9, 18, 33; 16:20, 32; 17:9, 13, 27-28; 18:8, 12, 20; 19:11, 16-17, 26; 20:9; 21:4, 23-26; 22:9; 23:5, 20-22, 24-25; 24:12, 17, 30-34; 25:11, 21-22, 28; 26:13-16, 22; 27:4; 28:25, 27; 29:3; 30:8-9, 11, 15, 16.

[8] Timothy Keller, *God's Wisdom for Navigating Life* (New York: Penguin Random House, 2017), 16.

[9] Keller, *God's Wisdom for Navigating Life*, 180-181.

또한, 현대인은 인간의 무한한 가능성을 믿고 지식 중심적 세계로 나가고 있으나, 그리스도인들은 현대 기계 문명의 폐해와 인간성 상실 문제 등을 심각하게 보면서 인간 지혜의 한계를 인정하고 하나님을 경외하고 그의 말씀을 경청해야 한다.

그리스도인은 그리스도로 말미암은 하나님의 구원 은혜를 믿음으로 새 사람이 되었으므로(새로운 정체성=칭의) 이기심이나 세상 풍조 대신 그 자신이 온전한 지혜이신 그리스도의 마음을 본받고 또한 성령의 지시와 도우심을 받아 율법과 지혜의 가르침들을 거룩한 품성과 삶의 지침으로 삼고 하늘 아버지와 같이 온전하게 되기를 힘써야 한다(거룩한 삶=성화).[10]

> 그러므로 하늘에 계신 너희 아버지의 온전하심과 같이 너희도 온전하라(마 5:48).
> 너희 안에 이 마음을 품으라 곧 그리스도 예수의 마음이니(빌 2:5).
> 내가 이르노니 너희는 성령을 따라 행하라 그리하면 육체의 욕심을 이루지 아니하리라(갈 5:16).
> 너희는 유혹의 욕심을 따라 썩어져 가는 구습을 따르는 옛 사람을 벗어 버리고, 오직 너희의 심령이 새롭게 되어 하나님을 따라 의와 진리의 거룩함으로 지으심을 받은 새 사람을 입으라(엡 4:22-24).

2019년 6월 29일

---

[10] 잠 1:23; 2:10-12; 4:6; 7:5; 23:19; 참조, 잠 16:9; 막 13:11; 요 14:26; 16:13; 행 5:3; 6:10; 16:7; 21:4; 롬 8:14; 갈 5:16; 고전 1:30; 엡 4:30; 히 10:29 등.

87. 소명감

> 그 주인이 이르되 잘하였도다 착하고 충성된 종아, 네가 적은 일에 충성하였으매 내가 많은 것을 네게 맡기리니 네 주인의 즐거움에 참여할지어다 (마 25:21).

한 통계에 의하면 우리나라 직장인의 희망 사항 1위가 "이직"이며, 직장인 중 92.5%가 자기 직업에 만족하지 않는다고 한다. 심지어 많은 젊은이가 선망하는 의사직도 만족도가 중하위에 그쳤다. 반면에 성직자, 교육자, 상담가 등 봉사와 사명감을 요구하는 직종에 종사하는 "정신 노동자들"의 만족도가 높았다.

사람들은 직업을 주로 돈, 권세, 명예, 안락 등 보이는 가치에 따라 선호도를 결정하지만, 중요한 것은 내가 하는 일(직업)이 하나님의 "부르심"(calling)을 받은 일이라는 소명감을 가지는 것이다. 나를 지으시고 세상에 보내신 하나님이 계신다는 것과 그가 내게 원하시는 일이 있다는 소명감을 가지고 성실하게 일하는 것이 성경이 가르치는 건전한 직업관이다.

나의 직업에 대한 소명감을 확고히 하기 위해 먼저 나의 일을 위한 재능과 열의가 있는지를 살펴야 한다. 내가 하는 일(직업)에 대한 뛰어난 능력이 내게 있다면 그 일이 바로 나의 천부적인 사명이라고 할 수 있다. 그러나 내가 하는 일에 대한 재능이 부족하더라도 하나님의 영광을 위해 성실하게 일할 수 있다면 그것도 하나님의 부르심의 증표가 되는 것이다.

하나님께서는 일을 위한 재능이 부족하더라도 성실하게 일하는 사람을 기뻐하신다(잠 28:18; 마 25:14-30[달란트 비유]).

> 부지런하여 게으르지 말고 열심을 품고 주를 섬기라(롬 12:11, 참조, 12:8).

한 달란트를 받은 종은 자신이 받은 달란트가 남보다 적다고 불평하며 아무것도 하지 않았던 것이 화근이 되었다.

부족한 재능에도 불구하고 자기 일에 대한 깊은 소명감을 가지고 꾸준히 일한다면 하나님께서 필요한 재능과 성과도 주실 것이다(잠 28:18, 20).

구하라 그리하면 너희에게 주실 것이요 찾으라 그리하면 찾아낼 것이요 문을 두드리라 그리하면 너희에게 열릴 것이니(마 7:7; 참조, 마 13:44-46; 잠 2:4-6).

반대로 재능이 있더라도 오만하거나 게으르면 스스로 패망하게 된다(잠 11:5; 16:18; 26:27).

스스로 지혜롭게 여기지 말지어다 여호와를 경외하며 악을 떠날지어다(잠 3:7).

우리가 무슨 일을 하든지 우리 자신의 만족보다 하나님께 기쁨과 영광이 되게 일하고 세상의 인정을 받는 것보다 하나님께 인정받는 것을 중시한다면, 비록 그 일 자체는 하찮은 일이라고 해도 하늘을 나는 새처럼 들의 작은 꽃처럼 나름대로 우리의 존재가치가 분명해지고 보람 있는 인생이 되는 것이다.

내가 진실로 너희에게 이르노니 너희가 여기 내 형제 중에 지극히 작은 자 하나에게 한 것이 곧 내게 한 것이니라(마 25:40).

진실한 신앙인의 만족은 자신이 아니라, 전능하신 하나님에게서 비롯되기 때문이다.

우리가 무슨 일이든지 우리에게서 난 것 같이 스스로 만족할 것이 아니니 우리의 만족은 오직 하나님께로부터 나느니라(고후 3:5).

결국 자신의 재능이 아니라, 모든 것을 주관하시는 하나님을 전적으로 의지하는 믿음이 확고한 소명감의 근거다. 우리는 성경이 가르치는 대로 어떤 특별한 일이나 어려운 일은 물론 하찮은 일이라도 하나님의 은혜로우신 경륜 가운데서 이루어진다는 사실을 믿어야 한다. 하나님께서는 하늘의 작은 새를 먹이시고, 들의 작은 꽃을 자라게 하신다(마 6:26-30). 하나님께서는 우리의 머리카락까지도 세시는 분이시다(마 10:30). 피조물의 존재 가치는 어떤 다른 피조물이 아니라, 다만 그 피조물을 지으신 창조주만이 아시고 결정하신다.

그리스도께서는 하나님의 나라 도래를 선포하시고 하나님 나라 시민으로 부르심을 받은 이들은 작은 새나 이름 모를 들의 꽃처럼 단순히 자연 세계 원칙에 순응해서 살 것이 아니라, 온전한 하나님 나라의 가치와 하늘 아버지의 의를 따라서 살아야 할 것을 가르치셨다.

너희는 먼저 그의 나라와 그의 의를 구하라(마 6:33).

하나님 나라는 지금 내 앞에 서 있는 이 지극히 작은 자를 향한 나의 작지만 거룩하고 진지한 소명 의식에서부터 시작되는 것이다(마 10:42).

잘하였도다 착하고 충성된 종아, 네가 적은 일에 충성하였으매 내가 많은 것을 네게 맡기리니 네 주인의 즐거움에 참여할지어다(마 25:21, 23).

내가 진실로 너희에게 이르노니 너희가 여기 내 형제 중에 지극히 작은 자 하나에게 한 것이 곧 내게 한 것이라(마 25:40).

2019년 7월 10일

88. 영적 투쟁: 성화

> 너희가 육신대로 살면 반드시 죽을 것이로되 영으로써 몸의 행실을 죽이면 살 리니 (롬 8:13).

그리스도를 믿고 성령이 내주하시는 하나님의 자녀가 된 사람은 육신의 일을 과감히 버리고 우리 속에 계시는 성령을 따라서 거룩한 생활을 힘써야 한다. 그러나 그리스도인의 현실은 로마서 7장에서의 믿기 이전의 선과 악의 투쟁에서 실패하는 비참한 인간 현존과 크게 다르지 않다. 로마서 7장이 직접적으로는 복음 이전의 율법주의적 인간의 실패를 지적하지만, 우리 모든 믿는 사람들의 거듭되는 실패도 포함하고 있다고 볼 수 있다. 바울은 이미 구원받은 이들에게 권면하는 로마서 8장에서도 구원받은 믿음에 합당한 거룩한 생활을 가르치기 때문이다.[1]

우리의 몸이 먹은 음식의 찌꺼기를 내보는 배변 활동이 순조로 와야 하듯이 우리 속에 날마다 쌓이는 영적 쓰레기가 제때, 제대로 처리되지 않으면 심신이 모두 어렵게 된다. 물론 그리스도인의 영적 싸움은 믿기 이전의 싸움과는 달리, 그리스도의 십자가로 말미암아 결정적인 싸움에서 승리한 후에 치르는 "잔당 소탕전" 같은 작은 싸움이지만 여전히 사탄이 배후에서 지휘하는 만만찮은 싸움이다. 적지 않은 그리스도인들이 이 작은 싸움에서 패하여 믿음을 포기하기도 한다(히 6:4-6; 벧후 2:20-22). 실제로 믿는 우리들도 자주 영적 싸움에서 패배한다.

사탄은 우리의 제한적 이성, 지혜, 감성, 경험, 전통, 생활습관과 사회적 통념 등 온갖 수단과 방법을 통해 우리를 다시 옛 사람으로 돌려놓기 위해 안간힘을 쓴다(눅 22:31; 벧전 5:8). 반면에 우리 속에 내주하시는 성령은 우리를 그리스도 안에 있는 새 사람으로서 합당하게 살게 하려고 애쓰신다. 우리는 사탄의 미혹하는 소리에는 귀를 막고, 하나님의 말씀과 성령의 간구하시는 소리를 들어야 한다.

---

1 롬 8:12-14; 12장; 갈 5:16; 엡 4:22-24; 6:10-18.

이와 같이 성령도 우리의 연약함을 도우시나니 우리는 마땅히 기도할 바를 알지 못하나 오직 성령이 말할 수 없는 탄식으로 우리를 위하여 친히 간구하시느니라 (롬 8:26; 참조, 눅 22:32; 롬 8:34).
내가 이르노니 너희는 성령을 따라 행하라 그리하면 육체의 욕심을 이루지 아니하리라(갈 5:16).

우리는 이 세상의 허무한 영화를 바라보지 말고, 그리스도의 십자가와 부활의 영원한 영광을 바라봐야 한다.[2] 우리의 죄를 씻으신 그리스도의 피를 믿고 우리의 죄를 고백하면 우리의 죄를 용서하신다(요일 1:7-10).

첫째, 사탄은 자주 우리로 하여금 하나님의 뜻과 나의 뜻, 선과 악, 영과 육을 혼동하게 하는 "혼란 작전"으로 우리를 미혹한다(롬 3:5-8).

이것은 이상한 일이 아니니라 사탄도 자기를 광명의 천사로 가장하나니(고후 11:14).

사탄은 태초의 인간이 하나님의 뜻보다 자기의 뜻을 선택하도록 미혹했다(창 3:1-6). 그러나 제2아담으로 오신 예수님은 "나의 원대로 마시옵고 아버지의 원대로 하옵소서"(마 26:39c)라고 기도하셨고, 고난의 잔을 선택하셨다. 우리는 주님을 따라서 하나님의 뜻과 나의 뜻, 선과 악, 영과 육의 양자선택을 분명히 할 수 있도록 언제나 기도해야 한다.[3]

사탄은 흔히 우리의 가치관을 혼란케 한다. 우리는 자주 "어리석은 부자"와 같이 일시적인 세상의 가치에 눈이 멀어져서 영원한 나라의 가치를 보지 못한다(눅 12:16-21; 16:19-30; 18:25). 우리는 자주 보이는 작은 가치에 집중하는 나머지 더 중요한 보이지 않는 가치를 무시하거나 잊어버린다(마 6:19-33).

---

2   롬 8:18; 고후 4:16-18; 빌 3:10-12; 20-21; 히 12:1-13; 벧후 3:13.
3   요 3:6; 롬 8:4-13; 12:2; 고전 3:3; 고후 7:1; 요일 2:16; 유 1:19; 참조, 렘 22:20-23; 딤전 4:1; 요일 4:1-6.

> 그런즉 너희는 먼저 그의 나라와 그의 의를 구하라 그리하면 이 모든 것을 너희에게 더하시리라 (마 6:33).

우리는 자주 우리 속의 성령 대신, 우리의 자연인 또는 옛 사람의 생각이나 감성을 따라서 판단한다. 우리는 무의식적으로 어떤 세속주의적 생각이나 과학적 원리를 따라 판단하는가 하면 세속적 노래를 흥얼거린다.

> 그러나 무엇이든지 내게 유익하던 것을 내가 그리스도를 위하여 다 해로 여길뿐더러 또한 모든 것을 해로 여김은 내 주 그리스도 예수님을 아는 지식이 가장 고상하기 때문이라 내가 그를 위하여 모든 것을 잃어버리고 배설물로 여김은 그리스도를 얻고 그 안에서 발견되려 함이니 내가 가진 의는 율법에서 난 것이 아니요 오직 그리스도를 믿음으로 말미암은 것이니 곧 믿음으로 하나님께로부터 난 의라 (빌 3:7-9).

둘째, 우리는 하나님의 뜻과 나의 뜻, 선과 악, 영과 육의 선택에서 자주 "적당주의"나 "타협주의" 또는 "중립적 가치 판단"을 따른다 (행 5:1-11).

그러나 우리가 하나님만을 절대적으로 믿어야 하듯이, 그리스도인의 경건은 악과의 어떤 타협이나 양보도 용납하지 않는다. 인자하신 하나님은 우리의 죄를 용서하시면서도 동시에 죄를 징벌하시는 거룩하신 하나님이시다.

> 인자를 천대까지 베풀며 악과 과실과 죄를 용서하리라 그러나 벌을 면제하지는 아니하고 아버지의 악행을 자손 삼사 대까지 보응하리라 (출 34:7).

우리는 죄인과 원수를 사랑해야 하지만, 죄를 용납해서는 안 된다 (롬 12:9, 21; 고후 11:4; 13:7).

셋째, 우리는 자주 냉소주의적인 현대 풍조를 따라서 자주 자신과 남을 비웃고 희롱한다.

현대인들이 좋아하는 유머는 자주 사람을 무시하거나 멸시하는 냉소주의가 숨어 있다. 그리고 그 영향력이 무한한 SNS에는 온갖 험한 비방과 댓글들이 난무한다.

믿는 우리도 얼마나 자주 하나님의 말씀과 성령의 지시 대신에 우리의 제한적인 지혜와 논리와 감성을 자랑하며, 얼마나 자주 우리의 인생의 년수의 제한을 잊고 마치 영원히 이 땅에서 살 것처럼 생각하고 행동하는가?

> 너는 마음을 다하여 여호와를 신뢰하고 네 명철을 의지하지 말라 너는 범사에 그를 인정하라 그리하면 네 길을 지도하시리라(잠 3:5-6).

우리가 믿는 복음은 죄인을 용서하시는 하나님의 사랑의 말씀이다. 사람의 행동은 물론 사람의 생각과 말이 사람의 신분과 소속을 가리킨다. 복음을 믿는 이들은 모든 생각과 말과 행위를 그리스도의 모본과 성령을 따라서 해야 한다.

> 내가 너희에게 이르노니 사람이 무슨 무익한 말을 하든지 심판 날에 이에 대하여 심문을 받으리니 네 말로 의롭다 함을 받고 네 말로 정죄함을 받으리라(마 12:36-37).
> 누추함과 어리석은 말이나 희롱의 말이 마땅치 아니하니 오히려 감사하는 말을 하라(엡 5:4).

우리는 매일의 영적 싸움에서 마귀의 모든 위장 전술을 경계하는 그리스도의 좋은 병사로서의 신분과 명예를 지키자(딤후 2:3).

> 마귀에게 틈을 주지 말라 도둑질하는 자는 다시 도둑질하지 말고 돌이켜 가난한 자에게 구제할 수 있도록 자기 손으로 수고하여 선한 일을 하라 무릇 더러운 말은 너희 입밖에도 내지 말고 오직 덕을 세우는 데 소용되는 대로 선한 말을 하여 듣는 자들에게 은혜를 끼치게 하라 하나님의 성령을 근심하게 하지 말라 그 안에서 너희가 구원의 날까지 인 치심을 받았느니라 너희는 모든 악독과 노함과 분냄과 떠드는 것과 비방하는 것을 모든 악의와 함께 버리고 서로 친절하게 하며 불쌍히 여기며 서로 용서하기를 하나님이 그리스도 안에서 너희를 용서하심과 같이 하라(엡 4:27-32).

2019년 7월 22일

89. 예정하신 사랑과 은혜

> 찬송하리로다 하나님 곧 우리 주 예수 그리스도의 아버지께서 그리스도 안에서 하늘에 속한 모든 신령한 복을 우리에게 주시되, 곧 창세 전에 그리스도 안에서 우리를 택하사 우리로 사랑 안에서 그 앞에 거룩하고 흠이 없게 하시려고, 그 기쁘신 뜻대로 우리를 예정하사, 예수 그리스도로 말미암아 자기의 아들들이 되게 하셨으니 이는 그가 사랑하시는 자 안에서 우리에게 거저 주시는바 그의 은혜의 영광을 찬송하게 하려는 것이라(엡 1:3-6).

예정론은 구원받을 택자와 멸망 받을 유기자(遺棄者)를 예정하신 하나님의 절대적 주권을 나타낸다. 그러나 한편, 예정론이 여전히 하나님의 지극하신 사랑과 은혜를 나타낸다는 사실을 잊지 말아야 한다. 하나님께서 우리 믿는 자들을 그의 "특별하신 은총"으로 구원받을 자들로 예정하셨을 뿐만 아니라, 멸망하기로 예정하신 자들도 즉시 멸망시키지 않으시고 오래 참으시면서 "일반 은총"을 베풀어 주시기 때문이다.

하나님께서는 아벨을 죽인 가인을 보호하셨고(창 4:15), 아브라함에게 쫓겨난 이스마엘에게도 은혜를 베푸셨다(창 21:13-21). 하나님께서는 택한 백성은 물론 택하지 않은 백성에게도 긍휼하심을 베푸신다. 하나님께서는 가련한 모압 여인 룻을 불러 다윗 왕조를 이루게 하셨다(룻 4:14-22). 죄악의 도성 니느웨 사람들과 함께 그 가축들까지도 보호하셨다(욘 3:10; 4:11). 하나님은 세상 사람들도 사랑하신다(하나님의 일반 은총).[1]

물론 하나님께서는 그의 택하신 백성을 위해 특별하신 구원의 은혜를 베푸셨다(하나님의 특별 은총). 아브라함을 비롯한 족장들의 방랑 생활, 출애굽과 광야 생활, 가나안 정복, 바벨론 포로와 귀환 등의 구원 사건과 그와 관련된 약속과 성취를 통해 완전하고 영원한 나라를 약속하는 복음을 예비하셨다. 또한, 율법의 행위와 제사 규범을 통해 복음의 구원 진리를 예비하셨다. 하나님께서는 최종적으로 그의 아들 예수 그리스

---

[1] 창 1:28; 4:15; 8:21-22; 21:17-20; 9:15-17; 욘 3:10; 4:11; 마 5:45; 행 14:17; 17:25-29.

도의 희생을 통해 구원의 큰 과업을 성취하셨다.

> 다 이루었다(요 19:30).
> 그리스도는 모든 믿는 자에게 의를 이루기 위하여 율법의 마침이 되시니라(롬 10:4).

이 모든 구원의 섭리와 경륜은 그의 택하신 백성을 향하신 하나님의 특별하신 사랑과 은혜에서 비롯된 것이다.

> 그뿐 아니라, 또한 리브가가 우리 조상 이삭 한 사람으로 말미암아 임신하였는데 그 자식들이 아직 나지도 아니하고, 무슨 선이나 악을 행하지 아니한 때에 택하심을 따라 되는 하나님의 뜻이 행위로 말미암지 않고 오직 부르시는 이로 말미암아 서게 하려 하사 리브가에게 이르시되, 큰 자가 어린 자를 섬기리라 하셨나니 기록된 바 내가 야곱은 사랑하고 에서는 미워하였다 하심과 같으니라 그런즉 우리가 무슨 말을 하리요 하나님께 불의가 있느냐 그럴 수 없느니라 … 그런즉 하나님께서 하고자 하시는 자를 긍휼히 여기시고 하고자 하시는 자를 완악하게 하시느니라 … 만일 하나님이 그의 진노를 보이시고, 그의 능력을 알게 하고자 하사 멸하기로 준비된 진노의 그릇을 오래 참으심으로 관용하시고 또한 영광 받기로 예비하신바 긍휼의 그릇에 대하여 그 영광의 풍성함을 알게 하고자 하셨을지라도 무슨 말을 하리요 이 그릇은 우리니 곧 유대인 중에서 뿐 아니라, 이방인 중에서도 부르신 자니라(롬 9:10-24).

이렇게 하나님의 예정은 절대적 주권과 함께 하나님의 사랑과 은혜를 나타낸다. 그러므로 택하심을 받은 우리들도 불신 세상을 위한 전도와 봉사로써 힘써 하나님의 구원 은혜를 나타내는 것이 옳다.

2019년 7월 31일

90. 로마서 장: 그리스도인의 영적 투쟁

> 너희 육신대로 살면 반드시 죽을 것이로되 영으로써 몸의 행실을 죽이면 살리니 (롬 8:13).

로마서 8장은 사도 바울이 로마서 3장부터 논하는 이신득의 구원론의 결론이다. 바울은 7장에서 죄와 선 사이에서 갈등하는 자신과 모든 율법인, 종교인, 도덕인, 양심인, 자연인의 비참한 현실을 지적한다.

> 오호라, 나는 곤고한 사람이로다 이 사망의 몸에서 누가 나를 건져내랴(롬 7:24).

그러나 로마서 7장 마지막과 8장 초두에 바울은 자신이 예수 그리스도로 말미암아 구원받은 사실을 깨닫고 감사한다.

> 그러므로 그리스도 예수 안에 있는 자에게는 결코 정죄함이 없나니, 이는 그리스도 예수 안에 있는 생명의 성령의 법이 죄와 사망의 법에서 너를 해방하였음이라 (롬 8:1-2).

그러나 바울은 즉시 구원받은 사람들도 여전히 구원받기 이전에 겪었던 죄악과 선 사이에서의 갈등과 유사한 육과 영의 심각한 갈등이 지속되는 현실을 인정하며 영으로 육을 죽일 것을 촉구한다(롬 8:4-13). 이와 유사하게, 야고보도 강하게 욕심을 경계한다.

> 오직 각 사람이 시험을 받는 것은 자기 욕심에 끌려 미혹됨이니 욕심이 잉태한즉 죄를 낳고, 죄가 장성한즉 사망을 낳느니라(약 1:14-15; 참조, 4:1-3).

그러나 믿는 이들의 영적 싸움은 믿기 이전의 싸움과는 본질적으로 다르다. 그리스도인의 전쟁은 승리가 보장된 싸움이다. 대장 되신 그리스도께서 이미 죄의 권세를 이기셨고 또한 세상 끝날에 완전히 승리하실 것을 약속하셨기 때문이다. 이전 싸움은 실패할 수밖에 없는 허망한 싸움이었으나 그리스도인의 현재 싸움은 이미 그리스도께서 결정적으로 승리하신 전쟁을 마무리하는 "잔당 소탕전" 같은 작은 마무리 싸움이다.[1] 우리가 말씀의 검과 믿음의 방패 그리고 성령의 도우심 등으로 능히 이길 수 있는 싸움이다(엡 6:16, 17).

> 세상에서는 너희가 환난을 당하나 담대하라 내가 세상을 이기었노라(요 16:33; 참조, 19:30).

그러므로 그리스도인은 그의 모든 영적 싸움을 그리스도께서 십자가에서 크게 승리하신 싸움을 따라서 승리를 확신하고 싸울 수 있다.

> 생각하건대 현재의 고난은 장차 우리에게 나타날 영광과 비교할 수 없도다 … 그뿐 아니라, 또한 우리 곧 성령의 처음 익은 열매를 받은 우리까지도 속으로 탄식하여 양자 될 것 곧 우리 몸의 속량을 기다리느니라(롬 8:18-23).

이 마지막 승리와 영광의 날에 대한 소망을 굳게 가지고 우리의 연약함과 세상의 불확실성으로 말미암은 "현재의 고난"을 견디며 우리의 영적 싸움을 계속해야 한다.

> 우리가 소망으로 구원을 얻었으매 보이는 소망이 소망이 아니니 보는 것을 누가 바라리요 만일 보지 못하는 것을 바라면 참음으로 기다릴 지니라(롬 8:24-25).
>
> 소망의 하나님이 모든 기쁨과 평강을 믿음 안에서 너희에게 충만하게 하사 성령의 능력으로 소망이 넘치게 하시기를 원하노라(롬 15:13).
>
> 너는 베드로라 내가 이 반석 위에 내 교회를 세우리니 음부의 권세가 이기지 못하리라(마 16:18).

---

[1] 마 9:6-8; 10:1; 12:28; 27:51-54; 눅 10:18; 롬 8:13, 18, 37; 고후 4:17; 엡 2:2; 6:1이하; 딤후 2:3; 4:7; 히 12:4.

세상에서는 너희가 환난을 당하나 담대하라 내가 세상을 이기었노라(요 16:33b).
그러나 이 모든 일에 우리를 사랑하시는 이로 말미암아 우리가 넉넉히 이기느니라
(롬 8:37).
항상 우리를 그리스도 안에서 이기게 하시고 우리로 말미암아 각처에서 그리스도
를 아는 냄새를 나타내시는 하나님께 감사하노라(고후 2:14).
누가 우리를 그리스도의 사랑에서 끊으리요 환난이나 곤고나 박해나 기근이나 적
신이나 위험이나 칼이랴 … 그러나 이 모든 일에 우리를 사랑하시는 이로 말미암아
우리가 넉넉히 이기느니라 내가 확신하노니 사망이나 생명이나 천사들이나 권세
자들이나 현재 일이나 장래 일이나 능력이나 높음이나 깊음이나 다른 어떤 피조물
이라도 우리를 우리 주 그리스도 예수 안에 있는 하나님의 사랑에서 끊을 수 없으
리라(롬 8:35-39).

비록 그리스도인의 싸움은 승리가 보장된 싸움이지만, 여전히 만만찮은 싸움이다. 이 싸움은 우리가 평생 싸워야 하는 싸움이고, "죽을 수도 있는" 심각하고 치열한 싸움이다. 주님께서 오셔서 저 마귀를 지옥에 던지실 때까지, 죄의 권세를 이기신 주님을 따라 힘써 죄와 싸워야 한다(마 9:6-8; 고전 15:23-24; 계 20:10).

너희가 육신대로 살면 반드시 죽을 것이로되, 영으로써 몸의 행실을 죽이면 살리니
(롬 8:13).
오직 각 사람이 시험을 받는 것은 자기 욕심에 끌려 미혹됨이니, 욕심이 잉태한즉
죄를 낳고 죄가 장성한즉 사망을 낳느니라(약 1:14-15).
너희가 죄와 싸우되 아직 피 흘리기까지는 대항하지 아니하고(히 12:4).
끝으로 너희가 주 안에서와 그 힘의 능력으로 강건하여지고 마귀의 간계를 능히 대
적하기 위하여 하나님의 전신갑주를 입으라(엡 6:10-11).

다만, 우리는 더 이상 우리의 도덕적 능력이나 자의적 결단이 아니라, 우리 속에 거주하시며 우리를 도우시는 삼위일체 하나님의 영의 능력과 사랑과 은혜를 믿고 우리의 모든 정욕과 싸워야 한다.

첫째, 우리 속에 내주하시는 성령의 도우심을 믿어야 한다. 성령은 모든 믿는 사람들의 속에 내주하시는 하나님의 영이시고 또한 그리스도의 영으로서 모든 "현재의 고난"과 "영적 싸움" 가운데서 연약한 우리들을 도우시고 격려하신다(롬 8:9; 갈 4:6).

> 너희가 육신대로 살면 반드시 죽을 것이로되 영으로써 몸의 행실을 죽이면 살리니 (롬 8:13).
>
> 이와 같이 성령도 우리의 연약함을 도우시나니 우리는 마땅히 기도할 바를 알지 못하나 오직 성령이 말할 수 없는 탄식으로 우리를 위하여 친히 간구하시느니라 (롬 8:26).
>
> 내가 이르노니 너희는 성령을 따라 행하라 그리하면 육체의 욕심을 이루지 아니하리라(갈 5:16).
>
> 너희는 하나님이 우리 속에 거하게 하신 성령이 시기하기까지 사모한다 하신 말씀을 헛된 줄로 생각하느냐(약 4:5).
>
> 하나님의 성령을 근심하게 하지 말라 그 안에서 너희가 구원의 날까지 인치심을 받았느니라(엡 4:30).

둘째, 성령의 생각을 아시는 성부 하나님께서는 그의 자녀가 된 우리의 구원과 장래 영광을 위하여 모든 선한 것들을 미리 예비하셨고(롬 1:2; 8:29; 16:25) 또한 모든 일이 합력하여 선을 이루도록 역사하신다(롬 8:28).

지금은 하나님 우편에 계신 그리스도께서도 그가 희생해 구원하신 우리가 낙심하거나 잘못해서 다시 정죄 받지 않도록 간구해 주신다(롬 8:31 이하).

특별히 우리 그리스도인들은 이 땅에 오셔서 우리를 죄와 사망의 권세에서 해방시키기 위한 싸움에서 희생하시고 승리하신 그리스도의 십자가의 사랑과 능력을 깨닫고 우리의 모든 현재의 고난과 모든 영적 전쟁을 힘써 이겨야 한다.

> 누가 우리를 그리스도의 사랑에서 끊으리요
> 환난이나 곤고나 박해나 기근이나 적신이나 위험이나 칼이랴
> 그러나 이 모든 일에 우리를 사랑하시는 이로 말미암아 우리가 넉넉히 이기느니라 (롬 8:35-37).

우리는 우리의 모든 죄의 욕망을 그리스도의 이름으로 억제함으로써 영적 싸움을 이길 수 있다. 그러나 우리 마음의 여러 가지 욕망을 제대로 통제하지 않으면 결국 범죄하게 된다. 욕망을 억제하는 가장 효과적인 방법은 자신을 비우시고 고난의 십자가를 지신 그리스도를 묵상하는 것이다.

그렇게 하면 우리 속에 계시는 성령께서 우리에게 영원한 나라의 영광을 보여 주시고 세상 욕망의 헛됨을 깨닫게 하시며 오히려 그리스도의 고난에 기쁘게 동참하려는 선한 의지를 주실 것이다(롬 8:14; 갈 5:16, 22; 골 3:1 이하).

> 나는 이제 너희를 위하여 받는 괴로움을 기뻐하고 그리스도의 남은 고난을 그의 몸된 교회를 위하여 내 육체에 채우노라(골 1:24).

진실한 그리스도의 제자는 욕심을 버리고 진심으로 주님만을 사랑하며 따른다. 다시 말하지만 그리스도인의 싸움은 이전의 율법적, 도덕적, 양심적, 인본주의적 싸움과는 달리, 성령과 함께 싸우는 싸움이기 때문에 이길 수 있다. 우리 속에 계시는 성령의 내주하심을 굳게 믿고 의지하는 한 우리는 승리할 수 있고, 좋은 영적 열매들도 얻을 수 있다(갈 1:22).

> 나는 선한 싸움을 싸우고 나의 달려갈 길을 마치고 믿음을 지켰으니, 이제 후로는 나를 위하여 의의 면류관이 예비되었으므로 주 곧 의로우신 재판장이 그 날에 내게 주실 것이며 내게만 아니라, 주의 나타나심을 사모하는 모든 자에게도니라(딤후 4:7-8).

2019년 8월 2일

91. 예정의 증거

> 여호와의 분깃은 자기 백성이라 야곱은 그가 택하신 기업이로다 여호와께서 그를 황무지에서 짐승이 부르짖는 광야에서 만나시고 호위하시며 보호하시며 자기의 눈동자 같이 지키셨도다(신 32:9-10).

1. 성경에서 하나님께서 사람의 구원과 멸망을 직접 예정하셨다는 말씀 외에도(롬 8:29, 33; 9:11-29; 엡 1:4-11; 2:10), 하나님의 뜻이나 계획, 축복과 저주의 말씀들과 장래에 대한 예언들도 결국 하나님의 구원과 멸망의 예정을 가리킨다[1]

> 그는 너희보다 먼저 그 길을 가시며, 장막 칠 곳을 찾으시고 밤에는 불로, 낮에는 구름으로 너희가 갈 길을 지시하신 자이시니라(신 1:33).

사람의 지혜를 넘는 하나님의 지혜와 사람의 생각을 넘는 하나님의 생각도 결국 하나님의 예정을 가리킨다.

> 제비는 사람이 뽑으나 모든 일을 작정하기는 여호와께 있느니라(잠 16:33)[2]
> 이는 하늘이 땅보다 높음같이 내 길은 너희의 길보다 높으며 내 생각은 너희의 생각보다 높음이니라(사 55:9).

한 마디로 하나님께서는 언제나 그의 모든 구원 역사를 계획하시고, 그것을 위해 필요한 것들을 미리 준비하시고 예비하시는 "여호와 이레"의 하나님이시다.[3]

---

[1] 창 9:25-27; 15:13-16; 18:10; 21:13; 25:23; 28:13-15; 왕상 11:29-39; 12:15; 22:17; 욥 42:1; 잠 16:33; 19:21; 20:24; 21:31; 렘 1:5; 겔 34:23-24; 35:3; 37:25; 단 2;19; 7:13 이하; 8:19 이하; 마 24:2 이하; 26:39, 42; 눅 1:13-17; 2:16; 행 9:15-16; 10:10 이하; 21:11; 27:23-24; 롬 9:7 이하; 갈 4:21-31.

[2] 참조, 잠 19:21; 20:24; 21:31; 29:26; 욥 42:1.

[3] 창 1:28; 9:1; 12:2-3; 22:14; 24:40-50; 28:15; 50:20; 출 1:10; 49:10; 신 1:30-33; 사 7:14;

2. 성경에 나타난 하나님의 모든 언약은 결국 선택과 예정을 가리킨다

> 세계가 다 내게 속하였나니 너희가 내 말을 잘 듣고 내 언약을 지키면, 너희는 모든 민족 중에서 내 소유가 되겠고, 너희가 내게 대하여 제사장 나라가 되며, 거룩한 백성이 되리라 너는 이 말을 이스라엘 자손에게 전할지니라(출 19:5-6).

만세 전에 자기 백성의 구원을 예정하신 하나님은 오늘도 그의 백성의 구원을 준비하시는 "여호와 이레"의 하나님이시다("특별 은총").**4**

> 내 아버지께 복 받을 자들이여, 나아와 창세로부터 너희를 위하여 예비된 나라를 상속받으라(마 25:34).
>
> 그들이 이제는 더 나은 본향을 사모하니 곧 하늘에 있는 것이라 이러므로 하나님이 그들의 하나님이라 일컬음 받으심을 부끄러워하지 아니하시고, 그들을 위하여 한 성을 예비하셨느니라(히 11:16).
>
> 이는 하나님이 우리를 위하여 더 좋은 것을 예비하셨은즉, … (히 11:40).

하나님께서는 택한 백성이 아니라고 해도 그가 창조하신 모든 피조물과 그의 형상대로 지으신 모든 사람에게 "일반 은총"을 베푸신다.**5** 그러나 하나님은 그가 택하시고 언약을 맺으신 "언약 백성"을 특별히 사랑하신다.**6** 특별히 그의 아들 그리스도를 믿는 사람을 그의 자녀로 삼으시고 특별히 돌보시고 사랑하신다.**7**

미 5:2; 마 1:23; 5:6; 26:54; 눅 24:27; 요 5:39; 6:31-33,49-51; 8:58; 롬 1:2; 4:1-25; 9:7 이하; 10:4; 16:26; 고전 10:1-11; 갈 3:16; 4:22-31; 딛 1:2-3; 히 10:7; 11:16, 40; 벧전 1:10-12, 20; 요일 1:1-2.

4 창 22:8, 14; 50:20; 출 1:10; 신 1:30, 33; 마 13:35, 44; 26:17-19; 롬 16:25-26; 딛 1:2-3; 벧전 1:12, 20; 요일 1:1-2; 히 1:1-2.

5 창 1:28; 4:15; 8:21-22; 21:17-20; 9:15-17; 욘 3:10; 4:11; 마 5:45; 행 14:17; 17:25-29.

6 창 12:2-3; 22:16-18; 28:15; 출 2:24-25; 신 1:31; 7:6-8; 8:1-16; 말 1:2; 롬 9:11-29.

7 요 3:16; 10:28-29; 13:1; 요일 3:1; 4:10; 롬 8:14-16, 26-39; 벧전 2:9-10.

> 나는 선한 목자라 나는 내 양을 알고 … 나는 양을 위하여 목숨을 버리노라 (요 10:14-15).

3. 신약성경의 많은 구약성경 인용과 성취 구절은 단순히 복음 증거를 위한 짜맞추기식 논증이 아니라, 한 분 하나님의 일관된 구원 역사와 한 분 하나님의 구원 계획과 예정을 나타내는 것이다

> 이 모든 일이 주께서 선지자로 하신 말씀을 이루려 하심이니(마 1:22)[8]

4. 히브리서의 모형론과 계시록의 종말론도 하나님의 구원과 멸망의 계획과 예정을 전제하는 것이다(히 1:1-2; 8:5-10:13; 11:1-40; 참조, 히 6:4-6).

> 옛적에 선지자들을 통하여 여러 부분과 여러 모양으로 우리 조상들에게 말씀하신 하나님이 이 모든 날 마지막에는 아들을 통하여 우리에게 말씀하셨으니 (히 1:1-2a).

5. 앞에서 논했듯이[9] 하나님의 예정을 하나님의 절대적 주권뿐만 아니라, 하나님의 사랑과 은혜에서 비롯되는 것임을 알아야 한다. 하나님은 그의 택하신 백성은 물론(특별 은총). 그가 지으신 세상 만물과 그의 형상대로 지으신 사람들을 사랑하신다(일반 은총).

다른 말로, 예정은 하나님의 절대성과 불변성 같은 고정적 속성과 함께 하나님의 전능하심과 무한하심 같은 신축적 속성도 포함하는 포괄적인 개념이므로 단순히 "하나님의 주권"에 속하는 개념으로만 제한될 수 없다.

---

8 마 1:22; 참조, 마 2:5-6, 17; 3:3; 4:15-16; 롬 1;1-2; 딛 1:2-3; 히 1:1-2; 요일 1:1-2 등.
9 "예정하신 사랑과 은혜," 7월 31일

6. 하나님의 구원과 멸망의 예정에도 불구하고, 하나님께서는 우리에게 구원 사역의 거룩한 사명과 책임을 맡겨주셨다(마 25장: "열 처녀 비유," "달란트 비유," "양과 염소의 비유".

무엇보다도 우리의 변함없는 믿음이 우리가 하나님의 예정 안에 있는 가장 확실한 증거다(행 13:48). 그러므로 하나님의 택하심을 받은 자녀는 언제나 우리의 구원을 위해 모든 것을 미리 준비하시는 "여호와 이레"의 하나님을 믿고 택하신 은혜와 사랑에 감사하며 그리스도의 십자가의 희생적 모본과 성령을 따라서 말씀과 기도에 힘쓰고 독선과 아집을 버리고 모든 사탄의 미혹을 이기며 하나님의 영광과 기쁨을 위해 충성해야 한다(엡 6:10-18).

2019년 8월 7일

92. 주님을 위해 최선을 다하는 삶

> 그런즉 너희가 먹든지 마시든지 무엇을 하든지 다 하나님의 영광을 위하여 하라 (고전 10:31).
>
> 우리가 살아도 주를 위하여 살고 죽어도 주를 위하여 죽나니 그러므로 사나 죽으나 우리가 주의 것이로다(롬 14:8).

사람의 평가 기준은 주로 눈에 보이는 외적 가치들이지만, 하나님의 평가 기준은 보이지 않는 진실한 마음의 열심, 충성, 헌신 같은 내적 가치들이다. 진실한 마음이 없는 사역이나 단순한 습관적 신앙생활만으로는 하나님께서 인정하시는 진정한 신앙인이 될 수 없다.

사무엘은 하나님의 말씀은 염두에 없이 제사 드리기에만 급급했던 사울 왕에게 이렇게 말했다.

> 여호와께서 번제와 다른 제사를 그의 목소리를 청종하는 것을 좋아하심 같이 좋아하시겠나이까 순종이 제사보다 낫고 듣는 것이 숫양의 기름보다 나으니 이는 거역하는 것은 점치는 죄와 같고, 완고한 것은 사신 우상에게 절하는 죄와 같음이라 왕이 여호와의 말씀을 버렸으므로 여호와께서도 왕을 버려 왕이 되지 못하게 하셨나이다(삼상 15:22-23; 참조, 잠 21:3).

주님께서는 어떤 가난한 과부가 자신의 생활비 전부인 두 렙돈을 헌금하는 것을 보시고 그것이 부자들의 많은 헌금보다 더 많은 헌금이라고 하셨다(눅 21:1-4). 또한, 달란트 비유에서 많든지 적든지, 각자 자기가 받은 것으로 최선을 다하는 종을 "착하고 충성된 종"이라고 하셨다.

사도 바울은 복음 전도에 집중하기 위한 자신의 독신 생활의 유익에 대해 논하며 이렇게 권면했다.

> 나는 모든 사람이 나와 같기를 원하노라 그러나 각각 하나님께 받은 자기의 은사가 있으니 이 사람은 이러하고 저 사람은 저러하니라 … 각 사람은 부르심을 받은 그 부르심 그대로 지내라(고전 7:7-20).

그리스도인은 자신의 소명에 따라서 최선을 다해야 한다는 뜻이다.

우리는 얼마나 자주 세상의 인본주의적 가치관이나 자연주의적 가치관에 비추어 우리 자신과 이웃들을 판단하는가?

그리스도인은 자신의 지위, 경력, 학력, 소유, 재능, 건강, 능력 등에 대해 자랑하거나 낙심하지 않고 오히려 모든 것을 하나님께서 주신 것으로 알고, 하나님께서 맡기신 각자의 사명에 충실함으로써 하나님의 영광을 위해 최선을 다해야 한다.

> 이를 위하여(전도 사역을 위해) 나도 내 속에서 능력으로 역사하시는 이의 역사를 따라 힘을 다하여 수고하노라(골 1:29).

2019년 8월 13일

93. 죄의 증후와 대처

> 너희가 죄와 싸우되, 아직 피흘리기까지는 대항하지 아니하고, 또 아들들에게 권하는 것 같이 너희에게 권면하신 말씀도 잊었도다 일렀으되, 내 아들아, 주의 징계하심을 경히 여기지 말며, 그에게 꾸지람을 받을 때에 낙심하지 말라 주께서 그 사랑하시는 자를 징계하시고, 그가 받아들이시는 아들마다 채찍질 하심이라 … 그러므로 피곤한 손과 연약한 무릎을 일으켜 세우고, 너희 발을 위하여 곧은 길을 만들어 저는 다리로 하여금 어그러지지 않고 고침을 받게 하라(히 12:4-13).

죄란 사람이 하나님과 대적하는 것이다. 믿는 우리도 자주 범죄하고 후회한다. 죄는 우리를 속이기 위해 자주 그 흉악한 모습을 제법 그럴듯한 논리와 선한 이유로 위장하여 우리에게 접근한다. 우리가 먼저 "죄의 증후"(症候)를 알면 죄의 접근을 예방하거나 죄에서 돌이킬 수 있을 것이다. 특별히 창세기 3장에서 태초의 인간을 범죄하게 한 뱀의 미혹에서 "죄의 증후"를 살펴보자.

첫째, 마귀는 우리를 먼저 하나님의 말씀과 하나님의 선하심을 의심하게 만들어 우리를 하나님으로부터 떼어 놓는다. 에덴동산에서의 처음 범죄는 사탄이 간교한 뱀을 통해 "선악을 알게 하는 나무의 열매를 먹지 말라. 네가 먹는 날에는 반드시 죽으리라"(창 2:17)고 경고하신 하나님의 말씀을 의심하게 하고, 하나님의 선하신 진의를 불신하게 만들었다.

> 뱀이 여자에게 이르되 너희가 결코 죽지 아니하리라 너희가 그것을 먹는 날에는 너희 눈이 밝아져 하나님과 같이 되어 선악을 알 줄 하나님이 아심이니라(창 3:4-5).

그러나 제2아담이신 우리 주님께서 광야에서 시험받으실 때 마귀의 미혹들을 모두 하나님의 말씀으로 물리치신 것을 기억하자(마 4:1-11; 신 6:16; 8:3; 시 91:11-12). 또한, 베드로가 예수님께서 장차 받으실 고난을 말씀하시는 것을 항변할 때에도 주님께서는 "사탄아 물러가라. 너는 나를 넘어지게 하는 자로다. 네가 하나님의 일을 생각하지 아니하고 도리어 사람의 일을 생각하는도다"라고 책망하시고, "누구든지 나를 따라오려거든 자기를 부인하고 자기 십자가를 지고 나를 따를 것이니라"고 말씀하심으로써 시험을 이기시고 메시아로서의 사명을 굳게 지키셨다(마 16:23-24).

하나님의 말씀과 선하심을 믿는 우리의 믿음이 흔들릴 때 우리는 하나님의 말씀을 읽고 들음으로써 믿음을 굳게 지켜야 한다.

둘째, 마귀는 우리의 온갖 탐심을 통해 역사한다.

> 여자가 그 나무를 본즉 먹음직도 하고 보암직도 하고 지혜롭게 할 만큼 탐스럽기도 한 나무인지라(창 3:6a).
>
> 무엇이든지 밖에서 사람에게로 들어가는 것은 능히 사람을 더럽게 하지 못하되, 사람 안에서 나오는 것이 사람을 더럽게 하는 것이니라 … 속에서 곧 사람의 마음에서 나오는 것은 악한 생각 곧 음란과 도둑질과 살인과 간음과 탐욕과 악독과 속임과 음탕과 질투와 비방과 교만과 우매함이니 이 모든 악한 것이 다 속에서 나와서 사람을 더럽게 하느니라(막 7:15-23).

잠언이 거듭해서 "음녀의 미혹"을 경계하는 것은 사람들이 범하기 쉬운 음란한 죄의 보편성과 심각성을 통해 다른 모든 죄의 미혹을 경계하는 것이다.[1]

> 대저 음녀는 깊은 구덩이요 이방 여인은 좁은 함정이라 참으로 그는 강도 같이 매복하며 사람들 중에 사악한 자가 많아지게 하느니라(잠 23:27-28).

우리의 사욕이 어떤 선한 목적이나 비전과 겹쳐서 마음이 혼란할 때, 즉시 십자가의 사랑과 인내를 묵상하고 말씀을 읽으며 기도에 힘쓰면 성령께서 우리가 가야 할 바른 길을 가르쳐 주신다(빌 1:22-24).

---

1 잠 2:16-20; 5:2-6, 15-20; 6:24-35; 7:5-27; 9:13-18; 22:14; 23:27-28; 30:20; 참조, 전 7:26.

셋째, 죄의 미혹을 받는 결과, 선과 악에 대한 영적 분별력을 잃고 죄의 종이 되고 나아가 죄를 타인에게 만연시키기도 한다.

> 여자가 그 열매를 따먹고 자기와 함께 있는 남편에게도 주매 그도 먹은지라(창 3:6b) 또한, 그들이 마음에 하나님 두기를 싫어하매 하나님께서 그들을 그 상실한 마음대로 내버려 두사 합당하지 못한 일을 하게 하셨으니, 곧 모든 불의, 추악, 탐욕, 악의가 가득한 자요, … 그들이 이같은 일을 행하는 자는 사형에 해당한다고 하나님께서 정하심을 알고도, 자기들만 행할 뿐 아니라, 또한 그런 일을 행하는 자들을 옳다 하느니라(롬 1:28-32).

죄는 바이러스와 같이 기생력과 전파력이 강하다. 연약한 우리는 잠시라도 말씀과 성령의 임재하심을 등한히 여기면 어느새 죄의 노예로 전락한다.

넷째, 우리는 죄를 짓고도 회개하기는 커녕 오히려 그럴듯한 구실들을 찾아서 우리의 죄를 덮고 변명하는 데 익숙하다. 우리의 죄에 대한 변명의 구실을 주로 우리 자신 밖에서 찾아서 우리의 죄를 덮고, 다른 것을 핑계로 삼을 뿐만 아니라, 심지어 우리의 의로움을 가장하기도 한다.

> 하나님이 주셔서 나와 함께 있게 하신 여자 그가 그 나무 열매를 내게 주므로 내가 먹었나이다(창 3:12).

우리가 하나님과 대적하면 우리와 가까운 사람들과도 대적하는 파급 효과가 나타난다. 하와는 아담과 멀어지고, 가인은 아벨을 미워하여 죽이고 마침내 노아 시대에 이르러 온 세상이 하나님의 진노를 받게 되었다. 하나님을 사랑하지 않으면, 사람들을 미워하게 된다. 반면에 하나님을 사랑하면 사람들도 사랑하게 된다. 하나님과의 좋은 관계가 사람들과의 좋은 관계로 파급되는 것이다(십계명). 그러나 공의로우신 하나님께서는 자신을 대적하는 죄를 좌시하지 않으시고 반드시 징벌하신다.

> 이런 일을 행하는 자를 판단하고도 같은 일을 행하는 사람아, 네가 하나님의 심판을 피할 줄로 생각하느냐 다만 네 고집과 회개하지 아니한 마음을 따라 진노의 날 곧 하

나님의 의로우신 심판이 나타나는 그 날에 임할 진노를 네게 쌓는도다(롬 2:3-5).

복음은 하나님의 진노의 대상인 죄인들을 대속하시기 위해 죽으신 그리스도를 믿고 우리 자신이 죄인임을 깨닫고 죄를 고백할 것을 가르친다.

> 오호라, 나는 곤고한 사람이로다 이 사망의 몸에서 누가 나를 건져내랴 우리 주 예수 그리스도로 말미암아 하나님께 감사하리로다(롬 7:24-25b).
> 내가 의인을 부르러 온 것이 아니요, 죄인을 불러 회개시키러 왔노라(눅 5:32).
> 만일 우리가 죄를 자백하면 그는 미쁘시고 의로우사 우리 죄를 사하시며 우리를 모든 불의에서 깨끗하게 하실 것이요(요일 1:9).

그리스도의 복음을 믿고 죄의 권세에서 법적으로 해방된 하나님의 자녀도 여전히 계속되는 죄의 도전과 미혹에 맞서서 죄와 싸워야 한다(롬 8:1-16). 죄는 언제나 그 흉악한 본체를 숨겨서 합리적 논리나 심리적 근거, 심지어 영적 궤계와 말씀의 오해와 곡해로써 우리를 미혹한다는 것을 알아야 한다.[2]

하나님께서는 믿는 사람들의 죄에 대해서도 신앙 단련을 위한 징계(disciplinary judgement)도 하시고 심판도 하신다.[3] 우리가 믿는다고 하면서도 아무런 두려움이나 감사와 기쁨이 없이 무료하게 사는 것은 이미 하나님과 멀어진 죄의 상태에 있는 것이다.

그러므로 우리는 이상의 "죄의 증후"를 살피면서 마귀의 미혹에 담대히 맞서서 모든 탐심과 위선을 버리고 순전한 마음으로 하나님의 말씀을 읽고 열심히 그리스도의 모본과 성령의 뜻을 따르며 언제나 깨어서 부지런히 기도에 힘써야 한다. 성경은 죄에 대한 경계의 말씀들과 죄와 힘써 싸우며, 경건하게 살 것을 독려하는 말씀들로 넘친다.

> 그러므로 너희는 죄가 너희 죽을 몸을 지배하지 못하게 하여 몸의 사욕에 순종하지 말고 또한 너희 지체를 불의의 무기로 죄에게 내주지 말고, 오직 너희 자신을 죽은

---

2 왕상 22:20-23; 마 24:24; 요 8:43-45; 고후 4:4; 딤전 4:1; 요일 4:1-6.
3 출 34:7; 민 11:33; 신 3:26; 28:20-68; 마 25:12, 29-30; 45; 행 5:1-11; 고후 2:6; 13:2; 히 12:5-11.

자 가운데서 다시 살아난 자 같이 하나님께 드리며 너희 지체를 의의 무기로 하나님께 드리라(롬 6:12-13).

그러므로 형제들아, 우리가 빚진 자로되 육신에게 져서 육신대로 살 것이 아니니라, 너희가 육신대로 살면 반드시 죽을 것이로되, 영으로써 몸의 행실을 죽이면 살리니, 무릇 하나님의 영으로 인도함을 받는 사람은 곧 하나님의 아들이라(롬 8:12-14).

내가 이르노니, 너희는 성령을 따라 행하라 그리하면 육체의 욕심을 이루지 아니하리라(갈 5:16).

마귀의 간계를 능히 대적하기 위하여 하나님의 전신 갑주를 입으라 … 모든 것 위에 믿음의 방패를 가지고 이로써 능히 악한 자의 모든 불화살을 소멸하고, 구원의 투구와 성령의 검 곧 하나님의 말씀을 가지라 … 모든 기도와 간구를 하되 항상 성령 안에서 기도하고 이를 위하여 깨어 구하기를 항상 힘쓰며 여러 성도를 위하여 구하라(엡 6:11-18).

너희 안에 이 마음을 품으라 곧 그리스도 예수의 마음이니(빌 2:5).

만물의 마지막이 가까이 왔으니 그러므로 너희는 정신을 차리고 근신하여 기도하라(벧전 4:7).

이로써 그 보배롭고 지극히 큰 약속을 우리에게 주사 이 약속으로 말미암아 너희가 정욕 때문에 세상에서 썩어질 것을 피하여 신성한 성품에 참여하는 자가 되게 하려 하셨느니라(벧후 1:4).

우리는 언제나 우리를 노리는 죄의 미혹을 물리치기 위해 항상 하나님을 경외하는 마음과 하나님의 심판에 대한 위기 의식을 가지고 수시로 하나님의 말씀을 읽고 언제 어디서나 부지런히 기도에 힘써야 하지만, 특정한 공간과 시간을 정하여 규칙적으로 말씀을 읽고 기도하는 것도 죄를 예방하는 데 도움이 된다.[4]

2019년 8월 17일

---

[4] 단 6:10; 마 6:6; 14:23; 17:21; 26:41; 막 1:35; 눅 2:37; 5:33; 9:28; 11:1; 행 3:1; 10:9, 30; 12:12; 21:5; 롬 12:12; 엡 6:18; 빌 4:6; 골 4:2; 살전 5:17; 벧전 4:7.

94. 7일 창조의 이해와 적용

> 하나님이 지으신 그 모든 것을 보시니 보시기에 심히 좋았더라 저녁이 되고 아침이 되니 이는 여섯째 날이니라(창 1:31).

7일의 주간은 밤과 낮으로 반복되는 날들로 이루어지고, 추위와 더위가 반복되는 계절들로 나타난다. 그러나 믿는 우리는 7일의 주간을 단순히 반복적인 자연 현상으로 인식할 것이 아니라, 7일의 주간을 만드신 창조주 하나님의 특별하신 뜻을 알고 그 뜻을 따라 살아야 하는 책임이 있음을 알아야 한다.

타락한 세상은 7일의 주간의 의미를 순전히 인간 중심적인 일과 휴식의 의미로 생각하지만, 성경은 이를 하나님의 세계 창조에 근거한 하나님의 은혜와 축복으로 이해하도록 가르친다. 하나님께서는 6일 동안 세상을 창조하시고 7일째 되는 날에는 쉬셨다. 하나님께서 사람처럼 피곤하셨기 때문에 쉬신 것이 아니라, 지난 6일 동안 자신이 친히 지으신 모든 만물의 아름다움을 음미하시고, 즐기시기 위한 휴식이라고 보는 것이 옳다(창 1:31).

> 이는 엿새 동안에 나 여호와가 하늘과 땅과 바다와 그 가운데 모든 것을 만들고 일곱째 날에 쉬었음이라 그러므로 나 여호와가 안식일을 복되게 하여 그 날을 거룩하게 하였느니라(출 20:11).

우리는 7일 창조 기사를 이런 하나님의 거룩하신 창조의 뜻을 따라 이해하고 적용해야 한다(롬 15:4; 고전 10:11; 히 4:2). 그리스도인은 자신의 정체성을 그리스도 안에서 지으심을 받은 새로운 피조물로 알고 세상을 지으신 창조주를 경외하는 마음으로 또한 부활하신 생명의 주님을 찬양하는 마음으로 새로운 주간을 맞이해야 한다.

때로는 7일간의 반복적 삶이 힘들고 우리를 지치게 하더라도, 세상을 창조하시고 우리를 이 세상에 태어나게 하신 하나님의 사명을 알고 불평과 원망을 그치고 감사와 찬송으로 그의 영광을 위해 최선을 다해야 한다. 태초에 하나님께서 말씀으로 세상을 지으셨듯이 지금도 하나님께서는 말씀으로 새로운 창조를 계속하고 계심을 믿어야 한다. 하나님의 말씀을 불신하고 혼란하고 어두운 세상에서 하나님의 말씀을 따라 빛의 자녀로 살기를 원하시는 것이다.

> 그러므로 이르시기를 잠자는 자여 깨어서 죽은 자들 가운데서 일어나라 그리스도께서 너희에게 비추시리라 하셨느니라(엡 5:14; 참조, 사26:19).
> 그런즉 누구든지 그리스도 안에 있으면 새로운 피조물이라 이전 것은 지나갔으니 보라 새것이 되었도다(고후 5:17).

세상의 빛으로 오신 우리 주님께서는 모든 약한 것과 아픈 것을 고치시면서 메시아의 구원 사역을 수행하셨다. 특별히 요한복음 9장에서 날 때부터 맹인으로 태어난 사람을 어둠의 세계로부터 빛의 세계로 인도하신 것도 창조의 빛 되신 그리스도의 창조 사역이며 구원 사역이었다.

> 때가 아직 낮이매 나를 보내신 이의 일을 우리가 하여야 하리라 밤이 오니 그때는 아무도 일할 수 없느니라 내가 세상에 있는 동안에는 세상의 빛이로라(요 9:4-5).

그러므로 믿는 우리는 새로운 주간이 시작될 때마다 하나님의 말씀을 따라서 이 소란하고 어두운 세상을 창조와 부활의 찬란한 빛으로 비출 것을 다짐해야 한다.

> 너희는 세상의 빛이라(마 5:14a).
> 그러나 너희는 택하신 족속이요 왕 같은 제사장들이요 거룩한 나라요 그의 소유가 된 백성이니 이는 너희를 어두운 데서 불러내어 그의 기이한 빛에 들어가게 하신 이의 아름다운 덕을 선포하게 하려 하심이라(벧전 2:9).

새로운 주간이 시작 될 때마다 내 자신과 이웃의 과거의 잘못에 너무 집착하지 말고, 그리스도 안에서 나의 과거의 죄를 용서해 주시고 새 사람으로 재창조해 주신 구원의 은혜를 따라서 하나님께서 원하시는 새롭고 더 좋은 자아의 창조와 더 좋은 인간 관계의 창조를 위해 힘을 내야 한다.

너희는 이전 일을 기억하지 말며 옛날 일을 생각하지 말라 보라, 내가 새 일을 행하리니 이제 나타낼 것이라(사 43:18-19a).

반복적 주간은 언젠가는 끝나게 마련이다. 우리의 고달픈 인생도 언젠가는 끝난다. 은혜로우신 우리 하나님께서는 우리를 위하여 이 세상 저편에 더 이상 생사화복이 반복되지 않는 완전하고 영원한 우리의 거처를 마련하여 주셨다(요 14:1-2).

그런즉 안식할 때가 하나님의 백성에게 남아 있도다(히 4:9).

더구나 하나님께서는 이 귀한 영생의 약속을 그리스도의 부활로 확증하여 주셨다(고전 15:16-20). 우리가 이 영원한 안식의 약속을 믿는다면 매 주 반복되는 해 아래서의 수고를 참고 견딜 수 있다.

생각하건대, 현재의 고난은 장차 우리에게 나타날 영광과 비교할 수 없도다(롬 8:18).

2019년 8월 18일

95. 인내: 믿음과 사랑의 공통점

> 내가 여호와를 기다리고 기다렸더니 귀를 기울이사 나의 부르짖음을 들으셨도다(시 40:1).
>
> 사랑은 오래 참고 사랑은 온유하며 … 모든 것을 참으며 모든 것을 견디며 모든 것을 바라며 모든 것을 견디느니라(고전 13:4-7).

믿음과 사랑의 공통점은 모든 불확실성 가운데서도 하나님의 구원 능력이 나타날 것을 인내하며 기다리는 것이다. 노아, 아브라함을 비롯한 이스라엘의 족장들, 욥, 모세, 다윗, 예레미야, 하박국 등은 어려운 형편 가운데서도 하나님의 구원을 참고 기다렸던 모범적 신앙인들이었다(히 11:7 이하).

바울 사도는 고린도전서 13장에서 진정한 사랑이란 무엇보다 참고 인내하는 것임을 거듭 강조하고 있다. 사도 바울 자신도 고린도후서에서 자신을 반대하며 훼방하는 이들에게 사도적 권위로 엄히 경고하면서도 동시에 그들이 스스로 잘못을 뉘우치고 돌아올 것을 사랑으로 권면한다.[1]

그리스도인의 믿음과 사랑은 모두 믿음의 대상이신 하나님의 본성에서 비롯되는 것이다(민 14:18). 하나님 자신이 오래 참고 기다리시는 분이시다(욘 4:2).

> 여호와께서 그의 앞으로 지나시며 선포하시되, 여호와라 여호와라 자비롭고 은혜롭고 노하기를 더디하고 인자와 진실이 많은 하나님이라 인자를 천대까지 베풀며 악과 과실과 죄를 용서하리라 그러나 벌을 면제하지는 아니하고, 아버지의 악행을 자손 삼사 대까지 보응하리라(출 34:6-7).

특별히 우리 주님께서도 원수를 사랑할 것과 잘못한 형제를 무한히 용서할 것을 직접 가르치셨고(마 5:43-45; 18:21-22, 35), 또한 용서할 줄 모르는 탕감 받은 종의 비유, 잃은 양의 비유, 탕자 비유 등으로도 상대방의 잘못을 인내하고 용서할 것을

---

1 고후 11:4, 19, 29-31; 12:9-10; 13:1-10.

가르치셨다(마 18:23-34; 눅 15장). 실제로 주님은 자신을 배반한 베드로를 용서하셨고(눅 21:31-32), 십자가에서의 극심한 고통 가운데서도 자신을 십자가에 못 박고 조롱하는 이들의 용서를 위해 기도하셨다(눅 23:34).

> 너희가 피곤하여 낙심하지 않기 위하여 죄인들이 이같이 자기에게 거역한 일을 참으신 이를 생각하라(히 12:3).

모든 것이 점점 빠르게 진행되는 현대 기술 문명 가운데서 우리 그리스도인들은 자칫 참고 인내하는 믿음과 사랑의 본질적 특성을 잃어버리고 조급하고 성급하게 될 수 있다(약 3:8-10).

우리 하나님께서는 죄악 세상이 회개하고 돌아올 것을 오래 참고 기다리며 세상의 심판을 유보하고 계신다(롬 9:23; 벧후 3:9).

> 사랑하는 자들아 주께는 하루가 천 년 같고 천 년이 하루 같다는 이 한 가지를 잊지 말라(벧후 3:8; 참조, 시 90:4).

그러므로 우리도 인내함으로 하나님의 장래의 약속을 믿어야 한다.

> 만일 우리가 보지 못하는 것을 바라면 참음으로 기다릴지니라(롬 8:25).

우리 주님께서는 "나는 마음이 온유하고 겸손하니 나의 멍에를 메고 내게 배우라. 그리하면 너희 마음이 쉼을 얻으리니"(마 11:29)라고 가르치셨다. 부활 후에 베드로가 다른 제자들과 함께 디베랴 바다에서 고기를 잡고 있을 때에도 그에게 나타나셔서 그를 책망하는 대신에 오히려 그를 격려하시면서 목회 사역을 맡겨 주셨다(요 21:1 이하). 그러므로 우리도 성급하고 조급한 자세를 버리고, 고난의 십자가를 참으신 그리스도의 온유하신 마음을 본받자.

누구보다 먼저 말씀대로 살지 못하고 실패만 하는 미련하고 부족한 우리 자신에 대해서도 인내하시는 주님을 생각하자. 주님을 배반했던 제자들을 끝까지 사랑하시고 찾으시던 주님께서 오늘도 연약한 우리를 참으시고 사랑하심을 믿자.

세상에 있는 자기 사람들을 사랑하시되 끝까지 사랑하시니라(요 13:1).

누가 우리를 그리스도의 사랑에서 끊으리요 환난이나 곤고나 박해나 기근이나 적신이나 위험이나 칼이랴 … 그러나 이 모든 일에 우리를 사랑하시는 이로 말미암아 우리가 넉넉히 이기느니라 내가 확신하노니 사망이나 생명이나 천사들이나 권세자들이나 현재 일이나 장래 일이나 능력이나 높음이나 깊음이나 다른 어떤 피조물이라도 우리를 우리 주 그리스도 예수 안에 있는 하나님의 사랑에서 끊을 수 없으리라(롬 8:35-39). 아멘.

2019년 8월 19일

96. 천국의 아이들

> 그 때에 예수께서 대답하여 이르시되, 천지의 주재이신 아버지여 이것을 지혜롭고 슬기 있는 자들에게는 숨기시고 어린아이들에게는 나타내심을 감사하나이다 옳소이다 이렇게 된 것이 아버지의 뜻이니이다(마 11:25-26).

예수님은 자주 하나님을 하늘에 계신 아버지로 부르시고 가르치셨다. 동시에 우리 자신의 신분을 하나님의 자녀로 인식하도록 가르치셨다. 예수님은 자신의 신분도 하나님 아버지의 아들로 설명하시면서 자신과 하나님과의 친밀한 관계를 밝히셨다.[1] 구약에서도 이스라엘 백성이 하나님을 아버지의 개념으로 이해하기도 하나, 신약에서만큼 자주 가르치지는 않는다.[2] 예수님은 이 세상의 죄로 혼탁해진 우리 자신들을 순진한 "천국의 아이들"로 돌이켜서 재구성(resetting)해야 할 것을 가르치셨다.

"돌이켜 어린아이들과 같이 되라"는 말씀은 어린아이들이 온전하기 때문이 아니라, 아이들에게서 어른들이 배워야 할 좋은 점들이 있기 때문이다(엡 4:14). 아이들도 나름대로 약점이 있으나,[3] 어른들에 비해서 순진하고(고전 14:20) 순종적이다. 우리 어른들은 바로 이런 어린아이의 순종적인 특성에서 하나님께 대한 우리의 기본적인 신앙 자세를 복원해야 한다. 우리 어른들은 이미 생각과 자세가 굳어져서 자신들과 다른 사람의 생각이나 제안을 잘 듣지 않지만, 아이들은 대개 부모의 말을 듣고 순종한다.

또한, 어린아이들은 세상의 새로운 것들을 배우고 경험하려는 호기심으로 넘친다. 어른들은 이미 세상의 일들을 거의 다 경험했으므로 어떤 새로운 지식에 대한 관심이나 호기심이 거의 없이 자신의 기존의 고정적이고 폐쇄적인 관념을 따라 살지만, 어린아이들은 새로운 세계에 대한 관심과 호기심으로 넘친다.

복음을 믿기 위해서 또한 신앙 생활을 제대로 하기 위해서 폐쇄적인 마음을 버리고 먼저 어린아이들과 같은 새로운 것에 대한 호기심과 열린 마음을 가져야 한다. 예수님의 제자들은 어린아이들과 같은 마음을 가진 "작은 자들"이었으므로 모든

---

1 요 6:40; 8:42, 54; 10:25-38; 15:1 이하; 17:1-26; 19:7.
2 출 4:22-23; 시 89:26; 사 9:6; 63:16; 64:8.
3 창 9:21; 고전 3:1-2; 13:11; 히 5:13.

것을 버리고 하나님의 나라와 의를 가르치는 주님을 따를 수 있었다.[4]

> 내가 진실로 너희에게 이르노니 누구든지 하나님의 나라를 어린아이와 같이 받들지 않는 자는 결단코 그곳에 들어가지 못하리라(막 10:15).

예수님은 제자들에게 부모를 믿고 의지하는 어린아이들에게서 하나님을 의지하고 말씀을 듣고 순종하고 지키는 자세를 배우도록 가르치셨다(마 18:1 이하; 막 10:14). 예수님은 본문과 다른 곳에서도 오만하게 굳은 마음 자세를 버리고 어린아이와 같은 낮은 자세로 하나님 아버지를 온전히 믿고 의지할 것과 서로 용서하고 서로 사랑할 것을 가르치셨다.[5] 실제로 예수님은 제자들을 "소자"라고 부르셨다(마 10:42; 요 13:33).

무엇보다도 예수님은 어른들의 굳은 마음을 버리고 아이들의 낮고 열린 마음으로 하나님의 말씀을 듣고 순종해야 하나님 나라의 시민이 될 수 있다고 가르치셨다(마 5-7장). 예수님께서는 제자들에게 하나님 나라의 도래와 하나님 나라 시민의 도리를 가르치시면서 어린아이와 같이 세상을 알려는 열의와 관심을 가지고 하나님 나라를 열심히 찾을 것을 가르치셨다.

> 내가 진실로 너희에게 이르노니 누구든지 하나님의 나라를 어린아이와 같이 받들지 않는 자는 결단코 그곳에 들어가지 못하리라(막 10:15).

그러나 당시 유대인들은 하나님의 말씀을 유대교의 율법주의와 외식주의로 왜곡하여 믿고 있었으므로 하나님 나라의 복음을 받지 않았다. 원래 율법 규례와 조항들은 신앙생활의 진보를 위해 하나님께서 주신 말씀이지만 유대인들이 그 말씀의 진의를 잊고 습관적으로 형식적으로만 믿는 것이 문제였다. 더구나 그들은 율법의 조항과 규례를 지키지 않는 사람들을 비난하고 정죄하기도 했다.

> 너희가 듣기는 들어도 깨닫지 못할 것이요 보기는 보아도 알지 못하리라 … 그러나 너희 눈은 봄으로 너희 귀는 들음으로 복이 있도다(마 13:14-16=사 6:9).

4　눅 5:1-11; 마 10:42; 11:25; 18:6; 요 13:33.
5　마 5-7장; 11:25; 참조, 23장; 요 13:34; 15:12.

"어린아이와 같이 되라"는 말씀은 모든 제도와 율법을 무시하는 반율법주의자나 자유방임주의자처럼 "자기 마음대로 살라"는 것이 아니다. 예수님께서는 "내가 율법이나 선지자를 폐하러 온 줄로 생각하지 말라. 폐하러 온 것이 아니요 완전하게 하려 함이라"고 말씀하시면서 율법의 더 온전한 의미를 가르치셨다(마 5:17- 48). 예수님 자신도 안식일을 지키셨을 뿐만 아니라, 병자들을 고쳐 주시면서 적극적인 안식일의 의미를 가르치셨다(마 12:1-12; 눅 4:16; 6:6; 13:10).

사도 바울도 연약한 인간이 율법의 행위로는 결코 구원을 얻을 수 없으나, 율법도 본질상 선한 것이라는 것을 가르쳤다(롬 7:12). 때로는 바울 자신도 유대교의 의식법을 지켰다.[6] 즉, 복음을 믿는 우리는 "성숙한 신앙인"이 되기 위해 율법의 도덕적 가르침을 힘써 지켜야 하고, 의식법도 그 진의를 따라서 우리의 신앙생활에 적용해야 한다.

우리가 어릴 때 우리의 부모를 절대적으로 의지했던 것처럼 지금도 하늘에 계신 하나님을 믿고 의지해야 한다. 비록 하나님이 우리의 뜻대로 우리를 인도하지 않으신다고 하더라도, 비록 하나님께서 공평하지 않게 보이더라도, 비록 하나님의 존재가 모호하게 보일 때라도, 비록 오랜 기도의 응답을 받지 못했을 때라도 진정한 신앙인은 언제나 하나님의 은혜와 사랑을 믿고 감사와 찬송을 드린다.

생각하면 에녹, 노아, 아브라함, 이삭, 야곱, 요셉, 모세, 기드온, 욥, 다윗, 예레미야, 하박국, 베드로, 바울 등 모든 하나님의 사람이 자신들의 지혜와 뜻을 내려놓고 거의 언제나 하나님 아버지의 뜻을 순전한 어린아이와 같이 믿고 따랐던 것이다(히 11:1 이하).

노아는 하나님의 말씀을 듣고 홍수가 나기 오래전부터 방주를 지었고 아브라함은 하나님의 말씀을 따라 정처 없이 고향 집을 떠났고 야곱과 요셉도 하나님의 말씀에 의지해 어려운 생을 살았고 욥은 하나님을 만난 후에 모든 자신의 생각과 지혜를 접고 다만 하나님의 말씀을 듣고 따르기로 결심했고(욥 42:1-6) 모세는 어려운 광야 생활 동안에도 풍요로운 약속의 땅을 그리며 살았다. 다윗은 하나님의 법궤를 옮길 때 어린아이처럼 있는 힘을 다해 춤을 췄다(삼하 6:14, 16, 20-23). 하박국은 앞을 내다볼 수 없는 혼란한 정세 가운데서도 하나님을 의지하고 기뻐했다(합 3:17-19).

우리는 세상의 지혜와 경험으로 굳어지기 쉬운 우리의 마음을 어린아이와 같이 부드럽고 열린 마음으로 바꾸어 하늘 아버지를 늘 의지하고, 그의 말씀을 사모해야

---

6 행 18:18; 21:26; 참조, 16:3; 갈 2:3; 고전 9:19-21.

한다. 누군가 이미 어린아이와 같이 순전한 마음으로 하나님을 온전히 믿고 그의 말씀을 순종한다면, 그런 마음이야말로 천국인이 된 증거다. 예수님의 하나님 나라 운동은 의식화, 제도화, 규례화 된 율법주의적 유대교를 하나님 앞에서 소탈하고 진실한 마음의 종교로 개혁하는 운동이었다.

> 마음이 가난한 자는 복이 있나니 천국이 그들의 것임이요(마 5:3).
> 마음이 청결한 자는 복이 있나니 그들이 하나님을 볼 것임이요(마 5:8).

무엇보다도 어린아이와 같은 순전한 호기심으로 하늘 아버지께서 약속하신 장차 나타날 놀라운 영광의 나라를 믿고 간절히 바라야 한다.

> 갓난 아기들 같이 순전하고 신령한 젖을 사모하라 이는 그로 말미암아 너희로 구원에 이르도록 자라게 하려함이라(벧전 2:2).

그 결과 연약한 우리는 모든 현재의 고난 가운데서도 하늘의 기쁨과 위로와 평안과 능력을 누릴 수 있게 된다.

> 무릇 하나님께로부터 난 자마다 세상을 이기느니라 세상을 이기는 승리는 이것이니 곧 우리의 믿음이니라(요일 5:4).

예수님께서 가르치신 산상수훈을 비롯한 하나님 나라 시민의 도리는 결국 "천국의 아이들"에게 하신 말씀이다.

> 천국의 비밀을 아는 것이 너희에게는 허락되었으나 그들에게는 아니되었나니, … 너희 눈은 봄으로, 너희 귀는 들음으로 복이 있도다(마 13:11-16=사 6:9).

이 세상의 모든 축복은 일시적이고 지나가는 것들이지만 천국인의 축복은 영원한 것이다(고전 7:31; 골 3:1-4). 그러나 아쉽게도 하나님 나라의 도리는 모든 사람이 믿고 따를 수 있는 것이 아니고 다만 "천국의 아이들"만 믿고 따를 수 있다. 그것은 "천국 아이들"의 특권이면서도 또한 도전이다. 하나님의 나라에 들어가기 위해 우선 하나님 나라를 반대하는 이 세상의 모든 위협과 싸우고 모든 박해를 견디어야 하기 때문이다.

> 그런즉 너희는 먼저 그의 나라와 그의 의를 구하라 그리하면 이 모든 것을 너희에게 더하시리라(마 6:33).

우리 모두 바쁘게 살면서 대개 이 세상의 삶에 집중하지만, 믿는 우리는 "세상의 염려와 재물의 유혹"으로 말미암아 하나님의 말씀을 듣지 못하고 아무런 결실을 맺지 못하는 자들이 되지 않도록 주의해야 한다(마 13:22). 우리의 육체는 늙으면 쇠약하게 되지만, 우리는 그리스도 안에서 성령과 물로 거듭난 하나님의 자녀들이며 성령이 내주하는 새 사람들이며 장차 나타날 하나님 나라의 영광을 믿고 바라고 기뻐하는 "천국의 아이들"로서 언제나 믿음과 소망을 굳게 다져야 한다.

> 그러므로 우리가 낙심하지 아니하노니, 우리의 겉사람은 낡아지나 우리의 속사람은 날로 새로워지도다(고후 4:16).
>
> 그런즉 누구든지 그리스도 안에 있으면 새로운 피조물이라 이전 것은 지나갔으니, 보라 새것이 되었도다(고후 5:17).

하늘 아버지의 사랑과 구원의 약속을 믿는 우리 그리스도인들은 어떤 처지에서도 결국 천진난만한 어린아이들과 같이 낙관적일 수밖에 없다.

하나님 아버지, 저희들을 저희 부모들의 아이들로 태어나게 하시고, 그들의 사랑과 기도로 자라나게 하여 주신 것을 감사합니다. 저희가 이 험한 세상에 사는 동안, 저희가 어릴 때 저희 부모를 믿고 의지하며 자랐던 것처럼 저희가 이제 다만 하늘 하나님 아버지 한 분만을 믿고 살게 하시고 또한 저희들이 어릴 때 가졌던 이 세상에 대한 많은 호기심을 이제는 저 영원한 나라를 향한 믿음과 소망으로 바꾸어 주시옵소서. 예수님의 이름으로 기도드립니다. 아멘.

2019년 9월 1일

97. 존재 가치, 이유, 목적

> 그런즉 너희는 먼저 그의 나라와 그의 의를 구하라 그리하면 이 모든 것을 너희에게 더하시리라 (마 6:33).

우리가 건강하고 행복하게 살 때는 문제가 없으나 우리에게 육체적, 정서적, 사회적, 경제적 장애가 발생할 때 우리의 존재의 가치, 이유, 목적이 약화되어 흔들리게 되고 우리의 존재와 삶에 대한 하나님의 뜻이 무엇인지를 놓고 번민하게 된다.

그러나 우리의 삶의 가치, 이유, 목적은 우리 자신이나 어떤 사람이나 세상이 판단하는 것이 아니라, 우리를 세상에 보내신 하나님께서 친히 판단하신다. 우리는 자주 실용주의를 따라서 우리의 삶의 이유와 목적을 어떤 실제적 유익이나 공헌에 따라서 판단하지만 오히려 우리를 이 세상에 태어나게 하시고 존재하게 하신 창조주 하나님께서 우리를 향해 품으신 뜻이 우리의 존재와 삶의 가치, 이유, 목적이 되어야 한다는 것을 알아야 한다.

하나님께서는 이미 사람의 마땅한 존재 가치, 이유, 목적을 분명히 밝혀주셨다.

> 너는 마음을 다하고 뜻을 다하고 힘을 다하여 네 하나님 여호와를 사랑하라 (신 6:5). 우리 중에 누구든지 자기를 위하여 사는 자가 없고 자기를 위하여 죽는 자도 없도다 우리가 살아도 주를 위하여 살고, 죽어도 주를 위하여 죽나니 그러므로 사나 죽으나 우리가 주의 것이로다 이를 위하여 그리스도께서 죽었다가 다시 살아나셨으니, 곧 죽은 자와 산 자의 주가 되려 하심이라 (롬 14:7-9).
> 그런즉 너희가 먹든지 마시든지 무엇을 하든지, 다 하나님의 영광을 위하여 하라 (고전 10:31).

우리가 부활이요 생명이신 그리스도를 믿고 그와 함께 사는 한 소망이 있고, 하나님께서 인정하시는 존재 가치, 이유, 목적이 있다.

예수께서 우리를 위하여 죽으사 우리로 하여금 깨어 있든지 자든지 자기와 함께 살게 하려 하셨느니라(살전 5:10).
내가 그리스도와 함께 십자가에 못 박혔나니, 그런즉 이제는 내가 사는 것이 아니요, 오직 내 안에 그리스도께서 사시는 것이라 이제 내가 육체 가운데 사는 것은 나를 사랑하사 나를 위하여 자기 자신을 버리신 하나님의 아들을 믿는 믿음 안에서 사는 것이라(갈 2:20).

우리가 그리스도 안에서 하나님께서 약속하신 영원한 나라를 믿고 바라는 한 우리는 소망이 있고, 존재 가치, 이유, 목적이 있다. 오히려 그리스도도 하나님 나라도 모르고 허망한 세상의 가치를 따라 사는 사람들이야 말로 소망이 없다(마 6:19-21; 눅 12:16-21; 살후 4:13). 물론, 우리가 알 수없는 하나님의 구원 경륜 아래서 그들도 나름대로 존재 가치와 이유, 목적이 있을 테지만, 창조주 하나님을 모르고 그리스도를 통한 하나님의 구원 약속을 모르는 사람은 아무리 지혜가 뛰어나고 아무리 소유가 많고 아무리 세상의 칭송을 받는다고 해도, 결국 하나님께 버림받은 자들이며 영생의 소망이 없는 가련한 존재다.

물론, 우리가 알 수 없는 하나님의 거룩하신 구원의 경륜 아래서, 그들도 나름대로의 존재 이유와 가치가 있겠지만, 그리스도인의 궁극적인 소망은 없이 살 수밖에 없다. 오히려 작은 새와 들풀은 나름대로 하나님의 영광을 나타내기 때문에 그들의 존재 가치, 이유, 목적이 분명하다.

솔로몬의 모든 영광으로도 입은 것이 이 꽃 하나만 같지 못하였느니라 오늘 있다가 내일 아궁이에 던져지는 들풀도 하나님이 이렇게 입히시거든 하물며 너희 일까보냐 믿음이 작은 자들아!(마 6:29-30).

우리가 그리스도로 말미암아 하나님의 자녀가 되어 영원한 하나님 나라의 영광을 사모하는 것만으로도 우리는 충분히 이 세상에서의 존재 가치, 이유, 목적을 갖는다.
이런 영적 존재 가치, 이유, 목적이 분명하지 않으면 진정한 그리스도인이라고 할 수 없다. 우리는 자주 우리의 존재 가치, 이유, 목적을 눈에 보이는 가치를 따라 생각하며 하나님께서 우리에게 원하시는 영적 존재가치, 이유, 목적을 잊어버리는 것이 문제다. 태초부터 마귀는 온갖 현란한 것들로 사람을 미혹하여 하나님의 말씀을 불신하게 한다. 실제로 우리는 자주 영적인 영원한 존재 가치, 이유, 목적을 세상 사람들이 생각하는 육적인 유한한 존재 가치, 이유, 목적과 혼동하기도 한다.

물론 이런 그리스도인의 기본적인 영적 존재 가치, 이유, 목적을 잘 알고 있더라도 우리는 삶의 위기 가운데서 당장 우리를 향하신 하나님의 뜻을 분명히 모를 때도 있다. 우리는 우리를 향하신 하나님의 뜻을 절박하게 간구하지만, 하나님께서는 때로 그의 뜻을 그의 거룩하신 경륜 속에 감추시기도 한다.

> 이는 하늘이 땅보다 높음같이 내 길은 너희의 길보다 높으며, 내 생각은 너희의 생각보다 높음이니라(사 55:9).

생각하면 모든 하나님의 사람들은 자신들의 삶의 위기 가운데서 하나님을 온전히 믿고 의지할 때, 그들의 존재 가치, 이유, 목적이 분명하게 나타났다. 아브라함은 갈 바를 모르고 아버지의 집을 떠난 방랑자였으나, 하나님을 온전히 믿고 의지함으로써 모든 민족의 조상이 되었고(창 15:6), 야곱은 에서와 다투고 집을 떠나 광야에서 돌베개를 베고 자는 처량한 신세가 되었으나 오히려 하나님의 도우심을 굳게 믿고 의지함으로써 이스라엘 민족의 조상이 되었다(창 28:10-22).

요셉은 형들의 미움을 받아 애굽의 종으로 팔렸으나 하나님을 굳게 믿음으로써 애굽의 총리가 되었다. 다윗도 어린 목동이었으나 하나님을 의지할 때, 이스라엘의 왕이 되었다. 욥은 비참한 지경에서 아내로부터 "하나님을 욕하고 죽으라"는 말까지 들었으나 하나님의 선하심을 끝까지 믿음으로써, 하나님의 큰 축복을 받았다.

엘리야 같은 능력의 선지자도 이세벨의 살해 위협을 받고 광야로 피신해 괴로운 가운데 차라리 죽기를 간구했으나, 하나님께서는 그에게 힘을 주시고 남은 사역을 마칠 것을 지시하셨다(왕상 19:1-18).

하박국도 혼란한 정세 가운데서도 다만 하나님을 믿음으로 말미암아 힘을 얻었다(합 3:17-19). 이 모든 인생의 역전 드라마는 우연이나 자연 현상이 아니라, 인간의 구원 역사를 주관하시는 하나님을 믿음으로 말미암아 일어났던 것이다.

우리 자신의 존재 가치, 이유, 목적은 우리가 결정하는 것이 아니라, 우리를 세상에 존재하게 하신 하나님께서 결정하신다. 우리는 대개 우리의 존재 가치, 이유, 목적을 알면서도 어느새 무관심하거나 잊어버릴 때가 많다.

   그러나 우리를 세상에 보내신 하늘 아버지께서는 우리의 존재 가치, 이유, 목적을 잊지 않으시고 우리가 그것을 잘 기억하고 그것을 따라 살기를 원하신다. 우리가 그것을 잊었을 때, 하나님께 구하면 하나님께서는 우리의 존재 가치, 이유, 목적을 다시 분명히 알려 주실 것이다.

2019년 9월 3일

98. 고난의 축복

> 고난당한 것이 내게 유익이라 이로 말미암아 내가 주의 율례들을 배우게 되었나이다 (시 119:71).

어린아이부터 노인까지 모든 인생은 고난을 받는다. 일반적으로 고난은 인간의 죄에 대한 하나님의 심판이지만, 적절한 고난은 도리어 우리에게 유익이 된다. 그것이 바로 하나님의 은혜로우신 경륜이다. 성경은 거의 모든 하나님의 사람들이 고난과 시험을 통해 더욱 하나님과 가깝게 되었음을 보여 준다.

> 그러나 내가 가는 길을 그가 아시나니, 그가 나를 단련하신 후에는 내가 순금 같이 되어 나오리라 (욥 23:10).

고난을 통해 우리의 신앙이 더욱 성숙하게 자란다.

> 우리가 환난 중에도 즐거워하나니, 이는 환난은 인내를 인내는 연단을 연단은 소망을 이루는 줄 앎이로다 (롬 5:3-4).

고난 없이 평안할 때도 있으나, 오히려 평안할 때가 바로 시험을 받을 수 있는 위험한 때라는 것을 알아야 한다. 아브라함도 오래 기다려서 받은 아들 이삭으로 말미암아 만족하며 지낼 때 난데없이 이삭을 바치라는 시험을 받았고(창 22:1 이하), 다윗은 오랜 시련 끝에 반대 세력을 평정하고 나라가 안정되었을 때, 밧세바로 말미암아 시험을 받았다(삼하 11:2 이하). 그러므로 모세는 모압 광야에서 가나안 땅 점령을 앞두고 이스라엘 백성들에게 경고했다.

> 네가 먹어서 배부르고 아름다운 집을 짓고 거주하게 되며, 또 네 소와 양이 번성하며 네 은금이 증식되며 네 소유가 다 풍부하게 될 때에 네 마음이 교만하여 네 하나님 여호와를 잊어버릴까 염려하노라 (신 8:12-14a).

우리 인간의 연약함을 생각할 때 고난은 거의 필수적인 것이다. 이 세상에 아무런 도전이나 시험이 없는 곳은 없다. 그러나 바람이 없는 숲은 답답하고 물결 없는 바다가 허황하듯이 믿음이 있는 한, "적당한 고난"은 오히려 유익이다. "적당한 고난"은 결국 우리의 "믿음의 분량"에 따라서 결정되는 것이다. 같은 고난이라도 믿음이 약한 사람에게는 무겁고 어려운 시험이 되기 때문이다.

> 사람이 감당할 시험 밖에는 너희가 당한 것이 없나니, 오직 하나님은 미쁘사 너희가 감당하지 못할 시험 당함을 허락하지 아니하시고, 시험당할 즈음에 또한 피할 길을 내사 너희로 능히 감당하게 하시느니라(고전 10:13).

(이런 말씀이 "하늘이 무너져도 솟아날 구멍은 있다"는 속담과 다를 바 없어 보이지만, 그것은 하나님의 일반 은총을 가리키는 말이다.[1] 무엇보다 우리는 자연주의적 원칙을 믿지 않고 인격적 하나님의 사랑과 은혜를 믿는다.)

우리가 세상에 사는 동안 결코 고난을 피할 수 없으므로 고난을 원망하고 불평하기보다는 도리어 만사를 주관하시는 하늘 아버지를 믿고 의지하는 것이 옳다. 우리가 어떤 미혹과 시험의 바람에도 흔들리지 않도록 우리의 믿음의 뿌리를 하나님의 말씀 속으로 깊이 박아야 한다.

> 그는 시냇가에 심은 나무가 철을 따라 열매를 맺으며 그 잎사귀가 마르지 아니함 같으니, 그가 하는 모든 일이 다 형통하리로다(시 1:3).

2019년 9월 4일

---

[1] 창 1:22; 9:11, 15; 욘 4:11; 마 5:45.

99. 사랑의 우선성

> 여호와라 여호와라 자비롭고 은혜롭고 노하기를 더디하고 인자와 진실이 많은 하나님이라 인자를 천 대까지 베풀며 악과 과실과 죄를 용서하리라 그러나 벌을 면제하지는 아니하고 아버지의 악행을 자손 삼사 대까지 보응하리라 (출 34:6-7).

본문에서 하나님은 자신의 공의로우심보다 인자하심을 강조하신다. 하나님의 공의로우심은 하나님의 인자하심에 대해서 우선적이고 지배적인 주제라고 할 수 없다. 실제로 그 양적 격차도 "천 대"와 "삼사 대"로서 비교가 안 된다. 본문이 밝히듯이 성경 역사가 하나님의 사랑의 우선성을 나타낸다.

하나님께서는 세상과 인간이 하나님을 떠나서 죄를 지을 때 그의 공의로우심으로 징벌하시지만, 그의 사랑으로 말미암아 자신이 지으신 세상과 인간을 포기하지 않으시고 결국 다시 찾으신다. 연약한 인간 입장에서 볼 때 이런 사랑의 하나님이야 말로 모든 연약한 인생이 믿어야 할 참 신이시다. 사랑과 은혜보다 공의와 정죄를 중시하는 신은 우리 연약한 인간이 믿을 만한 신이 못 된다. 주님께서도 우리가 하나님의 넓으신 사랑을 알고 우리도 모든 사람에게 하나님의 관용과 사랑을 나타내야 한다고 가르치셨다.

> 나는 너희에게 이르노니 너희 원수를 사랑하며 너희를 박해하는 자를 위하여 기도하라 이같이 한즉 하늘에 계신 너희 아버지의 아들이 되리니 이는 하나님이 그 해를 악인과 선인에게 비추시며 비를 의로운 자와 불의한 자에게 내려 주심이라 (마 5:44-45).

동시에 주님께서는 우리 자신의 연약함을 알고 또한 하나님께 받은 용서와 구원의 은혜를 감사하며 우리의 원수도 사랑하고 잘못한 사람을 거의 무제한적으로 용서할 것을 자주 가르치셨다. 실제로 주님께서는 자신을 십자가에 못 박은 사람들도 용서하셨다(눅 22:51; 23:34). 주님의 사역 전체가 죄인 인간을 향하신 하나님의 사랑과 은혜를 나타낸다.

> 우리가 아직 죄인 되었을 때에 그리스도께서 우리를 위하여 죽으심으로 하나님께서 우리에 대한 자기의 사랑을 확증하셨느니라(롬 5:8).
> 사랑하는 자들아, 하나님이 이같이 우리를 사랑하셨은 즉 우리도 서로 사랑하는 것이 마땅하도다(요일 4:11).

나 같은 죄인에게 베푸신 주님의 큰 은혜를 생각할 때, 내게 잘못한 모든 사람들을 용서하고 사랑할 수 있다.

우리는 모두 죄인이지만, 그리스도의 은혜로 용서받았음을 믿는다. 그런데도 우리는 여전히 남의 잘못에 대해서는 잘 용서하지 못하는 것이 문제다. 하나님의 말씀을 배우면서도 하나님의 은혜를 가르치는 말씀보다는 "이는 이로, 눈은 눈으로" 갚으라는 하나님의 공의를 가르치는 말씀을 중시한다. 이것은 우리가 여전히 성령을 따르지 않고 육을 따르고 있다는 증거다(롬 8:13; 갈 5:16).

물론 우리가 형제의 잘못을 책망해야 할 때가 있고 또한 세상에서 세상의 도리와 법을 따라야 할 때도 있으나 언제나 사랑의 우선성을 염두에 두어야 한다. 사도 바울도 고린도후서에서 어떤 잘못한 교인을 징계하도록 했으나, 얼마 후 징계를 해제할 것을 권면했다(고후 2:5-11).

바울은 잘못한 사람의 징계를 계속하는 것이 오히려 그리스도의 교회의 은혜와 사랑의 기조를 무너뜨리려는 사탄의 전략이라고 보았다. 그리스도의 구원 은혜와 사랑과 화해를 전하고 실행해야 하는 교회는 정죄보다는 하나님의 은혜와 사랑에 집중해야 하고 잘못에 대한 징계조차 사랑으로 해야 한다는 것을 지적하는 것이다.

복잡한 세상사(世上事)를 생각할 때 또한 변덕과 악함을 생각할 때, 하나님의 사랑과 공의의 균형을 적절히 조정하고 실제로 적용하는 일이 실제로 쉽지는 않으나 그리스도인은 만사를 세상 법, 육적 가치관, 인과론, 합리적 논리, 개인이나 집단의 감정적 결단이 아니라, 하나님 나라 시민으로서, 십자가의 구원 은혜를 받은 사람으로서, 사랑의 도리와 성령의 인도하심을 따라서 결단해야 한다.

> 오직 사랑 안에서 참된 것을 하여 범사에 그에게까지 자랄지라 그는 머리니 곧

그리스도라(엡 4:15).

우리는 특별히 약한 이들에게는 어쩌면 하나님의 사랑보다는 하나님의 공의와 심판이 필요하다는 생각을 한다. 그러나 그리스도의 십자가를 생각할 때 우리는 사랑의 남용을 경계하기보다는 여전히 사랑의 유익과 우선성을 강조해야 한다.

그리스도의 사랑이 우리를 강권하시는도다(고후 5:14).
사랑은 오래 참고 사랑은 온유하며 시기하지 아니하며 사랑은 자랑하지 아니하며 교만하지 아니하며 무례히 행하지 아니하며 자기의 유익을 구하지 아니하며 성내지 아니하며 악한 것을 생각하지 아니하며 불의를 기뻐하지 아니하며 진리와 함께 기뻐하고 모든 것을 참으며 모든 것을 믿으며 모든 것을 바라며 모든 것을 견디느니라(고전 13:4-7).

2019년 9월 8일

100. 교회 부흥을 위하여

> 내가 네 행위를 아노니, 네가 차지도 아니하고 뜨겁지도 아니하도다 네가 차든지 뜨겁든지 하기를 원하노라 네가 이같이 미지근하여 뜨겁지도 아니하고 차지도 아니하니, 내 입에서 너를 토하여 버리리라 네가 말하기를, 나는 부자라 부요하여 부족한 것이 없다 하나, 네 곤고한 것과 가련한 것과 가난한 것과 눈 먼 것과 벌거벗은 것을 알지 못하는도다 … 무릇 내가 사랑하는 자를 책망하여 징계하노니 그러므로 네가 열심을 내라 회개하라 (계 3:15-19).

본문은 소아시아의 일곱 교회 중 라오디게아교회의 나태함을 주님께서 책망하신 말씀이다. 교회 역사에서 교회는 얼마간의 부흥 후에는 대개 침체기가 따르는 것을 볼 수 있다.[1] 그러나 교회의 부흥이나 침체 현상을 자연스러운 현상으로 보면서 정작 우리 자신은 아무것도 하지 않는다면, 그것은 "악하고 게으른 종"의 자세와 다를 바가 없다(마 25:26).

심지어 어떤 이들은 교회 부흥의 현실적 어려움과 교회 부흥이 초래할 수 있는 어려운 문제들을 지적하며 교회를 현상 유지만 하는 것도 잘하는 일이라고 한다. 그러나 주님의 "착하고 충성된 종"은 "너는 마음을 다하고, 뜻을 다하고, 힘을 다해 네 하나님 여호와를 사랑하라"(신 6:5)는 말씀과 "열심을 품고 주를 섬기라"(롬 12:11)는 말씀을 잊지 말고 교회의 부흥과 성장을 위해 계속해서 힘써야 한다.

우리는 교회의 부흥을 위해 무엇을 해야 하는가?

신학교에서 가르치는 교회 부흥의 일반적 조건들은 교회의 좋은 위치와 편리한 장소, 좋은 건물과 시설, 교회의 우호적인 분위기, 목사의 설교와 인품, 교회에 대한

---

[1] K. S. Latourette, *The Unquenchable Light* (New York: Harper & Brothers, 1941): 교회 역사에서는 교회의 발전과 퇴보의 기간들이 번갈아 나타난다. 교회가 지배적인 때도 있었고, 교회가 방어적인 때도 있었다. 퇴보 후의 발전은 퇴보 전의 발전보다 한층 크게 나타난다. 또 한 가지 사실은 교회 성장이 아무도 예상하지 못했던 세계의 어떤 지역에서 자주 일어났다는 사실이다. 그렇다면 우리는 보는 것으로 평가하고 예측할 것이 아니라, 오히려 지금은 중요한 교회 성장 지역이 아니라고 해도 미래에는 중요한 교회 성장의 중심지가 될 수 있음을 알아야 한다(재인용, E. L. Allen, *Ezekiel*, The Interpreter's Bible, vol. 6, [Nashville: Abingdon Press, 1956] 268-269).

이웃 주민들의 우호적 자세, 교회의 명성과 전통, 메스 미디어를 통한 선전 등이다.
그러나 이런 외적 요인들에 앞서서 성경이 가르치는 내적인 요인들이 선행되어야 진정한 교회의 부흥을 기대할 수 있다.

첫째, 교회 부흥을 위해 가장 중요한 것은 먼저 모든 성도가 함께 자신들의 영적 나태함을 회개하는 것이다.

모든 신앙 부흥 운동은 과거의 잘못을 낱낱이 찾아서 함께 고백하고 회개하는 데서 시작되었다. 느헤미야, 에스라, 에스겔, 학개도 모두 바벨론 포로에서 돌아온 이스라엘 백성이 함께 철저히 죄를 찾아 회개하는 운동을 일으켰다.

세례 요한도 요단강에서 회개의 세례를 베풀었고, 예수님의 첫 말씀도 "회개하라. 천국이 가까이 왔느니라"였다(마 4:17). 진정한 회개란 하나님 앞에서 죄를 고백하고 마음을 정결케 하는 것이다. 그러나 진정한 회개란 말이 아니라, 행동이다. 진정으로 회개한 이들만이 성령과 말씀, 기도와 사랑으로 충만하게 될 수 있다.

> 너희가 회개하여 각각 예수 그리스도의 이름으로 세례를 받고 죄 사함을 받으라 그리하면 성령의 선물을 받으리니 (행 2:38).

그러나 회개는 구원을 위한 자의적 결단이면서도 역시 하나님의 은혜와 성령의 역사로 말미암는 것이다(롬 2:4; 딤후 2:25). 어떤 외식적이고 인위적인 회개 운동이 아니라, 성령으로 말미암은 진실한 회개 운동만이 교회 부흥의 동력이 된다.

둘째, 교회의 부흥은 성령의 임재와 역사로 시작된다.

성령은 하나님의 영이면서 동시에 그리스도의 영으로서 인간의 능력을 넘는 초월적 능력이다. 그러나 성령의 인도하심을 받는 교회는 초월적 능력과 함께 그리스도의 거룩한 마음과 가르침을 나타내야 한다.

사이비 이단을 이끄는 악한 영은 초월적 능력을 나타낼 수는 있으나 그리스도의 마음과 가르침을 왜곡하여 거짓으로 이끈다(딤전 4:1-5; 빌 2:5-18; 요일 4:1-21). 하나님의 구원 역사는 자주 성령으로 말미암아 시작되었다. 예수님도 성령으로 잉태되셨고, 성령으로 구원 사역을 진행하셨다(마 1:20; 3:11; 16, 4:1; 12:28). 예수님께서는 제자들에게 성령을 주셨고(요 20:22), 초대교회는 오순절 성령 강림으로 시작되었다(행 2:1 이하).

이 세상의 창조도 하나님의 영과 말씀으로 시작되었다(창 1:2-3). 출애굽 때 모세와 70인 장로들도 성령으로 감동 받았고(민 11:16, 25-29), 발람 선지도 성령으로 예언했다(민 24:2). 계속해서 성령은 사사 시대에는 사사들을 통해(삿 3:10; 6:34; 14:19), 그리고 왕국 시대에는 사울 왕과 다윗 왕 그리고 예언자들을 통해 역사했다.[2]

성령의 역사는 주로 사람들을 통해 나타난다. 다른 말로, 성령은 사람들이 성령의 역사에 적극적으로 순종하고 따를 것을 요구한다. 예루살렘교회가 선출한 일곱 집사들은 "성령과 지혜" 또는 "믿음과 성령"이 충만한 이들이었다(행 6:3, 5).

성령은 모든 믿는 이에게 상주하지만,[3] 어떤 이들에게는 성령의 놀라운 능력과 은사가 나타난다.[4] 다만 성령의 은사는 성령의 열매, 즉 성령으로 변화된 그리스도인의 인격 특별히 사랑으로 통제되고 조절되어야 한다(고전 13, 14장).

셋째, 교회의 부흥은 하나님의 말씀으로 시작된다.

그것은 이 세상의 창조가 하나님의 말씀과 영으로 시작된 것과 같다. 그리스도인도 말씀과 성령으로 태어나는 것이다(요 3:5; 롬 10:8, 17). 초대교회도 하나님의 말씀과 성령으로 시작되었다. 베드로는 오순절 성령의 강림이 요엘 2: 28 이하의 말씀이 성취된 것임을 지적했다(행 2:16-21). 또한, 예수의 부활과 승천도 시편 16:8 이하의 말씀이 성취된 것이라고 증거했다(행 2:22-38).

어거스틴(354-430)은 밖에서 노는 아이들이 "들고 보아라"고 떠드는 소리를 듣고, 그것을 성령의 지시로 알고 로마서 13:13-14을 읽고 회심하게 되었다. 마틴 루터(1483-1546)의 종교개혁도 "믿음으로 구원 얻음"을 가르치는 로마서의 말씀에서 기인했다.

그 후 약 200년 후 존 웨슬리(1703-1791)는 1738년 5월 24일 런던의 알더스게이트 가(街)에서 모인 모라비안 신도들의 소그룹 모임에서 루터의 로마서 서문을 공부하며 "마음이 이상하게 뜨거워짐을 느낀 후"부터 완전히 그리스도 중심적인 마음으로 실제적인 변화가 시작되었고, 결국 감리교 운동을 전개하게 되었다.[5] 물론 칼빈(1509-1564)도 언제나 말씀을 중시했다.

---

[2] 삼상 10:10; 16:13-14; 왕상 22:21; 왕하 19:7.
[3] 요 3:5; 롬 8:9-16; 갈 4:6; 요일 4:13.
[4] 행 2:43; 3:1-16; 8:13; 14:0; 고전 2:4-16; 12장.
[5] *WW*.I(Journal), 96; *WW*.V.11: "나는 내 마음이 이상하게 뜨거워짐을 느꼈다."

하나님의 말씀 가운데 분명히 알 수 있는 말씀도 있고 그렇지 않은 말씀도 있으나 모두 하나님의 위대하심을 나타내고 우리의 순종을 요구한다.

> 하나님께서는 우리가 그의 지혜를 이해하기 원하시는 것이 아니라, 그 지혜를 기리고 높이 받들기를 바라시며, 그리하여 우리 속에 경이와 놀라움으로 가득 채우기를 바라시는 것이다 하나님께서는 그의 비밀 가운데서 우리에게 제시하기로 정하신 부분을 그의 말씀으로 말미암아 밝히 제시해 놓으셨는데, 그것들을 계시하기로 정하신 것은 그 내용들이 우리에게 중요하며 또한 우리에게 유익을 줄 것을 미리 보셨기 때문에 그렇게 하신 것이다(『기독교 강요』, III211).

성령의 역사는 반드시 말씀과 함께 진행되어야 마귀의 훼방을 막고 건전한 성과를 이룰 수 있다.

> 그러나 진리의 성령이 오시면 그가 너희를 모든 진리 가운데로 인도하시리니, 그가 스스로 말하지 않고 오직 들은 것을 말하며 장래 일을 너희에게 알리시리라 (요 16:13; 참조, 14:26).

넷째, 교회의 부흥은 기도로 시작된다.
예루살렘 120명 성도는 오순절 성령 강림의 약속을 믿고 바라면서 오로지 기도에 힘썼다(행 1:14-15). 또한, 그들은 계속되는 혹독한 박해 가운데서도 오히려 함께 모여 통성으로 기도할 때 성령으로 충만하게 되었다(행 4:23-31). 그들은 수시로 성령의 인도하심을 따라서 기도했다.[6] 사도행전은 성령 행전이면서도 동시에 성령의 따르는 이들의 "기도 사역"이라고 할 수 있다.
교회에서 기도의 열이 식은 것은 그만큼 성령의 역사가 줄어든 것을 보여 준다. 교회는 무슨 일이든지 모이기를 힘쓰고 모든 모임을 언제나 진지하게 기도로 시작하고 기도로 마쳐야 한다. 교회 부흥과 함께 일어날 수 있는 시험과 갈등을 두려워하지 말고 함께 기도하고 서로 사랑함으로써 그리스도의 몸을 온전히 세우기를 힘

---

6   행 9:11; 10:2, 9; 30, 11:5; 12:12; 13:3; 14:23; 16:13, 16, 25; 20:36; 21:5; 22:17; 28:8.

써야 한다(엡 4:1-16).

다섯째, 교회의 부흥은 사랑의 교제로 시작된다.

예루살렘교회는 사랑 가운데서 유무상통했다.[7] 물론 세상의 종말이 가까웠다는 믿음도 작용했겠지만(고전 7:31), 그보다 모든 성도가 사랑의 교제가 하나님 나라 시민의 마땅한 도리임을 자각하고 실행했음을 보여 준다(마 6:19 이하). 우리도 서로 사랑함으로써 가장 건전한 그리스도인의 인격과 공동체를 형성할 수 있다(마 5:43-48).

> 새 계명을 너희에게 주노니 서로 사랑하라 내가 너희를 사랑한 것 같이 너희도 서로 사랑하라(요 13:34).
>
> 오직 사랑으로 서로 종노릇 하라(갈 5:13).
>
> 오직 사랑 안에서 참된 것을 하여 범사에 그에게까지 자랄지라 그는 머리니 곧 그리스도라(엡 4:15).

여섯째, 많은 교회와 목회자가 지나치게 교회 부흥의 외적인 요인들에 집착하지는 않는가?

교회의 좋은 위치와 시설도 필요하고 목회자의 설교도 좋아야 하고 새로운 프로그램도 시행되어야 하지만, 무엇보다 교회는 위에서 지적한 대로 회개와 성령과 말씀과 기도와 사랑으로 충만해야 한다.

우리는 교회의 침체를 보면서 낙심하거나 불평할 것이 아니라, 오히려 사망 권세를 이기시고 다시 사신 생명의 주께서 성령의 능력으로 자신의 몸 된 교회를 다시 살리실 것을 믿고 바라며 더욱 열심을 내야 한다.

> 이는 내 능력이 약한 데서 온전하여짐이라(고후 12:9).
>
> 그리스도께서 약하심으로 십자가에 못 박히셨으나 하나님의 능력으로 살아 계시니 우리도 그 안에서 약하나 너희에게 대하여 하나님의 능력으로 그와 함께 살리라(고후 13:4b).

2019년 9월 9일

---

[7] 행 2:44-46; 4:37; 5:1-11; 6:1-2; 고전 16:1-3; 고후 8-9장.

101. 하나님 중심적 낙관적 세계관

> 너희는 이전 일을 기억하지 말며, 옛날 일을 생각하지 말라 보라 내가 새 일을 행하리니 이제 나타낼 것이라(사 43:18-19a).

현대인의 지배적인 세계관은 인간 중심적 낙관적 세계관이라고 할 수 있다. 인간의 이성과 기술 문명이 인간이 원하는 세계를 향해 무한히 발전하여 나아간다는 낙관적 세계관이다. 반면에 성경은 세상과 인간을 지으신 창조주 되시고, 구원주 되신 하나님 중심적 낙관적 세계관을 보여 준다.

성경은 창조주 하나님께서 이 죄악 세상을 구원하시어 다시 온전한 세상으로 만드실 것을 약속하셨고, 우리는 그것을 굳게 믿어야 할 것을 가르친다. 다만 성경은 하나님을 불신하는 오만한 인간 중심적 문명은 하나님의 진노하심을 받아 결국 멸망한다는 것을 가르친다.[1]

실제로 지난 세기 동안에 발생한 제 1, 2차 세계대전과 공산주의 혁명으로 인한 러시아 내전, 중국 내전, 한국 전쟁, 베트남 전쟁 등 참혹한 전쟁들도 결국은 인간 중심적 세계관에 대한 하나님의 진노와 심판이라고 볼 수 있다.

비록 이 죄악 세상에서 완전한 하나님 중심적 세계관의 적용과 실행을 기대하기가 어렵다 하더라도, 그리스도인은 마지막 때까지 성경이 가르치는 하나님 중심적, 낙관적 세계관을 견지해 나가야 한다.

첫째, 전능하신 하나님께서 세상을 지으실 때 자신이 지으신 세상의 미래를 계획하시고 아셨다(행 4:28).

> 모든 일을 그의 뜻의 결정대로 일하시는 이의 계획을 따라 우리가 예정을 입어 그 안에서 기업이 되었으니(엡 1:11).

---

1 창 11:1 이하; 19:24-29; 단 2:31-45; 4:31-32; 5:30; 참조, 단 7:13-14; 12:2; 계 16-18장; 참조, 21:1 이하.

다만 하나님께서는 그의 구원 계획을 감추셨다가 점진적으로 나타내신다(롬 16:25-26; 골 1:26-27). 성경에 하나님께서 사람을 지으신 것을 한탄하셨다거나(창 6:6-7) 사울을 왕으로 삼은 것을 후회하신다고 말씀하셨으나(삼상 15:11) 그것은 결국 자비하시고 전능하신 하나님께서 연약한 인간의 눈높이에 맞추어 인간의 배반에 대한 자신의 사랑을 나타내신 대화법이며 하나님의 한계나 하나님의 절대적 주권과 예정에 대한 반증으로 삼을 수는 없다.

예정론은 세상만사를 주관하시는 전능하신 하나님의 절대적 주권 사상에 근거한 것이다. 하나님의 예정과 주권은 고정적이면서도 자유로운 것이다. 하나님은 한 번 정하신 것을 변경하지 않으시지만(삼상 15:29), 동시에 새로운 일을 시작하시는 자유로우신 분이시다.

> 너희는 이전 일을 기억하지 말며, 옛날 일을 생각하지 말라 보라, 내가 새 일을 행하리니 이제 나타내리라(사 43:18-19a).

물론 예정론을 철저히 수호하는 입장에서 하나님께서 태초부터 예정하셨던 일을 이제 시작한다고 볼 수도 있으나, 본문이 가르치는 것은 하나님께서 전에 없던 새로운 일을 시작하신다는 것이다. 그것은 역사적으로 바벨론 포로 후의 이스라엘의 회복으로 볼 수 있으나, 더 나아가 우주적, 종말론적 "새 하늘과 새 땅의 창조"로 봐야 한다.

> 보라, 내가 새 하늘과 새 땅을 창조하나니 이전 것은 기억되거나 마음에 생각나지 아니할 것이라(사 65:17).
> 또 내가 새 하늘과 새 땅을 보니 처음 하늘과 처음 땅이 없어졌고 바다도 다시 있지 않더라(계 21:1).

성경은 자주 어떤 위기의 역사적 사건을 통해 더 큰 장래의 종말론적 구원을 암시한다(창 7:10-24; 11:8; 19:24-28; 마 23:38; 24:29-31). 그러므로 성경의 예정을 단순히 운명론이나 보수주의적 고정적 관념론으로 제한시키는 것은 잘못이다. 운명론은 자연주의적 사고이고, 고정적 관념론이나 세계관은 인본주의적 사고지만, 예정론은 철저히 성경적인 신본주의적 사고이기 때문이다. 창조주가 되시고 구원주가 되시는 하나님께서 그의 기쁘신 뜻대로 예정하시고 계획하신 구원 역사를 이루어 가신다.

하나님께서 예정하신 일들이 우리의 눈에 기이하고 새로운 일들로 나타나는 것이다. 성경은 하나님께서 오래전에 예정하신 일을 우리의 제한적인 안목에 맞추어 "새로운 일"로 가르치시는 것이다.

둘째, 성경 역사에서 이상의 하나님의 예정하신 일들이 하나님의 특이하신 경륜과 섭리 가운데 반복적으로 나타난다. 일례로 하나님께서는 자주 약한 자를 강하게 만드심으로써 그의 능력과 영광을 나타내신다.[2] 이런 성경 역사의 특성은 한 분 하나님의 일관된 구원 계획과 성취를 가리키는 것이다.

성경은 하나님께서는 한 번 약속하시거나 예언하신 것을 반드시 이루어 주신다는 것을 반복적으로 보여 준다. 구약과 신약 전체가 하나님의 언약과 성취를 반복해 보여 준다. 즉 하나님은 약속하신 것을 반드시 이루신다는 역사적 사실을 통해 하나님은 우리가 신뢰할 만한 신실하신 분이시란 것을 반복적으로 증거한다.

결국 성경은 이렇게 신실하신 하나님을 믿는 믿음의 중요성을 반복적으로 기록한다. 하나님은 어떤 특정한 사람을 부르시고 그와 사귀시면서 그의 구원을 약속하시는데, 언제나 자신과 자신의 약속에 대한 그 사람의 신뢰를 중시하신다는 점이다.

그러므로 하나님은 자주 그 사람의 믿음을 시험하시고 단련하시면서 더욱 깊은 믿음과 교제로 나아가시기를 원하신다. 믿음의 조상 아브라함을 비롯하여 거의 모든 하나님의 사람이 고난과 시련을 통해 하나님과 더 가깝게 되었다.[3] 바로 사람의 변함없는 믿음이 하나님의 예정하심을 입은 증거가 되는 것이다(행 13:48).

한 마디로 성경은 반복적 기록으로 하나님의 신실하심을 확증함으로써 우리의 신앙을 강화한다.

셋째, 하나님의 약속과 성취로 이루어진 성경의 구원 역사는 진취적이고 낙관적인 특성을 가진다. 히브리서가 보여 주듯이 복음의 구원 약속은 과거의 구약의 구원 약속과 유사하면서도 "더 좋고, 더 나은" 온전한 구원의 원형이다(히 7:19, 22; 8:6; 11:16). 예수님은 일반 대제사장보다 탁월한 멜기세덱과 같이 초월적인 하늘의 대제사장이시다(히 5:6-10; 7:1-27).

---

2 창 25:23; 37:5-11; 신 7:7-8; 룻 2:12; 삼상 2:8; 14:6; 17:41-49; 18:18, 23; 마 13:31; 14:19-21; 17:20; 눅 1:46-55; 고후 12:9-10.
3 창 15:6; 22:1 이하; 28:10-22; 민 14:22; 신 8:1-10, 16; 삿 2:22; 욥 7:18; 23:10; 시 17:3; 119:71; 박 2:4; 고후 12:9-10 등.

하나님의 아들이시며 대제사장이신 예수님 자신의 피에 의한 속죄는 "단번에 드리심으로 말미암아" 율법이 가르치는 짐승의 제물의 피의 속죄 능력보다 탁월하고 영원하다(히 9:12-15; 10:10-12). 마찬가지로 하나님께서 믿음의 조상들에게 약속하신 약속의 땅보다 예수님께서 약속하신 영원한 하늘이 "더 나은 본향"이다(히 11:8-40). 제2아담이신 그리스도의 부활은 장래의 성도들의 부활의 전조적 증거다(고전 15:16-23, 45).

이렇게 히브리서는 율법과 복음의 반복적이면서도 진취적인 모형론적 기술(記述)을 통해 복음의 구원 능력의 탁월성을 증거한다. 이런 복음의 탁월성은 히브리서뿐만 아니라, 신약 전체의 가르침이다.[4]

이렇게 성경은 우리가 하나님의 예정과 하나님의 구원 약속과 성취를 믿고 또한 그리스도를 통한 "더 좋은" 하나님의 구원 약속과 장래에 나타날 크고 놀라운 하나님의 최종적 구원의 약속을 굳게 믿고 바랄 것을 가르친다. 다른 말로 그것은 창조주가 되시고 구원주가 되시는 하나님께서 이 세상을 다스리시며, 세상 끝 날에 완전한 세상을 창조하실 것이라는 하나님 중심적 낙관적 세계관이라고 할 수 있다. 이런 신앙적 세계관은 결국 낙관적이고 긍정적인 삶의 자세를 가지게 하고, 성령의 도우심을 받아서 일상적인 삶의 원동력이 된다.

2019년 9월 10일

---

4 마 5-7장; 23장; 요 3:16; 5장; 롬 3:21 이하; 고후 3:6-18; 갈 3:11.

102. 믿음, 소망, 사랑

> 그런즉 믿음, 소망, 사랑, 이 세 가지는 항상 있을 것인데 그 중의 제일은 사랑이라(고전 13:13).

사도 바울은 그리스도인이 추구해야할 궁극적인 가치를 믿음, 소망, 사랑이라고 한다. 그 중에서도 사랑이 제일이라고 한다. 사랑이 믿음과 소망을 모두 아우르는 크고 넓은 개념이기 때문이다. 무엇보다 우리가 믿는 하나님이 본질상 사랑이시고, 그의 세계와 인간 창조와 구원의 동기도 바로 사랑이기 때문이다.[1]

> 사랑하지 아니하는 자는 하나님을 알지 못하나니 하나님은 사랑이심이라(요일 4:8).

바울은 로마서 초두에 인간의 죄를 지적하며 이방인은 어리석게 하나님 대신 피조물의 가치를 따르고 유대인은 하나님의 율법을 제대로 따르지 못하고 외식과 위선에 빠져서 하나님의 의에 이르지 못함으로써 결국 모두에게 하나님의 진노가 가까왔음을 지적한다(롬 1:18-3:18).

유대교는 인간의 선한 능력에 의해 구원에 이른다고 가르치지만(이행득의), 인간의 연약함으로 말미암아 그 한계가 들어났다(롬 7장). 이에 하나님께서는 모든 사람이 구원받는 새로운 방법을 제시하셨다. 즉 믿음으로 하나님께로부터 의롭다하심을 받아 구원을 얻는 길이다(롬 3:24-5:21; 갈 2:16-5:6).

사도 바울은 하나님께서 율법의 행위로 말미암는 구원의 한계를 인간이 스스로 알게 하시기 위해 그리스도의 때까지 복음을 감추셨다고 보았다.[2] 믿음으로 구원 얻는 복음은 인간이 하나님 앞에서 자신의 한계를 절감하고 온전히 하나님의 은혜에 의지하는 것으로서 논리적일 뿐만 아니라, 실제적으로도 분명히 더 나은 구원의 길이다(롬 1-7장; 갈 3:23-5:21; 히 7-11장).

---

1 창 1:22; 27-28; 8:31; 9:1-17; 요 3:16; 롬 5:8.
2 시 78:2; 마 11:25-27; 13:33-35; 롬 16:25-26; 갈 3:23-5:1; 엡 1:9; 골 1:26.

믿음으로 구원을 얻는 것은 예수님 이전 아브라함 때부터 제시된 구원의 길이었고(롬 4장), 모세의 율법도 결국 구원 언약에 대한 믿음을 요구하지만 하나님께서 그의 구원의 경륜 가운데 그리스도를 믿음으로 말미암는 더 좋고 온전한 구원의 길을 제시하셨다.[3]

그러나 믿음으로 구원 얻은 사람들도 여전히 고난 가운데 살면서 완전한 구원의 날을 기다린다.[4] 그리스도인은 몸이 부활하는 영광의 날을 소망한다(고전 15:51-54). 그리스도의 부활은 그를 믿는 사람들의 장래의 부활을 확증한다(고전 15:20-23).

일반적으로 믿음은 어려운 현실을 극복하는 능력이다(*fides miraculosa*). 작은 문제부터 산을 옮겨야 하는 큰 문제까지 믿음은 인간의 능력을 증폭시킨다(마 17:20; 고전 13:2). 그러나 그리스도로 말미암은 구원의 믿음은 인간의 의지에서 비롯된 믿음(*fides humana*)이 아니라, 온전히 하나님의 은혜로 말미암는 믿음이다(*fides divina*).

모든 사람이 이 세상의 축복을 공평하게 받지는 못했듯이, 믿음도 소망도 하나님의 특별한 구원의 선물이요 은혜다. 세상 사람들(자연인들)도 나름대로 믿음, 소망을 가지고 있으나 창조주가 되시고 구원주가 되시는 하나님과 상관없는 믿음이나 소망이라면 결국 피조물의 허망한 꿈일 뿐이다. 세속적 믿음, 소망, 사랑은 결국 인간의 육적 욕망과 같은 것으로서 성경적 믿음, 소망, 사랑에 배치된다. 성경은 하나님을 믿었던 모든 신앙의 조상들의 믿음과 소망이 하나님의 구원 역사 가운데 모두 성취된 진정한 믿음과 소망임을 증거한다(히 11:4 이하).

이렇게 구원의 믿음, 영생의 소망은 모든 신앙인의 본질적 특성이며 존재 상태다. 나아가 그리스도인은 사랑을 따라 살아야 한다(롬 12장; 고전 13장; 14:1; 고후 5:14).

> 형제들아 너희가 자유를 위하여 부르심을 입었으나 그러나 그 자유로 육체의 기회를 삼지 말고 오직 사랑으로 서로 종노릇하라(갈 5:13).

하나님께서 그리스도의 희생을 통해 사랑을 나타내셨고 우리가 그 놀라운 사랑의 수혜자가 되었으므로 우리는 모든 사람에게 그 사랑을 증거해야 한다. 십자가의

---

3   요 6:40; 히 7:22; 8:6; 10:1; 11:10, 16.
4   롬 8:18-24; 고전 15:51-54; 고후 4:16-5:10; 빌 3:20-12; 살전 1:10; 4:13-17.

사랑은 믿음, 소망, 기적, 예언, 방언, 지식, 도덕 등 모든 고귀한 가치들을 다 품으면서도 가장 궁극적 가치다.

믿음과 소망도 사랑으로 온전하게 된다. 사랑이 없는 믿음이나 소망은 실속 없는 외식적 가치일 뿐이다. 모든 놀라운 능력과 고상한 지식과 봉사도 사랑이 없으면 아무것도 아니다(고전 13:1-2). 사랑은 이 세상을 넘어 저 세상에서도 우리가 영원히 추구해야 할 것이다. 천국은 하나님과 사람이 함께 완전하고 영원한 사랑의 교제를 즐기는 곳이다.[5] 사랑이 삼위 하나님과 그의 형상인 우리의 영원한 존재가치와 이유와 목적이다.

사람이나 세상이 가장 필요한 것은 이념 사상이나 도덕이나 지식이나 돈이나 물질이나 과학 기술이 아니라, 진실한 사랑이다. 이념이나 도덕이나 지식은 한계가 있고 돈이나 물질이나 과학 기술은 남용되거나 오용될 수 있으나, 사랑은 언제나 어디서나 모든 사람들에게 필요하고 유용하다. 진실한 사랑의 모델은 그리스도의 십자가다.

> [사랑은] 모든 것을 참으며 모든 것을 믿으며 모든 것을 바라며 모든 것을 견디느니라 사랑은 언제까지나 떨어지지 아니하되 예언도 폐하고 방언도 그치고 지식도 폐하리라 ⋯ 그런즉 믿음, 소망, 사랑, 이 세 가지는 항상 있을 것인데 그중에 제일은 사랑이라(고전 13:7-13).

사랑은 믿음, 소망을 비롯해 모든 고귀하고 선한 가치를 아우르는 통전적 가치이며 진실한 인격과 교제의 증표다. 그리스도인의 사랑은 인간의 도덕적 능력과 유사하게 보이지만 실제로는 성령의 선물이다(갈 5:22). 그리스도의 십자가의 사랑과 은혜를 경험한 이들만이 참된 사랑을 알고 실행할 수 있다. 그리스도인은 그리스도의 십자가의 사랑의 모본과 그리스도인 속에 계시는 성령의 도우심을 받아 사랑을 나타내기를 힘써야 한다.

---

5 요나단 에드워즈(Jonathan Edwards), 『고린도전서 13장 사랑』(*Charity and its Fruits*), 서문강 옮김(서울 청교도신앙사, 2016), 395.

우리가 아직 죄인 되었을 때에 그리스도께서 우리를 위하여 죽으심으로 하나님께서 우리에 대한 자기의 사랑을 확증하셨느니라(롬 5:8).
그리스도의 사랑이 우리를 강권하시는 도다(고후 5:14).
사랑하는 자들아, 하나님이 이같이 우리를 사랑하셨은 즉 우리도 서로 사랑하는 것이 마땅하도다(요일 4:11).

사랑이 없는 믿음이나 소망은 독선적이 될 수 있고, 사랑이 없는 이념이나, 도덕이나 지식은 오만하기 쉽고, 사랑이 없는 과학 기술은 오용될 수 있지만, 진실한 사랑은 언제나 사람을 살리고 행복하게 만든다.

지식은 교만하게 하며 사랑은 덕을 세우나니(고전 8:1b).

십자가의 사랑이 가장 분명하게 하나님께서 원하시는 사람의 존재 가치, 이유, 목적을 보여 준다.[6]

새 계명을 너희에게 주노니 서로 사랑하라 내가 너희를 사랑한 것 같이 너희도 서로 사랑하라 너희가 서로 사랑하면 이로써 모든 사람이 너희가 내 제자인 줄 알리라(요 13:34-35).
오직 사랑 안에서 참된 것을 하여 범사에 그에게까지 자랄지라 그는 머리니 곧 그리스도라(엡 4:15).
피차 사랑의 빚 외에는 아무에게든지 아무 빚도 지지 말라 남을 사랑하는 자는 율법을 다 이루었느니라(롬 13:8).

우리 모두 믿음, 소망, 사랑을 그리스도인의 당위적 가치로 알고 있으나 실제 신앙생활에서는 나타나지 않을 수 있다. 그리스도의 십자가를 묵상하고 성령을 따라 말씀을 읽고 기도에 힘쓸 때 그 효능이 제대로 나타난다.

2019년 9월 13일

---

[6] 롬 5:8; 고전 14:1; 엡 4:15; 빌 2:5-11.

103. 고요한 시간(Quiet Time)

> 새벽, 아직도 밝기 전에 예수께서 일어나 나가 한적한 곳으로 가사 거기서 기도하시더니(막 1:35).

현대인들은 빠른 속도로 움직이는 기계 문명을 따라 바쁘게 산다. 사람들은 매일 빠르게 움직이는 교통수단으로 직장으로 출근하고, 빠르게 돌아가는 기계의 속도를 따라 일하고, 교통 체증에 지친 채 집으로 돌아간다. 거리의 사람들은 각기 자신들의 목적을 따라서 바쁘게 움직인다.

사람들은 관심, 호기심, 취미 등 자신들의 일에 "미쳐서" 산다. 즐거운 일은 물론 직업이나 반복적인 일상에 몰두한다. 하기야 아무런 할 일이 없는 것보다는 무엇에든지 집중하는 것이 더 나은 삶인지도 모른다(전 1:17; 3:22; 9:3).

그러나 현대인이 인간의 생물학적 리듬을 벗어나서 빠르게 움직이는 기계의 속도에 맞추어 바쁘게 살아야 하는 것은 분명히 하나님의 창조의 목적에 어긋나는 것이다. 현대 기술문명은 사람을 기계같이 바쁘게 돌아가는 사회 체계의 작은 부속품과 같이 만들었다. 더구나 공해나 스트레스 같은 현대 문명의 폐해가 증가 일로에 있다. 그렇다고 우리는 이 거대한 현대 문명의 조류를 거슬러 살 수도 없다.

그러므로 많은 현대인은 되도록 일상에서 벗어나서 휴가를 즐기려고 한다. 어떤 이들은 스포츠나 취미 생활이나 자연과 가까이하는 것이 삶의 질을 높여준다고 생각한다. 생각하면, 현대인들뿐만 아니라, 옛날 사람들도 복잡한 인간 세상을 피해서 자연으로 돌아가서 유유자적(悠悠自適)하는 삶을 추구하기도 했다.

그러나 성경이 가르치는 것은 단순히 일상을 떠나서 휴식이나 명상으로 자신의 존재와 삶의 가치를 찾는 것이 아니라, 창조주가 되시고 구원주가 되시는 하나님과 가까이 하라는 것이다. 단순히 여가 활동을 즐기는 것이 아니라, "고요한 시간"을 만들어서 하나님 앞에서 자신을 돌아보고, 자신을 위한 하나님의 말씀을 들으라는 것이다.

물론 공동체와 함께 예배를 드리고, 성경 공부, 기도회, 수련회 같은 공동체적인 신앙 활동도 하지만, 말씀과 기도를 위한 나만의 개인적 시공간을 만들어 하나님과의 "영적 교제"를 가지라는 것이다.¹ 그렇게 하는 것이 그리스도인의 진정한 여가 선용이며, 진정한 레크리에이션(recreation, 재창조)이다.

대개 우리는 어려울 때보다는 편할 때 하나님을 잊기 쉽다. 우리 자신의 평안과 행복에 취해 만복의 근원이신 하나님을 잊어버릴 수 있다. 그러므로 편안할수록 우리 스스로 고요한 곳을 찾아서 하나님을 만나야 한다. 욥은 잔치 후에는 반드시 잔치에 참여했던 자녀들을 불러서 하나님께 번제를 드리며 잔치의 즐거움에 취한 자녀들이 부지중에 하나님께 욕되게 했을까 염려했다고 한다(욥 1:5).

예수님도 바쁘신 사역 가운데서도 자주 한적한 곳을 찾아 기도하셨다.² 또한, 자신과 함께 일하는 제자들에게도 한적한 곳에 가서 쉬라고 말씀하셨다(막 6:31, 32). 여기서 "한적한 곳"이란 말은 광야(에레모스)라는 말이다. 유대 광야는 지형상 하늘과 땅이 맞닿은 빈들로서 복잡한 세상을 떠나서 하나님을 홀로 대면하기에 적합한 곳이다.

실제로, 많은 하나님의 사람이 외로운 광야 생활을 경험했다. 하나님께서 그들을 광야로 부르셨다. 아브라함도 하나님의 명령을 따라 고향집을 떠나 주로 광야로 전전했고(창 12:1), 이삭도 리브가를 만나기 전에 들에 나가서 홀로 묵상했고(창 24:63), 야곱도 집을 떠나 하란으로 가는 중에 광야에서 홀로 누워 자다가 하나님의 말씀을 들었다(창 28:11-17). 요셉도 광야에서 홀로 애굽으로 종으로 팔려 갔고, 모세도 살인 후에 광야로 피신했고, 그 후 이스라엘 백성을 자신이 살던 광야로 인도했다. 다윗도 사울 왕의 위협을 피해 광야로 나갔고(삼상 20:24; 23:15), 엘리야도 이세벨의 위협을 피해 광야로 피신했다(왕상 19:4). 다수의 초대교회 교부들도 광야에서 주님과의 영적 교제를 가졌다. 이들 모두 세상과 단절된 곳에서 자신을 철저히 비우며 주님을 찾았을 때 "주님께서 내안에 내가 주님 안에 있는" 지고의 영적 교제를 즐겼다(요 15:4).

반드시 광야가 아니더라도, 광야와 같이 외롭고 허망한 인생의 길목에서 하나님을 만나는 경우도 있다. 베드로는 밤이 새도록 고기 한 마리도 잡지 못하고 어부로

---

1 Frank H. Ballard, "Exposition Psalms 90-150," *The Book of Psalms*, The Interpreter's Bible, vol. 4 (Nashville: Abingdon, 1955), 646; 오대원(David E. Ross), 『묵상하는 그리스도인』 (고양: 예수전도단, 2007), 73-81.
2 마 14:23; 막 1:13; 6:46; 9:2; 눅 5:16; 6:12; 요 6:15.

서의 존재감을 상실한 어느 날 이른 아침에 구원의 주님을 만났다(눅 5:1-11). 사도 바울은 외부 세계와 차단된 외로운 감옥에서 복음의 가치와 복음 전도의 사명을 더욱 절감했다(빌 1:28-29; 딤후 1:7-12).

유명한 영성 저술가 나우웬은 이렇게 말한다.

> 고독 가운데서 우리는 우리가 말하기 전에 우리에게 말씀하신 분, 우리가 도움을 청하기 전에 우리를 낫게 하신 분, 우리가 누군가를 사랑하기 오래 전에 우리를 사랑하신 분의 목소리를 들을 수 있습니다 바로 이 고독 속에서 우리는 우리의 존재가 소유보다 훨씬 중요하며, 우리의 존재는 우리의 노력의 결과를 모두 합친 것보다 더 값지다는 것을 깨닫습니다.[3]

자연인의 고독은 흔히 슬픔과 우울증을 유발하지만, 신실한 그리스도인의 고독은 오히려 주님과의 더 깊은 교제를 통한 기쁨과 평안을 누리는 기회가 될 수 있다.

> 엘리야가 그 곳 굴에 들어가 거기서 머물더니, 여호와의 말씀이 그에게 임하여 이르시되, 엘리야야, 네가 어찌하여 여기 있느냐(왕상 19:9).

물론 그리스도인들도 고독의 고통을 겪을 수 있으나 적어도 그것을 극복할 수 있는 길을 알고 있다.

> 내 안에 거하라 나도 너희 안에 거하리라(요 15:4a).

고독은 침묵을 동반한다. 침묵을 강조하는 퀘이커 교도들에게서도 배울 점이 있다. 대체로 우리는 너무 말을 많이 한다. 경건 생활을 위해 우리 자신의 생각이나 말보다 하나님의 뜻과 말씀을 경청하는 자세가 필요하다. 만일 우리의 침묵을 하나님의 말씀 대신 우리 자신의 생각으로 채운다면, 그것은 진정한 침묵이 아니다.

---

3   헨리 나우웬, 『나우웬과 함께하는 아침』 (서울: 한국기독학생회출판부, 2002), 67.

차라리 시끌벅적한 가운데서도 하나님의 말씀을 들을 수가 있다면 오히려 그것이 진정한 침묵이라고 할 수 있다.[4] 진정한 침묵이란 나의 마음에서 나의 생각을 비우고, 대신 하나님의 생각으로 채우는 것이기 때문이다.

그러므로 고독이나 침묵이라고 다 좋은 것은 아니다. 하나님의 말씀과 기도에 집중하지 않는 고독이나 묵상은 마귀가 틈타게 마련이다(마 4:1-11). 고독할 때 나 자신의 과거, 현재, 장래의 문제에 대해 글을 쓸 수도 있다. 막연하게 생각하는 것보다 글로 생각을 나타낼 때 성령께서 우리의 생각을 바르게 정리하도록 도와주신다.

일정한 고독과 침묵의 시간을 가진 후에는 다시 신앙 공동체로 돌아가야 한다. 비록 우리가 속한 신앙 공동체가 복잡하고 어려운 상태에 있다고 해도 주님은 우리가 그곳에서 주님의 지체로서 자라며 일하기를 원하시기 때문이다(고전 12:12-31; 엡 4:1-16). 원만한 그리스도인의 인격은 언제나 신앙 공동체 가운데서 형성되기 때문이다.

> 내 계명은 곧 내가 너희를 사랑한 것 같이 너희도 서로 사랑하라 하는 이것이니라 (요 15:12).

진실한 신앙인이라도 일상을 따라 살다보면 어느새 믿음을 잃은 "쭉정이 신앙인"으로 변질될 수 있다. 그러므로 "한적한 곳"을 찾아서 기도하시던 주님을 따라서 우리만의 시공간을 찾아서 기도하고 묵상하자. 그렇게 함으로써 우리가 우리의 모든 것을 잃어버린다고 해도 주님 한 분만으로 만족할 수 있는지를 스스로 확인할 필요가 있다.

2019년 9월 13일

---

[4] 토마스 아 캠피스, 『그리스도를 본받아』 박동순 역 (서울: 두란노, 2011), 57; Richard J. Foster, *Celebration of Discipline; The Path to Spiritual Growth* (New York: Harper Collins Publishers, 1998), 98. 다음 책에서 인용함. Catherine de Haeck Doherty, *Poustinia: Christian Spirituality of the East for Western Man* (Notre Dame, IN: Ave Maria Press, 1974), 23.

104. 영적 전쟁

> 그러므로 이제 그리스도 예수 안에 있는 자에게는 결코 정죄함이 없나니, 이는 그리스도 예수 안에 있는 생명의 성령의 법이 죄와 사망의 법에서 너를 해방하였음이라 율법이 육신으로 말미암아 연약하여 할 수 없는 그것을 하나님은 하시나니 곧 죄로 말미암아 자기 아들을 죄 있는 육신의 모양으로 보내어 육신에 죄를 정하사 육신을 따르지 않고 그 영을 따라 행하는 우리에게 율법의 요구가 이루어지게 하려 하심이니라 육신을 따르는 자는 육신의 일을, 영을 따르는 자는 영의 일을 생각하나니, 육신의 생각은 사망이요 영의 생각은 생명과 평안이니라(롬 8:1-6).

태초에 성령님은 혼돈과 공허와 어둠으로부터 빛으로 충만한 세상을 창조하는 생명력으로 나타나셨다(창 1:2). 또한, 성령님은 그리스도의 구원 역사에 동참하셨다.[1] 그리스도인은 언제나 자신이 물과 성령으로 거듭난 새로운 피조물임을 자각하고, 성령을 따라 생명에 이르는 생각과 일을 힘써야 한다.[2]

본문에서도 사도 바울은 그리스도인들은 하나님께서 그리스도로 말미암아 시작된 구원의 새 시대의 구원법, 즉 그리스도를 믿음으로 구원 얻게 되는 "성령의 법"을 따라서 성령이 내주하시는 하나님의 자녀가 되었기 때문에(롬 8:9-17), 이제부터는 육신이 아니라, 성령을 따라서 살아야 할 것을 권면한다.

바울은 본문의 마지막 부분(5, 6절)에서 "육신을 따르는 자는 육신의 일을, 영을 따르는 자는 영의 일을 생각하나니 육신의 생각은 사망이요 영의 생각은 생명과 평안이니라"라고 한다. 여기서 "육신을 따르는 자"란 로마서 1:18-3:18에서 바울이 논하는 바 하나님의 진노 대상이 된 유대인들과 이방인들을 가리킨다.

바울은 유대인들은 율법을 제대로 지키지 못하는 위선자들이고, 이방인들은 우상 숭배자들로서 결국 모두 하나님의 진노 대상임을 밝힌다(롬 1:27; 2:2-6, 8; 5:9;

---

1 마 1:20; 3:16; 4:1; 12:28; 눅 4:18; 행 1:8.
2 요 3:5; 롬 8:2; 고후 5:17; 갈 3:2; 엡 4:17 이하.

6:23). "육신을 따르는 자"란 복음을 거절하는 모든 유대인과 이방인 같은 불신자들을 가리킨다. 반면에 "영을 따르는 자"란 2절에서 언급한 "성령의 법," 즉 그리스도의 복음을 믿는 이들을 가리킨다.

계속해서 바울은 육과 영의 이분법적 대조를 통해 믿는 우리들의 영적 전쟁을 독려한다. 5절 말씀("육신을 따르는 자는 육신의 일을 영을 따르는 자는 영의 일을 생각하나니")은 "육신을 따르는" 불신자들은 악한 일을 생각하며 죄를 짓지만, "생명의 성령의 법"(2절)으로 구원받은 우리들은 이제 우리 자신 속에 내주하시는 성령을 따라서 생명에 이르는 선한 일에 힘쓸 것을 권면한다.

이 말씀을 로마서의 전체 문맥에 비추어 볼 때, 유대인들은 율법 행위로 구원 얻는다고 믿고, 이방인들은 우상 숭배와 철학적 지혜를 찾는 반면에 그리스도인들은 하나님께서 시작하신 구원의 새 시대의 구원 도리인 "성령의 법"을 따라서 복음을 믿어 구원받았으므로 그리스도인들은 그 속에 내주하시는 성령을 따라서 육신을 따라 살던 삶을 청산하고 거룩한 인격을 형성하는 일과 선한 일에 힘써야 할 것을 가르치는 것이다.[3]

본문에서 바울은 계속해서 "육신을 따라 육신의 일"을 하는 불신자들의 말로는 사망이고, "영을 따라 영의 일"을 하는 사람들은 생명과 평안을 얻게 된다고 말한다. "육신을 따라 육신의 일"을 하는 불신자들이 결국 사망에 이르게 된다는 증거는 오랜 성경 역사에서 나타난다.[4] 그리스도인들이 "영을 따라 영의 일"을 하는 증거는 오순절 성령 강림을 비롯해 그 후에 나타난 많은 놀라운 성령의 역사가 보여준다(행 2:1 이하).

특별히 사도 바울은 자신의 복음과 사역이 "성령을 따르는 성령의 일"임을 확신한다.[5]

> 우리가 이것을 말하거니와 사람의 지혜가 가르친 말로 아니하고, 오직 성령께서 가르치신 것으로 하니 영적인 일은 영적인 것으로 분별하느니라 육에 속한 사람

---

3 롬 1:18-3:18; 8:9-13; 참조, 갈 3:2-3; 5:16-25; 엡 4:17-5:18.
4 창 6:7; 11:1-9; 19:24-25; 렘 44:27; 45-52장; 호 13:1; 마 24:2; 롬 1:27; 2:5; 벧후 3:10; 계 21:8.
5 고전 2:4-16; 7:40; 12:1 이하; 고후 1:22; 갈 3:2 이하.

은 하나님의 성령의 일들을 받지 아니하나니 이는 그것들이 그에게는 어리석게 보임이요, 또 그는 그것들을 알 수도 없나니 그러한 일은 영적으로 분별되기 때문이라(고전 2:13-14).

모든 인간과 피조물 중심적 가치는 본질상 소멸하게 마련이다. 오직 하나님의 말씀만이 영원한 행복과 평안을 약속한다(사 40:8).

현대 인본주의자들이나 자연주의자들은 인간 또는 피조물 중심적 가치관을 추구하며 복음의 구원 도리와 교훈을 일반화, 상대화하여 그 절대성을 무시하지만 우리 그리스도인은 그들의 생각을 "사망에 이르는 허망한 육신의 생각"으로 단정하고, "생명에 이르는 성령의 생각"인 복음의 절대적 구원 능력과 약속을 굳게 믿고, 그리스도의 모본과 우리 속에 내주하시는 성령을 따라서 온전한 그리스도인의 인격 형성과 모든 선한 일을 위해 계속 힘써야 할 것이다.

내가 이르노니 너희는 성령을 따라 행하라 그리하면 육체의 욕심을 이루지 아니하리라(갈 5:16).

그러나 믿는 우리의 생각과 감정도 자주 육신으로 흐르는 것이 문제다. 우리가 그리스도를 믿음으로 구원받았으나, 여전히 옛 사람의 탐욕과 죄의 습관을 따르는 것이 우리의 현실이다. 여전히 우리는 자주 "내가 원하는바 선은 행하지 아니하고 도리어 원하지 아니하는바 악을 행하는 도다"라고 탄식한다(롬 7:19). 어떤 그리스도인들은 명목상의 그리스도인들일 뿐이다. 그들은 주님께서 사데교회에 하신 말씀을 잘 듣고 회개해야 한다.

내가 네 행위를 아노니, 네가 살았다 하는 이름은 가졌으나, 죽은 자로다(계 3:1b).

그러므로 바울도 본문에 이어서 믿는 이들의 영적 타락을 경고한다.

너희가 육신대로 살면 반드시 죽을 것이로되, 영으로써 몸의 행실을 죽이면 살리니, 무릇 하나님의 영으로 인도함을 받는 사람은 곧 하나님의 아들이라(롬 8:13-14).

그러므로 우리는 언제나 구원받은 하나님의 아들임을 자각하고, 모든 죄와 탐심을 멀리해야 한다(롬 6:11-14). 보이는 허망한 가치에 한 눈팔지 말고 귀에 듣기 좋은 소리에 미혹되지 말고 오직 영원한 하늘나라의 가치와 구원의 약속 말씀에 집중해야 한다.[6]

> 그러므로 믿음은 들음에서 나며, 들음은 그리스도의 말씀으로 말미암았느니라 (롬 10:17).

그리스도인은 십자가의 그리스도의 모본을 따라 또한 성령의 도우심을 따라, 옛 사람을 벗고, 새 사람을 입는 영적 훈련에 힘써야 한다. 우리 믿는 사람의 죄와의 싸움은 불신자들의 죄와의 싸움과 유사하면서도 다르다.

첫째, 우리의 죄와의 싸움은 율법주의자들이나 도덕주의자들의 싸움과는 달리 인간의 연약한 의지가 아니라, 성부 하나님의 사랑과 성자 예수 그리스도의 사랑과 은혜, 성령 하나님의 도우심과 보호하심을 받는다(롬 8:26-39).

> 마음을 살피시는 이가 성령의 생각을 아시나니 이는 성령이 하나님의 뜻대로 성도를 위하여 간구하심이니라 우리가 알거니와 하나님을 사랑하는 자 곧 그의 뜻대로 부르심을 입은 자들에게는 모든 것이 합력하여 선을 이루느니라(롬 8:27-28).
> 만일 하나님이 우리를 위하시면 누가 우리를 대적하리요 … 누가 정죄하리요 죽으실 뿐 아니라, 다시 살아나신 이는 그리스도 예수시니 그는 하나님 우편에 계신 자요, 우리를 위하여 간구하시는 자시니라 누가 우리를 그리스도의 사랑에서 끊으리요 환난이나 곤고나 박해나 기근이나 적신이나 위험이나 칼이랴 그러나 이 모든 일에 우리를 사랑하시는 이로 말미암아 우리가 넉넉히 이기느니라(롬 8:31b-37).

삼위 하나님께서 각각 연약한 우리를 도우신다.

---

6 마 6:33; 골 3:1-2; 요 10:27; 참조, 요 8:43.

시몬아, 시몬아, 보라 사탄이 너희를 밀 까부르듯 하려고 요구하였으나, 그러나 내가 너를 위하여 네 믿음이 떨어지지 않기를 기도하였노니, 너는 돌이킨 후에 네 형제를 굳게 하라(눅 22:31-32).

둘째, 더구나 우리는 우리를 구원하시기 위한 죄와의 큰 싸움에서 이미 승리하신 그리스도로 말미암아 넉넉히 이길 수 있는 싸움을 하는 것이다(고후 2:14; 엡 6:10-17; 딤후 4:1). 설령, 우리가 죄와의 싸움에서 실패하더라도, 모든 것을 합력하여 선을 이루게 하시는 아버지 하나님으로 말미암아 우리를 위해 죽으시고 다시 사신 그리스도로 말미암아 또한, 우리를 위해 간구하시는 성령님으로 말미암아 다시 일어나 온전함을 향해 나아갈 수 있다.

셋째, 세상의 모든 미혹과 핍박 가운데서도 주님께서 약속하신 장차 나타날 영광을 생각할 때, 헛된 육신의 생각과 일을 버리고 고귀한 성령의 생각과 일에 집중할 수 있다.

생각하건대, 현재의 고난은 장차 우리에게 나타날 영광과 비교할 수 없도다(롬 8:18). 우리는 그의 약속대로 의가 있는 곳인 새 하늘과 새 땅을 바라보는도다(벧후 3:13).

2019년 10월 10일

105. 제자도: 인내와 고난

> 누구든지 나를 따라오려거든 자기를 부인하고 자기 십자가를 지고 나를 따를 것이니라 누구든지 제 목숨을 구원하고자 하면 잃을 것이요 누구든지 나를 위하여 제 목숨을 잃으면 찾으리라 (마 16:24-25).

본회퍼 목사(Dietrich Bonhoeffer, 1906-1945)는 나치주의 시절, 히틀러 암살 음모에 가담한 죄로 사형을 당한 사람으로 잘 알려졌다. 그가 히틀러 암살 음모에 가담한 일이 신앙 윤리적으로 옳은가에 대한 논란이 있으나, 적어도 안일무사주의에 젖은 많은 현대 그리스도인에게 큰 경종을 울린 것을 부인할 수는 없다.

본회퍼 목사는 평소에 많은 그리스도인이 "값싼 은혜"(cheap grace)를 구하며 고통의 십자가를 지시고 죽으신 그리스도께서 가르치신 그리스도의 제자로서의 헌신과 인내, 즉 "제자도의 값"(cost of discipleship)을 등한히 여긴다는 사실을 지적했다.

우리가 받은 구원의 은혜는 결코 값싼 은혜가 아니라, 하나님의 아들의 희생적 사랑과 헌신에서 비롯된 "값비싼 은혜"(costly grace)인데도 정작 그 "값비싼 은혜"로 구원받은 우리가 대개 희생과 고난이 없는 "값싼 은혜"만을 추구하는 문제를 날카롭게 지적했다.

이런 본회퍼 목사의 말씀이 주로 독재 정부나 부패한 권력과 불의에 맞서서 저항하는 "운동권 그리스도인들"에 의해 독점되어 온 것이 사실이다. 그러나 우리 모든 그리스도인도 구태의연한 신앙생활 대신 역동적인 신앙생활을 위해 본회퍼 목사의 적극적 행동주의적 자세를 배울 필요가 있다.

생각하면, 탄생부터 죽음까지 그리스도의 생애 전체가 고난의 생애였다. 예수님 탄생 당시 평생 메시아의 탄생을 고대하던 시므온과 안나는 아기 예수님을 만나고 메시아를 보내 주신 하나님을 찬양하고 감사하면서도 장차 예수님께서 당하실 메시아로서의 고난과 희생을 예언했다(눅 2:25-38).

더 오래전에 이사야는 장차 오실 메시아가 받을 고난에 대해 이렇게 예언했다.

> 그가 찔림은 우리의 허물 때문이요, 그가 상함은 우리의 죄악 때문이라 그가 징계를 받으므로 우리는 평화를 누리고, 그가 채찍에 맞음으로 우리는 나음을 받았도다(사 53:5).

우리는 그리스도의 고난과 죽으심으로 영원한 구원의 은혜를 누리며 살게 된 것을 감사하며 기뻐하지만 그리스도께서 요구하신 "고난의 동참"은 주저한다. 대부분 그리스도인은 그리스도 안에서의 평안과 기쁨만으로 만족해 하는 "안일한 그리스도인들"이 된 것이다. 그리스도께서 주시는 평안과 기쁨이 소중한 은혜이지만, 그것에만 집착하고 그리스도께서 원하시는 십자가의 고난을 외면할 때 그 은혜는 "값싼 은혜"가 되고, "탐욕의 만나"가 되어 결국 부패하게 되는 것이다.

요즈음 교회의 프로그램은 주로 찬양과 친교가 중심이다. 즐거움과 활력을 주는 교회 프로그램도 좋지만, 말씀과 기도, 전도와 봉사 같은 인내와 희생이 필요한 교회 프로그램도 필요하다. 문제는 사람들에게서 칭찬 듣고 존경 받는 직책을 찾는 이들은 많은 반면에 빛도 이름도 없이 힘들게 봉사하는 직책을 찾는 이들은 적은 편이다.

예수님의 제자들도 높은 자리를 두고 서로 다퉜었다. 예수님은 이미 십자가를 지실 것을 아시고 고민 중이셨는데도, 제자들은 영광스러운 하나님 나라에서의 "자리 싸움"에 몰두했다. 그러므로 그리스도께서는 제자들에게 이렇게 말씀하셨다.

> 너희 중에 누구든지 으뜸이 되고자 하는 자는 너희의 종이 되어야 하리라 인자가 온 것은 섬김을 받으려 함이 아니라, 도리어 섬기려 하고 자기 목숨을 많은 사람의 대속물로 주려 함이니라(마 20:27-28).

그리스도의 사역이 고난과 수욕이었듯이 그리스도인의 사역도 그와 같다.

> 내가 마시려는 잔을 너희가 마실 수 있느냐(마 20:22).

제자들의 무지와 안일주의적 자세는 우리 모두의 고질이다. 우리 모두 육에 속한 사람들과 같이 육을 따라 생각하고 행동한다. 우리 모두 땅에 속한 사람들과 같이 이 땅만을 바라보고 하늘을 바라보지 않는다. 우리 모두 현재의 고난을 참는 대신 원망하고 불평한다. 우리 모두 멀고 좁은 십자가의 길보다 넓고 빠른 성공적인 길을 선택한다. 우리 모두 대접하기보다 대접 받기를 원하고 사랑하기보다 사랑받기를 원한다. 우리 모두 "값비싼 은혜"보다 "값싼 은혜"를 바란다.

이제 우리 앞에서 십자가를 지신 그리스도를 따라서 우리도 우리의 십자가를 지자. 십자가의 구원의 능력이 결국 우리를 생명의 길로 인도할 것이다.

> 네가 십자가를 기꺼이 지면, 십자가는 네가 바라는 그곳, 고통이 끝나는 그곳으로 너를 이끌어 줄 것이다(토마스 아 캠피스[1380-1471], 『그리스도를 본받아』, II.125).

2019년 12월 17일

106. 시간의 주인 vs. 시간의 종

> 주의 목전에는 천 년이 지나간 어제 같으며 밤의 한 순간 같을 뿐임이니이다
> (시 90:4).

시간은 우리의 것이 아니다. 시간은 세상 만물을 지으신 하나님께 속한 것이다. 우리는 시간 속에 태어났을 뿐이다. 우리의 시간은 하나님으로부터 할당받은 것이다.

대개 우리의 인생이 실제보다 빠르게 간다고 느낀다. 우리의 "체감 시간"이 빠른 것은 우리의 인생에 대한 기대와 소망은 큰 반면에 우리의 인생은 제한적이기 때문이다.

> 우리의 모든 날이 주의 분노 중에 지나가며 우리의 평생이 순식간에 다하였나이다 우리의 연수가 칠십이요 강건하면, 팔십이라도 그 연수의 자랑은 수고와 슬픔뿐이요, 신속히 가니 우리가 날아가나이다(시 90:9-10).

시편 90편은 아무리 짧고 허무한 인생이라도 영원하신 하나님을 믿고 의지하면 축복이 될 수 있음을 가르친다.

> 주의 목전에는 천 년이 지나간 어제 같으며, 밤의 한순간 같을 뿐임이니이다
> (시 90:4).

짧은 시간에 쫓기는 조급한 우리와는 달리, 시간의 창조자이신 하나님께서는 전능자로서의 여유가 있으시기 때문이다. 이 여유로우신 하늘 아버지를 믿고 의지하면 우리의 고질적인 조급증도 치유 받을 수 있다.

그러나 반대로 특별히 어려울 때면, 우리의 "체감 시간"이 느려지고 지루하게 될 때도 있다. 우리가 받는 고난이 그치지 않고 계속되고 우리의 오랜 기도에 대한 응답이 없을 때, 시간이 지체되는 것으로 느껴지는 것이다. 심지어 우리는 더 이상 우리의 인생을 살고 싶지 않고 스스로 마감하고 싶을 때도 있다. 세상 가치의 허망함

을 느낀 파우스트처럼 "때여, 멈춰라"고 외치고 싶을 때가 있다.

그러나 우리의 인생 시계가 빠르든지, 느리든지, 우리가 조급하든지, 지루하든지, 우리의 시간의 주인은 우리 자신이 아니라, 하나님이심을 알아야 한다. 우리는 하나님께로부터 우리의 인생을 할당받은 "시간의 종"일 뿐이다. 우리는 "시간의 주인"이신 하나님의 뜻을 따라 우리의 시간을 사용해야 할 거룩한 사명이 있음을 알고 시간의 주인이신 하나님 앞에서 조급하거나 나태하지 않도록 주의해야 한다.

첫째, 하나님은 시간의 창조주시며 그의 거룩하신 뜻에 따라 시간을 주관하시는 분이시다.

시간이란 자연의 것도 아니고, 우리의 것도 아니고, 오직 우리를 이 땅에 보내신 창조주 하나님께 속한 것이다. 하나님께서 시간을 지으셨고 그의 경륜을 따라서 만물의 때를 정하셨다(창 1:5, 14, 18; 2:2-3; 8:22).

> 낮도 주의 것이요, 밤도 주의 것이라 주께서 빛과 해를 마련하셨으며, 주께서 땅의 경계를 정하시며, 주께서 여름과 겨울을 만드셨나이다(시 74:16-17).

둘째, 우리 인생은 하나님께로부터 "각자의 시간"을 할당받았다.

"시간의 주인"이신 하나님께서 우리의 시간을 정하셨으므로 결국 우리는 그의 "시간의 종"이다. 하나님의 시간은 영원하지만, 우리의 시간은 한정적이다. 우리 각자가 할당받은 시간의 달란트가 다르다. 할당받은 시간이 많든지, 적든지, 우리는 각자의 할당 받은 시간을 낭비하거나 아끼지 말고, 시간의 주인이신 주님의 뜻을 따라 성실하게 사용해야 한다(마 25:25-30). 우리의 인생이 얼마나 남았느냐보다 우리의 인생을 얼마나 소중하게 주님의 영광을 위해 사용하느냐가 더 중요하다.

셋째, 하나님은 그의 거룩하신 뜻을 따라 시간을 조정하신다.

하나님의 시간은 우리의 시간에 비해서 빠를 수도 있고 느릴 수도 있다. 그러므로 베드로는 영원하신 하나님께는 천 년이 하루 같이 짧기도 하고, 하루가 천 년 같이 길 수도 있음을 상기시키면서 핍박 중에 애타게 주님의 강림을 기다리는 독자들을 위로했다.

오직 주께는 하루가 천 년 같고 천 년이 하루 같다는 이 한 가지를 잊지 말라(벧후 3:8).

시편 기자는 많은 인생의 고난을 겪으면서 하나님의 구원을 믿고 고난을 참는 이들에게는 결국 시간은 약이 되고 축복이 되는 것을 깨달았다.

내가 여호와를 기다리고 기다렸더니, 귀를 기울이사, 나의 부르짖음을 들으셨도다 (시 40:1).
여호와 앞에 잠잠하고 참고 기다리라(시 37:7a).
너는 악을 갚겠다 말하지 말고 여호와를 기다리라 그가 너를 구원하시리라 (잠 20:22).

자비로우신 하나님께서는 우리가 고난을 참으며 하나님의 구원을 기다릴 때 그의 능력으로 우리의 아픔과 고난의 시간을 기쁨의 시간으로 바꾸어 주신다.

주의 종들을 불쌍히 여기소서 아침에 주의 인자하심이 우리를 만족하게 하사 우리를 일생 동안 즐겁고 기쁘게 하소서 우리를 괴롭게 하신 날수대로 우리가 화를 당한 연수대로 우리를 기쁘게 하소서(시 90:13b-15).

하나님은 한번 놓치면 다시 잡을 수 없는 냉정한 운명의 신이 아니라, 언제나 자비로우신 구원의 하나님이시다. 다만, 하나님은 우리의 기도에 대한 응답을 자신의 거룩하신 뜻 가운데서 느리게도 하시고 빠르게도 하신다. 옛날 히스기야 왕이 어떤 병으로 죽을 것이라는 이사야의 예언을 듣고서 하나님께 통곡하며 기도할 때 하나님께서는 그의 기도를 들으시고 즉시 이사야 선지자를 되돌려 보내시어 그를 치료해 주셨고 그의 수명을 15년이나 연장해 주셨다. 더구나 하나님께서는 그의 구원의 증표로 해를 되돌리시어 그날 하루를 더 길게 하셨다(사 38:1-8).

선지자 이사야가 여호와께 간절히 구하매, 아하스의 해시계 위에 나아갔던 해 그림자를 십도 뒤로 물러가게 하셨더라(왕하 20:11; 사 38:8).

더 옛날, 여호수아가 아모리 사람과 전쟁할 때에 여호수아가 하나님께 기도해 태양과 달이 멈추게 하셨고, 결국 이스라엘 백성들이 아모리 사람들을 모두 멸했다.

> 야살의 책에 태양이 중천에 머물러서 거의 종일토록 속히 내려가지 아니하였다고 기록되지 아니하였느냐(수 10:13b).

자연인은 영원한 시간의 한 정점에 태어나서 제한된 시간 속에 살다 간다고 믿지만, 믿는 우리는 우리의 모든 한계 상황 가운데서도 인자하신 하나님의 최종적 구원을 믿고 현재의 고난을 참고 살아야 한다(롬 8:18; 고후 4:17).

또한, 자비로우신 하나님께서는 우리의 과거의 모든 잘못과 죄악을 용서하시고 심판의 시간을 구원의 시간으로 바꾸어 주신다. 더구나 그리스도인은 시간과 함께 소멸되는 것이 아니라, 영생이신 우리 주 예수 그리스도로 말미암아 영원한 존재로 변화되는 축복을 받았다.

> 그러므로 우리가 낙심하지 아니하노니, 우리의 겉사람은 낡아지나 우리의 속사람은 날로 새로워지도다(고후 4:16).

그러므로 시간을 창조하시고 주장하시는 하나님을 믿는 사람은 무기력한 운명론자가 될 수 없다. "달란트 비유"에서 한 달란트 받은 종은 주인의 뜻에 대한 잘못된 오해로 말미암아 한 달란트를 땅 속에 파묻어 두었다가 주인의 질책을 받았다. 그 종은 자신이 주인으로부터 받은 돈을 잃을 것을 두려워하며 아예 처음부터 달란트를 땅속에 묻어두었다. 우리의 부족한 재능이나 적은 시간에 대해 원망과 불평을 하는 대신 늘 감사하며 최선을 다해 우리의 시간을 사용하는 것이 하나님 나라 시민의 마땅한 도리다.

어느새 2019년이 지나간다. 며칠 후면 2020년이 된다. 나는 73세의 노인이 된다. 내 남동생은 2년 전에 먼저 세상을 떠났고, 첫째 매형은 작년 봄에, 둘째 매형은 이미 7년 전에 사별 했고, 어머니는 작년 가을에 여동생은 지난 봄에 모두 하늘나라로 떠나갔다. 나의 시간이 얼마 남지 않았다는 긴박감이 자주 나를 누른다. 이런 초조함이 긍정적으로는 내가 해야 할 일에 몰두하게도 하지만, 부정적으로는 나를 불안하게 한다.

성경은 우리의 한정된 시간을 아끼며 부지런히 살 것을 가르친다.[1]

> 부지런하여 게으르지 말고 열심을 품고 주를 섬기라(롬 12:11).

예수님께서도 우리가 항상 깨어서 종말을 준비할 것을 당부하셨다.

> 그러므로 깨어 있으라 어느 날에 너희 주가 임할는지 너희가 알지 못함이니라 (마 24:42).
> 착하고 충성된 종아, 네가 적은 일에 충성하였으매 내가 많은 것을 네게 맡기리니 네 주인의 즐거움에 참여할지어다(마 25:21).

동시에 성경은 너무 염려하며 살 것이 아니라, 만복의 근원이신 주님을 믿고 여유롭게 살 것도 가르친다(잠 14:29; 21:5; 29:20; 딤후 3:4; 약 1:19).

> 그러므로 내일 일을 위하여 염려하지 말라 내일 일은 내일 염려할 것이요, 한 날의 괴로움은 그 날로 족하니라(마 6:34).

흐르는 세월 속에서 나는 나 자신이 나의 시간의 주인인양 착각하며 때로는 너무 조급하게, 때로는 너무 게으르게 살지 않았는가?
단순히 나의 시간을 자연의 흐름에 맡기거나 잘못된 구습을 따르며, "시간의 종"으로서의 책임을 잊지는 않았는가?
하나님께서는 외적 성과보다는 성실한 자세를 원하신다.

> 잘하였도다 착하고 충성된 종아, 네가 적은 일에 충성하였으매 내가 많은 것을 네게 맡기리니 네 주인의 즐거움에 참여할지어다(마 25:21).

---

[1] 잠 6:6, 9; 10:26; 13:4; 15:19; 19:24; 20:4; 21:25; 22:13; 24:30; 26:13-16; 마 25:1 이하; 롬 12:11; 살후 3:6; 히 6:12 등.

나는 주님의 착하고 충성된 종으로서 주님께로부터 받은 "나의 시간"을 주님의 뜻을 따라 선용해야 한다. 이제 시간의 주인이신 거룩하신 하나님 앞에서 "나의 시간"에 대한 강박 관념이나, 초조함이나, 지루함이나, 게으름을 버리자. 나의 시간이 "내 뜻대로 되었다"고 너무 좋아하지도 말고, "내 뜻대로 안 되었다"고 너무 상심하지도 말자.

"시간의 종"인 나 자신의 평가가 아니라, "시간의 주인" 이신 주님의 공정하신 평가를 믿고 겸손하게 최선을 다하자. 내가 그리스도 안에 사는 한 나의 모든 시간은 결국 하나님의 은혜와 축복이란 것을 믿고 감사하며 긍정적으로 살아가자.

> 우리에게 우리 날 계수함을 가르치사 지혜로운 마음을 얻게 하소서 여호와여, 돌아오소서, 언제까지니이까 주의 종들을 불쌍히 여기소서 아침에 주의 인자하심이 우리를 만족하게 하사 우리를 일생 동안 즐겁고 기쁘게 하소서(시 90:12-14).

2019년 12월 27일

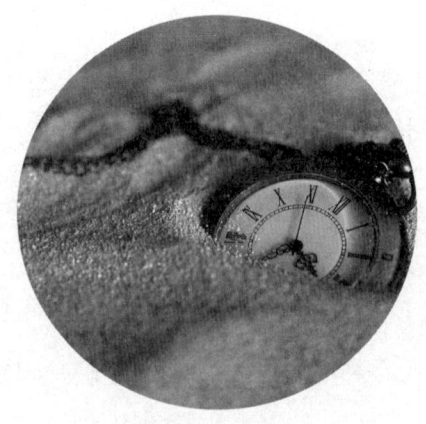

107. 예수님을 믿음으로 구원 얻는 진리

> 그러므로 형제들아, 너희가 알 것은 이 사람을 힘입어 죄 사함을 너희에게 전하는 이것이며, 또 모세의 율법으로 너희가 의롭다 하심을 얻지 못하던 모든 일에도 이 사람을 힘입어 믿는 자마다 의롭다 하심을 얻는 이것이라 (행 13:38-39).

사도 바울은 제1차 선교 여행 중 비시디아 안디옥의 회당에서 예수의 죽으심과 부활하심이 그를 믿는 자의 속죄와 영생을 위한 것임을 역설했다. 사도 바울은 로마서, 갈라디아서를 비롯한 그의 모든 서신에서 그리스도로 말미암은 구원의 새 시대에서는 더 이상 율법을 행함으로써가 아니라, 예수님을 믿음으로써 구원을 받게 됨을 가르친다.

초대교회 당시 대부분의 사도들은 율법의 행위로 구원 받는 것과 예수님을 믿음으로 구원 받는 것을 분명히 구별하지 않고 함께 가르쳤으나, 바울은 구원의 새 시대에서 사람은 더 이상 율법의 행위가 아니라, 예수님을 믿음으로 구원 얻는 것임을 분명히 가르쳤다.

첫째, 바울은 예수님을 믿음으로 구원 얻는 진리가 예수님의 구원 사역으로 말미암은 하나님의 새로운 구원 진리일 뿐 아니라, 이미 구약 시대부터 하나님의 구원 경륜 가운데 암시되었던 원초적이며 예시적인 구원 진리였음을 지적했다.[1]

하나님께서는 예수님을 믿음으로써 구원 얻는 진리를 이미 오래전 구약 시대의 구원 역사 가운데 예시하심으로써 복음 진리가 완전하고 최종적이며 보편적인 구원 진리임을 증거하셨다.

둘째, 사도 바울은 예수님을 믿음으로 구원 받는 진리가 자신이나 다른 어떤 사람이 만든 인위적인 구원 진리가 아니라, 예수 그리스도의 계시임을 밝힌다.

---

1 롬 1:2; 3:21-45:21; 16:25-26; 고전 10:4; 고후 3:6-4:6; 갈 3:6-4:31; 엡 3:2-11.

> 형제들아 내가 너희에게 알게 하노니 내가 전한 복음은 사람의 뜻을 따라 된 것이 아니니라 이는 내가 사람에게서 받은 것도 아니요, 배운 것도 아니요, 오직 예수 그리스도의 계시로 말미암은 것이라(갈 1:11-12).
>
> 오직 하나님이 성령으로 이것을 우리에게 보이셨으니 성령은 모든 것 곧 하나님의 깊은 것까지도 통달하시느니라(고전 2:10).
>
> 어두운 데에 빛이 비치라 말씀하셨던 그 하나님께서 예수 그리스도의 얼굴에 있는 하나님의 영광을 아는 빛을 우리 마음에 비추셨느니라(고후 4:6).
>
> 곧 계시로 내게 비밀을 알게 하신 것은 내가 먼저 간단히 기록함과 같으니(엡 3:3).

복음의 계시에 대한 이런 증언들이야말로 세상의 어떤 종교나 가치에서 찾아 볼 수 없는 복음의 확실성, 절대성, 탁월성을 나타낸다.

셋째, 바울 자신이 율법을 열심히 지켰던 바리새인으로서 철저한 율법주의자였으나 예수님을 믿은 후, 율법의 행위로 말미암는 구원 진리의 한계를 깨닫고, 예수로 말미암은 하나님의 구원의 은혜를 믿음으로써만이 구원을 얻게 됨을 가르쳤다. "율법의 한계"란 곧 율법을 제대로 완전히 지킬 수 없는 연약한 "인간의 한계"를 가리키는 것이다.

바울 자신이 율법의 요구를 온전히 지킬 수 없는 "자신의 한계"로 말미암아 자신을 구원하기 위한 율법이 오히려 자신을 정죄하는 이른바 "율법의 한계"를 경험했다.

> 내가 원하는 바 선은 행하지 아니하고, 도리어 원하지 아니하는 바 악을 행하는도다 (롬 7:19).
>
> 생명에 이르게 할 그 계명이 내게 대하여 도리어 사망에 이르게 하는 것이 되었도다 (롬 7:10).

율법주의나 도덕주의는 대개 이행득의(以行得義)의 구원 도리를 가르친다. 문제는 율법주의자들이나 도덕론자들과 같은 행위 구원론자들은 대개 자신들이 외식주의적 위선이나 종교적 오만함에 빠져 있음을 깨닫지 못하거나 무시해 버리는 것이다.

반면에 이신득의(以信得義)의 구원 도리는 철저히 인간의 연약함을 인정하고 전적으로 하나님의 은혜를 의지한다는 데서 합리적이면서도 완전한 구원의 도리임을 나타낸다. 물론 믿음으로 구원 얻음을 믿는 이들이라도 믿음에 합당한 거룩한 생활과 선행으로 자신의 믿음의 진정성을 증거해야 한다. 그러므로 바울은 언제나 믿음과 함께 믿음에 합당한 거룩한 행위를 함께 가르치고 있다.[2]

사도 바울의 공헌은 이방인을 위한 사도로서 단순히 로마제국의 도처에 그리스도의 교회를 세운 것뿐만 아니라, 복음의 세계화에 장애가 되었던 율법의 "행위 구원"을 과감히 제거하고, 예수님을 믿음으로써 구원 얻는 복음을 유일하고 절대적 구원 진리로 제시함으로써 복음의 세계화를 위한 초석을 놓은 것이다. 바울의 이신득의 복음은 율법주의를 비롯한 세상의 모든 구원 진리를 능가하는 명확성과 탁월성과 함께 더 많은 사람(이방인들)이 이해하고 믿을 수 있는 보편성과 적응성을 가졌다.

이렇게 사도 바울은 "하나님의 구원 은혜를 믿음으로써 구원을 얻는 이신득의 구원론"으로써 기독교의 구원론을 유대교나 다른 종교들의 이행득의 구원론으로부터 분명히 구별하여 가장 탁월한 구원의 도리로 제시했다. 유대교를 비롯한 대부분 종교가 인간 행위에 의존하는 구원론을 제시하지만, 그런 구원론은 인간을 위선적으로 만들거나 오만하게 만들기 때문에 거룩하신 하나님의 구원을 받는 수단으로서 적합하지 않다(롬 2:1-3:17).

예수님께서도 거의 매일 바리새인들의 위선과 외식을 책망하시면서 믿음을 새로운 구원의 시대의 구원 도리로 가르치셨다.

> 네 믿음이 너를 구원하였느니라(눅 17:19; 18:42)[3]

주님을 따라서 바울도 율법주의적 유대인의 위선과 오만을 지적한다.

> 율법을 자랑하는 네가 율법을 범함으로 하나님을 욕되게 하느냐(롬 2:23, 위선).
> 그런즉 자랑할 데가 어디냐 있을 수 없느니라(롬 3:27; 참조, 고전 1:29, 오만).

---

2 롬 6:1 이하; 8:4 이하; 갈 5:16 이하; 엡 4:22 이하.
3 참조, 마 9:22; 막 5:34; 10:52; 눅 7:50; 8:48.

(1) 인간의 연약함으로 말미암아 행위 구원이 비효과적이고 불가능한 구원론임이 인간의 경험으로나 이스라엘 역사를 통해 분명히 나타났으므로 하나님의 구원 은혜에 전적으로 의지하는 이신득의 구원론이 논리적으로나 실제적으로나 타당한 구원론이다.
(2) 이신득의 구원론은 성경적 근거가 분명한 원리다.[4]
(3) 이신득의 구원론은 하나님의 계시다(갈 1:12; 고전 2:10-16; 엡 1:9; 골 1:26).
(4) 이신득의 구원론은 보편적 구원론으로서 유대교의 율법의 벽을 넘어 복음을 세계화하기 위한 선교적 초석이 되었다.

한편, 초대교회의 수장이었던 베드로나 야고보도 믿음으로 구원 얻는 진리를 가르쳤으나, 그들은 바울만큼 철저히 유대교의 율법주의적 배경과 전통에서 벗어났던 것 같지는 않다.[5] 그러나 바울은 예수님께서 가르치셨던 구원 도리와 예수님의 죽으심과 부활을 따라서 믿음으로 구원 얻는 진리만을 유일한 구원의 도리로 가르쳤다.

> 사람이 마음으로 믿어 의에 이르고 입으로 시인하여 구원에 이르느니라(롬 10:10).

예수님 자신도 당시 유대인들의 외식주의에 맞서서 마음과 믿음의 중요성을 가르치셨다.

> 사람 안에서 나오는 것이 사람을 더럽게 하는 것이니라(막 7:16).

구원은 행위가 아니라, 사람의 본질적인 죄소인 마음으로 믿어 구원을 얻게 된다.

> 사람이 마음으로 믿어 의에 이르고 입으로 시인하여 구원에 이르느니라(롬 10:10).
> 여자여, 네 믿음이 크도다 네 소원대로 되리라 하시니 그때로부터 그의 딸이 나으니라(마 15:28).

---

4 창 15:6(롬 4:3; 갈 3:6); 사 28:16(롬 10:11); 합 2:4(롬 1:17); 롬1:2; 3:21; 16:25-26.
5 갈 2:11-14; 약 2:14-26; 참조, 행 11:9-18; 15:13-21.

가라 네 믿음이 너를 구원하였느니라(막 10:52).

하나님이 세상을 이처럼 사랑하사 독생자를 주셨으니 이는 그를 믿는 자마다 멸망하지 않고 영생을 얻게 하려 하심이라(요 3:16).

진정한 믿음은 다음과 같다.

첫째, 믿는 사람이 그 대상과 내용을 분명히 이해할 수 있도록 그 대상과 내용이 명확해야 한다. 성경은 하나님만이 참 신이시고, 그의 아들을 믿는 믿음만이 구원을 얻는 유일한 길로 가르친다. 성경이 가르치는 구원을 얻는 믿음의 특성을 절대성과 유일성이다. 성경은 하나님의 은혜를 믿음으로 구원 얻는 진리가 세상의 모든 종교가 가르치는 연약하고 제한적인 인간의 행위에 근거한 모호한 구원 진리를 뛰어넘는 탁월하고 합리적인 절대적 구원 진리임을 증거한다.

둘째, 진정한 믿음은 구원의 능력을 나타내야 한다. 과연 복음이 가르치는 구원의 진리는 믿는 우리로 하여금 우리의 죄와 연약함을 겸손히 철저히 고백하게 하고, 하나님의 구원 사랑과 은혜를 얻게 하는 능력이 있다.

그러므로 상대주의적 가치관이 왕 노릇하는 현대 사회에서 복음을 믿는 우리는 복음의 절대적 구원의 능력을 반대하는 모든 도전을 이겨 나가야 한다.

아들 디모데야, 내가 네게 이 교훈으로써 명하노니 전에 너를 지도한 예언을 따라 그것으로 선한 싸움을 싸우며 믿음과 착한 양심을 가지라 어떤 이들은 이 양심을 버렸고, 그 믿음에 관하여는 파선하였느니라(딤전 1:18-19).

오직 너 하나님의 사람아, 이것들을 피하고 의와 경건과 믿음과 사랑과 인내와 온유를 따르며, 믿음의 선한 싸움을 싸우라 영생을 취하라 이를 위하여 네가 부르심을 받았고, 많은 증인 앞에서 선한 증언을 하였도다 만물을 살게 하신 하나님 앞과 본디오 빌라도를 향하여 선한 증언을 하신 그리스도 예수 앞에서 내가 너를 명하노니, 우리 주 예수 그리스도께서 나타나실 때까지 흠도 없고 책망 받을 것도 없이 이 명령을 지키라(딤전 6:11-14).

하나님께서는 이 거룩한 복음 진리로서 이 세상을 구원하시기로 오래전부터 계획해 오신 것이다. 사도 바울은 다만 이 사실을 힘써 증거한 것뿐이다.

이제는 율법 외에 하나님의 한 의가 나타났으니 율법과 선지자들에게 증거를 받은 것이라(롬 3:21).

복음은 온전히 하나님의 은혜에 의지하는 구원을 제시한다. 오늘 우리는 이 복음을 유일한 구원의 진리로서 힘써 증거해야 한다.

2020 2월 16일

108. 주님과의 동행

> 에녹이 하나님과 동행하더니 하나님이 그를 데려가시므로 세상에 있지 아니하였더라(창 5:24).

지난 한 달 동안 나와 아내는 중동 지방 여러 곳을 다니며 중동 지방 선교사들을 위한 교육을 하며 지냈다. 나는 빠듯한 교육 일정과 여행 일정 가운데 매일 바쁘게 지냈다. 내 평생 이렇게 여러 날 동안 여러 나라를 다니며 바쁘게 지낸 적은 없었다. 오늘 저녁 드디어 한국으로 떠난다.

바쁜 일상 속에서도 우리는 가끔 인생무상을 느낄 때가 있다. 더구나 "미지의 내일"이라는 두려움이 언제나 어두운 그림자처럼 우리를 따른다. 성경은 나를 부르시고 구원하셔서 영원한 세상으로 인도하시는 살아계신 하나님을 믿고 그와 동행하는 인생은 의미가 있고 인생의 모든 두려움을 극복할 수 있음을 가르친다. 성경에 나오는 아벨, 에녹, 노아, 아브라함, 이삭, 야곱, 요셉, 다윗, 엘리야 같은 인물들은 모두 평생 하나님과 동행한 사람들이다.

하나님과 동행하는 인생이라고 해서 단순히 아무런 문제가 없는 순탄한 인생은 아니다. 그것은 오히려 파란만장한 인생 가운데서도 하나님을 믿고 의지함으로 실제로는 순탄한 인생을 사는 것이다. 그것은 죽든지, 살든지 오직 엄마의 품만을 의지하는 어린아이와 같은 자세다. 다윗은 그런 인생을 자신이 키우던 양에게서 배웠다.

> 내가 사망의 음침한 골짜기로 다닐지라도 해를 두려워하지 않을 것은 주께서 나와 함께 하심이라 주의 지팡이와 막대기가 나를 안위하시나이다(시 23:4).

이번 여행을 떠날 때 나름대로 여행 계획을 짜놓고 떠났지만, 그 계획을 수행하는 동안 "미지의 세계와 미지의 내일"이라는 두려움이 연속적으로 나를 따라다녔다. "종교적, 정치적 갈등을 겪는 중동 지역"에서 나라마다 다른 언어, 종교, 인종, 입국 절차, 시차, 환율 등에 시달려야 했다. 더구나 연일 보도되는 최근 중국에서 시작된 "코로나19"에 대한 공포의 뉴스로 말미암아 우리를 중국인들로 보는 현지인들의 경계하는 시선들과 질문들을 받으며 다니는 여행은 결코 만만치가 않았다.

그러나 주님께서 우리와 동행해 주심으로 지금까지의 여정은 성공적이었다. 여러 지역에서 수고하시는 선교사들의 고충을 듣고 난관들을 극복하는 그들의 믿음과 지혜를 배운 것도 감사하다.

나의 노년의 여생(餘生)을 짐작할 수는 있지만 자세히는 알 수 없다. 그러나 어제나 오늘이나 영원토록 동일하신 주님께서 나와 동행하심을 믿고, 큰 두려움 없이 나의 내일을 맞이할 것이다. 특별히 복음에 대해 별 관심이 없는 이들에게도 복음을 전하는 일에 더욱 힘쓸 것이다.

2020년 2월 17일

109. "주만 바라볼지라"

> 예수께서 즉시 손을 내밀어 그를 붙잡으시며 이르시되, 믿음이 작은 자여, 왜 의심하였느냐(마 14:31).

지난 2월 중순, 내가 중동 지방 선교사 연장 교육을 다녀온 직후부터 국내는 물론 온 세계가 온통 중국 후안성에서 시작된 "코로나19"로 난리다. 우리나라에서는 대구 신천지교회가 이 전염병의 근원지로 알려져서 큰 국가적 관심을 불러일으키고 있다. 신천지는 오래전부터 한국교회가 이단으로 정죄해 온 신흥 교단이다.

몇 년 전 세월호 사건 배후에도 기독교 이단 세력이 있었는데, 이번 재난도 또 다른 이단 세력과 관련된 것이 예사롭지가 않다. 그들은 이런 불행을 "마귀의 장난"이라고 하지만, 오히려 나는 그들에 대한 "하나님의 심판"이라고 믿는다. 나아가 하나님의 뜻을 무시하고 인본주의적 가치를 절대적으로 추구하는 현대 사회 전체에 대한 하나님의 심판이라고 생각한다. 물론 이럴 때 우리 자신도 타성과 안일주의를 회개하고 믿음을 새롭게 다져야 할 것이다.

지금 대부분의 사람들이 밖에 나가지도 않고 집에서 계속되는 긴급 뉴스 보도를 보면서 두려움에 싸여 있다. 정부는 국민의 건강 관리와 함께 안 그래도 좋지 않은 경제 지표가 더 내려갈 것을 우려하고 있고, 학교는 졸업식과 입학식을 취소하거나 개학을 연기하고 회사는 사원들을 집에서 재택 근무를 하게 하는 등 사회 전체가 큰 공포 분위기에 싸여 있다.

많은 교회가 당분간 교회 모임들을 줄이고, 주일 예배조차 화상 예배로 대체한다고 한다. 내가 다니는 동신교회도 어제 문자 메시지를 보내왔는데, 이미 교회 전체를 소독했고 다음 주에는 교인들이 모두 마스크를 쓰고 예배를 드릴 것이며 교인 간 악수를 피하라는 등의 예방 수칙이었다.

몇 년 전에도 사스 독감, 메르스 독감으로 난리가 났으나 이 정도는 아니었다. 실제로 지난 주일 2020년 2월 24일, 사람 간 감염을 막기 위해 대부분의 한국교회가 스스로 주일 예배를 포기했다. 로마 가톨릭교회도 선교 236년 만에 처음으로 미사를 중단했다. 이런 일은 전례가 없는 "초유의 기이한 재난"으로 보인다.

물론 이런 난리를 비관적으로만 볼 필요는 없다. 비록 감염을 우려해서 교회의 주일 예배를 드리지 못했더라도, 참된 믿음이란 단순히 습관적인 주일 예배와 기도회 참석, 교회 봉사, 헌금 같은 종교 행위나 경건이 아니라, 무소 부재하신 하나님을 향한 깊은 사랑과 헌신에서 비롯된다는 것을 새롭게 인식해야 할 필요가 있다. 핍박 중에 옥에 갇힌 성도들이 그랬던 것같이, 이런 기회에 우리가 찬양대의 찬양과 목사님의 설교를 들을 수 없는 어떤 극한 상황에 처할 때에도 우리 스스로 진실하게 주일 예배를 드릴 수 있는지를 시험해 볼 수 있다.

> 하나님은 영이시니 예배하는 자가 영과 진리로 예배할지니라(요 4:24)[1]
> 두세 사람이 내 이름으로 모인 곳에는 나도 그들 중에 있느니라(마 18:20).

며칠 전 터키에서 여행했던 초기 기독교인들이 핍박을 피해 모여 살던 갑바도기아 지역의 지하교회가 생각난다. 어쩌면 현대교회도 언제라도 갑작스러운 어려움에 봉착할 수도 있겠다는 생각이 든다.

세상 사람들은 이 질병의 원인을 세상의 보이는 것들에서 찾지만, 우리는 하나님께서 왜 이런 어려움을 주셨는지를 생각해야 한다. 대개 어려움을 만날 때, 우리가 지은 죄를 생각한다. 사실, 하나님께서는 여러 가지 재난을 통해 우리의 죄를 깨닫게 하시고 징벌하심으로 우리의 믿음을 자라게 하신다(신 28:20-22; 역대하 7:13-15; 시 119:67; 미 2:3). 우리는 어떤 고난이 없이는 우리의 잘못을 잘 깨닫지 못하고 회개하지도 않기 때문이다.

고난의 아픔은 마치 우리의 신경 조직이 우리의 몸이 닥친 위험을 자극을 통해 우리에게 경고하는 것과 같다. 그렇다면, 이런 고난은 우리에게 닥칠 더 큰 위험을 예방한다는 데서 결국 유익한 것이다. 우리에게 가장 해로운 것은 고난의 아픔보다 하나님을 잊고 불신하는 것이기 때문이다. 그러므로 하나님께서는 이스라엘 역사 가운데 많은 재난을 통해 이스라엘 백성의 불신을 책망하셨다. 오늘도 하나님께서

---

[1] 예수님께서는 "구원의 새 시대"에서 더 이상 유대교인들의 예루살렘이나 사마리아인들의 세겜 같은 지역에 국한된 예배가 아닌 어디서나 "신령과 진정"으로 예배드리게 될 것을 말씀하신다. 그렇다고, 예배를 위한 특정한 날과 공간을 무시하라는 말씀은 아니다. 초대교회는 주님께서 부활하신 "안식 후 첫날"을 예배 일로 정해 모이기 시작했다(행 20:7).

는 여전히 전쟁, 사회적 혼란, 질병 등 고난의 아픔으로 세상을 심판하시고 세상의 죄악을 책망하신다. 성경 말씀에 비추어 생각하면, 코로나19의 원인은 어떤 바이러스가 아니라, 인간의 죄다. 하나님께서 이 질병으로 우리들의 죄를 회개하고 하나님께 돌아오기를 원하시는 것이다.

그러나 세상은 이 질병의 제1원인이 되는 인간의 죄와 하나님의 경고에는 관심이 없고, 다만 질병에 대한 사회적, 의학적 대처에만 급급할 뿐이다. 어떤 사람들은 시간이 지나면 결국 이런 질병은 종식되게 마련이라는 자연주의적 낙관론을 따른다. 사실, 믿는 우리도 그렇게 생각할 때가 많다. 그러나 재난을 만날 때에 우선 죄를 찾아 회개하는 것이 믿는 사람의 도리다.

그러나 우리도 때로, 재난을 단순히 자연적 현상으로 돌리며 하나님의 개입을 잊어버리기도 한다. 불신적인 제자들이 어두운 밤에 풍랑 이는 갈릴리 바다 위를 걸어오시는 주님을 보고, 놀라서 유령이라고 소리친 것과 같고(마 14:26), 베드로가 잠시 믿음을 가지고 물위를 걷다가 주님 대신 바람을 보고 무서워하면서 결국 물에 빠진 것과 같다(마 14:30). 불신적인 우리도 세상의 파도와 바람을 보고 두려워하거나 헛된 생각을 할 때가 많다.

> 주께서 그들을 치셨을지라도 그들이 아픈 줄을 알지 못하며 그들을 멸하셨을지라도 그들이 징계를 받지 아니하고, 그들의 얼굴을 바위보다 굳게 하여 돌아오기를 싫어하므로 내가 말하기를, '이 무리는 비천하고 어리석은 것뿐이라 여호와의 길, 자기 하나님의 법을 알지 못하니'(렘 5:3-4).

우리는 환난 중에 먼저 우리의 불신과 죄를 회개하고 구원의 주님을 바라봐야 한다. 세상만사를 주장하시는 전능하신 하나님을 바라봐야 한다.

> 나의 영혼이 잠잠히 하나님만 바람이여, 나의 구원이 그에게서 나오는도다 오직 그만이 나의 반석이시요 나의 구원이시요 나의 요새이시니 내가 크게 흔들리지 아니하리로다(시 62:1).

하나님께서 원하시는 것은 우리가 재난 가운데서 재난의 고통이나 우리 자신의 연약함이나 무능함을 탓하기보다, 오히려 전능하신 주님을 믿고 바라보기를 원하신다.

> 믿음이 작은 자여, 왜 의심하였느냐(마 14:31).
> 믿음의 주요, 또 온전하게 하시는 이인 예수님을 바라보자 그는 그 앞에 있는 기쁨을 위하여 십자가를 참으사 부끄러움을 개의치 아니하시더니, 하나님 보좌 우편에 앉으셨느니라(히 12:2).
> 하나님은 우리의 피난처시요 힘이시니 환난 중에 만날 큰 도움이시라 그러므로 땅이 변하든지 산이 흔들려 바다 가운데에 빠지든지, 바닷물이 솟아나고 뛰놀든지, 그것이 넘침으로 산이 흔들릴지라도 우리는 두려워하지 아니하리로다(시 46:1-3).

환난 중에 우리는 하나님의 선하신 구원의 능력을 믿고 간절히 사모하자.[2]

> 우리가 알거니와 하나님을 사랑하는 자 곧 그의 뜻대로 부르심을 입은 자들에게는 모든 것이 합력하여 선을 이루느니라(롬 8:28).

이제 곧 사순절이 시작된다. 이 큰 국가적, 세계적, 교회적 재난으로 말미암아 우리는 더욱 경건하게 그리스도의 고난에 동참할 수 있을 것이다.

2020년 2월 26일

---

2 시 10:1; 13:1; 22:1; 28:1; 31:1; 70:4; 119:174.

110. 마리아의 향유: 사랑의 헌신

> 마리아는 지극히 비싼 향유 곧 순전한 나드 한 근을 가져다가 예수의 발에 붓고 자기 머리털로 그의 발을 닦으니 향유 냄새가 집에 가득하더라 제자 중 하나로서 예수님을 잡아 줄 가룟 유다가 말하되, '이 향유를 어찌하여 삼백 데나리온에 팔아 가난한 자들에게 주지 아니하였느냐' 하니, 이렇게 말함은 가난한 자들을 생각함이 아니요, 그는 도둑이라 돈궤를 맡고 거기 넣는 것을 훔쳐 감이러라 예수께서 이르시되, '그를 가만두어 나의 장례할 날을 위하여 그것을 간직하게 하라 가난한 자들은 항상 너희와 함께 있거니와 나는 항상 있지 아니하리라 하시니라'(요 12:3-8).

마리아가 예수님의 발에 "지극히 비싸고, 순전한 향유"를 부어 온 집에 향유 냄새가 가득하게 한 이야기는 그리스도인의 "순수한 사랑의 헌신"과 그 놀라운 효능을 가르친다. 마리아는 그리스도의 십자가의 희생과 같이 자신의 귀한 것을 희생해 예수님과 주위 사람들에게 유익을 주었다. 이런 마리아의 헌신적 행동을 일시적 낭비일 뿐이라고 비난하는 사람(유다)도 있었으나, 주님께서는 마리아 행동의 진정성을 인정하셨다. 마리아의 헌신은 주님을 향한 순수한 사랑에서 비롯되었기 때문이다.

그리스도인의 윤리적 동기는 순수한 사랑이다. 우리는 언제나 사랑을 따라 생각하고 행동해야 한다. 사랑이 없는 방언은 울리는 꽹과리와 같고, 사랑이 없는 예언이나 믿음은 가치가 없고, 사랑이 없는 구제나 봉사 활동도 의미가 없다(고전 13:1-3). 베드로는 죽을지언정 주를 부인하지 않겠다고 호언장담했으나 불과 몇 시간 후에 주님을 부인했다(막 14:27-31; 66-72). 베드로의 주님께 대한 헌신의 맹세는 다분히 그의 즉흥적 성품에서 기인한 것이었다.

우리는 어떤 일을 결정할 때에 대개 법이나 관습, 지배적인 여론이나 전체 분위기 또는 개인적 손익이나 기분을 따라서 한다. 그러나 그리스도인은 만사를 십자가를 지신 "그리스도의 십자가의 사랑"을 따라 판단하고 결단해야 한다(빌 2:5). 사랑이 인간 존재와 관계에서 가장 핵심적인 요소이며, 가치 판단 기준이기 때문이다.

주님께서는 생애의 마지막까지 제자들을 사랑하셨다.

> 유월절 전에 예수께서 자기가 세상을 떠나 아버지께로 돌아가실 때가 이른 줄 아시고 세상에 있는 자기 사람들을 사랑하시되 끝까지 사랑하시니라(요 13:1).

주님께서는 제자들이 무엇보다 자신을 "사랑이 많았던 분"으로 기억하기를 원하셨던 것 같다. 마지막 주간에 예수님은 제자들에게 사랑의 계명을 반복적으로 가르치셨다. "새 계명을 너희에게 주노니, 서로 사랑하라. 내가 너희를 사랑한 것같이 너희도 서로 사랑하라"고 거듭 당부하셨다(요 13:34; 15:12). 주님께서는 사랑을 인간 존재와 교제의 핵심적인 요소로 보셨다.

마지막 날 밤, 우리 주님께서는 직접 제자들의 발을 씻기시면서 사랑의 본을 보이셨다. 종들이 하던 천한 일을 주님께서 친히 하심으로써 제자들에게 종의 도를 가르치셨던 것이다. 무엇보다 주님께서는 우리의 죄를 대속하시기 위해 십자가를 지셨다. 그의 모든 사랑과 헌신의 가르침은 결국 십자가의 희생적 사랑과 죽으심을 가리키는 것이다.

우리의 사랑은 행위 없는 말로만의 사랑이고 우리의 헌신은 말뿐인 헌신이 아닌가?

주님께서 부활하신 후 디베랴 바다에 나타나셔서 베드로에게 당부하신 말씀도 역시 사랑이다(요 21:15-17).

> 요한의 아들 시몬아, 네가 이 사람들보다 나를 더 사랑하느냐(요 21:15).

이제야 비로소 베드로는 진정한 사랑의 헌신을 약속할 수 있었다.

> 주님, 그러하나이다 내가 주님을 사랑하는 줄 주님께서 아시나이다(요 21:15).

베드로는 이 약속을 그의 생애의 마지막 순간까지 지켰다.

> 내가 진실로 진실로 네게 이르노니 네가 젊어서는 스스로 띠 띠고 원하는 곳으로 다녔거니와 늙어서는 네 팔을 벌리리니 남이 네게 띠 띠우고 원하지 아니하는 곳으로 데려가리라 이 말씀을 하심은 베드로가 어떠한 죽음으로 하나님께 영광을 돌릴 것을 가리키심이러라 이 말씀을 하시고 베드로에게 이르시되 나를 따르라 하시니(요 21:18-19).

내가 세상을 떠난 후에 나를 아는 사람들이 나를 어떤 사람으로 기억할 것인가?
학식이 많았던 사람?
말을 잘했던 사람?
글을 많이 쓴 사람?
부지런했던 사람?
재미있던 사람?
인기가 많았던 사람?

> 그리스도의 사랑이 우리를 강권하시는도다 … 그가 모든 사람을 대신하여 죽으심은 살아 있는 자들로 하여금 다시는 그들 자신을 위하여 살지 않고, 오직 그들을 대신하여 죽었다가 다시 살아나신 이를 위하여 살게 하려 함이라(고후 5:14-15)

우리가 주님을 위해 산다는 것은 곧 주님을 믿는 형제자매들과 사랑을 나누며 산다는 것이다.

주님, 이 죄인을 주님의 온전한 사랑으로 충만하게 하옵소서. 아멘.

2020년 3월 5일

111. 의미 있는 인생 vs. 의미 없는 인생

> 때가 아직 낮이매 나를 보내신 이의 일을 우리가 하여야 하리라 밤이 오리니 그 때는 아무도 일할 수 없느니라(요 9:4).

시간은 물처럼 흐르다가 증기처럼 사라진다. 흔히 인생도 시간과 함께 흐르다가 사라지는 것이라고 한다. 사람들은 인생의 불안과 허망함을 달래기 위해 여러 가지 방법을 사용하지만, 어떤 인위적인 방법도 인생 문제를 위한 궁극적 대안이 될 수 없다. 우리의 인생을 세상의 허무한 가치와 목적을 따라 살면 결국 허무한 인생이 될 수밖에 없다.

성경은 인생이 단순히 허망하게 끝나는 것이 아니라, 영원한 심판이 기다리고 있음을 경고한다.

> 한 번 죽는 것은 사람에게 정해진 것이요, 그 후에는 심판이 있으리니(히 9:27).

그러므로 우리는 우리의 인생을 우리를 지으신 창조주 하나님께서 가르치시는 영원한 가치와 목적을 향해 재설정해야 한다. 단순히 생존만을 위한 인생은 별 의미가 없다. 물론 "생육하고 번성하여 땅에 충만하라"는 창조주 하나님의 말씀을 따라서 생존 자체도 나름대로 의미가 있다고 할 수 있으나, 우리 주님께서는 우리가 들의 백합화나 공중의 새보다 더 나은 "하나님의 형상"임을 깨닫고 하나님 나라의 가치를 추구하며 살 것을 가르치셨다.

> 너희는 먼저 그의 나라와 그의 의를 구하라(마 6:33).

특별히 주님께서는 평생 죄인을 대속하시기 위한 십자가의 대업을 염두에 두시고 끊임없이 일하셨다.

> 때가 아직 낮이매 나를 보내신 이의 일을 우리가 하여야 하리라 밤이 오리니 그 때는 아무도 일할 수 없느니라(요 9:4).

비록 우리의 인생이 한시적이지만 우리가 하나님의 특별한 사랑의 대상이라는 것을 깨달을 수 있다면, 우리의 인생은 살만한 가치가 있는 것이다. 나아가 우리가 하나님의 영원한 나라와 영광의 약속을 믿을 수 있다면, 우리는 오늘 하루도 감사하며 기쁘게 살아야 할 당위성을 갖는다.

사도 바울은 "그리스도를 아는 지식의 고상함"으로 말미암아 믿기 전에 좋다고 여기던 가치들을 해로운 것들로 여기며 이렇게 말했다.

> 그리스도와 그 부활의 권능과 고난에 참여함을 알고자 하여 그의 죽으심을 본받아, 어떻게 해서든지 죽은 자 가운데서 부활에 이르려 하노니,… 오직 내가 그리스도 예수께 잡힌바 된 그것을 잡으려고 달려가노라(빌 3:10-12).

"예수께 잡힌바 된 그것"이란 사망 권세 이기시고 하늘의 영광과 존귀로 충만하신 예수님의 온전한 상태와 신분을 가리킨다. 바울은 자신도 예수님과 같이 장차 영광과 존귀로 온전하게 될 것을 믿고 모든 현재의 고난을 감수하며 수고한다(빌 3:14-21). 문제는 허황된 영광과 탐욕을 위해 일하는 거짓 사역자들("영지주의적 완전주의자들")이 활개를 치는 것이다(빌 3:18-19). 그들은 사도 바울과 같이 장래의 영광을 믿고 사역하는 것이 아니라, 현재의 영광을 자랑하는 것이다. 바울은 빌립보 교인들이 이런 거짓 사역자들에게 현혹되지 말고 자신과 함께 영원한 하늘의 상을 위해 힘쓸 것을 당부한다.

> 형제들아 너희는 함께 나를 본받으라(빌 3:17).

사람들은 지, 정, 의, 감성, 양심, 종교, 철학, 도덕, 예술 등으로 진, 선, 미 등의 절대적 가치를 추구하지만 바울은 그리스도 안에서 여타의 세상의 가치들을 능가하는 위로, 평안, 기쁨, 믿음, 소망, 사랑 그리고 장래의 영광 같은 탁월한 가치들을 발견한 후에는 다른 모든 가치를 해로운 것들로 여기고 버렸다(빌 3:7-8).

내 주 그리스도 예수님을 아는 지식이 가장 고상하기 때문이라(빌 3:8).

여전히 많은 사람이 그리스도 안에 있는 진정한 인생의 가치와 목적을 모르고 허망한 가치를 추구한다. 우리가 이런 이들에게 그리스도의 구원의 기쁨과 소망을 증거할 수 있다면, 우리의 존재 가치와 의미도 더욱 빛나게 될 것이다. 더구나 우리의 일생이 한정적임을 생각할 때 우리는 복음의 고상한 가치를 증거하는 증인으로서의 사명을 위해 더욱 열심히 일하지 않을 수 없다. 그것이 바로 본문에서 주님께서 당부하시는 바 복음의 증인으로서의 사명과 책임이라고 생각한다.

그러므로 사도 바울은 복음 사역을 위해 애쓰는 자신을 결승점을 향해 달려가는 육상 선수에 비견했다.

> 형제들아, 나는 아직 내가 잡은 줄로 여기지 아니하고 오직 한 일, 즉 뒤에 있는 것은 잊어버리고 앞에 있는 것을 잡으려고 푯대를 향하여 그리스도 예수 안에서 하나님이 위에서 부르신 부름의 상을 위하여 달려가노라(빌 3:13-14; 참조, 고전 9:24-26; 갈 2:2; 딤후 4:7-8).

바울은 최후에 주님께서 자신에게 주실 영원한 상급을 받기 위해 평생 달려갔다(딤후 4:7-8). 그 상급이란 사망 권세를 이기시고 승리하신 그리스도의 "온전하신 상태"(영생, 영광, 존귀)를 가리킨다.[1] 바울은 그리스도를 만난 뒤에 그를 알기 전의 모든 허망한 가치와 일을 버리고, 오직 전적으로 사망 권세를 이기시고 승리하신 그리스도의 인격적이고 존재론적인 "온전하심"에 이르는 것을 삶의 목표로 삼고 일해 왔다. 바울이 주님의 "온전하심"을 추구함으로써 얻은 유익은 미래적이면서도 현재적이다. 바울은 장래의 영광을 소망하면서 현재의 고난을 극복하는 존재론적 힘을 얻었다. "생각하건대, 현재의 고난은 장차 우리에게 나타날 영광과 비교할 수 없도다"(롬 8:18).

하나님께서는 그의 구원의 경륜 가운데 우리로 하여금 "현재의 고난"과 불완전한 인생 경험을 통해 저 온전하고 영원한 나라를 소망하게 하셨다(롬 8:18-25; 고후 4:16-5:1-10; 빌 3:20-21). 그러므로 우리는 인생을 세상의 헛된 가치를 따라 허

---

[1] 빌 1:20; 3:11-14, 20-21; 참조, 고전 13;10, 12; 고후 12:9; 히 7:28, 12:2.

망하게 보낼 것이 아니라, 사도 바울과 같이 우리를 사랑하사 사망 권세를 이기시고 승리하신 그리스도를 우리의 존재론적 가치와 모델로 삼고 그의 인격적, 존재론적 온전하심을 이루기 위해 힘써야 한다. 더구나 우리의 일생이 빠르게 지나가는 것을 생각할 때, 주님처럼 바울처럼 부지런히 일하지 않을 수 없다.

> 때가 아직 낮이매 나를 보내신 이의 일을 우리가 하여야 하리라 밤이 오리니 그때는 아무도 일할 수 없느니라(요 9:4).
> 이(복음 사역)를 위하여 나도 내 속에서 능력으로 역사하시는 이의 역사를 따라 힘을 다하여 수고하노라(골 1:29).

2020년 3월 7일

112. 인간의 영원성

> 하나님이 모든 것을 지으시되 때를 따라 아름답게 하셨고 또 사람들에게는 영원을 사모하는 마음을 주셨느니라 그러나 하나님이 하시는 일의 시종을 사람으로 측량할 수 없게 하셨도다(전 3:11).

인간 존재의 영원성이 단순히 인간의 일시성을 극복하려는 인간의 소망에서 비롯된 인위적이고 주관적인 개념이 아니라, 객관적 진실이라는 증거는 이 세상과 인간을 지으신 창조주 하나님께서 인간의 영원성을 약속하셨기 때문이다. 더구나 하나님께서 오래전에 하셨던 약속을 실제로 성취하셨기 때문에 인간의 영원성에 대한 이 약속도 이루어질 것이 확실하다.[1]

> 여호와여, 주의 말씀은 영원히 하늘에 굳게 섰사오며 주의 성실하심은 대대에 이르나이다 주께서 땅을 세우셨으므로 땅이 항상 있사오니 천지가 주의 규례들대로 오늘까지 있음은 만물이 주의 종이 된 까닭이니이다(시 119:89-91).

성경 주석가들 가운데 성경의 영생의 가르침이 후대 이방 종교 사상에서 영향 받은 후기 유대교 사상으로 보는 이들도 있지만, 신약성경에는 물론 구약성경에도 영생에 대한 가르침이 있다. 대부분의 구약 시대 사람들은 사람이 죽음 후에 "스올"(지하 세계)로 들어가서 "르파임"(음령, 陰靈)이 된다고 믿었다. 죽음은 완전한 "멸절"이 아니라, 하나님의 구원을 기다리는 휴면 상태라고 생각했다.

인간의 육체는 다른 피조물과 같이 흙으로 돌아가지만 그 영혼은 계속해서 생존한다. 구약 성경에 죽음을 미화하거나 반기는 말은 없으나, 욥은 그의 죽음 후에 하나님을 만날 것을 믿었다(욥 19:25-27). 더구나, 욥기는 후기 유대교 문헌이 아니라, 고대 유대교 문헌에 속한다. 유사하게 다윗도 영생을 믿었다.

---

[1] 영원하신 하나님-창 21:33; 출 3:14-15; 신 32:27; 시 90:2; 93:2; 102:12; 사 40:28; 렘 10:10; 애 5:19; 롬 16:26; 히 7:24; 9:14. 영원하신 말씀-삼하 7:25; 대상 16:15, 17; 17:23; 시 105:8; 119:89; 사 40:8 등.

헐몬의 이슬이 시온의 산들에 내림 같도다 거기서 여호와께서 복을 명령하셨나
니 곧 영생이로다(시 133:3).

다니엘도 많은 사람이 부활할 것을 예언했다(단 12:2). 하나님의 최종적, 완전한
계시인 신약성경은 영생의 약속들로 넘친다. 앞에서 지적했듯이, 이런 신약의 영생
의 가르침이 이방 종교나 철학 사상에도 있으므로 어떤 이들은 외래적인 사상으로
보는 이들도 있으나, 인간 역사와 문화를 주관하시는 하나님께서 특정한 문화와 시
대를 통해 그의 뜻을 계시하신다고 볼 수 있다. 더구나 위에서 지적한대로 구약에
도 영생에 대한 가르침이 있다. 그러므로 영생은 하나님께서 오랫동안 준비해 오신
인간 구원에 대한 하나님의 최종적인 해결책이다. 하나님의 구원 약속은 대개 점진
적으로 점차분명하게 나타나는 것이다(롬 1:2; 3:21; 6:25-26). 특별히 하나님의 말씀
이신 그리스도께서 부활하심으로 하나님의 오랜 영생의 약속을 확증하셨다.

나는 부활이요 생명이니 나를 믿는 자는 죽어도 살겠고, 무릇 살아서 나를 믿는
자는 영원히 죽지 아니하리니 이것을 네가 믿느냐(요 11:25-26).

그리스도를 믿고 그와 연합한 사람은 그의 부활 생명을 부여받아 영생하게 된
다.[2] 히브리서 기자는 그리스도인은 물론 구약 시대의 언약 백성도 그리스도를 믿
는 신약 시대 사람들과 함께 영원한 하늘나라에서 영생하게 될 것이라고 한다
(히 11:10-16).

이는 하나님이 우리를 위하여 더 좋은 것을 예비 하셨은즉 우리가 아니면, 그들로
온전함을 이루지 못하게 하려하심이라(히 11:40).

2020년 3월 19일

---

[2] 요 3:16; 6:35, 47-58; 11:25-26; 14:1-6; 15:4-5; 롬 5:18, 21; 6:3-5; 23; 8:10-11; 고전 15:20-21; 35-58; 고후 5:1 이하; 골 3:3-4; 살전 4:14-18; 딤전 1:16; 딛 1:2; 벧전 1:4; 요일 5:11, 13; 계 21:1 이하.

113. 두 길

> 무릇 의인들의 길은 여호와께서 인정하시나 악인들의 길은 망하리로다(시 1:6).

성경은 자주 선과 악의 극명한 대조를 통해 독자들이 악을 버리고 선을 선택하도록 가르친다. 특별히 잠언과 시편의 지혜시는 지혜자의 길과 어리석은 자의 길을 대조하며 지혜자의 길은 선한 길, 생명의 길이며 어리석은 자의 길은 악한 길, 멸망의 길이라고 가르친다.[1] 하나님을 경외하는 사람은 탐욕, 음욕을 버리고 정결해야 하고 불의, 거짓과 궤계를 버리고 의를 지켜야 하고 게으름과 방종을 버리고 성실해야 한다.

첫째, 선한 길과 악한 길, 생명의 길과 사망의 길이 분명히 보일 때도 있으나, 주의 깊게 살피지 않으면 모호할 때도 있으므로 주의해야 한다.

> 어떤 길은 사람이 보기에 바르나 필경은 사망의 길이니라(잠 14:12; 16:25).

둘째, 성경은 우리가 선한 길을 택하기 위해 머뭇거리거나 망설이지 않고 단호하게 결단해야 할 것을 가르친다. 우리가 머뭇거리거나 망설일 때 악한 생각이 틈타기 때문이다.

옛날 요셉은 보디발의 아내의 유혹을 받았을 때 즉시 뿌리침으로써 당장은 큰 고통을 받았으나, 결국 하나님의 인정하심을 받아 큰 인물이 되었다. 반대로 다윗은 우리아의 아내 밧세바로 말미암아 부끄러운 죄를 범하고 하나님의 징벌을 받았다.

이스라엘 백성을 약속의 땅으로 인도한 여호수아는 이스라엘 백성들에게 하나님과 이방 신들 가운데 섬길 자를 분명히 선택할 것을 촉구했다(수 24:15). 아합 왕 시대에 엘리야도 여호와와 바알을 모두 신으로 섬기던 이스라엘 백성들에게 여호와와 바알 가운데 어느 한 쪽을 택해 섬길 것을 촉구했다.

---

1 시 16:11; 23:3; 36:4; 119:101; 잠 1:15; 6:23; 15:24; 16:25 등.

너희가 어느 때까지 둘 사이에서 머뭇머뭇하려느냐 여호와가 만일 하나님이면 그를 따르고, 바알이 만일 하나님이면 그를 따를지니라(왕상 18:21).

에스겔도 하나님께서 우상과 하나님을 함께 섬기는 이스라엘 백성을 징벌하실 것을 경고였다(겔 14:7-9). 결국 모든 예언자는 하나님께 대한 단호한 신앙적 선택과 절대적 헌신을 촉구했다.

예수님께서도 사람이 하나님과 재물을 함께 섬길 수 없다고 말씀하시면서 이 세상의 가치를 버리고 하나님 나라의 가치를 따라 살 것을 촉구하셨다(마 6:19-33). 특별히 예수님께서는 많은 사람이 세상의 일시적이고 저속한 가치를 따라 "멸망에 이르는 쉽고 넓은 길"을 가지만, 하나님 나라에 속한 사람들은 하나님 나라의 고상한 가치를 따라 "영생에 이르는 힘들고 좁은 길"을 가야 할 것을 가르치셨다(마 7:13-14).

예수님 자신도 생애의 마지막 날 밤에 자기의 뜻과 아버지의 뜻을 놓고 기도하시면서 결국 십자가를 지시기로 결단하셨다(마 26:38, 42). 야고보도 이렇게 가르쳤다.

하나님을 가까이 하라 그리하면 너희를 가까이 하시리라 죄인들아 손을 깨끗이 하라 두 마음을 품은 자들아 마음을 성결하게 하라(약 4:8)

하나님 아버지, 가치관이 혼란한 이 시대에 우리에게 선악을 분명히 구별하는 능력과 단호히 악을 버리고 선을 택하는 결단력을 주시옵소서, 예수님의 이름으로 기도하옵나이다. 아멘.

2020년 3월 19일

114. 최고의 달란트: 믿음

> 그 주인이 대답하여 이르되, 악하고 게으른 종아, 나는 심지 않은 데서 거두고 헤치지 않은 데서 모으는 줄로 네가 알았느냐(마 25:26).

달란트는 하나님께서 우리에게 주신 모든 영적, 물질적 재능과 육체적 자원이다. 사람마다 재능과 자원이 다르고 뛰어난 재능과 넉넉한 자원을 가진 이들이 있는가 하면 그렇지 못한 이들도 있다.

그러나 모든 사람이 나름대로 자신의 재능과 자원을 가지고 있다. 실제로, 달란트의 종류는 무한하다. 외적 달란트뿐만 아니라, 내적 달란트도 있다. 성령의 은사와 열매도 모두 귀한 영적 달란트들이다(고전 12:4 이하; 갈 5:22). 또한, 신앙 경력, 영적 은사, 선한 지혜, 선한 인품, 좋은 습관, 건강, 시간, 기회 같은 적극적인 자원과 함께 죄와 실패, 시험과 고난의 경험 같은 부정적인 자원도 있다. 이렇게 생각하면, 아무리 무능한 사람이라고 해도 자신만의 특별한 달란트와 자원이 있다.

우리의 달란트와 자산은 무엇인가?

주님께서는 우리 각자에게 주신 달란트로 주님의 몸 된 교회를 위해 충성하기를 원하신다. 우리는 교회 봉사는 물론 모든 선한 일을 위해 우리의 영적, 물질적 달란트를 아낌없이 최대한 사용해야 한다. 우리의 달란트를 선용할 때 우리 자신도 성숙한 믿음의 사람으로 자라게 되는 것이다.

우리의 달란트와 자산을 최대로 선용하고 있는가?

한 달란트 받은 종의 문제는 자신이 받은 달란트는 물론 기회, 시간, 건강, 환경 조건 등 자신의 자산을 무시하며 전혀 사용하지 않은 것이었다. 그는 매사에 자신감이 없고, 두려움이 많고, 무능하고 게으른 사람이었다. 무엇보다 그는 무례하게도 주인의 성품과 뜻을 자신의 게으른 생각을 따라 마음대로 해석했다. 즉 그는 주인이 매우 철저한 사람이기 때문에 자신이 주인에게서 받은 한 달란트를 낭비하지 않고, 주인에게 그대로 돌려주는 것이 주인의 뜻이라고 생각했다.

그래서 그는 주인이 올 때까지 한 달란트를 땅속에 깊이 파묻어 두었던 것이다(마 25:18). 그러나 이 종은 자신의 판단이 주인의 뜻이 아니라, 바로 자신의 게으른 생각에서 비롯된 잘못된 판단임을 자각하지 못했다. 부정적이고 게으른 생각은 불행을 초래한다.

우리 하나님께서는 우리의 적은 달란트와 작은 겨자씨를 통해서도 크고 기이한 일을 하시는 분이시다. 하나님은 우리의 적은 기회, 적은 시간, 열악한 조건, 소박한 기도와 믿음을 통해서도 큰일을 하시는 능력의 하나님이시다(마 7:7-11; 17:20).

결국 이런 능력의 하나님을 믿고 사랑하는 것이 최고의 달란트다. 그러므로 우리는 이 믿음을 가지고 우리의 달란트가 부족하더라도, 그것을 최대한으로 활용해야 한다. 우리의 현재의 조건과 형편이 좋지 않고 과거의 실패 경험이나 또 다른 실패의 두려움 같은 장애가 있더라도, 담대하게 믿음으로 극복하고 적극적으로 우리의 물질적 영적 자산을 활용해야 한다. 인생의 모든 시험과 도전 가운데 두려움과 좌절 같은 불신적인 자세를 버리고 담대하게 우리에게 맡겨진 선한 싸움을 싸워야 한다.

> 나는 선한 싸움을 싸우고 나의 달려갈 길을 마치고 믿음을 지켰으니, 이제 후로는 나를 위하여 의의 면류관이 예비되었으므로 주 곧 의로우신 재판장이 그 날에 내게 주실 것이며, 내게만 아니라, 주의 나타나심을 사모하는 모든 자에게도니라(딤후 4:7-8).

다만 우리는 우리의 달란트를 우리의 사욕이 아니라, 하나님의 영광을 위해, 주님의 몸 된 교회를 위해 선하게 사용해야 한다. 우리가 우리 자신이 아니라, 주님의 것으로서 주님을 위해 살아야 하듯이, 우리의 달란트 역시 주님의 것이므로 우리 자신의 뜻대로 사용하지 말고 주님의 선하신 뜻을 따라 사용해야 한다.

2020년 3월 25일

115. 생명의 주님의 권능

> 만일 우리가 그의 죽으심과 같은 모양으로 연합한 자가 되었으면 또한 그의 부활과 같은 모양으로 연합한 자도 되리라(롬 6:5).

우리는 그리스도를 믿음으로 그리스도와 연합했고, 그리스도의 생명을 받은 사람들이다. 이것이 바울의 구원론의 핵심이다. 사도 바울은 로마서 6장에서 그리스도인의 새로운 삶에 대해서 가르친다. 그리스도인은 세례를 받을 때 그리스도와 함께 그의 옛 사람은 죽고 새로운 사람으로 태어났으므로 옛 사람의 행위는 버리고, 새로운 사람의 행위를 시작해야 할 것을 가르친다(롬 6:1-23).

> 죄에 대하여 죽은 우리가 어찌 그 가운데 더 살리요(롬 6:2).

그런데도 믿는 우리가 여전히 옛 사람의 생각과 행위를 따라 사는 것이 문제다. 그 결과 믿는 우리도 때로 사망과 죄의 권세를 두려워 한다.

모든 인생이 수고하다가 흙으로 돌아간다. 인생의 고난은 죽음의 전조다. 우리 그리스도인도 모든 자연인과 함께 죽음을 두려워한다. 그러나 우리 그리스도인은 생명의 주 그리스도를 믿음으로 사망의 두려움을 이겨야 한다. 모든 그리스도인 안에 계신 생명의 주로 말미암아 죽음의 권세가 우리를 결코 이길 수 없음을 알아야 한다. 생명의 주 그리스도께서 우리의 죄를 위해 죽으시고 사망의 권세를 이기시고 부활하셨고 이제 그를 믿는 모든 사람을 지키시고 보호하시기 때문이다.

> 그러므로 사나 죽으나 우리가 주의 것이로다(롬 14:8).

비록 우리를 죽음으로 인도하는 온갖 인생고가 수시로 우리를 괴롭히지만, 생명의 주께서 지금 우리 안에 계시는 것과 그가 약속하신 장래의 영광을 굳게 믿음으로써 죽음의 공포를 이겨야 한다.

> 이는 내게 사는 것이 그리스도니 죽는 것도 유익함이라(빌 1:21).

우리가 항상 예수의 죽음을 몸에 짊어짐은 예수의 생명이 또한 우리 몸에 나타나게 하려 함이라(고후 4:10).
우리가 잠시 받는 환난의 경한 것이 지극히 크고 영원한 영광의 중한 것을 우리에게 이루게 함이니(고후 4:17).
생각하건대, 현재의 고난은 장차 우리에게 나타날 영광과 비교할 수 없도다(롬 8:18).

사망의 권능은 자주 죄의 권능과 함께 우리를 위협한다. 우리의 거듭된 영적 실패와 죄책감이 자주 우리를 괴롭힌다. 사망의 권세가 우리가 받는 모든 현재의 고난을 우리의 죄에 대한 하나님의 징벌로 삼아 우리를 위협한다.

오호라, 나는 곤고한 사람이로다 이 사망의 몸에서 누가 나를 건져 내랴(롬 7:24).

사도 바울의 탄식은 단순히 불신자들의 탄식일 뿐만 아니라, 사망과 죄의 권세로 말미암아 위협받는 모든 그리스도인의 탄식이기도 하다. 그러나 생명의 주와 연합한 우리는 우리를 위협하는 이 모든 사망과 죄의 권세를 우리의 죄를 위해 친히 죽으시고 승리하신 생명의 주님 권능과 이름으로 담대히 물리쳐야 한다.

사망아 너의 승리가 어디 있느냐 사망아 네가 쏘는 것이 어디 있느냐 사망이 쏘는 것은 죄요, 죄의 권능은 율법이라 우리 주 예수 그리스도로 말미암아 우리에게 승리를 주시는 하나님께 감사하노니, … (고전 15:55-57).
그러므로 이제 그리스도 예수 안에 있는 자에게는 결코 정죄함이 없나니, 이는 그리스도 예수 안에 있는 생명의 성령의 법이 죄와 사망의 법에서 너를 해방하였음이라(롬 8:1-2).

우리 주님께서는 우리가 사망과 죄의 권세로 말미암은 현재의 고난 가운데서도 언제나 주님 안에 있는 생명과 구원의 권능을 믿고 승리하기를 원하신다.

2020년 3월 29일

116. 원수 사랑

> 또 네 이웃을 사랑하고 네 원수를 미워하라 하였다는 것을 너희가 들었으나, 나는 너희에게 이르노니 너희 원수를 사랑하며 너희를 박해하는 자를 위하여 기도하라(마 5:43-44).

구약성경, 특히 시편은 원수에 대한 보복심과 증오심으로 넘치고 심지어 원수를 저주하는 기도도 있다(시 109:7-20). 물론 구약도 원수 갚는 것을 하나님께 맡기고 스스로 원수를 갚지 말 것을 가르치지만, 구약 시대에 원수에 대한 적개심과 보복이 만연했음을 보여 준다.[1]

사실 원수나 라이벌에 대한 경계와 적대심은 모든 자연인의 일반적 성향이다. 사람은 누구나 개인적 원수와 자신의 국가와 사회와 조직을 반대하고 위협하는 불의한 세력들로 말미암아 고통받는다. 현대인이 즐기는 일상적 유머는 자주 우리의 원수나 이웃에 대한 냉소적 감정을 나타낸다.

원수는 표면상 어떤 개인적 이해 관계나 국가적 갈등 관계에서 비롯되지만, 궁극적으로는 증오심에서 비롯되는 것이다. 그러므로 예수님께서는 산상수훈에서 완전한 하나님 나라의 윤리로서 원수 사랑을 가르치신다.

예수님께서 시작하신 구원의 새 시대는 율법의 요구를 따르는 인간의 행위로 말미암은 구원이 아니라, 십자가의 용서와 사랑과 은혜를 믿는 구원의 시대다. 구원의 새 시대에서 예수님께서는 십자가의 화해에 근거한 "원수 사랑"을 인과응보의 원리에 근거한 보복의 윤리를 대체하는 하나님 나라 백성의 윤리로 선언하신 것이다.

"원수 사랑"이 유대인의 율법의 인과론적 가르침보다 더 고상한 그리스도인의 복음의 윤리를 대표하는 핵심적 가르침이다. 우리가 이 계명을 받들어 순종할 때 개인적, 사회적, 국가적 평화와 안정을 얻게 되고 하나님 나라에 더 가까이 나아가게 되는 것이다. 십자가의 사랑 안에서 죄인이 하나님의 자녀가 되고, 원수가 친구로 변하는 기적이 나타난다.

---

1 레 19:18; 잠 25:21-22; 참조, 롬 12:19-20.

물론 그렇더라도 원수와 형제를 혼동해서는 안 된다. 그리스도인의 사랑은 결코 정의를 무시하고 불의를 용납하는 무분별하고 혼란한 사랑이 아니기 때문이다.

> [사랑은] 불의를 기뻐하지 아니하며 진리와 함께 기뻐하고(고전 13:6).

비록 예수님께서 자신을 십자가에 못 박고 조롱하던 이들의 죄를 용서해달라고 기도하셨으나 가룟 유다의 죄까지 용서하셨다고 할 수는 없다. 바울도 그의 복음을 대적하던 "원수"들을 경계한다.[2] 원수는 마귀의 별칭이기도 하다.[3]

오늘도 복음을 반대하고 훼방하는 안팎의 적대적 세력이 우리들을 위협한다. 그러나 그들이 명백한 "적그리스도"나 "거짓 선지자"가 아니라면, 그들을 십자가의 사랑으로 용서하고 그들이 회개하고 바르게 믿도록 기도하는 것이 그리스도인의 마땅한 도리다(살전 3:15). 그리스도인은 십자가를 지신 그리스도를 따라서 언제, 어디서나 그리스도의 사랑과 은혜를 나타내는 일에 진력해야 한다.

> 곧 우리가 [우리의 죄로 말미암아 하나님과] 원수 되었을 때에 그의 아들의 죽으심으로 말미암아 하나님과 화목하게 되었은즉(롬 5:10a).

복음 신앙을 반대하지 않는다면, 우리 모두 함께 화해를 힘써야 할 것이다(고후 5:18-21).

2020년 4월 3일

---

[2] 고후 11:13-15; 빌 1:17; 살후 3:6; 딤전 2:17; 딤후 4:14.
[3] 마 13:39; 참조, 행 5:39; 벧전 5:8; 요일 2:18.

117. "비판하지 말라"

> 형제들아 서로 비방하지 말라 형제를 비방하는 자나 형제를 판단하는 자는 곧 율법을 비방하고 율법을 판단하는 것이라 네가 만일 율법을 판단하면 율법의 준행자가 아니요 재판관이로다 입법자와 재판관은 오직 한 분이시니 능히 구원하기도 하시며, 멸하기도 하시느니라 너는 누구이기에 이웃을 판단하느냐 (약 4:11-12).

세상은 온통 비난으로 가득하다. 사람이 살다 보면 비난을 하기도 하고 비난을 듣기도 하는 것이라고 당연시하겠지만, 흔히 비판은 또 다른 비판을 야기하여 개인이나 집단이 큰 불행으로 번지는 불씨가 될 수 있기 때문에 되도록 비난을 삼가해야 한다. 더구나 신앙인들은 누군가를 비난할 때 자칫 자신이 사람을 판단하시는 하나님의 자리에 앉는다는 사실을 주지하고 더욱 조심해야 한다. 어쩔 수 없이 남을 비판해야 할 때도 먼저 우리 자신이 하나님의 은혜로 용서받은 죄인이란 사실을 기억하고 오만한 자세를 버리고 사랑으로 권면해야 한다.

그리스도인이 용서받은 죄인이듯이, 그리스도의 교회는 세상의 어떤 단체와 달리 법이나 규율이 아닌 그리스도의 은혜와 사랑으로 시작되고 유지되는 특별한 신앙공동체. 그러므로 예수님께서도 믿음의 형제자매 간에 서로 비판하지 말 것을 가르치셨다.

> 비판을 받지 아니하려거든 비판하지 말라 너희가 비판하는 그 비판으로 너희가 비판을 받을 것이요, 너희가 헤아리는 그 헤아림으로 너희가 헤아림을 받을 것이니라 어찌하여 형제의 눈 속에 있는 티는 보고 네 눈 속에 있는 들보는 깨닫지 못하느냐 외식하는 자여, 먼저 네 눈 속에서 들보를 빼어라 그 후에야 밝히 보고 형제의 눈 속에서 티를 빼리라 (마 7:1-5).

물론 예수님께서는 전혀 비판이나 징계를 할 수 없다고 말씀하신 것은 아니다. 예수님께서도 책망이나 징계의 필요성을 인정하셨다. 다만 형제가 죄를 범하면, 우선 개인적으로 권면하고 듣지 않으면, 한두 사람과 함께 권면하고 그래도 듣지 않으면, 교회에 말하고 그래도 듣지 않으면, "이방인과 세리와 같이 여기라"라고 가르치셨다(마 18:15-18). 우리가 어쩔 수 없이 형제를 비난하고 책망해야 할 때가 있으나, 그럴 때라도 먼저 자신을 살피고 그리스도의 용서와 사랑으로 권면해야 할 것을 가르치셨다.

사도 바울도 고린도교회에서 문제가 된 사람을 징계하도록 조치한 얼마 후에 징계를 해제하도록 권면한다.

> 이러한 사람은 많은 사람에게서 벌 받는 것이 마땅하도다 그런즉 너희는 차라리 그를 용서하고 위로할 것이니 그가 너무 많은 근심에 잠길까 두려워하노라 그러므로 너희를 권하노니 사랑을 그들에게 나타내라(고후 2:6-8).

교회의 본래의 사명인 화해의 구원 사역을 계속적인 비난과 징계로 말미암아 어렵게 만드는 것이 바로 사탄의 계책임을 알아야 한다.

> 이는 우리로 사탄에게 속지 않게 하려 함이라 우리는 그 계책을 알지 못하는바가 아니로라(고후 2:11).

한마디로 십자가의 용서와 사랑이 건설적 비판의 판단 기준이다. 우리가 이웃의 잘못을 책망할 때 잘못한 일 자체에만 몰두할 것이 아니라, 먼저 잘못을 한 이웃을 동정해야 한다. 동시에 우리 자신을 살피고, 우리 모두 십자가의 사랑과 은혜로 구원받은 용서 받은 죄인들이란 사실을 되새겨야 한다. 실제로 잘못에 대한 공식적인 징계 절차를 진행하고 결정해야 할 때에도 우리 자신의 의로움과 선함이 아니라, 언제나 하나님의 의로우심과 자비하심을 염두에 두어야 한다.

우리가 어쩔 수 없이 남의 잘못을 책망해야 할 때 자칫 우리 자신의 의로움과 선함을 가장하거나 망각하는 어리석음과 무례함에 빠지지 않아야 한다. 우리는 언제나 그리스도의 온유하심으로 잘못한 가족과 이웃을 권면해야 한다. 남의 잘못만을 책잡는 사람이나 공동체는 그리스도의 몸에 속한다고 볼 수 없다.

나 바울은 이제 그리스도의 온유와 관용으로 친히 너희를 권하고 …(고후 10:1).

형제들아, 사람이 만일 무슨 범죄한 일이 드러나거든 신령한 너희는 온유한 심령으로 그러한 자를 바로잡고 너 자신을 살펴보아 너도 시험을 받을까 두려워하라 (갈 6:1).

우리가 우리에게 죄 지은 자를 사하여 준 것 같이 우리 죄를 사하여 주시옵고 (마 6:12).

한편 우리가 비판을 받을 때, 혹 우리의 잘못에 대한 오해를 풀어야 하거나 변명이 필요한 경우도 있겠지만 우리의 잘못이 명백한 경우에는 하나님과 사람 앞에서 겸손하게 잘못을 인정하고 회개하는 자세를 가져야 한다.

다윗 왕은 나단 선지자가 자신의 죄를 지적했을 때 두말없이 "내가 여호와께 죄를 범하였노라"고 범죄를 시인했고, 하나님께서는 그의 죄를 용서하셨다(삼하 12:13).

2020년 4월 5일

118. 코로나19의 교훈(I)

> 혹 내가 하늘을 닫고 비를 내리지 아니하거나, 혹 메뚜기들에게 토산을 먹게 하거나, 혹 전염병이 내 백성 가운데에 유행하게 할 때에 내 이름으로 일컫는 내 백성이 그들의 악한 길에서 떠나 스스로 낮추고 기도하여 내 얼굴을 찾으면 내가 하늘에서 듣고 그들의 죄를 사하고 그들의 땅을 고칠지라
>
> (대하 7:13-14).

지난해 12월에 중국에서 시작된 코로나19 때문에 지금 온 세계가 난리다. 세계적으로 지금 수십만 명이 이 병에 걸렸고, 매일 수천 명이 죽는다.[1] 마스크도 모자라고, 진단 킷트도 모자라고, 병상도 모자라고, 의료 인력도 부족하다. 심지어 남미의 에콰도르에서는 죽은 시신들을 제때 매장도 못하고 여기저기 길가에 방치하고 있다고 한다.

많은 사람이 두려움으로 집안에 머무르고 있다. 거의 매일 들리던 국제간의 분쟁과 전쟁, 노사 투쟁, 여야 정당의 투쟁, 출근 경쟁, 공해 문제 등의 뉴스 보도는 사라지고 온통 코로나 소식뿐이다.

적극적 측면으로써 많은 사람이 집에서 재택 근무를 하며 가족들과의 유대감을 강화하고, 교통 체증이나 공기 질도 한결 좋아졌다고 한다. 그러나 전체적으로는 재앙임이 틀림없다. 세계 지도자들은 이 재난이 제2차 세계대전 이후 인류가 직면한 최대의 재난이라고 한다. 이 세계적 재난이 미칠 사회적, 경제적 파장까지 생각하면 요한계시록의 일곱 재앙 중 하나가 시작된 느낌이다. 단순히 상징적이라고만 생각하던 계시록의 재앙들이 놀랍게도 현실로 나타난 것이다(Apocalypse Now!).

많은 사람이 급속히 번지는 이 전염병을 두려워하면서도 질병 관리를 잘하면 결국 시간과 함께 사라질 것이라고 낙관한다. 그들은 하나님의 말씀에는 관심이 없고

---

[1] 후기(後記): 5월 20일 현재, 세계적으로 총 500만 명 이상이 코로나에 걸렸고, 32만 명 이상이 목숨을 잃었다. 2002년 중국 발 "사스"로는 775명이 목숨을 잃었고, 그 후 2015년 아라비아 발 "메르스로"로는 574명이 목숨을 잃었다(우리나라 38명). "네가 악을 행하여 그를 잊으므로 … 여호와께서 네 재앙과 네 자손의 재앙을 극렬하게 하시리니 그 재앙이 크고 오래고 그 질병이 중하고 오랠 것이라"(신 28:20-59).

자신의 지식, 자연주의적 순환론을 믿는다.

　정치가들은 이런 난국을 정치적 인기를 얻고 통치력을 과시하는 기회로 삼고 과학자들은 곧 코로나19의 백신을 만들 것이라고 장담하고 경제 전문가들도 얼마 후면 경제가 회복될 것으로 예측하고 국제 정치가들은 각 나라가 코로나19를 통해 서로 협력하고 공조하는 것을 배워서 앞으로의 국제 질서 유지에 도움이 될 것이라고 하고 미래 학자들은 재택 근무, 영상 학습, 에너지 소비 절약 등으로 코로나19 이전과는 다른 세상이 전개될 것으로 내다본다.

　TV 뉴스를 보면, 교황을 제외하고는 하나님을 두려워한다거나 하나님께 호소하며 기도하는 지도자는 아무도 없다. 인본주의와 상대주의가 왕 노릇하는 이 시대에서 질병을 하나님의 재앙을 논하는 것은 정신 나간 사람으로 취급받을 뿐이다.

　심지어 평화론자들과 어떤 설교자들은 코로나는 결국 사라지고 평화가 올 것이라고 말한다. 이런 평화의 메시지는 옛날 거짓 선지자들의 거짓 메시지를 연상시킨다(렘 8:11; 겔 13:10, 16; 미 3:5, 11). 이런 낙관적 메시지가 당장 고난받는 사람들에게 위로가 되고 자연주의적 낙관론을 신봉하는 현대인들의 귀를 시원하게 할 수는 있겠지만, 현대인들이 먼저 들어야 할 메시지는 그들의 불신과 오만한 죄에 대한 하나님의 책망과 회개의 메시지라고 생각한다. 징벌하시는 하나님께서는 먼저 진정한 회개를 촉구하신다.

　성경에 나타나는 모든 질병은 하나님의 징벌이다.[2] 모든 선지자는 범죄 한 이스라엘 백성에게 회개할 것을 촉구했다. 특별히 예레미야는 하나님께서 전염병으로 그들을 치실 것이라고 자주 경고했다.[3]

　한편 하나님의 경고를 바르게 전하는 선지자들을 반대하며 사람들이 듣기 좋아하는 평화를 예언하는 거짓 선지자들도 있었다.[4] 그러나 하나님의 예언자들은 모든 사람의 반대에도 불구하고 언제나 사람들의 죄를 책망하고 회개를 촉구했다. 세례 요한도 당시 유대인들의 죄를 책망했다(눅 3:7-17).

2　레 26:25; 민 14:12; 16:46; 25:8; 31:18; 신 28:21-22; 삼하 24:13-15; 대하 7:13; 욥 27:15; 시 78:50; 렘 14:12; 21:9; 24:10; 27:8 등; 겔 28:23; 암 4:10 등.

3　렘 14:12; 21:9; 24:10; 27:8; 13; 28:8; 29:17-18; 32:24, 36; 34:17; 38:2; 42:17, 22; 44:13.

4　왕상 22:10-28; 렘 6:8:11; 36:7-26; 29:9; 겔 13:10, 16; 미 3:5; 참조, 딤후 4:3.

예수님께서도 회개하지 않는 갈릴리 지방 사람들의 오만함을 엄하게 책망하셨다(마 11:20-24).

> 화 있을 진저, 고라신아 화있을 진저, 벳새다야, … 가버나움아, 네가 하늘에까지 높아지겠느냐 음부에까지 낮아지리라 네게 행한 모든 권능을 소돔에서 행하였더라면 그 성이 오늘까지 있었으리라 내가 너희에게 이르노니 심판 날에 소돔 땅이 너보다 견디기 쉬우리라 하시니라 (마 11:21-24).

또한, 주님께서는 마지막 수난 주간에는 자신을 반대하고 처형할 예루살렘의 거민들을 책망하셨다(마 23:13-39). 이뿐만 아니라, 회개하지 않는 모든 사람이 결국 멸망할 것임을 엄히 경고하셨다(눅 13:2-5; 마 24:1-25:36). 복음은 다만 죄를 회개하는 이들에게만 구원의 기쁜 소식이다.

대부분의 현대인은 이런 재앙을 자신들의 죄에 대한 하나님의 진노로 보지 않는다. 질병은 자연발생적인 것이고 사람들의 죄와는 아무런 관계가 없다고 본다. 교회나 술집이나 사람들이 많이 모이는 곳을 피하고 예방 수칙을 철저히 지키면 질병을 예방할 수 있다고 장담한다. 이들은 하나님을 불신하던 노아 홍수 시대 사람들과 같고 하나님을 무시하고 인류 공영을 꿈꾸던 바벨탑 시대의 사람들과 같고 아브라함 때의 죄악의 성 소돔과 고모라 사람들과 같고 출애굽 때의 고집스런 바로 왕과 같다.

불신적인 현대인은 재앙을 단순한 자연 현상으로 보듯이 죄를 단순히 심리적, 사회적 현상으로 중립화시킨다. 현대 그리스도인들도 이스라엘 왕국 시대의 타락한 이스라엘 백성이나 예수님 당시의 위선적인 바리새인들과 같이 자신들의 죄를 회개할 줄을 모른다. 모세는 애굽에 일곱 번째 재앙으로 전무후무한 큰 우박이 내려 애굽 사람들과 짐승들과 농작물들을 모두 쳤을 때, 애굽의 바로 왕이 잠시 뉘우쳤지만 결코 그의 완고한 마음을 완전히 꺾지 않을 것을 알았다.

> 그러나 왕과 왕의 신하들이 여호와 하나님을 아직도 두려워하지 아니할 줄을 내가 아나이다(출 9:30).

물론 지식인들 가운데 코로나19 이후 시대가 이전 시대보다 어려운 세대가 될 것이라고 우려하는 이들도 있다. 특별히 강대국들이 각기 자기나라 중심적인 정책을 펴면서 갈등과 경쟁이 심해질 것이고, 아울러 지금까지 온 세계가 지향하던 세계화 경향이 퇴조할 것이라고 한다. 이런 전망은 마치 바벨탑 건설로 하나의 세계를 지향하던 사람들이 하나님의 심판을 받고서 뿔뿔이 흩어지던 것과 흡사하게 들린다.

그러나 대부분의 현대인은 이런 질병의 제1원인이 세상의 죄라는 하나님의 말씀을 무시하며 자신들의 지혜와 과학 기술을 믿는다. 대부분의 그리스도인도 결국 만사가 잘될 것이라고 믿는다. 그들이 믿는 대로 결국 이 재앙은 지나 갈 것이고, 백신이 개발될 것이고, 다시 세상은 원상대로 회복될 것이다. 그렇게 된다면, 그것은 단순히 인간의 능력이나 순환적인 자연 원리 때문이 아니라, 세상을 다스리시는 하나님께서 오래 참으시고 사랑이 많으신 분이시기 때문이다.

하나님께서는 회개하는 사람들을 모든 질병과 재난에서 구원하시는 분이시다(시 91:3; 6). 그러나 하나님은 여전히 공의로우신 분이시다. 하나님께서는 회개하지 않는 사람들을 심판하신다.

> 네가 하나님의 심판을 피할 줄로 생각하느냐 혹, 네가 하나님의 인자하심이 너를 인도하여 회개하게 하심을 알지 못하여 그의 인자하심과 용납하심과 길이 참으심이 풍성하심을 멸시하느냐 다만 네 고집과 회개하지 아니한 마음을 따라 진노의 날 곧 하나님의 의로우신 심판이 나타나는 그날에 임할 진노를 네게 쌓는도다(롬 2:3-5).

종말에 대한 예언은 어떤 특정한 종파나 이상한 사람들의 망상이 아니라, 분명히 미래에 나타날 세상에 대한 하나님의 말씀이다. 하나님께서는 창세 이후 타락한 세상을 향하여 끊임없이 경고하시면서 실제로 여러 재앙을 내리셨다. 동시에 하나님께서는 완전하고 새로운 세계 창조를 약속하셨다.[5] 특별히 하나님께서는 죄를 회개하는 사람들을 용서하시고 사랑하신다.

코로나19가 현대인들의 불신과 오만함에 대한 하나님의 경고이면서도, 동시에 믿

---

5 창 12:2-3; 신 1:8; 사 11:6-9; 65:17, 25; 마 4:17; 24:30; 고전 15:19, 22, 52-53; 벧후 3:12-13; 계 21:1 등.

는 이들의 안일주의와 나태한 신앙에 대한 경고임을 알아야 한다. 교회 예배에 참석하지 못하고 집에서 인터넷 화상 예배를 드리면서 우리는 구태의연한 습관적, 기계적 예배를 회개하고 신령과 진리로 예배를 드려야 할 것이다. 그동안 자주 드리지 못했던 가정 예배도 시작하고 기도와 금식 같은 경건의 훈련도 실행해야 할 것이다. 모든 위선적인 생활을 회개하고 그리스도의 사랑을 더 많은 사람에게 나타내기를 힘써야 할 것이다.

하나님을 가까이하라 그리하면 너희를 가까이하시리라 죄인들아, 손을 깨끗이 하라 두 마음을 품은 자들아, 마음을 성결하게 하라 슬퍼하며 애통하며 울지어다 너희 웃음을 애통으로, 너희 즐거움을 근심으로 바꿀지어다 주 앞에서 낮추라 그리하면 주께서 너희를 높이시리라(약 4:8-10).

우리는 현재의 재앙을 "여호와의 크고 두려운 날"의 전조로 알고, 나태한 신앙생활을 버리고 산 신앙을 가져야 한다.

여호와의 크고 두려운 날이 이르기 전에 해가 어두워지고 달이 핏빛같이 변 하려니와 누구든지 여호와의 이름을 부르는 자는 구원을 얻으리니(욜 2:31-32)[6]

이 세상의 삶은 장차 나타날 영원한 나라를 위한 예비적 과정으로 알고 경건에 힘써야 한다.

하나님의 날이 임하기를 바라보고 간절히 사모하라 그날에 하늘이 불에 타서 풀어지고, 물질이 뜨거운 불에 녹아지려니와 우리는 그의 약속대로 의가 있는 곳인 새 하늘과 새 땅을 바라보도다 그러므로 사랑하는 자들아, 너희가 이것을 바라보나니 주 앞에서 점도 없고 흠도 없이 평강 가운데서 나타나기를 힘쓰라(벧후 3:12-14).

오! 하나님, 우리를 도우소서.

2020년 4월 6일

---

[6] 막 13:24-26; 행 2:19-21; 롬 10:13; 참조, 말 4:5.

119. 수리된 난파선(難破船)

> 오호라, 나는 곤고한 사람이로다 이 사망의 몸에서 누가 나를 건져내랴 우리 주 예수 그리스도로 말미암아 하나님께 감사하리로다 그런즉 내 자신이 마음으로는 하나님의 법을 육신으로는 죄의 법을 섬기노라(롬 7:24-25).

우리 인간은 마치 큰 폭풍우로 좌초된 난파선과 같다. 그리스도를 믿는 사람은 마치 긴급 구조선(救助船)의 수리를 받고, 위기에서 벗어나 항해를 계속할 수 있게 된 "수리받은 난파선"과 같다. 우리는 마치 아직 파손된 곳이 많고 완전하지 못하나 최종 목적지까지 이르는 데는 큰 지장이 없게 수리된 배와 같다. 더구나 긴급 구난선의 선장이 우리의 배에 승선해 우리의 항해를 직접 지도하기 때문에 그의 지시를 잘 따르면 큰 어려움 없이 안전하게 목적지까지 갈 수 있게 된 것이다.

> 우리 주 예수 그리스도로 말미암아 하나님께 감사하리로다(롬 7:25).

그러나 여전히 풍랑이 드세고 어둡고 안개가 짙고 암초가 많으므로 주의해야 한다. 그리스도의 은혜와 능력으로 죄로부터 구원 받은 우리도 여전히 죄와 싸워야 한다.

> 그러므로 너희는 죄가 너희 죽을 몸을 지배하지 못하게 하여 몸의 사욕에 순종하지 말고 … (롬 6:12).
> 너희가 죄와 싸우되 아직 피흘리기까지는 대항하지 아니하고, … 그러므로 피곤한 손과 연약한 무릎을 일으켜 세우고, 너희 발을 위하여 곧은길을 만들어 저는 다리로 하여금 어그러지지 않고 고침을 받게 하라(히 12:4, 12-13).
> 마귀의 간계를 능히 대적하기 위하여 하나님의 전신 갑주를 입으라 우리의 씨름은 혈과 육을 상대하는 것이 아니요, 통치자들과 권세들과 이 어둠의 세상 주관자들과 하늘에 있는 악의 영들을 상대함이라(엡 6:11-12).

죄와의 싸움은 육체적, 정신적, 영적 고난이다. 우리의 고난은 대부분 우리의 탐욕에서 비롯된 것이지만 우리의 탐욕을 "그럴싸한 정당한 이유와 선한 가치로 포장하고 감추려는 데서 비롯된 고난"도 적지 않다. 그러나 바로 그런 고난이 죄와의 전쟁의 시작과 신호임을 알아야 한다.

그러므로 우리가 실제로 죄를 짓기 전에 우리의 신앙 양심과 이성과 정직한 마음으로 속히 우리의 탐욕을 찾아서 걸러 내지 않으면 어느새 우리는 죄의 탐욕으로 마취되고 죄의 포로가 된다. 무엇보다 말씀과 성령과 기도로 수시로 죄로 향하는 우리의 잘못된 마음이나 생각을 통제해야 한다.

> 하나님을 가까이하라 그리하면 너희를 가까이하시리라 죄인들아 손을 깨끗이 하라 두 마음을 품은 자들아 마음을 성결하게 하라(약 4:8).

우리가 믿기 전에는 그리스도의 영(성령)의 도움 없이 우리 자신의 양심, 이성, 세상의 도덕과 법을 따라 죄와 싸웠으나 죄를 회개하고 그리스도를 믿은 후에는 신앙 양심과 이성과 함께 우리 속에 계시는 그리스도의 영(성령)의 지시와 도움을 받아 죄와 싸운다.

> 너희가 육신대로 살면 반드시 죽을 것이로되, 영으로써 몸의 행실을 죽이면 살리니 (롬 8:13).
> 내가 이르노니 너희는 성령을 따라 행하라 그리하면 육체의 욕심을 이루지 아니하리라(갈 5:16).

성령과 함께 하나님의 말씀도 우리를 돕는다.

> 성령의 검, 곧 하나님의 말씀을 가지라(엡 6:17).

성령은 모호한 영이 아니라, 우리 속에 계시는 그리스도의 영 또는 하나님의 영이시며 언제나 그리스도의 모본과 하나님의 말씀을 따라서 우리를 인도하신다(롬 8:9).

보혜사 곧 아버지께서 내 이름으로 보내실 성령 그가 너희에게 모든 것을 가르치고 내가 너희에게 말한 모든 것을 생각나게 하리라(요 14:26; 참조, 16:13).

모든 기도와 간구를 하되 항상 성령 안에서 기도하고 이를 위하여 깨어 구하기를 항상 힘쓰며 여러 성도를 위하여 구하라(엡 6:18).

수리된 우리의 난파선은 풍랑이 거센 어두운 바다에서 여전히 위태로운 항해를 계속해야 한다. 그러나 아무리 광풍이 몰아치는 어두운 밤이라도 주님께서 우리의 배에 승선하고 계시는 한 우리는 안전하다(마 14:32; 막 4:35-41). 다만 우리는 안전한 항해를 위해 수시로 선장이 되신 주님과 상의해야 한다.

시험에 들지 않게 깨어 기도하라(마 26:41).

쉬지 말고 기도하라(살전 5:17).

너희 안에 이 마음을 품으라 곧 그리스도 예수의 마음이니(빌 2:5 이하).

누구든지 나를 따라오려거든 자기를 부인하고, 자기 십자가를 지고 나를 따를 것이니라 누구든지 제 목숨을 구원하고자 하면 잃을 것이요, 누구든지 나를 위하여 제 목숨을 잃으면 찾으리라(마 16:24-25).

난파선 선원들과 승객들이 구조선 선장의 지시를 잘 듣고 따라야 하듯이 연약한 우리는 언제나 주님의 말씀을 잘 들어야 한다. 그렇지 않으면, 이 험한 바다 같은 세상에서 어느 새 우리의 믿음이 약해져서 흔들리고 위태롭게 된다.

베드로는 풍랑 이는 어두운 갈릴리 바다에서 물위로 걸어오시는 주님을 따라서 한동안 물위로 걸었으나 이내 무섭게 부는 바람을 보고 두려워하다가 결국 물에 빠졌다.

믿음이 작은 자여, 왜 의심하였느냐(마 14:31b).

주님께서 난파선 같은 우리를 구하려 오신다.

안심하라 나니 두려워하지 말라 (마 14:27).

우리 모두 어려울 때 주님을 향하여 손을 힘껏 흔들자.

주여, 나를 구원하소서 (마 14:30).

2020년 4월 20일

120. 화해의 범위

> 곧 하나님께서 그리스도 안에 계시사 세상을 자기와 화목하게 하시며, 그들의 죄를 그들에게 돌리지 아니하시고 화목하게 하는 말씀을 우리에게 부탁하셨느니라(고후 5:19).

"화해"(reconciliation)란 주제는 성경적 주제이지만, 주로 진보적인 신학자들이 "교회와 세상의 화해" 같은 넓은 의미로 적용하여 즐겨 쓰는 주제다. 반면에 보수적인 신학자들은 예수 그리스도의 구원 사역과 관련된 의미로 제한적으로만 쓴다. 하나님과 세상과의 화해를 강조하는 자유주의 신학자들은 화해의 범위를 다른 종교나 사상까지도 확대하는 반면에 보수주의 신학자들은 "그리스도를 통한 하나님의 세상과의 화해"라는 기존의 개혁신학과 신앙고백의 범주를 굳게 지킨다.

자유주의 신학자들은 예수님의 복음 사역이 당시 유대교의 율법주의와 선택 사상을 넘어서 유대교와 적대적인 사마리아와 이방인들과 죄인들을 포함했음을 지적한다.[1] 그러나 보수주의적 신학자들은 죄를 고백하고, 주님을 구주로 영접하는 신앙적 결단이 없는 화해는 진정한 복음적 화해가 아니라고 한다.[2]

복음은 예수님을 믿는 믿음을 화해의 조건으로 요구한다. 우리는 세상의 모든 사람을 구원의 대상으로 여기고 그들에게 복음을 전하고 하나님의 사랑을 나타내야 한다. 그렇다고 그들의 불신과 죄를 용인해서는 안 되고, 불신과 죄의 결과가 얼마나 참담한 것인지를 분명히 가르쳐야 한다. 하나님의 사랑은 거룩한 사랑이기 때문이다.

사도 바울은 본문에서 자신을 반대하는 고린도 교인들과의 화해를 간청하지만, 고린도후서의 다른 곳에서는 자신을 반대하는 이들을 엄히 꾸짖으면서 다음 방문 이전에 잘못을 뉘우치고 고칠 것을 종용한다(고후 10:1-12:21). 그렇지 않으면 그들을 징계할 것임을 밝힌다(고후 13:2-3).

---

[1] 욘 1:2; 4:10-11; 사 49:6; 마 15:21-28; 21:43; 눅 9:55; 10:33-37; 17:16; 요 4:40-42; 행 1:8.

[2] 마 7:6, 26; 11:6; 12:30-35, 50; 13:19-30; 36-33; 요 10:26-27; 롬 9:16-29.

바울이 원하는 화해는 무조건적인 화해가 아니라, 그들이 자신들의 죄를 회개하고 바울에게로 돌아올 때에만 가능한 조건적 화해다(고후 12:19-21). 심지어 바울은 데살로니가후서에서 이렇게 명한다.

형제들아, 우리 주 예수 그리스도의 이름으로 너희를 명하노니 게으르게 행하고 우리에게서 받은 전통대로 행하지 아니하는 모든 형제에게서 떠나라(살후 3:6).

이런 성경의 제한적 화해의 가르침에 비추어 볼 때, 자유주의자들이 주장하는 "세상과의 화해"는 복음적 믿음의 범주를 벗어난 무분별한 화해라고 본다. 물론 보수주의적 신학자들도 인격적, 교단적 독선주의로 말미암아 "진정한 화해"와는 여전히 거리가 멀어 보일 때도 있다. 우리는 복음 신앙의 기조와 균형을 유지하는 분별 있는 화해를 추구해야 한다.

할 수 있거든 너희로서는 모든 사람과 더불어 화목하라(롬 12:18).

2020년 4월 22일

121. 겸손과 평안

> 너희 염려를 다 주께 맡기라 이는 그가 너희를 돌보심이라(벧전 5:7).

누구나 세상의 고통을 겪으며 산다. 사도 바울은 믿는 이들은 모든 고난 가운데서도 구원의 주 안에서 항상 기뻐해야 할 것을 가르쳤다(빌 4:4; 살전 5:16). 그러나 사도 바울 자신도 교회 사역의 어려움으로 말미암아 고통을 겪어야 했다.

> 이 외의 일은 고사하고 아직도 날마다 내 속에 눌리는 일이 있으니 곧 모든 교회를 위하여 염려하는 것이라(고후 11:28).

옛날 노아 시대 당시 하나님께서도 사람의 죄악과 모든 마음의 악한 생각을 보시고 사람 지으심을 한탄하시고 근심하셨다(창 6:5-7). 주님께서도 유대인들의 완악함을 탄식하셨고(막 3:5), 십자가를 지시기 전 겟세마네 동산에서 기도하실 때에도 깊이 고민하시고 슬퍼하셨다(마 26:37-38).

물론 사람의 근심은 사람의 연약함에서 비롯된 것이고 하나님의 탄식은 인간의 죄악에 대한 거룩한 탄식이므로 본질적 차이가 있다. 더구나 하나님은 자신의 고통과 근심을 스스로 극복할 수 있는 능력을 가지셨으나 인간은 연약한 본질로 말미암아 스스로 근심을 극복할 능력이 없다.

세상 사람들은 근심이나 염려를 어떤 인위적인 수단과 일시적인 방법으로 지우거나 덮으려고 애쓴다. 일반적인 인생의 근심이나 슬픔은 친구와의 교제, 위로의 말, 일락, 여행, 취미 생활 또는 술이나 약물로 잠시 잊을 수 있으나, 사고, 이별, 배신, 실패, 해고, 질병, 죽음 등 심각한 인생의 고통은 세상의 무엇으로도 극복하기 어렵다.

하나님을 믿는 우리도 인생의 모든 고통을 받으며 괴로워하지만, 우리는 하늘 아버지께 기도하고 그의 말씀을 들음으로써 고통을 극복하고 하나님의 위로를 받는다.

우리는 대수롭지 않은 문제라면 세상 사람들이 하는 수단과 방법을 따라 스스로 해결하고, 다만 매우 심각한 문제에 봉착했을 때에만 하나님을 찾는다. 우리가 특별히 어려울 때에만 하나님을 찾고 보통 문제는 스스로 해결하는 것이 오히려 성숙한 그리스도인다운 자세로 생각할 수도 있다.

그러나 우리가 대수롭지 않은 작은 문제라고 여기는 문제가 자칫 큰 문제로 진행될 수도 있음을 알아야 한다. 그러므로 작은 문제든지, 큰 문제든지, 쉬운 일이든지, 어려운 일이든지, 우리는 언제나 모든 문제를 겸손히 하나님께 아뢰어 하나님의 뜻을 찾아야 한다. 주님께서 오만한 이들을 물리치시고 겸손한 이들을 자신의 자녀로 여기시고 도우시기 때문이다.[1]

그러므로 하나님께서는 사울이 스스로 작게 여길 때 그를 왕으로 임명하셨으나, 그가 스스로 자고해졌을 때 그를 패하시고 다윗을 왕으로 지명하셨다. 다윗 왕은 수시로 하나님의 뜻을 물으며 나라를 다스렸으나 그의 말년에 인구 조사를 하며 스스로의 힘에 의지하려고 했을 때, 하나님께서 보내신 전염병의 재앙을 받았다.

바사 왕 아하수에로의 황후였으나 여전히 연약했던 유대 여인 에스더는 "죽으면 죽으리이다"라고 하나님만 의지하고 아하수에로 왕 앞에 나아갔을 때 이스라엘 백성을 구하는 능력을 나타내었으나, 스스로 자고하던 하만은 파멸했다(에 4:16). 하나님께서는 교만한 느부갓네살 왕을 징벌하셨으나 그가 다시 하나님 앞에 겸손해졌을 때 그의 왕권을 회복시켜 주셨다(단 4장; 5:18-21).

> 진실로 그는 거만한 자를 비웃으시며 겸손한 자에게 은혜를 베푸시나니(잠 3:34= 약 4:6).

주님께서는 언제나 어린아이와 같이 겸손한 마음으로 하늘 아버지를 사랑하고 그의 사랑과 은혜와 능력을 믿고 의지하는 것이 세상의 염려와 근심을 극복하고 평안을 누리게 되는 비결임을 밝히셨다(마 11:25-30).

> 나는 마음이 온유하고 겸손하니 나의 멍에를 메고 내게 배우라 그리하면 너희 마음이 쉼을 얻으리니 이는 내 멍에는 쉽고 내 짐은 가벼움이라(마 11:29-30).

2020년 4월 28일

---

[1] 잠 3:34; 15:25; 16:5; 사 2:11-12; 렘 50:29-32; 눅 1:51.

122. 적극적 사고

> 내게 능력 주시는 자 안에서 내가 모든 것을 할 수 있느니라(빌 4:13).

많은 사람이 감당하기 어려운 시련을 "적극적 사고"로 견디어 내고 안정을 찾았다고 한다. 유사하게 성경도 "적극적 사고"를 가르치지만 어디까지나 하나님 신앙을 전제로 한 것이므로 인간의 의지를 전제로 하는 세속적, 인본주의적 사고와는 근본적으로 다른 신본주의적인 것이다.

성경은 위대하신 하나님 앞에서 인간의 연약함을 인정하고 하나님께 자신의 모든 것을 맡길 것을 가르치고, 또 그럴 때 나타나는 좋은 성과들을 모두 하나님의 도우심으로 믿고 하나님께 감사하고 영광을 돌릴 것을 가르친다.

물론 하나님께서는 그의 자비하심과 선하심 가운데 열심히 일하고, 용기를 내어 난관을 극복하는 모든 세상 사람들을 축복하신다. 그러나 하나님을 모르는 세상 사람들은 만사를 자신들의 결단과 용기 또는 자신들의 행운에게 돌린다. 하나님 신앙에서 비롯된 "적극적 사고"가 세속적 "적극적 사고"보다 탁월한 이유는 바로 하나님 자신이 세상의 어떤 가치나 존재보다 탁월하신 지혜와 능력의 창조주이시며 구원자이시기 때문이다.

> 믿음이 없이는 하나님을 기쁘시게 하지 못하나니, 하나님께 나아가는 자는 반드시 그가 계신 것과 또한 그가 자기를 찾는 자들에게 상 주시는 이심을 믿어야 할지니라(히 11:6).

하나님께서는 우리의 지혜와 능력과 예상을 넘어 우리를 인도하심으로 그의 지혜와 능력과 영광을 나타내신다. 심지어 우리가 미쳐 하나님의 존재와 도우심을 깨닫지 못했을 때라도, 하나님은 우리를 도우시며 그의 사랑과 능력을 나타내시는 자비하시고 신실하신 분이시다.

나는 여호와라 나 외에 다른 이가 없나니 나밖에 신이 없느니라 너는 나를 알지 못하였을지라도 나는 네 띠를 동일 것이요, 해 뜨는 곳에서든지 지는 곳에서든지 나밖에 다른 이가 없는 줄을 알게 하리라 나는 여호와라 다른 이가 없느니라 (사 45:5-6).

이렇게, 하나님 중심적 적극적 사고는 위대하신 하나님과의 인격적 관계를 믿는 믿음과 사랑에 근거하고 있기 때문에, 연약한 인간 중심적 적극적 사고에 비해서 탁월한 효능을 나타낼 수 있다.

2020년 5월 2일

123. 은혜 중심적 사고

> 너희는 그 은혜에 의하여 믿음으로 말미암아 구원을 받았으니 이것은 너희에게서 난 것이 아니요 하나님의 선물이라(엡 2:8).

이 짧은 말씀이 성경이 가르치는 구원의 도리를 가장 잘 요약하는 말씀이다.[1] 우리는 십자가에서 나타난 하나님의 구원 은혜를 믿음으로 구원 얻게 된다. 하나님께서는 그리스도께서 십자가에서 구원 사역을 완성하신 때에 그때까지 구원의 도리로 요구하신 율법의 행위를 대신하여 그리스도의 피로 말미암는 대속의 은혜를 믿는 믿음을 구원의 도리로 요구하시게 된 것이다.

> 이제는 율법 외에 하나님의 한 의가 나타났으니 … 곧 예수 그리스도를 믿음으로 말미암아 모든 믿는 자에게 미치는 하나님의 의니 차별이 없느니라 모든 사람이 죄를 범하였으매 하나님의 영광에 이르지 못하더니, 그리스도 예수 안에 있는 속량으로 말미암아 하나님의 은혜로 값 없이 의롭다 하심을 얻은 자 되었느니라 이 예수님을 하나님이 그의 피로써 믿음으로 말미암는 화목제물로 세우셨으니 … 그러므로 사람이 의롭다 하심을 얻는 것은 율법의 행위에 있지 않고, 믿음으로 되는 줄 우리가 인정하노라(롬 3:21-28).
>
> 그리스도는 모든 믿는 자에게 의를 이루기 위하여 율법의 마침이 되시니라(롬 10:4).

어떤 사람들은 구원을 얻기 수단으로 종교적 계율과 제도를 만들어 지키고, 어떤 이들은 도덕적 기준과 자신의 양심을 따라 살려고 애써 왔으나 인간의 본질적 한계, 즉 죄의 성향으로 말미암아 모두 실패했다(롬 1:18-3:20). 유대교인들은 "사람이 이를 행하면 그로 말미암아 살리라"(레 18:5)라는 하나님의 명령을 지키려고 노력했으나 결국 위선자들임을 스스로 들어냈고 이방인들도 지혜, 도덕, 양심을 따라 살려고 노력했으나 결국 어쩔 수 없는 죄인들임이 들어났으므로 하나님께서는 예수

---

[1] 롬 3:24-25; 5:1-2; 10:9; 갈 2:16, 21; 5:4-5; 빌 3:9; 딛 3:7.

님의 십자가의 죽으심을 구원의 은혜로 믿는 사람을 구원하시기로 결정하신 것이다.

하나님께서는 오랜 인류 역사를 통해 이방인은 물론 그가 선택하신 유대인들도 본질적 연약함으로 말미암아 도저히 스스로의 능력으로는 구원받을 수 없다는 것을 스스로 깨닫게 하신 후에 이제는 십자가에서 죄인들을 대신해 죽으신 예수님을 믿는 사람들을 구원하시기로 결정하신 것이다. 이 구원 계획은 급조된 것이 아니라, 하나님께서 오래전부터 계획하신 것이다(롬 16:25-26; 엡 1;9; 골 1:26).

어쩌면 하나님께서는 사람들이 자신의 연약함을 스스로 자각하고 하나님의 구원 은혜를 찾도록 기다리신 것이다(롬 2:17-3:18). 그렇게 하심으로써 사람에 대한 하나님의 구원 능력과 영광을 극대화하실 수 있기 때문이다.[2]

인간이 스스로 만들었든지, 하나님께서 명령하셨든지 아무리 고상한 종교적 계명과 도덕적 가치라고 해도 인간은 그것을 지킬 수 없는 연약한 존재임을 스스로 깨닫는 것이 중요하다. 인류 역사가 시작된 이래 많은 종교가나 철학자가 구도의 길을 찾아왔으나 결국 자만심이나 무기력 또는 망상과 미신에 빠졌을 뿐이다. 어떤 사람들은 죄를 어쩔 수 없는 현실로 받아들이며 허탈감속에 빠져 있다.

그러나 하나님은 인간이 그리스도의 십자가의 복음을 듣고, 자신의 지혜와 능력의 유한성을 깨닫고 동시에 완전하신 하나님의 은혜와 구원의 능력을 바라보기를 원하신다. 그것은 마치 어린아이가 아버지의 집을 나가서 위험한 거리로 다니다가 어느 순간 그 위험성을 깨닫고, 아버지의 집을 찾는 것과 같은 것이다.

오늘도 얼마나 많은 사람이 인간의 과학이나 철학이나 종교나 도덕이나 제도나 지식이나 의지나 자신감을 "구원의 길"로 알고 열심히 달려가는가?

반면에 얼마나 많은 사람이 모든 것을 비웃으며 스스로 허탈감과 자괴감에 빠져 있는가?

그러나 우리 그리스도인은 그리스도를 아는 지식으로 말미암아 세상의 모든 가치를 버리고 다만 그리스도로 말미암는 하늘 아버지의 사랑과 구원의 은혜를 믿는 믿음만이 인간의 유일한 살 길임을 증거한다.

---

[2] 창 1:2, 3; 요 3:16; 롬 3:26; 11:33; 엡 1:6; 2:7.

그러나 무엇이든지 내게 유익하던 것을 내가 그리스도를 위하여 다 해로 여길뿐더러 또한 모든 것을 해로 여김은 내 주 그리스도 예수님을 아는 지식이 가장 고상하기 때문이라(빌 3:7-8).

우리는 구원받은 그리스도인으로서의 정체성을 우리의 결단이기 전에 하나님의 은혜로 알고, 어떤 형편에서든지 그리스도인으로서 합당하게 살기를 힘써야 한다(롬 6:1이하; 갈 2:20).

그러나 내가 나 된 것은 하나님의 은혜로 된 것이니, 내게 주신 그의 은혜가 헛되지 아니하여 내가 모든 사도보다 더 많이 수고하였으나, 내가 한 것이 아니요 오직 나와 함께 하신 하나님의 은혜로라(고전 15:10).

하나님의 구원 은혜를 믿는 우리는 행복하든지 불행하든지 성공했든지 실패했든지 만사를 하나님의 은혜로 믿어야 한다.

나에게 이르시기를 **내 은혜가 네게 족하도다** 이는 내 능력이 약한 데서 온전하여짐이라 하신지라 그러므로 도리어 크게 기뻐함으로 나의 여러 약한 것들에 대하여 자랑하리니 이는 그리스도의 능력이 내게 머물게 함이라 그러므로 내가 그리스도를 위하여 약한 것들과 능욕과 궁핍과 박해와 곤고를 기뻐하노니 이는 내가 약한 그때에 강함이라(고후 12:9-10).

2020년 5월 13일

124. 겸손한 완전주의자

> 내가 이미 얻었다 함도 아니요 온전히 이루었다 함도 아니라, 오직 내가 그리스도 예수께 잡힌 바 된 그것을 잡으려고 달려가노라(빌 3:12).

본문에서 "그리스도 예수께 잡힌 바 된 그것"이란 성도들이 세상 끝날에 얻게 되는 "종말론적 온전함과 영광"을 가리킨다(빌 2:16; 3:14, 21). 빌립보교회에는 어떤 이단자들이 나타나서 "예수님께서 이미 재림하셨다"라는 왜곡된 복음을 전했다. 그리고 그들 자신은 이미 온전한 영적 상태에 이르렀으므로 모든 죄로부터 자유롭다고 자랑하며 오만하고 방탕한 생활을 했다(빌 4:19).

이에 대해서 바울은 장차 마지막 때에 그리스도께서 모든 믿는 자에게 주실 "종말론적 온전함과 영광"을 얻을 때까지 그리스도인들은 모든 자랑을 그치고 오히려 십자가의 그리스도의 겸손하신 모본을 힘써 본받아야 할 것을 가르쳤다(빌 2:1-11; 3:10-21).

우리 그리스도인들은 모두 인격적으로, 영적으로, 사망 권세를 이기시고 승리하신 그리스도를 향해 달리는 운동 선수들과 같다.[1] 그러나 우리는 각기 다른 능력과 조건과 형편에서 달린다. 그러므로 어떤 이들은 좀 빨리 달리고, 어떤 이는 좀 느리게 달릴 수 있다. 자기가 좀 빨리 달린다고 해서 자기만큼 빨리 달리지 못하는 사람들을 무시해서는 안 된다.

> 오직 우리가 어디까지 이르렀든지 그대로 행할 것이니라(빌 3:16).

성도들의 형편과 조건과 능력이 각기 다르고 믿음과 영성의 정도가 모두 다르다. 성도들은 자신의 조건과 능력, 믿음과 영성을 자랑할 것이 아니라, 오히려 남을 나보다 낫게 여기며(빌 2:3), 십자가의 그리스도의 모본을 따라서 겸손해야 한다. 그래야 죄인들을 위해 희생하신 그리스도의 몸을 온전하게 이룰 수 있다.

---

1 딤후 4:7; 고전 9:24; 갈 2:2; 5:7; 빌 2:16; 히 12:1.

개인주의, 상대주의가 왕 노릇하는 현대 사회에서 교회 안팎에서 절대주의와 함께 완전주의(perfectionism)를 비웃는 이들이 많아지고 있다. 그러나 본문에서 사도 바울은 오히려 "종말론적 온전함과 영광"을 향해 열심히 달릴 것을 권한다.

> 내가 이미 얻었다 함도 아니요, 온전히 이루었다 함도 아니라, 오직 내가 그리스도 예수께 잡힌 바 된 그것을 잡으려고 달려가노라(빌 4:12).

그의 서신 도처에서 바울은 온전함에 이르기를 힘쓸 것을 격려한다.[2] 동시에 바울은 완전주의를 지향하는 이들에게 연약한 형제들을 함부로 비판하거나 무시하지 말 것을 권한다(롬 14:1-23).

> 믿음이 연약한 자를 너희가 받되 그의 의견을 비판하지 말라(롬 14:1).
> 믿음이 강한 우리는 마땅히 믿음이 약한 자의 약점을 담당하고, 자기를 기쁘게 하지 아니할 것이라 … 그리스도께서도 자기를 기쁘게 하지 아니하셨나니 … (롬 15:1-3).

우리 주님께서도 몸이나 마음이나 믿음이 연약한 자들을 긍휼히 여기시고 그들에게 구원의 은혜를 베푸셨다. 그러므로 바울도 주님을 본받아 온전함을 향해 힘쓸 것을 격려하면서도 동시에 믿음이 약한 자들을 배려하여 그들을 비판하지 말고 받아들일 것을 가르친다.

> 형제들아 너희는 함께 나를 본받으라 그리고 너희가 우리를 본받은 것처럼 그와 같이 행하는 자들을 눈여겨 보라(빌 3:17).
> 내가 그리스도를 본받는 자가 된 것 같이 너희는 나를 본받는 자가 되라(고전 11:1).

---

2 고후 7:1; 13:9, 11; 갈 6:9; 엡 4:12, 13; 빌 3:15; 골 1:28; 살전 3:10; 5:23; 딤후 3:17딛 1:13; 2:2.

한 마디로 바울은 그리스도와 같이 "겸손한 완전주의자"를 지향할 것을 가르친다. 흔히 남다른 열심과 믿음이 오히려 분란을 일으킬 수 있다. 그러므로 우리가 열심히 믿을수록 우리와 다른 사람들을 우리들의 눈높이에 맞추어 비판하거나 멸시하지 말고, 오히려 우리의 눈높이를 그들에게 맞추어서 그들을 그리스도의 사랑과 은혜로 이해하고 받아들이기를 힘써야 한다. 그렇게 함으로써 우리 모두가 함께 온전한 그리스도의 몸을 세우게 되는 것이다.

물론 세상 사람들도 자연 원리나 사람의 경험으로부터 얻어낸 도덕과 윤리의 원칙을 따른다. 그러나 자연이나 사람의 경험은 본질상 온전한 원칙이 될 수 없다. 자신을 스스로 낮추시어 십자가를 지신 하나님의 아들 그리스도의 모본이 가장 온전하고 효과적인 인격과 삶의 모델이다(빌 2:1-11).

우리 모두 "겸손하시면서도 완전하신" 그분의 모본을 힘써 배우자.

> 너희 안에 이 마음을 품으라 곧 그리스도 예수의 마음이니 그는 근본 하나님의 본체시나 하나님과 동등됨을 취할 것으로 여기지 아니하시고, 오히려 자기를 비워 종의 형체를 가지사 사람들과 같이 되셨고, 사람의 모양으로 나타나사 자기를 낮추시고 죽기까지 복종하셨으니, 곧 십자가에 죽으심이라(빌 2:5).
>
> 나는 마음이 온유하고 겸손하니 나의 멍에를 메고 내게 배우라 그리하면 너희 마음이 쉼을 얻으리니 이는 내 멍에는 쉽고 내 짐은 가벼움이라(마 11:29-30).

2020년 5월 17일

125. 고난을 이기는 비결

> 내게 능력 주시는 자 안에서 내가 모든 것을 할 수 있느니라(빌 4:13).

인생을 살아갈수록 역시 인생은 온갖 고난의 연속이란 것을 알게 된다. 사도 바울이 빌립보서를 쓸 때 바울은 로마 감옥에서 옥고를 치르고 있었다(A.D. 61). 그러나 바울은 빌립보 교인들이 보내온 선물을 받고 몹시 고조된 가운데 "기뻐하라"는 말을 반복적으로 쓰고 있다.

바울은 그의 기쁨을 죽음을 앞둔 사형수로서의 비장한 심정과 함께 피력하고 있다.

> 이는 내게 사는 것이 그리스도니 죽는 것도 유익함이라(빌 1:21).
> 만일 너희 믿음의 제물과 섬김 위에 내가 나를 전제로[1] 드릴지라도 나는 기뻐하고 너희 무리와 함께 기뻐하리니(빌 2:17).
> 내가 그리스도와 그 부활의 권능과 그 고난에 참여함을 알고자 하여 그의 죽으심을 본받아 어떻게 해서든지 죽은 자 가운데서 부활에 이르려 하노니(빌 3:10-11).

그러나 바울은 자신의 고난이 죽으시고 다시 사신 그리스도를 위한 고난이므로 기꺼이 받을 만한 고난이며 그리스도께서 주시는 능력으로 모든 고난을 감당할 수 있다고 한다.

> 나는 비천에 처할 줄도 알고 풍부에 처할 줄도 알아, 모든 일 곧 배부름과 배고픔과 풍부와 궁핍에도 처할 줄 아는 일체의 비결을 배웠노라 내게 능력 주시는 자 안에서 내가 모든 것을 할 수 있느니라(빌 4:12-13).

---

[1] 민 28:3-7. 번제에서 희생양 위에 붓는 술.

바울은 죽으시고 다시 사신 그리스도를 믿음으로써 자신도 그런 그리스도의 초월적인 능력을 얻어서 어려운 감옥살이도 잘 감당하고 있다는 것이다.

비록 로마의 감옥에서는 10년 전(A.D. 50), 제2차 선교 여행 때 바울과 실라가 빌립보 감옥에 갇혔을 때 일어났던 기적도 일어나지 않았으나(행 16:26), 바울은 로마 감옥에서도 여전히 그리스도께서 자신과 함께 계심을 믿었다. 그러므로 바울은 설령 오늘 밤에 처형된다고 하더라도, 영원한 부활의 소망으로 말미암아 담대히 죽을 수 있었다.

> 우리의 시민권은 하늘에 있는지라 거기로부터 구원하는 자 곧 주 예수 그리스도를 기다리노니 그는 만물을 자기에게 복종하게 하실 수 있는 자의 역사로 우리의 낮은 몸을 자기 영광의 몸의 형체와 같이 변하게 하시리라(빌 3:20-21).

아무런 기적이나 구원의 능력이 나타나지 않는 길고 답답한 수감 생활이지만, 바울은 부끄러워하거나 낙심하지 않고 그의 수감 생활을 통해서도 결국 그리스도의 존귀와 영광이 나타날 것을 믿는다. 설령, 오늘 밤에 처형된다 하더라도 사도 바울은 다시 사신 그리스도로 말미암아 담대하게 죽을 수 있다.

> 나의 간절한 기대와 소망을 따라 아무 일에든지 부끄러워하지 아니하고 지금도 전과 같이 온전히 담대하여 살든지 죽든지 내 몸에서 그리스도가 존귀하게 되게 하려 하나니, 이는 내게 사는 것이 그리스도니 죽는 것도 유익함이라(빌 1:20-21).
> 내게 능력 주시는 자 안에서 내가 모든 것을 할 수 있느니라(빌 4:13).

바로 이것이 세상의 모든 고난을 이기는 우리 모든 그리스도인의 비결이다. 사람들은 고난이나 역경을 흔히 부모나 친구나 원수나 자신이나 운명(재수)의 탓으로 돌리면서 낙심하거나 불평하거나 체념한다. 그러나 우리 그리스도인들은 모든 현재와 장래의 장애와 어려움을 다시 사신 그리스도의 은혜와 사랑과 능력과 영광을 따라 이해하고 극복할 수 있다.

비록 우리가 이 땅에서 고난을 당하지만, 우리가 믿는 생명의 주님과 연합한 존재이므로 영생의 소망이 있다. 비록 이 땅에서 고난 당하지만 우리가 믿는 생명의 주님과 연합한 존재이므로 영생의 소망이 있다. 그것이 모든 현재의 고난과 장래의 불안을 극복할 수 있는 그리스도인의 비결이다.

> 나의 간절한 기대와 소망을 따라 아무 일에든지 부끄러워하지 아니하고 지금도 전과 같이 온전히 담대하여 살든지 죽든지 내 몸에서 그리스도가 존귀하게 되게 하려 하나니, 이는 내게 사는 것이 그리스도니 죽는 것도 유익함이라(빌 1:20-21).
> 내게 능력 주시는 자 안에서 내가 모든 것을 할 수 있느니라(빌 4:13).

우리는 사도 바울과 같이 그리스도의 은혜, 사랑, 능력, 영광과 존귀를 사모하면서도 여전히 우리 속에 남아 있는 자연인(옛 사람, 육)의 낡은 버릇을 따라서 이웃이나 자신이나 환경을 원망하거나 현실과 장래의 도전을 두려워하지는 않는가?

연약한 우리 인생은 그리스도의 완전하신 은혜와 사랑과 생명 속에서 우리의 불완전한 사랑과 연약한 선한 의지와 불안한 생명을 극복할 수 있다.

> 그리스도의 사랑이 우리를 강권하시는도다 … 그가 모든 사람을 대신하여 죽으심은 살아 있는 자들로 하여금 다시는 그들 자신을 위하여 살지 않고 오직 그들을 대신하여 죽었다가 다시 살아나신 이를 위하여 살게 하려 함이라(고후 5:14-16).
> 그런즉 사랑하는 자들아, 이 약속을 가진 우리는 하나님을 두려워하는 가운데서 거룩함을 온전히 이루어 육과 영의 온갖 더러운 것에서 자신을 깨끗하게 하자(고후 7:1).
> 우리가 다 하나님의 아들을 믿는 것과 아는 일에 하나가 되어 온전한 사람을 이루어 그리스도의 장성한 분량이 충만한 데까지 이르리니(엡 4:13).
> 내게 능력 주시는 자 안에서 내가 모든 것을 할 수 있느니라(빌 4:13).

(73번 째 생일) 2020년 6월 5일

126. 코로나19의 교훈(II)

> 내가 보니 바다에서 한 짐승이 나오는데 뿔이 열이요 머리가 일곱이라 그 뿔에는 열 왕관이 있고 그 머리들에는 신성 모독 하는 이름들이 있더라 … 용이 자기의 능력과 보좌와 큰 권세를 그에게 주었더라 … 짐승이 입을 벌려 하나님을 향하여 비방하되 그의 이름과 그의 장막 곧 하늘에 사는 자들을 비방하더라 또 권세를 받아 성도들과 싸워 이기게 되고 각 족속과 백성과 방언과 나라를 다스리는 권세를 받으니, 죽임을 당한 어린양의 생명책에 창세 이후로 이름이 기록되지 못하고 이 땅에 사는 자들은 다 그 짐승에게 경배하리라 누구든지 귀가 있거든 들을지어다(계 13:1-9).
> 그(멸망의 아들=불법한 자=적그리스도)는 대적하는 자라 신이라고 불리는 모든 것과 숭배함을 받는 것에 대항하여 그 위에 자기를 높이고, 하나님의 성전에 앉아 자기를 하나님이라고 내세우느니라 … 진리를 믿지 않고 불의를 좋아하는 모든 자들로 하여금 심판을 받게 하려 하심이라(살후 2:4-12).

코로나19가 발생한 지 불과 몇 달 사이에 세상이 많이 바뀌었다. 몇 달째 학교는 문을 닫았고 세계 경제는 어렵게 되고 사람들은 마스크를 쓰고 서로를 피하는 세상이 되었다. 이런 놀랍고 급작스런 변화는 성경이 가르치는 종말론적 위기가 얼마든지 현실로 나타날 수 있음을 보여 준다.

무엇보다 놀라운 것은 그렇게도 자유를 원하고 인권을 주장하던 사람들도 이런 혼란 가운데서는 오히려 자신들을 구해 줄 절대적 권력을 찾는다는 것이다. 어쩌면 지난 5월에 시행된 우리나라의 총선에서 집권당에 쏠린 투표의 결과도 그런 민심을 반영한다고 생각한다.

위의 성경 본문은 마지막 종말론적 위기에 자칭 하나님이라는 절대적 대적자가 나타나서 사람들에게 놀라운 능력을 나타내면서 사람들을 미혹한다는 말씀이다. 예수님께서도 마지막 주간에 감람산 위에서 말세에 "적그리스도"와 "거짓 그리스도"같은 절대적 대적자가 나타나서 사람들을 미혹할 것이라고 말씀하셨다(마 24:3, 5, 23-26).

코로나19가 가져온 사회적 공포와 혼란 속에서 사람들은 개인의 자유나 권리 같은 민주주의적 가치보다는 당장 이 무서운 전염병에서 벗어날 길을 제시하는 절대적 권력을 따른다는 것을 보여 준다. 실제로 각 나라 정부는 날마다 국민 전체를 향해 이 위험한 질병의 경과를 발표하고 예방 수칙과 규제를 제시하고 이를 어기는 이들에 대한 엄중한 징벌을 경고함으로써 스스로 절대적 권력으로 부상하고 있다.

각 나라의 정부는 이 무서운 질병에 대한 정보와 통제권을 가지고서 사람들을 통제하며, 사람들은 날마다 발표되는 정부의 지시와 경고를 따라 움직이고 있다. 사람들이 평소에 요구하던 민주 시민의 자유와 권리 대신에 그토록 혐오하던 전체주의적 통제와 명령에 순복하는 것이다. 때마침 온 세상이 인터넷 매체로 하나의 세계가 되어 가던 터라, 절대적 권력은 전염병 확산 방지를 빌미로 인터넷 매체를 통해 세계를 손쉽게 장악할 수가 있게 된 것이다. 아무도 예측할 수 없었던 이런 변혁은 어떤 특정한 나라의 문제가 아니라, 온 세계 모든 나라의 공통적 문제다.

심지어 신성한 교회의 예배조차 정부의 지시와 조치에 따라서 제한받거나 금지되고 있다. 어느새 정부가 질병 관리를 빌미로 하나님을 대신하는 절대 권력으로 등장하는 것이 아니냐라는 생각도 든다.

> 그(멸망의 아들=불법한 자=적그리스도)는 대적하는 자라 신이라고 불리는 모든 것과 숭배함을 받는 것에 대항하여 그 위에 자기를 높이고, 하나님의 성전에 앉아 자기를 하나님이라고 내세우느니라(살후 2:4).

우리나라 정부는 정부가 제시한 집회 규정을 어긴 교회와 책임자들은 가차 없이 엄중한 제재를 받게 될 것을 계속 경고하고 있다. 지난달 부활 주일에는 아무도 없는 텅 빈 바티칸 광장에서 드리는 처량한 부활절 미사가 보도되었다. 그것은 이런 절박한 위기 상황에서 세상 모든 교회가 각 나라 정부의 지시를 따라야 할 것을 암시한다. 특별히 우리나라에서는 신천지라는 이단 교회가 코로나19의 발원지가 되었고, 또한 몇몇 교회에서도 코로나가 발병되었기 때문에 교회 전체가 사회적 비난의 표적이 되었다고 생각한다.

물론 이런 엄중한 시기에 교회가 정부의 합리적인 방역 조치를 스스로 따르고 적극적으로 협조하는 것이 당연하지만 정교분리 원칙에서 볼 때, 세속 정부가 질병

관리를 빌미로 신성한 교회의 예배와 목회 사역에 대해 일일이 관여하는 것은 적절하지 않다. 원칙적으로는, 하나님의 말씀이 세상법을 선행하기 때문이다. 더구나 교회 지도자들은 교회를 코로나19의 근원지로 매도하는 이런 사태가 교회 성장과 복음 선교에 적지 않은 부정적 영향을 줄 것이라고 염려하고 있다.

실제로 교회의 집단 감염에 대한 잦은 뉴스 보도는 교회가 구원과 생명의 거룩한 공동체라는 인식 대신, 교회가 질병의 근원지 또는 교회도 질병 앞에서는 다른 집단과 마찬가지로 별수 없는 집단이라는 반복음적이고, 반선교적인 인식을 퍼뜨리고 있다.

코로나19에 의한 이런 놀라운 변화는 요한계시록의 종말적 비전이 더 이상 특정한 종말론자들의 환상이 아니라, 모든 그리스도인이 믿어야 할 성경의 가르침이며 언제든지 현실적 상황으로 나타날 수 있음을 보여 준다. 세상의 종말과 그리스도의 재림 약속을 믿는 우리에게 이런 절박한 위기는 적어도 세상의 종말을 가리키는 전조가 된다.

그러므로 우리는 이런 위기를 지나치게 두려워할 필요가 없다. 세상 종말이란 그리스도인에게 더 이상 고통과 죽음이 없는 최종적 완전한 구원의 날이기 때문이다.

> 그때에 인자의 징조가 하늘에서 보이겠고, 그때에 땅의 모든 족속들이 통곡하며, 그들이 인자가 구름을 타고 능력과 큰 영광으로 오는 것을 보리라 그가 큰 나팔 소리와 함께 천사들을 보내리니, 그들이 그의 택하신 자들을 하늘 이 끝에서 저 끝까지 사방에서 모으리라 (마 24:30-31).
> 그러므로 깨어 있으라 어느 날에 너희 주가 임할는지 너희가 알지 못함이니라 (마 24:42).

물론 우리 그리스도인은 코로나19로 고통당하는 모든 사람을 위해 이 질병이 속히 끝나도록 기도해야 한다. 백신이 하루 속히 개발되어서 이 병의 위협에서 자유하게 되기를 기도해야 한다. 우리가 원하는 어떤 특별한 치유의 기적이 일어나지 않는다고 하더라도, 우리는 영원한 구원의 약속으로 말미암아 여전히 감사해야 한다.

생각하면, 코로나19도 결국은 우리의 죄로 말미암은 하나님의 형벌이다. 세상 사람들은 이런 질병의 의학적, 사회적 원인과 예방법을 찾는 데 골몰하지만, 우리는 이런 질병의 제1원인이 세상의 죄라는 것을 알고 더욱 경건에 힘써야 할 것이다. 우리 모두 이 땅에 사는 동안 죄로 말미암은 "죽음에 이르는 병"으로 고통받고 있다. 그러므로 우리는 이 전염병이 끝나기를 기도하면서도, 근본적으로 사망의 권세가 지배하는 이 불완전한 세상 나라가 속히 끝나고 생명이 넘치는 완전한 하나님 나라가 나타나기를 간구해야 할 것이다.

> 사망아, 너의 승리가 어디 있느냐 사망아, 네가 쏘는 것이 어디 있느냐 사망이 쏘는 것은 죄요, 죄의 권능은 율법이라 우리 주 예수 그리스도로 말미암아 우리에게 승리를 주시는 하나님께 감사하노니 (고전 15:55-57).
>
> 이것들을 증언하신 이가 이르시되, 내가 진실로 속히 오리라 하시거늘, 아멘, 주 예수여, 오시옵소서 (마라나타, 계 22:20).

우리 주님께서 사망 권세를 이기시고 부활의 처음 열매가 되셨다. 그리고 그를 믿는 우리 모두가 부활의 다음 열매들이 될 것임을 약속하셨다 (요 11:25-26;고전 15:20).

이 부활의 소망을 가진 우리는 주님의 날이 가까울수록, "유혹의 욕심을 따라 썩어져 가는 구습을 따르는 옛 사람을 벗어버리고, … 하나님을 따라 의와 진리와 거룩함으로 지으심을 받은 새 사람"을 입기를 힘써야 한다 (엡 4:22-24). 장래의 부활 소망을 죄와 사망이 지배하는 우리의 현실 속에서도 굳게 다지기를 힘써야 한다.

> 오직 주 예수 그리스도로 옷 입고 정욕을 위하여 육신의 일을 도모하지 말라 (롬 13:14).
> 우리가 살아도 주를 위하여 살고, 죽어도 주를 위하여 죽나니 그러므로 사나 죽으나 우리가 주의 것이로다 (롬 14:8).
> 내가 그리스도와 함께 십자가에 못 박혔나니 그런즉 이제는 내가 사는 것이 아니요 오직 내 안에 그리스도께서 사시는 것이라 이제 내가 육체 가운데 사는 것은 나를 사랑하사 나를 위하여 자기 자신을 버리신 하나님의 아들을 믿는 믿음 안에서 사는 것이라 (갈 2:20).

이것이 주를 믿는 모든 사람의 존재 이유와 목표다.

2020년 6월 10일

127. 사랑: 선행의 동기

> 아무에게도 악을 악으로 갚지 말고 모든 사람 앞에서 선한 일을 도모하라 (롬 12:17).
>
> 악에게 지지 말고 선으로 악을 이기라(롬 12:21).

율법은 주로 "눈에는 눈, 이에는 이"라는 하나님의 공의를 따라 의로운 생활을 가르치면서도[1] 때로, 하나님의 자비하심을 따라 사랑을 가르친다.

> 네 원수가 배고파하거든 음식을 먹이고 목말라하거든 물을 마시게 하라 그리 하는 것은 핀 숯을 그의 머리에 쌓아 놓는 것과 일반이요, 여호와께서 네게 갚아주시리라(잠 25:21-22).

복음은 그리스도의 십자가의 놀라운 은혜와 사랑을 따라 서로 사랑할 것을 가르친다. 사랑이 그리스도인의 윤리적 동기와 목적이 되는 까닭은 근본적으로, 하나님의 사랑이 모든 인격적 존재의 삶의 동기와 목적 그리고 궁극적 가치이기 때문이다(요 3:16; 롬 5:8; 요일 4:9).

> 이제 우리로 화목하게 하신 우리 주 예수 그리스도로 말미암아 하나님 안에서 또한 즐거워하느니라(롬 5:11).
>
> 이제 내가 육체 가운데 사는 것은 나를 사랑하사 나를 위하여 자기 자신을 버리신 하나님의 아들을 믿는 믿음 안에서 사는 것이라(갈 2:20).

사도 바울은 그리스도로 말미암은 구원의 새 시대에서는 율법의 행위가 아니라, 그리스도의 십자가의 희생적 사랑과 은혜로 구원받게 된 그리스도인은(칭의) 이제 자신이 그리스도로 말미암은 새로운 피조물이라는 존재 의식과 새로운 마음을 가

---

1 출 21:24; 레 24:20; 신 19:21.

지고 온전히 그리스도의 사랑과 은혜에 의지하여 그 구원의 의미와 경험을 삶 가운데 사랑으로 나타내야 할 것을 가르친다(성화, 롬 6:1-23; 12:1-2; 고후 5:17; 빌 2:5-11).

> 피차 사랑의 빚 외에는 아무에게든지 아무 빚도 지지 말라 남을 사랑하는 자는 율법을 다 이루었느니라(롬 13:8).
> 너희 모든 일을 사랑으로 행하라(고전 16:14).
> 오직 사랑 안에서 참된 것을 하여 범사에 그에게까지 자랄지라 그는 머리는 곧 그리스도라(엡 4:15).

하나님의 사랑으로 구원받은 그리스도인은 믿기 이전의 옛 사람의 지식과 버릇을 버리고, 그리스도로 말미암아 거듭난 새 사람의 지식을 따라 힘써 사랑을 나타내야 한다(엡 2:4-5; 4:15-16, 22-24).

다른 말로 그리스도인은 율법의 행위와 세상의 가치, 지식, 관습, 개인적 탐심 등 "육"을 따라 살 것이 아니라, 대신 그 속에 좌정하시는 성령(하나님의 영, 그리스도의 영)을 따라 살아야 한다(롬 8:4-17; 갈 5:16-26; 요일 2:15-17; 4:11-16; 참조, 막 7:20-23).

성령을 따라 산다는 것은 근본적으로, 만사를 그리스도의 희생적 사랑을 따라 판단하고 결정하는 것이다(롬 13:8; 고후 2:8; 5:14; 갈 2:20; 빌 2:5). 세상 사람들이 자랑하는 지식이나 지혜는 물론(고전 1:18-2:6), 그리스도인의 도덕적 행위, 성령의 지시나, 예언 같은 신령한 일도 언제나 그리스도의 십자가의 사랑에 비추어 평가되고 판단 받아야 한다(고전 13:13; 14:1; 빌 2:5; 3:7 이하).[2] 사랑이 성령의 첫 열매다(갈 5:22). 그리스도인과 교회가 추구하는 모든 일의 동기와 목적이 그리스도의 은혜와 사랑이어야 한다.

> 새 계명을 너희에게 주노니 서로 사랑하라 내가 너희를 사랑한 것 같이 너희도 서로 사랑하라(요 13:34; 참조, 요 15:12; 요일 4:7 이하).

---

[2] 참조, 행 20:22; 21:4-14; 고후 2:8; 요일 4:1-21.

비록 사랑의 의미가 매우 넓고 사랑의 방법도 다양하지만, 말씀, 기도, 신앙 경험, 경건한 조언과 토의 등을 통해 사랑의 구체적 의미와 실천적 방법을 힘써 찾아야 한다(고전 13:1-13; 고후 5:14).

> 그러므로 너희를 권하노니 사랑을 그들에게 나타내라(고후 2:8).
> 너희가 무엇을 원하느냐 내가 매를 가지고 너희에게 나아가랴 사랑과 온유한 마음으로 나아가랴(고전 4:21).

특별히 진정한 그리스도인의 사랑은 그리스도의 십자가의 사랑과 고난을 따라서 남을 위한 우리 자신의 희생과 고난을 감내하는 데서 나타난다(고후 4:7-15; 6:4-10).

> 사랑은 오래 참고, 사랑은 온유하며, 시기하지 아니하며, 사랑은 자랑하지 아니하며, 교만하지 아니하며(고전 13:4)[3]
> 내가 너희 영혼을 위하여 크게 기뻐하므로 재물을 사용하고, 또 내 자신까지도 내어 주리니 너희를 더욱 사랑할수록 나는 사랑을 덜 받겠느냐(고후 12:15).
> 너희 안에 이 마음을 품으라 곧 그리스도 예수의 마음이니(빌 2:5).
> 만일 너희 믿음의 제물과 섬김 위에 내가 나를 전제로 드릴지라도 나는 기뻐하고 너희 무리와 함께 기뻐하리니(빌 2:17).

우리 안에 계시는 성령께서도 우리가 취해야 할 구체적인 사랑의 조치가 무엇인지를 수시로 가르쳐 주신다(롬 15:30; 갈 5:22; 고후 6:6; 요일 4:11-16). 그러나 여전히 그리스도의 희생적 사랑이 진정한 성령의 지시를 위한 판단 기준이다(요일 4:1-21).

십자가에서 시작된 사랑은 천국에서도 영원히 계속된다. 천국은 하나님 앞에서 모든 성도들이 영원토록 진실하게 사랑하는 곳이다.

> 사랑은 언제까지나 떨어지지 아니하되 예언도 폐하고, 방언도 그치고, 지식도 폐하리라 우리는 부분적으로 알고 부분적으로 예언하니 온전한 것이 올 때에는 부

---

[3] 참조, 고후 5:12; 7:4; 10:8, 13; 11:16-18, 30; 12:6, 9-11.

분적으로 하던 것이 폐하리라(고전 13:8-10).

실제로 많은 사람과 피조물이 창조주 하나님의 사랑을 희구한다. 하나님의 사랑이 모든 피조물, 특히, 하나님의 형상인 인간 존재의 극치다(창 9:8-17). 증오는 우리를 파괴와 멸망으로 인도하는 반면에 사랑은 우리를 창조와 생명으로 인도한다. 다만 우리 연약한 인생이 하나님의 사랑을 제대로 알지도 못하고, 실행하지도 못하는 것이 문제다. 우리 모두 사랑받기를 원하면서도 제대로 사랑하지는 못한다. 인간의 사랑은 인간의 죄성으로 말미암아 불완전하고 제한적이다.

그러나 이제 우리는 그리스도의 십자가를 통해 하나님의 온전한 사랑을 분명히 알 수 있게 되었다(롬 5:8; 요일 4:7-21). 우리를 위협하는 세상의 어떤 피조물의 세력도 그리스도 안에 있는 하나님의 사랑에서 우리를 끊을 수 없다(롬 8:35, 39). 우리의 불완전한 사랑이 그리스도의 십자가에서 나타난 하나님의 온전한 사랑으로 말미암아 고침을 받게 되었다.

우리는 그리스도 안에서 하나님께서 주시는 사랑의 능력을 얻게 되고, 그 사랑을 하나님과 이웃에게 증거할 수 있게 되었다(갈 5:22; 요일 4:11, 19).

> 그러나 이 모든 일에 우리를 사랑하시는 이로 말미암아 우리가 넉넉히 이기느니라(롬 8:37).
> 사랑하는 자들아 우리가 서로 사랑하자 사랑은 하나님께 속한 것이니 사랑하는 자마다 하나님으로부터 나서 하나님을 알고, 사랑하지 아니하는 자는 하나님을 알지 못하나니 하나님은 사랑이심이라(요일 4:7-8).

우리의 모든 신앙적 도전 가운데서 우리 속에 계시는 성령께서는 우리가 그리스도 안에 있는 하나님의 사랑을 굳게 믿고 만사를 사랑을 따라서 판단할 것을 촉구하신다(갈 5:16, 22).

> 이와 같이 성령도 우리의 연약함을 도우시나니 우리는 마땅히 기도할 바를 알지 못하나 오직 성령이 말할 수 없는 탄식으로 우리를 위하여 친히 간구하시느니라(롬 8:26).

그리스도의 사랑이 우리를 강권하시는 도다(고후 5:14).

그리스도인의 사랑도 결국 하나님의 은혜로 말미암은 것이다. 율법이나 도덕은 사람의 의지와 공로를 자랑하나, 그리스도인은 십자가의 은혜를 자랑할 뿐이다(롬 2:23; 3:27; 고전 1:29; 갈 6:13-14). 우리는 여전히 불완전하나 그리스도의 십자가 사랑과 은혜로 말미암아, 우리 속에 계시는 성령으로 말미암아, 적어도 온전한 사랑을 지향할 수 있게 되었다.

그리스도의 사랑이 우리를 강권하시는 도다(고후 5:14).
이와 같이 성령도 우리의 연약함을 도우시나니 우리는 마땅히 기도할 바를 알지 못하나 오직 성령이 말할 수 없는 탄식으로 우리를 위하여 친히 간구하시느니라(롬 8:26).
그러므로 너희를 권하노니 사랑을 그들에게 나타내라(고후 2:8).
우리가 선을 행하되 낙심하지 말지니 포기하지 아니하면 때가 이르매 거두리라(갈 6:9).

2020년 6월 17일

128. 고난과 믿음

> 참으로 이 장막에 있는 우리가 짐진 것 같이 탄식하는 것은 벗고자 함이 아니요, 오히려 덧입고자 함이니, 죽을 것이 생명에 삼킨 바 되게 하려 함이라 곧 이것을 우리에게 이루게 하시고 보증으로 성령을 우리에게 주신 이는 하나님이시니라 그러므로 우리가 항상 담대하여 몸으로 있을 때에는 주와 따로 있는 줄을 아노니, 이는 우리가 믿음으로 행하고 보는 것으로 행하지 아니함이로라 (고후 5:4-7).

우리는 언제나 마음속에 주님을 모시고 살기를 원하지만(마 28:20; 살전 5:10), 주님께서는 이 땅이 아닌 저 높은 하늘의 지극한 영광중에 계시고 우리는 이 낮은 땅에서 온갖 육체의 고통을 겪으며 사는 것도 분명한 현실이다.

그렇다면 믿는 우리가 믿지 않는 사람보다 더 나은 점이 무엇인가?

믿는 사람은 모든 고난의 현실 가운데서도 그 자신이 하나님께 구원받은 사람이란 존재 의식을 굳게 가지고 또한 장래에 얻게 될 영원한 영광을 소망함으로써 모든 인생의 아픔 가운데서도 위로와 평안을 얻는 것이다.

사도 바울은 본문뿐만 아니라, 고린도후서 전체에서 자신이 받는 모든 "현재의 고난"을 토로하면서도 동시에 자신이 예수님의 부르심을 받은 사도라는 사실과 장래에 나타날 영광을 믿고 위로받는다.

> 내가 수고를 넘치도록 하고 옥에 갇히기도 더 많이 하고 매도 수 없이 맞고 여러 번 죽을 뻔하였으니 … 또 수고하며 애쓰고 여러 번 자지 못하고 주리며 목마르고 여러 번 굶고 춥고 헐벗었노라 이 외의 일은 고사하고 아직도 날마다 내 속에 눌리는 일이 있으니 곧 모든 교회를 위하여 염려하는 것이라(고후 11:23b-28).
> 우리가 잠시 받는 환난의 경한 것이 지극히 크고 영원한 영광의 중한 것을 우리에게 이루게 함이니(고후 4:17).
> 그러므로 우리가 항상 담대하여 몸으로 있을 때에는 주와 따로 있는 줄을 아노니 이는 우리가 믿음으로 행하고 보는 것으로 행하지 아니함이로라(고후 5:6-7).

그러므로 결국 바울은 기뻐한다.

> 내가 우리의 모든 환난 가운데서도 위로가 가득하고 기쁨이 넘치는도다(고후 7:4b).

우리는 때로 반복되는 인생의 시련 가운데서 하나님의 구원 은혜와 장래의 영광에 대한 놀라운 약속을 잊어버리고 실망하고 좌절할 때가 있다. 그러나 그럴 때일수록 하나님의 구원과 장래의 영광에 대한 하나님의 약속 말씀을 반복해서 읽으며 힘을 얻어야 한다. 또한, 하나님의 약속 말씀을 보증하시는 성령께서 우리 마음속에 계심을 믿음으로 하나님의 위로와 능력을 얻어야 한다.

> 그가 또한 우리에게 인치시고 보증으로 우리 마음에 성령을 주셨느니라(고후 1:22).[1]
> 성령이 친히 우리의 영과 더불어 우리가 하나님의 자녀인 것을 증언하시나니 자녀이면 또한 상속자 곧 하나님의 상속자요, 그리스도와 함께 한 상속자니 우리가 그와 함께 영광을 받기 위하여 고난도 함께 받아야 할 것이니라(롬 8:16-17).

사실, 우리를 사랑하시는 성부, 성자, 성령 삼위 하나님께서 모두 나름대로 우리를 도우신다(롬 8:26-39; 15:30). 성령과 성자께서는 우리를 기도로 도우시고(롬 8:26, 34), 성부께서는 우리에게 만사가 합력하여 선을 이루도록 역사하신다(롬 8:28). 특별히 우리가 약할 때가 오히려 하나님의 능력이 나타나는 기회가 되는 것이다(고후 12:9-10).

구원 받은 우리는 장차 영광의 주님을 만나서 세상의 모든 고통을 잊어버리고 영원한 평안과 기쁨을 누리며 그와 함께 영원히 살게 될 것이다(계 21:4). 그때까지 우리는 인생의 모든 시험과 고난을 그리스도께서 세상에 계실 때 친히 받으셨던 시험과 고난으로 알고 감내해야 할 것이다.

> 우리가 하나님의 나라에 들어가려면 많은 환난을 겪어야 할 것이라(행 14:22b).

---

[1] 참조, 요 3:5; 14:26; 고전 6:19; 롬 8:9-17; 엡 4:6.

물론 우리 주님께서는 고난과 함께 위로와 기쁨과 평강도 주신다.

> 평안을 너희에게 끼치노니 곧 나의 평안을 너희에게 주노라(요 14:27a).
> 내가 우리의 모든 환난 가운데서도 위로가 가득하고 기쁨이 넘치는도다(고후 7:4b).
> 만일 너희 믿음의 제물과 섬김 위에 내가 나를 전제로 드릴지라도 나는 기뻐하고 너희 무리와 함께 기뻐하리니(빌 2:17).

그러나 그리스도인의 인생은 희로애락이 교차하는 일반 인생과 다르다. 그리스도인은 전능하신 하나님의 현재 구원과 장래의 영광 약속을 믿고 바라며 사는 것이다(요 14:2-3).

> 만일 하나님이 우리를 위하시면 누가 우리를 대적하리요(롬 8:31b).
> 만일 땅에 있는 우리의 장막 집이 무너지면 하나님께서 지으신 집 곧 손으로 지은 것이 아니요, 하늘에 있는 영원한 집이 우리에게 있는 줄 아느니라 참으로 우리가 여기 있어 탄식하며 하늘로부터 오는 우리 처소로 덧입기를 간절히 사모하노라(고후 5:1-2).
> 우리가 소망으로 구원을 얻었으매 보이는 소망이 소망이 아니니 보는 것을 누가 바라리요 만일 우리가 보지 못하는 것을 바라면 참음으로 기다릴지니라(롬 8:24-25).

이런 현재의 구원과 장래의 영광에 대한 믿음이나 소망이 단순히 사람의 자위적 고안이나 망상이 아니라, "실재"인 까닭은 하나님께서 이미 말씀하신 약속이며 성경 역사가 보여 주듯이, 하나님의 모든 약속이 하나님의 구원 역사 가운데 실제로 이루어졌기 때문이다.[2]

> 믿음은 바라는 것들의 실상이요 보이지 않는 것들의 증거니 선진들이 이로써 증거를 얻었느니라 믿음으로 모든 세계가 하나님의 말씀으로 지어진 줄을 우리가 아나니 보이는 것은 나타난 것으로 말미암아 된 것이 아니니라(히 11:1-3).

2　롬 1:2; 4:18; 9:33; 16:25-26; 고전 10:4, 11; 갈 4:4-5.

성경이 가르치는 믿음은 사람의 희망 사항이 아니라, 하나님께서 약속하신 구원에 이르는 통로다.

네 믿음이 너를 구원하였다 (마 9:22)[3]

그러므로 우리 믿는 사람들은 바울과 함께 "이는 우리가 믿음으로 행하고, 보는 것으로 행하지 아니함이로라"(고후 5:7)라고 말할 수 있다.

2020년 6월 23일

---

[3] 참조, 막 10:52; 눅 7:50; 17:19; 요 3:16; 행 3:16; 롬 3:22-26; 4:1-25; 10:9; 고전 1;21; 갈 2:16; 히 11:1 이하.

129. 그리스도인의 무소유

> 심령이 가난한 자는 복이 있나니, 천국이 그들의 것임이요(마 5:3).

이사를 가면서 가재를 모두 정리해 방을 깨끗이 비운 후에 나 홀로 방에 앉으니, 이삿짐을 싸면서 어떤 물건은 버리고 어떤 물건을 계속 가질 것인가를 생각하며 어지러웠던 마음이 사라지고 평온하고 안정된 느낌이 든다.

인간은 흙이지만 또한 하나님의 형상이다. 인간은 육체뿐만 아니라, 영혼도 있다. 그러므로 인간은 떡으로만 살 것이 아니라, 하나님의 입에서 나오는 모든 말씀으로 살아야 한다(신 8:3; 마 4:4b).

모든 믿는 사람의 마음속에는 성령이 계신다. 성령은 우리가 언제나 하나님께 집중하고, 그의 거룩하신 뜻을 따라 인간을 압박하는 피조물의 한계에서 벗어나서 자유하게 하신다(요 8:32; 롬 8:1; 고후 3:17; 갈 5:1, 13-16). 그러나 우리는 자주 안팎의 미혹하는 소리로 말미암아 하나님의 말씀과 성령의 지시를 듣지 못한 채, 육을 따라 살면서 죄와 사망의 종으로 되돌아간다. 우리의 고질적인 죄성으로 말미암아 우리는 당장 눈에 보이는 가치에 미혹되고, 더 중요한 보이지 않는 영원한 가치를 보지 못한다.

보이는 세계도 하나님의 것이지만, 우리는 보이는 세계의 배후에 계신 하나님과 그의 말씀을 주목해야 한다. 보이는 것에 대한 육적 탐심을 버리고 하나님께서 우리 각자에게 주신 분복을 함께 나누어야 한다(잠 30:8-9; 전 5:18-19). 부와 재물도 하나님의 축복이지만, 부자는 가난한 자와 소유를 나누는 것이 하나님의 뜻이다.

> 그가 재물을 흩어 빈궁한 자들에게 주었으니 그의 의가 영구히 있고, 그의 뿔이 영광중에 들리리로다 악인은 이를 보고 한탄하여 이를 갈면서 소멸되리니 악인들의 욕망은 사라지리로다(시 112:9-10; 고후 9:9).

특별히 하나님 나라의 복음은 빈 마음과 단순한 삶을 그리스도께서 선언하신 하나님 나라의 도래를 믿는 사람들의 마땅한 자세로 가르친다. 예수님의 하나님 나라 운동은 의식화, 제도화, 규례화된 율법주의적 유대교를 하나님 앞에서 소탈하고 진실한 마음의 종교로 개혁하는 운동이었다. 예수님께서 마태복음 5-7장에서 가르치신 산상수훈의 팔복의 첫 번째 복은 단순히 경제적으로 가난한 이들이 아니라,[1] 마음이 가난한 이들이 얻게 된다.

> 심령이 가난한 자는 복이 있나니, 천국이 그들의 것임이요 (마 5:3).

하나님의 나라 시민은 이 땅에서 잠시 머무는 나그네임을 깨닫고, 이 땅에 안주하려는 어리석은 생각을 버리고 오직 하나님의 나라와 하나님의 의에 집중해야 한다.

> 그러므로 우리가 저 안식에 들어가기를 힘쓸지니 이는 누구든지 저 순종하지 아니하는 본에 빠지지 않게 하려 함이라 (히 4:11).

출애굽 후 광야에서 살던 이스라엘 백성은 하나님께서 약속하신 약속의 땅을 믿지 않고, 불신에 빠져 살다가 모두 광야에서 죽었다(신 1:32, 25-38; 참조, 시 95:11; 히 3:11[재인용]). 그러므로 제자들은 "너희는 먼저 그의 나라와 그의 의를 구하라" (마 6:33)는 말씀을 잘 들어야 한다.

이 말씀은 우선 "하나님의 나라가 가까이 왔다"는 종말론적 신앙을 요구하지만(마 4:17), 시대적으로 한정된 종말론적 말씀이 아니라, 모든 시대를 초월하여 모든 그리스도인이 듣고 따라야 하는 말씀이다. 하나님 나라 지향적인 삶을 위해 우리는 잠시 지나가는 이 세상에 대한 모든 탐심을 버리고, 우리의 마음을 깨끗이 비워야 한다.

그리고 십자가의 대속의 사랑과 은혜를 따라서 우리의 마음을 이 땅의 허망한 믿음, 소망, 사랑 대신 하나님 나라의 영원한 믿음, 소망, 사랑으로 채워야 한다. 다른 말로, 그것은 육적인 삶을 버리고 영적인 삶을 선택하는 것이다(롬 8:1-17; 고전 13:13; 엡 4:21-24). 영적인 삶이란 곧 하나님 나라 지향적인 삶이다. 육신을 가진 우리가 육신적 욕구로부터 초연하게 되는 것이 결코 쉬운 일은 아니지만, 적어도

---

[1] 참조, 눅 6:20b: "너희 가난한 자는 복이 있나니 하나님의 나라가 너희 것임이요."; 사 66:2b: "무릇 마음이 가난하고, 심령에 통회하며, 내 말을 듣고 떠는 자 그 사람은 내가 돌보려니와 …."

구원받은 우리는 주님의 희생적 모본과 성령의 지시를 따라서 세상 지향적인 육적인 삶을 버리고, 거룩한 하나님 나라 지향적인 변화된 삶을 힘써야 한다.

> 너희가 육신대로 살면 반드시 죽을 것이로되, 영으로써 몸의 행실을 죽이면 살리니 무릇 하나님의 영으로 인도함을 받는 사람은 곧 하나님의 아들이라(롬 8:13-14). 그러므로 너희가 그리스도와 함께 다시 살리심을 받았으면, 위의 것을 찾으라 거기는 그리스도께서 하나님 우편에 앉아 계시느니라 위의 것을 생각하고 땅의 것을 생각하지 말라 이는 너희가 죽었고 너희 생명이 그리스도와 함께 하나님 안에 감추어졌음이라 우리 생명이신 그리스도께서 나타나실 그 때에 너희도 그와 함께 영광 중에 나타나리라(골 3:1-4).

우리가 거듭난 것이 우리 자신의 결단과 의지이기 전에 하나님의 은혜와 성령의 역사로 말미암았듯이(요 3:5; 엡 1:13; 4:30), 우리의 변화된 삶도 결국 하나님의 은혜와 성령으로 말미암는 것이다(롬 8:14; 갈 5:16). 성령은 자주 영과 육 사이에서 머뭇거리다가 시험에 빠지는 연약한 우리에게 하나님 나라 지향적이고, 영적인 삶을 결단하도록 촉구하신다(눅 22:31-32; 롬 8:26; 엡 4:30).

하나님 나라의 도래를 선포하신 예수님께서는 "무소유"를 하나님 나라 시민의 도리로 가르치셨다. 예수님께서는 본문의 말씀에 이어서 육체와 물질 중심적인 삶을 영원한 하나님 나라 중심적인 삶으로 개조할 것을 가르치신다.

> 오늘 우리에게 일용할 양식을 주시옵고(마 6:11).
> 너희를 위하여 보물을 땅에 쌓아 두지 말라 … 오직 너희를 위하여 보물을 하늘에 쌓아두라(마 6:19-20a).
> 너희가 재물과 하나님을 겸하여 섬기지 못하느니라(마 6:24b).
> 목숨을 위하여 무엇을 먹을까 무엇을 마실까 몸을 위하여 무엇을 입을까 염려 하지 말라(마 6:25a).

이 모든 "무소유"의 가르침은 사람이 하나님의 아들 예수님으로 말미암은 하나님 나라의 도래를 믿고 회개하고 하나님 나라 지향적인 삶을 결단하면, 더 이상 썩어 없어질 물질적 존재가 아니라, 세상의 소금과 빛 그리고 하나님의 아들로 그 본질이 변화될 수 있다는 말씀에 근거한 것이다(마 5:13-14; 6:26-30; 5:9, 45).

> 회개하라 천국이 가까이 왔느니라(마 4:17).

계속해서 예수님은 나눔의 도리를 가르치셨다. 예수님께서는 율법을 잘 지키면서 자신을 따르려는 어떤 부자 청년에게 이렇게 말씀하셨다.

> 네가 온전하고자 할진대, 가서 네 소유를 팔아 가난한 자들에게 주라 그리하면 하늘에서 보화가 네게 있으리라 그리고 와서 나를 따르라(마 19:16-22).

그러나 그 청년은 이 말씀을 듣고 근심하며 예수님을 떠났다. 그 청년은 자신의 재물에 대한 집착으로 말미암아 예수님의 하나님 나라 운동에 참여할 수 없었다.

예수님은 제자들을 전도 파송을 보내시면서 "너희가 거저 받았으니 거저 주라. 너희 전대에 금이나 은이나 동을 가지지 말고 여행을 위하여 배낭이나 두 벌 옷이나 신이나 지팡이를 가지지 말라"라고 말씀하시면서 하나님 나라의 도래를 선포하는 복음 전도인은 보이는 세상의 일시적인 것들을 의지하지 말고, 모든 필요한 것을 채워 주시는 하나님만을 철저히 의지하고 복음 전도에만 전념할 것을 가르치셨다(마 10:8b-10; 참조, 왕하 19:19-21).

이 말씀을 따라서 성 프란치스코(1181-1226)는 자신의 소유를 다 팔아서 가난한 자들에게 나눠 주고, 프란치스코회를 창설해 무소유와 나눔의 가르침을 실천했다. 예수님 자신도 청빈한 생활을 하셨다. 예수님은 "여우도 굴이 있고 공중의 새도 거처가 있으되 인자는 머리 둘 곳이 없다"라고 말씀하셨다(마 8:20).

결국 우리 주님께서는 우리들과 같이 이 땅에서 잠시 나그네로 계시면서 우리에게 영원한 하나님 나라 시민의 마땅한 자세와 도리를 몸소 가르치셨다. 무엇보다 예수님께서는 자신의 생명까지 죄인들과 나누시면서 무소유와 나눔의 도리를 가르치셨다.

> 인자가 온 것은 섬김을 받으려 함이 아니라, 도리어 섬기려 하고, 자기 목숨을 많은 사람의 대속물로 주려 함이니라(막 10:45).

예수님의 무소유와 나눔과 섬김의 가르침은 제자들만이 지켜야 할 도리가 아니라, 영원한 하나님 나라를 믿는 모든 사람이 함께 지켜야 할 말씀이다. 초대교회는 예수님의 가르치심을 따라서 모든 교인의 소유를 함께 나누는 신앙-경제 공동체였다(행 2:44-45). 사도 바울의 사역 중의 하나는 "예루살렘 성도들을 위한 모금"이었다(행 24:17; 롬 15:31; 고전 16:1; 고후 8-9장).

> 우리 주 예수 그리스도의 은혜를 너희가 알거니와 부요하신 이로서 너희를 위하여 가난하게 되심은 그의 가난함으로 말미암아 너희를 부요하게 하려 하심이라 (고후 8:9).

물론 우리가 더 이상 단순한 물질적 존재가 아니라, 세상의 소금과 빛이요 하나님의 아들이라고 믿어도 우리는 여전히 물질이 필요한 연약한 존재임을 부인할 수 없다. 우리는 선한 목적을 위해 헌금을 해야 하고 또한 생계를 위해 열심히 일해야 한다. 사도 바울도 사람들의 오해를 받으면서도 예루살렘 성도들을 위한 모금 활동을 계속했다.

> 하나님이 능히 모든 은혜를 너희에게 넘치게 하시나니 이는 너희로 모든 일에 항상 모든 것이 넉넉하여 모든 착한 일을 넘치게 하게 하려 하심이라(고후 9:8).

무소유의 원칙을 획일적으로 적용할 것이 아니라, 필요와 경우에 따라서, 신분과 사명에 따라서, 다르게 적용할 수밖에 없다. 그러나 일반적으로, 근본적으로, 영원한 하나님 나라를 지향하는 그리스도인은 개인적 탐욕과 약육강식이라는 세상의 원칙을 따라 살 것이 아니라, 하나님 나라의 무소유와 나눔의 도리를 실천해야 한다. 우리 인생은 벗은 몸으로 왔다가 벗은 몸으로 가며 우리의 모든 것이 주께로부터 왔음을 알고 우리의 것을 주님의 선하신 뜻대로 사용해야 한다.

> 도둑질하는 자는 다시 도둑질하지 말고 돌이켜 가난한 자에게 구제할 수 있도록 자기 손으로 수고하여 선한 일을 하라(엡 4:28).

무소유의 범위를 넓혀서 생각하면 경제적 분배뿐만 아니라, 성령의 은사, 지혜, 재능, 지위, 건강, 시간, 경험 등을 하나님 나라의 선한 목적을 위해 나누는 것도 넓은 의미의 나눔으로 볼 수 있다(고전 12:4 이하; 엡 4:32).

기억해야 할 것은 그리스도인의 무소유와 나눔의 동기가 사람의 선한 의지가 아니라, 십자가에서 나타난 그리스도의 희생적 사랑과 하나님의 구원 은혜에서 비롯된 것이어야 하고, 무소유와 나눔의 목적은 개인적 유익보다 더 많은 사람의 유익을 위한 것이어야 하고, 무엇보다 하나님을 기쁘시게 하기 위한 것이어야 한다.

이런 점에서 복음이 가르치는 무소유와 나눔은 세상의 도덕이나 종교가 가르치는 탐욕으로부터의 "초아적(超我的) 자유"나, 도덕적 선행과는 다르다. 세상의 도덕과 종교도 무소유와 나눔을 사람들이 추구해야 할 진정한 자유와 구원의 길로 가르치지만, 그들은 창조주 되시고 구원주 되신 하나님을 믿지 않고 자신들의 "선한 의지"를 믿는 것이 문제다.

만물의 창조주이신 하나님을 불신하는 "무신론적 무소유"는 아무리 자발적이고 순수하게 보인다고 해도, 이미 그 무신론적인 동기와 목적에서 자만심, 자랑, 위선 같은 죄성으로 부패한 것이고 거룩하신 하나님 앞에서 불경스런 것이다. 십자가에서 나타난 하나님의 사랑과 구원의 은혜와 죄에서의 자유와 상관없는 무소유는 결국 죄인 인간의 자아 만족적인 믿음이나 도덕적 행위로서 거룩하신 하나님께 인정받을 수 없다.

무소유와 나눔을 위한 그리스도인의 결단은 사람의 선한 의지이기 전에 하나님의 은혜와 성령의 감화로 말미암은 것이고(요 14:26; 갈 5:18), 무소유와 나눔을 통해 얻는 축복, 기쁨, 소망 같은 유익도 하나님 아버지의 은혜로운 선물이다. 그리스도인의 무소유와 나눔은 오직 그리스도의 십자가의 희생적 사랑과 은혜와 자유에서 기인한다. 우리의 모든 소유는 물론 우리가 살고 죽는 것도 하나님의 은혜로 말미암은 것이다.

> 살든지 죽든지 내 몸에서 그리스도가 존귀하게 되게 하려 하나니, 이는 내게 사는 것이 그리스도니 죽는 것도 유익함이라(빌 1:20b-21).
> 그런즉 사망은 우리 안에서 역사하고 생명은 너희 안에서 역사하느니라(고후 4:12). 이는 모든 것이 너희를 위함이니 많은 사람의 감사로 말미암아 은혜가 더하여 넘쳐서 하나님께 영광을 돌리게 하려 함이라(고후 4:15).

> 만일 너희 믿음의 제물과 섬김 위에 내가 나를 전제로 드릴지라도 나는 기뻐하고 너희 무리와 함께 기뻐하리니 (빌 2:17).
>
> 어떠한 형편에든지 나는 자족하기를 배웠노니 나는 비천에 처할 줄도 알고 풍부에 처할 줄도 알아 모든 일 곧 배부름과 배고픔과 풍부와 궁핍에도 처할 줄 아는 일체의 비결을 배웠노라 (빌 4:11b-12).

세상에도 성경의 가르침과 유사한 무소유의 가르침이 있지만 그런 가르침은 대개 십자가의 사랑과 은혜와 자유를 경험해 보지 않은 채, 단순한 삶의 실용적 유익을 가르칠 뿐이다. 아무리 유사한 말이라도 그 말하는 사람의 의도에 따라서 다른 의미를 가질 수 있다.

더구나 하나님의 입에서 나오지 않은 말씀은 사람을 미혹하기 위한 마귀의 왜곡된 "유사 진리"일 수 있다(창 3:1-5; 왕상 22:19-23; 렘 28:1-17; 29:9; 마 4:3-10; 딤전 4:1). 단언하건대, 십자가의 사랑과 은혜와 자유와 상관없는 무소유와 나눔은 결국 인간의 자랑과 위선으로 오염될 수밖에 없고, 하나님께 인정받을 수 없는 비복음적이고 이교적인 것이다. 하나님께서는 우리가 스스로 선을 행할 수도 없고, 구원할 수도 없는 죄인임을 아시고, 자신의 아들을 희생하심으로써, 우리가, 오직, 하나님의 은혜만으로 구원 받아야 존재임을 천명하셨다.

십자가로 말미암아 하나님의 아들이 되었다는 자아 인식 없이 단순히 자신을 위한 무소유의 자유와 기쁨만을 가르친다면 결국 자아집착적 낙천주의와 다를 바 없다. 우리는 하나님의 말씀을 유한한 사람의 이성과 감성으로 판단할 것이 아니라, 책임있는 자녀로서 하나님 말씀을 우선 믿고 순종해야 한다. 나의 뜻이 아니라, 하나님의 뜻, 나의 능력이 아니라, 하나님의 은혜, 나 자신의 유익과 영광이 아니라, 하나님을 사랑하고 영화롭게 하는 것이 성경이 가르치는 무소유와 나눔의 동기와 목적이다.

우리는 모든 것을 우리의 이름이 아니라, 그리스도의 이름으로 나누어야 한다.

> 그런즉, 너희가 먹든지, 마시든지, 무엇을 하든지, 다 하나님의 영광을 위하여 하라 (고전 10:31).

더구나 불신적 무소유와 나눔은 하나님 나라의 영생 약속과 소망이 없으므로 결국 피조물의 본질인 무상(無償/無常)으로 끝날 뿐이다. 그렇다면, 그것은 결국 또 하나의 허무주의적 가치관일 뿐이다. 반면에 하나님 나라의 영생 약속을 믿는 무소유는 영원한 생명과 희락의 보상(補償)으로 이어진다.

> 심령이 가난한 자는 복이 있나니, 천국이 그들의 것임이요(마 5:3).
> 기뻐하고 즐거워하라 하늘에서 너희의 상이 큼이라(마 5:12a).

이렇게 성경의 무소유와 나눔의 가르침은 우리가 잠깐 머무는 이 세상에서 영원한 하나님 나라의 도래의 약속을 믿는 믿음과 하나님 나라의 시민으로서의 확고한 자아 인식과 분명한 책임을 요구한다. 이 땅의 모든 것은 본질상 썩어지고 사라지게 마련이다. 더구나 우리는 이 땅을 잠시 지나가는 나그네이므로 이 땅에 우리의 영원한 소유는 없다. 그러므로 우리는 이 땅에서의 우리의 소유에 집착할 것이 아니라, 우리의 소유를 우리가 영원히 거처할 저 하늘나라에 모으는 일에 집념해야 한다(마 6:19-24).

> 그런즉 너희는 먼저 그의 나라와 그의 의를 구하라 그리하면 이 모든 것을 너희에게 더 하시리라(마 6:33)

다시 말하지만, 광야의 이스라엘 백성은 하나님께서 약속하신 약속의 땅을 믿지 않고, 하나님의 선택받은 백성이란 것과 그 책임을 망각하며 살다가 결국 모두 광야에서 죽었다(신 1:32, 25-38). 그러므로 히브리서 기자는 우리가 더 이상 그들의 실패한 인생을 답습하지 말 것을 촉구한다.

> 그러므로 우리가 저 안식에 들어가기를 힘쓸지니 이는 누구든지 저 순종하지 아니하는 본에 빠지지 않게 하려 함이라(히 4:11).

이스라엘 백성의 실패의 역사는 결국 후세의 더 많은 하나님의 백성들에게 하나님 나라 지향적인 무소유와 나눔의 삶을 가르치시기 위해 하나님께서 허락하신 것이다. 하나님의 백성은 하나님의 말씀을 들어야 한다.

너희가 내 양이 아니므로 믿지 아니하는도다 내 양은 내 음성을 들으며, 나는 그들을 알며, 그들은 나를 따르느니라 내가 그들에게 영생을 주노니 영원히 멸망하지 아니할 것이요, 또 그들을 내 손에서 빼앗을 자가 없느니라(요 10:26-28).

2020년 6월 24일

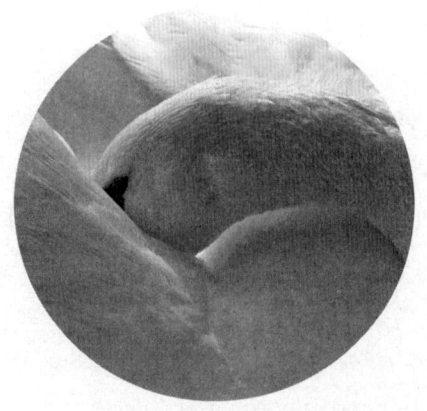

130. 우리의 구원을 예비하시는 하나님

> 너희는 마음에 근심하지 말라 하나님을 믿으니 또 나를 믿으라 내 아버지 집에 거할 곳이 많도다 그렇지 않으면 너희에게 일렀으리라 내가 너희를 위하여 거처를 예비하러 가노니, 가서 너희를 위하여 거처를 예비하면, 내가 다시 와서 너희를 내게로 영접하여, 나 있는 곳에 너희도 있게 하리라(요 14:1-3) 그들이 이제는 더 나은 본향을 사모하니 곧 하늘에 있는 것이라 이러므로 하나님이 그들의 하나님이라 일컬음 받으심을 부끄러워하지 아니하시고 그들을 위하여 한 성을 예비하셨느니라(히 11:16).

우리가 태어나서 사는 이 세상은 생명이 넘치는 곳이다. 이 우주에 수많은 별이 있으나 특별히 우리가 사는 지구만이 모든 생명체로 충만한 행성이다. 이 지구는 물과 공기, 태양과의 적당한 거리, 지구의 내부의 뜨거운 마그마 등 생물체가 태어나고, 서식하기에 매우 적합한 환경과 조건을 가진 곳이다.

많은 사람은 이런 세상을 스스로 존재하는 "자연 세계"로 본다. 나아가, 어떤 이들은 자연 세계의 신비로운 특성으로부터 유추해 낸 범신론적 사상을 따른다. 그러나 그들이 신봉하는 자연 세계의 원리와 선한 가치는 자연 세계의 재난과 썩음 같은 부정적 현상으로 말미암아 희석될 수밖에 없다. 그들은 결국 사람은 물론 모든 생명체들이 생성소멸, 약육강식 같은 자연법칙에 적응하거나 굴복할 것을 가르칠 뿐이며 인간 구원을 위한 아무런 대책을 제시하지 못한다.

우리는 인간이나 자연이 아니라, 그것들을 지으신 하나님을 믿는다. 우리는 선하신 하나님께서 이 세상을 지으시고 다스리시고 인간을 구원하신다는 것을 믿는다. 창세 이후 세상 만물이 일정한 원칙을 따라 생존하고 성장하는 자연 현상은 살아계신 하나님의 지혜와 은혜 그리고 구원 능력을 가리킨다(롬 1:20).

그러나 우리는 때로, "왜 선하신 하나님께서 자신이 지으신 이 세상과 인간에게 고통과 죽음을 허락하시는가?"라고 원망한다.

성경은 세상의 고통과 죽음이 인간의 죄에 대한 공의로우신 하나님의 진노와 심판이라고 가르친다. 거룩하신 하나님께서는 그의 세상을 원래의 완전하고 선한 세상으로 지키시기를 원하시며, 이런 뜻을 거역하는 인간을 징벌하신다. 하나님은 인간을 기계가 아니라, 자유 의지를 가지고 하나님께서 정하신 선과 악을 존중하며 스스로 악을 버리고 선을 택해야 하는 책임 있는 존재로 만드셨다.

> 선악을 알게 하는 나무의 열매는 먹지 말라 네가 먹는 날에는 반드시 죽으리라 (창 2:17).
> 죄가 너를 원하나 너는 죄를 다스릴지니라 (창 4:7b).

그러나 첫 번째 인간 아담은 어느 날 선 대신 악을 선택하고, 하나님을 배반함으로써 빛과 생명으로 충만한 에덴 동산에서 추방되었고, 고난과 죽음으로 저주받은 세상에서 살게 되었다 (창 3:16-17).

아담의 범죄 이후 그의 죄성을 유전 받은 후손들은 계속해서 하나님을 배반하고 점점 하나님과 멀어지기만 했고 하나님은 그들을 심판하셨다 (창 4-11장). 그러나 자비로우신 하나님께서는 자신이 지으신 인간을 비롯한 모든 생명체의 고난을 안타까워 하시면서, 고통 받는 인간의 구원을 위해 애쓰셨다 (창 6:5-6; 9:1-17). 창세기부터 요한계시록까지 하나님께서는 언제나 인간의 완전한 구원을 위해 끊임없이 애써 오셨음을 보여 준다.

하나님께서는 인간의 죄가 거의 통제 불능 상태로 계속해서 세상에 만연하는 것을 보시고, 많은 사람 가운데 특별히 모범적인 사람들을 선택해서 자신의 백성으로 삼아 그들을 축복함으로써 다른 사람들이 그들의 복된 삶을 보고 죄를 떠나 하나님을 경외하게 하는 구원 계획을 세우셨다 (창 12:1-3).

B.C. 2160년경, 하나님께서는 아브라함을 선택하시고 그와 그의 후손들을 축복하시기로 약속하셨다. 그의 후손들은 여러 신앙적 도전 가운데서도 대체로 하나님을 경외하며 바르게 살았고, 하나님의 축복을 받았다 (창 12-50장).

B.C. 1440년경, 하나님께서 택하신 이스라엘 민족이 그들이 살던 애굽에서 애굽 사람들에게 핍박을 받을 때, 하나님께서는 모세라는 인물을 예비하셔서 그들을 기적적으로 애굽 사람들에게서 구원해 내셨다 (출애굽기). 그러나 그들이 하나님을 불신하고 애굽 생활을 그리워 할 때, 하나님께서는 그들을 광야에서 모두 멸하시고, 여호수아와 갈렙을 제외한 그들의 2세들만을 약속하신 가나안 땅에 들어가게 하셨다. 그러나 가나안

땅에 들어간 2세 이스라엘 백성들도, 모세가 우려했던바 대로(신 18:12-20),
모세와 여호수와의 경고를 무시하고 하나님을 떠나 가나안 지방의 우상들을 섬기기 시작했다(삿 2:12-23). 하나님께서 그들을 징벌하시어, 그들의 주위의 이민족들의 침입을 받게 하셨다. 그러나 동시에 하나님께서는 사사들을 일으켜서 그들을 보호하시며, 그들의 마음을 자신에게로 돌이키시려고 애쓰셨다.

그 후 시작된 왕국 시대(B.C. 1100년경)에서 하나님께서는 사울 왕에 이어 왕이 된 다윗 왕을 특별히 선택하시고 그를 통해 하나님의 구원의 능력을 이스라엘 백성에게 나타내실 것을 약속하셨다(삼하 7:8-17).

그러나 다윗 왕 이후 소수의 왕들을 제외한 대부분의 왕들이 우상들을 섬기며 하나님을 멀리하였다(열왕기상하; 역대상하; 예레미야서). 그 결과 나라가 남왕국(유다)와 북왕국(이스라엘)으로 양분되고, 결국 B.C. 721년에 북왕국은 앗수르에게 멸망하고, B.C. 586년에는 남왕국 마저 바벨론에게 멸망했다.

하나님은 언제나 이스라엘 백성의 조상들과의 구원의 약속을 기억하시고 철저히 지키시는 신실하시고 자비로우신 분이시다. 유다 민족이 바벨론에 포로로 끌려 갈 때에 하나님은 선지자 예레미야를 통해 그들을 70 년 동안 바벨론 포로생활에서 단련한 후에 그들을 다시 약속의 땅으로 데려 오실 것을 예언하게 하셨다(렘 25:11). 그리고 그 예언은 그대로 성취되었다(대하 36:21-22; 스 1:1; 시 126:1-6; 단 9:2).

이스라엘 백성은 바벨론 포로의 혹독한 시련을 거치면서 자신들의 죄와 하나님 신앙의 중요성을 깊이 깨달았다. 바벨론 포로에서 돌아 온 유대인들은 느헤미야, 에스라, 스룹바벨 등의 지도와 예언자 학개, 스가랴의 지원 아래 예루살렘 성과 제 2 성전을 건축하고, 조상들의 믿음을 회복하기 위해 힘썼다.

바벨론 포로기 이후 이스라엘 백성들은 헬라, 로마 같은 외세에 맞서서 하나님 신앙을 이전보다 더욱 적극적으로 지켰다. 유대교는 사두개파, 바리새파, 엣센파(쿰란파), 열심당 같은 신앙 단체를 결성하여 하나님 신앙을 지키기 위해 힘썼다. 그러나 철저한 신앙과 종교적 규례들로 강화되고 조직화된 유대교는 이제는 종교적 위선과 오만이라는 또 다른 죄로 변질되고 왜곡되기 시작했다.

이 때 하나님께서는 그의 아들 예수님을 유대 땅에 태어나게 하셨다. 이 때에도 하나님께서는 세례 요한을 미리 보내시고 회개 운동을 일으키심으로써 그리스도의 구원 사역을 예비하게 하셨다.

예수님께서는 유대인들에게 하나님 나라의 도래를 선포하시고 그들의 죄를 회개하고 하나님 나라의 시민으로 바르게 살 것을 가르치시며, 많은 기적으로 하나님의 구원의 은혜와 능력을 나타내셨다(마 4:17). 그러나 유대인들은 그들의 잘못된 종교적 이해와 권위로 하나님의 아들 예수님을 잡아 처형하였다.

그러나 하나님께서는 그의 지혜와 구원의 경륜 가운데 예수님의 십자가의 죽으심을 도리어 그가 오래 동안 애쓰시면서 준비하신 세상 모든 인간의 최종적 구원을 위한 획기적인 전기로 삼으신 것이었다. 곧 예수님을 세상 모든 인간 구원을 위한 유월절 희생 양으로 삼으시고 또한, 제2아담(새롭고 완전한 인간의 모형)으로 세우셔서, 그를 믿고 사랑하는 모든 죄인들을 의롭게 여기시고 구원하시기로 계획하신 것이다(막 10:38, 45; 요 3:16; 롬 3:22-25; 5:12-19).

이렇게 하나님께서는 2천 년 전 그리스도의 십자가에서 오랫동안 예비해 오신 그의 최종적인 구원 계획을 완성하셨다. 그러므로 우리 주님께서는 십자가에서 "다 이루었다"고 말씀하셨다(요 19:30). 더구나 죽으신 후 사흘 만에 부활하심으로써 그를 믿는 모든 사람들의 생명의 주가 되심을 증거하셨다.

결국 유대교의 왜곡된 율법주의적 신앙조차 하나님께서 그의 인간 구원 역사를 위해 예비하신 것이었다. 하나님께서는 인간의 무지와 연약함을 통해 그의 구원의 은혜와 능력을 나타내시기를 기뻐하신다. 우리 연약한 인간은 자신의 한계를 깨달을 때에야, 비로소 구원의 하나님을 바라보기 때문이다.

이렇게 하나님께서는 그의 지혜와 구원의 경륜 가운데 하나님의 구원 약속을 믿는 우리들도 여전히 이 세상에서 고난과 죽음의 고통을 겪으며 살도록 허락하셨다. 더구나 우리가 사는 이 세상에는 하나님의 구원을 흉내 내면서 우리를 미혹하는 종교와 철학이 많다. 그들은 사람의 지혜와 도덕과 어떤 신령한 능력을 믿으나, 창조주 되시고 구원주 되시는 하나님을 믿지 않는다.

그러나 이 모든 불신적 세력도 결국 우리의 믿음을 단련하고, 확실하게 세우시기 위해서 하나님께서 허락하시고 예비하신 것임을 알아야 한다. 우리 하나님은 과연 "여호와 이레"의 하나님이시다. 그러므로 우리는 모든 세상의 유혹과 도전 가운데서도 우리는 다만 살아 계신 하나님만을 믿어야 한다. 세상을 지으시고 세상을 구원하시기 위해 모든 것을 예비하신 하나님의 은혜와 우리를 위해 희생하신 그의 아들 예수님의 사랑과 우리의 마음을 믿음과 소망으로 충만하게 하시는 성령님의 위로하심과 감화력을 믿는다.

> 생각하건대 현재의 고난은 장차 우리에게 나타날 영광과 비교할 수 없도다(롬 8:18).

이 놀라운 세상을 지으시고 우리를 이 세상에 태어나게 하신 선하신 하나님의 구원의 약속을 믿고 바라는 것보다 더 귀한 것이 무엇인가?

이 험한 세상이 선하신 하늘 아버지의 권능으로 말미암아 사랑과 생명이 충만한 새 하늘과 새 땅으로 변화될 것이라는 약속을 믿고 바라는 것보다 더 가치 있는 것이 무엇인가?

> 하나님의 날이 임하기를 바라보고 간절히 사모하라 그 날에 하늘이 불에 타서 풀어지고 물질이 뜨거운 불에 녹아지려니와 우리는 그의 약속대로 의가 있는 곳인 새 하늘과 새 땅을 바라보도다(벧후 3:12-13).

히브리서 기자는 우리뿐만 아니라, 모든 믿음의 조상들도 그들의 모든 고난의 현실 가운데서 그리스도로 말미암은 하나님의 최종적 구원을 소망하며 살았음을 밝힌다(히 11:9-40).

이제 우리 하나님께서 태초부터 지금까지 그의 형상대로 지으신 우리 인간의 최종적 구원을 위해서 모든 놀라운 구원 역사들로 꾸준히 준비해 오셨고 또한 성취해 오셨음을 상기하자.

> 내가 너희를 위하여 거처를 예비하러 가노니, 가서 너희를 위하여 거처를 예비하면, 내가 다시 와서 너희를 내게로 영접하여, 나 있는 곳에 너희도 있게 하리라(요 14:2b-3).

> 그들이 이제는 더 나은 본향을 사모하니 곧 하늘에 있는 것이라 이러므로 하나님이 그들의 하나님이라 일컬음 받으심을 부끄러워하지 아니하시고 그들을 위하여 한 성을 예비하셨느니라(히 11:16)

이렇게 일관되고 변함없는 구원의 약속과 성취야 말로 살아계신 하나님의 권능과 우리를 향하신 그의 깊은 사랑을 분명히 확증하는 것이다. 이런 하나님 신앙 안에서 우리의 근심과 걱정은 부질없는 일이다.
　그러므로 이제 우리 모두 안팎의 근심과 두려움을 내어버리고 악을 버리고 선을 힘쓰며 하나님께서 예비하신 그 날, 온 천하 만물을 새롭고 완전하게 하실 영광의 그 날을 간절히 사모하자.

　　아멘, 마라나타 아멘, 주 예수여 오시옵소서(계 22:20).

2020년 8월 30일

색인

▶구약성경◀

창세기

창 1:1	216
창 1:1-5	114
창 1:4	216
창 1:28	301
창 1:31	410
창 2:17	540
창 3:4-5	405
창 3:6a	406
창 3:12	407
창 3:12-13	277
창 4:7	175, 262, 263, 380
창 4:7b	540
창 4:7c	276
창 5:24)	467
창 15:6	189, 233
창 25:34	69
창 28:16-17	136
창 32:26	64
창 32:28b	65
창 50:20	63

출애굽기

출 9:30	495
출 17:7	262
출 18:19-26	214
출 19:5-6	400
출 20:2	17, 187
출 20:3	58, 81, 94, 337
출 20:11	410
출 23:19	69
출 34:6-7	256, 350, 413, 427
출 34:7	390

레위기

레 19:2	193, 322
레 19:18	27

신명기

신 1:29-30	168
신 1:29-33	171
신 1:33	399
신 6:4-5	10, 338
신 6:5	312, 314, 421
신 6:13	269
신 7:7-8	338
신 8:3	152, 156
신 8:3	9
신 8:12-14a	425
신 32:9-10	399

여호수아

수 10:13b	458
수 24:14-17	337
수 24:15	242

사사기

삿 2:10	242
삿 2:16-17	242
삿 17:6	242

룻기

룻 1:16	356
룻 2:12	358, 359

사무엘상

삼상 2:30	16
삼상 9:20	271
삼상 15:22-23	403
삼상 15:29	328

사무엘하

삼하 7:16	238

열왕기상

왕상 18:21	357, 483
왕상 19:9	445

열왕기하

왕하 20:11	457

역대상

대상 29:11b	258

역대하

대하 7:13-14	493

욥기

욥 1:21	183
욥 1:21b	186
욥 1:22	180
욥 2:6	61
욥 2:10b	233
욥 5:7	73
욥 5:7)	179
욥 5:9	62
욥 6:10	180
욥 10:1-2	181
욥 14:1-3	179
욥 19:25-26	179, 183, 184, 186
욥 23:2-3	257
욥 23:2-9	181, 183
욥 23:10	180, 181, 183, 186, 257, 340, 425
욥 28:12-28	208
욥 33:18	185
욥 33:26	185
욥 38:2	61, 186
욥 40:1-8	43
욥 40:2	61, 279
욥 40:2-4	13, 281
욥 40:2-9	69
욥 42:2	186
욥 42:2-3	280
욥 42:3-6	44
욥 42:5	183, 257
욥 42:5-6	190
욥 42:12a	186

시편

시 1:1	243
시 1:2	20
시 1:3	426
시 1:6	482
시 2:8	238
시 8:1	53
시 13:1	13
시 14:1-3	10
시 23:1-6	243
시 23:4	467
시 23:4a	303
시 24:1	15
시 27:4	54
시 27:13-14	233
시 37:7a	457
시 40:1	340, 413, 457
시 42:1-5	73

시 42:5	372	시 139:1-4	89
시 46:1	63	시 139:6	12
시 46:1-3	472	시 146:10	238

잠언

잠 1:7	9, 75, 159, 376
잠 1:23	378, 379
잠 1:33	381
잠 2:4-6	386
잠 2:6	376
잠 2:21-22	238
잠 3:3	379
잠 3:5-6	377, 391
잠 3:7	386
잠 3:34	505
잠 4:13-14	376
잠 9:10	10, 377
잠 10:24	381
잠 12:10	223
잠 13:13	378
잠 14:12	482
잠 15:33	159
잠 16:4	31, 69, 220, 377
잠 16:18-20	79
잠 16:20	377
잠 16:33	160, 377, 383, 399
잠 18:18	159
잠 19:20	160
잠 19:21	160
잠 20:22	222, 457
잠 21:3	403
잠 21:30-31	160
잠 23:4	160
잠 23:27-28	406
잠 25:21-22	521
잠 29:22	222

시 51:1	264
시 62:1	471
시 62:1-2	358
시 63:6-7	20
시 65:3	264
시 70:1	256
시 73:1-2	258
시 73:18-19	260
시 73:26	62
시 74:16-17	456
시 86:10	191
시 88:14	256
시 90:4	414, 455
시 90:9	362
시 90:9-10	455
시 90:9-12	371
시 90:9-15	199
시 90:12-14	460
시 90:13b-15	457
시 90:14	362
시 90:17	200
시 103:15	53
시 112:9-10	530
시 118:1	14, 257
시 119:67	340
시 119:71	257, 425
시 119:89-91	480
시 119:96	11, 39
시 119:97	15, 21, 263
시 119:112	21
시 119:133	263
시 119:142	39
시 119:156	39
시 121:3-8	266
시 133:3	481

룻기

룻 1:16	356
룻 2:12	358, 359

전도서

전 3:10	179
전 3:11	480
전 3:11b	43
전 5	76
전 8:12b-13	79
전 12:1	199

이사야

사 6:9	417, 419
사 25:8a	219
사 26:19	411
사 29:13	21
사 29:14	76
사 38:8	457
사 40:6-8	53
사 43:1	26
사 43:1b	294
사 43:10a	81
사 43:18-19a	83, 285, 412, 435, 436
사 45:5-6	346, 507
사 45:7	15
사 45:9	45, 222
사 49:9	69
사 53:5	453
사 55:8	43
사 55:9	12, 399, 423
사 55:9)	332
사 65:17	238, 436

예레미야

렘 5:3-4	471

예레미야애가

애 3:18	257
애 3:22	276
애 3:25	257
애 3:26	91
애 3:32-33	257
애 3:33	184
애 3:39	276

다니엘

단 12:2	258

요엘

욜 2:31-32	497

아모스

암 8:11	152

하박국

합 2:4	42, 68
합 2:4b	233, 261
합 2:20	16

▶신약성경◀

마태복음

마 1:1	197, 241, 244
마 1:22	17, 401
마 4:4	152
마 4:4b	9, 156
마 4:10	269
마 4:17	267, 309, 533
마 5:3	267, 312, 419, 530, 531, 537
마 5:8	267, 312, 419
마 5:10	354
마 5:11-12	353
마 5:12a	537

마 5:14a	411	마 12:32	286
마 5:17	328	마 12:36-37	286
마 5:28	267	마 12:50	245
마 5:43-44)	488	마 13:9	16
마 5:44	177	마 13:11-16	419
마 5:44-45	427	마 13:14-16	417
마 5:46	366	마 13:35	32, 292
마 5:48	160, 245, 269, 384	마 13:44-46	386
마 6	155, 532	마 14:27	501
마 6:12	365, 492	마 14:30	501
마 6:19-20a	532	마 14:31	469, 472
마 6:19a	152	마 14:31b	500
마 6:24b	532	마 15:8	21
마 6:25a	532	마 15:27-28	142
마 6:29-30	422	마 15:28	464
마 6:31-33	270	마 16:18	395
마 6:31-34	272	마 16:23	156
		마 16:24	351, 365
마 6:33	47, 51, 72, 152,	마 16:24-25	201, 452, 500
	209, 270, 289, 354, 387,	마 16:25	201
	390, 420, 421, 476, 537	마 16:27	250
마 6:33a	199, 266	마 18:3	92
마 6:34	459	마 18:20	470
마 7:1-5	490	마 19:16-22	533
마 7:7	386	마 19:19	27
마 7:7-8	65, 270	마 20:22	453
마 7:16	107, 196	마 20:27-28	453
마 7:19	126	마 22:12	297
마 7:24	354	마 22:37-40	138
마 9:22	37, 291, 529	마 23:23	312
마 10:28	288	마 24:4-5	236
마 10:42	387	마 24:11-13	126
마 11:21-24	495	마 24:30-31	519
마 11:25-26	92, 161, 416	마 24:42	35, 459, 519
마 11:28	363	마 25:21	25, 170, 285,
마 11:28-30	381		385, 387, 459
마 11:29-30	505, 513	마 25:26	484
마 12:28	28	마 25:26-27	285

마 25:34	171, 194, 249, 253, 400
마 25:40	140, 386, 387
마 25:40)	151
마 25:45	152, 250
마 25:46)	152
마 26:24b	244
마 26:39	48
마 26:39c	156
마 26:41	500
마 26:56	17
마 27:51	164
마 28:20b	99, 136, 144

마가복음

막 1:1	128
막 1:15	50
막 1:35	443
막 4:9	345
막 4:23	115
막 5:34	37
막 7:15-23	406
막 7:16	464
막 10:15	417
막 10:45	201, 352, 533
막 10:52	465
막 11:24	65
막 13:11	379
막 13:11b	328
막 13:26	144
막 14:36	25, 46, 96
막 14:36b	141, 142
막 16:11	237

누가복음

눅 1:37-38	14
눅 1:45	12
눅 5:5	24
눅 5:32	408
눅 7:50	37
눅 8:15	273
눅 11:13b	125
눅 12:45-46	369
눅 13:30	383
눅 17:19	463
눅 18:8b	302
눅 19:9	241
눅 21	370
눅 21:34	363
눅 22:19	297, 298
눅 22:31-32	22, 83, 154, 232, 311, 451
눅 22:32	389
눅 23:34	234
눅 23:46	220
눅 24:31	135
눅 24:38-39	228
눅 24:41	144
눅 24:41-43	144
눅 24:45	135

요한복음

요 1:1	115
요 1:5	132
요 1:5-12	115
요 3:6	289
요 3:9	13
요 3:11	230
요 3:16	315, 349, 465
요 4:13-14	145
요 4:24	152, 312, 470
요 5:28-29	211
요 5:29	260
요 5:39	252
요 5:39-40	249
요 6:26	152

요 6:27	272, 289
요 6:39	278
요 6:40	152, 187, 318
요 6:60	12
요 6:63	150
요 8:11	262
요 8:12	115
요 8:23-24	210
요 8:32	205
요 8:50-51	158
요 8:56	248
요 9:4	476, 477, 479
요 9:4-5	411
요 9:39	345
요 10:11	92
요 10:11-12a	236, 260
요 10:14-15	400
요 10:26-28	538
요 10:27	16, 116, 225, 237, 347
요 10:28	166
요 10:28-29	278
요 10:35	40
요 11:25-26	40, 95, 204, 212, 318, 326, 334, 481
요 11:40	12, 40, 231, 233, 240, 375
요 12:3-8	473
요 13:1	367, 415, 474
요 13:34	193, 323, 364, 434, 522
요 13:34-35	110, 111, 113, 442
요 13:35	37, 126, 137
요 14:1	36, 358
요 14:1-3	98, 195, 539
요 14:2-3	250, 253
요 14:2b-3	172, 543
요 14:2b-3)	318

요 14:6	116, 212, 224
요 14:14	270
요 14:26	500
요 14:27	9, 143, 145, 189, 327, 363, 372, 373
요 14:27a	57, 188, 528
요 14:29	172, 254, 342
요 15:4	318
요 15:4a	445
요 15:5	268
요 15:12	446, 522
요 15:13-14	236, 260
요 16:13	433
요 16:32b-33	172
요 16:33	353, 355, 395
요 16:33b	133, 396
요 19:30	393
요 20:29	91, 93, 115, 338
요 21:15	474
요 21:15b	141

사도행전

행 1:9-11	226
행 2:24	260
행 2:32	187, 224, 228, 230
행 2:32-36	225
행 2:38	109, 122, 431
행 2:38-40	309
행 4:12	224
행 7:51	245, 346
행 7:59	220
행 7:60	234
행 13:38-39	461
행 13:48	231
행 13:48b	278, 295
행 14:22b	527
행 16:14b	345
행 17:31	230

행 23:11	134	롬 6:22	247
행 26:29	225	롬 6:23	221
		롬 7:10	323, 462

로마서

		롬 7:10-11	165
롬 1:2	17, 292	롬 7:19	381, 462
롬 1:14	294	롬 7:24	394, 487
롬 1:16	163, 224, 343	롬 7:24-25	498
롬 1:19b	124	롬 7:24-25a	268
롬 1:20-23	54	롬 7:24-25b	408
롬 1:22-23	94	롬 7:25	498
롬 1:28-32	407	롬 8:1-2	394, 487
롬 2:3-5	407, 496	롬 8:1-6	447
롬 2:23	463	롬 8:2	63
롬 3:10-12	10	롬 8:4	328
롬 3:21	292, 466	롬 8:5-6	149, 156, 205
롬 3:21-22	163	롬 8:6-14	155
롬 3:21-28	508	롬 8:9b	288, 308
롬 3:23-24	178	롬 8:10	144
롬 3:24-27	188	롬 8:12-14	409
롬 3:26	260		
롬 3:27	162, 165, 463	롬 8:13	56, 205, 218, 265, 289,
롬 3:27a	263		366, 394, 396, 397, 499
롬 3:31	329	롬 8:13-14	449, 532
롬 4:3	189	롬 8:14-15	299
롬 5:3-4	340, 425	롬 8:16-17	527
롬 5:3-6	206	롬 8:18	51, 57, 99, 188,
롬 5:5	121		255, 340, 358, 363,
롬 5:8	20, 112, 236,		412, 451, 487, 543
	260, 428, 442	롬 8:18-23	310, 395
롬 5:10a	489	롬 8:24-25	339, 395, 528
롬 5:11	521	롬 8:24b	255
롬 6:1-5	296	롬 8:25	414
롬 6:2	486	롬 8:26	265, 389,
롬 6:4	298		397, 524, 525
롬 6:5	486	롬 8:28	36, 74, 92, 95,
롬 6:12	498		259, 283, 306, 472
롬 6:12-13	155, 262,	롬 8:29-30	274
	365, 370, 408	롬 8:31b	528

롬 8:31b-37	450
롬 8:33-34a	283
롬 8:34	232, 298, 389
롬 8:35	306
롬 8:35-37	223, 397
롬 8:35-39	396, 415
롬 8:37	36, 396, 524
롬 9:1c	122
롬 9:10-24	393
롬 9:14	258
롬 9:14-20	279
롬 9:16	294
롬 9:18	69, 258, 275, 280
롬 9:20	69, 258
롬 9:20b	222
롬 10:4	32, 163, 393, 508
롬 10:9-10	286, 287
롬 10:10	464
롬 10:17	225, 450
롬 11:29	166, 278, 306
롬 11:33	45, 46, 62, 279
롬 11:33-36	14, 39, 47, 283
롬 12:1-2	370
롬 12:11	385, 459
롬 12:17	521
롬 12:18	503
롬 12:21	521
롬 13:8	442, 522
롬 13:14	520
롬 14:1	512
롬 14:7-9	421
롬 14:8	208, 223, 303, 307, 403, 486, 520
롬 14:17	152, 248, 272, 375
롬 15:1	201, 352
롬 15:1-3	512
롬 15:13	395
롬 16	324
롬 16:25-26	149, 253, 292

고린도전서

고전 1:18	44, 161, 344
고전 1:19	76
고전 1:24	160, 161
고전 1:25	46, 162, 279
고전 1:29	463
고전 1:30	160
고전 2:10	155, 293, 462
고전 2:11	216
고전 2:12	345
고전 2:13	171, 210, 211, 217, 226, 229
고전 2:13-14	449
고전 2:14	289
고전 3:13-15	265
고전 4:2	25
고전 4:21	523
고전 5:7b	366
고전 7:7-20	404
고전 7:31	152
고전 7:31b	302
고전 8:1b	442
고전 9:24-26	478
고전 9:25-27	365
고전 10:4	164
고전 10:4-11	324
고전 10:13	426
고전 10:31	46, 158, 403, 421, 536
고전 11:1	84, 512
고전 11:14b	122
고전 11:24b	297, 298
고전 11:26	298
고전 11:27-29	296
고전 11:32	260
고전 12:3	100

고전 13:4	523
고전 13:4-7	178, 413, 429
고전 13:6	111, 366, 489
고전 13:7	360
고전 13:7-13	441
고전 13:8-10	524
고전 13:12	47, 63, 93
고전 13:13	360, 364, 439
고전 15:10	293, 510
고전 15:12	228
고전 15:19	249
고전 15:20	195
고전 15:22	117
고전 15:51	301
고전 15:51-54	211
고전 15:53-58	304
고전 15:54	219
고전 15:55-57	487, 520
고전 15:58	237, 295
고전 16:14	111, 522
고전 16:22	235

고린도후서

고후 1:3-4	355
고후 1:5	306, 307
고후 1:9	182, 204
고후 1:22	527
고후 2:6-8	491
고후 2:7-8	178
고후 2:8	523, 525
고후 2:11	154, 491
고후 2:14	358, 396
고후 3:5	386
고후 4:1	305
고후 4:3-4	174, 236, 346
고후 4:4	209
고후 4:5	196, 215
고후 4:6	293, 462

고후 4:10	487
고후 4:10-11	203, 204
고후 4:11	205
고후 4:12	202, 535
고후 4:15	535
고후 4:16	288, 306, 420, 458
고후 4:16-5:2	137
고후 4:17	487, 526
고후 4:18	209, 266, 339
고후 5:1	172, 300
고후 5:1-2	528
고후 5:2-4	183, 186
고후 5:4	300, 320
고후 5:4-7	526
고후 5:6-7	526
고후 5:7	29, 37, 321, 339, 341
고후 5:10	260
고후 5:14	429, 442, 525
고후 5:14-15	141, 316, 475
고후 5:14-16	516
고후 5:17	198, 287, 411, 420
고후 5:18-21	489
고후 5:19	502
고후 7:1	516
고후 7:4b	527, 528
고후 7:10	306
고후 8:9	534
고후 9:8	534
고후 9:9	530
고후 10:1	492
고후 10:7	313
고후 11:14	389
고후 11:14-15	154
고후 11:23b-28	526
고후 11:28	273, 290, 504
고후 12:9	434

고후 12:9-10	510	엡 3:2-4	171
고후 12:9b	162, 190	엡 3:3	462
고후 12:10	307	엡 3:9-12	292
고후 12:10b	374	엡 4:6	274
고후 12:15	523	엡 4:10	227
고후 13:3	313	엡 4:13	516
고후 13:4	203, 205	엡 4:15	111, 150, 269, 366, 428, 434, 442, 522
고후 13:4b	434		
		엡 4:15-16	59
갈라디아서		엡 4:16	273
갈 1:9	235	엡 4:22-24	268, 323, 384
갈 1:10	141	엡 4:27-32	391
갈 1:11-12	170, 293, 462	엡 4:28	534
갈 2:20	128, 205, 207, 316, 318, 320, 422, 520, 521	엡 4:30	266, 397
		엡 4:30a	109
		엡 5:4	391
갈 3:1	97	엡 5:14	411
갈 3:26	241	엡 5:18	126
갈 5:13	111, 196, 434, 440	엡 5:18b	108
갈 5:16	109, 120, 155, 384, 389, 397, 409, 449, 499	엡 6:10-11	396
		엡 6:11	156
		엡 6:11-12	498
갈 5:16-17	266	엡 6:11-13	133
갈 5:22-23	27	엡 6:11-18	409
갈 6:1	492	엡 6:12	153, 219, 348
갈 6:2	201	엡 6:16-18	348
갈 6:9	525	엡 6:17	263, 499
갈 6:14	255	엡 6:17-18	108
		엡 6:18	5000
에베소서			
		빌립보서	
엡 1:3-6	392		
엡 1:5	41	빌 1:20-21	515, 516
엡 1:9	324	빌 1:20b	352
엡 1:11	435	빌 1:20b-21	320, 535
엡 1:20	227	빌 1:21	486, 514
엡 2	102	빌 1:23	302
엡 2:8	508	빌 1:23-25	142
엡 2:16-18	60	빌 1:29	187

빌 2:3-8	202
빌 2:5	267, 322, 347, 384, 409, 500, 513, 523
빌 2:5-8	155, 196, 264
빌 2:12	251
빌 2:17	352, 514, 523, 528, 536
빌 3:7-8	510
빌 3:7-8a	20, 77
빌 3:7-9	161, 167, 316, 343, 390
빌 3:8	478
빌 3:10-11	261, 298, 355, 514
빌 3:10-12	477
빌 3:12	511
빌 3:13-14	478
빌 3:16	511
빌 3:17	477, 512
빌 3:20-21	72, 98, 515
빌 4	514
빌 4:4	145
빌 4:4-7	372
빌 4:6-7	348
빌 4:11b-12	536
빌 4:12	512
빌 4:13	127, 141, 202, 506, 514, 515, 516

골로새서

골 1:24	273, 352, 398
골 1:26	292, 324
골 1:29	404, 479
골 2:20-3:5	175
골 3:1	227
골 3:1-2	72
골 3:1-3	199, 209
골 3:1-4	532
골 3:2	155
골 3:12-17	48

데살로니가전서

살전 5:5-8	132
살전 5:6	363
살전 5:10	254, 422
살전 5:15-23	255
살전 5:17	143, 500
살전 5:19	126

데살로니가후서

살후 2:4	518
살후 2:4-12	517
살후 3:6	503

디모데전서

딤전 1:4	129, 191
딤전 1:18-19	465
딤전 4:1-2	153, 336
딤전 4:7	191
딤전 6:11-14	465

디모데후서

딤후 3:7	76
딤후 4:7-8	98, 250, 325, 398, 478, 485
딤후 4:8	172, 195
딤후 4:18	35

디도서

딛 1:2-3	40
딛 3:9	129

히브리서

히 1:1-2a	401
히 2:1	20
히 3:1	264
히 4	96
히 4:9	362, 412

히 4:10)	170
히 4:11	173, 531, 537
히 4:12	39, 287
히 6:20	164
히 9:15	164
히 9:27	476
히 10:14	164
히 11:1	82
히 11:1-2	36, 93, 326, 331, 341
히 11:1-3	29, 33, 78, 528
히 11:3	339
히 11:3b	216
히 11:6	12, 34, 78, 82, 92, 229, 231, 332, 506
히 11:8-9	189
히 11:16	166, 195, 250, 253, 400, 539, 543
히 11:16a	248
히 11:24-26	55
히 11:40	98, 166, 172, 195, 250, 253, 400, 481
히 12:1-2a	230, 326
히 12:2	472
히 12:3	414
히 12:4	396, 498
히 12:4-13	405
히 13:8	144
히 13:14	238, 249

야고보서

약 1:14-15	394, 396
약 1:15	263, 381
약 2:26a	288
약 4:5	397
약 4:6	505
약 4:7-10	155, 348
약 4:8	483, 499
약 4:8-10	497
약 4:11-12	490
약 4:14b	157
약 5:7-8	339

베드로전서

벧전 1:9	218
벧전 1:17	250
벧전 1:17b	169
벧전 1:23	286
벧전 2:2	419
벧전 2:9	411
벧전 3:13-16	246
벧전 4:7	409
벧전 5:7	273, 504
벧전 5:8-9	370

베드로후서

벧후 1:4	409
벧후 1:10	305, 307
벧후 1:10-11	246, 285
벧후 3:8	414, 457
벧후 3:11-12a	176
벧후 3:12-13	543
벧후 3:12-14	497
벧후 3:13	35, 117, 219, 451
벧후 3:13-14	247, 254

요한일서

요일 1:9	408
요일 4:1	153
요일 4:2-3	134
요일 4:7	522
요일 4:7-8	524
요일 4:8	34, 140, 439
요일 4:11	112, 364, 428, 442
요일 4:19	350, 367

| 요일 5:4 | 419 |
| 요일 5:4-5 | 3487 |

요한삼서

| 요삼 1:2 | 150, 289, 362 |

유다서

| 유 5-11 | 197 |

요한계시록

계 2:5	311
계 2:7	16, 118, 126, 345
계 3:1b	449
계 3:15-19	430
계 13:1-9	517
계 21:1	436
계 21:1-4	219
계 22:20	145, 301, 520, 544

▶주제별 용어◀

ㄱ

고대 근동	191
과학주의	16, 30, 58, 322
구원사관	195
기독교 강요	12, 13, 43, 250, 268, 269, 270, 272, 274, 287
길가메쉬	235
감리교 운동	18, 432

ㄷ

| 다원주의 | 16, 58, 110, 124, 235, 314 |
| 독일 경건주의 운동 | 18 |

ㄹ

| 라오디게아교회 | 341, 430 |
| 루터 | 18, 19, 432 |

ㅁ

물질주의	16, 30
물활론	58
미시계	210, 216

ㅂ

바벨론	235
바벨탑	29, 94, 241, 3 25, 349, 495, 496
바울	10, 13, 24, 25, 28, 38, 47, 94, 102, 103, 104, 120, 121, 122, 123, 128, 130, 134, 156, 165, 170, 191, 201, 217, 218, 219, 221, 227, 235, 241, 248, 254, 261, 272, 281, 283, 290, 291, 292, 293, 297, 300, 301, 302, 305, 306, 307, 310, 313, 316, 319, 324, 325, 328, 334, 336, 343, 344, 345, 352, 355, 370, 374, 381, 388,

색인 559

	394, 403, 413, 418, 428, 439, 445, 447, 448, 449, 461, 462, 463, 464, 466, 477, 478, 479, 486, 487, 489, 491, 492, 502, 503, 504, 511, 512, 513, 514, 515, 516, 521, 526, 527, 529, 534
베드로	113, 24, 128, 142, 154, 156, 227, 232, 254, 271, 307, 309, 310, 367, 395, 405, 414, 418, 432, 444, 456, 464, 471, 473, 474, 500
본회퍼	122, 452
부활	10, 11, 18, 35, 37, 40, 46, 47, 51, 77, 93, 95, 121, 123, 129, 130, 131, 134, 135, 140, 144, 171, 191, 192, 195, 203, 204, 205, 211, 212, 217, 226, 227, 228, 229, 230, 231, 232, 233, 249, 260, 261, 279, 291, 296, 298, 300, 302, 303, 304, 306, 307, 318, 319, 320, 321, 324, 326, 327, 332, 334, 349, 355, 389, 410, 411, 412, 414, 421, 432, 438, 440, 461, 464, 474, 477, 481, 486, 514, 515, 518, 520
부흥 운동	19, 431
빌립보	25, 477, 514, 515

ㅅ

삼위일체	48, 118, 396
상대주의	16, 58, 59, 60, 176, 235, 237, 314, 336, 512
선민 의식	26
성경 해석학	21
성육신	235, 313
소그룹	214, 432
수메르	235
슐리만	192

ㅇ

아멘엠오피	235
아퀴나스	275
알더스게이트	432
알미니우스	275

어거스틴	19, 43, 53, 276, 432
언약	17, 32, 36, 41, 50, 55, 91, 101, 110, 129, 164, 193, 197, 223, 322, 325, 326, 349, 400, 437, 440, 481
예정론	28, 42, 43, 47, 85, 246, 274, 275, 279, 281, 282, 283, 284, 285, 295, 392, 436
예지론	275
오순절	101, 107, 135, 431, 432, 433, 448
오순절 운동	19
완전주의	363, 512
우연론	15, 30
운명론	47, 274, 281, 282, 284, 436
유기자	41, 392
이신론	274, 281

ㅈ

자연 발생론	15
제자도	110, 452
존 웨슬리	18, 275, 307, 432
존 후스	18
중보자	11, 50, 164, 318, 319

ㅊ

천국	22, 33, 34, 35, 92, 135, 138, 156, 169, 170, 171, 172, 211, 217, 218, 220, 226, 235, 240, 247, 248, 249, 250, 253, 254, 255, 267, 293, 300, 303, 309, 312, 325, 333, 347, 354, 373, 416, 419, 420, 431, 441, 523, 530, 531, 533, 537
철학적 결정론	274, 281
최고선	259
츠빙글리	18

ㅋ

칸트	187

칼빈	18, 19, 42, 43, 86, 131,
	276, 280, 282, 288, 307, 432
코로나19	493, 494, 495,
	496, 517, 518, 519

ㅌ

| 팀사역 | 214 |

ㅎ

함무라비 법전	235
호머	192
환원주의	350